MOL AN ÓIGE 3

Caitríona Ní Shúilleabháin & Triona Geraghty

GW00728814

g GILL EDUCATION

Gill Education
Ascaill Hume
An Pháirc Thiar
Baile Átha Cliath 12
www.gilleducation.ie

Is inphrionta é Gill Education de chuid M.H. Gill & Co.

© Caitríona Ní Shúilleabháin agus Triona Geraghty 2018

ISBN: 978-0-7171-80370

Gach ceart ar cosaint. Ní ceadmhach aon chuid den fhoilseachán seo a chóipeáil, a atáirgeadh nó a chur ar fáil ar aon mhodh ná slí gan cead i scríbhinn a fháil roimh ré ó na foilsitheoirí; é sin nó ceadúnas a cheadaíonn cóipeáil shrianta in Éirinn arna eisiúint ag Gníomhaireacht um Cheadúnú Cóipchirt na hÉireann.

Eagarthóirí: Donna Garvin agus Caitríona Clarke

Dearadh: Design Image

Léaráidí: Derry Dillon, Steph Dix, Aisling Fitzgerald agus Kate Shannon

Agus an leabhar seo á chur i gcló, bhí gach seoladh idirlín beo agus bhí eolas cuí ar fáil ar na suíomhanna a bhain le topaicí an leabhair. Ní ghlacann Gill Education freagracht as ábhar ná tuairimí a léirítear ar na suíomhanna idirlín seo. Is féidir athrú teacht ar ábhar, ar thuairimí agus ar sheoltaí, agus níl smacht ag an bhfoilsitheoir ná ag na húdair air sin. Ba cheart stiúrthóireacht a dhéanamh ar scoláirí agus iad ag breathnú ar shuíomhanna idirlín.

Gabhann na húdair agus an foilsitheoir buíochas leis na daoine a leanas a thug cead ábhar clóite dá gcuid a úsáid:

An t-amhrán 'Deireadh na Seachtaine', focail le Colm Mac Séalaigh; ceol le Colm Mac Séalaigh, Eoin Smith. Eisithe ag Gael Linn ón albam *Sin Mar a Bhíonn*, Na Fíréin, 1986. An dán 'Jeaic ar Scoil' ó *Máthair an Fhiaigh* le Dairena Ní Chinnéide. Cóipcheart © Dairena Ní Chinnéide, le caoinchead ó Chló Iar-Chonnacht. An dán 'Maith Dom' ó *Máirtín Ó Direáin: Na Dánta* le Máirtín Ó Direáin. Cóipcheart © Máirtín Ó Direáin, athchló le caoinchead ó Chló Iar-Chonnacht. An gearrscéal 'An Cluiche Mór' ó *Katfish agus Scéalta Eile* le hÓgie Ó Céilleachair. Cóipcheart © Ógie Ó Céilleachair, athchló le caoinchead ó Chló Iar-Chonnacht. An gearrscéal 'Katfish' ó *Katfish agus Scéalta Eile* le hÓgie Ó Céilleachair. Cóipcheart © Ógie Ó Céilleachair, athchló le caoinchead ó Chló Iar-Chonnacht. An dráma *Gleann Álainn ó Bózó agus Drámaí Eile* le Brian Ó Baoill. Cóipcheart © Brian Ó Baoill, athchló le caoinchead ó Chló Iar-Chonnacht. An dán 'An Grá', tóghta ó *Croí agus Carraig* le Colm Breathnach © 1995. Foilsithe ag Coiscéim. An dán 'Stadeolaíocht', tóghta ó *Ceol Baile* le Marcus Mac Conghail © 2014. Foilsithe ag Coiscéim. An dán 'Dán do Lara, 10' le Michael Hartnett athchló le caoinchead ó Eastát Michael Hartnett agus The Gallery Press, Loughcrew, Oldcastle, Co. Meath, Ireland, ó *A Necklace of Wrens* (1987). An gearrscéal 'Leigheas' ó *Sciorrann an tAm* le hOrna Ní Choileáin. Cóipcheart © Orna Ní Choileáin, athchló le caoinchead ó Chois Life. Sliocht as 'A small green book: Reema's poetry' le Jane Beesley, foilsithe ar Oxfam.org.uk. Cóipcheart © Jane Beesley, Oxfam, 2013.

Gabhann na húdair agus an foilsitheoir buíochas leis na daoine a leanas as cead a thabhairt grianghraif a fhoilsiú:

© Alamy: 6TC, 6TL, 10, 34, 35B, 42, 45, 47, 49, 52CR, 52CTL, 56, 68, 70B, 71, 82, 114CT, 114C, 114B, 145 (Ag déanamh Chrosóg Bhríde), 146TL, 146BC, 147 (Ag baint an fhómhair), 148, 156T, 170, 171, 186CBR, 198, 199, 201, 224BCR, 225BL, 226p, 229, 235T, 238B, 244, 245T, 249, 250, 255, 264e, 264j, 264l, 267, 268TL, 268TC, 268CL, 268BL, 268BC, 268BR, 270C, 272BR, 289, 290, 308, 309CT, 310, 311, 312, 313, 315B, 342; © Barry Cronin Grianghrafadóir: 259; © Cultura/Getty Images: 270T, 272T; © DigitalVision/Getty Premium: 15B, 52TL, 186T, 186BR, 318; © E+/Getty Premium: 146TR, 217, 224TR, 238T; Le caoinchead ó Emma O' Sullivan: 315T; Le caoinchead ó Foras na Gaeilge: 3, 91; © Getty Images: 72, 105, 112, 200T, 202, 224TL, 309T, 317, 318, 329C, 329B, 331B, 345; © INPHO: 186CTL, 186BL; © iStock/Getty Premium: 1, 6TR, 6BR, 6BC, 6BL, 6CL, 6T, 7, 8, 11, 15T, 25, 26, 28, 29, 35T, 36, 52C, 52BR, 52BL, 52CBL, 52TC, 57, 60, 69, 70T, 77, 100, 106, 107, 127, 129, 143, 145, 146TC, 146BL, 146BR, 147, 156C, 156B, 163, 164, 173, 186CTR, 186C, 186CT, 186CR, 186CB, 186CBL, 186CL, 188, 189T, 189CB, 189B, 191, 211, 212, 213, 225CR, 226 (a–i, k ,l, n, o, q, r), 227, 237, 260, 261B, 266CL, 270B, 274, 299, 302, 306TL, 306B, 316, 321, 322, 327T, 327C, 328, 329T, 330, 331B, 331C, 336, 340, 376, 377, 392, 395, 396, 407, 415, 419, 423; © Kerry's Eye: 309B; Le caoinchead ó Chomhaltas Chiarraí: 225BR; Le caoinchead ó Linda Brownlee: 314; © OJO/Getty Premium: 266CR, 266R, 327B; © PA Images: 257, 264c, 264f, 280; © Photodisc/Getty Premium: 294; © Rolling News: 264g; Le caoinchead ó Chartlann RTÉ: 27T, 27CT, 27CB, 96, 114T, 114CB, 132, 200B, 263TR, 263BR, 264a, 264h, 264i, 266L; © Shutterstock: 189CT, 225T, 224TCL, 224TCR, 224BL, 224BCL, 224BR, 225C, 235B, 236, 245B, 283, 306TR; © Sportsfile: 215, 309CB; © Stockbyte/Getty Premium: 226j, 226m, 253; Le caoinchead ó Telegael: 21; Le caoinchead ó TG4: 263TL, 263BL, 264b, 272BL, 303; Le caoinchead ó Tyrone Productions: 27B; © Warner Bros/REX/Shutterstock: 8 (Póstaer Michael Collins).

Rinne na húdair agus na foilsitheoirí a ndícheall sealbhóirí cóipchirt a aimsiú. Má fágadh duine ar bith ar lár de thaisme beimid sásta na socruithe cuí a dhéanamh chomh luath is a bhíonn an deis sin ann.

Tháinig an páipéar a úsáideadh sa leabhar seo ó fhoraoisí rialaithe. In aghaidh gach crainn a leagtar, cuirtear ar a laghad ceann amháin eile, rud a chinntíonn athnuachan na hacmhainne nádúrtha seo.

Nóta buíochais

Ba mhaith le Caitríona Ní Shúilleabháin *Mol an Óige 3* a thiomsú dá cuid comhleacaithe i Meánscoil na Trócaire, Cnoc an tSeabhaic, Trá Lí, Co. Chiarraí agus buíochas a ghabháil leo as a gcuid tacaíochta le linn na mblianta.
Ba mhaith léi freisin buíochas a ghabháil lena comhúdar/cara Triona Geraghty, lena fear céile Stephen, a leanaí, a deirfiúracha, a hathair, a cairde agus le gach duine ar an bhfoireann ag Gill Education.

Ba mhaith le Triona Geraghty buíochas ó chroí a ghabháil le gach duine a thug cabhair agus tacaíocht di le linn di a bheith ag obair ar an téacsleabhar *Mol an Óige 3*. Tá sí fíorbhuíoch go háirithe dá cuid comhleacaithe i gColáiste Rís, Cathair na Mart, Co. Mhaigh Eo, a comhúdar agus cara Caitríona, a teaghlach, a cairde agus gach duine ar an bhfoireann ag Gill Education.

Clár

Céim 4 Cumas Cumarsáide: An Léamhthuiscint	Céim 5 Feasacht Teanga: An Ghramadach	Céim 6 Cumas Cumarsáide: An Cheapadóireacht	Céim 7 Féinfheasacht an fhoghlaimeora: Súil siar	Measúnú rangbhunaithe
Torthaí foghlama: lch 25 A: An scoil sa Pholainn B: An Scoil in Éirinn agus sa Rómáin C: *The School Around the Corner* D: An córas oideachais sa tSín	Torthaí foghlama: lch 31 An aimsir láithreach	Torthaí foghlama: lch 35 Blag/Aiste: Rialacha na scoile Ríomhphost: An dara bliain Scéal/Eachtra: I dtrioblóid ar scoil	Téacs Ilmhódach Crosfhocal Féinmheasúnú	Stair na scoile (lch 41)
Torthaí foghlama: lch 68 A: Ospidéal Mhuire na Leanaí, Cromghlinn B: Teach Chathair na Mart C: Na stoirmeacha a bhuail Texas D: Scéal Reema na Siria	Torthaí foghlama: lch 74 An aimsir chaite	Torthaí foghlama: lch 78 Scéal/Eachtra: Dóiteán sa teach Blag/Aiste: An ceantar nua ina bhfuil cónaí orm Litir: Ón ospidéal Alt nuachtáin: An timpeallacht	Téacs Ilmhódach Crosfhocal Féinmheasúnú	Pádraig Mac Piarais (lch 48) Logainmneacha i mo cheantar (lch 56)
Torthaí foghlama: lch 112 A: Na Kardashians B: Mo phost páirtaimseartha C: Tuarastail mhóra RTÉ	Torthaí foghlama: lch 116 An aimsir fháistineach	Torthaí foghlama: lch 120 Scéal/Eachtra: Eachtra a tharla nuair a bhí mé i bhfeighil an tí Ríomhphost: Físeán a chonaic mé ar an idirlíon Blag/Aiste: An tríú bliain Óráid: Tábhacht na teicneolaíochta	Téacs Ilmhódach Crosfhocal Féinmheasúnú	Colm Breathnach/File nó údar a chónaíonn i do cheantar (lch 91) Máirtín Ó Direáin (lch 96) An post a thaitneodh liom sa todhchaí (lch 127)
Torthaí foghlama: lch 153 A: An geimhreadh B: Lá Fhéile Pádraig agus Seachtain na Gaeilge	Torthaí foghlama: lch 159 Céimeanna comparáide na haidiachta	Torthaí foghlama: lch 163 Blag/Aiste: An séasúr is fearr liom Scéal/Eachtra: Oíche Shamhna Ríomhphost: Ag glacadh le cuireadh dul go dtí an tOireachtas	Téacs Ilmhódach Crosfhocal Féinmheasúnú	Féilte, nósanna agus naoimh i mo cheantar (lch 127)
Torthaí foghlama: lch 198 A: Conchúr Antóin Mac Gréagóir B: Neven Maguire C: *Operation Transformation* D: An Gorta Mór in Éirinn	Torthaí foghlama: lch 203 An modh coinníollach	Torthaí foghlama: lch 207 Scéal/Eachtra: Eachtra a tharla nuair a bhí mé ag imirt spóirt Ríomhphost: Laethanta saoire Óráid: Tábhacht an spóirt i saol an duine Blag/Aiste: Seachtain na Sláinte ar scoil	Téacs Ilmhódach Crosfhocal Féinmheasúnú	Mo laoch spóirt/An Cumann Lúthchleas Gael (lch 214)

Céim 4 Cumas Cumarsáide: An Léamhthuiscint	Céim 5 Feasacht Teanga: An Ghramadach	Céim 6 Cumas Cumarsáide: An Cheapadóireacht	Céim 7 Féinfheasacht an fhoghlaimeora: Súil siar	Measúnú rangbhunaithe
Torthaí foghlama: lch 235 A: Ed Sheeran B: Folláine – tábhacht an cheoil agus an rince	Torthaí foghlama: lch 240 An chlaoninsint	Torthaí foghlama: lch 244 Blag/Aiste: An phearsa cheoil is fearr liom Scéal/Eachtra: Ceolchoirm a chonaic mé Ríomhphost: Cuireadh chun dul chuig gig	Téacs Ilmhódach Crosfhocal Féinmheasúnú	Scéalta sí (lch 222) Amhránaíocht ar an sean-nós (lch 223) Ceollóir/Grúpa traidisiúnta (lch 254)
Torthaí foghlama: lch 280 A: An phearsa theilifíse is fearr liom – Graham Norton B: An t-úrscéal/scannán is fearr liom – *The Hunger Games*	Torthaí foghlama: lch 285 Réamhfhocail shimplí agus forainmneacha réamhfhoclacha	Torthaí foghlama: lch 289 Blag/Aiste: An réalta scannáin is fearr liom – Emma Watson Ríomhphost: Cuireadh chuig scannán Litir: Fón cliste nua Litir fhoirmiúil: Gearán faoi chlár teilifíse	Téacs Ilmhódach Crosfhocal Féinmheasúnú	Scannáin (lch 298)
Torthaí foghlama: lch 327 A: Laethanta saoire sa Pholainn B: Disney san Eoraip C: Treoirleabhar taistil	Torthaí foghlama: lch 333 An tuiseal ginideach Aidiachtaí sa Ghaeilge	Torthaí foghlama: lch 336 Scéal/Eachtra: Timpiste in Barcelona Ríomhphost: Cuireadh le dul ar saoire Litir: Sa choláiste samhraidh sa Ghaeltacht	Téacs Ilmhódach Crosfhocal Féinmheasúnú	An tír is fearr liom ar domhan (lch 345)

Céim 7:	Céim 8:	Céim 9:	Céim 10:	Céim 11:	Céim 12:	Céim 13:	Céim 14:
An chlaoninsint agus briathra	An chopail agus claoninsint na copaile	An aidiacht shealbhach	Uimhreacha	Na réamhfhocail shimplí, an tuiseal tabharthach agus na forainmneacha réamhfhoclacha	An t-ainmfhocal sa tuiseal ainmneach, conas ainmfhocail fhirinscneacha a aithint; conas ainmfhocail bhaininscneacha a aithint	An tuiseal ginideach; an tuiseal ginideach san uimhir iolra	Céimeanna comparáide na haidiachta

Réamhrá

- Is leabhar nua-aimseartha, spleodrach, ildaite, tráthúil é *Mol an Óige 3* atá dírithe ar dhaltaí ardleibhéil sa dara agus sa tríú bliain.

- Tá an leabhar seo in oiriúint don **chúrsa nua Gaeilge sa tSraith Shóisearach** agus tá sé dílis do na treoracha atá leagtha amach i **Sonraíocht na Sraithe Sóisearaí** agus sa **Chreat don tSraith Shóisearach**.

- Leagtar ábhar na n-aonad amach faoi thrí shnáithe na Sraithe Sóisearaí don Ghaeilge, mar atá: **Cumas Cumarsáide, Feasacht Teanga agus Chultúrtha** agus **Féinfheasacht an fhoghlaimeora**. Tá an leagan amach le feiceáil go soiléir sa chlár ag tús gach aonaid faoi na **hintinní foghlama atá scríofa faoi chinnteidil na dTrí Shnáithe.**

- Is é an Cumas Cumarsáide an príomhshnáithe agus tacaíonn an dá shnáithe eile leis an snáithe sin dar leis an tsonraíocht. Tá ábhar na n-aonad sa téacsleabhar seo ag teacht leis an treoir sin.

- Tá **seacht gcéim** i ngach aonad; tá ábhar bunaithe ar an litríocht agus ar an gcultúr i gCéim a 1, clúdaítear na scileanna a bhaineann le Cumas Cumarsáide i gCéim 2–6 agus déantar athbhreithniú agus féinmheasúnú i gCéim a 7. Tá blaisíní den chultúr agus den fhéinmheasúnú fite fuaite i gCéim 2–7 freisin. Tá **pleananna oibre** a bhaineann le gach aonad le fáil i Leabhar Acmhainní na Múinteoirí a ghabhann leis an téacsleabhar seo.

- Léirítear na **torthaí foghlama ag tús gach céime** i ngach aonad den téacsleabhar mar atá molta sa tSonraíocht agus ag an JCT (an tSraith Shóisearach do Mhúinteoirí).

- **Tosaítear gach aonad sa leabhar le píosa litríochta i gCéim 1, mar atá molta i Sonraíocht na Sraithe Sóisearaí agus mar atá molta ag an JCT.** Tá téamaí gach aonaid sa leabhar ag eascairt ó na téamaí a luaitear sa phíosa litríochta ag tús an aonaid de réir mar a mholann an tSonraíocht agus an JCT.

  Chomh maith leis sin, tá **nótaí ar an úrscéal, dráma agus roinnt gearrscéalta in Aonad a 9** den leabhar seo. Tá crostagairtí do na píosaí litríochta sin luaite ag tús na n-aonad mar a oireann siad ó thaobh téamaí de.

  Ní mór don dalta staidéar a dhéanamh ar dhráma amháin, úrscéal amháin, 2 ghearrscéal agus 5 dhán/amhrán sa chúrsa nua.

  Tá an script agus nótaí a bhaineann le dráma amháin, nótaí ar úrscéal amháin, an script agus nótaí ar 3 ghearrscéal agus 7 ndán/n-amhrán clúdaithe in Aonaid 1–9 den téacsleabhar seo. Ní mór do dhaltaí píosa litríochta a úsáid mar thús áite do cheann amháin de na mheasúnuithe rangbhunaithe a dhéanfaidh siad sa chúrsa Gaeilge nua. Tá sleamhnáin PowerPoint agus acmhainní digiteacha bunaithe ar an litríocht ar fáil le *Mol an Óige 3* ar **www.gillexplore.ie**.

- Déantar **comhtháthú ar na scileanna** go léir faoi na trí shnáithe: **éisteacht, féachaint, léamh agus tuiscint, cur i láthair, scríobh agus idirghníomhú cainte.** Tugtar neart deiseanna do na daltaí na scileanna go léir a chleachtadh tríd an leabhar. Cabhraítear leis an dalta difríochtaí idir na canúintí a aithint sna cleachtaí cluastuisceana. Cuirtear béim ar an bhfoghlaim ghníomhach le mórán cleachtaí a mholann obair bheirte agus obair ghrúpa chomh maith le húsáid na teicneolaíochta. Tugtar deis do na daltaí **na príomhscileanna** go léir a chleachtadh freisin.

- **Cuirtear béim mhór ar an litearthacht** tríd an leabhar leis na heochairfhocail agus eochairnathanna atá luaite roimh chuid mhór de na cleachtaí agus na cleachtaí sa phunann agus leabhar gníomhaíochta.

Céim 1: Na Torthaí Foghlama

Cumas Cumarsáide: 1.6, 1.7, 1.8, 1.9, 1.10, 1.17, 1.19, 1.29

Feasacht Teanga agus Chultúrtha: 2.6, 2.7

Féinfheasacht an Fhoghlaimeora: 3.4, 3.6

(A) Obair bheirte

Le do chara, cum an comhrá a bheadh ann idir an mháthair agus a mac an mhaidin áirithe sin, dar libh.

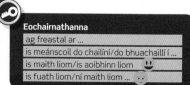

Eochairnathanna

ag freastal ar …

is meánscoil do chailíní/do bhuachaillí í …

is maith liom/is aoibhinn liom 🙂

is fuath liom/ní maith liom … 🙁

- Cuirtear béim ar an **uimhearthacht** in ábhar scríofa an leabhair agus i mórán de na cleachtaí freisin. Iarrtar ar dhaltaí píchairteanna agus suirbhéanna a dhéanamh agus patrúin teanga a aithint. Tá go leor nótaí ar na saghsanna difriúla uimhreacha sa Ghaeilge – na maoluimhreacha, orduimhreacha, uimhreacha pearsanta agus uimhreacha neamhphearsanta san áireamh.

- Tugtar an-chuid samplaí agus cleachtaí sa leabhar den **mheasúnú rangbhunaithe** a bheidh mar chuid thábhachtach den obair ranga sa dara agus sa triú bliain. Tá mórán **samplaí den chur i láthair i gCéim a 2 in Aonad 1–8** chomh maith le foclóir agus nathanna úsáideacha. Cuirtear béim ollmhór sa leabhar seo ar chleachtaí a thugann deis don dalta a scileanna cainte agus idirghníomhaithe a chleachtadh i ngach aonad.

Tá **fístéip** ar fáil le *Leabhar Acmhainní na Múinteoirí* **le samplaí praiticiúla den mheasúnú rangbhunaithe** agus treoracha maidir le conas taighde a dhéanamh don mheasúnú rangbhunaithe. Tá spás sa phunann agus leabhar gníomhaíochta do leaganacha ceartaithe de shaothar an dalta nuair a thugann sé/sí faoi na measúnuithe sin agus tá spás ag deireadh na punainne do na trí phíosa oibre a chuirfidh an dalta isteach mar mheasúnú rangbhunaithe don chúrsa Gaeilge.

- **Cuirtear béim mhór ar fhéinfheasacht** an fhoghlaimeora sa leabhar seo. Déanann an foghlaimeoir taifead den fhorbairt a dhéanann sé/sí agus ar a t(h)uras mar fhoghlaimeoir Gaeilge **le deiseanna don fhéinmheasúnú ag deireadh gach céime sa téacsleabhar agus sna leathanaigh féinmheasúnaithe agus piarmheasúnaithe sa phunann agus leabhar gníomhaíochta.**

Agallamh le Seán Bán Breathnach – Craoltóir RTÉ

- Baintear úsáid as an **measúnú chun foghlama** trí na haonaid ar fad. Tugtar na critéir ratha ag tús na gcleachtaí ceapadóireachta. Tugtar mórán deiseanna don phlé ranga, obair bheirte agus obair ghrúpa. Tugtar iliomad deiseanna don phiarmheasúnú agus féinmheasúnú tríd an téacsleabhar uilig agus sa phunann agus leabhar gníomhaíochta.

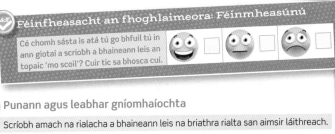

- **Díríonn Céim a 5 i ngach aonad ar an bhfeasacht teanga.** Déanann an foghlaimeoir machnamh ar an bhforbairt atá á déanamh acu ar a bhfeasacht teanga sa phunann agus leabhar gníomhaíochta. Tá **nótaí agus cleachtaí gramadaí fite fuaite trí na haonaid** freisin mar baintear úsáid as an gcur chuige cumarsáideach. Tá **aonad a 10 tiomanta don ghramadach.** Tugtar mórán deiseanna don dalta dréachtú agus athdhréachtú a dhéanamh ar a c(h)uid oibre tríd an leabhar, an phunann agus an leabhar gníomhaíochta.

- Tá neart samplaí de cheisteanna bunaithe ar **théacsanna ilmhódacha** i gCéim a 7 i ngach aonad.

- Tugtar mórán **deiseanna don dalta saothar a chruthú i modhanna éagsúla** tríd an leabhar, punann agus leabhar gníomhaíochta. Tá iliomad **samplaí den chur i láthair, aistí, blaganna, litreacha, ríomhphoist, léamhthuiscintí agus cluastuiscintí** chomh maith le raon leathan gníomhaíochtaí agus cleachtaí a bhaineann úsáid as **drámaíocht, ealaín, obair bheirte, obair ghrúpa, tionscnaimh**, agus mar sin de, agus **cleachtaí féinmheasúnaithe agus piarmheasúnaithe** á leanúint go minic.

Mol an Óige 3: Siombailí

Tabharfaidh tú na siombailí seo faoi deara tríd síos sa leabhar *Mol an Óige 3*.

 Measúnú chun Foghlama (Gníomhaíochtaí a bhfuil critéir ratha, plé sa rang, féinmheasúnú nó piarmheasúnú i gceist leo). Baineann measúnú múnlaitheach an mhúinteora le McF freisin ar ndóigh.

 Punann agus leabhar gníomhaíochta

 Eochairnathanna

 Obair ghrúpa

 Obair bheirte

 Obair bhaile/Obair aonair

 Feasacht teanga/Cúinne na gramadaí

 Obair ealaíne

 Obair dhigiteach

 Cuardach foclóra

 Dlúthdhiosca

 Nóta

Siombailí eile

Téann siombail faoi leith le gach céim sna haonaid ar fad sa leabhar.

 Cleachtadh scríofa

 Na mianta: Na rudaí a theastaíonn ón dalta a chur i gcrích agus iad ag tabhairt faoi thasc

 Na réaltaí: Na rudaí ar éirigh leis an dalta a chur i gcrích tar éis dóibh tasc a chríochnú/cheartú

 Céim 1: An Cultúr agus an Litríocht

 Céim 2: Éisteacht, Féachaint, Cur i láthair agus Scríobh

 Céim 3: An Chluastuiscint

 Céim 4: An Léamhthuiscint

 Céim 5: An Ghramadach

 Céim 6: An Cheapadóireacht

 Céim 7: Súil Siar

Mol an óige agus tiocfaidh sí

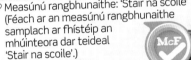

San aonad seo, foghlaimeoidh tú:

Feasacht chultúrtha

✿ An cultúr agus an litríocht: 'Jeaic ar Scoil' le Dairena Ní Chinnéide.

Cumas cumarsáide

✿ Éisteacht, féachaint, cur i láthair agus scríobh: conas cur síos a dhéanamh, le cur i láthair digiteach, ar do scoil, ar chúrsaí scoile amhail an lá scoile, an éide scoile, na hábhair, na háiseanna i do scoil agus stair na scoile.

✿ Léamh agus tuiscint/litearthacht: conas foclóir agus nathanna a bhaineann le cúrsaí scoile agus cúrsaí oideachais a aithint, a thuiscint agus a úsáid.

✿ Éisteacht: conas foclóir agus nathanna a bhaineann le cúrsaí scoile a aithint agus a thuiscint ó chluas. Gheobhaidh na daltaí taithí ar a bheith ag éisteacht le canúintí éagsúla.

✿ Scríobh: conas giotaí a scríobh ar thopaicí a bhaineann leis an scoil.

✿ Idirghníomhú cainte: conas idirghníomhú le comhscoláirí agus tú ag tabhairt faoi obair ghrúpa, obair bheirte, piarmheasúnú agus rólimirt, conas eolas a sheiceáil, a dheimhniú agus a mhalartú, conas cumarsáid ó bhéal a dhéanamh ag úsáid teicneolaíochtaí digiteacha.

Feasacht teanga

✿ Gramadach/uimhearthacht: conas an aimsir láithreach agus gnéithe eile gramadaí ar nós comhaireamh sa Ghaeilge a aithint agus a úsáid i gcomhthéacs ábhair na scoile, conas patrúin teanga a aithint agus a úsáid.

Féinfheasacht an fhoghlaimeora

✿ Féinmheasúnú: conas féinmheasúnú a dhéanamh sa téacsleabhar seo agus sa phunann agus leabhar gníomhaíochta a ghabhann leis agus conas piarmheasúnú a dhéanamh.

CÉIM 1: FEASACHT CHULTÚRTHA – AN CULTÚR AGUS AN LITRÍOCHT

Céim 1: Na Torthaí Foghlama
Tagann na torthaí foghlama ó Shonraíocht Ghaeilge na Sraithe Sóisearaí (T2), leathanaigh 21–24.

Cumas Cumarsáide: 1.6, 1.7, 1.8, 1.9, 1.10, 1.17, 1.19, 1.29

Feasacht Teanga agus Chultúrtha: 2.6, 2.7

Féinfheasacht an Fhoghlaimeora: 3.4, 3.6

Filíocht

Jeaic ar Scoil

le Dairena Ní Chinnéide

Glan díot gaineamh na trá
Is oscail an doras don fhómhar,
Bronn ort féin éide
Go bpriocfaidh sceacha na léine
Do mhuineál óg beag
Is go dtógfar ón mbosca na bróga
A mboladh leathair ina anlann agat.
Tá'n tú sé mbliana d'aois.

D'aithníos le huaibhreacht do chrógacht
Is tú ag déanamh ar stad an bhus.
"Ná póg mé, Mam," a dúraís,
"*I'll wait by myself.*"
Chasas mo shála ar mo bháibín óg
Go dtáinig fás aon oíche air
Faoi cheobhrán brothallach na maidine.

Is shiúlaíos isteach abhaile
Go dtugfainn leathshúil fén gcuirtín
Go n-imeodh sé slán
Go slogfadh an fhoghlaim é
Le fiosracht tartmhar gan teorainn.
Tá sé sé mbliana d'aois.

Gluais leat fé cheol
Is fé ghrá do mhuintire.
Feairín beag seanchríonna
A chaith seal anso cheana
Lena shúilibh donna
Ar leathadh le hiontas
As bheith beo sa tsaol.

Nach álainn a bheith
Sé mbliana d'aois.

Cuardach foclóra

Cuardaigh na focail dheacra i d'fhoclóir agus cuir ceist ar do mhúinteoir muna n-aimsíonn tú gach focal.

A Cleachtadh scríofa: Ceisteanna gearra

1. Cén séasúr atá ann sa dán seo?
2. Cén boladh atá ar na bróga agus iad istigh sa bhosca?
3. Cén aois é an buachaill beag sa dán?
4. Conas a bhí sé ag dul ar scoil?
5. Conas a bhí an aimsir an mhaidin áirithe sin?
6. Cad a rinne an mháthair nuair a d'fhág sí slán lena mac?
7. Cad í an ghuí a bhí ag an máthair dá mac agus é ag filleadh ar scoil?
8. Déan cur síos ar an mbuachaill beag ón méid eolais a thugtar dúinn faoi i véarsa a ceathair.
9. Cén sórt duine é an buachaill, dar leat? Cuir dhá fháth le do fhreagra.
10. Conas a mhothaigh an buachaill agus é ag fágáil an tí ar maidin dar leat?

  B Punann agus leabhar gníomhaíochta: Obair ealaíne

Feicfidh tú ceithre cinn de bhoscaí i do phunann agus leabhar gníomhaíochta. Tarraing pictiúr i ngach ceann de na boscaí de na híomhánna a shamhlaíonn tú agus tú ag léamh an chéad cheithre véarsa.

An file

Is as Co. Chiarraí don fhile Dairena Ní Chinnéide. Tá **réimse leathan**[1] filíochta agus gearrscéalta **foilsithe**[2] aici. Ainmníodh Dairena mar fhile cónaithe in Ollscoil Chathair Bhaile Átha Cliath idir 2017 agus 2018.

[1] a wide range
[2] published

 Obair bheirte

Le do chara, cum an comhrá a bheadh ann idir an mháthair agus a mac an mhaidin áirithe sin, dar libh.

Téama an dáin

- **Grá máthar** is príomhthéama don dán 'Jeaic ar Scoil'. Buachaill óg, sé bliana d'aois atá mar ábhar sa dán agus é réidh le filleadh ar scoil. Téann sé go dtí stad an bhus an chéad mhaidin tar éis laethanta saoire an tsamhraidh agus a mháthair in éineacht leis. Ceapann an buachaill óg go bhfuil sé aosta go leor le fanacht ina aonar agus deir sé lena mham gan é a phógadh. '"Ná póg mé, Mam".' Tá sé **coinsiasach faoina íomhá**[3] i measc a chairde, is dócha!

[3] conscious of his image

An Scoil

3

⁴the growth and development of life
⁵wish/prayer
⁶enthusiastically
⁷mature
⁸boundless love

- Téama eile atá sa dán ná **fás agus forbairt na beatha**⁴. Deir an mháthair linn go bhfuil an t-am imithe chomh sciobtha sin go gceapann sí gur thar oíche a d'fhás a mac óg 'Go dtáinig fás aon oíche air'.

- **Tá guí⁵ ag an bhfile** dá mac agus í ag fágáil slán leis ag stad an bhus. Guíonn sí go mbeidh sé slán agus go bhfoghlaimeoidh sé rudaí **go fonnmhar⁶** ar scoil, 'Go slogfadh an fhoghlaim 'é'. Tá sí bródúil as a chuid crógachta agus misnigh agus é ag ceapadh go bhfuil sé mór agus **aibí⁷**. '"*I'll wait by myself*"'.

- **Tuigeann sí gur álainn an rud é a bheith sé bliana d'aois**. 'Feairín beag seanchríonna' a thugann sí air i véarsa a ceathair agus deir sí linn gur chaith sé seal ar an saol seo cheana. Is dócha go bhfuil sí ag rá anseo go bhfuil a mac cliste agus aibí agus go gceapann sé féin gur fear mór é!

- Braithimid **grá gan teorainn⁸** sa dán seo gan amhras.

  A Punann agus leabhar gníomhaíochta: Cleachtadh scríofa

Déan achoimre ar scéal an dáin i do phunann agus leabhar gníomhaíochta.

  B Punann agus leabhar gníomhaíochta: Cleachtadh scríofa

Feicfidh tú léaráid i do phunann agus leabhar gníomhaíochta. Déan achoimre sna boscaí ar phríomhthéamaí an dáin mar a fheiceann tusa iad.

Teicníocht

1. Íomhánna soiléire

Baineann an file úsáid as íomhánna soiléire sa dán seo gan amhras.

- Feicimid buachaill óg, sé bliana d'aois agus a mháthair agus an mac réidh le dul ar scoil. Cónaíonn siad gar don trá agus is dócha go bhfuil an samhradh caite acu ar an trá sin. 'Glan díot gaineamh na trá'. Tá a éide scoile agus bróga leathair á gcaitheamh ag an leaid óg.

- Maidin bhrothallach san fhómhar atá ann agus téann an mháthair agus a mac síos go dtí stad an bhus. Faighimid íomhá den mháthair ag fágáil slán lena mac agus í ag casadh droim leis, gan é a phógadh. '"*I'll wait by myself*"'a deir sé léi.

- Ansin, feicimid an mháthair ag siúl abhaile agus í ag féachaint amach tríd an gcuirtín **le cinntiú⁹** go bhfuil sé ceart go leor.

⁹to make sure

- Súile móra donna atá ar an mbuachaill, mar a fheicimid i véarsa a ceathair, é ag imeacht leis féin. 'Feairín beag críonna' atá ann, dar leis an bhfile!

2. Mothúcháin shoiléire

Tá mothúcháin shoiléire na máthar le brath tríd síos an dán.

- **Grá:** Grá gan teorainn a bhraithimid ó léamh an dáin seo. Grá máthar den chuid is mó ach luaitear grá muintire ann freisin, 'Is fé ghrá do mhuintire'.

- **Greann:** Tá greann ag baint leis an gcaoi a ndéanann an file cur síos ar an mbuachaill óg. 'Feairín beag seanchríonna/A chaith seal anso cheana'. Is dócha go bhfuil an file ag rá linn anseo go bhfuil an buachaill sórt seanfhaiseanta **ina chuid iompair**[10] nó ina chuid cainte.

- **Sonas:** Tá an dán seo lán le sonas agus le **díograis**[11]. Tá an mháthair sásta slán a fhágáil lena mac agus é ag dul ar scoil. Guíonn sí go mbeidh sé slán agus go mbainfidh sé taitneamh as a bheith ag foghlaim rudaí nua. 'Nach álainn a bheith/sé mbliana d'aois' a deir sí, ag léiriú dúinn an saol sona atá ag an bpáiste.

- **Bród:** Tá bród ar an bhfile as a mac beag a bheith **neamhspleách**[12], "'I'll wait by myself'". Tuigeann sí go bhfuil sé ag fás agus tá bród uirthi as a chuid crógachta.

[10] in his behaviour
[11] enthusiasm
[12] independent
[13] simple and straightforward language
[14] that suits

3. Friotal

Friotal lom gonta simplí[13] atá in úsáid sa dán agus **oireann sé sin**[14] go mór d'ábhar an dáin. Tá sé fíoréasca smaointe agus mothúcháin an fhile a thuiscint.

  A Punann agus leabhar gníomhaíochta

Déan cur síos ar chuimhne dheas amháin atá agat ó do chuid laethanta féin sa bhunscoil.

 B Punann agus leabhar gníomhaíochta

Téigh chuig do phunann agus leabhar gníomhaíochta. Scríobh leathanach ar na fáthanna a dtaitníonn nó nach dtaitníonn an dán 'Jeaic ar Scoil' leat.

Moladh: Smaoinigh ar na pointí seo a leanas:

1. An dtaitníonn na daoine a luaitear sa dán leat? Cén fáth?
2. An maith leat na híomhánna a chuirtear os ár gcomhair sa dán?
3. An gceapann tú go bhfuil scéal an dáin suimiúil?
4. An bhfuil an dán féin éasca a thuiscint?
5. Cad a cheapann tú faoi atmaisféar an dáin?
6. An bhfuil tú in ann ionannú ar chor ar bith leis an bhfile nó leis an mbuachaill beag sa dán?
7. Conas a mhothaíonn tú féin tar éis duit an dán a léamh?

Ansin, comhlánaigh an leathanach féinmheasúnaithe a ghabhann leis i do phunann agus leabhar gníomhaíochta.

 Féinfheasacht an fhoghlaimeora: Féinmheasúnú

| Cé chomh sásta is atá tú go bhfuil tú in ann caint agus scríobh faoin dán 'Jeaic ar Scoil' agus faoi do chuid taithí féin sa bhunscoil? Cuir tic sa bhosca cuí. | ☐ | ☐ |  ☐ |

Céim 2: Na Torthaí Foghlama
Cumas Cumarsáide: 1.1, 1.2, 1.3, 1.4, 1.5, 1.6, 1.11, 1.12, 1.13, 1.14, 1.15, 1.16, 1.18, 1.19, 1.20, 1.21, 1.22, 1.23, 1.24, 1.25, 1.26, 1.27, 1.28

Feasacht Teanga agus Chultúrtha: 2.1, 2.2, 2.3, 2.4, 2.5

Féinfheasacht an Fhoghlaimeora: 3.1, 3.2, 3.3, 3.4, 3.5, 3.6, 3.7, 3.8

CÉIM 2: CUMAS CUMARSÁIDE – ÉISTEACHT, FÉACHAINT, CUR I LÁTHAIR AGUS SCRÍOBH

Cur i láthair A: An scoil

Eochairnathanna

ag freastal ar ...

is meánscoil do chailíní/do bhuachaillí í ...

is maith liom/is aoibhinn liom 😃

is fuath liom/ní maith liom ... 😠

8 Ní maith liom obair bhaile, áfach[4]!

1 Is mise Saoirse Nic an Rí. Is as Tuaim, Contae na Gaillimhe dom.

7 Is maith liom bualadh le mo chairde gach lá.

6 Is aoibhinn liom mo scoil, cé go mbíonn sé deacair[1] uaireanta. Bíonn an scoil strusmhar[2], go háirithe[3] nuair a bhíonn scrúduithe againn.

Tuaim

Contae na Gaillimhe

2 Tá mé ceithre bliana déag d'aois agus tá mé sa tríú bliain ar scoil.

3 Thosaigh mé ag freastal ar an scoil seo anuraidh nuair a bhí mé trí bliana déag d'aois.

5 Seo í mo scoil. Is meánscoil do chailíní í.

4 Beidh mé ocht mbliana déag d'aois agus mé ag fágáil na scoile sa bhliain 2021!

[1] although it is stressful

[2] stressful

[3] especially

[4] however

Meitheamh 2021					
D	L	M	C	D	A S
		1	2	3	4 5
6	7	8	9	10	11 12
13	14	15	16	17	18 19
20	21	22	23	24	25 26
27	28	29	30		

A Cén saghas scoile í do scoil?

Cuir tic ✓ sa bhosca nó sna boscaí cuí.

B Ceisteanna gearra

1. Cá bhfuil Saoirse ag dul ar scoil?

2. Cathain a thosaigh sí ag freastal ar an scoil?

3. Cén saghas scoile í scoil Shaoirse?

4. Cathain a bhíonn an scoil strusmhar, dar le Saoirse?

meánscoil

scoil do chailíní

scoil do bhuachailli

scoil mheasctha

scoil chónaithe

scoil chuimsitheach

pobalscoil

gairmscoil

Cur i láthair B: Na hábhair scoile

- Is mise Aisling. Táim ag freastal ar Scoil na Toirbirte. Is meánscoil do chailíní í.

- Déanaim staidéar ar ocht n-ábhar ar fad. Déanaim Gaelainn, Béarla, matamaitic, Fraincis, eolaíocht, staidéar gnó, stair agus ceol. Is é ceol an t-ábhar is fearr liom. Is duine an-cheolmhar mé.

- Seinnim an giotár agus an pianó.

- Táim **measartha maith**[5] ag an matamaitic.

- Taitníonn an eolaíocht go mór liom agus is breá liom **teangacha**[6] chomh maith.

- Taitníonn an Ghaelainn liom, cé go mbíonn an ghramadach **dúshlánach**[7] ó am go ham. Is fearr liom labhairt na Gaelainne ná aon rud eile.

Eochairnathanna
táim ag freastal ar ...
déanaim staidéar ar ...

Am	Dé Luain	Dé Máirt	Dé Céadaoin	Déardaoin	Dé hAoine
	staidéar gnó	OSSP	Gaeilge	Fraincis
achas	tíreolaíocht	matamaitic	Béarla	OSSP
achas	matamaitic	OSPS	teicneolaíocht	matamaitic
	sos	sos	sos	sos
cis	Gaeilge	Fraincis	tíreolaíocht	stair
	Béarla	tíos	ealaín	Gaeilge
os	ealaín	tíos		OSSP
lóin	am lóin	am ló		
amaitic	ceol	staidé		
aíocht	creideamh	Béar		
deamh	teicneolaíocht	Ga		

[5] quite good
[6] languages
[7] challenging

A Ceisteanna gearra

1. Cad é an t-ábhar is fearr le hAisling?

2. Cad iad na huirlísí ceoil a sheinneann sí?

3. Cad a deir sí faoin nGaeilge?

McF B Obair bheirte

Cumaigí abairti gearra i mbeirteanna chun brí na bhfocal/na bhfrásaí thuas a léiriú.

Mar shampla: 1. Is maith liom an Ghaeilge, cé go mbíonn an ghramadach deacair uaireanta.

McF C Obair ghrúpa

I do chóipleabhar, cum abairtí gearra leat féin ag úsáid na mbriathra thíos. Déan do chuid abairtí a roinnt le do chara. Ansin, ag obair le triúr nó ceathrar eile, déanaigí níos mó abairtí a chumadh. Déanaigí na habairtí a roinnt leis an múinteoir agus leis na daltaí eile sa rang.

Briathra san aimsir láithreach:

1. táim ag freastal ar

2. déanaim staidéar ar

3. seinnim

4. táim

5. taitníonn _____ liom

Na hábhair scoile

Cuardach foclóra

Cuardaigh na hábhair nach dtuigeann tú i d'fhoclóir.

- Gaeilge
- Béarla
- matamaitic
- Fraincis
- Gearmáinis
- Spáinnis
- Iodáilis
- eolaíocht

- staidéar gnó
- stair
- tíreolaíocht
- ceol
- ealaín
- tíos/eacnamaíocht bhaile
- ríomhairí
- adhmadóireacht

- miotalóireacht
- grafaic theicniúil
- líníocht theicniúil
- corpoideachas
- creideamh
- OSSP
- OSPS
- folláine

A Céard é an t-ábhar is fearr leat?

Meaitseáil na focail leis na pictiúir.

1. Gaeilge
2. Béarla
3. matamaitic
4. Fraincis
5. Gearmáinis
6. Spáinnis
7. Iodáilis
8. eolaíocht
9. staidéar gnó
10. stair
11. tíreolaíocht
12. ceol
13. ealaín
14. tíos
15. adhmadóireacht
16. ríomhairí
17. teicneolaíocht
18. miotalóireacht
19. grafaic
20. corpoideachas
21. creideamh
22. OSSP
23. OSPS

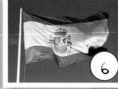
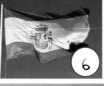

B **Nathanna úsáideacha**

Conas cur síos a dhéanamh ar na hábhair is maith leat/nach maith leat.

Líon na bearnaí thíos chun do chuid tuairimí a chur in iúl faoi do chuid ábhar scoile féin.

1. Is maith liom _____ ach is fearr liom _____.

2. Ní maith liom _____ ach is fuath liom _____.

3. Is é _____ an t-ábhar is fearr liom.

Cén fáth?

Is breá liom/is aoibhinn liom/is maith liom mata/Gaeilge mar

- tá sé suimiúil/spéisiúil *interesting*
- tá sé dúshlánach *challenging*
- tá mé **go maith chuige**[8]
- tá sé éasca
- tá an múinteoir **cabhrach**[9] agus **spreagúil**[10]
- táim go maith le huimhreacha *numbers*
- tá mé go maith le teangacha *languages*
- is aoibhinn liom **fuaim na teanga**[11]
- is cuid dár bh**féiniúlacht**[12] í

Is fuath liom/ní maith liom eolaíocht mar

- tá sé leadránach/leamh
- tá sé ródheacair
- **ní mhíníonn an múinteoir rudaí go soiléir dúinn**[13]
- nílim go maith chuige
- nílim go maith ag uimhreacha
- is fearr liom adhmadóireacht ná aon ábhar eile mar tá sí praiticiúil

[8] good at it
[9] helpful
[10] inspiring
[11] the sound of the language
[12] identity
[13] the teacher does not explain things clearly to us

A **Cur i láthair/Obair dhigiteach**

Bunaithe ar na nótaí thuas, déan cur síos, i bhfoirm dhigiteach, le híomhánna agus le cur síos scríofa, ar do scoil agus ainmnigh na hábhair a ndéanann tú staidéar orthu. Déan cur síos ar na hábhair a thaitníonn agus ar na hábhair nach dtaitníonn leat.

  B **Punann agus leabhar gníomhaíochta: Féinfheasacht an fhoghlaimeora**

Scríobh isteach an leagan ceartaithe den chur i láthair i do phunann agus leabhar gníomhaíochta. Comhlánaigh an leathanach féinmheasúnaithe a ghabhann leis.

C Obair bheirte

Bíodh comhrá gearr agat le do chara sa rang faoi na hábhair a thaitníonn leat agus na hábhair nach dtaitníonn leat bunaithe ar na samplaí thuas. Bígí cinnte na ceisteanna seo a leanas a fhreagairt:

1. Cad iad na hábhair a ndéanann tú staidéar orthu?
2. Cén t-ábhar is fearr leat ar scoil? Cén fáth?
3. An maith leat Gaeilge, stair...? Cén fáth?
4. An bhfuil aon ábhar scoile ann nach maith leat? Cén fáth?
5. Cé acu is fearr leat, stair nó tíreolaíocht? Cén fáth?

 Feasacht teanga/Cúinne na gramadaí

Maoluimhreacha

Úsáidtear iad le haghaidh uimhreacha teileafóin, uimhreacha arasáin/tithe, srl.

Mar shampla:

a náid, a haon, a dó, a trí, a ceathair, a cúig, a sé, a seacht, a hocht, a naoi, a deich
Imir cluiche biongó sa rang chun na maoluimhreacha a chleachtadh.

Bunuimhreacha neamhphearsanta

Úsáidtear iad chun rudaí nó ainmhithe a chomhaireamh.

Má thosaíonn ainmfhocal le **consan**:

- Ó 1 go dtí 6, cuirtear **séimhiú** ar an ainmfhocal.
- Ó 7 go dtí 10, cuirtear **urú** air (mar a fheictear thíos leis an bhfocal cóipleabhar).

Mar shampla:

I mo mhála scoile tá ...	
aon chóipleabhar amháin	seacht gcóipleabhar
dhá chóipleabhar	ocht gcóipleabhar
trí chóipleabhar	naoi gcóipleabhar
ceithre chóipleabhar	deich gcóipleabhar
cúig chóipleabhar	aon chóipleabhar déag
sé chóipleabhar	dhá chóipleabhar déag

Má thosaíonn ainmfhocal le **guta**:

- Ó 1 go dtí 6, ní athraítear litriú an ainmfhocail.
- Ó 7 go dtí 10, cuirtear **n-** ar an bhfocal (mar a fheictear ar dheis leis an bhfocal ábhar).

Mar shampla:

Táim ag déanamh staidéir ar ...	
ábhar amháin	naoi n-ábhar
dhá ábhar	deich n-ábhar
trí ábhar	aon ábhar déag
ceithre ábhar	dhá ábhar déag
cúig ábhar	trí ábhar déag
sé ábhar	ceithre ábhar déag
seacht n-ábhar	cúig ábhar déag
ocht n-ábhar	sé ábhar déag

An Scoil

A Céard a fheiceann tú sna pictiúir thíos?

   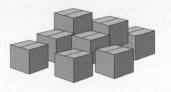

1. _____ 2. _____ 3. _____ 4. _____

 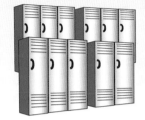  

5. _____ 6. _____ 7. _____ 8. _____

9. _____ 10. _____

 I gcás ainmfhocail a thosaíonn le d, n, t, l, s, ní bhíonn séimhiú ann i ndiaidh 'aon' agus muid ag comhaireamh, mar shampla, 'aon doras', 'aon nead', 'aon teach', 'aon litir', 'aon solas'.

B Obair aonair

1. Ainmnigh na rudaí a choimeádann tú i do thaisceadán. Cé mhéad leabhar/cóipleabhar/peann, srl. a bhíonn ann de ghnáth?
2. Déan liosta de gach rud a bhíonn agat i do mhála scoile agus tú ag dul ar scoil ar maidin.

Cur i láthair C: Mo ghnáthlá scoile

Am	Dé Luain	Dé Máirt	Dé Céadaoin	Déardaoin	Dé hAoine
9.00	Béarla	staidéar gnó	OSSP	Gaeilge	Fraincis
9.40	corpoideachas	tíreolaíocht	matamaitic	Béarla	OSSP
10.20	corpoideachas	matamaitic	OSSP	teicneolaíocht	matamaitic
11.00	sos	sos	sos	sos	sos
11.15	Fraincis	Gaeilge	Fraincis	teicneolaíocht	stair
11.55	stair	Béarla	tíos	ealaín	Gaeilge
12.35	tíos	ealaín	tíos	creideamh	OSPS
1.15	am lóin	am lóin	am lóin	am lóin	
2.00	matamaitic	ceol	staidéar gnó	folláine	
2.40	eolaíocht	creideamh	Béarla	matamaitic	
3.20	creideamh	teicneolaíocht	Gaeilge	ceol	

- Faighim an bus ar scoil achan mhaidin.
- Fágaim mo theach ar a hocht a chlog agus sroichim an scoil ag fiche chun a naoi.
- Bíonn am agam dul chuig mo thaisceadán agus labhairt le mo chairde.
- Tosaíonn an chéad rang ar a naoi a chlog.
- Bíonn trí rang againn ar maidin agus ansin bíonn sos againn ar a haon déag a chlog.
- Bíonn trí rang eile againn idir an sos agus am lóin.
- Ithimid lón i mbialann na scoile ag ceathrú tar éis a haon.
- Tosaíonn na ranganna arís ar a dó a chlog agus críochnaíonn an lá scoile ar a ceathair a chlog.
- Buíochas le Dia, críochnaíonn na ranganna ag ceathrú tar éis a haon Dé hAoine.
- Déanaim m'obair bhaile nuair a théim abhaile. Ithim mo dhinnéar sa tráthnóna agus ansin **ligim mo scith**[14].

[14] I relax

A Ceisteanna gearra

1. Conas a théann Seán ar scoil gach maidin?
2. Cén t-am a shroicheann sé an scoil?
3. Cá n-itheann na daltaí an lón?
4. Céard a dhéanann sé nuair a théann sé abhaile sa tráthnóna?

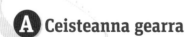

B Obair bhaile/Obair aonair

Déan cur síos ar do lá scoile/ar do sheachtain scoile bunaithe ar do chlár ama féin.

C Obair ealaíne

Tarraing cóip ildathach Ghaeilge de do chlár ama agus cuir ar dhoras do thaisceadáin í.

D Obair dhigiteach

Ag úsáid tellagami.com nó photostory.com, déan cur síos ar do ghnáthlá scoile féin.

CD 1 5

Cur i láthair D: M'éide scoile

- Caitheann na daltaí éide scoile sa scoil seo. **I mo thuairim**[15], tá an éide scoile an-phraiticiúil. Ní bhíonn **brú**[16] ar na daltaí **éadaí difriúla a roghnú**[17] gach maidin.

- I mo scoil, do na **ranganna sóisearacha**[18], tá an **pilirín**[19] dúghorm, tá an blús bán agus tá an geansaí gorm. Ní mór dúinn bróga dubha nó dúghorma a chaitheamh, chomh maith le **carbhat**[20] agus **riteoga**[21] dúghorma.

Eochairnathanna
Gluais a bhaineann leis an éide scoile:

bríste
sciorta/pilirín
carbhat
riteoga/stocaí
léine bhán
blús bán
geansaí
bléasar/seaicéad gléasta

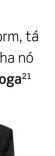

[15] in my opinion
[16] pressure
[17] to choose different clothes
[18] junior classes
[19] pinafore
[20] tie
[21] tights
[22] senior students
[23] a blazer jacket

- Ní maith liom an pilirín mar bíonn sé róthe nuair a bhíonn an aimsir go deas.

- Is aoibhinn liom dath an gheansaí, áfach.

- Caitheann **na daltaí sinsearacha**[22] **seaicéad gléasta**[23] dúghorm, chomh maith le pilirín liath agus blús bán.

A Ceisteanna gearra

1. Cén fáth a ndeir Áine go bhfuil an éide scoile praiticiúil?

2. Cén dath bróige a chaitheann na daltaí?

3. Cén fáth nach maith léi an pilirín?

4. Cén sórt seaicéid a chaitheann na daltaí sinsearacha?

B Obair bheirte: Cleachtadh cainte

Cuir na ceisteanna seo a leanas ar an duine atá in aice leat:

1. An maith leatsa d'éide scoile?
2. An bhfuil an éide scoile compordach?
3. An maith leat dath na héide scoile?
4. Arbh fhearr leat do chuid éadaigh féin a chaitheamh ar scoil nó arbh fhearr leat an éide scoile a chaitheamh? (Eochairnath: B'fhearr liom ... a chaitheamh ar scoil.)
5. An bhfuil d'éide scoile costasach le ceannach?

C Obair ghrúpa

Bain úsáid as www.focloir.ie nó www.tearma.ie chun cabhrú leat/libh.

Iarradh ar bhur rang Gaeilge éide scoile nua a dhearadh do bhur scoil. I ngrúpaí, déanaigí an éide sin a tharraingt/a dhearadh ar bhileog mhór. Ansin, déanaigí a chur i láthair don rang i mbeirteanna. Déanaigí cur síos ar:

- na dathanna
- an stíl
- na baill éadaigh
- an fáth a dtaitneodh an éide libh
- cé chomh praiticiúil is a bheadh an éide

Fanaigí le ceisteanna eile ón rang!

D Punann agus leabhar gníomhaíochta: Obair ealaíne

Téigh chuig do phunann agus leabhar gníomhaíochta. Déan d'éide scoile idéalach féin a dhearadh tar éis daoibh an obair ghrúpa thuas a chur i gcrích.

E Obair ghrúpa

I do chóipleabhar, cum abairtí gearra leat féin ag úsáid na mbriathra thíos. Ansin, ag obair le triúr nó ceathrar eile, déanaigí níos mó abairtí a chumadh. Déanaigí na habairtí a roinnt leis an múinteoir agus leis na daltaí eile sa rang.

Briathra san aimsir láithreach:

1. caitheann
2. tá

Na rudaí a thaitníonn liom faoi mo scoil

- Is aoibhinn liom an t-atmaisféar sa scoil seo. Réitíonn na daltaí agus na múinteoirí go maith le chéile.

- Tá **an-bhéim**[24] ar an spórt agus taitníonn an spórt go mór liom féin.

- Imrím trí spórt – rugbaí, sacar agus cispheil.

- Is é an rugbaí an spórt is fearr liom, mar tá sé dúshlánach agus tapaidh.

- Tá áiseanna iontacha againn, mar shampla bialann dheas, halla spóirt mór, cúirteanna leadóige agus cispheile ...

[24] a lot of emphasis

Na rudaí nach dtaitníonn liom faoi mo scoil

- Ní maith liom **an riail maidir leis an bhfón póca**[25]. Níl cead ag na daltaí an fón a úsáid ag am lóin **fiú amháin**[26] agus ceapaim go bhfuil sé sin **míchothrom**[27].

- B'fhearr liom bríste a chaitheamh ná pilirín. Tá an pilirín agus an carbhat **seanfhaiseanta**[28] i mo thuairim.

- **Bheadh sé go deas**[29] freisin dá mbeadh buachaillí sa scoil. Chuaigh mé chuig scoil mheasctha nuair a bhí mé sa bhunscoil agus thaitin sí go mór liom.

[25] the rule about mobile phones
[26] even
[27] unfair
[28] old fashioned
[29] It would be nice

  A Punann agus leabhar gníomhaíochta: Obair bhaile

Téigh chuig do phunann agus leabhar gníomhaíochta. Cad iad na rudaí a thaitníonn leat agus nach dtaitníonn leat faoi do scoil féin?

B Obair ghrúpa

I do chóipleabhar, cum abairtí gearra leat féin ag úsáid na mbriathra thíos. Déan na habairtí a roinnt le do chara. Ansin, ag obair le triúr nó ceathrar eile, déanaigí níos mó abairtí a chumadh. Déanaigí na habairtí a roinnt leis an múinteoir agus leis na daltaí eile sa rang.

Briathra san aimsir láithreach:

1. réitíonn
2. imrím
3. níl
4. ceapaim

C Na háiseanna i mo scoil

Meaitseáil na focail leis na pictiúir.

_B_ = seomra na múinteoirí

___ = oifig an phríomhoide

___ = halla na scoile

___ = bialann na scoile

___ = páirc pheile

___ = halla staidéir

___ = leabharlann na scoile

___ = cúirt leadóige agus chispheile

___ = seomra adhmadóireachta

___ = halla spóirt

___ = seomra miotalóireachta

___ = seomra ealaíne

___ = clós na scoile

___ = seomra ceoil

___ = oifig an rúnaí

___ = an seomra gairmthreorach

___ = saotharlann eolaíochta

___ = carrchlós na scoile

___ = seomra ríomhaireachta

___ = oifig an leas-phríomhoide

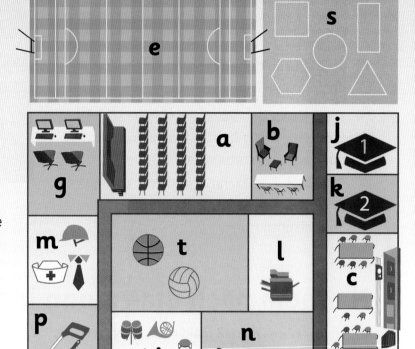

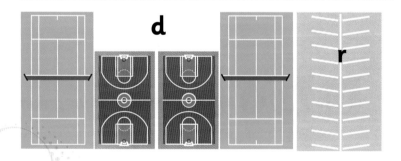

  D Punann agus leabhar gníomhaíochta: Obair bheirte

Téigh chuig do phunann agus leabhar gníomhaíochta. Is ailtire thú. Tarraing léarscáil den scoil idéalach – an foirgneamh, na páirceanna, an clós, na háiseanna spóirt agus mar sin de.

E Obair ealaíne

Dear comharthaí Gaeilge do na seomraí i do scoil. Roghnóidh an múinteoir na cinn is deise agus cuir suas ar dhoirse na scoile iad. Iarr cead as Gaeilge ar na múinteoirí eile sa scoil a bhfuil Gaeilge acu.

F Na daoine atá i mo scoil

Meaitseáil na focail leis na pictiúir.

1. dalta amháin

2. daltaí

3. múinteoirí

4. an príomhoide

5. an leas-phríomhoide/an príomhoide ionaid

6. ceannaire bliana

7. an rúnaí

8. an t-airíoch

9. an fhoireann a ghlanann an scoil

10. an Bord Bainistíochta

Tuairisc scoile

 Cúinne na gramadaí

Conas a d'éirigh leat sa scrúdú?

D'éirigh **liom** sa scrúdú	Theip **orm** sa scrúdú
D'éirigh **leat**	Theip **ort**
D'éirigh **leis/léi**	Theip **air/uirthi**
D'éirigh **linn**	Theip **orainn**
D'éirigh **libh**	Theip **oraibh**
D'éirigh **leo**	Theip **orthu**
Fuair mé an grád 'tuillteanas' sa mhata.	Fuair mé an grád 'gnóthaithe go páirteach' sa stair.

Tuairisc Scoile

Coláiste Mhuire,
Bóthar na Mara,
Bun Dobhráin,
Co Dhún na nGall

Ainm: Oisín Mac Cárthaigh
Rang: 2C

Gaeilge (Ardleibhéal) – Gradam	Toradh maith! Tá ag éirí go maith le hOisín sa Ghaeilge. Is dalta sármhaith é.	Iníon Ní Mhurchú
Béarla (Ardleibhéal) – Ardtuillteanas	Tá Oisín ag obair go dian sa Bhéarla. Is maith leis an obair thionscnaimh sa rang agus réitíonn sé go maith leis na daltaí eile ina ghrúpa.	Bn Uí Néill
Matamaitic (Gnáthleibhéal) – Tuillteanas	Bíonn Oisín cainteach go minic sa rang. Tá sé go maith ag an matamaitic, ach bíonn sé leisciúil nuair a bhíonn obair bhaile i gceist.	An tUas Ó Sé
Gearmáinis – Ardtuillteanas	D'éirigh go maith le hOisín sa scrúdú. Tá sé go han-mhaith ag labhairt Gearmáinise.	An tUas Mac Pháidín
Eolaíocht – Tuillteanas	Tá an toradh seo measartha maith. Bíonn Oisín cainteach sa rang uaireanta. Tá sé go maith ag obair le grúpaí sa rang.	Iníon Ní Mhuirthile
Staidéar gnó – Gnóthaithe go páirteach	Caithfidh Oisín níos mó oibre a dhéanamh chun feabhas a chur ar a chuid grád. Ní bhíonn sé ag éisteacht i gcónaí sa rang.	An tUas Ó Cionnaith
Stair – Ardtuillteanas	Léiríonn Oisín an-chuid suime sa stair. Is dalta díograiseach é.	Iníon Ní Chárthaigh
Ceol – Gradam	Is sárdhalta é Oisín. Is duine an-cheolmhar é agus is ceoltóir den scoth é.	Bn Uí Loinsigh
Adhmadóireacht – Ardtuillteanas	Tá ag éirí go maith le hOisín sa rang. Tá sé go han-mhaith ag an obair phraiticiúil.	An tUas Ó Conchúir
Creideamh	Is duine spreagtha é Oisín sa rang seo. Is maith leis a bheith ag obair i ngrúpaí agus léiríonn sé scileanna maithe cumarsáide agus é ag obair.	Iníon Ní Mhóráin
Corpoideachas	Is dalta an-spórtúil é Oisín. Glacann sé páirt i ngach imeacht gan stró.	An tUas Mac Cába

A **Freagair na ceisteanna seo a leanas:**

1. Cad a deir an múinteoir matamaitice faoi Oisin?
2. Cé a mhúineann corpoideachas i scoil Oisín?
3. Cad iad na hábhair ina bhfuair Oisin grád 'Ardtuillteanas'?
4. Conas a d'éirigh le hOisín san eolaíocht?
5. Cad a thaitníonn le hOisín sa Bhéarla, dar le Bn Uí Néill?
6. Ainmnigh ábhar amháin inar theip ar Oisín pas a fháil.
7. Cén sórt dalta é Oisín, dar leis an múinteoir creidimh?
8. An bhfuil Iníon Ní Mhurchú sásta le hobair Oisín?

   B **Punann agus leabhar gníomhaíochta: Obair bheirte**

Téigh chuig do phunann agus leabhar gníomhaíochta. Déan tuairisc scoile a chumadh don duine atá ina s(h)uí in aice leat sa rang.

C **Obair bheirte**

Breathnaigh siar arís ar thuairisc scoile Oisín. Cuir na ceisteanna seo ar a chéile sa rang.

1. Meas tú, cad iad na hábhair is fearr le hOisín ar scoil? Tabhair fáthanna le do fhreagra.

2. Ainmnigh na hábhair ar fad inar éirigh leis pas a fháil.

3. Cén fáth ar theip air sa staidéar gnó, dar leat?

  D **Punann agus leabhar gníomhaíochta: Obair bheirte**

Téigh chuig do phunann agus leabhar gníomhaíochta. Freagair na ceisteanna ansin ó bhéal i mbeirteanna agus i bhfoirm scríofa.

An Scoil

E Obair bheirte

Iarradh ort óráid a thabhairt do na daltaí a thosóidh i do scoil i mí Mheán Fómhair seo chugainn. Tosaigh ar an óráid a ullmhú le do chara i do chóipleabhar.

San óráid, luaigh:

1. Na rudaí a thaitníonn leat faoi do scoil, mar shampla, na háiseanna scoile, na clubanna, na daoine deasa ar scoil idir dhaltaí agus múinteoirí, an raon ábhar atá ar fáil, laethanta saoire níos faide ná sa bhunscoil, srl.

2. Cad iad na rudaí a bhí difriúil nuair a bhog tú ón mbunscoil go dtí an mheánscoil?
Mar shampla:

- An raibh sé deacair cairde nua a dhéanamh?
- An raibh sé deacair bogadh ó scoil bheag go scoil níos mó?
- An raibh sé deacair aithne a chur ar mhúinteoirí nua?
- Fad an lae i gcomparáid le fad an lae sa bhunscoil
- An bhfuil níos mó obair bhaile le déanamh?
- An bhfuil na hábhair níos deacra?

Tús na horáide: 'A chairde, táim anseo inniu chun labhairt libh faoin scoil seo ...'

F Punann agus leabhar gníomhaíochta: Féinfheasacht an fhoghlaimeora

Téigh chuig do phunann agus leabhar gníomhaíochta. Scríobh an leagan ceartaithe den óráid sin i do phunann agus leabhar gníomhaíochta agus comhlánaigh an leathanach féinmheasunaithe a ghabhann leis.

G Obair dhigiteach

Téigh chuig www.ceacht.ie. Brúigh ar 'Acmhainní don tSraith Shóisearach'. Ansin brúigh ar 'Saol na scoile'. Éist leis na míreanna ansin atá bunaithe ar shaol na scoile agus comhlánaigh na leathanaigh oibre a ghabhann leo.

Féinfheasacht an fhoghlaimeora: Féinmheasúnú

Cé chomh sásta is atá tú go bhfuil tú in ann caint agus scríobh faoi do scoil? Cuir tic sa bhosca cuí.

TG4 sa rang – *Aifric*

You Tube *Breathnaigh ar Aifric ar YouTube (Eipeasóid 1, Séasúr 2 dar teideal 'An Grá faoi Bhláth') mar obair bhaile nó sa rang. Freagair na ceisteanna seo a leanas:*

1. Deir Aifric ag tús an scannáin go bhfuil sí i ngrá le Leo. Tabhair dhá phointe eolais faoi Leo.

2. Cén t-ainm a bhí ar chéad ghrá Dhaid?

3. Cén fáth a bhfuil Janice ar buile lena fear céile?

4. Cé hí Ellie?

5. Céard atá á dhéanamh ag Traolach agus Ellie sa chistin?

6. Cén fáth ar bhris Bláth suas le Leo?

7. Déan cur síos ar Bhláth.

8. Cén sórt éide scoile a chaitheann na daltaí? An maith leat féin é?

9. Cén saghas scoile í scoil Aifric, dar leat? Luaigh trí phointe eolais faoin scoil.

10. Déan cur síos ar theaghlach Aifric.

Céim 3: Na Torthaí Foghlama

Cumas Cumarsáide: 1.1, 1.2, 1.3, 1.4, 1.5, 1.6, 1.14, 1.15, 1.16, 1.21, 1.22, 1.23

Feasacht Teanga agus Chultúrtha: 2.1, 2.2, 2.3, 2.4, 2.5

Féinfheasacht an Fhoghlaimeora: 3.3, 3.4, 3.6

CÉIM 3: CUMAS CUMARSÁIDE – AN CHLUASTUISCINT

Cuid A Réamhobair

Cuardach foclóra

Cuardaigh na focail seo a leanas i d'fhoclóir nó ar an suíomh www.focloir.ie más gá:

> tógálaí   > léachtóir   > toisc   > deacracht

CD 2
1–3

Cuid A

Cloisfidh tú giotaí cainte ó bheirt daoine óga sa chuid seo. Cloisfidh tú gach giota díobh **faoi dhó**. Beidh sos ann tar éis gach giota a chloisfidh tú chun seans a thabhairt duit na ceisteanna a bhaineann leo a fhreagairt. Éist go cúramach leis na giotaí cainte agus líon isteach an t-eolas atá á lorg sna greillí ag 1 agus 2 thíos.

1 An chéad chainteoir (cainteoir ó chúige Laighean)

Ainm	*Traolach Mac Cárthaigh*
Cad as do Thraolach?	Co. MT
Cén post atá ag a mham?	Leiber erscoill
Cén sórt scoile í scoil Thraolaigh?	a mellnscoil do bualt
Ainmnigh an t-ábhar is fearr le Traolach.	corpediceas

2 An dara cainteoir (Canúint Uladh)

Ainm	*Zoe Ní Loinsigh*
Cén aois í Zoe?	cuig bliana deag daur
Cá bhfuil scoil Zoe suite?	Dún na nDoull
Céard a deir sí faoin atmaisféar sa scoil?	thar bar
Luaigh rud amháin a deir Zoe faoi na múinteoirí sa scoil.	eatg an oardeaca

Cuid B Réamhobair

Cuardach foclóra

Cuardaigh na focail seo a leanas i d'fhoclóir nó ar an suíomh www.focloir.ie más gá:

> díolachán cístí   > céanna   > trealamh   > fiosraigh

Cuid B

Cloisfidh tú fógra agus píosa nuachta sa chuid seo. Cloisfidh tú gach giota díobh **faoi dhó**. Éist go cúramach leo. Beidh sos ann tar éis gach ceann díobh chun seans a thabhairt duit na ceisteanna a bhaineann leo a fhreagairt.

Fógra (Canúint Chonnacht)

1. Cá mbeidh an díolachán cístí ar siúl?

   innub

2. Ainmnigh dhá rud a bheidh ar díol ag daltaí na cúigiú bliana.

   mufini, cisti seiclaid

3. Cathain a rachaidh na daltaí go dtí Lourdes?

   i mhi nibrawr

Píosa nuachta (Canúint na Mumhan)

1. Cad a tharla i Meánscoil Naomh Éanna aréir?

   bristine fuineaig

2. (a) Conas a chuaigh na gadaithe isteach sa scoil?

   i mfis

   (b) Ainmnigh na seomraí sa scoil ina ndearnadh damáiste don trealamh.

   afig na runaí

Cuid C Réamhobair

Cuardach foclóra

Cuardaigh na focail seo a leanas i d'fhoclóir nó ar an suíomh www.focloir.ie más gá:

> breoite   > faic   > éirigh as   > aisteach

Cuid C

Cloisfidh tú dhá chomhrá sa chuid seo. Cloisfidh tú gach comhrá díobh **faoi dhó**. Cloisfidh tú an comhrá ó thosach deireadh an chéad uair. Ansin cloisfidh tú ina dhá mhír é an dara huair. Beidh sos ann tar éis gach míre díobh chun seans a thabhairt duit an cheist a bhaineann leis an mír sin a fhreagairt.

Comhrá a hAon (Canúint Chonnacht)

An chéad mhír:

1. Cén tinneas a bhí ar Aisling aréir?

   do ceir ufasa

An dara mír:

2. Cén fáth a bhfuil an príomhoide ag éirí as a phost, dar le Róise?

   is dóca an bhfuil dóg sé ag éir in ai's dul

3. Cén rud a bheidh aisteach an bhliain seo chugainn, dar le Róise?

   priomhide nua

Comhrá a Dó (Canúint na Mumhan)

An chéad mhír:

1. Cén fáth a ndeir Odhrán go bhfuil sé sásta do Chormac? *Af is*

   saram ar rūgbaí team

An dara mír:

2. Cé hé an tUasal Ó Murchú? *cochalaí*

3. Cathain a bheidh an chéad chluiche ag foireann Chormaic, dar leis féin?

   i grann ca caise

 A Punann agus leabhar gníomhaíochta: Féinfheasacht an fhoghlaimeora

Téigh chuig do phunann agus leabhar gníomhaíochta. Scríobh síos 10 bhfocal/nath nua a d'fhoghlaim tú ón gcluastcluiscint thuas.

 B Féinfheasacht an fhoghlaimeora

Scríobh síos 5 rud (nathanna nó focail) a chuala tú sa chluastuiscint i gcanúint dhifriúil le do chanúint féin.

Chuala mé …	I mo chanúint féin, déarfá …
Sampla: **Cad é mar atá sibh?**	**Conas atá sibh?**
1.	
2.	
3.	
4.	
5.	

 Féinfheasacht an fhoghlaimeora: Féinmheasúnú

Cé chomh sásta is atá tú go bhfuil tú in ann foclóir agus nathanna a bhaineann leis an topaic 'mo scoil' a thuiscint ó chluas? Cuir tic sa bhosca cuí.

CÉIM 4: CUMAS CUMARSÁIDE – AN LÉAMHTHUISCINT

Céim 4: Na Torthaí Foghlama

Cumas Cumarsáide: 1.6, 1.7, 1.8, 1.11, 1.14, 1.15, 1.16, 1.18, 1.19, 1.20, 1.21, 1.22, 1.23, 1.28

Feasacht Teanga agus Chultúrtha: 2.2, 2.3, 2.4, 2.8

Féinfheasacht an Fhoghlaimeora: 3.3, 3.4, 3.6

Léamhthuiscint A:
Agusia!

Léamh

Dia daoibh! Is mise Agusia Lykova. Is as an bPolainn ó dhúchas dom, ach tá mé i mo chónaí in Éirinn anois. Tháinig mo theaghlach anseo nuair a bhí mé trí bliana go leith d'aois. Tá siopa éadaigh ag mo thuismitheoirí san Uaimh. Tá mé ceithre bliana déag d'aois anois agus tá mé ag freastal ar Choláiste na Mí i mBaile Eoin. Is scoil mheasctha í mo scoil agus tá mé sa dara bliain. Tá gruaig fhada fhionn orm agus tá mo shúile donn. Tá mo chol ceathracha ag freastal ar an meánscoil in Szczecin in iarthar na Polainne.

Tá mo chol ceathrar Anna sa **mheánscoil shóisearach**[1] agus tá sí ar comhaois liom. Tá sí ag déanamh staidéir ar an bPolainnis, stair, oideachas saoránach, Béarla, Rúisis, mata, fisic & réalteolaíocht, ceimic, bitheolaíocht, tíreolaíocht, ceol, teicneolaíocht, ríomhaireacht, corpoideachas agus creideamh/eitic. Críochnóidh sí sa mheánscoil shóisearach i gceann bliain go leith. Beidh sí beagnach sé bliana déag d'aois nuair a thosóidh sí sa mheánscoil shinsearach. Tabharfaidh mé cuairt ar an bPolainn an samhradh seo chugainn. Tá mé ag tnúth go mór leis sin!

[1] junior high school

An Pholainn

Cleachtadh scríofa: Ceisteanna gearra

1. Cén aois a bhí Agusia nuair a tháinig sí go hÉirinn?
2. Cén sórt scoile í scoil Agusia?
3. Cén aois í Anna, col ceathrar Agusia?
4. Ainmnigh na hábhair a ndéanann Anna staidéar orthu ar scoil, ach nach ndéanann tú féin.
5. Cathain a thabharfaidh Agusia cuairt ar an bPolainn?

An Scoil

Léamhthuiscint B:
Vasile!

Léamh

An Rómáin

Vasile Anestin is ainm dom. Is as an Rómáin do mo thuismitheoirí, ach rugadh mé agus mo bheirt deartháireacha anseo in Éirinn. Tháinig mo thuismitheoirí anseo sa bhliain dhá mhíle is a haon. Labhraím Rómáinis le mo thuismitheoirí den chuid is mó, ach labhraím Béarla níos mó le mo chuid deartháireacha. Táim cúig bliana déag d'aois agus táim ag freastal ar Phobalscoil Chloich na Coillte i gCorcaigh. Táim aon chéad seachtó dó ceintiméadar ar airde.

Chomh maith leis na daltaí Éireannacha atá sa scoil, tá daltaí anseo ón Rómáin, ón Nigéir, ón Liotuáin, ón bPolainn, ón Spáinn agus ó Shasana. Cónaíonn mo sheantuismitheoirí agus **gaolta**[2] eile liom fiche cúig ciliméadar taobh amuigh de bhaile Corabia, i ndeisceart na Rómáine. Tugaimid cuairt orthu gach dara bliain. Níl na háiseanna sna **scoileanna tuaithe**[3] sa Rómáin thar mholadh beirte agus tá sé ar intinn ag m'uncail agus a chlann bogadh go hÉirinn, mar ceapann sé go mbeidh rogha níos fearr ag a pháistí maidir leis na hábhair a dhéanfaidh siad. Is aoibhinn leo scéalta a chloisteáil faoin saol scoile anseo in Éirinn!

[2] relatives
[3] rural schools

Ⓐ Cleachtadh scríofa: Ceisteanna gearra

1. Cathain a tháinig tuismitheoirí Vasile go hÉirinn?
2. Cén teanga a labhraíonn Vasile lena thuismitheoirí?
3. Cén airde é Vasile?
4. Cá bhfuil baile Corabia suite?
5. Cén fáth a bhfuil sé ar intinn ag a uncail teacht go hÉirinn lena pháistí?

Ⓑ Obair bhaile/Obair aonair

Más as tír eile duit, déan cur síos ort féin, ar do scoil agus ar do thír dhúchais le cabhair ó na samplaí thuas (Agusia agus Vasile).
nó
Más ó Éirinn ó dhúchas thú, déan taighde ar an gcóras oideachais i dtír iasachta agus déan cur síos ar an gcóras oideachais sin, le cabhair ó na samplaí thuas (Agusia agus Vasile).

Léamhthuiscint C:
The School Around the Corner

Léamh

Is mar chlár raidió i bPoblacht na hÉireann a cuireadh tús leis an seó aitheanta *The School Around the Corner* sa bhliain 1954. Ba é Séamas Kavanagh a bhí mar léiritheoir ar an gcéad sraith ghearr clár. Ba é Paddy Crosbie bunaitheoir an chláir agus eisean a bhí mar láithreoir air chomh maith.

Chum Crosbie an téamamhrán cáiliúil 'School Around the Corner' a chuir tús agus críoch le gach clár. Craoladh an clár raidió sin ó 1954 go dtí 1973. Idir an dá linn, ón mbliain 1962 go dtí 1966, bhí an seó le feiceáil ar scáileán na teilifíse ar Theilifís Éireann freisin.

Sa bhliain 1990, chuir an craoltóir agus láithreoir Gerry Ryan an clár céanna i láthair ar RTÉ agus mhair an tsraith sin ar feadh ceithre bliana ar fad. Frank Mitchell a bhí mar láithreoir ar an gclár ar UTV ón mbliain 1995 go dtí 2005 agus chuir Ray D'Arcy sraith amháin eile den chlár i láthair ar RTÉ sa bhliain 2013.

Seó siamsaíochta a bhí ann. Ba é bunsmaoineamh an chláir ná go gcuireadh an t-óstach ceisteanna ar pháistí bunscoile agus go bhfaigheadh sé freagraí gleoite agus greannmhara uathu. Tugadh teastas speisialta do gach páiste a ghlac páirt sa chlár roimh dóibh imeacht den stáitse agus ba mhinic a chuireadh páistí na scoile taispeántas ar siúl chun deireadh a chur leis an gclár.

Bhíodh lucht féachana an-mhór ag an gclár sin in Éirinn, go háirithe ag tús na nóchaidí nuair a bhí teilifís i ngach teach nach mór, ach bhí rogha cainéal teilifíse i bhfad ní ba lú ann ná mar atá sa lá atá inniu ann. Tá domhan na meán agus na teilifíse athraithe go mór ó shin gan amhras. Tá gearrthóga an chláir le feiceáil ar YouTube, áit a dtugtar blas den spraoi a bhain leis an seó.

A Cleachtadh scríofa: Ceisteanna gearra

1. Cathain a cuireadh tús leis an gclár *School Around the Corner* in Éirinn?
2. Cérbh é láithreoir an chláir nuair a cuireadh tús leis?
3. Cá fhad a mhair an seó ar UTV?
4. Céard a fuair gach páiste roimh dóibh imeacht den stáitse?
5. Dar leis an scríbhneoir, cén fáth a mbíodh lucht féachana mór ag an gclár ag tús na nóchaidí in Éirinn?

 B Obair ghrúpa

 Féach ar *School Around the Corner* ar YouTube. Iarr ar an múinteoir fís nó dhó a phiocadh don rang. Ansin, déanaigí an fhís a phlé i ngrúpaí beaga. Freagraígí na ceisteanna seo a leanas:

1. Cathain a rinneadh an fhís?
2. Cérbh é láithreoir an chláir?
3. Cén saghas cláir é?
4. Cad a rinne na páistí ar an bhfís a chonaic sibh?
5. Cad a cheapann sibh faoin gclár? Bíodh rud amháin ar a laghad le rá ag gach duine sa ghrúpa.

  C Punann agus leabhar gníomhaíochta: Féinfheasacht an fhoghlaimeora

Téigh chuig do phunann agus leabhar gníomhaíochta. Scríobh síos 10 bhfocal/nath nua a d'fhoghlaim tú ón léamhthuiscint thuas.

Léamhthuiscint D:
An córas oideachais sa tSín

Léamh

Ní hionann an córas oideachais i ngach tír ar domhan. Tá difríochtaí suntasacha le tabhairt faoi deara idir scoileanna agus na hábhair a mhúintear iontu, chomh maith leis an lá scoile, rialacha na scoile agus mar sin de.

Cuir i gcás an tSín. Dá mbeifeá ag freastal ar scoil sa tSín, bheifeá i do shuí ní ba thúisce ar maidin ar an gcéad dul síos! Tosaíonn an lá scoile sa tSín de ghnáth ar leathuair tar

éis a seacht ar maidin agus críochnaíonn na ranganna ar a cúig a chlog sa tráthnóna. Uaireanta, caitheann daltaí sé lá sa tseachtain ar scoil. Bíonn dhá uair an chloig ann don lón. Leanann an bhliain scoile ar aghaidh ó thús mhí Meán Fómhair go dtí lár mhí Iúil.

Sé bliana a mhaireann an bhunscoil agus nuair a bhíonn daltaí dhá bhliain déag nó trí bliana déag d'aois, tosaíonn an mheánscoil shóisearach. Trí bliana a chaitear sa scoil sin. Ní mór do gach dalta na naoi mbliana sin ar a laghad a chaitheamh ar scoil agus ina dhiaidh sin, is féidir le daltaí rogha a dhéanamh idir meánscoil shinsearach acadúil nó meánscoil shinsearach ghairmiúil. Bíonn an t-oideachas saor in aisce do dhaltaí ón mbunscoil go dtí an mheánscoil shóisearach, ach ní mór do thuismitheoirí táillí teagaisc a íoc don mheánscoil shinsearach.

I mbeagnach gach meánscoil agus i roinnt bunscoileanna sa tSín, caitheann na daltaí éide scoile. Bíonn dhá éide fhoirmiúla ann, chomh maith le trí cinn 'laethúla'. Caitear an éide fhoirmiúil gach Luan nó ar laethanta speisialta eile ar nós searmanais scoile. Bíonn ceann amháin ann don samhradh agus ceann eile ann don gheimhreadh. Mar an gcéanna leis an éide 'laethúil', braitheann sé ar na séasúir cén éide a chaitear.

Más éide fhoirmiúil a bhíonn i gceist, de ghnáth, caitheann na cailíní blús bán, geansaí agus sciorta agus caitheann na buachaillí léine bhán, geansaí agus bríste. Don éide neamhfhoirmiúil, bíonn léine bhán, bríste agus geansaí le zip le caitheamh. Bíonn éide níos éadroime le caitheamh i rith an tsamhraidh agus bíonn rogha ag daltaí bríste gearr nó fada a chaitheamh. I roinnt scoileanna, glacann na daltaí páirt i roghnú na héide.

Sa bhunscoil, déanann na páistí staidéar ar naoi n-ábhar – Sínis, matamaitic, Béarla, eolaíocht shóisialta, eolaíocht nádúrtha, corpoideachas, ealaín, ceol agus ríomhairí. Anuas ar na hábhair sin, sa mheánscoil shóisearach, déantar bitheolaíocht, fisic, ceimic, tíreolaíocht agus stair. Sa mheánscoil shinsearach, déanann an dalta rogha idir na Dáin Liobrálacha agus an eolaíocht. Ina dhiaidh sin, dírítear níos mó airde ar ábhair faoi leith.

A **Cleachtadh scríofa: Ceisteanna gearra**

1. Cá fhad a mhaireann an lá scoile do pháistí na Síne?
2. Cathain a bhíonn ar thuismitheoirí táillí teagaisc a íoc?
3. Cén fáth a mbíonn dhá éide fhoirmiúla dhifriúla le caitheamh ag na daltaí? Cathain a chaitear an éide scoile fhoirmiúil?
4. Déan cur síos ar an éide neamhfhoirmiúil a chaitheann na daltaí.
5. Cé mhéad ábhar a ndéanann na daltaí staidéar orthu sa mheánscoil shóisearach?
6. Luaigh na difríochtaí is mó idir an scoil in Éirinn agus an scoil sa tSín.

An scoil in Éirinn	An scoil sa tSín

  B Punann agus leabhar gníomhaíochta: Féinfheasacht an fhoghlaimeora

Téigh chuig do phunann agus leabhar gníomhaíochta. Scríobh síos 10 bhfocal/nath nua a d'fhoghlaim tú ón léamhthuiscint thuas.

 Féinfheasacht an fhoghlaimeora: Féinmheasúnú

Cé chomh sásta is atá tú go bhfuil tú in ann foclóir agus nathanna a bhaineann leis an topaic 'mo scoil' a thuiscint? Cuir tic sa bhosca cuí.

CÉIM 5: FEASACHT TEANGA – AN GHRAMADACH

Céim 5: Na Torthaí Foghlama
Feasacht Teanga: 2.1, 2.2, 2.3, 2.4, 2.5
Féinfheasacht an Fhoghlaimeora:
3.2, 3.3, 3.4, 3.6, 3.8

Achoimre ar an aimsir láithreach

An chéad réimniú

Briathra a bhfuil siolla amháin iontu agus briathra a bhfuil dhá shiolla iontu agus síneadh fada ar an dara siolla atá sa chéad réimniú.

Is iad na foircinn (*endings*) seo a leanas a chuirimid le briathra an chéad réimniú san aimsir láithreach:

Más consan leathan é consan deiridh an bhriathair	Más consan caol é consan deiridh an bhriathair
-aim	-im mé
-ann tú	-eann tú
-ann sé/sí	-eann sé/sí
-aimid	-imid
-ann sibh	-eann sibh
-ann siad	-eann siad
-tar (saorbhriathar)	-tear (saorbhriathar)

Mar shampla:

glanaim	coimeádaim	cuirim	tiomáinim
glanann tú	coimeádann tú	cuireann tú	tiomáineann tú
glanann sé/sí	coimeádann sé/sí	cuireann sé/sí	tiomáineann sé/sí
glanaimid	coimeádaimid	cuirimid	tiomáinimid
glanann sibh	coimeádann sibh	cuireann siad	tiomáineann sibh
glanann siad	coimeádann siad	cuireann siad	tiomáineann siad
glantar	coimeádtar	cuirtear	tiomáintear

An fhoirm dhiúltach

Más briathar é a bhfuil consan mar thús air	Más briathar é a bhfuil guta mar thús air
ní + séimhiú	ní

Mar shampla:

ní ghlanaim   **ní** ólaim

An fhoirm cheisteach

Más briathar é a bhfuil consan mar thús air	Más briathar é a bhfuil guta mar thús air
an + urú	an

Mar shampla:

an nglanann tú?   **an** ólann tú?

Féach ar leathanach 435, Aonad 10 le haghaidh nótaí ar na briathra eisceachtúla sa chéad réimniú. Tá cleachtaí breise le fáil ar leathanach 435 freisin.

An dara réimniú

Briathra a bhfuil dhá shiolla iontu agus a bhfuil **-igh**, **-il**, **-in**, **-ir** nó **-is** mar chríoch orthu (chomh maith le grúpa beag eile) atá sa dara réimniú.

1. Maidir leis na briathra a bhfuil **-igh** nó **-aigh** mar chríoch orthu, bainimid an chríoch sin chun an fhréamh a fháil.

2. Maidir leis na briathra a bhfuil **-il** nó **-ail**, **-in** nó **-ain**, **-ir** nó **-air** nó **-is** mar chríoch orthu, bainimid an **i** nó an **ai** chun an fhréamh a fháil.

Ansin, cuirimid na foircinn seo a leanas leis an bhfréamh san aimsir láithreach:

Más consan leathan é consan deiridh na fréimhe	Más consan caol é consan deiridh na fréimhe
-aím	-ím
-aíonn tú	-íonn tú
-aíonn sé/sí	-íonn sé/sí
-aímid	-ímid
-aíonn sibh	-íonn sibh
-aíonn siad	-íonn siad
-aítear (saorbhriathar)	-ítear (saorbhriathar)

Mar shampla:

ceannaím	osclaím	bailím	imrím
ceannaíonn tú	osclaíonn tú	bailíonn tú	imríonn tú
ceannaíonn sé/sí	osclaíonn sé/sí	bailíonn sé/sí	imríonn sé/sí
ceannaímid	osclaímid	bailímid	imrímid
ceannaíonn sibh	osclaíonn sibh	bailíonn sibh	imríonn sibh
ceannaíonn siad	osclaíonn siad	bailíonn siad	imríonn siad
ceannaítear	osclaítear	bailítear	imrítear

An fhoirm dhiúltach

Más briathar é a bhfuil consan mar thús air	Más briathar é a bhfuil guta mar thús air
ní + séimhiú	ní

Mar shampla:

ní thosaím   **ní** imrím

An fhoirm cheisteach

Más briathar é a bhfuil consan mar thús air	Más briathar é a bhfuil guta mar thús air
an + urú	an

Mar shampla:

an dtosaíonn sibh?   **an** imríonn sibh?

Féach ar leathanach 436, Aonad 10 le haghaidh nótaí ar na briathra eisceachtúla sa dara réimniú. Tá cleachtaí breise le fáil ar leathanach 437 freisin.

A **Athraigh na briathra idir na lúibíní go dtí an fhoirm cheart den aimsir láithreach.**

1. (Imir) _____ Seán cispheil lena chlub áitiúil.
2. Ní (ceannaigh mé) _____ a lán milseán mar is fear liom bia sláintiúil a ithe.
3. An (caith) _____ tú mórán airgid ar d'fhón póca?
4. (Glan muid) _____ an teach nuair a bhíonn ár dtuismitheoirí ag obair.
5. (Féach) _____ na páistí ar an teilifís achan tráthnóna.
6. (Bí) _____ tuirse orm gach tráthnóna tar éis na scoile.
7. (Ith mé) _____ mo dhinnéar agus ansin (déan mé) _____ m'obair bhaile de ghnáth.
8. An (tuig) _____ tú an cheist?
9. (Tabhair) _____ an múinteoir tíreolaíochta obair bhaile dúinn gach lá.
10. (Seinn) _____ Eoin na drumaí ach ní _____ sé aon ghléas ceoil eile.

Féach ar leathanach 438 le haghaidh nótaí agus cleachtaí ar na Briathra Neamhrialta san aimsir láithreach.

B Cleachtadh gramadaí

Scríobh Áine Ní Mhurchú alt don pháipéar nuachta áitiúil faoi na fáthanna ar chóir do dhaoine teacht go hÉirinn ar saoire. Ar chúis éigin, chum Áine an t-alt san aimsir chaite. Bhí uirthi é a athscríobh san aimsir láithreach. Scríobh an cuntas a chum Áine san aimsir láithreach. Mar chabhair duit, tá líne faoi na focail a chaithfidh tú a athrú.

<u>Ba thír</u> álainn í Éire. <u>Chuaigh</u> na mílte turasóir ar cuairt go hÉirinn gach bliain mar <u>thaitin</u> tírdhreach agus atmaisféar na tíre go mór leo. <u>Ba mhaith</u> le daoine am a chaitheamh cois trá, chomh maith leis na radhairc aitheanta sna cathracha a fheiceáil. <u>Bhí</u> muintir na hÉireann cairdiúil, dar leis na turasóirí. <u>Cuireadh</u> fáilte mhór rompu nuair a <u>chuaigh</u> siad isteach in áiteanna poiblí. <u>Léirigh</u> siad cairdeas agus cneastacht dóibh. <u>Ní raibh</u> daoine drochbhéasach leo, de ghnáth. <u>Fuair</u> siad lóistín den chéad scoth nuair a <u>tháinig</u> siad anseo.

C Punann agus leabhar gníomhaíochta

Scríobh amach na rialacha a bhaineann leis na briathra rialta san aimsir láithreach.

Féinfheasacht an fhoghlaimeora: Féinmheasúnú

Cé chomh sásta is atá tú go bhfuil tú in ann na rialacha a bhaineann leis an aimsir láithreach a thuiscint agus a úsáid i gceart? Cuir tic sa bhosca cuí.

CÉIM 6: CUMAS CUMARSÁIDE – AN CHEAPADÓIREACHT

Céim 6: Na Torthaí Foghlama

Cumas Cumarsáide: 1.1, 1.2, 1.6, 1.11, 1.14, 1.15, 1.19, 1.20, 1.21, 1.22, 1.23, 1.25, 1.26, 1.27, 1.28

Feasacht Teanga agus Chultúrtha: 2.1, 2.2, 2.3, 2.4, 2.5

Féinfheasacht an Fhoghlaimeora: 3.1, 3.2, 3.3, 3.4, 3.5, 3.6, 3.8

Cúinne na gramadaí

Pointe gramadaí a bhaineann leis an aiste: Bí cúramach leis an aimsir láithreach agus tú ag scríobh d'aiste/do bhlag.

Seicliosta gramadaí

Bí cinnte féachaint siar ar do chuid oibre. Bí cinnte go gcuireann tú na rialacha gramadaí seo a leanas i bhfeidhm:

✔ Na foircinn chuí a chur le gach briathar san aimsir láithreach – caol le caol, leathan le leathan, mar a fheictear thuas.

✔ Úsáid chruinn a bhaint as an mbriathar saor san aimsir láithreach, mar shampla, 'ní thugtar cead do dhaltaí …'.

✔ **má** + séimhiú, mar shampla, '**má** bhristear', '**má** bhíonn'

✔ **ní** + séimhiú, mar shampla, '**ní** bhíonn', '**ní** dhéanann'

Blag/Aiste

Iarradh ort blag a scríobh faoi rialacha na scoile. Féach ar an mblag samplach thíos sula dtugann tú faoin obair sin i do chóipleabhar.

Blag samplach: 'Rialacha na Scoile'

Ar an iomlán[1], sílim go bhfuil rialacha na scoile seo cothrom agus **cóir**[2]. Tugtar **cothrom na Féinne**[3] do gach duine i mo thuairim. Má bhristear na rialacha, **coinnítear na daltaí siar**[4] sa scoil nó labhraíonn **an ceannaire bliana**[5] agus an príomhoide leo. Uaireanta, cuirtear fios ar thuismitheoirí na ndaltaí freisin. **Braitheann an píonós ar an drochiompar**[6], ar ndóigh. Ní tharlaíonn sé sin go rómhinic, ar an **dea-uair**[7].

[1] On the whole
[2] fair
[3] fair play
[4] the students are held back
[5] Year Head
[6] The punishment depends on the bad behaviour
[7] fortunately
[8] strict

Tá an príomhoide agus an leas-phríomhoide **dian**[8] ar an riail maidir leis an éide scoile. Bíonn orainn bróga dubha nó dúghorma a chaitheamh, chomh maith leis an éide scoile féin. Má chaitheann tú bróga de shaghas ar bith eile, caitheann tú fiche cúig nóiméad ag am lóin sa seomra ranga ag scríobh agus ní maith le mórán daoine é sin a dhéanamh!

Tá riail againn freisin maidir leis an bhfón póca agus dar liom, tá sé beagán ródhian. Níl cead ag na daltaí an fón a úsáid sa rang

9 At the same time
10 chewing gum
11 either
12 ban on
13 important
14 on time
15 show respect
16 bullying is not accepted
17 victims
18 I would advise
19 softer/easier
20 in my opinion

ná ag am lóin. Má bhristear an riail sin, cuirtear an fón póca san oifig agus bíonn ar na tuismitheoirí teacht isteach chun é a bhailiú. Tá an riail sin sórt seafóideach i mo thuairim. **Ag an am céanna**[9], caithim am ag caint le mo chairde ar scoil nuair nach mbím ag féachaint ar an bhfón agus tá sé sin go maith.

Níl cead **guma coganta**[10] ná bia a bheith agat sa rang **ach an oiread**[11]. Tá **cosc ar**[12] thobac agus ar dhrugaí, ar ndóigh, agus níl cead ag aon duine an scoil a fhágáil gan cead a fháil óna t(h)uismitheoirí. Tá na rialacha sin réasúnta, i mo thuairim.

Tá sé **tábhachtach**[13] freisin a bheith **in am**[14] agus **meas a léiriú**[15] ar gach duine. **Ní ghlactar le bulaíocht**[16] ar chor ar bith. Bíonn a lán trioblóide ann má bhíonn bulaíocht ar siúl. Aontaím go huile is go hiomlán leis an riail sin gan amhras ar bith. Bíonn an saol deacair agus crua ar **íobartaigh**[17] na bulaíochta.

Mholfainn[18] do gach duine meas a léiriú ar rialacha na scoile. Bíonn an saol **níos boige**[19] ort nuair a chloíonn tú leis na rialacha, **dar liom**[20]!

 A Obair bheirte

I mbeirteanna, déanaigí rialacha na scoile thuas a chur i gcomparáid le rialacha bhur scoile féin. An bhfuil mórán difríochtaí eatarthu?

B Obair bhaile

Scríobh do bhlag féin dar teideal 'Na rialacha i mo scoil'.

Na critéir ratha

 Na mianta:

✔ Cuirfidh mé plean de leagan amach na haiste le chéile sula dtosóidh mé ag scríobh (cosúil leis an gceann ar leathanach 165 ar an mata boird).

✔ Bainfidh mé úsáid as nathanna ón aiste shamplach thuas.

✔ Bainfidh mé úsáid as an seicliosta gramadaí thuas nuair a scríobhfaidh mé an aiste.

✔ Beidh mé cúramach leis na briathra san aimsir láithreach agus mé ag scríobh.

 Na réaltaí:

✔ Chuir mé plean de leagan amach na haiste le chéile sular thosaigh mé ag scríobh (cosúil leis an gceann ar leathanach 165 ar an mata boird).

✔ Bhain mé úsáid as eochairnathanna maithe sa Ghaeilge.

✔ Bhain mé úsáid as seicliosta gramadaí nuair a scríobh mé an aiste.

36

Ríomhphost

Scríobh ríomhphost chuig cara leat atá ina c(h)ónaí j gceantar eile in Éirinn faoin dara bliain i do scoil.

Ríomhphost samplach: 'An dara bliain'

Ó: ronanolaoi@yahoo.com

Chuig: padmacantsionnaigh@yahoo.com

Ábhar: An dara bliain

Haigh a Phádraig,

Conas atá cúrsaí leat? An bhfuil aon scéal ó Phort Láirge? **Conas atá ag éirí leat**[21] ar scoil? An bhfuil tú ag baint taitnimh as an dara bliain? Tá brón orm nár scríobh mé go dtí seo, ach bím **an-ghafa**[22] leis an scoil agus an spórt. Bíonn traenáil agam trí lá sa tseachtain tar éis scoile agus mar sin, bíonn sé deacair am a fháil chun m'obair bhaile a dhéanamh.

Ar aon nós[23], is maith liom an dara bliain i mo scoil. Bíonn an-chraic agam le mo chairde agus tá gach duine i mo rang cairdiúil. Tá na hábhair **níos deacra**[24] ná mar a bhí siad sa chéad bhliain, cinnte, ach níl an obair ródhian.

Tá cúpla múinteoir nua agam i mbliana agus tá siad go maith. Tá mo mhúinteoir ceoil greannmhar agus bíonn an-chraic againn sa rang sin. Tá an múinteoir gnó go deas freisin, ach ceapaim go bhfuil an gnó saghas leadránach. Is í an eolaíocht an t-ábhar is fearr liom agus tá múinteoir eolaíochta **den scoth**[25] againn, buíochas le Dia.

Tá an clár ama difriúil **i mbliana**[26]. Tosaíonn na ranganna ar a deich chun a naoi agus críochnaíonn an lá scoile ar a ceathrú chun a ceathair. Bíonn sos againn ag deich chun a haon déag agus ithimid lón ar a haon a chlog. Is aoibhinn liom an Aoine, mar críochnaíonn an scoil ag deich tar éis a haon!

Imrím rugbaí agus peil Ghaelach i mbliana. Ní imrím sacar, mar deir mo mham nach mbeadh go leor ama agam don obair bhaile. Bí ag caint ar thuismitheoirí! Tá foireann rugbaí láidir sa scoil i mbliana, ach níl an fhoireann peile thar mholadh beirte!

Ar an iomlán, táim sásta sa dara bliain, ach beidh mé **ag tnúth go mór leis an mbriseadh lár téarma!**[27] Cad fútsa? Inis dom faoi do scoil i mbliana. Dúirt tú go raibh príomhoide nua agaibh. An bhfuil sé go deas? Abair haigh le gach duine i do theaghlach, **go háirithe**[28] le Muireann!

Slán go fóill.

Do chara,

Rónán

[21] How are you getting on?
[22] very busy
[23] anyway
[24] more difficult
[25] excellent
[26] this year
[27] looking forward to the midterm break
[28] especially

Obair bhaile

Scríobh ríomhphost/litir chuig cara leat atá ag freastal ar scoil eile. Inis dó/di faoin dara/tríú bliain i do scoil. Bain úsáid as an bhfoclóir thuas más gá.

Scéal/Eachtra

An dtuigeann tú na heochairnathanna ar dheis? Léigh an scéal agus ansin déan iarracht gach nath a thuiscint i gcomhthéacs. Má bhíonn aon rud ann nach dtuigeann tú, i ngrúpa de cheathrar, cabhraígí lena chéile leis an bhfoclóir deacair a thuiscint.

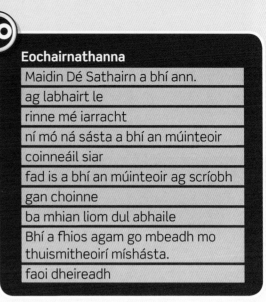

Eochairnathanna
Maidin Dé Sathairn a bhí ann.
ag labhairt le
rinne mé iarracht
ní mó ná sásta a bhí an múinteoir
coinneáil siar
fad is a bhí an múinteoir ag scríobh
gan choinne
ba mhian liom dul abhaile
Bhí a fhios agam go mbeadh mo thuismitheoirí míshásta.
faoi dheireadh

Eachtra/Scéal samplach:

'I dtrioblóid ar scoil'

Maidin Dé hAoine a bhí ann. Bhí sé cúig nóiméad chun a naoi agus bhí mé ag labhairt le mo chairde taobh le mo thaisceadán. Bhí **dea-ghiúmar**[29] ar chuile dhuine toisc go raibh an deireadh seachtaine **ag druidim linn**[30]. Leanamar orainn ag caint ar feadh cúpla nóiméad agus ansin chuala mé mo chara Liam ag glaoch orm ón taobh eile den halla. Ní raibh sé in ann a thaisceadán a oscailt. **Bhí an chuma ar an scéal**[31] go raibh an glas briste. Rinne mé iarracht cabhrú leis, ach **bhí sé fánach againn**[32].

Nuair a d'fhéach mé ar m'uaireadóir, bhí sé cúig tar éis a naoi agus rith an bheirt againn ar ár ndícheall chuig an seomra ealaíne. Bhí gach duine ciúin nuair a shiúlamar isteach an doras agus ní mó ná sásta a bhí an múinteoir linn. Rinneamar iarracht **an scéal a mhiniu**[33] di ach **ar an drochuair**[34], ní raibh sí ag éisteacht linn. Dúirt sí go raibh an rolla glaoite aici **cheana féin**[35] agus go ndeachaigh téacs chuig ár dtuismitheoirí ag rá go rabhamar as láthair. Bhí mé ar buile liom féin, mar bhí a fhios agam go mbeadh mo thuismitheoirí míshásta faoi sin. **Mar bharr ar an donas**[36], ní raibh a chuid trealaimh ag Liam bocht don rang ealaíne. **Cé a chreidfeadh é?**[37]. Ní raibh sé ach deich tar éis a naoi agus bheadh muid beirt á gcoinneáil siar!

Ní ba dhéanaí an lá sin, nuair a bhí mé sa rang staire, tharla eachtra eile a chuir fearg orm. Fad is a bhí an múinteoir ag scríobh ar an gclár bán, **bhraith mé**[38] m'fhón póca ag bualadh i mo phóca. Téacs a bhí ann. Shíl mé nár thug aon duine eile faoi deara mé agus mar sin, thóg mé amach é chun breathnú air **go sciopta**[39]. Botún a bhí ann, ar ndóigh. Chas an múinteoir timpeall gan choinne agus chonaic sé an fón i mo lámh. Bhí sé ródhéanach aon rud a dhéanamh agus bhí a fhios agam **nárbh fhiú**[40] dom an scéal a mhíniú dó. Gan aon agó, thóg sé an fón uaim agus é an-chrosta liom. Bhí fearg agus imní orm faoin am sin. Bheadh ar mo thuismitheoirí teacht isteach chun an fón a bhailiú agus **anuas air sin**[41], choinnigh an múinteoir staire siar arís mé.

Ba mhian liom dul abhaile ag an bpointe sin, ach bhí dhá rang eile fágtha againn. Bhí mé **ar nós aingil**[42] sa rang eolaíochta. **Bhí faitíos orm bogadh**[43] faoin am sin agus ar an dea-uair, níor tharla tada as an ngnách! Mar an gcéanna sa rang ríomhaireachta, bhí mé an-chiúin agus níor chuir mé isteach ar aon duine sa rang sin. Ansin, **ar ámharaí an tsaoil**[44], bhí sé in am dul abhaile. Níor stop

---

[29] good humour
[30] approaching
[31] It appeared
[32] it was pointless
[33] to explain the situation/the story
[34] unfortunately
[35] already
[36] to make things worse
[37] Who would believe it?
[38] I felt
[39] quickly
[40] it wasn't worth
[41] on top of that
[42] like an angel
[43] I was afraid to move
[44] luckily

an trioblóid ansin, **áfach**[45]! Agus mé ag dul amach an doras, chas mé leis an leas-phríomhoide, An tUasal Ó Máille. Nuair a d'fhéach sé síos ar mo bhróga, dúirt sé liom dul chuig a oifig. Bróga reatha a bhí á gcaitheamh agam an lá sin agus mar sin bhí riail eile briste agam.

Thosaigh sé amach mar ghnáthlá, ach **ní gá dom a rá**[46] nach mar sin a bhí faoi dheireadh. Ag siúl amach an gheata dom, bhí obair bhreise faighte agam ón leas-phríomhoide, bhí dhá sheisiún coinneáil siar le déanamh agam agus chonaic mé mo dhaid sa charr agus **drochaoibh air**[47]! **Conas a mhíneoinn**[48] an scéal dó? Buíochas le Dia, ní tharlaíonn eachtraí mar sin dom go rómhinic!

[45] however
[46] there's no need to say
[47] a look of discontent
[48] How would I explain?

A Obair ghrúpa

I ngrúpaí sa rang, tosaígí ar mhionscéalta a chumadh bunaithe ar na pictiúir thíos.

B Obair bhaile

Scríobh scéal ar 'Eachtra ghreannmhar a tharla ar scoil' i do chóipleabhar.

Plean don scéal/eachtra:

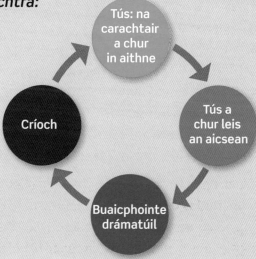

Tús: na carachtair a chur in aithne

Tús a chur leis an aicsean

Buaicphointe drámatúil

Críoch

C Féinfheasacht an fhoghlaimeora: Piarmheasúnú

Tar éis daoibh na scéalta a chríochnú, déanaigí iad a mhalartú sa rang, sula dtugann sibh don mhúinteoir iad.

Léigh mé scéal mo charad sa rang.

1. Thaitin _____

_____ liom.

2. Baineadh geit asam nuair a _____

_____ .

3. An rud ab fhearr liom faoin scéal ná _____

_____ .

4. D'fhéadfá feabhas a chur leis an scéal le _____

_____ .

  D Punann agus leabhar gníomhaíochta: Féinfheasacht an fhoghlaimeora

Téigh chuig do phunann agus leabhar gníomhaíochta agus scríobh isteach na leaganacha ceartaithe de dhá cheann de na cleachtaí scríofa thuas. Ansin comhlánaigh na leathanaigh féinmheasunaithe a ghabhann leo.

 Féinfheasacht an fhoghlaimeora: Féinmheasúnú

Cé chomh sásta is atá tú go bhfuil tú in ann giotaí a scríobh a bhaineann leis an topaic 'mo scoil'? Cuir tic sa bhosca cuí.

CÉIM 7: SÚIL SIAR AR AONAD 1

  Measúnú rangbhunaithe: 'Stair na scoile'

Scríobh do ghiota féin bunaithe ar stair do scoile féin le cabhair na nótaí thíos.

 Cuardaigh na fíricí stairiúla breise a bhaineann le do scoil féin agus bain úsáid as an teimpléad thíos chun cabhrú leat an tionscadal a dhéanamh.

 Féach ar an measúnú rangbhunaithe samplach dar teideal 'Stair na scoile' ar fhístéip an mhúinteora sa rang.

Bunaíodh an scoil seo sa bhliain _____.

Ba é/í/iad _____ a chuir tús leis an scoil.

Scoil Chaitliceach do bhuachaillí is ea í agus ón mbliain a bunaíodh í, d'fhreastail sí ar riachtanais oideachasúla an cheantair seo.

Cuireadh síneadh leis an scoil sa bhliain _____ agus ansin thosaigh sí ag feidhmiú mar scoil chónaithe. Roimhe sin, bhí ar dhaltaí fanacht i dtithe áitiúla i rith na seachtaine chun freastal ar scoil.

Tógadh séipéal Naomh _____ in aice leis an scoil sa bhliain 1830.

Bhí tionchar mór ag an nGorta Mór ar an scoil, mar aon leis an tír uilig agus thit líon na ndaltaí sa scoil chomh híseal le 16 le linn an Ghorta.

Sháraigh an scoil na deacrachtaí sin, áfach, agus cuireadh síneadh eile leis an scoil sa bhliain _____.

Sa síneadh sin, bhí halla staidéir mór, halla spóirt agus linn snámha.

Tá clú agus cáil ar an scoil mar gheall ar an gcultúr láidir spóirt atá inti.

Imrítear gach saghas spóirt inti sa lá atá inniu ann, ach níl amhras ar bith ann ach gurb í an pheil Ghaelach an spórt is láidre atá againn.

Leis na blianta, tá neart craobhacha buaite ag an scoil sa pheil Ghaelach agus imríonn cuid mhaith dár gcuid iarscoláirí ar fhoireann pheile an chontae.

  Punann agus leabhar gníomhaíochta: Féinfheasacht an fhoghlaimeora

Téigh chuig do phunann agus leabhar gníomhaíochta agus scríobh isteach an leagan ceartaithe de 'Stair na scoile'. Ansin comhlánaigh an leathanach féinmheasunaithe a ghabhann leis.

B Téacs ilmhódach

Freagair na ceisteanna seo a leanas bunaithe ar an ngrianghraf thuas:

1. Cá bhfuil na daltaí sa phictiúr seo? Conas atá a fhios sin agat?
2. Cé a fheiceann tú sa phictiúr?
3. Déan cur síos ar éadaí na gcailíní.
4. Conas a bhraitheann gach duine sa phictiúr, meas tú?
5. Cad atá os comhair an chailín ar dheis sa phictiúr?
6. Conas atá an t-atmaisféar go ginearálta sa phictiúr, dar leat?
7. Conas atá an cailín ar dheis ina suí? Cad a insíonn sé seo dúinn?
8. Cad iad na difríochtaí a fheiceann tú idir an cailín ar dheis agus na cailíní eile sa phictiúr?
9. Cad go díreach a bhí ar siúl sa seomra, dar leat?
10. Cén saghas duine a ghlac an grianghraf, meas tú?
11. An dtaitníonn an grianghraf seo leat? Cuir fáthanna le do fhreagra.

C Crosfhocal

Trasna

3. Na daoine a fhreastalaíonn ar an scoil.

6. An duine atá i bhfeighil na scoile.

7. An seomra ina dtarlaíonn na trialacha eolaíochta.

8. An áit a n-imríonn daltaí cispheil ar scoil.

9. Na daoine a mhúineann sa scoil.

Síos

1. An áit a n-imríonn daltaí spórt ar scoil.

2. An áit a ndéanann daltaí staidéar ar ealaín.

4. An áit a n-itheann daltaí a gcuid bia ar scoil.

5. An seomra ina múintear ceol ar scoil.

D Féinmheasúnú

  Punann agus leabhar gníomhaíochta: Féinfheasacht an fhoghlaimeora

Téigh chuig do phunann agus leabhar gníomhaíochta. Comhlánaigh an leathanach féinmheasúnaithe bunaithe ar Aonad 1.

Mo Cheantar, Mo Theach, Cúrsaí Sláinte, An Timpeallacht

Céim 1: Feasacht Chultúrtha – An Cultúr agus an Litríocht	🔗 'Mise Éire' le Pádraig Mac Piarais 🔗 Measúnú rangbhunaithe: Pádraig Mac Piarais 🔗 Crostagairt don dráma *Gleann Álainn* le Brian Ó Baoil
Céim 2: Cumas Cumarsáide – Éisteacht, Féachaint, Cur i Láthair agus Scríobh	🔗 An ceantar 🔗 Áiseanna sa cheantar 🔗 Measúnú rangbhunaithe: 'Logainmneacha i mo cheantar' 🔗 Saol na tuaithe 🔗 Fadhbanna sa cheantar 🔗 An teach
Céim 3: Cumas Cumarsáide – An Chluastuiscint	🔗 An ceantar 🔗 Comórtas na mBailte Slachtmhara 🔗 Cúrsaí leighis
Céim 4: Cumas Cumarsáide – An Léamhthuiscint (Léamh, Scríobh, Labhairt agus Idirghníomhú Cainte)	🔗 Léamhthuiscint A: Ospidéal Mhuire na Leanaí, Cromghlinn 🔗 Léamhthuiscint B: Teach Chathair na Mart (Féach ar an measúnúrangbhunaithe samplach 'Teach Chathair na Mart agus Scéal Ghráinne Mhaol' ar fhístéip an mhúinteora.) 🔗 Léamhthuiscint C: Na stoirmeacha a bhuail Texas 🔗 Léamhthuiscint D: Scéal Reema na Siria
Céim 5: Feasacht Teanga – An Ghramadach	🔗 An aimsir chaite 🔗 An ghramadach i gcomhthéacs
Céim 6: Cumas Cumarsáide – An Cheapadóireacht (Scríobh agus Idirghníomhú Cainte)	🔗 Scéal/Eachtra: Dóiteán sa teach 🔗 Blag/Aiste: An ceantar nua ina bhfuil cónaí orm 🔗 Litir: Ón ospidéal 🔗 Alt: An timpeallacht
Céim 7: Féinfheasacht an fhoghlaimeora – Súil siar ar Aonad 2	🔗 Téacs ilmhódach 🔗 Crosfhocal 🔗 Féinmheasúnú

Is fearr an tsláinte ná na táinte.

(McF) San aonad seo, foghlaimeoidh tú:

Feasacht chultúrtha

✱ **An cultúr agus an litríocht:** 'Mise Éire' le Pádraig Mac Piarais.

Cumas cumarsáide

✱ **Éisteacht, féachaint, cur i láthair agus scríobh:** conas cur síos a dhéanamh le cur i láthair digiteach ar do cheantar, na háiseanna sa cheantar, fadhbanna i do cheantar agus do theach.

✱ **Léamh agus tuiscint/litearthacht:** conas foclóir agus nathanna a bhaineann leis an gceantar, leis an teach, le cúrsaí sláinte agus cúrsaí domhanda a aithint, a thuiscint agus a úsáid.

✱ **Éisteacht:** conas foclóir agus nathanna a bhaineann leis an gceantar agus le cúrsaí leighis a aithint agus a thuiscint ó chluas. Gheobhaidh na daltaí taithí ar a bheith ag éisteacht le canúintí éagsúla.

✱ **Scríobh:** conas giotaí a scríobh ar thopaicí a bhaineann leis an gceantar, le cúrsaí sláinte, le timpistí agus leis an timpeallacht.

✱ **Idirghníomhú cainte:** conas idirghníomhú le comhscoláirí agus tú ag tabhairt faoi obair ghrúpa, obair bheirte, piarmheasúnú agus rólimirt, conas eolas a sheiceáil, a dheimhniú agus a mhalartú, conas cumarsáid ó bhéal a dhéanamh ag úsáid teicneolaíochtaí digiteacha.

Feasacht teanga

✱ **Gramadach:** conas an aimsir chaite, an aidiacht shealbhach agus gnéithe eile gramadaí a aithint agus a úsáid i gcomhthéacs, conas patrúin teanga a aithint agus a úsáid.

Féinfheasacht an fhoghlaimeora

✱ **Féinmheasúnú:** conas féinmheasúnú a dhéanamh sa téacsleabhar seo agus sa phunann agus leabhar gníomhaíochta a ghabhann leis agus conas piarmheasúnú a dhéanamh.

CÉIM 1: FEASACHT CHULTÚRTHA – AN CULTÚR AGUS AN LITRÍOCHT

Céim 1: Na Torthaí Foghlama
Cumas Cumarsáide: 1.6, 1.7, 1.8, 1.9, 1.10, 1.17, 1.19, 1.29
Feasacht Teanga agus Chultúrtha: 2.6, 2.7
Féinfheasacht an Fhoghlaimeora: 3.4, 3.6

Amhrán

Mise Éire

le Pádraig Mac Piarais

Mise Éire:
Sine mé ná an Chailleach Bhéarra

Mise Éire:
Uaigní mé ná an Chailleach Bhéarra

Mór mo ghlóir:
Mé a rug Cú Chulainn cróga.

Mór mo náir:
Mo chlann féin a dhíol a máthair.

Mór mo bhrón:
D'éag an dream inar chuireas dóchas.

Mise Éire:
Sine mé ná an Chailleach Bhéarra

Mise Éire:
Uaigní mé ná an Chailleach Bhéarra

cú chulainn

Brian Boru

Hugh O'Neill

Robert Emmet

Wolfe Tone

Ceol an amhráin: Chum an cumadóir Patrick Cassidy ceol don dán seo in 2016 agus chan a neacht Sibéal Ní Chasaide an t-amhrán le Ceolfhoireann Ceolchoirme Raidió Teilifís Éireann.

 Éistigí le Sibéal Ní Chasaide ag canadh an amhráin thuas ar Chomóradh 1916 ar RTÉ1. Téigh chuig YouTube agus cuardaigh 'Centenary Patrick Cassidy feat. Sibéal – Mise Éire/RTÉ One'.

Cuardach foclóra

Cuardaigh na focail dheacra i d'fhoclóir nó ar www.focloir.ie agus cuir ceist ar do mhúinteoir muna n-aimsíonn tú gach focal.

Cleachtadh scríofa

Cuir tic sa bhosca ceart.

1. (a) Tá Éire sona sásta sa dán seo. ☐
    (b) Tá Éire brónach agus **uaigneach**[1] sa dán seo. ☐
    (c) Tá Éire feargach sa dán seo. ☐

2. (a) Luann an file Éire mar bhuachaill óg. ☐
    (b) Luann an file Éire mar sheanbhean. ☐
    (c) Luann an file Éire mar sheanfhear. ☐

3. (a) **Déanann an file comparáid idir**[2] Éire agus Cailleach Bhéarra. ☐
    (b) Déanann an file comparáid idir Éire agus Fionn Mac Cumhail. ☐
    (c) Déanann an file comparáid idir Éire agus leipreachán. ☐

4. (a) Rugadh Rí Shasana in Éirinn agus chuir sé **bród**[3] uirthi. ☐
    (b) Rugadh Cú Chulainn in Éirinn agus chuir sé bród uirthi. ☐
    (c) Rugadh Cú Chulainn in Éirinn agus chuir sé fearg uirthi. ☐

5. (a) Chuir sé áthas ar Éirinn nuair a dhíol a leanaí í. ☐
    (b) Chuir sé náire, brón agus uaigneas ar Éirinn nuair a dhíol a leanaí í. ☐
    (c) Chuir sé eagla ar Éirinn nuair a dhíol a leanaí í. ☐

[1] lonely
[2] the poet compares
[3] pride

Cúlra an scríbhneora Pádraig Mac Piarais

Ba **réabhlóidí**[4] cáiliúil, múinteoir Gaeilge, **dlíodóir**[5], scríbhneoir agus **gníomhaí teanga**[6] é Pádraig Mac Piarais (1879–1916). Scríobh sé liricí an amhráin 'Mise Éire'. Bhí sé paiseanta faoin nGaeilge agus bhunaigh sé scoil dhátheangach darbh ainm Scoil Éanna i 1908. Ba bhall é den **eagraíocht**[7] Conradh na Gaeilge a chuir an Ghaeilge chun cinn agus b'**eagarthóir**[8] é ar an nuachtán a bhain leis dar teideal *An Claidheamh Soluis*. Spreag laochra ó **mhiotaseolaíocht**[9] na Gaeilge ar nós Chú Chulainn Mac Piarais chomh maith le réabhlóidithe ar nós Wolfe Tone agus Robert Emmet a throid ar son shaoirse na hÉireann ó Shasana. Ba cheannaire é Mac Piarais ar na réabhlóidithe a throid ar son shaoirse na hÉireann in Éirí Amach na Cásca 1916 agus cuireadh Pádraig Mac Piarais agus ceithre cheannaire dhéag eile chun báis tar éis an Éirí Amach sin. Ba é Mac Piarais a léigh **Forógra na Poblachta**[10] os comhair Ardoifig an Phoist i mBaile Átha Cliath ag tús an Éirí Amach agus a **toghadh**[11] mar uachtarán ar an bpoblacht sin.

[4] revolutionary
[5] lawyer
[6] language activist
[7] organisation
[8] editor
[9] from mythology
[10] The Proclamation of the Republic
[11] elected

Measúnú rangbhunaithe: Pádraig Mac Piarais

Éire

An Tuiseal Tabharthach (nuair a thagann ainmfhocal i ndiaidh réamhfhocal simplí)
in Éirinn, ó Éirinn, as Éirinn …
An Tuiseal Ginideach (tá seilbh i gceist sa nath thíos)
Muintir na hÉireann

Déan taighde ar shaol Phádraig Mhic Phiarais. Scríobh leathanach i do phunann agus leabhar gníomhaíocha mar gheall ar a shaol mar mhúinteoir, gníomhaí teanga, file, scríbhneoir agus réabhlóidí.

Míniú ar scéal an amhráin

[12] personification
[13] glory
[14] hero
[15] referring to
[16] over the centuries

Scríobh Pádraig Mac Piarais an dán 'Mise Éire' i 1912. Déanann sé **pearsantú**[12] ar thír na hÉireann mar léiríonn sé an tír mar sheanbhean. Tá **glóir**[13] na seanmhná thart sa dán agus tá sí díolta ag a leanaí, dar leis an bhfile. Déantar tagairt don **laoch**[14] cáiliúil ó mhiotaseolaíocht na Gaeilge, mar atá, Cú Chulainn. Spreag Cú Chulainn Pádraig Mac Piarais mar ba laoch mór cróga é ó mhiotaseolaíocht na Gaeilge. Tá Éire bródúil mar rugadh Cú Chulainn in Éirinn.

Brian Ború

Hugh O'Neill

Robert Emmet

Wolfe Tone

Deirtear go bhfuil Éire níos uaigní ná Cailleach Bhéarra. Deir Éire gur mór a brón mar fuair na daoine inar chuir sí dóchas bás. Is dócha go bhfuil an file **ag tagairt do**[15] na ceannairí a throid ar son shaoirse na hÉireann **thar na céadta**[16] – ceannairí ar nós Bhriain Ború, Hugh O'Neill, Wolfe Tone, Robert Emmet agus na seancheannairí agus ríthe Éireannacha.

Ag deireadh an dáin, deirtear arís go bhfuil Éire níos sine agus níos uaigní ná Cailleach Bhéarra.

Obair bhaile: Cleachtadh scríofa

Cad iad na mothúcháin is láidre atá le brath sa dán seo, dar leat? Cuir fáthanna le do chuid freagraí.

Cailleach Bhéarra: An finscéal[17] mar gheall uirthi

[17] fable/legend

Os rud é gur scéal ón traidisiún béil é, tá leaganacha difriúla den fhinscéal faoi Chailleach Bhéarra ar fáil. Baineann an scéal go príomha le Co. Chiarraí agus Co. Chorcaí ach maireann scéalta fúithi i gCo. Shligigh, Co. an Chláir agus Co. na Mí freisin. Dar le gach leagan den scéal, áfach, ba bhean í Cailleach Bhéarra a bhí ag fanacht lena fear céile filleadh uirthi. (Ba é Dia na Farraige é a fear céile darbh ainm Manannan.)

Ghoid an Chailleach bíobla ón **gcléireach**[18] Caitighearn. Dar leis an bhfinscéal, bhuail Caitighearn an Chailleach lena bhata agus athraíodh í ina cloch **ar an toirt**[19]. Tá leaganacha difriúla den scéal ann ach deirtear go bhfuil a haghaidh le feiceáil ar an **aill**[20] atá suite ar Bhá na Cuaillí ar **leithinis Bhéarra**[21].

Deirtear gur éirigh an Chailleach ní b'óige agus ní ba chumhachtaí le linn an gheimhridh go dtí gur bhain sí féile na Bealtaine amach ar an gcéad lá de Bhealtaine nuair a bhí sí ina **maighdean**[22] álainn. Maolaíodh a cumhacht le linn an tsamhraidh agus d'éirigh sí sean arís sa samhradh. Bhí eagla agus meas ag na daoine áitiúla uirthi mar ba í **Bandia**[23] an Gheimhridh í. Bhí **cinniúint**[24] na ndaoine, idir bás agus beatha, ag brath uirthi le linn an gheimhridh. D'fhág daoine airgead agus bronntanais ar an gcarraig di chun a bheith mór léi.

[18] clergyman
[19] there and then
[20] cliff
[21] The Beara Peninsula
[22] maiden
[23] goddess
[24] fate/destiny

Téama an dáin

Is é an **tírghrá** téama an dáin. Is léir go bhfuil an-ghrá ag an bhfile do thír na hÉireann agus go bhfuil trua aige dá **cruachás**[25]. Bhí tír na hÉireann **i seilbh na Sasanach**[26] nuair a scríobh Pádraig Mac Piarais an dán seo. Bhí an tír cosúil le máthair **tréigthe**[27] ag a páistí agus ag na ceannairí inar chuir sí **muinín**[28], dar leis an bhfile. Bhí an tír álainn agus bródúil as a cuid páistí tráth – páistí ar nós Chú Chulainn nuair a bhí an tír in aois na glóire. Anois tá an tír uaigneach cosúil le seanbhean uaigneach ag fanacht ar a fear céile filleadh abhaile cosúil le Cailleach Bhéarra.

[25] dilemma/hardship
[26] in the possession of the English
[27] deserted
[28] trust

 Punann agus leabhar gníomhaíochta: Cuardach foclóra

Téigh chuig do phunann agus leabhar gníomhaíochta. Cuir Gaeilge ar na focail atá ann.

Teicnící fileata an dáin

1. Íomhánna

- Luann an file tír na hÉireann mar sheanbhean. Luaitear an tír mar sheanbhean uaigneach.

- Bhí glóir ag an tír/an tseanbhean tráth nuair a rugadh laochra mór le rá ar nós Chú Chulainn di.

- Deir Éire go bhfuil sí cosúil le máthair díolta ag a leanaí. Luaitear Éire mar sheanbhean bhrónach – tréigthe ag a leanaí agus na daoine inar chuir sí muinín.

- Déantar **athrá**[29] ar an íomhá d'Éirinn mar sheanbhean uaigneach arís ag deireadh an dáin leis an g**comparáid**[30] idir an tír agus Cailleach Bhéarra.

[29] repetition
[30] comparison

2. Meafair

> **Meafar** = nuair a sheasann rud amháin do rud eile.

- Is meafar í an tseanbhean do thír na hÉireann.
- Déantar comparáid idir an tseanbhean sin agus Cailleach Bhéarra. Deirtear go bhfuil Éire níos sine agus níos uaigní ná Cailleach Bhéarra.
- Déantar comparáid idir Éire agus máthair díolta ag a leanaí.

3. Mothúcháin shoiléire

Brón, uaigneas, náire, bród, éadóchas.

4. Athrá

Tá athrá le feiceáil go soiléir sa dán seo. Déanann an file athrá ar an gcéad véarsa arís i véarsa deireanach an dáin.

5. Rím

[31] consonance

Tá rím agus **comhshondas**[31] le feiceáil sa dán ag deireadh na línte: 'Éire', 'Bhéarra', 'náir', 'máthair', 'brón', 'dóchas'. Cuireann an rím le ceolmhaireacht an fhriotail sa dán.

   A Punann agus leabhar gníomhaíochta: Obair ealaíne

Tarraing íomhá/pictiúr amháin ón dán a thaitin leat.

 B Punann agus leabhar gníomhaíochta

Téigh chuig do phunann agus leabhar gníomhaíochta. Líon isteach an T-chairt atá ann faoi na cinnteidil atá luaite air.

Achoimre ar an dán: Gineadóir smaointe

A Punann agus leabhar gníomhaíochta

Freagair na ceisteanna seo i do phunann agus leabhar gníomhaíochta.

1. Ar thaitin an dán seo leat? Scríobh cuntas faoi na gnéithe a thaitin/nár thaitin leat faoin dán thuas. Mar chabhair duit: Smaoinigh ar na gnéithe seo a leanas:
   - Ar thaitin scéal an dáin leat?
   - Ar thaitin na teicnící fileata sa dán leat?
   - Ar thaitin na tagairtí do mhiotaseolaíocht na Gaeilge leat?
2. Scríobh nóta ar théama an dáin.
3. Scríobh nóta ar na teicnící fileata atá le feiceáil sa dán.
4. Scríobh nóta ar na tagairtí don mhiotaseolaíocht atá le feiceáil sa dán.

Dráma
Gleann Álainn

le Brian Ó Baoill

Féach ar Aonad a 9, Céim 3 le haghaidh scripte, achoimre agus nótaí ar an dráma *Gleann Álainn.*

Blurb

Téann grúpa déagóirí chuig an ngleann álainn lá amháin chun péinteáil a dhéanamh. Feiceann siad bruscar ar fud na háite in aice an locha cé go bhfuil **fógra**[1] ann ón gcomhairle contae **ag fógairt**[2] go bhfuil an dumpáil in aghaidh an dlí. Fanann na déagóirí **i bhfolach**[3] taobh thiar de **sceacha**[4] chun fáil amach cé hiad **lucht na dumpála**[5]. Tugann na déagóirí cás cúirte **i gcoinne**[6] lucht na dumpála bruscair ach tá aithne ag cuid de na déagóirí ar na fir. Cad a tharlóidh **ar deireadh**[7]?

Téamaí: an timpeallacht[8]**, an chaimiléireacht**[9]**, an chrógacht**[10]

[1] advertisement
[2] announcing
[3] in hiding
[4] bushes
[5] the people who dump
[6] against
[7] in the end
[9] environment
[9] crookedness
[10] bravery

Féinfheasacht an fhoghlaimeora: Féinmheasúnú

Cé chomh sásta is atá tú go bhfuil tú in ann caint agus scríobh faoin amhrán 'Mise Éire' agus faoi scéal agus cúlra an amhráin? Cuir tic sa bhosca cuí.

CÉIM 2: CUMAS CUMARSÁIDE – ÉISTEACHT, FÉACHAINT, CUR I LÁTHAIR AGUS SCRÍOBH

Céim 2: Na Torthaí Foghlama

Cumas Cumarsáide: 1.1, 1.2, 1.3, 1.4, 1.5, 1.6, 1.7, 1.11, 1.12, 1.13, 1.14, 1.15, 1.16, 1.18, 1.19, 1.20, 1.21, 1.23, 1.24, 1.25, 1.26, 1.27, 1.28

Feasacht Teanga agus Chultúrtha: 2.1, 2.2, 2.3, 2.4, 2.6, 2.7

Féinfheasacht an Fhoghlaimeora: 3.1, 3.2, 3.3, 3.4, 3.5, 3.6

CD 1
6

Cur i láthair A: Mé féin agus mo cheantar

11 Is Garda é mo dhaid sa bhaile mór agus is altra í mo mham san ospidéal áitiúil.

12 Is iomaí áis atá anseo do chách, mar shampla, óstáin, páirc mhór spóirt le háiseanna de gach saghas inti, linnte snámha, leabharlann, pictiúrlann, a lán siopaí agus clubanna do dhaoine idir óg agus aosta.

1 Dia daoibh, a chairde! Criostóir Ó Muirí is ainm domsa.

2 Táim cúig bliana déag d'aois. Beidh mé sé bliana déag d'aois i mí Iúil.

10 Is baile turasóireachta é seo agus bíonn a lán turasóirí ann, go háirithe³ i rith an tsamhraidh.

3 Tá mé sa tríú bliain i gColáiste Fhlannáin in Inis, Co. an Chláir.

9 Is aoibhinn liom m'áit chónaithe. Tá na háiseanna ar fheabhas sa cheantar agus tá na daoine an-chairdiúil freisin.

4 Táim i mo chónaí in eastát tithíochta ar imeall an bhaile.

8 Chomh maith leis sin, is aoibhinn liom dul ag surfáil sa Leacht i rith an tsamhraidh le mo chairde.

5 Is tigh scoite dhá stór é mo thigh.

.Inis

Co an Chláir

7 Tá cúrsa gailf suite cúpla ciliméadar ó mo thigh agus caithim a lán ama ann i rith na laethanta saoire.

6 Tá sé áisiúil¹ a bheith i mo chónaí gar don bhaile mór², mar is féidir liom siúl nó rothaíocht ar scoil agus chuig na háiseanna éagsúla sa bhaile mór.

A Ceisteanna gearra

1. Cathain a bheidh Criostór sé bliana déag d'aois?
2. Déan cur síos ar a theach.
3. Cén fáth a ndeir sé go bhfuil sé áisiúil a bheith ina chónaí gar don bhaile mór?
4. Cá gcaitheann sé a lán ama i rith na laethanta saoire?
5. Cén saghas baile é Inis, dar le Criostór?
6. Cad iad na poist atá ag a thuismitheoirí?

¹ convenient
² close to town
³ especially

B Áiseanna sa cheantar

Meaitseáil na háiseanna thíos leis na pictiúir.

1. lárionad spóirt
2. linn snámha
3. cúirt leadóige
4. cúirt bhabhlála
5. club óige
6. pictiúrlann
7. amharclann
8. músaem/iarsmalann
9. dánlann/gailearaí ealaíne
10. bialann
11. caifé idirlín
12. óstán
13. banc
14. lárionad pobail
15. oifig an phoist
16. ollmhargadh
17. siopa grósaera
18. siopa nuachtán
19. siopa éadaigh
20. siopa bróg
21. siopa crua-earraí
22. cógaslann
23. gruagaire
24. ospidéal
25. stáisiún na nGardaí
26. stáisiún dóiteáin
27. raon rothaíochta
28. raon reatha
29. teach tábhairne
30. teach altranais

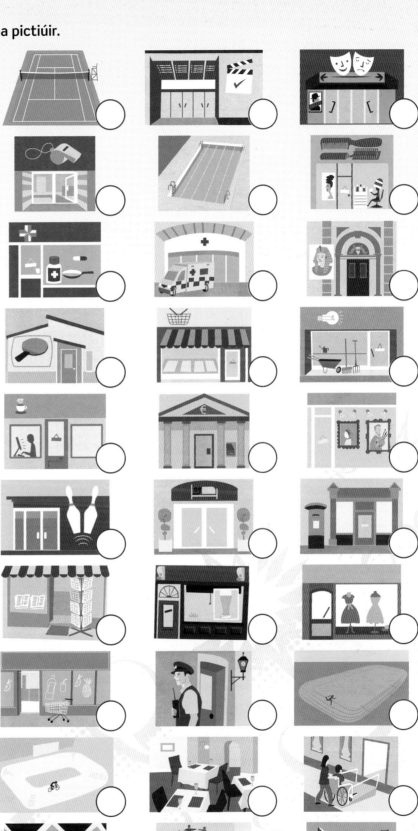

Feasacht teanga/Cúinne na gramadaí

Cá bhfuil tú i do chónaí?

Tabhair faoi deara an aidiacht shealbhach sna habairtí seo a leanas:

Táim i mo chónaí i gContae Luimnigh.

Tá tú i do chónaí i gContae Chiarraí.

Tá sé ina chónaí i gContae na Gaillimhe.

Tá sí ina cónaí i gContae Dhún na nGall.

Táimid inár gcónaí i gContae Bhaile Átha Cliath.

Tá sibh in bhur gcónaí i gContae Phort Láirge.

Tá siad ina gcónaí i gContae Loch Garman.

Cá bhfuil tú i do chónaí?

 'Táim i mo chónaí i gContae Luimnigh': Féach ar leathanach 461, Aonad 10 le haghaidh nótaí agus cleachtaí breise ar an Aidiacht Shealbhach.

Tá dhá shlí eile ann chun an rud céanna a rá:

Cá bhfuil cónaí ort? Tá cónaí orm i mBaile Átha Cliath.	Cá gcónaíonn tú? Cónaím i Luimneach.
Tá cónaí ort ...	Cónaíonn tú ...
Tá cónaí air ...	Cónaíonn sé ...
Tá cónaí uirthi ...	Cónaíonn sí ...
Tá cónaí orainn ...	Cónaímid ...
Tá cónaí oraibh ...	Cónaíonn sibh ...
Tá cónaí orthu ...	Cónaíonn siad ...

Freagraí samplacha:

- Táim i mo chónaí i sráidbhaile.
- Tá cónaí orm i mbaile mór.
- Cónaím sa chathair.
- Tá mé i mo chónaí i mbruachbhaile.
- Cónaímid i lár na tuaithe.

Rialacha a bhaineann le logainmneacha

i	Roimh chonsan: urú	Roimh ghuta: in
Mar shampla:	• Baile Átha Cliath → i mBaile Átha Cliath • Port Láirge → i bPort Láirge • Gaillimh → i nGaillimh	• Ard Mhacha → in Ard Mhacha • Uachtar Ard → in Uachtar Ard • Inis Córthaidh → in Inis Córthaidh
i + an = sa	Roimh chonsan: séimhiú	Roimh ghuta: san Roimh f: san + séimhiú
Mar shampla:	• an Caisleán Nua → sa Chaisleán Nua • an Muileann gCearr → sa Mhuileann gCearr	• an Ard Mór → san Ard Mór • an Uaimh → san Uaimh • an Fál Mór → san Fhál Mór
i + na = sna	Roimh chonsan	Roimh ghuta
	• na Cealla Beaga → sna Cealla Beaga • na Sceirí → sna Sceirí	• na hArda → sna hArda

I gcás ainmneacha áirithe deirtear **ar** seachas **i**.

Mar shampla: ar an gCeathrú Rua

Tabhair faoi deara!

- *Ní féidir séimhiú a chur ar* **l**, **n** *nó* **r** *ná ar* **sc**, **sm**, **sp** *nó* **st**.

  Mar shampla: sa Longfort, sa Nás, sa Spidéal

- *Ní féidir urú a chur ar* **l**, **m**, **n**, **r** *ná* **s**.

  Mar shampla: i Luimneach, i Mainistir na Féile, i Ros Comáin, i Sligeach

C Punann agus leabhar gníomhaíochta

Líon isteach na contaetha thíos ar léarscáil na hÉireann i do phunann agus leabhar gníomhaíochta.

Contaetha na hÉireann

1. Loch Garman   Contae Loch Garman
2. Cill Mhantáin   Contae Chill Mhantáin
3. Baile Átha Cliath   Contae Bhaile Átha Cliath
4. An Mhí   Contae na Mí
5. Lú   Contae Lú
6. Cill Chainnigh   Contae Chill Chainnigh
7. Laois   Contae Laoise
8. Uibh Fhailí   Contae Uibh Fháillí
9. An Iarmhí   Contae na hIarmhí
10. An Longfort   Contae an Longfoirt
11. Cill Dara   Contae Chill Dara
12. Ceatharlach   Contae Cheatharlach
13. Fear Manach   Contae Fhear Manach
14. Aontroim   Contae Aontroma
15. Tír Eoghain   Contae Thír Eoghain
16. An Dún   Contae an Dúin
17. Ard Mhacha   Contae Ard Mhacha
18. Doire   Contae Dhoire
19. Dún na nGall/Tír Chonaill   Contae Dhún na nGaill/Contae Thír Chonaill
20. Muineachán   Contae Mhuineacháin
21. An Cabhán   Contae an Chabháin
22. Maigh Eo   Contae Mhaigh Eo
23. Sligeach   Contae Shligigh
24. Liatroim   Contae Liatroma
25. Ros Comáin   Contae Ros Comáin
26. Gaillimh   Contae na Gaillimhe
27. Ciarraí   Contae Chiarraí

28.	Corcaigh	Contae Chorcaí
29.	Luimneach	Contae Luimnigh
30.	Port Láirge	Contae Phort Láirge
31.	Tiobraid Árann	Contae Thiobraid Árann
32.	An Clár	Contae an Chláir

Na cathracha

Baile Átha Cliath

Béal Feirste

Corcaigh

Luimneach

Port Láirge

Doire

Gaillimh

Cill Chainnigh

Bailte móra in Éirinn

Droichead Átha	Baile Átha Luain
Dún Dealgan	Cluain Meala
Inis	Port Laoise
Trá Lí	Cill Airne
Ceatharlach	Tulach Mhór
Sligeach	Caisleán an Bharraigh
An Muileann gCearr	Béal an Átha
Loch Garman	Mala
Leitir Ceanainn	

Ceantair Ghaeltachta

Contae Dhún na nGall:

Rann na Feirste, Gaoth Dobhair, Baile na Finne, Gleann Cholm Cille, Gort an Choirce, Árainn Mhór, Toraigh

Contae Mhaigh Eo:

Ceathrú Thaidhg, An Eachléim, Tuar Mhic Éadaigh

Contae na Gaillimhe:

An Spidéal, Ros Muc, An Cheathrú Rua, Indreabhán, Ceantar na nOileán, Oileáin Árann

Contae Chiarraí:

Dún Chaoin, Baile an Fheirtéaraigh, Fionntrá, Ceann Trá, Baile na Sceilge, Lios Póil, Oileán Dairbhre

Contae Chorcaí:

Baile Bhuirne, Cúil Aodha

Contae na Mí:

Ráth Chairn

Contae Phort Láirge:

An Rinn

 D **Measúnú rangbhunaithe: Logainmneacha i mo cheantar**

Ullmhaigh PowerPoint faoi na logainmneacha Gaeilge i do cheantar féin agus sa cheantar máguaird agus an bhrí a bhaineann leo. Téigh ar www.logainm.ie chun cuidiú leat.

Cur i láthair B: Saol na tuaithe

- Haigh, a chairde! Ellie De Faoite an t-ainm atá orm.

- Rugadh mé ar an dara lá de mhí Lúnasa, sa bhliain dhá mhíle is a trí.

- Is as Baile an Bhuitléaraigh i gContae Phort Láirge dom.

- Is feirmeoirí iad mo thuismitheoirí. Tá capaill agus caoirigh againn, chomh maith le sicíní agus cearca.

- Is maith liom a bheith ag obair ar an bhfeirm ag an deireadh seachtaine. Is aoibhinn liom na capaill ach go háirithe.

- Tá stáblaí againn do na capaill agus bíonn orm iad a ghlanadh go minic.

- Is breá liom dul ag marcaíocht in éineacht le mo dheirfiúr nuair a bhíonn an t-am againn.

- Taitníonn sé liom a bheith amuigh faoin aer **úr**[4], mar tá sé sláintiúil, agus tugann sé sos dom ó bhrú na scoile.

- Fásann mo thuismitheoirí go leor glasraí ar an bhfeirm chomh maith. Bíonn **sútha talún**[5], trátaí, prátaí, cabáiste agus plandaí eile sa ghairdín gach bliain. Chomh maith leis sin, tá dhá chrann úll ann a bhíonn lán le húlla i rith an fhómhair.

- Is aoibhinn liom saol na tuaithe. Tá mo cheantar an-chiúin agus síochánta agus tá na comharsana cairdiúil chomh maith.

- Tá an t-ádh orm a bheith i mo chónaí anseo!

[4] fresh
[5] strawberries

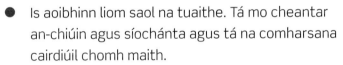

A Ceisteanna gearra

1. Cad as d'Ellie?

2. Cathain a bhíonn sí ag obair ar an bhfeirm?

3. Cad is maith léi a dhéanamh lena deirfiúr?

4. Céard iad na glasraí a fhásann a tuismitheoirí ar an bhfeirm?

5. An maith le hEllie a ceantar cónaithe?

Mo Cheantar, Mo Theach, Cúrsaí Sláinte, An Timpeallacht

B Obair bheirte

Bhí cur i láthair A bunaithe ar shaol an bhaile mhóir agus bhí cur i láthair B bunaithe ar shaol na tuaithe. In bhur mbeirteanna, déanaigí comparáid idir saol na cathrach/saol an bhaile mhóir agus saol na tuaithe.

1. Scríobh síos trí bhuntáiste agus trí mhíbhuntáiste a bhaineann le saol na cathrach agus saol na tuaithe.

2. An bhfuil saol na cathrach nó saol na tuaithe níos fearr, dar libh?

3. Roinnigí bhur dtuairimí leis an rang.

Déan cur síos ar do cheantar.

Cuardach foclóra

Cuardaigh www.focloir.ie nó i d'fhoclóir féin muna dtuigeann tú na focail thíos.

An bhfuil do cheantar ... ?

Tá mo cheantar ...

- ciúin agus suaimhneach
- gnóthach agus torannach
- go hálainn
- iargúlta
- gránna

Cén sórt bialann atá agaibh sa bhaile mór?

I mo cheantar, tá ...

- bialann Iodálach

- bialann Théalannach

- bialann Indiach

- bialann mhearbhia

- bialann Shíneach

- caifé

C Cad iad na siopai atá ann i lár an bhaile mhóir?

Meaitseáil na focail leis na pictiúir thíos.

1. siopa grósaera
2. siopa torthaí agus glasraí
3. siopa búistéara
4. ollmhargadh
5. bácús
6. siopa nuachtán
7. cógaslann
8. siopa crua-earraí
9. siopa éadaigh
10. siopa ilranna
11. siopa troscáin
12. siopa seodóra
13. siopa peataí
14. siopa ceardaíochta
15. siopa ceoil
16. siopa spóirt

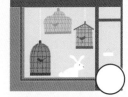

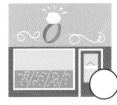

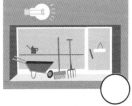

An mbíonn fadhbanna agaibh sa bhaile mór/ sa chathair/sa cheantar?

- **Ar an dea-uair**[6], ní bhíonn mórán **fadhbanna**[7] sa cheantar seo.
- Ó am go ham, bíonn daoine óga ag ól **faoi aois**[8] agus ag glacadh drugaí.
- Bíonn fadhb an bhruscair go dona freisin.
- Uaireanta tarlaíonn **foréigean**[9] sa cheantar.
- Tarlaíonn **gadaíocht**[10] ann ó am go chéile.
- Tosaíonn **roinnt daoine**[11] ag troid nuair a bhíonn siad **ar meisce**[12].

 A Punann agus leabhar gníomhaíochta: Obair ealaíne

Téigh chuig do phunann agus leabhar gníomhaíochta agus tarraing léarscáil den bhaile mór nó den chathair is cóngaraí duit. Ná déan dearmad na focail Ghaeilge ar fad a scríobh isteach ar an léarscáil, mar shampla ionad siopadóireachta.

[6] fortunately
[7] problems
[8] underage
[9] violence
[10] robbery
[11] some people
[12] drunk

B Cur i láthair/Obair dhigiteach

Bunaithe ar na nótaí thuas, déan cur síos ar do cheantar i bhfoirm dhigiteach le híomhánna agus le cur síos scríofa. Ansin, déan an cur i láthair os comhair do ghrúpa féin nó os comhair an ranga.

  ## C Punann agus leabhar gníomhaíochta: Féinfheasacht an fhoghlaimeora

Scríobh isteach an leagan ceartaithe den chur i láthair i do phunann agus leabhar gníomhaíochta. Comhlánaigh an leathanach féinmheasúnaithe a ghabhann leis.

Cur i láthair C: An teach

- Is mise Fiachra. Is as Sligeach dom.
- Tá cónaí orm i sráidbhaile, deich nóiméad sa charr ó bhaile Shligigh.
- An Leathros is ainm don sráidbhaile agus tá sé suite cois farraige.
- Is aoibhinn liom mo theach. Tá radharc álainn againn ar an bhfarraige agus is aoibhinn liom dul ag surfáil freisin. Mar sin, tá sé áisiúil a bheith i mo chónaí in aice na trá.
- Is teach scoite, dhá stór é mo theach.
- Tá gairdíní móra againn os comhair agus ar chúl an tí.
- Tá garáiste ar thaobh an tí agus coinním mo rothar agus **mo chuid trealaimh**[13] surfála ann.
- Thíos staighre tá cistin mhór, seomra suí, seomra teilifíse, seomra folctha agus oifig m'athar.
- Thuas staighre tá ceithre sheomra leapa, dhá sheomra folctha agus seomra cluichí.
- Cónaíonn mo sheanmháthair in éineacht linn ó fuair mo dhaideó bás. Tá sí an-chneasta agus is aoibhinn liom í a bheith sa teach linn.
- Tá cónaí ar mo chara Tom sa teach **béal dorais**[14]. Taitníonn mo cheantar go mór liom.

[13] my equipment
[14] next door

A Ceisteanna gearra

1. Cad is ainm don sráidbhaile ina bhfuil cónaí ar Fhiachra?
2. Cén caitheamh aimsire atá ag Fiachra?
3. Cén sórt tí ina gcónaíonn sé?
4. Céard a choinníonn Fiachra sa gharáiste?
5. Luaigh na seomraí atá thuas staighre i dteach Fhiachra.
6. Cá gcónaíonn a chara Tom?

Cuardach foclóra

Cuardaigh www.focloir.ie nó i d'fhoclóir féin muna dtuigeann tú na focail thíos.

Cén saghas tí é do theach?

> teach sraithe   > teach leathscoite   > teach scoite   > árasán

> bungaló   > teach dhá urlár   > teach trí urlár

Cá bhfuil do theach?

Tá an teach ...

> in eastát tithíochta
> ar phríomhbhóthar
> ar thaobh-bhóthar
> ar shráid ghnóthach
> ar shráid chiúin
> ar shráid chaoch

Tá an teach ...

> i ngar do stad an bhus
> i bhfad ón stáisiún traenach
> in aice leis an scoil
> i ngar do mo chairde

Tá mo theach suite ...

> faoin tuath   > sa chathair   > i lár na cathrach

 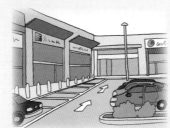 

> sna bruachbhailte   > ar imeall na cathrach   > i mbaile mór

> i sráidbhaile   > cois farraige

B Na seomraí sa teach

Meaitseáil na seomraí thíos leis na pictiúir.

1. cistin
2. seomra bia
3. seomra suí
4. seomra áise
5. seomra súgartha
6. grianán
7. seomraí codlata/seomraí leapa
8. seomra folctha
9. áiléar
10. garáiste
11. gairdín tosaigh
12. gairdín cúil/cúlghairdín

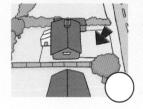   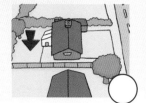

C Obair tí

Cé na jabanna a dhéanann tú timpeall an tí? Meaitseáil na pictiúir thíos leis an nGaeilge. Scríobh isteach an litir chuí sa ghreille thíos. (Féach siar ar na rialacha a bhaineann le briathra san aimsir láithreach in Aonad 1.)

A.   B.   C.   D.   E.

F.   G.   H.  I.   J.

1. Déanaim an iarnáil.
2. Líonaim/Folmhaím an miasniteoir.
3. Ním na fuinneoga.
4. Tógaim amach na málaí bruscair.
5. Déanaim an chócaireacht.
6. Scuabaim na hurláir.
7. Ním na gréithe.
8. Déanaim an folúsghlanadh.
9. Cóirím na leapacha.
10. Déanaim an gharraíodóireacht.

D Cur i láthair/Obair dhigiteach

Bunaithe ar na nótaí thuas, déan cur síos digiteach ar do theach le híomhánna agus cur síos scríofa. Déan an obair sin a chur i láthair do do ghrúpa féin nó don rang.

  E Punann agus leabhar gníomhaíochta: Féinfheasacht an fhoghlaimeora

Scríobh isteach an leagan ceartaithe den chur i láthair i do phunann agus leabhar gníomhaíochta. Comhlánaigh an leathanach féinmheasúnaithe a ghabhann leis.

   F Punann agus leabhar gníomhaíochta: Obair bheirte

Téigh chuig do phunann agus leabhar gníomhaíochta. Freagair na ceisteanna ansin ó bhéal i mbeirteanna agus i bhfoirm scríofa.

  G Punann agus leabhar gníomhaíochta: Obair ealaíne

Téigh chuig do phunann agus leabhar gníomhaíochta. Tarraing pictiúr den teach a thaitneodh leat nuair a bheifeá ní ba shine agus tú ag obair. Is féidir an teach a dhearadh agus ansin é a chur i láthair do do ghrúpa sa rang nó don rang ar fad. Déan cur síos ó bhéal ar an teach do do chairde.

 H Obair dhigiteach

Ag úsáid www.tellagami.com nó www.photostory.com, déan cur síos ar do theach agus ar do cheantar.

 Féinfheasacht an fhoghlaimeora: Féinmheasúnú

Cé chomh sásta is atá tú go bhfuil tú in ann caint agus scríobh faoi do cheantar agus faoi do theach? Cuir tic sa bhosca cuí.

Mo Cheantar, Mo Theach, Cúrsaí Sláinte, An Timpeallacht

CÉIM 3: CUMAS CUMARSÁIDE – AN CHLUASTUISCINT

Cuid A Réamhobair

Cuardach foclóra

Cuardaigh na focail seo a leanas i d'fhoclóir nó ar an suíomh www.focloir.ie más gá:

> tuath   > radhairc   > scartha   > tranglam tráchta

**CD 2
12–14**

Cuid A

Cloisfidh tú giotaí cainte ó bheirt daoine óga sa chuid seo. Cloisfidh tú gach giota díobh **faoi dhó**. Beidh sos ann tar éis gach giota a chloisfidh tú chun seans a thabhairt duit na ceisteanna a bhaineann leo a fhreagairt. Éist go cúramach leis na giotaí cainte agus líon isteach an t-eolas atá á lorg sna greillí ag 1 agus 2 thíos.

1 **An chéad chainteoir (Canúint Chonnacht)**

Ainm:	*Seána Nic Pháidín*
Cad as do Sheána? from	*Spidéal, ✓*
Breac síos píosa amháin eolais faoin Spidéal.	*Gailleamh, baile ~~beag~~ beag tuaith su Gaeltcht*
Cén teanga a labhraítear sna siopaí agus sna scoileanna?	*Gaeilge ✓*
Cén fáth a dtugann turasóirí cuairt ar an Spidéal, dar le Seána? tourist visit	*fa fair alain radhairc áille a fheachail*

2 **An dara cainteoir (Canúint Uladh)**

Ainm:	*Daithí Ó Loideáin*
Cad as do Dhaithí?	*cathair na dhoireadh, Letir Ceanainn, ~~Bun~~ Gairedh Gwlead*
Cén fáth a gcaitheann Daithí a lán ama i Leitir Ceanainn?	*maitair a ina conai í Leitir ceanainn*
Cén spórt a imríonn Daithí?	*sacar*
Cé mhéad ama a ghlacann sé ar Dhaithí dul ar scoil i dtranglam tráchta? time school traffic	*deich uair leath uair*

Cuid B Réamhobair

Cuardach foclóra

Cuardaigh na focail seo a leanas i d'fhoclóir nó ar an suíomh www.focloir.ie más gá:

> baile comaitéireachta   > cóngarach   > tarrtháil   > tuile/tuilte

CD 2
15–17

Cuid B

Cloisfidh tú fógra agus píosa nuachta sa chuid seo. Cloisfidh tú gach giota díobh **faoi dhó**. Éist go cúramach leo. Beidh sos ann tar éis gach ceann díobh chun seans a thabhairt duit na ceisteanna a bhaineann leo a fhreagairt.

Fógra (cainteoir ó chúige Laighean)

1. Cathain a bhuaigh Baile na Sceirí Comórtas na mBailte Slachtmhara?

   win

   dhā   bhlian   is   a   sē   mhí x   2016 ✓

2. Cén sórt baile é Baile na Sceirí, dar leis an bhfógra seo?

   tourisearactar ✓ uad agus   ~~acomintearact~~
   big increase *cost*

3. Cén fáth a bhfuil méadú mór ar chostas an lóistín le blianta anuas i mBaile na Sceirí?

   cōngarach   i lar   na   cathrach ✓
   beside

Píosa nuachta (Canúint Uladh)

1. Ainmnigh na contaethha ina ndearna an bháisteach a lán damáiste.

   h cunnal Dūn   na   nGall ✓, Tír" eoghn ✓   Dione

2. (a) Cé mhéad ama a ghlac sé sular scriosadh tithe agus bóithre le tuilte?

   naoi   nuara ✓

   (b) Cé mhéad duine a bhí sáinnithe ina gcuid carranna le linn thitim na báistí.

   céad   eluine

Cuid C Réamhobair

Cuardach foclóra

Cuardaigh na focail seo a leanas i d'fhoclóir nó ar an suíomh www.focloir.ie más gá:

> feitheoireacht   > dála an scéil   > scanrúil   > coicís

CD 2
18–22

Cuid C

Cloisfidh tú dhá chomhrá sa chuid seo. Cloisfidh tú gach comhrá díobh **faoi dhó**. Cloisfidh tú an comhrá ó thosach deireadh an chéad uair. Ansin cloisfidh tú ina dhá mhír é an dara huair. Beidh sos ann tar éis gach míre díobh chun seans a thabhairt duit an cheist a bhaineann leis an mír sin a fhreagairt.

Comhrá a hAon (Canúint Chonnacht)

An chéad mhír:

1. Cén fáth nach mbeidh Éabha ag an dioscó, dar léi féin?

    _ceapain_____a_____thuazmitheairí____geol___mara___

    _a róg - óg ✓_____

An dara mír:

2. Cé mhéad duine óg a bhí ag ól alcóil, dar le hÉilis?

    _a_____lám_____r_____uopta_____mhí____ceathair ✓_____

3. Cén cuireadh a thugann Éilis d'Éabha?

    _pictallínn_____pictarlánn✓_____

Comhrá a Dó (Canúint na Mumhan)

An chéad mhír:

1. Cá raibh Fiachra nuair a bhuail carr é?

    _rith saghais_____na tracto____

    _reathach____a____scoil✓___

An dara mír:

2. Cén chaoi ar bhraith Fiachra nuair a dhúisigh sé san ospidéal, dar leis féin?

    _breaith_____é_____thien____un____brása___

    _pian____ufasach___

3. Cathain a tháinig Fiachra abhaile ón ospidéal?

    _sit___ceart_____aru___imié_____

A Punann agus leabhar gníomhaíochta: Féinfheasacht an fhoghlaimeora

Téigh chuig do phunann agus leabhar gníomhaíochta. Scríobh síos 10 bhfocal/nath nua a d'fhoghlaim tú ón gcluastuiscint thuas.

  B Féinfheasacht an fhoghlaimeora

Scríobh síos 5 rud (nathanna nó focail) a chuala tú sa chluastuiscint i gcanúint dhifriúil le do chanúint féin.

Chuala mé …	I mo chanúint féin, déarfá …
Sampla: **Cuidíonn siad**	*Cabhraíonn siad*
1.	
2.	
3.	
4.	
5.	

 Féinfheasacht an fhoghlaimeora: Féinmheasúnú

Cé chomh sásta is atá tú go bhfuil tú in ann foclóir agus nathanna a bhaineann leis na topaicí 'mo cheantar, mo theach agus cúrsaí sa cheantar' a thuiscint ó chluas? Cuir tic sa bhosca cuí.

Mo Cheantar, Mo Theach, Cúrsaí Sláinte, An Timpeallacht

CÉIM 4: CUMAS CUMARSÁIDE – AN LÉAMHTHUISCINT

Céim 4: Na Torthaí Foghlama
Cumas Cumarsáide: 1.6, 1.7, 1.8, 1.11, 1.14, 1.15, 1.16, 1.18, 1.19, 1.20, 1.21, 1.22, 1.23, 1.28
Feasacht Teanga agus Chultúrtha: 2.2, 2.3, 2.4
Féinfheasacht an Fhoghlaimeora: 3.3, 3.4, 3.6

Léamhthuiscint A:
Ospidéal Mhuire na Leanaí, Cromghlinn

Léamh

Is é Ospidéal Mhuire na Leanaí Cromghlinn an t-ospidéal is mó do pháistí in Éirinn. Cuireadh tús le **cúram**[1] páistí ann sa bhliain 1956. Tá suas le 1,200 duine ar fad ag obair san ospidéal agus thart ar 240 leaba ann. Tá sé beartaithe seirbhísí an ospidéil **a aistriú**[2] go dtí Campas Ospidéil Naomh Séamas, áit a n-osclófar ospidéal nua do leanaí sa bhliain 2020.

[1] care
[2] to move
[3] well known
[4] a lifting of the spirits
[5] in their time of hardship
[6] generosity
[7] donation

Is minic a thugann daoine **aitheanta**[3] agus cáiliúla cuairt ar leanaí breoite san ospidéal. Mar shampla, gach bliain, i mí Mheán Fómhair nó Dheireadh Fómhair, buaileann buaiteoirí chluiche ceannais na hÉireann isteach. Tugann Breandán Ó Cearúil, an fuirseoir cáiliúil ó *Mrs Brown's Boys*, cuairt bhliantúil ar na páistí fosta. Is minic a thugann sé daoine aitheanta eile in éineacht leis ar an gcuairt agus níl aon dabht ach go dtugann sé seo **ardú meanma**[4] do mhuintir an ospidéil ar fad **in am an ghátair dóibh**[5].

Braitheann an t-ospidéal ar **fhlaithiúlacht**[6] an phobail in Éirinn chun cuidiú leo cóir leighis den chéad scoth a chur ar fáil do na hothair óga a bhíonn faoina gcúram. Is féidir le duine ar bith **tabhartas**[7] a dhéanamh trí chuairt a thabhairt ar an suíomh *The Children's Medical & Research Foundation*.

 Cleachtadh scríofa: Ceisteanna gearra

1. Scriobh síos pointe amháin eolais faoi Ospidéal Mhuire na Leanaí, Cromghlinn.
2. Céard atá beartaithe don ospidéal sa bhliain 2020?
3. Cé a thugann cuairt ar an ospidéal gach bliain i mí Mheán Fómhair nó Deireadh Fómhair?
4. Cé hé Breandán Ó Cearúil?
5. Conas is féidir le daoine tabhartas a dhéanamh don ospidéal?

Léamhthuiscint B:
Teach Chathair na Mart

Léamh

Tógadh an teach aitheanta Teach Chathair na Mart san ochtú haois déag. Beirt **ailtirí**[8] cáiliúla a rinne an teach a dhearadh. Tá Teach Chathair na Mart ar cheann de na tithe is áille agus is ársa in Éirinn agus é ar oscailt don phobal. Tá an teach suite i bh**fearainn páirce**[9] mór agus tá radharc fíorálainn ón teach ar Chuan Mó, ar Chruach Phádraig, ar an Aigéan Atlantach, ar Acaill agus ar Oileán Chliara. I measc na n-áiseanna ar fad atá sa teach agus ina thimpeallacht, tá loch, **léibhinn**[10] agus gairdíní ollmhóra.

Muintir De Brún a thóg an teach agus ba leis an teaghlach sin an teach go dtí gur díoladh é sa bhliain 2017 le gnó áitiúil *The Hughes Group*. Shíolraigh muintir De Brún ón **mbanríon phíoráide**[11] Gráinne Mhaol. Tá **dealbh cré-umha**[12] den bhanríon chéanna, leis an ealaíontóir Michael Cooper, le feiceáil ar thailte an tí fós sa lá atá inniu ann.

Tugann na mílte cuairt ar an teach agus ar na tailte timpeall air sa lá atá inniu ann. Is féidir taitneamh a bhaint as an teach stairiúil féin nó as na nithe is díol spéise do thurasóirí taobh amuigh, amhail bádóireacht, boghdóireacht, preabchaisleáin, treodóireacht, rothaíocht, turas traenach agus siúlóidí. Deirtear go bhfuil rud éigin ann do chách.

8 architects
9 parkland setting
10 terraces
11 pirate queen
12 bronze statue

 A **Cleachtadh scríofa: Ceisteanna gearra**

1. Luaigh dhá phíosa eolais a thugtar dúinn faoi Theach Chathair na Mart.
2. Ainmnigh dhá cheann de na háiseanna atá sa teach.
3. Cén uair a díoladh an teach leis an ngnó áitiúil *The Hughes Group*?
4. Cén bhanríon a bhfuil dealbh di le feiceáil ar thailte an tí?
5. Luaigh trí rud ar féidir le turasóirí taitneamh a bhaint astu má thugann siad cuairt ar an teach.

Féach ar an measúnú rangbhunaithe samplach dar teideal 'Teach Chathair na Mart agus Scéal Ghráinne Mhaol' ar fhístéip an mhúinteora sa rang. D'fhéadfadh sibh measúnú rangbhunaithe a dhéanamh ar áit nó rud spéisiúil in bhur gceantair féin!

B Obair ghrúpa

I ngrúpaí, déanaigí taighde ar áras nó ar shuíomh stairiúil in bhur gceantar. Déanaigí an obair a roinnt ó thaobh taighde de agus ó thaobh chur i láthair an togra de. Déanaigí iarracht pictiúir a fháil a théann le stair agus scéal an árais. D'fhéadfadh sibh an taighde a dhéanamh sa leabharlann áitiúil nó cuireadh a thabhairt do staraí áitiúil teacht isteach chun labhairt leis an rang.

Léamhthuiscint C:
Na stoirmeacha a bhuail Texas

Léamh

1. Ba é hairicín Harvey an hairicín ba chumhachtaí a bhuail stát Texas le caoga bliain anuas. Thosaigh an hairicín ag bualadh an stáit go fíochmhar Dé hAoine, an 24ú Lúnasa 2017 agus lean sí ar aghaidh ag déanamh níos mó damáiste ar feadh breis is seachtain. Leis na tuilte móra a tharla, fágadh suas le ceathrú míle teach gan leictreachas agus díbríodh breis is 30,000 duine óna dtithe, toisc na tithe a bheith scriosta ag an drochaimsir.

2. Ba é baile Rockport a d'fhulaing na héifeachtaí ba mheasa den stoirm. Sular shroich an hairicín an baile sin, d'iarr méara an bhaile ar dhaoine a n-ainmneacha a scríobh ar a ngéaga ionas go n-aithneofaí iad i gcás báis nó gortaithe. Rinneadh a lán damáiste do mheánscoil, d'óstán agus do theach altranais sa bhaile mór. Bhí foirgnimh phoiblí in úsáid mar fhothain do dhaoine.

3. Tá daonra thart ar dheich míle ag baile Rockport agus deirtear gur theith breis is dhá thrian den daonra sin ón gceantar. Cuidíodh le seandaoine agus daoine eile sna haonaid altranais imeacht ar dtús, a dúirt Steve Sims, ceannaire deonach na seirbhíse dóiteáin. Bhuail an stoirm an cósta oíche Dé hAoine le gustaí gaoithe d'fhórsa 130 míle san uair.

4. Nuair a thug Donald Trump, Uachtarán Mheiriceá cuairt ar Texas, gheall sé go dtabharfaí gach cabhair agus tacaíocht do mhuintir Texas. Dúirt sé gurbh í sin an tragóid ba mhó a bhuail na Stáit Aontaithe ó toghadh mar uachtarán é. Ní raibh teagmháil ar bith ag mórán daoine sa cheantar leis an gcuid eile den domhan toisc nach raibh solas, idirlíon ná raidió ag feidhmiú ina dtithe.

5. Chuir sé muintir Mheiriceá ag cuimhneamh arís ar hairicín Katrina, a bhuail New Orleans agus a d'fhág tuilte agus scrios mór eile ina diaidh. Fuair thart ar 1,800 duine bás sa stoirm sin agus cuireadh i leith an rialtais go raibh siad rómhall ag cur na seirbhísí tarrthála ar fáil d'íobartaigh na stoirme sin. Ar aon slí, léiríonn sé seo dúinn nach féidir cumhacht an nádúir a sheachaint ná a throid!

Scríobh

Ⓐ Freagair na ceisteanna seo a leanas:

1. (a) Cathain a thosaigh an hairicín ag bualadh stát Texas? (Alt 1)

    (b) Cé mhéad teach a bhí fágtha gan leictreachas le linn na stoirme? (Alt 1)

2. (a) Cén fáth ar iarr méara an bhaile ar dhaoine a gcuid ainmneacha a scríobh ar a ngéaga? (Alt 2)

    (b) Ainmnigh dhá cheann de na foirgnimh a ndearnadh a lán damáiste dóibh. (Alt 2)

3. (a) Cé hé Steve Sims? (Alt 3)

    (b) Cé chomh láidir is a bhí an stoirm a bhuail an cósta oíche Dé hAoine? (Alt 3)

4. (a) Céard a gheall Donald Trump do mhuintir Texas nuair a thug sé cuairt ar an stát? (Alt 4)

    (b) Cén fáth nach raibh teagmháil ar bith ag mórán daoine sa cheantar leis an gcuid eile den domhan? (Alt 4)

5. (a) Cén rud a cuireadh i leith an rialtais maidir le hairicín Katrina? (Alt 5)

    (b) Céard a léiríonn stoirmeacha mar sin dúinn, dar leis an scríbhneoir? (Alt 5)

6. Aimsigh sampla amháin den bhriathar saor, aimsir chaite agus sampla amháin den tuiseal ginideach, uimhir uatha sa sliocht thuas.

Ⓑ Punann agus leabhar gníomhaíochta: Féinfheasacht an fhoghlaimeora

> Téigh chuig do phunann agus leabhar gníomhaíochta. Scríobh síos 10 bhfocal/nath nua a d'fhoghlaim tú ón léamhthuiscint thuas.

Léamhthuiscint D:
Scéal Reema na Siria

Léamh

1. Cónaíonn Reema, atá dhá bhliain déag d'aois ar an gcéad urlár d'fhoirgneamh atá fós á thógáil sa Liobáin. Tá cairn bhrablaigh agus choincréite ar fud na háite. Níl fuinneog ar bith ann agus gan amhras ní áit chompordach í. Codlaíonn sí i seomra beag lena teaghlach ar fad. Is minic a thagann francaigh isteach san fhoirgneamh.

2. Bliain ó shin, scriosadh a teach sa tSiria leis na buamaí ar fad a tharla ina baile dúchais. Ina dhiaidh sin, thosaigh sí ag taisteal ó áit go háit lena teaghlach. Is duine í den 1.6 milliún duine a theith ón tSiria ar thóir dídine sa Liobáin,

san Iordáin agus i dtíortha eile. Meastar, roimh dheireadh na bliana go mbeidh breis is 3.5 milliún duine ar fad imithe ón tír.

3. 'Thaitin an scoil go mór liom roimh theacht anseo,' a deir Reema, 'ach anois nuair a dhúisím ar maidin, feicim daoine óga ar a mbealach ar scoil agus tosaím ag caoineadh. Cén fáth nach bhfuil sé de cheart agamsa dul ar scoil? Suím síos ag breathnú orthu agus cuimhním siar ar an saol a bhí ann i mo thír dhúchais sular thosaigh an foréigean.

4. 'Tá eagla orm ligean d'aon duine grianghraf a ghlacadh díom, mar táim neirbhíseach go dtarlóidh rud éigin dúinn má fhaighimid an deis filleadh abhaile.' Ní hé Reema a fíorainm, ach tá an cailín seo ag scríobh filíochta faoin bhfonn ó chroí atá uirthi dul abhaile. Tá an teaghlach ina gcónaí i gcoinníollacha uafásacha i gcathair Tripoli.

5. 'Braithim uaim mo chairde go mór,' a deir Reema. 'Braithim uaim mo chuid múinteoirí agus mo chuid ranganna – na ranganna Béarla, na ranganna Araibise, na ranganna ceoil. Anois, suím anseo gach aon lá.'

6. Seo giota ó cheann de na dánta a scríobh Reema:

Nuair a thógaim mo pheann luaidhe agus mo chóipleabhar i mo lámh,
Céard faoi a scríobhfaidh mé?

An scríobhfaidh mé faoi mo scoil,
mo theach nó an talamh ónar díbríodh mé?

Cathain a rithfidh mé ar scoil arís,
mo mhála ar mo dhroim?

Níl mo scoil ann a thuilleadh
Faoin am seo tá an léirscrios i ngach áit
Níl na daltaí ann
Níl an cloigín scoile ag bualadh
Níl ach clocha caite ar shuíomh mo scoile anois.

An scríobhfaidh mé faoi mo theach nach bhfeicim níos mó,
áit nach féidir liom dul?
An scríobhfaidh mé faoi bhláthanna a bhfuil boladh an léirscriosta uathu?

An bhfillfidh mé ort choíche
a thír álainn na Siria?
Bhí mo chloigeann líonta le físeanna is mianta
nach gcomhlíonfar go deo.

Scríobh

Ⓐ Freagair na ceisteanna seo a leanas:

1. (a) Cén saghas foirgnimh ina gcónaíonn Reema faoi láthair? (Alt 1)

   (b) Cad iad na hainmhithe a thagann isteach san fhoirgneamh go minic? (Alt 1)

2. (a) Cad a tharla i mbaile dúchais Reema bliain ó shin? (Alt 2)

   (b) Cé mhéad duine a cheaptar a bheidh imithe ón tSiria roimh dheireadh na bliana? (Alt 2)

3. (a) Cad a tharlaíonn do Reema nuair a dhúisíonn sí ar maidin agus nuair a fheiceann sí daoine óga ag dul ar scoil? (Alt 3)

   (b) Céard air a gcuimhníonn sí agus í ag féachaint ar na páistí ag dul ar scoil? (Alt 3)

4. (a) Cén fáth a bhfuil eagla ar Reema ligean d'aon duine grianghraf a ghlacadh di? (Alt 4)

   (b) Cén chathair ina gcónaíonn an teaghlach? (Alt 4)

5. (a) Conas a mhothaíonn Reema faoina cairde agus faoina múinteoirí ón tSiria? (Alt 5)

   (b) Céard atá ar shuíomh na scoile anois, dar le Reema sa dán beag thuas? (Alt 5)

6. Conas a bhraitheann tú féin faoi chás Reema? Cuir fáthanna le do fhreagra.

  Ⓑ Punann agus leabhar gníomhaíochta: Féinfheasacht an fhoghlaimeora

Téigh chuig do phunann agus leabhar gníomhaíochta. Scríobh síos 10 bhfocal/nath nua a d'fhoghlaim tú ón léamhthuiscint thuas.

Ⓒ Obair bheirte

Téigí ar líne sa seomra ríomhaireachta agus déanaigí iarracht scéal eile a fháil faoi dhuine óg atá ina t(h)eifeach in Éirinn nó i dtír eile. Déanaigí cur síos ar a s(h)aol don rang tar éis daoibh an cuntas a scríobh i nGaeilge. D'fhéadfadh sibh úsáid a bhaint as na suíomhanna www.tuairisc.ie nó www.nos.ie nó suíomh idirlín ar bith eile chun cuidiú libh an obair a chur i gcrích.

Féinfheasacht an fhoghlaimeora: Féinmheasúnú

Cé chomh sásta is atá tú go bhfuil tú in ann foclóir agus nathanna a bhaineann leis na hábhair sna léamhthuiscintí thuas a thuiscint? Cuir tic sa bhosca cuí.

Achoimre ar an aimsir chaite

An chéad réimniú

Briathra a bhfuil siolla amháin iontu agus briathra a bhfuil dhá shiolla iontu agus síneadh fada ar an dara siolla atá sa chéad réimniú.

An aimsir chaite

Briathra a bhfuil consan mar thús orthu	Briathra a bhfuil guta mar thús orthu	Briathra a bhfuil f mar thús orthu
séimhiú ar an gconsan	d' roimhe	séimhiú ar an **f** agus d' roimhe

Mar shampla:

ghlan mé	d'ól mé	d'fhág mé

I gcomhair 'muid' nó 'sinn'

Más briathar é a bhfuil consan leathan (consan a bhfuil a, o nó u díreach roimhe) mar chríoch air, cuirimid -amar leis.	Más briathar é a bhfuil consan caol (consan a bhfuil i nó e díreach roimhe) mar chríoch air, cuirimid -eamar leis.

Mar shampla:

ghlanamar	chuireamar
d'ólamar	d'éisteamar
d'fhágamar	d'fhilleamar

An saorbhriathar

Más briathar é a bhfuil consan leathan mar chríoch air, cuirimid -adh leis.	Más briathar é a bhfuil consan caol mar chríoch air, cuirimid -eadh leis.

Mar shampla:

glanadh	cuireadh
óladh	éisteadh
fágadh	filleadh

Ní chuirimid séimhiú ar an saorbhriathar san aimsir chaite agus ní chuirimid d' roimhe.

An fhoirm dhiúltach

Briathra a bhfuil consan mar thús orthu	Briathra a bhfuil guta mar thús orthu
níor + séimhiú	níor

Mar shampla:

níor ghlan mé   **níor** ól mé

níor fhan mé   **níor** éist mé

An fhoirm cheisteach

Briathra a bhfuil consan mar thús orthu	Briathra a bhfuil guta mar thús orthu
ar + séimhiú	ar

Mar shampla:

ar ghlan sé?   **ar** ól sé?

ar fhan tú?   **ar** éist tú?

Féach ar leathanach 440, Aonad 10 le haghaidh nótaí ar na briathra eisceachtúla sa chéad réimniú. Tá cleachtaí breise le fáil ar leathanach 441 freisin.

An dara réimniú

Briathra a bhfuil dhá shiolla iontu agus a bhfuil **-igh**, **-il**, **-in**, **-ir** nó **-is** mar chríoch orthu (chomh maith le grúpa beag eile) atá sa dara réimniú.

Briathra a bhfuil consan mar thús orthu	Briathra a bhfuil guta mar thús orthu	Briathra a bhfuil f mar thús orthu
séimhiú ar an gconsan	d' roimhe	séimhiú ar an **f** agus d' roimhe

Mar shampla:

cheannaigh mé   d'imigh mé   d'fhógair mé

I gcomhair 'muid' nó 'sinn'

1. Maidir leis na briathra a bhfuil **-igh** nó **-aigh** mar chríoch orthu, bainimid an chríoch sin chun an fhréamh (*the root*) a aimsiú.

    Mar shampla:

    ● Dúisigh: Is é **dúis-** an fhréamh.

    ● Ceannaigh: Is é **ceann-** an fhréamh.

Mo Cheantar, Mo Theach, Cúrsaí Sláinte, An Timpeallacht

2. Maidir leis na briathra a bhfuil **-il** nó **-ail**, **-in** nó **-ain**, **-ir** nó **-air** nó **-is** mar chríoch orthu, bainimid an **i** nó an **ai** chun an fhréamh a aimsiú.

   Mar shampla:
   - Imir: Is é **imr-** an fhréamh.
   - Oscail: Is é **oscl-** an fhréamh.

Ansin:

Más consan leathan é consan deiridh na fréimhe, cuirimid -**aíomar** léi.	Más consan caol é consan deiridh na fréimhe, cuirimid -**íomar** léi.

Mar shampla:

d'osclaíomar	d'imríomar
cheannaíomar	dhúisíomar

An fhoirm dhiúltach

Briathra a bhfuil consan mar thús orthu	Briathra a bhfuil guta mar thús orthu
níor + séimhiú	níor

Mar shampla:

níor cheannaigh mé	**níor** imigh mé

An fhoirm cheisteach

Briathra a bhfuil consan mar thús orthu	Briathra a bhfuil guta mar thús orthu
ar + séimhiú	ar

Mar shampla:

ar cheannaigh tú?	**ar** imigh tú?

 Féach ar leathanach 442, Aonad 10 le haghaidh nótaí ar na briathra eisceachtúla sa dara réimniú. Tá cleachtaí breise le fáil ar leathanach 442 freisin.

Na briathra neamhrialta

Is iad **abair**, **beir**, **bí**, **clois**, **déan**, **faigh**, **feic**, **ith**, **tabhair**, **tar** agus **téigh** na briathra neamhrialta. Foghlaim iad ar leathanach 443.

A **Athraigh na briathra idir na lúibíní go dtí an fhoirm cheart den aimsir chaite:**

1. (Caith) _____ mé fiche euro ar m'fhón póca an tseachtain seo caite.

2. (Féach sinn) _____ ar scannán iontach aréir.

3. (Ní fág) _____ mé mo theach go dtí a naoi a chlog maidin inniu.

4. (Cuir sinn) _____ fios ar na gardaí agus ar an otharcharr nuair a chonaiceamar an timpiste.

5. (Fill) _____ na cailíní ar a dteach agus bhí siad tuirseach traochta.

6. (An ceannaigh) _____ tú an leabhar staire fós?

7. (Fan) _____ mé le mo chara ag stad an bhus.

8. (Ní oscail) _____ mé mo mhála scoile tráthnóna inné mar bhí mé tinn.

9. (Cuir) _____ ar shínteán é agus (tóg) _____ é go dtí an t-ospidéal láithreach.

10. (Gortaigh) _____ mé mo rúitín nuair a bhí mé ag imirt peile inné.

B **Cleachtadh gramadaí**

Scríobh Sorcha cuntas ina dialann ag an deireadh seachtaine faoin samhradh seo caite. Rinne sí botún, áfach, agus scríobh sí na briathra ar fad san aimsir láithreach. Athscríobh an t-alt di agus cabhraigh léi na briathra a chur san aimsir chaite.

Faighimid na laethanta saoire ón scoil ar an gcéad lá de mhí an Mheithimh. Bíonn áthas orm mar ní bhíonn scrúduithe le déanamh agam an samhradh seo caite. Caitheann mé cúpla lá le mo sheanmháthair i mbaile Cheatharlach ar dtús agus ansin téann mé ar saoire go dtí an Spáinn le mo theaghlach. Ceapaimid go raibh an bia go hálainn agus go raibh muintir na Spáinne an-chairdiúil. Ní théann mé thar lear arís i rith an tsamhraidh ach baineann mé taitneamh as an tsaoirse ón scoil agus tugaimid cuairt ar ár ngaolta ar fad in Éirinn. Samhradh iontach taitneamhach a bhíonn agam gan aon agó.

 C Punann agus leabhar gníomhaíochta

Téigh chuig do phunann agus leabhar gníomhaíochta. Scríobh amach na rialacha a bhaineann leis na briathra rialta san aimsir chaite.

Féinfheasacht an fhoghlaimeora: Féinmheasúnú

Cé chomh sásta is atá tú go bhfuil tú in ann na rialacha a bhaineann leis an aimsir chaite a thuiscint agus a úsáid? Cuir tic sa bhosca cuí.

CÉIM 6: CUMAS CUMARSÁIDE – AN CHEAPADÓIREACHT

Céim 6: Na Torthaí Foghlama
Cumas Cumarsáide: 1.1, 1.2, 1.6, 1.11, 1.14, 1.15, 1.19, 1.20, 1.21, 1.22, 1.23, 1.25, 1.26, 1.27, 1.28
Feasacht Teanga agus Chultúrtha: 2.1, 2.2, 2.3, 2.4, 2.5
Féinfheasacht an Fhoghlaimeora: 3.1, 3.2, 3.3, 3.4, 3.5, 3.6, 3.8

Scéal/Eachtra

Tabhair faoi deara an aimsir chaite in úsáid sa scéal samplach thíos. Tabhair aird faoi leith ar na briathra san aimsir chaite agus tú ag scríobh do scéal féin.

Scéal/Eachtra samplach:

'Dóiteán sa teach'

Laethanta saoire na Nollag a bhí ann. Bhí mé cúig bliana déag d'aois agus bhí mé ar saoire ón scoil. Bhí mo dheirfiúr tagtha abhaile ón Astráil agus bhí gliondar croí ar gach éinne sa teach. An chlann ar fad le chéile arís den chéad uair le dhá bhliain. Bhí dinnéar ollmhór ullmhaithe ag mo mham Lá Nollag ar ndóigh agus bhí dea-ghiúmar ar gach duine.

Bhí an teach **maisithe**[1] ní b'áille ná aon bhliain eile fiú. Ba bhliain speisialta í seo **gan amhras**[2]. Bhí mo dheirfiúr tar éis scéal a fhógairt dúinn go raibh sí **geallta**[3] san Astráil le fear a thaitin le gach éinne sa teaghlach agus **bhíomar** ar bís faoin bpósadh a bheadh le teacht. **Ní gá dom a rá**[4] go raibh gach rud **foirfe**[5] inár dteach an Nollaig sin!

Níor mhair an sonas sin i bhfad, áfach. Oíche Nollag, nuair a bhíomar go léir inár gcodladh, **dúisíodh** muid le **toirt**[6] mhór. Ansin, **thosaigh** an t-aláram dóiteáin ag bualadh. Léim mé amach as mo leaba **ar luas lasrach**[7] agus **rith** mé chuig seomra mo thuismitheoirí. **Bhraith** mé **boladh an deataigh**[8] agus **baineadh** siar asam. Bhí mo dhaid ag déanamh iarrachta mo mham a dhúiseacht,

[1] decorated
[2] without doubt
[3] engaged
[4] there's no need for me to say
[5] perfect
[6] a bang
[7] at the speed of lightning
[8] the smell of smoke
[9] he was failing
[10] pandemonium
[11] pitiful
[12] on the scene
[13] luckily

ach **bhí ag teip air**[9]. **Rith** mo dhearthair isteach sa seomra ag an bpointe sin agus **bheartaigh** sé féin agus mo dhaid mo mháthair a iompar amach ón teach agus í gan aithne gan urlabhra. Bhí sé **ina chíor thuathail**[10] sa teach.

Amuigh sa ghairdín, **chonaic** mé mo dheirfiúr agus í ag crith le heagla agus le fuacht. Ba radharc **truamhéileach**[11] é i ndáiríre. Lasracha le feiceáil ar fud an tí agus mo mham bhocht ina luí ar an talamh, gan corraí aisti. **Tháinig** an bhriogáid dóiteáin agus **rinne** siad a ndícheall an teach a shábháil, ach bhí sé fánach acu. Bhí an teach scriosta ar fad.

Níorbh fhada go raibh cúpla otharcharr **ar an suíomh**[12]. **Cuireadh** mo mháthair ar shíntéán agus **tugadh** í go dtí an t-ospidéal láithreach. **Chuamar** go léir chuig an ospidéal agus **rinne** na dochtúirí scrúdú orainn. **Ar ámharaí an tsaoil**[13], níor **gortaíodh** aon duine eile, ach bhíomar thar a bheith buartha faoi mo mháthair. Bhíomar go léir ag caoineadh sa seomra feithimh nuair a tháinig an dochtúir isteach.

Dea-scéal a bhí aige dúinn, buíochas le Dia. Dúirt sé go mbeadh mo mham **san aonad dianchúraim**[14] ar feadh na hoíche, ach go raibh sí dúisithe. Chuaigh an deatach go mór i bhfeidhm ar a **scamhóga**[15] agus ba mar sin a bhí sí an-lag. Bheadh sí ceart go leor, áfach.

B'shin é an scéal a bhí uainn, gan amhras. Cé go raibh ár dteach dóite go talamh agus an Nollaig sin scriosta orainn, thuigeamar go léir go raibh an t-ádh dearg orainn nár cailleadh aon duine sa dóiteán. Nuair a fiosraíodh cúis an dóiteáin, fuarthas amach go ndeachaigh soilse na Nollag sa seomra suí trí thine. Rinne mo dhearbráthair dearmad ar iad a mhúchadh ag dul a luí dó. Bhí sé de mhí-ádh orainn **soilse lochtacha**[16] mar sin a cheannach. Mar sin féin, d'fhéadfadh cúrsaí a bheith i bhfad ní ba mheasa!

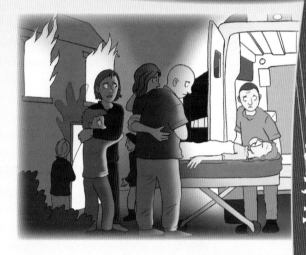

[14] in intensive care
[15] lungs
[16] faulty lights

Eochairnathanna agus eochairfhocail a bhaineann le cúrsaí sláinte

Is minic a úsáidimid foclóir a bhaineann le cúrsaí sláinte agus leighis agus eachtra/scéal á scríobh againn, mar a fheictear sa scéal thuas. Seo roinnt focal thíos a bhféadfá úsáid a bhaint astu.

Frásaí agus focail a bhaineann le tinneas

- ní raibh mé ar fónamh
- bhí mé tinn/breoite
- bhí pian agam/bhí mé i bpian
- bhí pian i mo bholg agam
- bhí tinneas cinn orm
- bhí tinneas fiacaile orm
- bhí slaghdán orm
- bhí piachán orm
- bhí mé ag casacht gan stad
- bhí mé ag sraothartach an t-am ar fad
- bhí mé ag tochas
- bhí mé ag aiseag/ag cur amach/ag caitheamh aníos
- bhí mo cheann ina roithleán
- ní raibh aon ghoile agam
- bhí mé ag cur allais
- bhí fiabhras orm
- níorbh fhéidir liom codladh

- bhí an plucamas/an bhruitíneach/asma orm
- galar
- deilgneach
- an triuch
- meiningíteas
- bhí mé ag dul i bhfeabhas/bhí biseach orm
- bhí sí bán san aghaidh
- bhí sí go dona tinn
- fuair sí bás
- bhain timpiste dom
- ghortaigh mé mo chos
- bhí mé ag cur fola
- thit mé i laige
- bhí mé gan mheabhair
- bhris mé mo chos
- bhris mé cnámh
- bhí mo chos i bplástar

A Obair bheirte

1. Ag obair le do chara sa rang, déan iarracht na nathanna thíos a thuiscint. Cuirigí ceist ar an múinteoir má bhíonn nath ann nach dtuigeann sibh.

2. Cuir na nathanna in abairtí, in ailt nó i ndán beag nuair a bheidh brí na nathanna go léir ar eolas agaibh.

B Focail agus frásaí a bhaineann le timpistí

Meaitseáil na frásaí leis na pictiúir thíos.

A.

B.

C.

D.

E.

F.

G.

H.

1. Bhí mé gan aithne gan urlabhra.
2. Thit mé.
3. Bhris mé mo lámh agus bhí mo lámh i bplástar.
4. Tá mo rúitín ata.
5. Scall mé mo lámh le huisce beirthe.
6. Bhí mé i mbaol mo bháite.
7. Bhí timpiste bhóthair aige. Leag carr é.
8. Bhuail mé mo cheann.

Na baill choirp

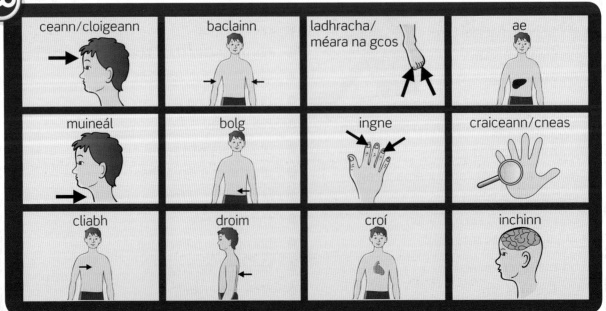

ceann/cloigeann	baclainn	ladhracha/méara na gcos	ae
muineál	bolg	ingne	craiceann/cneas
cliabh	droim	croí	inchinn

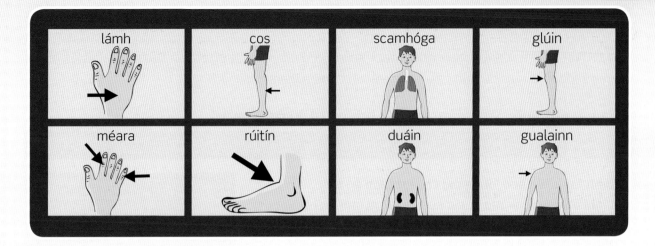

lámh	cos	scamhóga	glúin
méara	rúitín	duáin	gualainn

Focail agus frásaí a bhaineann le dochtúirí agus le hospidéil

- dochtúir (*doctor*)
- altra (*nurse*)
- othar (*patient*)
- oideas (*prescription*)
- táibléid (*tablets*)
- instealladh (*injection*)
- leigheas (*cure/medicine*)
- cóir leighis (*medical treatment*)
- otharcharr (*ambulance*)
- bindealán (*bandage*)
- sínteán (*stretcher*)

- scuainí (*queues*)
- Rannóg Timpistí agus Éigeandála (*Accident and Emergency Department*)
- Rannóg na nOthar Seachtrach (*Outpatients' Department*)
- X-ghathú (*X-ray*)
- barda (*ward*)
- obráid (*operation*)
- obrádlann (*operating theatre*)
- dianchúram (*intensive care*)
- fisiteiripeoir (*physiotherapist*)

C Obair bhaile

Déan cur síos ar thimpiste a bhain duit nó do dhuine éigin i do theaghlach.

Seicliosta gramadaí

Bí cinnte go bhféachann tú siar ar do chuid oibre. Bí cinnte go gcuireann tú na rialacha gramadaí seo a leanas i bhfeidhm:

✔ Na foircinn chuí a chur le gach briathar san aimsir chaite: caol le caol, leathan le leathan, mar a fheictear thuas.

✔ Úsáid chruinn a bhaint as an mbriathar saor san aimsir chaite, mar shampla 'gortaíodh', 'cuireadh'.

✔ **níor** – bain amach an **d'**, mar shampla, d'éist → 'níor éist', d'fhan → 'níor fhan'

✔ **mo** + **séimhiú**, mar shampla 'mo **ch**ara'

Blag/Aiste

Iarradh ort blag a scríobh faoin gceantar nua ina gcónaíonn tú faoi láthair. Déan iarracht do bhlag féin a scríobh tar éis duit an ceann samplach thíos a léamh.

Blag samplach: 'An ceantar nua ina bhfuil cónaí orm'

Mar is eol daoibh faoin am seo, bhog mo theaghlach go dtí cathair Luimnigh **dhá mhí ó shin**. Fuair mo dhaid post nua i gcomhlacht mór anseo agus bheadh sé ródheacair air taisteal ó Shligeach i rith na seachtaine. **Bheartaigh mo thuismitheoirí** ar bhogadh i rith laethanta saoire an tsamhraidh, **ionas** nach gcuirfeadh siad isteach ar an obair scoile. **Ní mó ná sásta a bhí mé féin** ná mo dhearthár nuair a chualamar an scéal **i dtosach**, ach **diaidh ar ndiaidh, chuamar i dtaithí air**.

Bhí sé **thar a bheith deacair** orainn slán a fhágáil lenár gcairde ar scoil. **Braithim uaim go mór iad**, ach **fanaim i dteagmháil laethúil leo ar na suíomhanna cainte**! Beidh sé **aisteach** dul ar scoil an tseachtain seo chugainn gan iad a bheith in éineacht liom. Nílim ag tnúth go rómhór leis sin, **caithfidh mé a rá**. **Ar an lámh eile, áfach**, tá an chuma ar an scéal gur scoil den scoth í an scoil nua.

Cónaím in eastát tithíochta ar imeall na cathrach. Is ceantar deas é, **i ndáiríre**. Tá **formhór** na gcomharsan cairdiúil agus tá leaid eile atá ar comhaois liom ina chónaí sa teach trasna uaim. Réitímid go han-mhaith le chéile agus imrímid sacar le chéile **sa chlub áitiúil**. Toisc gur duine spórtúil mé, táim sásta a bheith anseo i Luimneach. Tá na háiseanna spóirt go hiontach ar fad. Téim ag traenáil ar an raon reatha san ollscoil faoi dhó sa tseachtain agus tá sé sin thar barr. Tá foireann láidir sacair againn freisin agus bhuaigh siad craobh na Mumhan anuraidh.

Is duine ceolmhar mé freisin agus thosaigh mé ag seinm le grúpa ceoil thraidisiúnta ón gclub óige. Seinnim féin an bosca ceoil agus **táim fíorshásta an deis a fháil** mo chuid ceoil a chleachtadh. Bainim an-taitneamh as. Bhíomar ag seinm i bhFleadh Cheoil na hÉireann in Inis, Co. an Chláir an tseachtain seo caite. Bhí sé sin go hálainn. **Bhí an t-atmaisféar leictreach** ann agus bhí ceol le cloisteáil ó gach cúinnne den bhaile mór. Táim ag tnúth go mór le Fleadh na bliana seo chugainn **cheana féin**!

Is cathair dheas í Luimneach. Tá na háiseanna go maith sa chathair don aos óg. Is maith liom na siopaí agus na bialanna **i lár na cathrach**. Taitníonn an áit go mór le mo mham freisin. Tá post nua aici. Tá sí ag obair in óstán thíos an bóthar uainn. Is cuma le mo dhearthár faoi, ach ceapaim go mbeidh sé sásta nuair a chasfaidh sé le cairde nua ar scoil. Ceapann sé go bhfuil sé píosa beag leadránach anseo. Is duine an-chliste é agus tá sé ciúin chomh maith. **Le cúnamh Dé**, bainfidh sé sult as an scoil nua.

Cloisfidh sibh níos mó uaim go luath. Slán go fóill!

Ⓐ Punann agus leabhar gníomhaíochta

Tá 23 cinn de nathanna sa Ghaeilge aibhsithe duit sa bhlag thuas. Téigh go dtí leathanach 40 i do phunann agus leabhar gníomhaíochta agus cuir isteach an liosta nathanna sa spás cuí. Aimsigh brí na nathanna san fhoclóir nó ón múinteoir sa rang.

Ⓑ Obair bhaile

Scríobh do bhlag/d'aiste féin faoi do cheantar. Déan an blag a phleanáil in ailt ar dtús. (Féach thíos.)

Pointí don bhlag/don aiste faoi do cheantar:

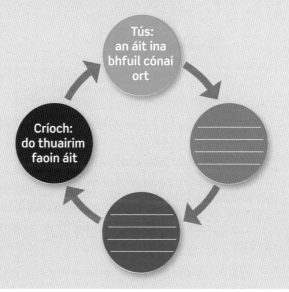

Ⓒ Féinfheasacht an fhoghlaimeora: Piarmheasúnú

Tar éis daoibh na blaganna a chríochnu, déanaigí iad a mhalartú sa rang, sula dtugann sibh don mhúinteoir iad.

Léigh mé aiste/blag mo charad sa rang.

1. Thaitin _____
   _____ liom/linn.

2. Bhí ionadh orm nuair a léigh mé _____
   _____ .

3. An rud ab fhearr liom faoin mblag ná _____
   _____ .

4. D'fhéadfá feabhas a chur leis an mblag le _____
   _____ .

Litir

Tá tú tinn san ospidéal. Scríobh litir chuig cara leat sa bhaile ón ospidéal. Luaigh na pointí seo a leanas i do litir:

- an fáth a bhfuil tú san ospidéal
- an chaoi a mothaíonn tú anois
- na dochtúirí agus na haltraí

- na daoine eile atá san ospidéal in éineacht leat
- an uair a rachaidh tú abhaile

Litir shamplach: 'Litir ón ospidéal'

Ospidéal Naomh Eoin,
Bóthar na Trá,
Sligeach

An 20 Samhain 2019

A Chaitríona, a chara,

Tá súil agam go bhfuil tú ar fónamh. Nílim féin go rómhaith, **ar an drochuair**[17]. Seans nár chuala tú mo scéal, ach tá mé san ospidéal **faoi láthair**[18]. Tháinig mé isteach Dé hAoine seo caite. Maidin Dé hAoine, d'éirigh mé le pian uafásach i mo chliathán. Ní raibh mé in ann dul ar scoil ar ndóigh agus d'fhan mo mham sa bhaile liom, mar bhí sí buartha fúm. D'éirigh an phian chomh dona sin ar a deich a chlog gur bheartaigh sí mé a thabhairt díreach go dtí an t-aonad timpiste agus éigeandála. Fuarthas amach **gan mhoill**[19] gur aipindicíteas a bhí orm agus bhí obráid agam ar a dó a chlog.

Bhí orm[20] fanacht san ospidéal i gcaitheamh an deireadh seachtaine agus bhí sé de mhí-ádh orm **ionfhabhtú**[21] a fháil. Dá bhrí sin, bhí orm táibléid eile a ghlacadh agus bhraith mé an-lag. Mothaím níos fearr inniu buíochas le Dia agus deir na dochtúirí go bhfuil feabhas mór ag teacht orm. Tá na dochtúirí agus na haltraí an-lách ar fad. Tugann siad **togha na haire**[22] do gach duine san ospidéal agus tá siad an-fhoighneach. Tá altra amháin ann atá an-ghreannmhar. Bíonn sí i gcónaí **ag spochadh asam**[23]!

Tá cailín sa leaba in aice liom agus tá aithne aici ort! Siobhán is ainm di agus tá sí sa chlub drámaíochta céanna leatsa. Deir sí 'haigh' leat! Tá an t-ádh orm, mar tá gach duine eile sa bharda go deas. Réitíonn gach duine go maith le chéile. Deirtear liom go mbeidh mé ag dul abhaile Dé Céadaoin. Tá me ag tnúth go mór leis sin. Ní maith liom an bia san ospidéal. Braithim uaim dinnéir mo mham! Cuirfidh mé scairt ort nuair a rachaidh mé abhaile.

Slán go fóill.

Do chara,

Rachel

Glossary (margin):

[17] unfortunately
[18] at present
[19] without delay
[20] I had to
[21] an infection
[22] the best of care
[23] joking with me

Cleachtadh scríofa

Bhí timpiste éigin agat le déanaí agus tá tú san ospidéal. Scríobh litir nó ríomhphost chuig do chara ón ospidéal.

Alt

Iarradh ort alt a scríobh do nuachtán áitiúil faoin timpeallacht agus faoin mbealach a gcaitear le cúrsaí timpeallachta i do cheantar.

Alt samplach:

An timpeallacht

Tá gach duine ag caint faoin **timpeallacht**[24] na laethanta seo agus ní haon ionadh é. Tá daoine **an-bhuartha faoi thodhchaí an domhain**[25] agus faoin **athrú aeráide**[26] atá ag tarlú thart orainn. Tá sé tábhachtach mar sin, go dtuigimid go léir go bhfuil gach duine **freagrach as aire a thabhairt don timpeallacht**[27].

I mo cheantar féin, tuigeann beagnach gach duine go bhfuil sé tábhachtach an timpeallacht a shábháil. Déanann gach duine **athchúrsáil**[28] ina dtithe agus ar scoil. I mo scoil féin, tá bratach ghlas againn, mar gheall ar an obair a dhéanaimid ar son na timpeallachta sa scoil.

Bíonn boscaí bruscair speisialta againn ar scoil do ghloine, do pháipéar, d'earraí plaisteacha agus don bhia, mar shampla. Bíonn **coiste glas**[29] ann

san idirbhliain gach bliain a bhíonn ag obair ar aire a thabhairt do thimpeallacht na scoile. Iarrtar orainn soilse agus **earraí leictreacha**[30] a mhúchadh nuair nach mbíonn siad in úsáid freisin mar sábhálann sé sin fuinneamh.

Chomh maith leis sin, siúlann daltaí ar scoil nó tagann siad ar a rothair nuair is féidir. Bíonn laethanta speisialta ann freisin agus siúlann níos mó daltaí ar scoil. Cabhraíonn sé seo go mór leis an timpeallacht a shábháil, mar bíonn níos lú carranna ar na bóithre. Déanann na **breoslaí**[31] ó charranna agus ó fheithiclí eile a lán damáiste don timpeallacht.

Bíonn muintir an bhaile seo páirteach **i gComórtas na mBailte Slachtmhara**[32] freisin. Mar sin, bíonn gach duine bródúil as an mbaile. Tá coiste glantúcháin anseo a oibríonn go dian chun an bruscar a bhailiú agus chun an áit a choimeád glan. Cuireann siad síos bláthanna agus plandaí eile agus bíonn cuma álainn ar an áit.

Is léir mar sin go bhfuil **caomhnú na timpeallachta**[33] an-tábhachtach do mhuintir an cheantair seo. Táim an-sásta a bheith i mo chónaí i gceantar mar seo.

[24] environment
[25] very worried about the future of the world
[26] climate change
[27] responsible for taking care of the environment
[28] recycling
[29] green schools committee
[30] electrical items
[31] fuels
[32] in the Tidy Towns Competition
[33] preservation of the environment

   Punann agus leabhar gníomhaíochta: Cleachtadh scríofa

Scríobh alt faoin obair a dhéantar ar son chaomhnú na timpeallachta i do scoil agus i do cheantar féin. Déan an obair sin a chur i láthair an ranga le grianghraif den cheantar/den scoil. (Bain úsáid as an aiste shamplach thuas chun cuidiú leat, más gá.)

B Punann agus leabhar gníomhaíochta: Féinfheasacht an fhoghlaimeora

Téigh chuig do phunann agus leabhar gníomhaíochta agus scríobh isteach na leaganacha ceartaithe de dhá cheann de na cleachtaí scríofa thuas. Ansin comhlánaigh na leathanaigh féinmheasunaithe a ghabhann leo.

Féinfheasacht an fhoghlaimeora: Féinmheasúnú

Cé chomh sásta is atá tú go bhfuil tú in ann giotaí a scríobh a bhaineann leis na topaicí 'timpistí, an ceantar agus an timpeallacht'? Cuir tic sa bhosca cuí.

CÉIM 7: SÚIL SIAR AR AONAD 2

A Téacs ilmhódach

Freagair na ceisteanna seo a leanas bunaithe ar an ngrianghraf thuas:

1. Cé hiad na daoine a fheiceann tú sa phictiúr thuas?

2. Céard atá ar siúl acu?

3. Déan cur síos ar an gcaoi a bhfuil siad gléasta.

4. Cén saghas atmaisféir a bhraitheann tú a bheith sa phictiúr?

5. Cén sórt daoine iad na daoine seo, dar leat?

6. Luaigh na jabanna éagsúla atá ar bun acu.

7. Cén fáth, meas tú, a bhfuil cuma shásta ar na mná ar fad?

8. Céard a fheiceann tú taobh thiar de na mná sa phictiúr? Cad chuige é?

9. An dóigh leat go dtaitníonn an obair leo?

10. An bhfuil coiste mar seo i do cheantar féin?

Mo Cheantar, Mo Theach, Cúrsaí Sláinte, An Timpeallacht

B Crosfhocal

Trasna

3. Bíonn cithfholcadh agat sa seomra seo.

6. Teach atá ceangailte le teach eile ar thaobh amháin.

8. Teach le stór amháin.

9. Suíonn tú ar an rud seo sa seomra suí.

10. Seomra ina n-ullmhaítear bia.

Síos

1. Seomra ina bhféachann daoine ar an teilifís.

2. Seomra ina gcodlaíonn tú.

4. Áit lasmuigh den teach.

5. Teach a sheasann leis féin.

7. Codlaíonn tú sa rud seo.

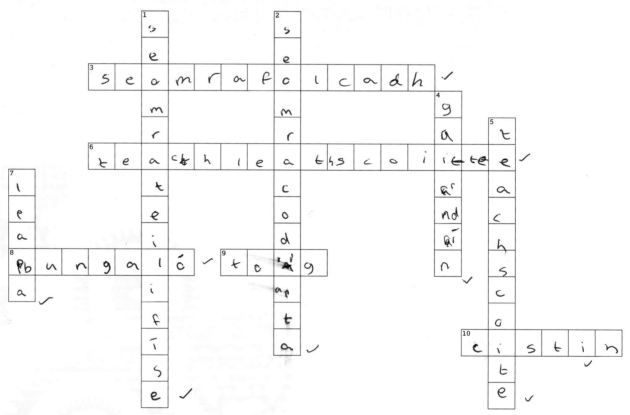

C Féinmheasúnú

  Punann agus leabhar gníomhaíochta: Féinfheasacht an fhoghlaimeora

Téigh chuig do phunann agus leabhar gníomhaíochta. Comhlánaigh an leathanach féinmheasúnaithe atá bunaithe ar Aonad 2.

Céim 1: Feasacht Chultúrtha – An Cultúr agus an Litríocht	⬧ 'An Grá' le Colm Breathnach ⬧ Measúnú rangbhunaithe: Colm Breathnach/File nó údar a chónaíonn i do cheantar ⬧ 'Maith Dhom' le Máirtín Ó Direáin ⬧ Measúnú rangbhunaithe: Máirtín Ó Direáin ⬧ Crostagairt don ghearrscéal 'Leigheas' le hOrna Ní Choileáin agus don úrscéal *Cúpla* le hOgie Ó Céilleachair
Céim 2: Cumas Cumarsáide – Éisteacht, Féachaint, Cur i Láthair agus Scríobh	⬧ An teaghach agus poist ⬧ An teicneolaíocht i saol na hóige
Céim 3: Cumas Cumarsáide – An Chluastuiscint	⬧ An teaghach agus poist
Céim 4: Cumas Cumarsáide – An Léamhthuiscint (Léamh, Scríobh, Labhairt agus Idirghníomhú Cainte)	⬧ Léamhthuiscint A: Na Kardashians ⬧ Léamhthuiscint B: Mo phost páirtaimseartha ⬧ Léamhthuiscint C: Tuarastail mhóra RTÉ
Céim 5: Feasacht Teanga – An Ghramadach	⬧ An aimsir fháistineach ⬧ An ghramadach i gcomhthéacs
Céim 6: Cumas Cumarsáide – An Cheapadóireacht (Scríobh agus Idirghníomhú Cainte)	⬧ Scéal/Eachtra: I bhfeighil an tí ⬧ Ríomhphost: Físeán a chonaic mé ar an idirlíon ⬧ Blag/Aiste: An tríú bliain ⬧ Óráid: Tábhacht na teicneolaíochta
Céim 7: Féinfheasacht an fhoghlaimeora – Súil siar ar Aonad 3	⬧ Measúnú rangbhunaithe: 'An post a thaitneodh liom sa todhchaí' ⬧ Téacs ilmhódach ⬧ Crosfhocal ⬧ Féinmheasúnú

 San aonad seo, foghlaimeoidh tú:

Feasacht chultúrtha

✿ **An cultúr agus an litríocht:** 'An Grá' le Colm Breathnach, 'Maith Dhom' le Máirtín Ó Direáin.

Cumas cumarsáide

✿ **Éisteacht, féachaint, cur i láthair agus scríobh:** conas cur síos a dhéanamh le cur i láthair digiteach ar do theaghlach, ar phoist agus ar an teicneolaíocht i saol na hóige.

✿ **Léamh agus tuiscint/litearthacht:** conas foclóir agus nathanna a bhaineann leis an teaghlach agus poist a aithint, a thuiscint agus a úsáid.

✿ **Éisteacht:** conas foclóir agus nathanna a bhaineann leis an teaghlach agus poist a aithint agus a thuiscint ó chluas. Gheobhaidh na daltaí taithí ar a bheith ag éisteacht le canúintí éagsúla.

✿ **Scríobh:** conas giotaí a scríobh ar thopaicí a bhaineann leis an teach agus le saol na hóige

✿ **Idirghníomhú cainte:** conas idirghníomhú le comhscoláirí agus tú ag tabhairt faoi obair ghrúpa, obair bheirte, piarmheasúnú agus rólimirt, conas eolas a sheiceáil, a dheimhniú agus a mhalartú, conas cumarsáid ó bhéal a dhéanamh ag úsáid teicneolaíochtaí digiteacha.

Feasacht teanga

✿ **Gramadach/uimhearthacht:** conas an aimsir fháistineach agus gnéithe eile gramadaí ar nós comhaireamh sa Ghaeilge aithint agus a úsáid i gcomhthéacs, conas patrúin teanga a aithint agus a úsáid.

Féinfheasacht an fhoghlaimeora

✿ **Féinmheasúnú:** conas féinmheasúnú a dhéanamh sa téacsleabhar seo agus sa phunann agus leabhar gníomhaíochta a ghabhann leis agus conas piarmheasúnú a dhéanamh.

Ar scáth a chéile a mhaireann na daoine.

Filíocht

An Grá

le Colm Breathnach

Baile is ea An Grá
go ngabhann tú thairis ar do thuras.

Ar an mám duit
chíonn tú thíos uait é
le hais le loch sáile –

an caidéal glas
ar an gcrosbhóthar taobh thuas do,

na páirceanna is na garraithe thart air
i mbarróga na bhfallaí cloch dá bhfáisceadh,

oifig an phoist go mbíonn muintir na háite
istigh ann i mbun gnó is ag cadráil,

an dá thigh tábhairne
ar aghaidh a chéile amach beagnach
go mbíonn ceol i gceann acu oíche Shathairn
is sa cheann eile ar an nDomhnach, do ghnáth.

Áit is ea An Grá
ná fuil ar léarscáileanna turasóirí,

go ngabhann tú thairis ar d'aistear
is a fhágann bolaithe na feamainne id pholláirí,.

Cuardach foclóra

Cuardaigh na focail dheacra i d'fhoclóir nó ar www.focloir.ie agus cuir ceist ar do mhúinteoir muna n-aimsíonn tú gach focal.

A **Cleachtadh scríofa: Ceisteanna gearra**

1. Cá bhfuil an grá, dar leis an bhfile sa chéad véarsa?

2. Cén dath atá ar an gcaidéal ar an gcrosbhóthar i véarsa a trí?

3. Cad a bhíonn ar bun ag muintir na háite, dar leis an bhfile i véarsa a cúig?

4. Céard a bhíonn ar siúl sna tithe tábhairne oíche Dé Sathairn agus oíche Dé Domhnaigh?

5. Cad é an boladh a fhágann an grá i do pholláirí, dar leis an bhfile?

  B Punann agus leabhar gníomhaíochta: Obair ealaíne

Roghnaigh ceithre íomhá a thaitníonn leat ón dán seo agus tarraing na híomhánna sin i do phunann agus leabhar gníomhaíochta. Ansin, mínigh na híomhánna sin do do chara sa rang.

An file

Rugadh an file Colm Breathnach i gCorcaigh sa bhliain 1961. Tá a lán filíochta **foilsithe**[1] aige thar na blianta agus tá cúpla úrscéal scríofa aige freisin. Tá a lán **gradam**[2] filíochta buaite aige. Aistríodh a chuid filíochta go go leor teangacha éagsúla, Béarla, Gaeilge na hAlban, Gearmáinis, Iodáilis, Sínis agus Slóivéins. Bhí sé ina fhile cónaithe in Shanghai in 2011 agus sa tSlóivéin in 2012. Cónaíonn sé anois i Léim an Bhradáin, Co. Chill Dara.

[1] published
[2] awards

  C Measúnú rangbhunaithe: Colm Breathnach/File nó údar a chónaíonn i do cheantar

Déan níos mó taighde ar an bhfile Colm Breathnach agus ar shaothair eile a scríobh sé.

NÓ

Má chónaíonn file nó údar Gaeilge ar bith eile i do cheantar, b'fhéidir go bhféadfá agallamh a chur air/uirthi nó cuireadh a thabhairt dó/di teacht isteach chun labhairt leis an rang.

Téama agus íomhánna an dáin

● Is é téama an dáin seo ná an **grá**. Dar leis an bhfile, bíonn an grá i gcónaí thart timpeall orainn. Aon áit a maireann daoine agus an nádúr le chéile, braithimid an grá, dar leis. Léiríonn an file íomhánna áille dúinn sa dán agus deir sé linn go mbíonn an grá le brath gach áit inár dtimpeallacht.

● Baile a thugann sé ar an ngrá. Is **meafar**[3] é an baile don ghrá. Nuair a bhímid ag dul thairis, dar leis, braithimid an grá i measc na ndaoine agus na bh**foirgneamh**[4] ann.

[3] metaphor
[4] buildings

● Feicimid an grá sna radhairc áille thart timpeall orainn – na sléibhte, na locha, na páirceanna agus na gairdíní. Bíonn sé le brath freisin in obair na bhfear a chuireann leis an dúlra; na ballaí cloiche agus an caidéal glas.

[5] company
[6] gossiping
[7] relationships
[8] agreement/arrangement
[9] a metaphorical place

● Braithimid grá láidir i g**comhluadar**[5] daoine eile chomh maith. Bíonn sé ann i ngnátháiteanna amhail oifig an phoist – áit a mbíonn daoine ag déanamh a gcuid gnó agus iad ag caint agus **ag baothchaint**[6].

● Nuair a bhíonn **caidrimh**[7] mhaithe idir daoine, is é sin an grá. I véarsa a sé úsáideann an file íomhá de dhá theach tábhairne agus iad beagnach 'ar aghaidh a chéile'. Is léir go bhfuil **socrú**[8] déanta idir na húinéirí maidir leis an gceol. Bíonn ceol i gceann amháin acu oíche Dé Sathairn agus bíonn sé ann sa cheann eile oíche Dé Domhnaigh.

● Cé gur áit mhór é an baile/an grá, áfach, dar leis an bhfile níl sé le feiceáil ar léarscáil ar bith. **Áit mheafarach**[9] í mar sin.

Punann agus leabhar gníomhaíochta: Cleachtadh scríofa

Déan achoimre i d'fhocail féin ar phríomhsmaointe an dáin i do phunann agus leabhar gníomhaíochta.

Teicníocht

1. Mothúcháin shoiléire

Grá: Tá an dán seo lán le grá gan dabht. Léirítear an grá dúinn i **slí éifeachtach agus chliste**[10]. Deir an file gur áit í an grá agus go mbíonn sé i gcónaí thart timpeall orainn. Feicimid agus braithimid an grá sna híomhánna áille a luaitear sa dán ón dúlra agus i gcaidrimh dhaoine chomh maith. Nuair a bhíonn an cine daonna agus an nádúr ag obair agus **ag comhoibriú**[11] lena chéile, is é sin an grá. Deir sé nach luaitear ainm na háite ar aon léarscáil toisc go bhfuil an grá i ngach áit inár dtimpeallacht.

[10] effective and clever way
[11] co-working
[12] the human race

Meas: Tá meas mór ag an bhfile ar an nádúr agus ar a thimpeallacht gan amhras. Feiceann sé an áilleacht i ngach rud nach mór. Tá meas aige ar an obair a dhéanann **an cine daonna**[12] agus iad ag obair agus ag comhoibriú leis an nádúr. Léirítear meas freisin, ar ndóigh, idir úinéirí na dtithe tábhairne agus iad sásta teacht ar chomhaontú maidir leis an gceol.

🧑 Obair bhaile

Déan achoimre ar mhothúcháin an dáin i do chóipleabhar. Conas a chuirtear na mothúcháin sin os ár gcomhair sa dán?

2. Íomhánna soiléire

Tá an dán seo lán le híomhánna áille ón ngnáthshaol. Féach thuas, lch 92.

3. Teicníochtaí eile

Friotal lom gonta simplí[13] atá in úsáid sa dán agus **oireann sé sin**[14] go mór d'ábhar an dáin. Tá sé fíoréasca againn smaointe agus mothúcháin an fhile a thuiscint. Baintear úsáid as foclóir ón nádúr agus as gnáthchaint na ndaoine sa dán.

[13] simple and straightforward language
[14] that suits

Meafar: Is meafar é an baile don ghrá. Féach thuas, lch 92.

Uaim: Tá sampla amháin d'uaim le tabhairt faoi deara sa dán, **th**airis agus **th**uras.

Saorvéarsaíocht: Saorvéarsaíocht atá sa dán. Oireann sé sin go mór d'ábhar an dáin agus léirítear na mothúcháin sa dán dúinn i mbealach éasca.

Suíomh an dáin

Is é an baile agus timpeallacht an bhaile suíomh an dáin seo.

 Punann agus leabhar gníomhaíochta

Téigh chuig do phunann agus leabhar gníomhaíochta. Scríobh leathanach ar na fáthanna a dtaitníonn nó nach dtaitníonn an dán 'An Grá' leat.

Moladh: Smaoinigh ar na pointí seo a leanas:

1. An dtaitníonn na híomhánna a luaitear sa dán leat? Cén fáth?
2. Cé hiad na daoine a luaitear sa dán? Cad a deir an file fúthu?
3. An gceapann tú go bhfuil atmaisféar an dáin go deas? Cén fáth?
4. An bhfuil an dán féin éasca a thuiscint?
5. An aontaíonn tú leis an bhfile faoin ngrá agus na háiteanna a bhfeiceann sé an grá?
6. An bhfuil tú in ann ionannú ar chor ar bith leis an bhfile sa dán seo?
7. Conas a mhothaíonn tú féin tar éis duit an dán a léamh?

Ansin, comhlánaigh an leathanach féinmheasúnaithe a ghabhann leis i do phunann agus leabhar gníomhaíochta.

Filíocht

 CD 1 44

Maith Dhom

le Máirtín Ó Direáin

I m'aonar dom aréir,
I mo shuí cois mara,
An spéir ar gannchuid néal
Is muir is tír faoi chalm,
Do chumraíocht ríonda
A scáiligh ar scáileán m'aigne
Cé loinnir deiridh mo ghrá duit
Gur shíleas bheith in éag le fada.

Ghlaos d'ainm go ceanúil
Mar ba gnách liomsa tamall,
Is tháinig scread scáfar
Ó éan uaigneach cladaigh;
Maith dhom murarbh áil leat
Fiú do scáil dhil i m'aice,
Ach bhí an spéir ar ghannchuid néal
Is muir is tír faoi chalm.

You Tube *Is féidir éisteacht le leagan ceolmhar den dán le Kíla ar YouTube. Cuardaigh 'Kíla Maith Dhom'.*

 Cuardach foclóra

> Cuardaigh na focail dheacra i d'fhoclóir nó ar www.focloir.ie agus cuir ceist ar do mhúinteoir muna n-aimsíonn tú gach focal.

A Cleachtadh scríofa: Ceisteanna gearra

1. Cé a bhí in éineacht leis an bhfile an oíche a luann sé sa dán seo?
2. Déan cur síos ar an spéir an oíche sin.
3. Cad a cheap an file maidir lena chuid grá don bhean? (Véarsa 1)
4. Conas a ghlaoigh an file amach ainm a ghrá geal?
5. Céard a chuala sé ar ais ón éan a luann sé?
6. Cén fáth ar thosaigh an file ag cuimhneamh ar an mbean atá i gceist, dar leis féin? (Véarsa 2)

B Punann agus leabhar gníomhaíochta: Obair ealaíne

Téigh chuig do phunann agus leabhar gníomhaíochta agus tarraing pictiúr den íomhá a tháinig isteach in aigne an fhile, dar leat.

An file

Rugadh Máirtín Ó Direáin in Inis Mór, Oileáin Árann sa bhliain 1910. Bhí sé ar dhuine de na filí Gaeilge b'aitheanta san fhichiú haois. Chaith sé blianta ag obair i nGaillimh agus i mBaile Átha Cliath. Bhí fonn air i gcónaí filleadh ar a oileán dúchais agus tá an téama sin le feiceáil go minic ina chuid dánta. Fuair sé bás sa bhliain 1988.

 C Measúnú rangbhunaithe: Máirtín Ó Direáin

Déan níos mó taighde anois ar shaol agus ar shaothar an fhile Máirtín Ó Direáin. D'fhéadfá an obair seo a chur i láthair an ranga.

Cúlra agus téama an dáin

15 unrequited love

- Is dán grá é an dán 'Maith Dhom'. **Grá éagmaise**[15] atá ann, faraor. Scar an file leis an mbean atá i gceist am éigin sna daichidí agus scríobh sé thart ar fhiche dán ar fad faoin mbean chéanna.

- Tháinig cuimhní ar ais in aigne an fhile an oíche áirithe atá i gceist sa dán. Deir sé linn go raibh sé ina aonar i gciúnas na hoíche. Bhí an fharraige faoi chalm agus bhí an spéir sách geal toisc nach raibh mórán scamall inti.

- An oíche chiúin sin thosaigh Ó Direáin ag cuimhneamh ar an ngrá a thug sé don bhean. Ar ndóigh, tá an chuma ar an scéal go raibh sé fós go mór i ngrá léi. Cheap an file roimhe sin nach raibh sé fós i ngrá léi 'Gur shíleas bheith in éag le fada'.

Punann agus leabhar gníomhaíochta: Cleachtadh scríofa

Téigh chuig do phunann agus leabhar gníomhaíochta agus déan achoimre ar théamaí an dáin mar a fheiceann tú féin iad.

Mothúcháin an fhile

- **Grá:** Is léir gurb é an grá an mothúchán is láidre sa dán seo. Grá éagmaise atá i gceist. An oíche áirithe sin, nuair a bhí gach rud ciúin agus faoi chalm agus an spéir sórt geal agus soiléir, bhraith an file a ghrá geal timpeall air. Mhothaigh sé a scáth 'ríonda' in aice leis. Ghlaoigh sé a hainm 'go ceanúil' **mar ba ghnách leis**[16]. Ansin chuala sé scread ó éan uaigneach. Cheap sé gur **chomhartha**[17] é sin dá chuid uaignis féin nuair nach raibh a ghrá geal in éineacht leis. Shíl an file roimhe sin go raibh deireadh lena ghrá don bhean seo ach thuig sé an oíche sin **go raibh dul amú air**[18].

[16] as he usually did

[17] a sign

[18] that he was wrong

[19] soft sounds

[20] anymore

[21] regret

- **Brón/uaigneas:** Braithimid brón agus uaigneas an fhile gan dabht. Bhí sé ina aonar cois farraige ag éisteacht le **fuaimeanna boga**[19] deasa na farraige agus chuir sé sin uaigneas air. Thosaigh sé ag cuimhneamh ar bhean álainn a raibh sé i ngrá léi agus ar scar sé léi. Bhí an file an-tógtha leis na cuimhní sin agus chuaigh siad go mór i bhfeidhm ar a aigne, 'a scáiligh ar scáileán m'aigne'. Nuair a ghlaoigh sé ainm na mná, áfach, níor chuala sé ach 'scread scáfar' ó éan uaigneach na farraige. Is léir gur cheap an file nach raibh sé i ngrá leis an mbean **a thuilleadh**[20], ach bhraith sé uaigneach gan í a bheith leis.

- **Aiféala**[21]**:** Is cosúil go bhfuil aiféala ar an bhfile nach bhfuil sé lena ghrá geal a thuilleadh. Mothaíonn sé uaigneach agus aonarach agus tá blas den aiféala le brath.

 ### Obair bheirte

Ag obair le do chara, socraígí ar an mothúchán is láidre sa dán agus déanaigí iarracht an mothuchán sin a mhíniú in bhur gcuid focal féin.

Teicníocht

- **Caint dhíreach**[22]**:** Úsáideann Ó Direáin caint dhíreach sa dán. Cé nach bhfuil a ghrá geal in éineacht leis, labhraíonn sé léi amhail is go bhfuil sí ann, 'Do chumraíocht ríonda/A scáiligh ar scáileán m'aigne'. Braitheann sé í timpeall air. **Iarrann sé maithiúnas uirthi**[23]

[22] direct speech

[23] He asks her for forgiveness

24 thinking/
reflecting
25 images
from nature
26 repetition
27 alliteration

as a bheith ag smaoineamh uirthi. Deir sé léi, áfach, gurbh í an fharraige chalm agus an spéir shoiléir a chuir **ag machnamh**[24] é, 'Maith dhom murab fhál leat fiú/Do scáth dhil i m'aice'.

● **Íomhánna ón dúlra**[25]: Is é an dúlra a chuireann an file ag cuimhneamh ar a ghrá geal, dar leis féin. Tá ceithre thagairt don dúlra sa dán; an file féin ina shuí cois trá, an spéir ar bheagán néal, an fharraige agus an tír faoi chalm agus scread scáfar ó éan uaigneach farraige. Is mar gheall ar an oíche a bheith mar sin a tháinig uaigneas ar an bhfile agus a thuig sé go raibh sé fós i ngrá lena ghrá geal.

● **Athrá**[26]: Úsáideann an file athrá agus é ag cur síos ar an spéir, an mhuir is an tír 'An spéir ar gannchuid néal/Is an muir is tír faoi chalm'. Cuireann na línte seo béim ar uaigneas an fhile an oíche sin.

● **Uaim**[27]: Tá dhá shampla den uaim sa dán, 'A scáiligh ar scáileán m'aigne' agus 'scread scáfar'

Suíomh an dáin

Tá an file ina shuí cois farraige ar oíche chiúin. Tá an fharraige faoi chalm agus níl ach éan uaigneach amháin le cloisteáil ag screadaíl. Níl mórán scamall sa spéir.

  A Punann agus leabhar gníomhaíochta: Cleachtadh scríofa

> Cad í an teicníc fhileata is fearr leat féin sa dán? Scríobh síos gach sampla den teicníc sin sa dán agus déan iarracht iad a mhíniú i d'fhocail féin.

 B Punann agus leabhar gníomhaíochta

> Téigh chuig do phunann agus leabhar gníomhaíochta. Scríobh leathanach ar na fáthanna a dtaitníonn nó nach dtaitníonn an dán 'Maith Dhom' leat.
>
> *Moladh: Smaoinigh ar na pointí seo a leanas:*
>
> 1. An dtaitníonn na híomhánna a luaitear sa dán leat? Cén fáth?
> 2. An dóigh leat go bhfuil mothúchain láidre le brath sa dán?
> 3. Cén saghas atmaisféir a bhraitheann tú ón dán?
> 4. An bhfuil an dán féin éasca a thuiscint?
> 5. An mbraitheann tú trua ar bith do chás an fhile? Cén fáth?
> 6. An bhfuil tú in ann ionannú ar chor ar bith leis an bhfile sa dán seo?
> 7. Conas a chuaigh an dán seo i bhfeidhm ort?
>
> Ansin, comhlánaigh an leathanach féinmheasúnaithe a ghabhann leis i do phunann agus leabhar gníomhaíochta.

Gearrscéal

'Leigheas'

le hOrna Ní Choileáin

Féach ar Aonad a 9, Céim 1, leathanach 348, le haghaidh scripte, achoimre agus nótaí ar an ngearrscéal 'Leigheas'.

Blurb

Is bean chiúin shéimh í Méabh. Tá sí pósta le hAindrias agus tá an bheirt acu an-sona le chéile. Níl Méabh sásta lena saol oibre ar chor ar bith, áfach. Is **ailtire**[1] í agus níl ach fear amháin eile ag obair san oifig léi. Is bulaí é Conchubhar, dar le Méabh agus faigheann sí **drochíde**[2] uaidh san oifig. Socraíonn a fear céile Aindrias go bhfuil sé in am an scéal a réiteach agus cuairt a thabhairt ar Chonchubhar san oifig. Tá an scéal réitithe ag Méabh cheana féin, i ngan fhios dá fear céile, faraor. Cé a chreidfeadh an rud a tharla sa deireadh?

Téamaí: bulaíocht, grá agus an saol pósta, fearg, botúin, mí-ádh, bás

[1] architect
[2] bad treatment

Úrscéal

'Cúpla'

le hÓgie Ó Céilleachair

Féach ar Aonad a 9, Céim 4, leathanach 405, le haghaidh scripte, achoimre agus nótaí ar an úrscéal *Cúpla*.

Blurb

Ba chúpla iad Éile agus Sharon Ní Bhraonáin a bhí cúig bliana déag d'aois. Bhí an bheirt acu ag staidéar don Teastas Sóisearach. Bhí Éile ciúin, **stuama**[3] agus **díograiseach**[4]. Chaith sí a cuid ama ag staidéar go dian, ag imirt cispheile agus ba bhreá léi ainmhithe. Bhí Sharon **fiáin**[5], leisciúil agus **gafa le**[6] cúrsaí smididh agus faisin. Chaith sí a cuid ama **ag pleidhcaíocht**[7] ar scoil agus ag cliúsaíocht le buachaillí. **Baineadh geit aisti**[8] lá amháin, áfach, nuair a chonaic sí rud éigin a chuir **alltacht**[9] agus uafás uirthi. Chaill sí smacht uirthi féin agus ní raibh aon duine eile sa chlann in ann **smacht**[10] a chur uirthi **ach an oiread**[11] – Éile **san áireamh**[12]! Cén deireadh a bheadh leis an scéal?

Téamaí: an teaghlach, an scoil, an fhearg, fadhbanna daoine óga – ógmheisciúlacht, drugaí agus spraoithiomáint

[3] sensible
[4] diligent
[5] wild
[6] obsessed with
[7] messing
[8] she got a shock
[9] shock
[10] control
[11] either
[12] included

McF **Féinfheasacht an fhoghlaimeora: Féinmheasúnú**

Cé chomh sásta is atá tú go bhfuil tú in ann caint agus scríobh faoin dán 'Maith Dhom'? Cuir tic sa bhosca cuí.	☐	☐	☐

Céim 2: Na Torthaí Foghlama
Cumas Cumarsáide: 1.1, 1.2, 1.3, 1.4, 1.5, 1.6, 1.11, 1.12, 1.13, 1.14, 1.15, 1.16, 1.18, 1.19, 1.20, 1.21, 1.22, 1.23, 1.24, 1.25, 1.26, 1.27, 1.28

Feasacht Teanga agus Chultúrtha: 2.1, 2.2, 2.3, 2.4, 2.5

Féinfheasacht an Fhoghlaimeora: 3.1, 3.2, 3.3, 3.4, 3.5, 3.6, 3.8

CÉIM 2: CUMAS CUMARSÁIDE – ÉISTEACHT, FÉACHAINT, CUR I LÁTHAIR AGUS SCRÍOBH

CD 1 9 Cur i láthair A: Mo theaghlach

14 Déanaim cearáité le mo chairde gach Luan agus Déardaoin. Is maith liom é, ach ní maith liom mórán spóirt eile.

15 Taitníonn cluichí ríomhaireachta go mór liom freisin.

16 Caithim a lán ama ar m'fhón póca ag imirt cluichí ríomhaireachta agus ag caint le mo chairde ar na suíomhanna sóisialta[6].

1 Dia daoibh! Is mise Cian Mac Mathúna. Is as an Muileann gCearr i gContae na hIarmhí dom.

2 Seisear ar fad atá i mo theaghlach, mé féin san áireamh[1].

13 Ba bhreá liom a bheith i m'ailtire, cosúil le mo dhaid sa todhchaí[5].

3 Táim cúig bliana déag d'aois agus táim i lár na clainne.

An Muileann gCearr
Co. na hIarmhí

4 Tá deartháir amháin agam. Daithí is ainm dó agus tá sé ocht mbliana déag d'aois.

12 Is aoibhinn liom an ealaín agus an líníocht ar scoil.

5 Tá sé ag freastal ar an ollscoil i Luimneach.

11 Réitím go maith le gach duine i mo theaghlach de ghnáth. Bíonn argóintí agam ó am go ham le mo chuid deirfiúracha, nuair a chuireann siad isteach orm[4]

6 Tá sé ag déanamh staidéar ar an gcorpoideachas agus Gaeilge.

10 Is ailtire[2] é mo dhaid agus is aeróstach[3] í mo mham. Bíonn sí ag taisteal ó Éirinn go Sasana den chuid is mó. Oibríonn sí le hAer Lingus.

7 Ba mhaith leis a bheith ina mhúinteoir meánscoile amach anseo.

9 Tá mo dheirfiúr eile, Sandra, aon bhliain déag d'aois agus tá sí i rang a cúig sa bhunscoil.

8 Tá mo dheirfiúr Laura trí bliana déag d'aois agus tá sí sa chéad bhliain i scoil na gcailíní.

[1] included
[2] architect
[3] air hostess
[4] when they annoy me
[5] in the future
[6] social websites

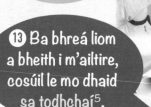

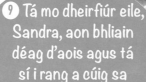

A Ceisteanna gearra

1. An mó duine atá i dteaghlach Chéin?
2. Cén aois é a dheartháir Daithí?
3. Cén post a theastódh ó Dhaithí amach anseo?
4. Cad is ainm do na cailíní sa teaghlach?
5. Cén post atá ag máthair Chéin?
6. Cad iad na hábhair a thaitníonn le Cian ar scoil?
7. Cad iad na caithimh aimsire atá aige?

Cuardach foclóra

Bain úsáid as www.focloir.ie nó d'fhoclóir féin muna dtuigeann tú gach ceann de na focail thíos.

Foclóir a bhaineann leis an teaghlach

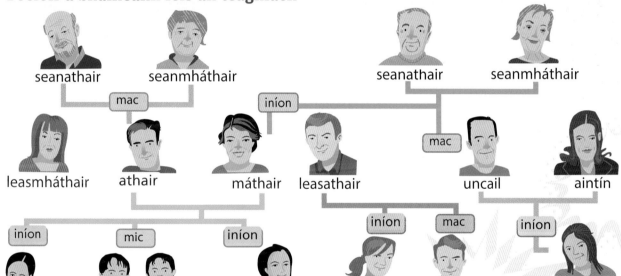

seanathair   seanmháthair   seanathair   seanmháthair

mac   iníon   mac

leasmháthair   athair   máthair   leasathair   uncail   aintín

iníon   mic   iníon   iníon   mac   iníon

col ceathrar

deirfiúr   deartháireacha (cúpla)   deirfiúr   leasdeirfiúr   leasdeartháir

muintir	deirfiúr, deirfiúracha	Daideo
clann	cúpla	Mamó
páiste, páistí/leanbh, leanaí	leathchúpla	garmhac, garmhic
tuismitheoir, tuismitheoirí	leasathair	gariníon, gariníonacha
máthair	leasmháthair	uncail, uncailí
athair	leasdeartháir	aintín, aintíní
mac, mic	leasdeirfiúr	col ceathar, col ceathracha
iníon, iníonacha	seanathair	nia, nianna
dearthair, deartháireacha	seanmháthair	neacht, neachtanna

Cén sórt duine é/í?
- cliste
- ceanndána
- cneasta/lách
- díograiseach
- flaithiúil
- foighneach
- greannmhar
- leisciúil

Nathanna úsáideacha eile:

Réitím go maith le …	Bím ag argóint le mo dheartháir ó am go ham.
Tá gaol/caidreamh an-mhaith agam le …	an duine is sine
Is … í mo mham. (post)	an duine is óige
Is duine … í mo dherfiúr. (Mar shampla, cneasta/greannmhar/ceanndána)	i lár na clainne
Is … é m'athair. (post)	Oibríonn mo dheartháir i …
Is duine … é mo dheartháir. (Mar shampla, cliste/díograiseach/leisciúil)	Freastalaíonn mo dheirfiúr ar …

 B Punann agus leabhar gníomhaíochta

Téigh chuig do phunann agus leabhar gníomhaíochta agus tarraing do chraobh ghinealaigh *(family tree)* le pictiúir sa bhosca. Tosaigh le 'mé féin, mo dheartháir, mo dheirfiúr …'

 Cúinne na gramadaí

Ag comhaireamh daoine:

Tá slí speisialta ann sa Ghaeilge chun daoine a chomhaireamh. Féach ar an mbealach a ndéanaimid daoine a chomhaireamh thíos.

duine amháin	beirt	triúr	ceathrar	cúigear
seisear	seachtar	ochtar	naonúr	deichniúr

 C Punann agus leabhar gníomhaíochta

Téigh chuig do phunann agus leabhar gníomhaíochta agus scríobh an líon daoine atá i gceist.

D Obair bheirte

Ag baint úsáid as na nathanna thuas, bíodh plé gairid agat le do chara faoi do theaghlach féin.

E Freagair na ceisteanna seo a leanas:

1. An mó duine atá i do theaghlach?
2. An bhfuil deartháireacha nó deirfiúracha agat?
3. Cé hé/hí an duine is sine/is óige sa teaghlach?
4. Cén aois iad na daoine i do theaghlach?
5. An bhfuil siad ar scoil/sa choláiste/ag obair?
6. An réitíonn tú go maith leis na daoine eile i do theaghlach?
7. Cén sórt duine é do dhearthair/do dhaid?
8. Déan cur síos ar do dheirfiúr/ar do mham.

F Obair ghrúpa

Ag obair le do ghrúpa, déanaigí taighde agus ansin cur síos ar theaghlach cáiliúil a bhfuil spéis agaibh eolas a fháil faoi, mar shampla, Teaghlach Ríoga na Breataine. Déanaigí an t-eolas a fhaigheann sibh a chur i láthair don mhúinteoir agus don rang.

Obair agus poist

slí bheatha (*occupation*)
post (*job*)
ceird (*trade*)
gairm/gairm bheatha (*profession*)

Cén post atá ag d'athair/ag do mháthair/ag do dhearthair/ag do dheirfiúr?

 Nóta gramadaí: Úsáidimid an chopail go minic chun cur síos a dhéanamh ar phost duine.

A Slite beatha

Meaitseáil na nathanna leis na pictiúir.

1. Is garda é m'athair.
2. Is ailtire é m'uncail.
3. Is bean tí í mo mháthair.
4. Is cógaiseoir í mo mháthair.
5. Is innealtóirí iad mo chuid dheartháireacha.
6. Is ceoltóir é mo dheartháir.
7. Is dochtúir í mo dheirfiúr.
8. Is mac léinn í mo dheirfiúr eile.
9. Is tréidlia é m'uncail.
10. Is aisteoir í m'aintín.
11. Is dalta bunscoile é mo dheartháir.
12. Oibríonn mo mháthair in oifig.
13. Oibríonn m'athair i gcomhlacht.
14. Oibrím i siopa go páirtaimseartha.
15. Oibríonn mo dheirfiúr mar fhreastalaí.

Cuardach foclóra

Bain úsáid as www.focloir.ie nó d'fhoclóir féin muna dtuigeann tú gach ceann de na focail thíos.

Slite beatha eile

altra	feirmeoir	meicneoir	rúnaí
máinlia	oifigeach bainc	gruagaire	ceantálaí
dochtúir	leabharlannaí	tiománaí	saighdiúr
fisiteiripeoir	scríbhneoir	cócaire	cuntasóir
fiaclóir	bunmhúinteoir	feighlí leanaí	fear gnó
cógaiseoir	amhránaí	píolóta	polaiteoir
síceolaí	meánmhúinteoir	freastalaí siopa	comhairleoir
bainisteoir	tógálaí	iriseoir	aire stáit
seandálaí	siúinéir	fáilteoir	sciamheolaí
iascaire	leictreoir	oibrí oifige	

B Obair bheirte

1. Cén post atá ag d'athair/ag do mháthair/ag do dhearthráir/ag do dheirfiúr?

2. Cad iad na poist nó slite beatha atá ag na daoine seo a leanas? I mbeirteanna, faighigí amach na poist atá ag na daoine thíos. Ansin, cuirigí abairtí le chéile, mar shampla, 'Is uachtarán é Donald Trump'.

(a) Simon Harris   (f) Sharon Shannon

(b) Cheryl Tweedy   (g) Angelina Jolie

(c) Dermot Bannon   (h) J.K. Rowling

(d) Kate Moss   (i) Michael Healy Rae

(e) Ian Dempsey   (j) Brian Cody

C Obair bheirte

Cén post a thaitneodh leat féin sa todhchaí, meas tú? Cén fáth? Féach ar leathanach 116, Céim 5 (an aimsir fháistineach) chun cabhrú leat na ceisteanna seo a fhreagairt.

Conas a fheiceann tú do shaol deich mbliana amach anseo?
Samhlaigh do shaol!

(a) Cá mbeidh tú i do chónaí?

(b) An mbeidh tú ag obair?

(c) Cá mbeidh tú ag obair?

(d) An gceannóidh tú carr?

(e) Cén carr a cheannóidh tú?

(f) Cén sórt tí a bheidh agat?

(g) An mbeidh tú pósta?

(h) Cad eile a bheidh ar siúl agat?

Eochairnathanna

| Ba mhaith liom a bheith i mo … |
| B'aoibhinn liom a bheith ag obair i … |
| Ba mhaith liom post a fháil i … |
| Le cúnamh Dé, beidh mé ag obair mar … |

Féach ar do chuid freagraí arís i gceann deich mbliana agus feicfidh tú an raibh an ceart agat! 😊

Cur i láthair B: Mé féin agus mo theaghlach

● Karen Ní Ghallachóir is ainm dom.

● Tá mé ceithre bliana déag d'aois agus tá mé sa dara bliain ar scoil.

● Beidh mé cúig bliana déag d'aois **i gceann coicíse[7]**.

● Tá mé i mo chónaí ar Oileán Acla, Co. Mhaigh Eo.

● Is páiste aonair mé.

[7] in a fortnight

Saol an Duine Óig, An Teaghlach agus Poist

Oileán
Acla

Co. Mhaigh Eo

- Oibríonn mo mham **mar chúramóir i dteach altranais**[8] anseo i mo cheantar.

- Taitníonn an obair go mór léi. Réitíonn sí go han-mhaith leis na daoine atá faoina cúram.

- Is duine an-chneasta agus foighneach í.

- Is **tógálaí**[9] é mo dhaid. Oibríonn sé i mBaile Átha Cliath go minic i rith na seachtaine agus tagann sé abhaile ag an deireadh seachtaine.

- Bíonn sé tuirseach traochta ag deireadh na seachtaine ar ndóigh.

- Is duine greannmhar agus tuisceanach é.

- Is duine an-cheolmhar mé. Seinnim an pianó agus an chláirseach.

- Chomh maith leis sin, is aoibhinn liom an rince agus an drámaíocht. Freastalaím ar ranganna drámaíochta gach seachtain.

- Ba bhreá liom a bheith i m'aisteoir **gairmiúil**[10] amach anseo.

- Chuaigh mé go Londain agus Nua-Eabhrac le mo thuismitheoirí cúpla uair agus thaitin na seónna in Broadway agus sa West End go mór liom.

- B'fhéidir go mbeinn féin ar an stáitse mór nó ar an teilifís **lá éigin**[11]!

[8] as a carer in a nursing home
[9] a builder
[10] professional
[11] one day

Ⓐ Ceisteanna gearra

1. Cén aois í Karen?
2. Cá bhfuil cónaí uirthi?
3. Cén saghas duine í a máthair?
4. Cén post atá ag athair Karen?
5. Cad eile a deir sí faoina hathair?
6. Ainmnigh na huirlísí ceoil a sheinneann sí.
7. Cad ba mhaith le Karen a dhéanamh sa todhchaí?
8. Cad a cheap Karen faoi na seónna in Broadway agus sa West End?

Ⓑ Cur i láthair/Obair dhigiteach

Bunaithe ar na nótaí thuas, déan cur síos ar do theaghlach i bhfoirm dhigiteach le híomhánna agus le cur síos scríofa. Ansin, déan an cur i láthair os comhair do ghrúpa féin nó os comhair an ranga.

C Punann agus leabhar gníomhaíochta: Féinfheasacht an fhoghlaimeora

Scríobh isteach an leagan ceartaithe den chur i láthair i do phunann agus leabhar gníomhaíochta. Comhlánaigh an leathanach féinmheasúnaithe a ghabhann leis.

Cur i láthair C: Mo shaol sa bhaile – an teicneolaíocht i mo shaol

CD 1
11

- Is mise Liam Ó Snodaigh.
- Is déagóir mé, ar ndóigh, agus mar sin caithim a lán ama ar m'fhón póca.
- Bím ag caint le mo chairde ar *Instagram*, ar *Snapchat* agus ar *Facebook*.
- Seolaim teachtaireachtaí chuig mo chairde, cuirim suas grianghraif uaireanta agus féachaim ar fhístéipeanna ar *YouTube*.
- Chomh maith leis sin, éistim le ceol ar m'fhón póca agus féachaim ar scannáin. Is féidir ceol agus scannáin **a íoslódáil saor in aisce**[12], ach tá **cuntas**[13] iTunes agam chomh maith.
- Nuair a bhuailim le mo chairde, uaireanta déanaimid fístéipeanna greannmhara **a uaslódáil**[14].
- Is aoibhinn liom é sin, mar bíonn an-chraic againn.
- Chomh maith leis sin, taitníonn cluichí ríomhaireachta go mór liom agus is féidir liom iad a imirt ar m'fhón nó ar m'iPad.
- Tá mé **gafa leis an teicneolaíocht**[15], gan aon agó.
- Mar sin féin, ní thugann mo thuismitheoirí cead dom níos mó ná uair an chloig a chaitheamh ar m'fhón póca i rith na seachtaine.
- Ag an deireadh seachtaine, tugann siad níos mó saoirse dom, ach bíonn siad i gcónaí ag faire orm.
- Is duine teicniúil mé agus bíonn mo mham sásta nuair a bhím ábalta cabhrú léi rud éigin nua a dhéanamh ar a ríomhaire.
- Uaireanta, is féidir liom fadhbanna teicneolaíochta **a dheisiú**[16] sa tigh freisin.

A Ceisteanna gearra

1. Céard a dhéanann Liam ar a fhón póca de ghnáth?
2. Cén sórt fístéipeanna a thaitníonn le Liam a uaslódáil nuair a bhuaileann sé lena chairde?
3. Cá n-imríonn sé a chluichí ríomhaireachta?
4. Cé mhéad ama a chaitheann sé ar a fhón póca sa tráthnóna i rith na seachtaine?
5. An dóigh leat go bhfuil tuismitheoirí Liam dian? Cén fáth?
6. Conas a chabhraíonn sé lena mham?

[12] download for free
[13] an account
[14] upload
[15] addicted to technology
[16] fix

Saol an Duine Óig, An Teaghlach a

Foclóir eile a bhaineann leis an nuatheicneolaíocht

ríomhaire
ríomhaire glúine
leathanbhanda
cód wifi
pasfhocal
ainm an úsáideora

Ainm an úsáideora
Pasfhocal TW1

Cód wifi:
TW1512

B Cur i láthair/Obair dhigiteach

Bunaithe ar na nótaí thuas, déan cur síos ar an teicneolaíocht i do shaol i bhfoirm dhigiteach le híomhánna agus le cur síos scríofa. Ansin, déan an cur i láthair os comhair do ghrúpa féin nó os comhair an ranga.

C Punann agus leabhar gníomhaíochta: Féinfheasacht an fhoghlaimeora

Scríobh isteach an leagan ceartaithe den chur i láthair i do phunann agus leabhar gníomhaíochta. Comhlánaigh an leathanach féinmheasúnaithe a ghabhann leis.

D Punann agus leabhar gníomhaíochta: Obair bheirte

Téigh chuig do phunann agus leabhar gníomhaíochta. Freagair na ceisteanna ansin ó bhéal i mbeirteanna agus i bhfoirm scríofa.

E Obair dhigiteach: Obair bheirte

Ag úsáid www.tellagami.com nó www.photostory.com, déan cur síos ar
(a) do theaghlach agus (b) an nuatheicneolaíocht i do shaol.

Féinfheasacht an fhoghlaimeora: Féinmheasúnú

Cé chomh sásta is atá tú go bhfuil tú in ann caint agus scríobh faoi do theaghlach, faoi phoist éagsúla agus faoin nuatheicneolaíocht i do shaol?
Cuir tic sa bhosca cuí.

CÉIM 3: CUMAS CUMARSÁIDE – AN CHLUASTUISCINT

Céim 3: Na Torthaí Foghlama
Cumas Cumarsáide: 1.1, 1.2, 1.3, 1.4, 1.5, 1.6, 1.14, 1.15, 1.16, 1.21, 1.22, 1.23
Feasacht Teanga agus Chultúrtha: 2.1, 2.2, 2.3, 2.4, 2.5
Féinfheasacht an Fhoghlaimeora: 3.3, 3.4, 3.6

Cuid A Réamhobair

Cuardach foclóra

Cuardaigh na focail seo a leanas i d'fhoclóir más gá:

- leathchúpla
- tuisceanach
- braithimid uaidh é
- lách

 CD 2 23–25

Cuid A

Cloisfidh tú giotaí cainte ó bheirt daoine óga sa chuid seo. Cloisfidh tú gach giota díobh **faoi dhó**. Beidh sos ann tar éis gach giota a chloisfidh tú chun seans a thabhairt duit na ceisteanna a bhaineann leo a fhreagairt. Éist go cúramach leis na giotaí cainte agus líon isteach an t-eolas atá á lorg sna greillí ag 1 agus 2 thíos.

1 An chéad chainteoir (Canúint na Mumhan)

Ainm: *Evan de Barra*

Cá bhfuil teach Evan suite? *Gorcaish geargcaigh*

Cad is ainm dá leathchúpla? *Siobhán*

Cén post atá ag a athair? *siopadoireacht crúa arí*

Luaigh rud amháin a deir sé faoina thuismitheoirí. *cneasta, tuisnica*

2 An dara cainteoir (Canúint Uladh)

Ainm: *Ríona de Róiste*

An mó duine atá i dteaghlach Ríona? *dhaid cuiger*

Cá fhad a raibh a hathair tinn? *sé bhlian*

Cén bhliain ina bhfuil a dheartháir Seán ar scoil?

Cá bhfuil a deirfiúr Áine ag obair? *uilmnaiga*

Cuid B Réamhobair

Cuardach foclóra

Cuardaigh na focail seo a leanas i d'fhoclóir más gá:

- post páirtaimseartha
- foirm iarratais
- éalaigh
- lasracha

Cuid B

Cloisfidh tú fógra agus píosa nuachta sa chuid seo. Cloisfidh tú gach giota díobh **faoi dhó**. Éist go cúramach leo. Beidh sos ann tar éis gach ceann díobh chun seans a thabhairt duit na ceisteanna a bhaineann leo a fhreagairt.

Fógra (cainteoir ó chúige Laighean)

1. Cén aois nach mór a bheith ag na daoine a chuireann isteach ar na poist?

   sé bliana déag d'aois

2. Céard iad na laethanta oibre a bheidh i gceist?

   sé ~~totiema~~ saoire,

3. Cathain a bheidh obair bhreise ar fáil san ollmhargadh?

   laenthanta Eoine

Píosa nuachta (Canúint Chonnacht)

1. Céard a tharla don teach sa Chlochán aréir?

   gach duine ari lá eon

2. Cá fhad a ghlac sé ar na fir dhóiteáin an tine a chur faoi smacht?

   trí fuineog briste

3. Céard a cheaptar a chuir tús leis an dóiteán?

   guur lampa trí ura

Cuid C Réamhobair

Cuardach foclóra

Cuardaigh na focail seo a leanas i d'fhoclóir más gá:
- iriseoir
- tuairisceoir
- flúirseach
- crannchur

Cuid C

Cloisfidh tú dhá chomhrá sa chuid seo. Cloisfidh tú gach comhrá díobh **faoi dhó**. Cloisfidh tú an comhrá ó thosach deireadh an chéad uair. Ansin cloisfidh tú ina dhá mhír é an dara huair. Beidh sos ann tar éis gach míre díobh chun seans a thabhairt duit an cheist a bhaineann leis an mír sin a fhreagairt.

Comhrá a hAon (Canúint Chonnacht)

An chéad mhír:

1. Cén fáth a bhfuil Risteard ar ais ina cheantar dúchais don deireadh seachtaine?

   cuairtuar a shea thuis mitheorí

An dara mír:

2. Cén fáth ar bhog teaghlach Risteaird go Baile Átha Cliath? post nua a áthar

3. Conas a mhothaíonn athair Risteaird faoina phost nua, dar le Risteard? thaiteann se go mór leis, tá sé ar bís

Comhrá a Dó (Canúint na Mumhan)

An chéad mhír:

1. Cad é an dea-scéal atá ag Clíodhna do Mháire? beidh an teaghlach ar fad ag dul go Florida

An dara mír:

2. Cén fáth a raibh Clíodhna agus a teaghlach san Astráil, dar léi féin?
deifeair agus deifuir aget g aici san astráil

3. Cár cheannaigh máthair Chlíodhna na ticéid don chrannchur? san óific teastail sa baile mór

A Punann agus leabhar gníomhaíochta: Féinfheasacht an fhoghlaimeora

Téigh chuig do phunann agus leabhar gníomhaíochta. Scríobh síos 10 bhfocal/nath nua a d'fhoghlaim tú ón gcluastuiscint thuas.

B Féinfheasacht an fhoghlaimeora

Scríobh síos 5 rud (nathanna nó focail) a chuala tú sa chluastuiscint i gcanúint dhifriúil le do chanúint féin.

Chuala mé ...	I mo chanúint féin, déarfá ...
Sampla: **achan**	**gach**
1.	
2.	
3.	
4.	
5.	

Féinfheasacht an fhoghlaimeora: Féinmheasúnú

Cé chomh sásta is atá tú go bhfuil tú in ann foclóir agus nathanna a bhaineann leis na topaicí 'an teaghlach agus poist' a thuiscint ó chluas? Cuir tic sa bhosca cuí.

CÉIM 4: CUMAS CUMARSÁIDE – AN LÉAMHTHUISCINT

Céim 4: Na Torthaí Foghlama

Cumas Cumarsáide: 1.6, 1.7, 1.8, 1.11, 1.13, 1.14, 1.15, 1.18, 1.19, 1.20, 1.21, 1.22, 1.23, 1.28

Feasacht Teanga agus Chultúrtha: 2.2, 2.3, 2.4

Féinfheasacht an Fhoghlaimeora: 3.3, 3.4, 3.6

Léamhthuiscint A:
Na Kardashians

Léamh

Rugadh Kim Kardashian West ar an 21ú Deireadh Fómhair, 1980. Tá clú agus cáil uirthi mar phearsa ar chláir réaltachta Mheiriceánacha. Is aisteoir, bean ghnó agus **mainicín**[1] í Kim. Bíonn sí le feiceáil ar chláir amhail *Keeping Up with the Kardashians, Kourtney and Kim Take New York* agus *Kourtney and Kim Take Miami*. Tarraingíonn saol príobháideach Kim **an-chuid airde**[2] ó na meáin chumarsáide idirnáisiúnta an t-am ar fad. Leanann na milliúin a saol ar Twitter agus ar Instagram.

[1] a model
[2] a lot of attention

Is mainicín í Kourtney Kardashian chomh maith agus bíonn sí le feiceáil ar na cláir réaltachta chéanna lena cuid deirfiúracha Kim agus Khloé. Tá an triúr acu páirteach i ngnó an fhaisin agus sheol siad cnuasaigh éadaigh agus cumhráin. Chomh maith leis sin, sheol siad an leabhar *Kardashian Konfidential* in 2010. Bhí an deirfiúr is óige Khloé mar chomhláithreoir leis an aisteoir Mario Lopez in 2012 ar an leagan Meiriceánach den chlár *The X Factor*. Bhí a clár cainte féin aici in 2016, *Kocktails with Khloé* agus bíonn sí fós ar an tsraith aclaíochta *Revenge Body with Khloé Kardashian*.

Cé go mbíonn rudaí ag athrú i gcónaí do theaghlach Kardashian, déanann Kim, Kourtney agus Khloé agus daoine eile sa teaghlach a ndícheall tús áite a thabhairt do thábhacht a dteaghlaigh. Cé go mbíonn argóintí eatarthu uaireanta, seasann siad taobh le taobh sa deireadh agus tugann siad tacaíocht dá chéile.

 A Cleachtadh scríofa: Ceisteanna gearra

1. Cén chaoi ar bhain Kim Kardashian clú agus cáil amach di féin?
2. Cá leanann na milliúin a saol agus a cuid scéalta?
3. Cén saghas gnó a bhfuil na deirfiúracha páirteach ann?
4. Cén ról a bhí ag Khloé ar an gclár *The X Factor*?
5. Cén saghas caidrimh atá ann idir na deirfiúracha, dar leis an méid a deirtear sa tríú halt?

B Obair bheirte: Cleachtadh cainte

1. An bhfuil aon suim agat i saol na Kardashians?
2. Cén duine is fearr leat sa teaghlach? Cén fáth?
3. An leanann tú aon duine nó teaghlach cáiliúil ar an idirlíon nó in irisleabhair?
4. Déan cur síos ar an duine/an teaghlach sin.
5. An bhfuil suim agat i gcúrsaí faisin?
6. An gcaitheann tú mórán airgid ar éadaí agus ar chúrsaí faisin?
7. Cé hiad na daoine cáiliúla is fearr gléasta, dar leat? Cén fáth?

Léamhthuiscint B:
Mo phost páirtaimseartha

Léamh

Olivia Ní Chathasaigh an t-ainm atá orm. Tá post páirtaimseartha agam i siopa mo thuismitheoirí. Cé nach bhfuilim fós ach cúig bliana déag d'aois, tugann mo thuismitheoirí cead dom a bheith ag obair sa siopa agus níos fearr ná aon rud eile, faighim airgead uathu! Siopa éadaigh atá againn agus díoltar gach rud ann ó ghúnaí agus cultacha go dtí stocaí agus brístí beaga!

Siopa dhá stór is ea é. Thíos staighre, tá éadaí na mban agus thuas staighre, tá éadaigh na bhfear agus na bpáistí. Tá an siopa suite i mbaile beag agus mar sin, níl mórán siopaí éadaigh eile sa cheantar. Mar sin féin, deir mo thuismitheoirí i gcónaí go mbíonn siad **in iomaíocht**[3] leis na siopaí agus leis na hionaid siopadóireachta ollmhóra sa chathair. I rith na seachtaine bíonn an siopa saghas ciúin, ach éiríonn sé gnóthach ag an deireadh seachtaine de ghnáth.

[3] competing
[4] when it is necessary

Is aoibhinn liom a bheith ag obair sa siopa ag an deireadh seachtaine mar sin. Bím ag freastal ar na custaiméirí agus ag cur éadaigh nua amach ar na ráillí **nuair is gá**[4]. Uaireanta, tagann custaiméirí cantalacha isteach chugainn, ach ní go rómhinic ar an dea-uair. An chúis ghearáin is mó a bhíonn acu ná go mbíonn locht éigin ar na héadaigh. Fágaim na rudaí sin ar fad ag mo mháthair. Ní maith liom a bheith ag plé le daoine a bhíonn gearánach! Tríd is tríd, is aoibhinn liom mo phost sa siopa.

Cleachtadh scríofa: Ceisteanna gearra

1. Cén aois í Olivia?
2. Ainmnigh trí rud a dhíoltar sa siopa éadaigh.
3. Déan cur síos ar an siopa.
4. Cad a deir a tuismitheoirí faoi na siopaí agus na hionaid siopadóireachta ollmhóra?
5. Cén fáth a dtaitníonn sé le hOlivia a bheith ag obair sa siopa ag an deireadh seachtaine?
6. Cén obair a dhéanann sí féin sa siopa?

Léamhthuiscint C:
Tuarastail mhóra RTÉ

Léamh

1. Rugadh an craoltóir agus láithreoir teilifíse agus raidió Ryan Tubridy ar an 28ú Bealtaine, 1973. Is é a thuilleann an tuarastal is airde ar fad sa chomhlacht teilifíse RTÉ. Is é Ryan láithreoir an chláir aitheanta *The Late Late Show* ar an teilifís agus bíonn sé le cloisteáil ó Luan go hAoine gach maidin ar a naoi a chlog ar RTÉ, Raidió 1 ar *The Ryan Tubridy Show*. I measc na leabhar atá scríofa aige, tá na leabhair *Patrick and the President* (2017), *The Irish Are Coming* (2013) agus *JFK in Ireland* (2010).

2. Is fir iad an triúr atá ar na tuarastail is airde in RTÉ, de réir figiúirí a nochtadh in 2017. Ray D'Arcy is ea an dara duine ar an liosta sin. D'fhill sé ar an stáisiún raidió, Raidió a 1 sa bhliain 2015. Roimhe sin, bhí a chlár raidió féin aige ar Today FM. Phós sé a chomhoibrí ar Today FM, Jenny Kelly, sa bhliain 2013 agus tá beirt pháistí acu. Bhain sé clú agus cáil amach dó féin sna laethanta tosaigh ar chláir theilifíse do pháistí ar nós *The Den* agus *Blackboard Jungle*.

3. Sa tríú háit, tagann Joe Duffy. Cónaíonn sé i gCluain Tarbh, Baile Átha Cliath. Cloistear Joe ar an raidió ón Luan go hAoine ar an gclár cainte *Liveline*. Tá an-suim aige i gcearta daonna agus sa chothromaíocht. Bíonn *Liveline* ar siúl idir a ceathrú chun a dó agus a trí a chlog agus bíonn deis ag an bpobal labhairt le Joe faoina saol agus faoina gcuid fadhbanna, den chuid is mó. Éisteann Joe leo agus is minic a chuireann sé glao ar dhaoine nó ar ionadaithe ó chomhlachtaí a bhfuil cúis ghearáin ag na héisteoirí leo.

4. Tá Miriam O'Callaghan ag obair le RTÉ ón mbliain 1993. Is láithreoir í ar an gclár cúrsaí reatha *Prime Time*. Bíonn clár cainte aici freisin ar an teilifís i rith an tsamhraidh, *Saturday Night with Miriam*. Gach maidin Domhnaigh, bíonn a clár raidió féin aici, *Sunday with Miriam*. Bhain sí an-chuid taithí amach ag obair mar léiritheoir agus láithreoir leis an gcomhlacht Sasanach, BBC sular thosaigh sí ag obair le RTÉ.

5. Rugadh Marian Finucane sa bhliain 1950. Thosaigh sí ag obair le RTÉ sa bhliain 1976. Ba í an chéad láithreoir ar an gclár *Liveline* í. Bíonn a clár féin aici ar an raidió gach deireadh seachtaine darb ainm *The Marian Finucane Show*. Cúrsaí reatha agus polaitíochta is minice a phléitear ar an gclár sin agus bíonn aíonna difriúla aici ar gach clár. Braitheann ábhar na gclár ar scéalta a bhíonn topaiciúil ag an am.

Scríobh

A Freagair na ceisteanna seo a leanas:

1. (a) Cathain a rugadh Ryan Tubridy? (Alt 1)
   (b) Cad is ainm don chlár raidió a luaitear sa chéad alt? (Alt 1)

2. (a) Cá raibh Ray D'Arcy ag obair sular fhill sé ar RTÉ in 2015? (Alt 2)
   (b) Cén chaoi ar bhain sé clú agus cáil amach dó féin sna laethanta tosaigh? (Alt 2)

3. (a) Cathain a bhíonn *Liveline* ar an aer? (Alt 3)
   (b) Cé orthu a gcuireann Joe glao go minic ar an gclár? (Alt 3)

4. (a) Cén saghas cláir é *Prime Time*? (Alt 4)
   (b) Cad iad na poist a bhí ag Miriam leis an BBC? (Alt 4)

5. (a) Cén bhliain a thosaigh Marian Finucane ag obair le RTÉ? (Alt 5)
   (b) Céard iad na hábhair is minice a phléitear ar *The Marian Finucane Show*? (Alt 5)

6. Ainmnigh sampla amháin de aidiacht in alt 1 agus sampla amháin de bhriathar san aimsir láithreach in alt 3.

  ### B Obair bheirte: Taighde

Déanaigí taighde ar dhuine aitheanta a thuilleann tuarastal mór, cosúil leis na daoine sa léamhthuiscint thuas a oibríonn leis an gcomhlacht RTÉ. Freagraígí na ceisteanna seo a leanas faoin duine sin:

1. Cé hé nó hí an duine atá i gceist?

2. Cén post atá aige/aici?

3. Cén aois é/í?

4. Cathain a thosaigh sé/sí sa phost sin?

5. Cé mhéad airgid a thuilleann sé/sí sa bhliain?

6. Déanaigí cur síos ar an obair a dhéanann sé/sí.

7. Cén fáth a thuilleann sé/sí tuarastal chomh hard sin?

8. An mbaineann aon rud eile suimiúil lena s(h)aol

 ### C Punann agus leabhar gníomhaíochta: Féinfheasacht an fhoghlaimeora

Téigh chuig do phunann agus leabhar gníomhaíochta. Scríobh síos 10 bhfocal/nath nua a d'fhoghlaim tú ón léamhthuiscint thuas.

Féinfheasacht an fhoghlaimeora: Féinmheasúnú

Cé chomh sásta is atá tú go bhfuil tú in ann foclóir agus nathanna a bhaineann leis na hábhair sna léamhthuiscintí thuas a thuiscint? Cuir tic sa bhosca cuí.

 □ □ □

Mol an Óige 3

Céim 5: Na Torthaí Foghlama
Feasacht Teanga: 2.1, 2.2, 2.3, 2.4, 2.5
Féinfheasacht an Fhoghlaimeora:
3.1, 3.2, 3.3, 3.4, 3.6, 3.8

CÉIM 5: FEASACHT TEANGA – AN GHRAMADACH

Achoimre ar an aimsir fháistineach

An chéad réimniú

Briathra a bhfuil siolla amháin iontu agus briathra a bhfuil dhá shiolla iontu agus síneadh fada ar an dara siolla atá sa chéad réimniú.

Is iad na foircinn seo a leanas a chuirimid le briathra an chéad réimniú san aimsir fháistineach:

Más consan leathan é consan deiridh an bhriathair	Más consan caol é consan deiridh an bhriathair
-faidh mé	**-fidh** mé
-faidh tú	**-fidh** tú
-faidh sé/sí	**-fidh** sé/sí
-faimid	**-fimid**
-faidh sibh	**-fidh** sibh
-faidh siad	**-fidh** siad
-far (saorbhriathar)	**-fear** (saorbhriathar)

Mar shampla:

glan**faidh** mé	coimeád**faidh** mé	cuir**fidh** mé	tiomáin**fidh** mé
glan**faidh** tú	coimeád**faidh** tú	cuir**fidh** tú	tiomáin**fidh** tú
glan**faidh** sé/sí	coimeád**faidh** sé/sí	cuir**fidh** sé/sí	tiomáin**fidh** sé/sí
glan**faimid**	coimeád**faimid**	cuir**fimid**	tiomáin**fimid**
glan**faidh** sibh	coimeád**faidh** sibh	cuir**fidh** sibh	tiomáin**fidh** sibh
glan**faidh** siad	coimeád**faidh** siad	cuir**fidh** siad	tiomáin**fidh** siad
glan**far** (saorbhriathar)	coimeád**far** (saorbhriathar)	cuir**fear** (saorbhriathar)	tiomáin**fear** (saorbhriathar)

An fhoirm dhiúltach

Más briathar é a bhfuil consan mar thús air	Más briathar é a bhfuil guta mar thús air
ní + séimhiú	**ní**

Mar shampla:

ní ghlanfaidh mé   **ní** ólfaidh mé

An fhoirm cheisteach

Más briathar é a bhfuil consan mar thús air	Más briathar é a bhfuil guta mar thús air
an + urú	**an**

Mar shampla:

an nglanfaidh	**an** ólfaidh

 Féach ar leathanach 445, Aonad 10 le haghaidh nótaí ar na briathra eisceachtúla sa chéad réimniú. Tá cleachtaí breise le fáil ar leathanach 445 freisin.

An dara réimniú

Briathra a bhfuil dhá shiolla iontu agus a bhfuil **-igh**, **-il**, **-in**, **-ir** nó **-is** mar chríoch orthu (chomh maith le grúpa beag eile) atá sa dara réimniú.

1. Maidir leis na briathra a bhfuil **-igh** nó **-aigh** mar chríoch orthu, bainimid an chríoch sin chun an fhréamh a aimsiú.

2. Maidir leis na briathra a bhfuil **-il** nó **-ail**, **-in** nó **-ain**, -ir nó **-air** nó **-is** mar chríoch orthu, bainimid an **i** nó an **ai** chun an fhréamh a aimsiú.

Ansin, cuirimid na foircinn seo a leanas leis an bhfréamh san aimsir fháistineach:

Más consan leathan é consan deiridh na fréimhe	Más consan caol é consan deiridh na fréimhe
-óidh mé	-eoidh mé
-óidh tú	-eoidh tú
-óidh sé/sí	-eoidh sé/sí
-óimid	-eoimid
-óidh sibh	-eoidh sibh
-óidh siad	-eoidh siad
-ófar (saorbhriathar)	-eofar (saorbhriathar)

Mar shampla:

ceannóidh mé	osclóidh mé	baileoidh mé	imreoidh mé
ceannóidh tú	osclóidh tú	baileoidh tú	imreoidh tú
ceannóidh sé/sí	osclóidh sé/sí	baileoidh sé/sí	imreoidh sé/sí
ceannóimid	osclóimid	baileoimid	imreoimid
ceannóidh sibh	osclóidh sibh	baileoidh sibh	imreoidh sibh
ceannóidh siad	osclóidh siad	baileoidh siad	imreoidh siad
ceannófar (saorbhriathar)	osclófar (saorbhriathar)	baileofar (saorbhriathar)	imreofar (saorbhriathar)

An fhoirm dhiúltach

Más briathar é a bhfuil consan mar thús air	Más briathar é a bhfuil guta mar thús air
ní + séimhiú	ní

Mar shampla:

ní thosóidh mé	**ní** imreoidh mé

An fhoirm cheisteach

Más briathar é a bhfuil consan mar thús air	Más briathar é a bhfuil guta mar thús air
an + urú	an

Mar shampla:

an dtosóidh tú?   **an** imreoidh tú?

Féach ar leathanach 446, Aonad 10 le haghaidh nótaí ar na briathra eisceachtúla sa dara réimniú. Tá cleachtaí breise le fáil ar leathanach 446 freisin.

Na briathra neamhrialta

Is iad **abair**, **beir**, **bí**, **clois**, **déan**, **faigh**, **feic**, **ith**, **tabhair**, **tar** agus **téigh** na briathra neamhrialta. Foghlaim iad ar leathanach 447.

A Cleachtadh gramadaí

Athraigh na briathra idir na lúibíní go dtí an fhoirm cheart den aimsir fháistineach.

1. (Bí) _____ mé ar scoil amárach agus (feic) _____ mé tú ansin.

2. Ní (caith) _____ mé m'éide scoile amárach mar (imir) _____ mé cluiche peile.

3. (Téigh) _____ mé go dtí an Fhrainc le mo theaghlach an samhradh seo chugainn.

4. (Buail) _____ mé le mo chara ag an bpictiúrlann ag a hocht a chlog.

5. (Ceannaigh sinn) _____ carr nua i mí Eanáir seo chugainn.

6. Ní (déan) _____ sí dearmad ar an lá sin go deo.

7. (Éirigh) _____ mé níos túisce ar maidin as seo amach.

8. (Labhair) _____ an múinteoir leis na daltaí sa rang amárach.

9. (Dún) _____ an scoil ar a cúig a chlog tráthnóna inniu.

10. (Faigh sinn) _____ árasán ar cíos nuair a (téigh sinn) _____ ar saoire an bhliain seo chugainn.

B Cleachtadh comhthéacsúil

D'iarr an múinteoir ar Dhónall cuntas a scríobh ar an lá scoile a bheidh aige amárach, ach d'fhreagair sé an cheist san aimsir láithreach. Athscríobh an cuntas a chum Dónall san aimsir fháistineach. Mar chabhair duit, tá líne faoi na focail a chaithfidh tú a athrú.

Éirím ar maidin ar a seacht a chlog. Bíonn cithfholcadh agam, cuirim mo chuid éadaigh orm, agus ithim mo bhricfeasta. Faighim an bus scoile ag a hocht a chlog. Sroichim an scoil ar leathuair tar éis a hocht, agus ansin bíonn tionól againn. Tosaíonn obair na ranganna ar a naoi, agus bíonn trí rang againn roimh an sos. Maireann na ranganna daichead nóiméad. Bíonn sos fiche nóiméad againn ag a haon déag. Bíonn an lón againn ag fiche tar éis a haon. Críochnaíonn obair na scoile ag a ceathair a chlog. Téim abhaile ar an mbus, agus déanaim m'obair bhaile. Ithim mo dhinnéar ag a seacht, féachaim ar roinnt sraithchlár nó scannán ar an teilifís, agus téim a luí timpeall leathuair tar éis a deich.

 ## C Punann agus leabhar gníomhaíochta

Téigh chuig do phunann agus leabhar gníomhaíochta. Scríobh amach na rialacha a bhaineann leis na briathra rialta san aimsir fháistineach.

Féinfheasacht an fhoghlaimeora: Féinmheasúnú

Cé chomh sásta is atá tú go bhfuil tú in ann na rialacha a bhaineann leis an aimsir fháistineach a thuiscint agus go bhfuil tú in ann na briathra sin a úsáid i gceart? Cuir tic sa bhosca cuí.

CÉIM 6: CUMAS CUMARSÁIDE – AN CHEAPADÓIREACHT

Scéal/Eachtra

An dtuigeann tú na heochairnathanna thíos? Léigh an scéal agus ansin déan iarracht gach nath a thuiscint i gcomhthéacs. Má bhíonn aon rud ann nach dtuigeann sibh, i ngrúpa de cheathrar, cabhraígí lena chéile leis an bhfoclóir deacair a thuiscint.

Eochairnathanna

i bhfeighil an tí	chuir mé an doras faoi ghlas
ní raibh ach …	ag éisteacht leis an gclampar
scannán uafáis	níl insint béil ar …
toirt mhór	d'fhan mé mar dhealbh
an teannas ag éirí	bhí faoiseamh an domhain orm
sceimhlithe i mo bheatha	bhí aiféala orthu
ag crith le heagla	lig mé osna faoisimh asam

Eachtra/Scéal samplach:

'Eachtra a tharla nuair a bhí mé i bhfeighil an tí'

Oíche gheimhridh a bhí ann agus bhí stoirm láidir ag séideadh taobh amuigh. Bhí mo thuismitheoirí imithe don deireadh seachtaine agus bhí mé fágtha i bhfeighil an tí. Ní raibh ach mo dheirfiúr sa teach in éineacht liom agus bhí sí cúig bliana d'aois. Bhí sé a haon déag a chlog agus bhí sí imithe a chodladh. Bhí mé féin sa seomra suí ag féachaint ar scannán uafáis ar an teilifís.

Ansin, go tobann chuala mé toirt mhór. Cheap mé i dtosach gur tharla sé ar an teilifís mar bhí an teannas ag éirí sa scannán. Cúpla soicind ina dhiaidh sin, chuala mé torann eile, ach an uair seo bhí mé cinnte nach ar an teilifís a bhí sé. Bhí mé sceimhlithe i mo bheatha agus ag crith le heagla faoin am sin. Mhúch mé an teilifís agus b'ansin a chuala mé na guthanna.

Bhí eagla orm bogadh, ach d'éirigh liom m'fhón póca a fháil ón mbord. Chuir mé fios ar na gardaí díreach ansin. Mo ghlór ag crith, d'inis mé dóibh de chogar go raibh gadaithe i mo theach. Dúirt an garda liom dul suas staighre agus fanacht ciúin agus go mbeidís liom gan mhoill.

Rinne mé mar a dúradh liom agus rith mé suas staighre. Chuir mé an doras faoi ghlas go ciúin i seomra mo dheirféar. Buíochas le Dia, níor dhúisigh sí in aon chor. Ansin, shuigh mé ar an urlár ag éisteacht leis an gclampar thíos staighre. Faoin am seo, bhí a fhios agam go raibh daoine sa seomra suí. Níl insint béil ar an scanradh a bhí orm.

Léim mé suas nuair a chuala mé duine ag teacht aníos an staighre agus díreach ansin, rinne siad iarracht ar an doras a oscailt sa seomra ina raibh mé. D'fhan mé mar dhealbh ar feadh cúpla soicind. Ansin, chuala mé guth m'athar ag glaoch orm. Níor thuig mé céard a bhí ag tarlú, ach dúirt sé liom an doras a oscailt.

Bhí faoiseamh an domhain orm mo dhaid a fheiceáil agus ina dhiaidh sin, d'inis sé an scéal ar fad dom. Tháinig sé féin agus mam abhaile go luath, toisc go raibh siad buartha fúinn sa stoirm. Rinne siad iarracht glao a chur orm, ach níor éirigh leo mé a fháil, b'fhéidir mar gheall ar an stoirm. Bhí aiféala orthu gur chuir siad eagla orm, ach bhí sé ródhéanach! Chualamar cnag ar an doras agus bhí náire an domhain orm.

Ní raibh na gardaí róshásta linn, ach sa deireadh thosaigh siad ag gáire. Lig mé osna faoisimh asam nuair a d'imigh siad ón teach. Táim in ann gáire faoi anois, ach níorbh aon chúis mhagaidh í an oíche sin. Ní dhéanfaidh mé dearmad air go deo.

(A) Obair bhaile

Déan cur síos ar eachtra a tharla nuair a bhí tú féin i bhfeighil an tí.

Seicliosta gramadaí

Bí cinnte féachaint siar ar do chuid oibre. Bí cinnte go gcuireann tú na rialacha gramadaí seo a leanas i bhfeidhm:

✔ Na foircinn chuí a chur le gach briathar san aimsir chaite – caol le caol, leathan le leathan, mar a fheictear sa scéal samplach thuas.

✔ Úsáid chruinn a bhaint as an mbriathar saor san aimsir chaite, mar shampla, 'gortaíodh', 'cuireadh'.

✔ **ar an**, **leis an**, **ag an**, **faoin** + **urú**

✔ **ar**, **do**, **sa** + **séimhiú**

✔ **i** + **urú**

B Féinfheasacht an fhoghlaimeora: Piarmheasúnú

Tar éis daoibh na scéalta a chríochnu, déanaigí iad a mhalartú sa rang, sula dtugann sibh don mhúinteoir iad.

Léigh mé scéal mo charad sa rang.

1. Thaitin _____

   _____ go mór liom.

2. Bhí ionadh orm nuair a léigh mé _____

   _____ .

3. An rud ab fhearr liom faoin scéal ná _____

   _____ .

4. D'fhéadfá feabhas a chur ar an scéal le _____

   _____ .

Ríomhphost

Chonaic tú físeán ar YouTube le déanaí. Scríobh ríomhphost/litir chuig cara leat ag insint dó/di faoin bhfíseán. Luaigh na pointí seo i do ríomhphost:

- téama an fhíseáin
- dhá phointe faoi na daoine a chonaic tú ar an bhfíseán
- dhá rud a thaitin nó nár thaitin leat faoin bhfíseán

Ríomhphost samplach: 'Físeán a chonaic mé ar an idirlíon'

Ó: ruairiolaoire@yahoo.com

Chuig: ultandeburca@yahoo.com

Ábhar: Físeán ar YouTube

Haigh a Ultain,

Conas atá tú? An bhfuil aon scéal ó Bhéal an Mhuirthead agat? Caithfidh mé cuairt a thabhairt ort arís go luath. Is breá liom dul chuig do theachsa agus dul amach ag surfáil.

Ar aon nós, táim ag scríobh chugat mar bhí mé ag féachaint ar fhíseán gearr ar *YouTube* agus chuir sé ionadh orm. Físeán Meiriceánach a bhí ann faoi **bhulaíocht**[1] a bhí ag tarlú do leaid óg. Ní raibh an buachaill beag ach thart ar thrí bliana déag. Scata buachaillí a bhí sé bliana déag a bhí ag déanamh na bulaíochta air.

[1] bullying

Bhí cuma chiúin agus chúthail ar an mbuachaill[2]. Buachaill beag a bhí ann agus bhí sé ag caitheamh spéaclaí. Bhí sé soiléir ar a aghaidh go raibh sé an-neirbhíseach nuair a bhuail sé leis na buachaillí móra. Ceathrar ar fad a bhí sa ghrúpa – beirt bhuachaillí a bhí an-ard agus beirt eile a bhí **measartha ard**[3].

Nuair a tháinig an buachaill óg timpeall an chúinne, thosaigh siad **ag spochadh as**[4] agus gan mhoill tharraing siad a mhála dá dhroim. Thosaigh duine de na buachaillí á bhualadh go dtí gur thit sé ar an talamh. Thug siad cúpla cic dó nuair a bhí sé ar an talamh agus ansin d'imigh siad leo sna trithí gáire. Bhí an buachaill bocht ag crith le heagla.

Mar is léir, b'fhuath liom an físeán. Bhí na buachaillí móra thar a bheith gránna agus bhraith mé trua don bhuachaill óg. Thaitin rud amháin liom faoi, áfach. Toisc go bhfuil an físeán ar *YouTube*, tá gach duine ábalta aghaidh na mbuachaillí a fheiceáil go soiléir agus tá sé sin go maith. Beidh a fhios ag daoine ina gceantar go bhfuil siad gránna.

Sin é! Níl aon scéal eile agam anois.

Cuir fios orm go luath.

Slán go fóill,

Ruairí

[2] The boy appeared quiet and shy
[3] quite tall
[4] making fun of him

Obair bhaile

Scríobh litir/ríomhphost chuig cara leat faoi rud éigin a chonaic tú ar an idirlíon le déanaí.

Saol an Duine Óig, An Teaghlach agus Poist

Blag/Aiste

Iarradh ort blag a scríobh faoi do shaol mar dhuine óg sa tríú bliain.

Blag samplach: 'An tríú bliain'

Haigh, a chairde, tá mé ar ais libh arís. Tá me sa tríú bliain anois agus tá an saol difriúil leis an dara bliain. Anois, tá gach duine ag caint faoi scrúduithe agus faoin ~~Teastas Sóisearach.~~ *Sraithe Shóisearaigh*

feel *every side*
Mothaím an **brú**[5] ó gach taobh, caithfidh mé a rá. Tá na múinteoirí go léir ag caint faoi mheasúnuithe rangbhunaithe *mbunna* agus ar ndóigh na scrúduithe ag deireadh na bliana. Tá mé féin **bréan de**[6]. *fed up*

project
Tá mé ag obair ar **thionscamh**[7] staire faoi láthair agus taitníonn sé liom mar tá sé thar a bheith suimiúil. Beidh áthas orm é a léiriú don rang sa deireadh. *I would be excited to present it to the class* Is aoibhinn liom an stair. Ar an lámh eile, tá ceann eile le déanamh agam don staidéar gnó agus níl mé **ag tnúth leis**[8] in aon chor.

outside *I hear questions*
Taobh amuigh den scoil, cloisim ceisteanna ó mo thuismitheoirí an t-am ar fad faoin staidéar agus faoi mo chuid obair bhaile. *understand* Ní thuigeann tuismitheoirí ná múinteoirí an brú a bhíonn ar dhéagóirí, i mo thuairim.

Thanks be to God
Buíochas le Dia gur duine spórtúil mé agus mar sin bíonn *relief* faoiseamh orm nuair a bhím ar an gcúirt chispheile nó ar an raon reatha nó sa linn snámha. *we will play* Beimid ag imirt i gcluiche ceannais an chontae sa chispheil Dé Sathairn seo chugainn agus tá mé **ar bís**[9] faoi sin.

soipdaireacht
Chomh maith leis sin, téann mé féin agus mo chairde go dtí an club óige gach Aoine agus bainim an-taitneamh as sin. Buailimid le daoine ó chlubanna eile uaireanta agus is aoibhinn liom é sin. Is breá liom bualadh le daoine nua. Tar éis an chlub, téimid go dtí bialann ghasta uaireanta agus bíonn craic againn le chéile.

Tríd is tríd, is dócha go bhfuil saol deas agam sa tríú bliain, ach bheadh sé ní ba dheise fós gan na diabhail scrúduithe!

[5] pressure
[6] fed up of it
[7] project
[8] looking forward to it
[9] excited

Obair bhaile

Scríobh do bhlag féin anois faoi do bhliain scoile agus faoi na rudaí a dhéanann tú taobh amuigh den scoil.

Na critéir ratha

Na mianta:

✔ Cuirfidh mé plean de leagan amach na haiste le chéile sula dtosóidh mé ag scríobh (cosúil leis an gceann ar leathanach 165 ar an mata boird).

✔ Bainfidh mé úsáid as nathanna ón áiste shamplach thuas.

✔ Bainfidh mé úsáid as an seicliosta gramadaí thuas nuair a scríobhfaidh mé an aiste.

✔ Beidh mé cúramach leis na briathra san aimsir láithreach agus mé ag scríobh.

Na réaltaí:

✔ Chuir mé plean de leagan amach na haiste le chéile sular thosaigh mé ag scríobh (cosúil leis an gceann ar leathanach 165 ar an mata boird).

✔ Bhain mé úsáid as eochairnathanna maithe sa Ghaeilge.

✔ Bhain mé úsáid as seicliosta gramadaí nuair a scríobh mé an aiste.

Óráid

Iarradh ort óráid a thabhairt faoi thábhacht na teicneolaíochta i saol na ndaoine óga. Seo óráid shamplach duit sula scríobhann tú d'óráid féin.

Óráid shamplach: 'Tábhacht na teicneolaíochta i saol an duine óig'

A chairde,

Tá áthas orm seasamh os bhur gcomhair anocht chun labhairt faoi thábhacht na teicneolaíochta i saol an duine óig. Is duine óg mise agus mar sin tá sé éasca dom labhairt le **taithí**[10] ar an ábhar seo.

Ar an gcéad dul síos, úsáidim m'fhón póca ó mhaidin go hoíche gach uile lá. Ní fhéadfainn mo shaol a shamhlú gan an fón. Éistim le ceol air, fanaim **i dteagmháil le**[11] mo chairde agus is minic a fhéachaim ar scannáin air. Is aoibhinn liom m'fhón agus gan amhras ar bith, **táim gafa leis**[12].

An t-idirlíon – bhuel, cá dtosóidh mé? Braitheann daoine óga ar an idirlíon gan dabht na laethanta seo. **Tá sé deacair a shamhlú**[13] nach raibh sé i gcónaí mar sin. Deir mo mham nach raibh idirlíon acu ar chor ar bith nuair a bhí sí féin agus daid ina ndéagóirí. Nach bhfuil sé deacair é sin a chreidiúnt, a dhaoine óga?

[10] experience
[11] in contact with
[12] I am addicted to it
[13] It is difficult to imagine

Bainim féin úsáid as an idirlíon chun cabhrú liom m'obair bhaile a dhéanamh. Bím ag féachaint ar chúrsaí faisin agus ar chúrsaí spóirt air agus má thugann mo mham cead dom, déanaim siopadóireacht ar-líne. **Bheinn caillte**[14] gan an t-idirlíon i mo shaol.

Chomh maith leis sin, is maith liom cluichí ríomhaireachta a imirt. Chun an fhírinne a insint, is aoibhinn liom gach saghas giúirléide a bhaineann leis an teicneolaíocht. Cosúil le daoine óga eile, is **cuid lárnach**[15] de mo shaol í an teicneolaíocht. Cé a fhéachann ar an teilifís nó cé a éisteann leis an raidió níos mó? Tá gach rud ar fáil dúinn '**ar éileamh**[16]'! Nach orainn atá an t-ádh!

Go raibh maith agaibh as cluas a thabhairt dom, a chairde!

[14] I would be lost

[15] a central part

[16] on demand

Ⓐ Obair bhaile

Scríobh d'óráid/d'aiste féin faoin teicneolaíocht i do shaol. Déan an óráid a phleanáil in ailt ar dtús. (Féach thíos.)

Pointí don óráid/don aiste faoin teicneolaíocht:

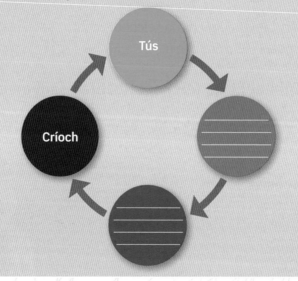

 Ⓑ Punann agus leabhar gníomhaíochta: Féinfheasacht an fhoghlaimeora

Téigh chuig do phunann agus leabhar gníomhaíochta agus scríobh isteach na leaganacha ceartaithe de dhá cheann de na cleachtaí scríofa thuas. Ansin comhlánaigh na leathanaigh féinmheasúnaithe a ghabhann leo.

Féinfheasacht an fhoghlaimeora: Féinmheasúnú

Cé chomh sásta is atá tú go bhfuil tú in ann giotaí a scríobh a bhaineann leis na topaicí saol an teaghlaigh, saol an duine óg agus an teicneolaíocht? Cuir tic sa bhosca cuí.	☐	☐	☐

CÉIM 7: SÚIL SIAR AR AONAD 3

 A **Measúnú rangbhunaithe: 'An post a thaitneodh liom sa todhchaí'**

Roghnaigh post a cheapann tú a thaitneodh leat amach anseo nó slí bheatha ar bith a bhfuil suim agat inti. Déan taighde ar an bpost sin ar an idirlíon nó más féidir, cuir agallamh ar dhuine sa cheantar nó duine ar bith a dhéanann an post sin. Déan iarracht an t-eolas seo a bhaint amach:

- an obair atá i gceist
- an áit a n-oibríonn sé/sí
- na huaireanta oibre a oibríonn sé/sí
- an obair a dhéanann an duine ó lá go lá
- na héadaí a chaitheann an duine sin agus é/í ag obair
- an trealamh a úsáideann sé/sí ag an obair

- an obair chasta/dheacair atá i gceist?
- na laethanta saoire a fhaigheann sé/sí
- coinníollacha eile a bhaineann leis an obair
- An dtaitnionn an obair leis/léi?

Agus an taighde déanta agat féin, an dóigh leat go dtaitneodh an post sin leat?

  Punann agus leabhar gníomhaíochta: Féinfheasacht an fhoghlaimeora

Téigh chuig do phunann agus leabhar gníomhaíochta. Scríobh an leagan ceartaithe den mheasúnú rangbhunaithe thuas ann. Comhlánaigh an leathanach féinmheasúnaithe a ghabhann leis.

B Téacs ilmhódach

Freagair na ceisteanna seo a leanas bunaithe ar an ngrianghraf ar dheis:

1. Déan cur síos ar na daoine sa phictiúr seo.
2. Cé a ghlac an grianghraf?
3. Cén sórt grianghraif é?
4. Conas a mhothaíonn na daoine sa phictiúr, dar leat?
5. Meas tú cá bhfuil siad?
6. An gceapann tú go bhfuil rud éigin speisialta ar siúl?
7. Cé mhéad duine a fheiceann tú sa phictiúr?
8. Déan cur síos orthu.
9. An bhfuil aon duine a sheasann amach ó na daoine eile sa phictiúr, dar leat? Cén fáth?
10. An dtaitníonn an pictiúr leat? Cuir fáthanna le do fhreagra.

Saol an Duine Óig, An Teaghlach agus Poist

127

C Crosfhocal

Trasna

1. Cuireann tú glao ar dhaoine ar an rud seo.
2. Saolaítear leanbh don duine sin.
6. Páiste d'uncail nó páiste d'aintín.
7. An t-ainm a thugtar ar bheirt atá i gcaidreamh rómánsúil lena chéile.

Síos

1. An t-ainm a thugtar ar fhear a phósann bean.
3. Teachtaireacht a sheolann tú ar an ríomhaire.
4. An t-ainm a thugtar ar bhean a phósann fear.
5. Athair d'athar nó athair do mháthar.

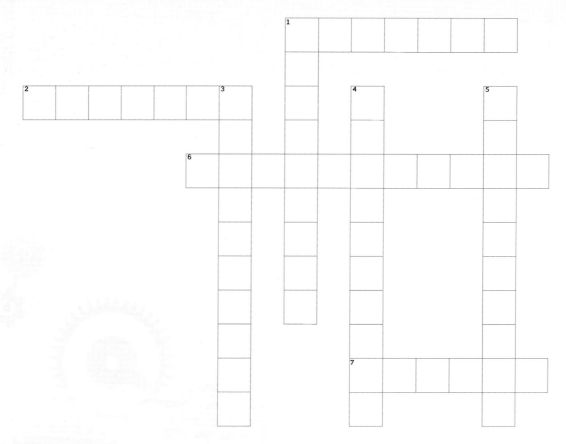

D Féinmheasúnú

 Punann agus leabhar gníomhaíochta: Féinfheasacht an fhoghlaimeora

Téigh chuig do phunann agus leabhar gníomhaíochta. Comhlánaigh an leathanach féinmheasúnaithe bunaithe ar Aonad 3.

Aonad 4

Na Séasúir, An Aimsir, Na Féilte

San aonad seo, foghlaimeoidh tú:

Feasacht chultúrtha
✹ An cultúr agus an litríocht: 'Dán do Lara, 10' le Mícheál Ó hAirtnéide agus 'Aililiú na Gamhna' (Amhrán traidisiúnta).

Cumas cumarsáide
✹ **Éisteacht, féachaint, cur i láthair agus scríobh:** conas cur síos a dhéanamh, le cur i láthair digiteach, ar an séasúr is fearr leat.

✹ **Léamh agus tuiscint/litearthacht:** conas foclóir agus nathanna a bhaineann leis na séasúir, an aimsir agus na féilte a aithint agus a thuiscint.

✹ **Éisteacht:** conas foclóir agus nathanna a bhaineann le na séasúir, an aimsir agus na féilte a aithint agus a thuiscint ó chluas. Gheobhaidh na daltaí taithí ar a bheith ag éisteacht le canúintí éagsúla.

✹ **Scríobh:** conas giotaí a scríobh ar thopaicí a bhaineann leis na séasúir, an aimsir agus féilte.

✹ **Idirghníomhú cainte:** conas idirghníomhú le comhscoláirí agus tú ag tabhairt faoi obair ghrúpa, obair bheirte, piarmheasúnú agus rólimirt, conas eolas a sheiceáil, a dheimhniú agus a mhalartú, conas cumarsáid ó bhéal a dhéanamh ag úsáid teicneolaíochtaí digiteacha.

Feasacht teanga
✹ **An ghramadach:** conas céimeanna comparáide na haidiachta a úsáid i gcomhthéacs, conas patrúin teanga a aithint agus a úsáid.

Féinfheasacht an fhoghlaimeora
✹ **Féinmheasúnú:** conas féinmheasúnú a dhéanamh sa téacsleabhar seo agus sa phunann agus leabhar gníomhaíochta a ghabhann leis agus conas piarmheasúnú a dhéanamh.

Is maith an scéalaí an aimsir.

Filíocht

Dán do Lara, 10

le Mícheál Ó hAirtnéide

Fuinseog trí thine
gruaig do chinn
ag mealladh fuiseoige
le do ghlór binn
i bhféar glas,
is scata nóiníní
ag súgradh leat
is scata coiníní
ag damhsa leat
an lon dubh
is a órghob
mar sheoid leat
lasair choille
is a binneas
mar cheol leat.
Is cumhracht tusa,
is mil, is sú talún:
ceapann na beacha féin
gur bláth sa pháirc thú.
A bhanríon óg thír na leabhar
go raibh tú mar seo go deo
go raibh tú saor i gcónaí
    ó shlabhra an bhróin.

Seo mo bheannacht ort, a chailín,
is is tábhachtach mar bheannú é –
go raibh áilleacht anama do mháthar leat
    is áilleacht a gné.

Cuardach foclóra

Cuardaigh na focail dheacra i d'fhoclóir nó ar www.focloir.ie agus cuir ceist ar do mhúinteoir muna n-aimsíonn tú gach focal.

 A Cleachtadh scríofa: Ceisteanna gearra

Cuir tic sa bhosca ceart.

1. (a) Is é athair Lara atá ag caint sa dán seo. ☐

    (b) Is í máthair Lara atá ag caint sa dán seo. ☐

2. (a) Tá Lara ag súgradh ar an trá sa dán. ☐

    (b) Tá Lara ag súgradh i gcluain sa dán. ☐

    (c) Tá Lara ag súgradh ina teach sa dán seo. ☐

3. (a) Tá glór uafásach ag Lara. ☐

    (b) Tá glór binn ag Lara. ☐

4. (a) Tá Lara chomh milis le mil na mbláthanna, dar leis an bhfile. ☐

    (b) Tá Lara searbh agus gránna, dar leis an bhfile. ☐

5. (a) Guíonn an file go mbeidh Lara chomh dathúil leis. ☐

    (b) Guíonn an file go mbeidh Lara chomh hálainn lena máthair. ☐

B Ceisteanna gearra

1. Cén aois í Lara, an dóigh leat? *(Leid: Féach ar theideal an dáin.)*
2. Ainmnigh na héin a luaitear sa dán seo.
3. Cén saghas glóir atá ag Lara?
4. Cad a dhéanann na nóiníní le Lara, dar leis an bhfile?
5. Cad a dhéanann na coiníní le Lara, dar leis an bhfile?
6. Cén dath atá ar ghob an loin dhuibh?
7. Conas atá ceol an lasair choille?
8. Cad a cheapann na beacha faoi Lara, dar leis an bhfile?
9. Cad a thugann an file ar Lara i líne a 20, véarsa a haon?
10. Cén gaol a bhí ann idir Lara agus an file, meas tú? Cén saghas duine é an file, meas tú?

  C Punann agus leabhar gníomhaíochta: Obair ealaíne

Feicfidh tú ceithre cinn de bhoscaí i do phunann agus leabhar gníomhaíochta. Tarraing pictiúr i ngach ceann de na boscaí de na híomhánna a fheictear duit agus tú ag léamh an chéad véarsa den dán thuas.

Na Séasúir, An Aimsir, Na Féilte

An file

B'fhile Éireannach é Mícheál Ó hAirtnéide nó Michael Hartnett (1941–1999) a chum a chuid saothair i nGaeilge agus Béarla. B'as Co. Luimnigh ó dhúchas é. Chaith sé roinnt blianta ar deoraíocht i Londain agus d'fhill sé ar Éirinn i 1968. Is as an gcnuasach *A Collection of Wrens* é an dán thuas.

Téama an dáin

[1] way
[2] entice
[3] aspect
[4] bees
[5] fragrance
[6] strawberry
[7] innocent
[8] prayer
[9] prayer
[10] innocent
[11] blessing
[12] soul
[13] feel
[14] boundless love

- **Grá athar** is príomhthéama don dán 'Dán do Lara, 10'. Cailín óg, deich mbliana d'aois atá mar ábhar sa dán. Is cailín óg álainn í i ngach uile **slí**[1] dar leis an bhfile. Déanann an file comparáid idir dath a cuid gruaige agus crann fuinseoige trí thine. Tá glór binn aici dar leis an bhfile agus is féidir léi an fhuiseog a **mhealladh**[2] lena glór, tá a glór chomh hálainn sin. Meallann sí gach **gné**[3] den nádúr mórthimpeall uirthi – ina measc an fhuiseog, na nóiníní, na coiníní, an lon dubh, an lasair choille agus na beacha. Bíonn siad go léir ag súgradh léi agus meallta aici. Ceapann na **beacha**[4] gur bláth í fiú.

- Dá bhrí sin, feicimid **téama na háilleachta** sa dán freisin. Tá an cailín óg cosúil le **cumhracht**[5], mil agus **sú talún**[6] freisin, dar leis an bhfile. Tá sí chomh hálainn agus **soineanta**[7] leis na hainmhithe agus na **gnéithe**[8] is áille den nádúr.

- **Tá guí**[9] **ag an bhfile dá iníon** – go bhfanfaidh sí saor ó 'shlabhra an bhróin'. Ba bhreá leis dá mbeadh sí in ann a bheith **soineanta**[10], saor agus áthasach go deo mar atá sí anois. Anuas air sin, guíonn sé **beannacht**[11] eile uirthi. Tá súil aige go mbeidh a h**anam**[12] agus a haghaidh chomh hálainn is atá anam agus aghaidh mháthair Lara.

- **Braith**imid[13] **grá gan teorainn**[14] an tuismitheora sa dán seo gan amhras.

  A Punann agus leabhar gníomhaíochta: Cleachtadh scríofa

Déan achoimre ar scéal an dáin i do chuid focal féin i do phunann agus leabhar gníomhaíochta.

  B Punann agus leabhar gníomhaíochta: Cleachtadh scríofa

Feicfidh tú léaráid i do phunann agus leabhar gníomhaíochta. Déan achoimre sna boscaí ar phríomhthéamaí an dáin mar a fheiceann tusa iad.

Mothúcháin shoiléire

Tá mothúcháin shoiléire an athar le brath tríd síos an dán.

- **Grá:** Grá gan teorainn a bhraithimid ó léamh an dáin seo. Grá athar dá iníon atá i gceist sa dán seo. Is dócha go bhfuil grá ag an bhfile do mháthair an linbh freisin mar guíonn sé go mbeidh áilleacht anama a máthar ag Lara chomh maith le háilleacht a haghaidh.

- **Sonas:** Tá an cailín óg sa dán seo soineanta agus sona sásta. Tá sí chomh saor leis na héin agus na hainmhithe i measc an nádúir agus baineann sí taitneamh as na gnéithe áille den nádúr mórthimpeall uirthi – ina measc na coiníní, na nóiníní agus na héin.

Teicníochtaí fileata

1. Íomhánna áille ón nádúr

Baineann an file úsáid as íomhánna áille ón nádúr sa dán seo gan amhras.

- Feicimid cailín óg, deich mbliana d'aois agus í ag súgradh le hainmhithe, éin agus gnéithe den nádúr.

- Déanann an file comparáid idir dath gruaige an chailín óig agus dath an chrainn fuinseoige trí thine.

- Tá glór binn an chailín in ann an **fhuiseog**[15] a mhealladh dar leis an bhfile.

- Luann an file íomhá álainn den chailín óg, áthasach, **soineanta**[16] ag súgradh le nóiníní agus ag damhsa le grúpa coiníní. Tá gnéithe áille den nádúr mórthimpeall uirthi, ina measc éin áille, mar atá: an fhuiseog, an lasair choille agus an lon dubh.

- Déanann an file comparáid idir áilleacht an chailín agus **gnéithe**[17] áille den nádúr cosúil le mil agus sú talún.

2. Friotal an dáin

Friotal álainn, simplí, ceolmhar atá in úsáid sa dán seo agus **oireann sé sin** go mór **d'ábhar**[18] an dáin. Tá sé fíoréasca smaointe agus mothúcháin an fhile a thuiscint. Tá **rím**[19] le feiceáil ag deireadh cuid de na rélínte, mar atá: 'chinn', 'binn' i líne a 2 agus a 4, 'noiníní', 'coiníní' i líne a 6 agus a 8, 'go deo' agus 'bhróin' i líne 21 agus 23, 'é' agus 'gné' sa véarsa deireanach.

[15] a lark
[16] innocent
[17] aspects
[18] it suits
[19] rhyme

A Punann agus leabhar gníomhaíochta

Téigh chuig do phunann agus leabhar gníomhaíochta. Déan cur síos ar chuimhne dheas amháin atá agat ó laethanta d'óige.

B Punann agus leabhar gníomhaíochta

Téigh chuig do phunann agus leabhar gníomhaíochta. Scríobh leathanach ar na fáthanna a dtaitníonn nó nach dtaitníonn an dán 'Dán do Lara, 10' leat.

Moladh: Smaoinigh ar na pointí seo a leanas:

1. An dtaitníonn an cailín a luaitear sa dán leat? Cén fáth?

2. An maith leat na híomhánna a chuirtear os ár gcomhair sa dán?

3. An maith leat na comparáidí a dhéantar idir an cailín óg agus gnéithe den nádúr sa dán?

4. Cad a cheapann tú faoi atmaisféar an dáin?

5. An dtaitníonn friotal an dáin leat?

6. An bhfuil tú in ann ionannú ar chor ar bith leis an bhfile nó leis an gcailín óg sa dán?

7. Conas a mhothaíonn tú féin tar éis duit an dán a léamh?

Ansin, comhlánaigh an leathanach féinmheasúnaithe a ghabhann leis i do phunann agus leabhar gníomhaíochta.

 Féinfheasacht an fhoghlaimeora: Féinmheasúnú

| Cé chomh sásta is atá tú go bhfuil tú in ann caint agus scríobh faoin dán 'Dán do Lara, 10'? Cuir tic sa bhosca cuí. | | | |

Amhrán

Aililiú na Gamhna

Amhrán traidisiúnta

Véarsa a hAon

Is iníon d'aoire mé féinig gan amhras,
a bhíodh i mo chónaí cois taobh na Leamhna,
Bhí bothán agam féin ann is fuinneog i gceann de,
Fad a bhíodh an bainne ag téamh agam 'sea ghlaofainn
     ar na gamhna.

Curfá

Aililiú na gamhna, na gamhna bána,
Aililiú na gamhna, na gamhna b'iad ab fhearr liom,
Aililiú na gamhna, na gamhna geala bána,
Na gamhna maidin shamhraidh ag damhsa ar na bánta.

Véarsa a Dó

Faightear dom canna is faightear dom buarach,
Is faightear dom soitheach ina gcuirfead mo chuid uachtair,
Ceolta sí na cruinne a bheith á síorchur i mo chluasa,
Ba bhinne liomsa géimneach na mbó ag teacht chun buaile.

Curfá

Véarsa a Trí

Rachaimid ar an aonach is ceannóimid gamhna,
Agus cuirfimid ar féarach iad amach ins na gleannta,
Íosfaidh siad an féar agus barr an aitinn ghallda,
Is tiocfaidh siad abhaile chun an bhainne i gcomhair an tsamhraidh.

Curfá

 Téigh chuig YouTube agus scríobh isteach 'Aililiú na Gamhna Louise Morrissey agus Séamus Ó Béaglaíoch' agus éist lena gcur i láthair ar an amhrán 'Aililiú na Gamhna'.

Cuardach foclóra

Cuardaigh na focail dheacra i d'fhoclóir nó ar www.focloir.ie agus cuir ceist ar do mhúinteoir muna n-aimsíonn tú gach focal.

 A Cleachtadh scríofa

Cuir tic sa bhosca cuí.

1. (a) Cónaíonn iníon an aoire cois farraige. ☐

   (b) Cónaíonn iníon an aoire ar bharr sléibhe. ☐

   (c) Cónaíonn iníon an aoire cois abhann. ☐

2. (a) Tugann an cailín atá ag caint linn san amhrán aire do mhuca. ☐

   (b) Tugann an cailín aire do chaoirigh. ☐

   (c) Tugann an cailín aire do ghamhna. ☐

3. (a) Cónaíonn an cailín i bpálás. ☐

   (b) Cónaíonn an cailín i mbothán ina bhfuil fuinneog amháin. ☐

   (c) Cónaíonn an cailín i mbungaló. ☐

4. (a) Ceannaíonn an cailín na gamhna ar líne. ☐

   (b) Ceannaíonn an cailín na gamhna ag aonach. ☐

   (c) Ceannaíonn an cailín na gamhna ó chara léi. ☐

5. (a) Déanann an cailín cáis as bainne na ngamhna. ☐

   (b) Déanann an cailín im as bainne na ngamhna. ☐

   (c) Déanann an cailín uachtar as bainne na ngamhna. ☐

B Ceisteanna gearra

1. Cá gcónaíonn iníon an aoire?

2. Déan cur síos ar theach an chailín.

3. Conas a dhéanann an cailín cur síos ar **na gamhna**[1] i gcurfá an amhráin?

4. Cén séasúr a luaitear i gcurfá an amhráin.

5. Cad atá á dhéanamh ag iníon an aoire leis an mbainne a fhaigheann sí ó na gamhna?

6. Cé na huirlisí a úsáideann an cailín chun an t-uachtar a dhéanamh as an mbainne?

7. Cén fhuaim atá **níos binne**[2] di ná **ceol na sí**[3]?

8. Cá rachaidh an cailín chun gamhna a cheannach?

9. Cá gcuirfidh sí **ar féarach**[4] iad?

10. Cad a íosfaidh siad?

11. Cén fáth a dtiocfaidh na gamhna abhaile?

[1] calves
[2] sweeter
[3] music of fairies
[4] to pasture

C Punann agus leabhar gníomhaíochta: Obair ealaíne

Téigh chuig do phunann agus leabhar gníomhaíochta. Feicfidh tú ceithre cinn de bhoscaí. Tarraing pictiúr i ngach ceann de na boscaí de na híomhánna a fheictear duit i ngach véarsa/curfá agus tú ag léamh an amhráin thuas.

Téamaí an amhráin

- **Áilleacht an nádúir**[5] is príomhthéama don amhrán 'Aililiú na Gamhna'. Déanann an t-amhrán cur síos ar áilleacht na ngamhna. Iníon **aoire**[6] atá ag caint linn san amhrán seo. Tá an cailín sa dán **buíoch as**[7] an mbainne agus uachtar a thugann siad di. Dá bhrí sin, tá sí sásta aire mhaith a thabhairt dóibh. Tá sí ag céiliúradh **thorthúlacht an nádúir**[8] san amhrán.

- **Saol na tuaithe fadó** is ea téama eile san amhrán. Déanann an cailín cur síos ar an áit ina gcónaíonn sí, ar na gamhna agus ar an saghas oibre a dhéanann sí mar chailín aoire. Faighimid léargas ar an saghas saoil a bhí ag mórán daoine tuaithe in Éirinn fadó. Cónaíonn sí i mbothán cois abhann le fuinneog i gceann den **bhothán**[9]. Tá saol simplí traidisiúnta aici.

- Déanann sí uachtar as bainne na ngamhna. Úsáideann sí **uirlisí** cosúil le canna, **buarach**[10] agus **soitheach**[11] chun é sin a dhéanamh. Téann sí go dtí an t-**aonach**[12] chun gamhna a cheannach. Cuireann sí na gamhna **ar féar**[13] sna gleannta agus itheann siad féar agus **aitinn**[14] **aisteach**[15].

- **Grá d'ainmhithe** is ea téama eile san amhrán seo. Thaitin na gamhna go mór leis an gcailín atá ag caint linn san amhrán seo. Tugann sí 'gamhna geala bána' orthu. Tá na gamhna go hálainn, dar léi. Tá **géimneach**[16] na ngamhna níos binne di ná ceol na sí. Bíonn áthas uirthi nuair a thagann siad abhaile don samhradh.

  A Punann agus leabhar gníomhaíochta: Cleachtadh scríofa

Déan achoimre ar scéal an amhráin i do phunann agus leabhar gníomhaíochta.

   B Punann agus leabhar gníomhaíochta: Cleachtadh scríofa

Feicfidh tú léaráid i do phunann agus leabhar gníomhaíochta. Déan achoimre sna boscaí ar phríomhthéamaí an amhráin mar a fheiceann tusa iad.

Mothúcháin shoiléire

Tá mothúcháin shoiléire an chailín le brath tríd síos an dán.

- **Sonas:** Tá an dán seo lán le sonas agus le **díograis**[17]. Tá iníon an aoire sona sásta leis an saol simplí, traidisiúnta atá aici. Is breá léi na gamhna agus a bheith ag tabhairt aire do na gamhna. Cé go gcónaíonn sí i mbothán, tá sí an-bhuíoch as na gamhna agus as an mbainne agus uachtar a chuireann siad ar fáil di. Tugann sí 'gamhna geala bána' orthu agus luann sí íomhánna áille díobh ag damhsa ar na bánta le linn an tsamhraidh. Tá géimneach na ngamhna níos binne ná ceol na sí di, dar léi.

[5] beauty of nature
[6] herdsman
[7] grateful for
[8] fertility of nature
[9] shed/hovel
[10] ladle
[11] vessel
[12] fair
[13] to pasture
[14] gorse
[15] strange
[16] lowing
[17] enthusiasm

Teicníochtaí fileata san amhrán

1. Íomhánna simplí, taitneamhacha

Baintear úsáid as íomhánna simplí, taitneamhacha san amhrán seo.

- I véarsa a haon, luaitear cailín óg (iníon d'aoire) a chónaíonn i mbothán le fuinneog amháin cois abhann na Leamhna fadó in Éirinn. Tugann sí aire do ghamhna agus is breá léi na gamhna.

- Sa churfá, tá an cailín ag caint linn. Luann sí íomhá álainn shimplí de na gamhna bána, geala ag damhsa ar na bánta le linn an tsamhraidh. Luann sí na gamhna mar ainmhithe áille lán de spleodar agus áthas. Is sórt téarma buíochais, molta é 'Aililiú' a chuireann a buíochas as na gamhna in iúl.

- Sa dara véarsa, luaitear íomhá den saghas oibre a dhéanann an cailín chun uachtar a dhéanamh ó bhainne na ngamhna le huirlisí cosúil le canna, buarach agus soitheach. Spreagann an íomhá a bhaineann le géimneach na ngamhna an chluas – tá a ngéimneach níos binne ná ceol na sí dar le hiníon an aoire.

- Sa tríú véarsa, léiríonn an cailín íomhá de na gamhna ar féar sna gleannta ag ithe féir agus aitinne agus iad sona sásta.

2. Friotal

[18] concise
[19] to suit (oir do)

Friotal gonta[18] **simplí, ceolmhar** atá in úsáid san amhrán seo agus **oireann** sé sin go mór **d'ábhar**[19] an amhráin. Tá sé fíoréasca smaointe agus mothúcháin an chailín sa dán a thuiscint. Baintear úsáid as uaim agus comhardadh deiridh san amhrán freisin. Feicimid sa dara líne de véarsa a haon: mar atá, 'cónaí cois' agus i líne a ceathair 'ghlaofainn ar na gamhna'. Feicimid uaim sa churfá sa tríú líne, mar atá 'gamhna geala' agus sa tríú líne de véarsa a 2, mar atá, 'Ceolta sí na cruinne'.

Feicimid comhardadh deiridh ag deireadh cuid de na línte san amhrán ar nós 'Leamhna' agus 'gamhna' i rann a haon, idir na focail 'bána' agus 'bánta' sa churfá, 'buarach', 'uachtair' agus 'chluasa' i véarsa a dó, 'buaile' i véarsa a trí agus idir na focail 'gamhna', 'gleannta' agus 'ghallda' i véarsa a trí freisin.

 ## Punann agus leabhar gníomhaíochta

Téigh chuig do phunann agus leabhar gníomhaíochta. Scríobh leath-leathanach nó mar sin ar na fáthanna a dtaitníonn nó nach dtaitníonn an t-amhrán 'Aililiú na Gamhna' leat.

Moladh: Smaoinigh ar na pointí seo a leanas:

1. An maith leat na híomhánna a chuirtear os ár gcomhair san amhrán?
2. An bhfuil an t-amhrán féin éasca a thuiscint?
3. Cad a cheapann tú faoi atmaisféar an amhráin?
4. An bhfuil tú in ann ionannú ar chor ar bith le hiníon an aoire san amhrán? An maith leat ainmhithe nó saol na tuaithe?
5. An maith leat friotal simplí an amhráin?
6. Conas a mhothaíonn tú féin tar éis duit an t-amhrán a léamh?

Ansin, comhlánaigh an leathanach féinmheasúnaithe a ghabhann leis i do phunann agus leabhar gníomhaíochta.

 ## Féinfheasacht an fhoghlaimeora: Féinmheasúnú

Cé chomh sásta is atá tú go bhfuil tú in ann labhairt agus scríobh faoin amhrán 'Aililiú na Gamhna'? Cuir tic sa bhosca cuí.				

Na Séasúir, An Aimsir, Na Féilte

CÉIM 2: CUMAS CUMARSÁIDE – ÉISTEACHT, FÉACHAINT, CUR I LÁTHAIR AGUS SCRÍOBH

Céim 2: Na Torthaí Foghlama

Cumas Cumarsáide: 1.1, 1.2, 1.3, 1.4, 1.5, 1.6, 1.11, 1.12, 1.13, 1.14, 1.15, 1.16, 1.18, 1.19, 1.20, 1.21, 1.22, 1.23, 1.24, 1.25, 1.26, 1.27, 1.28

Feasacht Teanga agus Chultúrtha: 2.1, 2.2, 2.3, 2.4, 2.5

Féinfheasacht an Fhoghlaimeora: 3.1, 3.2, 3.3, 3.4, 3.5, 3.6, 3.8

Na séasúir

An t-earrach

An samhradh

An fómhar

An geimhreadh

Na míonna

Meaitseáil na huimhreacha leis na litreacha thíos.

1. Eanáir/mí Eanáir
2. Feabhra/mí Feabhra
3. Márta/mí an Mhárta
4. Aibreán/mí Aibreáin
5. Bealtaine/mí na Bealtaine
6. Meitheamh/mí an Mheithimh
7. Iúil/mí Iúil
8. Lúnasa/mí Lúnasa
9. Meán Fómhair/ mí Mheán Fómhair
10. Deireadh Fómhair/ mí Dheireadh Fómhair
11. Samhain/mí na Samhna
12. Nollaig/mí na Nollag

A

B

C

D

E

F

G

H

I

J

K

L

Na Séasúir, An Aimsir, Na Féilte

Na féilte in Éirinn

Lá Fhéile Vailintín =
an 14ú lá d'Fheabhra

Lá Fhéile Pádraig =
17 lá de Mhárta

An Cháisc

Oíche Shamhna = 31ú
lá de Dheireadh Fómhair

Lá Nollag =
25 Mí na Nollag

Oíche Chinn Bliana =
31 Nollaig

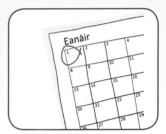

Lá Caille = 1 Eanáir

Ceisteanna

1. Cad iad míonna an earraigh?

2. Bíonn Lá Fhéile Vailintín ar siúl i mí _____.

3. Titeann Lá Nollag i mí _____.

4. Bíonn Oíche Shamhna ar siúl i mí _____.

5. Cén mhí ina dtiteann Lá Fhéile Pádraig?

6. Cén mhí ina mbeidh an Cháisc an bhliain seo chugainn?

7. Cathain a fhilleann na daltaí ar ais ar scoil de ghnáth?

8. Bíonn mo lá breithe ar siúl i mí _____.

9. Cad í an fhéile is fearr leat?

10. Cén t-ainm a thugtar ar an 1 Eanáir?

 Punann agus leabhar gníomhaíochta

Téigh chuig do phunann agus leabhar gníomhaíochta. Líon isteach an crosfhocal bunaithe ar na féilte.

Cúinne na gramadaí

Tar éis réamhfhocal comhshuite (*compound preposition*), ar nós 'i rith', bíonn an t-ainmfhocal sa tuiseal ginideach.

An tuiseal ainmneach	An tuiseal ginideach
an t-earrach	i rith an earraigh
an samhradh	i rith an tsamhraidh
an fómhar	i rith an fhómhair
an geimhreadh	i rith an gheimhridh

An aimsir

Tá an ghrian ag taitneamh.

Tá sé gaofar.

Tá sé fuar.

Tá sé ag cur sneachta.

Tá leac oighir ar an mbóthar.

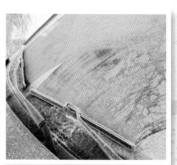

Tá sioc ar an gcarr.

Tá sé ag cur báistí.

Tá sé te.

Tá sé stoirmiúil.

Tá sé scamallach.

Na Séasúir, An Aimsir, Na Féilte

A Réamhaisnéis na haimsire

Éist leis an múinteoir nó dalta eile ag léamh réamhaisnéis na haimsire seo. Freagair na ceisteanna a ghabhann leis.

Seo réamhaisnéis na haimsire, á léamh ag Síle Ní Bhraonáin. Beidh sé fuar agus tirim inniu ar fud na tíre. Maidin amárach, ar an tríú lá de mhí an Mhárta, beidh sé níos teo agus beidh sé grianmhar in oirthear na tíre. Beidh an teocht idir seacht gcéim agus deich gcéim Celsius. Sa deisceart, leathnóidh ceathanna báistí ar fud na háite maidin amárach agus éireoidh sé stoirmiúil tráthnóna amárach le tintreach agus toirneach. Titfidh fiche miliméadar báistí. Beidh an aimsir tirim agus fuar sa tuaisceart. Beidh sé ceomhar agus tais san iarthar. Sin réamhaisnéis na haimsire. Oíche mhaith.

Ceisteanna

1. Cé atá ag léamh réamhaisnéis na haimsire?
2. Conas a bheidh an aimsir inniu?
3. Conas a bheidh an aimsir san oirthear maidin amárach?
4. Cén teocht a bheidh ann sa deisceart maidin amárach?
5. Cad a tharlóidh don aimsir sa tuaisceart tráthnóna amárach?
6. Conas a bheidh an aimsir san iarthar?

  B Punann agus leabhar gníomhaíochta: Obair ghrúpa

Téigh chuig do phunann agus leabhar gníomhaíochta. Déan tasc 4.11 i ngrúpaí bunaithe ar an aimsir agus dráma sa rang.

C Obair bheirte: Cleachtadh cainte

Conas mar a bhíonn an aimsir i do cheantar? Déan plé air leis an duine atá in aice leat.

Cur i láthair A: An séasúr is fearr liom: an t-earrach

- Is mise Treasa Ní Riain agus táim sa tríú bliain sa mheánscoil. Is é an t-earrach an séasúr is fearr liom **gan aon agó**[1]. Is breá liomsa an t-earrach. Is iad Feabhra, Márta agus Aibreán míonna traidisiúnta an earraigh.

- I rith an earraigh bíonn **athbhreith**[2] agus **athfhás**[3] le feiscint sa nádúr. Feicimid **na bachlóga**[4] ag teacht amach ar na crainn agus na bláthanna ag fás **in athuair**[5] tar éis **dhuairceas**[6] an gheimhridh.

- Is breá liom dathanna na mbláthanna, ar nós **lus an chromchinn**[7], **tiúilipí**[8] agus an **plúirín sneachta**[9]. Cuireann na feirmeoirí a síolta.

- Is séasúr an **dóchais**[10] é an t-earrach, feictear domsa. Tagann ainmhithe nua ar an saol, ina measc na huain agus na gamhna. Tar éis bhás agus chiúnas an gheimhridh bíonn saghas athbhreithe sa nádúr. Chomh maith leis sin, éiríonn na laethanta níos faide agus **níos gile**[11] **diaidh ar ndiaidh**[12].

- Lá Fhéile Bhríde is ea an chéad lá de mhí Feabhra, agus is breá liom an fhéile sin. Déanaimid crosa Bhríde as luachra sa rang ealaíne, agus tugaimid abhaile iad.

- Is breá liom Máirt na bPancóg freisin mar déanann mo mham pancóga dúinn. Ithim mo chuid pancóga le Nutella. Itheann mo mham a cuid **pancóg**[13] le him agus sú líomóide.

- Is aoibhinn liom an Cháisc freisin; agus ithim an t-uafás uibheacha seacláide i gcónaí Domhnach Cásca mar fanaim amach ón tseacláid don **Charghas**[14]!

[1] without a doubt
[2] rebirth
[3] regrowth
[4] the buds
[5] again
[6] gloominess
[7] daffodil
[8] tulips
[9] snowdrop
[10] hope
[11] brighter
[12] gradually
[13] pancake
[14] Lent

Feasacht teanga/Cúinne na gramadaí

Céimeanna comparáide na haidiachta

Féach ar Chéim 5 le haghaidh níos mó nótaí ar chéimeanna comparáide na haidiachta.

An aidiacht	An bhreischéim	An sárchéim
geal	níos gile	is gile
fada	níos faide	is faide

A Ceisteanna gearra

1. Cad a thaitníonn le Treasa faoin earrach?
2. Cad iad míonna an earraigh?
3. Cad a fhásann arís san earrach?
4. Cad iad na bláthanna a luann sí a fhásann san earrach?
5. Cad a dhéanann Treasa ar scoil Lá Fhéile Bríde?
6. Cad a chuireann Treasa ar a cuid pancóg?
7. Conas a itheann a mam a cuid pancóg?
8. Cad a dhéanann Treasa um Cháisc?

B Na féilte agus dátaí tábhachtacha le linn an earraigh

Meaitseáil na litreacha leis na huimhreacha thíos.

1. Lá Fhéile Pádraig	2. Lá na bPancóg	3. Lá Fhéile Bríde
4. Domhnach na Cásca	5. Lá an Chéasta	6. Céadaoin an Luaithrigh

A

B

C

D

E

F

Is fearr liom …

C Cén séasúr is fearr leat?

Cuir tic ✓ sa bhosca nó sna boscaí cuí.

an t-earrach
an samhradh
an fómhar
an geimhreadh

Cur i láthair B: An séasúr is fearr liom: an fómhar

CD 1
13

- Is mise Clíona. Is breá liomsa an fómhar. Is iad Lúnasa, Meán Fómhair agus Deireadh Fómhair míonna an fhómhair. Éiríonn na laethanta níos giorra agus na hoícheanta níos faide san fhómhar.

- Bíonn na feirmeoirí **ag baint an fhómhair**[15] i mí Lúnasa. Bíonn na duilleoga **ildathacha**[16] ag titim de na crainn. Is breá liom dathanna na nduilleog: donn, glas, rua, agus buí. Éiríonn an aimsir níos fuaire, níos gaofaire, agus níos fliche. Uaireanta bíonn samhradh beag againn i mí Mheán Fómhair!

- Is breá liom na héadaí teolaí a chaithim i rith an fhómhair. Caithim hata, scairf, agus seaicéad ildathach. Lasann m'athair an tine sa seomra suí nuair a bhíonn an lá fuar, agus ansin bímid go deas **teolaí**[17].

- Filleann muid ar scoil ag deireadh mhí Lúnasa, agus bíonn sos lár téarma againn ag deireadh mhí Dheireadh Fómhair. Taitníonn sé go mór liom mo chairde go léir a fheiceáil ar scoil arís tar éis an tsamhraidh. Bíonn an-chraic agam ar scoil le mo chairde.

- Gach Oíche Shamhna gléasann mé féin agus mo chairde mar phearsana i scannáin éagsúla. Caithimid **maisc**[18] agus **bréagfhoilt**[19]. Téann muid chuig **cóisir chulaith bhréige**[20] nó **tine chnámh**[21] de ghnáth. Bíonn an-spórt againn i gcónaí. Is breá liom féachaint ar **na feistis**[22] agus na bréagfhoilt a bhíonn á gcaitheamh ag daoine eile an oíche sin.

[15] saving the harvest
[16] multicoloured
[17] cosy
[18] masks
[19] wigs
[20] fancy dress party
[21] bonfire
[22] the outfits

Feasacht teanga/Cúinne na gramadaí

Céimeanna comparáide na haidiachta

Féach ar na nótaí faoi Chéim 5 le haghaidh níos mó nótaí ar an mír gramadaí seo.

gearr	níos giorra	is giorra
fada	níos faide	is faide
fliuch	níos fliche	is fliche
gaofar	níos gaofaire	is gaofaire

A Ceisteanna gearra

1. Cad iad míonna an fhómhair?
2. Cad a tharlaíonn do na laethanta agus do na hoícheanta i rith an fhómhair?
3. Cad a dhéanann feirmeoirí san fhómhar?
4. Cad is breá le Clíona faoin bhfómhar?
5. Conas a bhíonn an aimsir san fhómhar?
6. Cad a dhéanann athair Chlíona nuair a bhíonn an aimsir fuar?
7. Cad a dhéanann Clíona Oíche Shamhna?
8. Cad a bhíonn á gcaitheamh ag daoine eile an oíche sin?

B Líon na bearnaí.

1. Bíonn Crann _____ mór agam i mo sheomra suí gach bliain i gcomhair na Nollag.
2. Is breá liom _____ _____ scannáin uafáis Oíche Shamhna.
3. Is breá liom fanacht laistigh cois tine nuair a bhíonn an aimsir _____ i rith an gheimhridh.
4. Bíonn an _____ idir cúig chéim déag agus fiche céim in Éirinn de ghnáth i rith an tsamhraidh.
5. Is aoibhinn liom an _____ a aimsiú sa bhairín breac gach Oíche Shamhna.
6. Téim go dtí an _____ gach samhradh agus téim ag snámh san fharraige.
7. Is breá liom dul ag _____ ar an leac oighir sa rinc leac oighir i rith an gheimhridh.
8. Cuireann na _____ a síolta nua san earrach.

feirmeoirí
fáinne
fuar
féachaint ar
Nollag
trá
scátáil
teacht

C Obair bheirte

Bíodh comhrá gearr agat le do chara sa rang faoin séasúr is fearr leat. Más fearr leat an samhradh, féach ar an aiste ar leathanach 163 le haghaidh stór focal. Más fearr leat an geimhreadh, féach ar Léamhthuiscint A ar leathanach 153 le haghaidh stór focal.

D Punann agus leabhar gníomhaíochta: Obair bheirte

Téigh chuig do phunann agus leabhar gníomhaíochta. Freagair na ceisteanna bunaithe ar na séasúir agus féilte ó bhéal agus i bhfoirm scríofa sa phunann.

E Cur i láthair/Obair dhigiteach

Bunaithe ar na nótaí thuas, ullmhaigh do chur i láthair féin dar teideal 'An séasúr is fearr liom' i bhfoirm dhigiteach le híomhánna agus cur síos scríofa. Ansin déan an cur i láthair os comhair do ghrúpa féin nó os comhair an ranga.

  F Punann agus leabhar gníomhaíochta: Féinfheasacht an fhoghlaimeora

Téigh chuig do phunann agus leabhar gníomhaíochta. Scríobh an leagan ceartaithe den chur i láthair i do phunann agus leabhar gníomhaíochta. Ansin comhlánaigh an leathanach féinmheasúnaithe a ghabhann leis.

 G Measúnú rangbhunaithe: 'Féilte, nósanna agus naoimh i mo cheantar'

Déan taighde ar na féilte, na nósanna agus na naoimh a bhaineann le do cheantar féin nó an Ghaeltacht is gaire duit. Déan cur i láthair le híomhánna/pictiúir mar gheall air os comhair an ranga.

Mar chabhair daoibh:

- Féach ar www.duchas.ie le haghaidh inspioráide.

- Téigh chuig www.ceacht.ie. Téigh chuig 'Acmhainní don Teastas Sóisearach'. Brúigh ar 05 ar an lámh chlé ('Mé féin in Éirinn'). Brúigh ar litir G ('ocáidí móra'). Féach ar na míreanna físe ansin agus comhlánaigh na bileoga oibre a ghabhann leo.

 Féinfheasacht an fhoghlaimeora: Féinmheasúnú

Cé chomh sásta is atá tú go bhfuil tú in ann caint agus scríobh faoi na séasúir, an aimsir agus na féilte? Cuir tic sa bhosca cuí.

Na Séasúir, An Aimsir, Na Féilte

CÉIM 3: CUMAS CUMARSÁIDE – AN CHLUASTUISCINT

Céim 3: Na Torthaí Foghlama

Cumas Cumarsáide: 1.1, 1.2, 1.3, 1.4, 1.5, 1.6, 1.14, 1.15, 1.16, 1.21, 1.22, 1.23

Feasacht Teanga agus Chultúrtha: 2.1, 2.2, 2.3, 2.4, 2.5

Féinfheasacht an Fhoghlaimeora: 3.3, 3.4, 3.6

Cuid A Réamhobair

Cuardach foclóra

Cuardaigh na focail seo a leanas i d'fhoclóir nó ar an suíomh www.focloir.ie nó www.tearma.ie más gá:

- dath na gréine
- an mhóin
- na barraí
- eagraigh
- crúigh
- portach
- éadromáin

CD 2
34–36

Cuid A

Cloisfidh tú giotaí cainte ó bheirt daoine óga sa chuid seo. Cloisfidh tú gach giota díobh **faoi dhó**. Beidh sos ann tar éis gach giota a chloisfidh tú chun seans a thabhairt duit na ceisteanna a bhaineann leo a fhreagairt. Éist go cúramach leis na giotaí cainte agus líon isteach an t-eolas atá á lorg sna greillí ag 1 agus 2 thíos.

❶ An chéad chainteoir (Canúint Uladh)

Ainm:	*Fiachra Ó Braonáin*
Cad as d'Fhiachra?	ionteoir i nGealtaic
Cén séasúr is fearr leis?	samhradh
Cén áit a dtéann sé gach samhradh?	teann go dti fairm
Luaigh trí jab a dhéanann sé lena sheanathair.	deich deich na creanns

❷ An dara cainteoir (Canúint Chonnacht)

Ainm:	*Aingeal Ní Mhurchú*
Cad as d'Aingeal?	caith na Gaille
Cad í an fhéile is fearr léi?	La fhéile Pharáits
Cé na grúpaí a ghlacann páirt sa pharáid?	ceoltoirí
Cad a dhéanann sí istoíche?	tú timpill an feachainc ar séisún ceoi

Cuid B Réamhobair

Cuardach foclóra

Cuardaigh na focail seo a leanas i d'fhoclóir nó ar an suíomh www.focloir.ie nó www.tearma.ie más gá:

- craol
- siamsaíocht
- seastáin
- seoda
- rath

 **Cuid B**

CD 2 37–39

Cloisfidh tú fógra agus píosa nuachta sa chuid seo. Cloisfidh tú gach giota díobh **faoi dhó**. Éist go cúramach leo. Beidh sos ann tar éis gach ceann díobh chun seans a thabhairt duit na ceisteanna a bhaineann leo a fhreagairt.

Fógra (Canúint na Mumhan)

1. Cén fhéile atá i gceist san fhógra seo?

   ·Rós   trallee

2. Cé mhéad rós a bheidh ag glacadh páirte sa seó teilifíse?

   seacta   ceathair   triocha dó

3. Cad a bheidh ar na sráideanna le linn na féile?

   big, eadag, eai seodra

Píosa nuachta (Canúint Uladh)

1. Cad a fógraíodh sa phíosa nuachta?

   fhéile   mor

2. (a) Cathain a bheidh an fhéile ar siúl?

   mbti trí lé

   (b) Luaigh trí ghrúpa de lucht gnó an bhaile mhóir atá ag súil le cuairteoirí le linn na féile.

   Primall   scream, the   corcnas, badly draun bays

 Cuid C Réamhobair

> **Cuardach foclóra**
>
> **Cuardaigh na focail/nathanna seo a leanas i d'fhoclóir nó ar an suíomh www.focloir.ie nó www.potafocal.com más gá:**
>
> - cócaire
> - thar mholadh beirte
> - manglam clocheán
> - liamhás
> - réamhchúrsa
> - milseog
> - nach méanar duit
> - caithim a admháil
> - leadrán

 **Cuid C**

CD 2 40–44

Cloisfidh tú dhá chomhrá sa chuid seo. Cloisfidh tú gach comhrá díobh **faoi dhó**. Cloisfidh tú an comhrá ó thosach deireadh an chéad uair. Ansin cloisfidh tú ina dhá mhír é an dara huair. Beidh sos ann tar éis gach míre díobh chun seans a thabhairt duit an cheist a bhaineann leis an mír sin a fhreagairt.

Comhrá a hAon (Canúint Chonnacht)

An chéad mhír:

1. Cén tsaoire a luann Seoirse?

   sacire   na   nóllaig

Na Séasúir, An Aimsir, Na Féilte

An dara mír:

2. Cé a rinne an chócaireacht do theaghlach Róisín Lá Nollag? *Dhaid*
ftham

3. Luaigh trí shaghas bia a bhí ag Róisín le haghaidh dhinnéar na Nollag. *uactair roite, liamhás, maróg nóllaig*

Comhrá a Dó (Canúint na Mumhan)

An chéad mhír:

1. Cá ndeachaigh Tomás ar saoire? *dál le idáis chuaigh sé ar idáil*

An dara mír:

2. Cén séasúr is fearr le Tomás? *Samhraden*

3. Cén fáth nach dtaitníonn an samhradh le Bláithín? *uaim a chairde scoile, níl fách ag deanahn sa bhaile*

  A Punann agus leabhar gníomhaíochta: Féinfheasacht an fhoghlaimeora

Téigh chuig do phunann agus leabhar gníomhaíochta. Líon isteach 10 bhfocal/nath nua a d'fhoghlaim tú ón gcluastuiscint thuas.

 B Féinfheasacht an fhoghlaimeora

Scríobh síos 5 rud (nathanna nó focail) a chuala tú sa chluastuiscint i gcanúint dhifriúil le do chanúint féin.

Chuala mé …	I mo chanúint féin, déarfá …
Sampla: **Gaelainn**	**Gaeilge**
1.	
2.	
3.	
4.	
5.	

Féinfheasacht an fhoghlaimeora: Féinmheasúnú

Cé chomh sásta is atá tú go bhfuil tú in ann focail agus nathanna a bhaineann leis 'na séasúir, an aimsir agus na féilte' a thuiscint ó chluas? Cuir tic sa bhosca cuí.

CÉIM 4: CUMAS CUMARSÁIDE – AN LÉAMHTHUISCINT

Céim 4: Na Torthaí Foghlama

Cumas Cumarsáide: 1.6, 1.7, 1.8, 1.11, 1.14, 1.15, 1.18, 1.19, 1.20, 1.21, 1.22, 1.23, 1.28

Feasacht Teanga agus Chultúrtha: 2.2, 2.3, 2.4

Féinfheasacht an Fhoghlaimeora: 3.3, 3.4, 3.6

Léamhthuiscint A:
An geimhreadh

Na Séasúir, an Aimsir, Na Féilte

Léamh

1. Is mise Colmán Ó Sé! Is as an Daingean, i gCo. Chiarraí mé. Is iad mí na Samhna, mí na Nollag agus mí Eanáir míonna an gheimhridh. Ní maith liom an geimhreadh ar chor ar bith, ach **caithfidh mé a rá**[1] go mbainim taitneamh as an Nollaig. De ghnáth bíonn an aimsir crua sa gheimhreadh. **Éiríonn sé**[2] fliuch, fuar, gaofar agus stoirmiúil. Uaireanta bíonn sioc ar an talamh agus, anois is arís, bíonn sneachta agus oighear againn má bhíonn an teocht an-íseal. Is breá liom fanacht istigh agus féachaint ar an teilifís nuair a bhíonn an aimsir go dona.

2. Bíonn na crainn **lom**[3], gan duilleoga orthu, agus bíonn an nádúr ciúin i rith an gheimhridh. Is é an t-aon **sólás**[4] a bhaineann leis an ngeimhreadh ná an Nollaig. Is breá liom na **maisiúcháin**[5] a chuirtear suas sna siopaí. Sa bhaile cuirimid suas **cuileann**[6] agus **eidhneán**[7] chun an teach a mhaisiú, agus bíonn crann Nollag againn agus é maisithe go hálainn. Cuireann mo mham **coinnle**[8] ar **lasadh**[9] i ngach fuinneog. Is traidisiún **Críostaí**[10] é seo. Is í 'féile an tsolais' í an Nollaig. Seasann an choinneal do bhreith Íosa – siombal de **dhóchas**[11] don domhan. Ceannaím bronntanais do mo mhuintir, agus dar ndóigh faighim bronntanais freisin.

[1] I must say
[2] it becomes
[3] bare
[4] comfort
[5] decorations
[6] holly
[7] ivy
[8] candles
[9] lighting
[10] Christian
[11] hope
[12] Christmas Eve
[13] ham
[14] Christmas pudding
[15] relatives

3. **Oíche Nollag**[12], bíonn sé de nós againn dul go dtí an tAifreann agus féachaint ar scannán deas ar an teilifís le chéile cois tine. Tagann Daidí na Nollag chuig mo chuid deartháireacha agus deirfiúracha níos óige agus osclaímid na bronntanais faoin gcrann Nollag. Is breá liom dinnéar na Nollag: na prátaí rósta, turcaí rósta, **liamhás**[13] agus bachlóga Bruiséile. Déanann mo mháthair **maróg Nollag**[14] agus císte Nollag. Tagann ár n**gaolta**[15] chun dinnéir linn.

4. Téim timpeall an bhaile mhóir le mo dhaid agus m'uncailí **Lá an Dreoilín**[16]. Céiliúrtar Lá an Dreoilín ar an 26 Nollaig, Lá Fhéile Stiofáin. Bíonn **paráid**[17] mhór againn sa Daingean an lá sin i gcónaí. Is traidisiún ársa é sa cheantar. **Gléasaimid suas**[18] mar bhuachaillí Dreoilín agus siúlaimid ar na sráideanna sa tóir ar an dreoilín! Fadó bhí sé de nós acu dul ó theach go teach ag seinm ceoil agus ag bailiú airgid ó dhaoine sna tithe sin Lá an Dreoilín. Caitheann daoine **maisc**[19], **peiriúicí**[20] agus **feistis**[21] **bhréige**[22] agus bíonn cuma scanrúil go leor ar chuid de na feistis!

5. Téim go cathair Luimnigh le mo mham tar éis na Nollag chun éadaí agus bróga a cheannach sna **sladmhargaí**[23] agus bainim taitneamh as an lá sin i gcónaí. Bíonn béile blasta againn i gcaifé agus tiomáinimid abhaile go sona sásta. **Oíche Chinn Bliana**[24], bíonn seisiún ceoil ar siúl i dteach m'uncail! Is ceoltóir é m'uncail agus tá sé cairdiúil le mórán de na ceoltóirí traidisiúnta mór le rá sa cheantar. Bíonn an chraic go hiontach agus bíonn **scoth an cheoil**[25] le cloisteáil! Bíonn brón orm i gcónaí nuair a bhíonn deireadh leis an Nollaig, toisc gur fuath liom mí Eanáir! Is mí ghruama, dhearóil í agus **ní bhíonn pingin rua ag éinne**[26] tar éis na Nollag!

A Freagair na ceisteanna seo a leanas:

1. An maith le Colmán an geimhreadh? (Alt 1)

2. Conas a bhíonn an aimsir? (Alt 1)

3. Conas a bhíonn an nádúr i rith an gheimhridh, dar leis? (Alt 2)

4. Cén saghas maisiúchán a chuireann muintir Cholmáin suas sa teach? (Alt 2)

5. Cad a bhíonn acu do dhinnéar na Nollag? (Alt 3)

6. Cé a thagann chun dinnéir an lá sin? (Alt 3)

7. Cad a dhéanann Colmán Lá Fhéile Stiofáin? (Alt 4)

8. Cad a chaitheann daoine Lá an Dreoilín? (Alt 4)

9. Cad a dhéanann Colmán agus a mham tar éis na Nollag? (Alt 5)

10. Cad a tharlaíonn Oíche Chinn Bliana de ghnáth? (Alt 5)

B Líon na bearnaí sna habairtí thíos bunaithe ar an sliocht thuas.

1. Is _____ an Daingean mé.

2. Ní maith liom an geimhreadh ar chor _____ bith.

3. Bíonn na crainn lom agus bíonn an nádúr ciúin i rith an _____ .

4. Seasann an choinneal _____ bhreith Íosa.

5. Oíche Nollag, bíonn sé _____ nós againn dul go dtí an tAifreann.

6. Is breá liom dinnéar _____ Nollag.

7. Céiliúrtar Lá _____ Dreoilín ar an 26 Nollaig.

ag	gheimhridh
ar	na
le	ar
de	as
do	an

8. Siúlaimid ar na sráideanna sa tóir _____ an dreoilín.

9. Téim go cathair Luimnigh _____ mo mham tar éis na Nollag.

10. Ní bhíonn pingin rua _____ éinne tar éis na Nollag.

C Obair bheirte: Cleachtadh cainte

I mbeirteanna, cuirigí bhur dtuairimí in iúl mar gheall ar na ceisteanna seo a leanas bunaithe ar an léamhthuiscint thuas:

1. Cad é an séasúr is fearr leatsa?

2. An maith leat an geimhreadh?

3. An dtaitníonn an Nollaig leat?

4. Conas a bhíonn an aimsir sa gheimhreadh?

5. Cad a dhéanann tú le do mhuintir Lá Nollag de ghnáth?

D Punann agus leabhar gníomhaíochta: Féinfheasacht an fhoghlaimeora

Téigh chuig do phunann agus leabhar gníomhaíochta. Scríobh síos 10 bhfocal/nath nua a d'fhoghlaim tú ón léamhthuiscint thuas sa phunann agus leabhar gníomhaíochta.

E Meaitseáil an Ghaeilge leis na pictiúir.

1.	turcaí	2.	eidhneán	3.	crann Nollag
4.	uachtar	5.	anraith	6.	soilse sí
7.	tinsil	8.	bachlóga Bruiséile	9.	cuileann
10.	aingeal	11.	liamhás	12.	bronntanais
13.	maróg na Nollag	14.	an réalta	15.	prátaí

Na Séasúir, An Aimsir, Na Féilte

Léamhthuiscint B:

Lá Fhéile Pádraig agus Seachtain na Gaeilge

Léamh

1. Is mise Síle Ní Shúilleabháin. Is as Baile Átha Cliath mé. Freastalaím ar scoil lán-Ghaeilge darb ainm Coláiste Íosagáin. Labhraímid Gaeilge gach lá ar scoil agus úsáidimid Gaeilge nuair a bhímid ag imirt spóirt, ag canadh agus ag aisteoireacht. Is breá liom Lá Fhéile Pádraig, an seachtú lá déag de Mhárta. Caitheann an teaghlach seamróg Lá Fhéile Pádraig gach bliain. Téimid go dtí an tAifreann ar maidin agus ansin téimid isteach i lár na cathrach chun féachaint ar an bparáid.

2. Bíonn a lán rudaí dathúla **siamsúla**[27] le feiceáil sa pharáid, **flótaí**[28,] **rinceoirí**[29] agus **bannaí máirseála**[30] ina measc. Tagann daoine **ó chian is ó chóngar**[31] chun páirt a ghlacadh sa pharáid – ó ghach tír ar domhan agus ó gach cearn den tír. Bíonn a lán **compántas aisteoireachta agus siamsa**[32], ar nós Macnas agus Samhlaíocht ag glacadh páirt sa pharáid. Bíonn bannaí éagsúla ag seinm ceoil ar fud na cathrach an oíche sin agus **craoltar**[33] an ócáid go léir ar an teilifís ar RTÉ 1.

[27] entertaining
[28] floats
[29] dancers
[30] marching bands
[31] from near and far
[32] acting companies and entertainment
[33] is broadcast

3. **Céiliúrtar**[34] Lá Fhéile Pádraig ar fud an domhain! Tá sé dochreidte go bhfuil tionchar chomh láidir sin ag tír bheag cosúil le hÉirinn ar chultúr tíortha eile! Bíonn paráidí móra i gcathracha móra agus tíortha lasmuigh d'Éirinn ar nós: Meiriceá, an Bhreatain, an Astráil, an Nua-Shéalainn, Ceanada, an Bhrasaíl agus an Airgintín. **De réir dealraimh**[35], céiliúrtar Lá Fhéile Pádraig i níos mó tíortha ná aon fhéile náisiúnta eile ar domhan! Nach mór an spórt é!

4. Céiliúrtar Seachtain na Gaeilge i rith na seachtaine céanna le Lá Fhéile Pádraig de ghnáth chomh maith le seachtain amháin eile a tharlaíonn roimhe sin. Imrímid cluichí spraíúla ar scoil i rith na seachtaine sin i gcónaí. Múineann an múinteoir amhráin Ghaeilge dúinn agus déanaimid tráth na gceist a íoslódálaimid ón **suíomh idirlín**[36] www.snag.ie. Imrímid biongó, Scrabble agus Monopoly Gaeilge (tá Scrabble agus Monopoly Gaeilge ar fáil ón eagraíocht Glór na nGael ar a siopa idirlín) agus cluiche darb ainm Crannóg. Déanann gach duine an-iarracht Gaeilge a labhairt i rith Sheachtain na Gaeilge ó cheann ceann na tíre agus tugann sé **ardú meanman**[37] dom. Déanann na meáin chumarsáide iarracht iontach an Ghaeilge a chur chun cinn ar an teilifís agus ar an raidió freisin i rith na coicíse sin.

5. Bíonn gach eolas faoi **imeachtaí**[38] Sheachtain na Gaeilge ar an suíomh www.snag.ie. Eagraítear imeachtaí Gaeilge ar fud na tíre ar nós maidineacha caife, ciorcail chainte, ceolchoirmeacha Gaeilge, **neart**[39] comórtas Gaeilge agus mar sin de. Seoltar albam darb ainm Ceol de ghnáth a bhfuil amhráin Ghaeilge air i rith Sheachtain na Gaeilge gach bliain. Chan a lán bannaí Éireannacha **mór le rá**[40] ar an albam sin le roinnt blianta anuas agus chan Ed Sheeran a amhrán 'Thinking out Loud' as Gaeilge ar cheann de na halbaim **fiú**[41]! Is ocáid iontach í!

[34] is celebrated
[35] apparently
[36] internet sites
[37] a lift in spirits
[38] events
[39] a lot/strength
[40] well-known
[41] even

Ⓐ Freagair na ceisteanna seo a leanas:

1. Cad as do Shíle? (Alt 1)
2. Cén saghas scoile a bhfreastalaíonn sí uirthi? (Alt 1)
3. Cad a bhíonn le feiceáil sa pharáid Lá Fhéile Pádraig? (Alt 2)
4. Cén saghas compántas a chuireann le héifeacht na paráide? (Alt 2)
5. Cé na háiteanna seachas Éire ina gcéiliúrtar Lá Fhéile Pádraig? (Alt 3)
6. Cad a deirtear faoin méid tíortha ina gcéiliúrtar Lá Fhéile Pádraig? (Alt 3)
7. Cén saghas imeachtaí a tharlaíonn ar scoil chun Seachtain na Gaeilge a chéiliúradh? (Alt 4)
8. Cá bhfaightear cluichí ar nós Scrabble agus Monopoly Gaeilge? (Alt 4)
9. Cá mbíonn gach eolas faoi Sheachtain na Gaeilge ar fáil? (Alt 5)
10. Cad a sheoltar le linn Sheachtain na Gaeilge gach bliain? (Alt 5)

B Obair bheirte: Cleachtadh cainte

I mbeirteanna, cuirigí bhur dtuairimí in iúl mar gheall ar na ceisteanna seo a leanas bunaithe ar an léamhthuiscint thuas:

1. Cad í an fhéile is fearr leat sa bhliain?

2. An dtaitníonn Lá Fhéile Pádraig leat?

3. Cad a dhéanann tú Lá Fhéile Pádraig de ghnáth?

4. An ndéantar iarracht mhaith chun an Ghaeilge a labhairt le linn Sheachtain na Gaeilge i do scoil?

5. Cad iad na himeachtaí a eagraítear i do scoil féin le linn Sheachtain na Gaeilge?

C Líon na bearnaí sna habairtí leis na focail thíosluaite bunaithe ar an sliocht thuas.

ó	ar	ón	ar	as Gaeilge	tíre	le	cathrach	as	de

1. Is _____ Baile Átha Cliath mé.

2. Freastalaím _____ scoil lán-Ghaeilge.

3. Tarlaíonn Lá Fhéile Pádraig ar an seachtú lá déag _____ Mhárta.

4. Tagann daoine _____ chian is ó chóngar.

5. Bíonn bannaí difriúla ag seinm ceoil ar fud na _____ .

6. Céiliúrtar Lá Fhéile Pádraig i níos mó tíortha ná aon fhéile náisiúnta eile _____ domhan.

7. Íoslódálaimid tráth na gceist _____ suíomh idirlín www.snag.ie.

8. Imrímid cluichí spraíúla _____ ar scoil le linn na seachtaine sin.

9. Eagraítear imeachtaí Ghaeilge ar fud na _____ le linn Sheachtain na Gaeilge.

10. Chan a lán bannaí mór _____ rá ar an albam *Ceol*.

D Punann agus leabhar gníomhaíochta: Féinfheasacht an fhoghlaimeora

Téigh chuig do phunann agus leabhar gníomhaíochta. Déan liosta de 10 bhfocal/ nath a d'fhoghlaim tú ón sliocht thuas.

Féinfheasacht an fhoghlaimeora: Féinmheasúnú

Cé chomh sásta is atá tú go bhfuil tú in ann focal agus nathanna a bhaineann leis 'na séasúir, an aimsir agus na féilte' a thuiscint? Cuir tic sa bhosca cuí.

CÉIM 5: FEASACHT TEANGA – AN GHRAMADACH

Céim 5: Na Torthaí Foghlama
Feasacht Teanga: 2.1, 2.2, 2.3, 2.4, 2.5
Féinfheasacht an Fhoghlaimeora:
3.2, 3.3, 3.4, 3.6, 3.8

Achoimre ar chéimeanna comparáide na haidiachta

An bhreischéim

Úsáidimid na focail **níos … ná** chun comparáid a dhéanamh idir dhá rud nó idir beirt.

Mar shampla:

- Tá Áine níos airde ná Seán.
- Tá Sorcha níos óige ná mise.

An tsárchéim

Úsáidimid an focal **is** chun an chéim is airde a chur in iúl.

Mar shampla:

- Is í Caitlín an duine is óige sa chéad bhliain.
- Is é Aindrias an duine is airde sa rang.

Na rialacha

Aidiachtaí a bhfuil **-úil** mar chríoch orthu: athraítear an chríoch go **-úla**.

dath**úil**	níos dath**úla**	is dath**úla**
flaith**iúil**	níos flaith**iúla**	is flaith**iúla**
sláint**iúil**	níos sláint**iúla**	is sláint**iúla**
suim**iúil**	níos suim**iúla**	is suim**iúla**

Aidiachtaí a bhfuil **-ach** mar chríoch orthu: athraítear an chríoch go **-aí**.

brón**ach**	níos brón**aí**	is brón**aí**
leadrán**ach**	níos leadrán**aí**	is leadrán**aí**
sant**ach**	níos sant**aí**	is sant**aí**

Aidiachtaí a bhfuil **-each** mar chríoch orthu: athraítear an chríoch go **-í**.

ais**teach**	níos aist**í**	is aist**í**
leith**leach**	níos leithl**í**	is leithl**í**
uaig**neach**	níos uaign**í**	is uaign**í**
tábhach**tach**	níos tábhacht**aí**	is tábhacht**aí**

Na Séasúir, An Aimsir, Na Féilte

Aidiachtaí a bhfuil **-air** mar chríoch orthu: athraítear an chríoch go **-ra**.

deac**air**	níos deac**ra**	is deac**ra**
soc**air**	níos soc**ra**	is soc**ra**

Aidiachtaí a bhfuil **-ir** mar chríoch orthu: athraítear an chríoch go **-re**.

láid**ir**	níos láid**re**	is láid**re**
saibh**ir**	níos saibh**re**	is saibh**re**

Aidiachtaí a bhfuil **-mhar** mar chríoch orthu: athraítear an chríoch go **-mhaire**.

ciall**mhar**	níos ciall**mhaire**	is ciall**mhaire**
grá**mhar**	níos grá**mhaire**	is grá**mhaire**
slacht**mhar**	níos slacht**mhaire**	is slacht**mhaire**

Aidiachtaí a bhfuil consan caol mar chríoch orthu: cuirtear **-e** leo.

ciúin	níos ciúin**e**	is ciúin**e**
minic	níos minic**e**	is minic**e**

Aidiachtaí áirithe a bhfuil consan leathan mar chríoch orthu: caolaítear an consan agus cuirtear **-e** leis.

bán	níos báin**e**	is báin**e**
bocht	níos boicht**e**	is boicht**e**
daor	níos daoir**e**	is daoir**e**
deas	níos deis**e**	is deis**e**
dian	níos déin**e**	is déin**e**
fliuch	níos flich**e**	is flich**e**
géar	níos géir**e**	is géir**e**
leathan	níos leithn**e**	is leithn**e**
luath	níos luaith**e**	is luaith**e**
óg	níos óig**e**	is óig**e**
ramhar	níos raimhr**e**	níos raimhr**e**
saor	níos saoir**e**	is saoir**e**
sean	níos sin**e**	is sin**e**
uasal	níos uaisl**e**	is uaisl**e**

Aidiachtaí a bhfuil guta mar chríoch orthu: ní dhéantar aon athrú de ghnáth.

éasca	níos éasca	is éasca
cliste	níos cliste	is cliste

Aidiachtaí neamhrialta

álainn	níos áille	is áille
beag	níos lú	is lú
breá	níos breátha	is breátha
dócha	níos dóichí	is dóichí
fada	níos faide	is faide
furasta	níos fusa	is fusa
gearr	níos giorra	is giorra
maith	níos fearr	is fearr
mór	níos mó	is mó
nua	níos nuaí	is nuaí
olc	níos measa	is measa
te	níos teo	is teo
tréan	níos tréine/níos treise	is tréine/is treise

A Athscríobh na habairtí seo a leanas:

1. Tá Síle níos (maith) _____ ag an Spáinnis ná ag an bhFraincis.

2. Tá Tomás níos (leisciúil) _____ ná a dheartháir.

3. Bíonn na laethanta níos (geal) _____ i rith an tsamhraidh ná sa gheimhreadh.

4. Bíonn na hoícheanta níos (fada) _____ sa gheimhreadh ná sa samhradh.

5. Bíonn an aimsir níos (te) _____ i rith an tsamhraidh ná i rith an gheimhridh.

6. Tá teach mo charad níos (mór) _____ ná mo theach.

7. Tá Éamonn níos (cliste) _____ ná Séamas.

8. Tá Éire níos (álainn) _____ ná aon tír eile ar domhan.

9. Tá an bóthar ó Luimneach go Ciarraí níos (gearr) _____ ná an bóthar ó Bhaile Átha Cliath go Luimneach.

10. Tá Clíona níos (sean) _____ ná Máire.

B Athscríobh na habairtí seo a leanas:

1. Ceapaim go bhfuil an múinteoir nua i bhfad níos (dian) _____ ná an múinteoir a bhí againn anuraidh.

2. Creidim go bhfuil an gaineamh ar mo thrá áitiúil níos (bán) _____ ná ar aon trá eile sa tír.

3. Tá mo bhraillíní níos (bog) _____ ná aon bhraillíní eile.

4. Tá Colm níos (óg) _____ ná Tomás.

5. Tá mata i bhfad níos (éasca) _____ dom ná Béarla.

6. Ceapaim go mbíonn an aimsir i bhfad níos (fliuch) _____ i ndeisceart na tíre ná mar a bhíonn sé i dtuaisceart na tíre.

7. Tá earraí i bhfad níos (costasach) _____ san Astráil ná sa tSín.

8. Tá an saol i bhfad níos (ciúin) _____ faoin tuath ná sa chathair.

9. Tá do theach i bhfad níos (slachtmhar) _____ ná teach m'aintín.

10. Tá George Clooney níos (dathúil) _____ ná aon aisteoir eile ar domhan.

C Punann agus leabhar gníomhaíochta: Féinfheasacht an fhoghlaimeora

Téigh chuig do phunann agus leabhar gníomhaíochta. Déan achoimre ar na rialacha a bhaineann le céimeanna comparáide na haidiachta ansin.

Féinfheasacht an fhoghlaimeora: Féinmheasúnú

Cé chomh sásta is atá tú go bhfuil tú in ann na rialacha a bhaineann le céimeanna comparáide na haidiachta a thuiscint agus a úsáid? Cuir tic sa bhosca cuí.

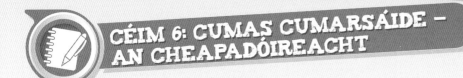

CÉIM 6: CUMAS CUMARSÁIDE – AN CHEAPADÓIREACHT

Céim 6: Na Torthaí Foghlama
Cumas Cumarsáide: 1.1, 1.2, 1.6, 1.11, 1.14, 1.15, 1.19, 1.20, 1.21, 1.22, 1.23, 1.25, 1.26, 1.27, 1.28
Feasacht Teanga agus Chultúrtha: 2.1, 2.2, 2.3, 2.4, 2.5, 2.6, 2.7
Féinfheasacht an Fhoghlaimeora: 3.1, 3.2, 3.3, 3.4, 3.5, 3.6, 3.8

Blag/Aiste

Scríobh aiste dar teideal 'An séasúr is fearr liom'. Is féidir leat an aiste seo a úsáid don teideal 'Laethanta saoire' freisin.

Eochairnathanna
is é … an séasúr is fearr liom
bíonn an aimsir … agus … le linn an tséasúir sin
is breá liom/Is aoibhinn liom …
bainim an-sult as … /bainim an-taitneamh as …

Aiste shamplach:

'An séasúr is fearr liom – an samhradh'

Na míonna agus an aimsir

Is mise Micheál Ó Muircheartaigh agus táim sa tríú bliain ar scoil. Is é an samhradh an séasúr is fearr liom **gan amhras**[1]. Is iad Bealtaine, Meitheamh agus Iúil míonna an tsamhraidh. Is breá liom an samhradh toisc go mbíonn an aimsir níos fearr ná sa chuid eile den bhliain agus go mbíonn na laethanta níos faide agus na hoícheanta níos giorra. I mí na Bealtaine bím ar bís i gcónaí, **ag tnúth le**[2]

teacht na saoire scoile. Ní thaitníonn scrúduithe an tsamhraidh liom, ach bíonn a fhios agam go mbeidh trí mhí iontacha **i ndán dom**[3] nuair a bheidh mé saor ón scoil tar éis na scrúduithe.

Laethanta saoire thar lear

Is breá liom an samhradh nuair a thagann na laethanta saoire. De ghnáth téann an teaghlach ar saoire **thar lear**[4], toisc go bhfuil árasán againn sa Phortaingéil. Is breá liom luí faoin ngrian, snámh ar an bhfarraige, nó **mo scíth a ligean**[5] ar an trá. Taitníonn **an teas**[6] go mór liom!

[1] without a doubt
[2] looking forward to
[3] in store for me
[4] abroad
[5] to relax
[6] the heat

Níos mó ama le haghaidh caitheamh aimsire

Nuair a théimid abhaile ansin **bainim an-sult as**[7] an am saor. Caithim níos mó ama le mo chairde, agus bíonn i bhfad níos mó ama againn i gcomhair ár gcuid caitheamh aimsire. Téimid ag siopadóireacht le chéile nó chuig scannán.

Imrím níos mó spóirt i rith an tsamhraidh – seoltóireacht, **tonnmharcaíocht**[8], agus snámh – agus bíonn deis agam a bheith amuigh faoin aer agus éalú ó **shíorbhrú**[9] na scoile agus an obair bhaile. Is breá liom an tsaoirse agus an **neamhspleáchas**[10] sin.

7 I enjoy
8 surfing
9 constant pressure
10 independence
11 relatives
12 I am relaxed
13 I feel healthier
14 more energetic
15 relief
16 duties
17 I must say
18 without a doubt

Am chun dul ar cuairt ar ghaolta

Tá **gaolta**[11] agam i gContae Dhún na nGall, agus is minic a thugaimid cuairt orthu sa samhradh. Is breá liom taisteal agus am a chaitheamh in áiteanna éagsúla, agus taitníonn an éagsúlacht go mór liom. Uaireanta téim ar chúrsa Gaeilge i gcoláiste samhraidh, agus bíonn an saol sóisialta agus an neamhspleáchas ann go hiontach. Nuair a fhillim ar an scoil san fhómhar, **bím ar mo shuaimhneas**[12] agus **mothaím go bhfuil mo shláinte níos fearr**[13] tar éis an tsosa. Bíonn gach duine **níos fuinniúla**[14] tar éis na laethanta saoire.

Sos ón scoil/Críoch na haiste

Creidim go bhfuil laethanta saoire an-tábhachtach i saol daltaí scoile. Tugann siad **faoiseamh**[15] dóibh ó bhrú agus ó **chúraimí**[16] na scoile, bíonn níos mó ama le caitheamh acu lena gcairde acu, agus bíonn níos mó ama acu lena scíth a ligean agus le taitneamh a bhaint as a gcuid caitheamh aimsire. **Caithfidh mé a rá**[17] gurb é an samhradh an séasúr is fearr liom, **gan aon agó**[18]!

Ⓐ Freagair na ceisteanna seo a leanas:

1. Cad iad míonna an tsamhraidh?
2. Cén fáth ar maith le Mícheál an samhradh?
3. Cén áit a bhfanann teaghlach Mhíchíl nuair a théann siad go dtí an Phortaingéil?
4. Cé na rudaí a dhéanann Mícheál sa Phortaingéil?
5. Cén saghas rudaí a dhéanann Mícheál ina am saor?
6. Cén saghas rudaí a dhéanann Mícheál lena chairde?
7. Cén contae ina gcónaíonn a ghaolta?
8. Cén fáth a gceapann Mícheál go bhfuil laethanta saoire tábhachtach do dhaltaí?

B Obair ghrúpa: Cleachtadh scríofa

Scríobh aiste nó blag dar teideal 'An séasúr is fearr liom'. Má thugann sibh faoin aiste mar ghrúpa, bain úsáid as an bplean/mata boird seo a leanas:

Plean i gcomhair na haiste/an bhlag

Dalta 1 – Smaoinigh ar na pointí seo a leanas agus tú i mbun scríofa ar alt 1:

Alt 1 – luaigh an séasúr is fearr leat agus na fáthanna ar fearr leat an séasúr sin

Dalta 3 – Smaoinigh ar na pointí seo a leanas agus tú i mbun scríofa ar alt 3:

Alt 3 – aon fhéilte a bhíonn ar siúl le linn an tséasúir sin

Dalta 2 – Smaoinigh ar na pointí seo a leanas agus tú i mbun scríofa ar alt 2:

Alt 2 – an aimsir i rith an tséasúir sin

Dalta 4 – Smaoinigh ar na pointí seo a leanas agus tú i mbun scríofa ar alt 4:

Alt 4 – na rudaí deasa a thaitníonn leat faoin séasúr sin agus na rudaí deasa a dhéanann tú le linn an tséasúir

Seicliosta gramadaí

Bí cinnte féachaint siar ar do chuid oibre. Bí cinnte go gcuireann tú na rialacha gramadaí seo a leanas i bhfeidhm:

✔ **sa** + séimhiú (m.sh. '**sa g**heimhreadh'), ach amháin nuair a thosaíonn an focal le **d, n, t, l, s**

✔ Athraíonn **sa** go **san** roimh **ghuta** nó '**fh**' + guta (m.sh. '**san e**arrach', '**san fh**ómhar').

✔ **ar, de, do, roimh, um, thar, trí, faoi, mar, ó** + séimhiú (m.sh. '**ar Sh**eán')

✔ **ar an, ag an, as an, chuig an, tríd an, roimh an, ón, faoin, leis an** + urú (m.sh. '**ag an bh**féile', '**ag an b**paráid'), ach amháin nuair a thosaíonn an focal le guta nó **d, n, t, l, s** (m.sh. '**ar an** ábhar sin', '**ar an** oileán', '**ar an** traein') (I nGaeilge Uladh, is í an riail ná **ar an, ag an**, srl. + séimhiú.)

✔ **ag, as, go, chuig, le, seachas** + faic ar chonsan (m.sh. '**ag** ceolchoirm')

✔ Eisceacht: Cuireann **go** agus **le h** roimh ainmfhocal a thosaíonn le guta (m.sh. '**le h**Úna', '**go h**Albain').

Na critéir ratha

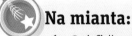

Na mianta:

✔ Cuirfidh mé plean de leagan amach na haiste le chéile sula dtosóidh mé ag scríobh (cosúil leis an gceann thuas ar an mata boird).

✔ Bainfidh mé úsáid as nathanna ón aiste shamplach thuas.

✔ Bainfidh mé úsáid as an seicliosta gramadaí thuas nuair a scríobhfaidh mé an aiste.

✔ Beidh mé cúramach leis na briathra san aimsir láithreach agus mé ag scríobh.

Na réaltaí:

✔ Chuir mé plean de leagan amach na haiste le chéile sular thosaigh mé ag scríobh (cosúil leis an gceann thuas ar an mata boird).

✔ Bhain mé úsáid as eochairnathanna maithe sa Ghaeilge.

✔ Bhain mé úsáid as seicliosta gramadaí nuair a scríobh mé an aiste.

✔ Bhí mé cúramach leis na briathra san aimsir láithreach agus mé ag scríobh.

Na Séasúir, An Aimsir, Na Féilte

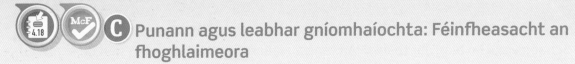

C Punann agus leabhar gníomhaíochta: Féinfheasacht an fhoghlaimeora

Téigh chuig do phunann agus leabhar gníomhaíochta. Samhlaigh gur gníomhaire thú ar an mbord turasóireachta do do bhaile mór/shráidbhaile/chathair/cheantar féin. Cuir clár d'fhéile le chéile a bheadh oiriúnach do d'áit dúchais. Cuir bróisiúr le chéile. Ansin comhlánaigh an leathanach féinmheasúnaithe agus leathanach piarmheasúnaithe a ghabhann leis.

Scéal/Eachtra

Scríobh scéal/eachtra dar teideal 'Oíche Shamhna'. Smaoinigh ar na pointí seo a leanas agus tú ag scríobh scéil:

● Tús, na carachtair a chur in aithne, tús a chur leis an aicsean, buaicphointe drámatúil agus críoch

● Tabhair na heochairfhocail agus nathanna faoi deara.

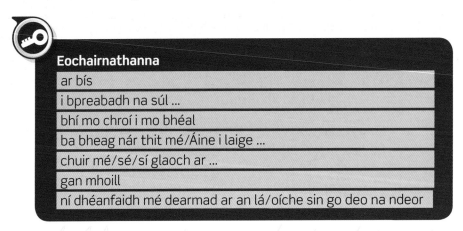

Eochairnathanna
ar bís
i bpreabadh na súl …
bhí mo chroí i mo bhéal
ba bheag nár thit mé/Áine i laige …
chuir mé/sé/sí glaoch ar …
gan mhoill
ní dhéanfaidh mé dearmad ar an lá/oíche sin go deo na ndeor

Scéal/Eachtra shamplach:
'Oíche Shamhna'

[19] decided
[20] excited
[21] fancy dress outfits
[22] monster

Oíche Shamhna a bhí ann. **Shocraigh**[19] mé féin agus mo chairde go mbeadh tine chnámh againn ar chúl ár n-eastáit i bpáirc mhór i ngar do choill. Bhíomar **ar bís**[20] mar gheall air agus bhí sé ar intinn againn bia agus deochanna a thabhairt linn agus sórt picnice cois tine a bheith againn. Ghléasamar go léir **i gcultacha bréige**[21]. Bhí mé féin gléasta mar vaimpír. Ghléas mo chara Máire mar phúca, mo chara Muiris mar **arracht**[22] agus mo chara Áine mar chailleach.

Rinneamar an-iarracht le hataí, smideadh, gruaig agus mar sin de. Bhí go leor bia agus deochanna ceannaithe againn i gcomhair na hoíche freisin.

Tháinig an oíche agus bhí sé gaofar. Las Muiris an **tine chnámh**²³ ach bhí sé an-chúramach clocha móra a chur timpeall na tine chun smacht a choimeád ar na **lasracha**²⁴. Bhí sé beagáinín fuar ach bhí bratacha **teolaí**²⁵ againn agus shuíomar i ngar dá chéile ag caint. Bhí giotár ag Áine agus chanamar roinnt amhrán freisin.

Tar éis leathuair an chloig, tháinig geaing ón scoil. Bhí scéal cloiste acu faoin tine chnámh agus theastaigh uathu a bheith ann. Bhí tinte ealaíne ag duine díobh – buachaill darbh ainm Ruairí. Las Ruairí na tinte ealaíne. Bhí iontas agus áthas ar gach duine a bheith ag féachaint ar na dathanna iontacha sa spéir. Go tobann, thit ceann de na lasracha ó na tinte ealaíne ar chraobhacha a bhí ina luí ar imeall na páirce, i ngar don choill. Chuaigh na **craobhacha**²⁶ **trí thine**²⁷ agus **i bpreabadh na súl**²⁸, thosaigh na lasracha ag scaipeadh tríd an gcoill. **Bhí mo chroí i mo bhéal**²⁹. **Ba bheag nár thit Ruairí i laige**³⁰. Bhí a fhios againn go raibh sé **mídhleathach**³¹ tinte ealaíne a bheith againn ach **ní raibh an dara rogha againn**³², bhí orainn glaoch a chur ar an mbriogáid dóiteáin.

Chuir Áine glaoch ar na **seirbhísí éigeandála**³³. Bhí imní orainn go raibh an tine ag dul i dtreo tithe a bhí suite ar an taobh eile den choill. Tháinig an bhriogáid dóiteáin **gan mhoill**³⁴ ach bhí fearg orthu mar gur oíche an-ghnóthach í Oíche Shamhna dóibh. Mhúch na **fir dhóiteáin**³⁵ an tine tar éis leathuair an chloig. Tháinig na Gardaí agus bhí ar Ruairí dul go stáisiún na nGardaí leo. Chuamar go léir abhaile ach nuair a chuala ár dtuismitheoirí an scéal, bhí fearg an domhain orthu! Ní raibh cead agam dul amach arís go dtí an Nollaig! Ní dhéanfaidh mé dearmad ar an oíche sin go deo na ndeor.

²³ bonfire
²⁴ flames
²⁵ warmer
²⁶ branches
²⁷ on fire
²⁸ in the blink of an eye
²⁹ my heart was in my mouth
³⁰ Ruairí nearly fainted
³¹ illegal
³² we didn't have a second choice
³³ emergency services
³⁴ without delay
³⁵ firemen

A Freagair na ceisteanna seo a leanas bunaithe ar an scéal thuas:

1. Cén plean a bhí ag an údar agus a cairde Oíche Shamhna?
2. Cén chulaith bhréige a bhí ar an údar?
3. Cad a chaith a cara Muiris?
4. Cén áit a raibh an tine chnámh ar siúl?
5. Cé a tháinig chuig an tine chnámh tar éis tamaill?
6. Cad a bhí ag Ruairí?
7. Cén timpiste a tharla de bharr na dtinte ealaíne?
8. Cén fáth a bhfuil tinte ealaíne mídhleathach meas tú?
9. Cad a rinne Áine nuair a thosaigh an tine sa choill?
10. Conas a mhothaigh na fir dhóiteáin?

B **Cleachtadh scríofa/Féinfheasacht an fhoghlaimeora**

Déan liosta de 10 bhfocal/nath nua a d'fhoghlaim tú ón scéal thuas. Cum abairtí ag úsáid na bhfocal/nathanna sin.

C **Cum scéal a bhaineann le ceann de na féilte seo a leanas:**

1. Oíche Shamhna, 2. Oíche Chinn Bliana, 3. Lá Fhéile Pádraig, 4. Lá Nollag, 5. Féile Rós Thrá Lí

Más mian leat, bain úsáid as www.photostory.com chun an scéal a thaifeadadh. Is tusa an stiúrthóir/príomhaisteoir agus is féidir le do chairde eile sa rang na róil eile a ghlacadh. Taispeáin an físeán don rang.

Ríomhphost

Fuair tú cuireadh dul chuig Oireachtas na Samhna le déanaí. Ba bhreá leat dul ann. Scríobh ríomhphost chuig do chara ag glacadh lena chuireadh.

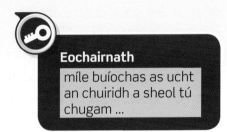

Eochairnath

míle buíochas as ucht an chuiridh a sheol tú chugam …

Ríomhphost samplach: 'Cuireadh chuig Oireachtas na Samhna'

Ó: caitniiluing@gmail.com

Chuig: eibhlinnichoistealbha@hotmail.com

Ábhar: Cuireadh chun dul go dtí an tOireachtas

A Eibhlín, a chara,

Conas atá cúrsaí leatsa? Míle buíochas as ucht an chuiridh a sheol tú chugam an tseachtain seo caite chun dul go dtí an tOireachtas san INEC ar an aonú lá de mhí na Samhna. Bhí tú an-deas cuireadh a thabhairt dom dul leat féin agus le do mhuintir go Cill Airne.

Tá áthas orm glacadh le do chuireadh mar thug mo thuistí cead dom aréir! Táim ar bís mar gheall air! Chuaigh mé go dtí an tOireachtas dhá bhliain ó shin le mo scoil nuair a ghlac grúpa ón scoil páirt sa chomórtas ceoil 'Beo'. Ba chomórtas le haghaidh amhrán **nua-chumtha**[36] Gaeilge a bhí i gceist **dírithe ar**[37] dhaoine óga idir aon bhliain déag agus ocht mbliana déag d'aois agus **urraithe ag**[38] an eagraíocht Foras na Gaeilge. Bhí **duais**[39] iontach ag baint leis – dhá mhíle euro! Ní rabhamar in ann é a chreidiúint nuair a bhuaigh grúpa ónár scoil!

Ba bhreá liom féachaint ar an gcomórtas sin arís i mbliana. D'fhéach mé ar chlár na féile ar líne agus tá **neart**[40] imeachtaí eile ar siúl freisin a chuireann sceitimíní orm. B'aoibhinn liom féachaint ar na comórtais amhránaíochta, na comórtais rince, **na comórtais liteartha**[41] agus na drámaí. Bíonn aonach iontach acu ina mbíonn earraí a bhaineann leis an nGaeilge ar díol. Cheannaigh mé leagan Gaeilge den chluiche boird 'Monopoly' agus BábógBaby mar bhronntanas do mo **neacht**[42] óg ag an aonach sin dhá bhliain ó shin. Bíonn 'Cóisir na Mac Léinn' ar siúl ceann de na hoícheanta agus bhí an-chraic againn ag an gcóisir cúpla bliain ó shin.

Craoltar mórán de na comórtais agus seisiúin cheoil beo ar TG4 agus ar Raidió na Gaeltachta. Bíonn mórán láithreoirí raidió agus teilifíse mór le rá i láthair ag an Oireachtas chomh maith le daoine mór le rá ó shaol na Gaeilge agus ceoltóirí traidisiúnta. Bhí an chraic ar fheabhas ar fad! **Táim ag tnúth go mór lenár dturas bóthair**[43] go Cill Airne!

Cuir glaoch orm an tseachtain seo chugainn chun na **mionsonraí**[44] **a eagrú**[45] liom. Míle buíochas arís agus gabh buíochas le do mhuintir **ar mo shon**[46], le do thoil.

Slán tamall,

Cáit

A **Freagair na ceisteanna seo a leanas bunaithe ar an ríomhphost thuas:**

1. Cén ócáid atá i gceist sa ríomhphost thuas?
2. Cathain a chuaigh Cáit go dtí an tOireachtas?
3. Cén saghas comórtais é an comórtas 'Beo'?
4. Cén eagraíocht a dhéanann urraíocht ar an gcomórtas?
5. Cén duais a bhain leis an gcomórtas 'Beo'?
6. Cé na comórtais ar mhaith le Cáit féachaint orthu ag an Oireachtas?
7. Cad a cheannaigh Cáit ag aonach an Oireachtais dhá bhliain ó shin?
8. Cad a chraoltar ar TG4 agus Raidió na Gaeltachta?
9. Cé na daoine mór le rá a bhíonn i láthair ag an Oireachtas?
10. Cad a iarrann Cáit ar Eibhlín a dhéanamh san alt deireanach den ríomhphost?

[36] newly composed
[37] focused on
[38] sponsored by
[39] prize
[40] a lot
[41] literary competitions
[42] niece
[43] I am really looking forward to our road tour
[44] minor details
[45] to organise
[46] on my behalf

Na Séasúir, An Aimsir, Na Féille

B **Líon na bearnaí sna habairtí thíos leis an bhfocal cuí bunaithe ar an ríomhphost thuas.**

1. Míle buíochas _____ an chuiridh a sheol tú chugam.
2. Bhí sé chomh deas cuireadh a thabhairt _____ dul leat go dtí an tOireachtas.
3. Chuaigh mé go dtí an tOireachtas dhá bhliain _____ .
4. Tá an comórtas 'Beo' dírithe _____ dhaoine óga idir 11 agus 18 mbliana déag d'aois.
5. Tá an comórtas 'Beo' urraithe _____ an eagraíocht 'Foras na Gaeilge.'
6. Ní rabhamar _____ é a chreidiúint nuair a bhuaigh grúpa ónár scoil.
7. Bhí mórán earraí a bhain leis an nGaeilge ar _____ ag aonach an Oireachtais.
8. Cheannaigh mé bronntanas _____ mo neacht ag an aonach.
9. Bhí an-chraic _____ ag an gcóisir.
10. Cuir glaoch _____ an tseachtain seo chugainn.

ag
díol
againn
ar
ó shin
as ucht
dom
in ann
do
orm

C **Cleachtadh scríofa**

Scríobh ríomhphost chuig do chara ag glacadh le cuireadh dul go dtí an fhéile cheoil Electric Picnic. Déan **taighde**[47] ar:

[47] research
[48] events
[49] stands

- cé a bheidh ag seinm ag an bhféile an bhliain seo chugainn
- cá bhfanann daoine a fhreastalaíonn ar an bhféile
- na h**imeachtaí**[48] eile a bhíonn ar siúl d'aoisghrúpaí difriúla ag an bhféile
- na **seastáin**[49] bhia agus earraí a bhíonn ag an bhféile.

D **Punann agus leabhar gníomhaíochta: Féinfheasacht an fhoghlaimeora**

Téigh chuig do phunann agus leabhar gníomhaíochta. Scríobh isteach na leaganacha ceartaithe de dhá cheann de na cleachtaí scríofa thuas. Ansin comhlánaigh na leathanaigh féinmheasunaithe a ghabhann leo.

Féinfheasacht an fhoghlaimeora: Féinmheasúnú

Cé chomh sásta is atá tú go bhfuil tú in ann giotaí a scríobh faoi na séasúir, an aimsir agus na féilte? Cuir tic sa bhosca cuí.

CÉIM 7: SÚIL SIAR AR AONAD 4

A Téacs ilmhódach

Freagair na ceisteanna seo a leanas bunaithe ar an ngrianghraf thuas:

1. Cén fhéile atá i gceist sa phictiúr thuas?

2. Conas atá na leanaí gléasta?

3. Cén saghas club lena mbaineann na páistí, dar leat?

4. Cén aois iad na daoine óga sa phictiúr, dar leat?

5. Cén fáth a bhfuil na leanaí ar bharr an **éadromáin**[1], meas tú?

6. Cén ról atá ag an bhfear atá in éineacht leis na páistí, dar leat?

7. Conas a mhothaíonn an cailín leis an g**cuachóg**[2] ar a ceann, meas tú?

8. Conas atá an t-atmaisféar?

9. Conas atá an aimsir sa phictiúr?

10. Ar fhreastail tú riamh ar pharáid Lá Fhéile Pádraig nó ar fhéach tú ar an bparáid ar an teilifís riamh? Déan cur síos uirthi.

[1] float

[2] bow

Na Séasúir, An Aimsir, Na Féilte

B Crosfhocal

Trasna

4. Itheann daoine an t-uafás seacláide ar an lá seo.

5. Tugtar omós do Naomh Pádraig ar an lá seo.

7. Bíonn an aimsir fuar agus fliuch i rith an tséasúir seo.

8. Téann a lán daoine chuig cóisirí éide bhréige agus tinte cnámh ar an oíche seo.

Síos

1. Seolann daoine cárta grá ar an bhféile sin.

2. Bíonn an aimsir te agus grianmhar i rith an tséasúir seo.

3. Céiliúrtar breith Íosa ag an bhféile sin.

6. Fásann na bachlóga agus na bláthanna arís le linn an tséasúir seo.

C Féinmheasúnú

 Punann agus leabhar gníomhaíochta: Féinfheasacht an fhoghlaimeora

Téigh chuig do phunann agus leabhar gníomhaíochta. Comhlánaigh an leathanach féinmheasúnaithe atá bunaithe ar Aonad 4.

Aonad 5

An Spórt, Aclaíocht agus Sláinte, Cúrsaí Bia

Is fearr an tsláinte ná na táinte.

McF San aonad seo, foghlaimeoidh tú:

Feasacht chultúrtha

⚙ An cultúr agus an litríocht: 'An Cluiche Mór' le hÓgie Ó Céilleachair.

Cumas cumarsáide

⚙ **Éisteacht, féachaint, cur i láthair agus scríobh:** conas cur síos a dhéanamh le cur i láthair digiteach ar an spórt i mo shaol, spórt & aclaíocht agus spórt & sláinte.

⚙ **Léamh agus tuiscint/litearthacht:** conas foclóir agus nathanna a bhaineann le spórt agus sláinte a aithint, a thuiscint agus a úsáid.

⚙ **Éisteacht:** conas foclóir agus nathanna a bhaineann le cúrsaí spóirt, cúrsaí bia agus an tsláinte a aithint agus a thuiscint ó chluas. Gheobhaidh na daltaí taithí ar a bheith ag éisteacht le canúintí éagsúla.

⚙ **Scríobh:** conas giotaí a scríobh ar thopaicí a bhaineann le spórt, sláinte agus laethanta saoire.

⚙ **Idirghníomhú cainte:** conas idirghníomhú le comhscoláirí agus tú ag tabhairt faoi obair ghrúpa, obair bheirte, piarmheasúnú agus rólimirt, conas eolas a sheiceáil, a dheimhniú agus a mhalartú, conas cumarsáid ó bhéal a dhéanamh ag úsáid teicneolaíochtaí digiteacha.

Feasacht teanga

⚙ **Gramadach/uimhearthacht:** conas an modh coinníollach agus gnéithe eile gramadaí ar nós comhaireamh sa Ghaeilge a aithint agus a úsáid i gcomhthéacs, conas patrúin teanga a aithint agus a úsáid.

Féinfheasacht an fhoghlaimeora

⚙ **Féinmheasúnú:** conas féinmheasúnú a dhéanamh sa téacsleabhar seo agus sa phunann agus leabhar gníomhaíochta a ghabhann leis agus conas piarmheasúnú a dhéanamh.

CÉIM 1: FEASACHT CHULTÚRTHA – AN CULTÚR AGUS AN LITRÍOCHT

Céim 1: Na Torthaí Foghlama
Cumas Cumarsáide: 1.6, 1.7, 1.8, 1.9, 1.10, 1.17, 1.19, 1.29
Feasacht Teanga agus Chultúrtha: 2.6, 2.7
Féinfheasacht an Fhoghlaimeora: 3.4, 3.6

Gearrscéal
'An Cluiche Mór'
le hÓgie Ó Céilleachair

An bhfuilim **ag taibhreamh**[1]? Naoi mbliana déag d'aois. An uair seo an tseachtain seo caite bhí mé ag **sochraid**[2] m'athar. Anois táim suite anseo ar an mbus foirne leis na sluaite taobh amuigh. **Bratacha**[3] ag eitilt, bandaí timpeall **riostaí**[4] nó ag ceangal siar ghruaig na gcailíní. Os mo chomhair tá staid ollmhór Pháirc an Chrócaigh. Aréir chuir mo thraenálaí glaoch orm go déanach ag insint dom go raibh áit faighte agam ar an bhfoireann ag an nóiméad deireanach. Lánchúlaí ar chlé.

Isteach sa seomra feistis linn. I mo shuí ar an mbinse agus an **óráid**[5] ar siúl. An bhfuil aon rud atá á rá aige ag dul isteach i m'aigne? Táim ag crith. Amach tríd an doras. **Camáin á lascadh i gcoinne an fhalla**[6]. Beireann sé greim orm.

"Ná tóg aon cheann don Súilleabhánach nuair atá sé ag labhairt leat, *ok*? Tá cáil air a bheith ag iarraidh leaideanna a chur as trí raiméis a rá leo i rith cluichí. Ná tóg aon cheann do na rudaí atá á rá aige. Tá's agam gur am deacair é seo duit agus maith thú as fanacht leis. Bheadh d'athair an-bhródúil inniu dá mbeadh sé anseo."

Lámh ar mo dhroim agus amach go dtí **an pháirc chatha**[7].

***

Ochtó míle duine ag screadaíl. Tá mo chosa imithe i laige. Cúpla poc den sliotar. Anall leis an gcaptaen chugam.

"An traenáil ar fad atá déanta againne an bhliain ar fad **ní fiú ach leath de inniu**[8]. Mar sin caithfimid **céad caoga faoin gcéad**[9] a thabhairt. Tá gach leaid ar an bhfoireann seo ag tabhairt aire dá chéile agus seasfaidh gach duine acu **sa bhearna bhaoil**[10] duit. Socróimid síos chomh luath is atá an sliotar caite isteach. Ardfhear. Ar aghaidh leat!"

[1] dreaming
[2] funeral
[3] flags
[4] wrists
[5] speech
[6] Hurls being hit off the wall
[7] the battlefild
[8] it is only worth 50 per cent today
[9] 150 per cent
[10] in the gap of danger (to protect you)

Suas go dtí an cairpéad dearg liom. An dtosnóidh an cluiche seo go deo? Ní cuimhin liom ainm an uachtaráin fiú. An pharáid anois. Buaileann na gártha mé ag siúl timpeall na páirce. **Scaipeann an dream eile**[11] roimh dheireadh na paráide. **Dímheas**[12]. Seasaimid go léir le chéile. **Aontaithe**[13]. Nóiméad ciúnais do m'athair. An tAmhrán Náisiúnta.

Gáir an tslua. Síos chuig **mo chéile comhraic**[14]: an Súilleabhánach. "Hé, tusa. Féach suas ansin sa slua. Tá m'athair thuas ann ag féachaint ormsa inniu. Cá bhfuil d'athairse? Caithfidh go raibh **aistear**[15] uaigneach agat aníos go Baile Átha Cliath ar an traein!"

Réitíonn an réiteoir do chaitheamh isteach na liathróide. Faigheann an Súilleabhánach **sonc**[16] de lámh mo chamáin isteach sna h**easnacha**[17] agus titeann sé chun talún.

"An bhfuil tú ceart go leor? Ar bhuail an traein tú?"

Suas leis agus **dorn**[18] i m'aghaidh. **M'ascaill**[19] timpeall a mhuinéil. Slua fear isteach. Go leor soncanna isteach, amach, i ngach aon áit. Feadóg an réiteora á séideadh. Anall leis chugainn. Cárta buí an duine.

Tá an sliotar caite isteach agus tá sé faighte acu sin. **Lasctar é**[20] isteach os comhair an tSúilleabhánaigh. Amach leis os mo chomhair. Preabann sé go hálainn dó agus isteach **ina bhos**[21]. Ar chlé, ar dheis. Sleamhnaím. Ardaím mo cheann. Tá sé **i mbéal an bháide**[22]. Raspar de phoc. Cúl! Pléascann Páirc an Chrócaigh. Amach leis chugam. Ardaíonn sé **a mhuinchille**[23].

"An aithníonn tú an uimhir seo?"

Cad é? Uimhir Áine atá ann. M'Áine. Racht feirge. Caithfidh mé **ciúnú**[24]. Tabharfaidh mé freagra dó **le linn na himeartha**[25]. An poc amach tógtha. Isteach **i lapa an fhreasúra**[26]. Sliotar ard isteach. Suas le mo lámh san aer. Dorchadas. Tá an *clip* bainte de **mo chlogad**[27]. Cúl agus cúilín anois ag an Súilleabhánach.

Poc amach eile dúinne. Ceann mór ard fada i dtreo ár líne leathchúil. Tá sé faighte ag an leatosaí láir againne. Tosaíonn sé ar **ruathar**[28]. Tá sé imithe thar an líne daichead slat, tríocha slat ón gcúl anois, tá sé ag dul i dtreo na líne 21. Buaileann sé **raspar**[29]. Tá an **líontán**[30] ag crochadh. Tá an taobh eile de Pháirc an Chrócaigh ag pléascadh.

Tagann sliotar íseal isteach os ár gcomhair. É **ag preabadh in ainm an diail**[31] ar an talamh. Rithim amach. Isteach i mo lapa. Sracfhéachaint taobh thiar díom. Poc mór fada síos an taobhlíne. Tá sé faighte againn. Pas láimhe trasna na páirce. Tá fear againn ann leis féin. **Thar an trasnán**[32] leis an sliotar.

[11] The other group/team disperse

[12] Disrespect

[13] United

[14] my opponent

[15] journey

[16] a blow

[17] ribs

[18] fist

[19] my arm

[20] It is hit/sent

[21] in the palm of his hand

[22] in front of the goal

[23] his sleeve

[24] to quieten down

[25] during play

[26] in the hand of the opposition

[27] my helmet

[28] a chase/run

[29] an excellent shot

[30] net

[31] bouncing perfectly/just right

[32] over the bar

Tá an sliotar ag eitilt isteach arís chugainn i dtreo na taobhlíne. Amach leis an Súilleabhánach ar cosa in airde. An rachaidh an sliotar amach thar an taobhlíne. An sroichfidh sé é in am? Sroichfidh. Tá sé **ina sheilbh aige**[33]. Gualainn. Tá an Súilleabhánach **ina chnap**[34] thar an taobhlíne. **Impíonn sé ar**[35] an réiteoir. Croitheann sé a cheann.

Poc taobhlíne dúinne. Tógtha agamsa. Tá an tseilbh fós againn. Pas trasna na páirce. Iarracht ar phoc. Tá sé blocáilte. Poc taobhlíne eile dúinn. Tógtar é – féach air sin! Tá an sliotar imithe caol díreach thar an spota dubh ar an trasnán agus tá an slua ag béiceach. **Cad é mar chúilín!**[36]

Séideann an réiteoir an fheadóg agus tá leatham sroichte. An bhfuil sé i ndáiríre? Féachaim suas in airde ar an scáileán. Seacht nóiméad is tríocha atá air. Tá an ceart ag an réiteoir mar sin. **Níor bhraith mé**[37] an t-am ag imeacht in aon chor.

Ar ais isteach linn faoi Ardán Uí Ógáin. Féachann mo thraenálaí díreach idir mo dhá shúil.

"Tá an Súilleabhánach tar éis cúl agus ceithre chúilín a fháil ón imirt. Sin fear atá faoi do chúramsa. Má leanann tú ar aghaidh mar sin beidh tú i do shuí ar an mbinse laistigh den chéad deich nóiméad. An dtuigeann tú mé?"

***

Tá an dara leath tosaithe. Sliotar ard isteach i dtreo an tSúilleabhánaigh. Beidh mé os comhair m'fhir an uair seo. Gheobhaidh mé an chéad cheann. Sleamhnaíonn sé os mo chomhair go tapa, áfach. Uillinn im bholg. An ghaoth imithe óm sheolta. Preabaim san aer pé scéal é. Tá sé ina lapa aige. Ritheann sé caol díreach **i dtreo na cearnóige bige**[38]. Mise **ag caitheamh scátha air**[39]. Sracfhéachaint taobh thiar dá ghualainn ar chlé. Táimse ar an ngualainn ar dheis. Iarracht ar raspar. Húcáil déanta. Sliotar agamsa. Buille mór ard amach i dtreo lár na páirce agus béiceann an slua.

An sliotar ar ais isteach sa chúinne eile trasna uaim. Tá ár lánchúlaí ar dheis á chlúdú go maith. Tá sé ag an lántosaí ar dheis go fóill. Buaileann sé poc ón taobhlíne. **Ar fóraoil**[40]. Poc amach gearr chugam. Ní raibh siad ag súil leis sin. Lascadh ard, álainn suas i dtreo na líne leatosach. An bhfuil? Níl. Tá sé imithe níos faide ag preabadh os comhair na líne lántosach. Tá sé inár seilbh. Ritheann sé i dtreo an chúil. Tá sé i mbéal an bháide. Cúl!

Faigheann an Súilleabhánach **an comhartha**[41] ón taobhlíne. Imíonn sé suas i dtreo lár na páirce. Tá **an lámh in uachtar**[42] faighte agam. Féachaim i dtreo mo dhream ar an taobh líne. Ordóg suas. Comhartha tugtha dom fanacht socair san áit ina bhfuilim.

Tá an poc amach tógtha. Tá **clibirt**[43] i lár na páirce. An sliotar faighte acu. Tá an Súilleabhánach ag dul ar ruathar aonair isteach thar an líne lánchúil. Rithim amach chun bualadh leis. Gualainn. An Súilleabhánach caite ina scraith ar an talamh. An ghaoth bainte amach as a sheolta agam. Feicim súile an réiteora. Níl sé sásta. Caithfidh mé rud éigin a thosú **chun an aird a tharraingt uaim**[44]. Stánaim ar uimhir a 11 le miongháire. Cuirim amach mo lámh chuige. Lámh i m'aghaidh. Slua mór istigh anois. Doirn á gcaitheamh, camáin san aer. Cúpla nóiméad troda agus **tá cúrsaí ciúnaithe**[45] arís. Níl dearmad déanta ag an réiteoir. "Bú!" ón slua.

[33] in his possession
[34] in a heap
[35] He begs/ implores
[36] What a point!
[37] I didn't feel
[38] towards the small square
[39] shadowing him
[40] Wide
[41] the sign
[42] the upperhand
[43] scrum
[44] to take the attention away from me
[45] things have quietened

"Rud amháin eile anois agus gheobhaidh tú an taobhlíne."

Seasann an Súilleabhánach os cionn an tsliotar. Seo ceann éasca dó. Ardaíonn sé é agus cuireann sé caol díreach é idir na cuaillí thar an trasnán. Amach leis arís go lár na páirce. Tá **orduithe**[46] faighte agam **m'fhód féin a sheasamh**[47] agus fanacht taobh istigh.

An poc amach gearr chugam. Lascáilte go hard sa spéir agam suas an pháirc. Cé a chuireann a lámh in airde chun é a fháil ach mac Uí Shúilleabháin. Pas trasna na páirce go dtí an líne leatosach. Coimeádaim leathshúil air agus leathshúil ar an sliotar. Imíonn uimhir 12 ar ruathar aonair. Feicim an Súilleabhánach ag rith isteach **cliathánach**[48]. Níl aon duine tar éis é a phiocadh suas. Screadaim amach chucu. Ní chloiseann siad mé.
An Súilleabhánach fós ag rith. Screadaim arís. **Dada**[49]. Ó Súilleabháin feicthe ag uimhir 12. Pas trasna chuige. Amach liom chun bualadh leis. Casann sé ar dheis. Casann sé ar chlé. Tá sé buailte aige. Tá sé blocáilte agam. Isteach i mo ghlac. **Lascáilte**[50] arís suas an pháirc agam. Gáir ón slua. Dorn san aer i dtreo an tSúilleabhánaigh. Dhá mhéar i mo threosa.

Laistigh de dheich nóiméad fágtha sa dara leath. Tá na foirne ar comhscór. Isteach leis an Súilleabhánach chuig an líne leatosach arís. Súile an réiteora **iompaithe an treo eile**[51]. Lámh a chamáin isteach im easnacha. Táim i mo chnap ar an talamh. Isteach leis an *physio* leis an m**buidéal draíochta**[52]. Tá draíocht ann go deimhin. Éirím i mo sheasamh. Féachaim sa tsúil air. **Caochaim mo shúil leis**[53]. Féachann sé an treo eile. **Bogaim i ngaireacht dó**[54]. Tugaim póigín dó mar ó dhea.

"Stop é sin."

Póigín eile.

"Táim á rá leat é sin a stopadh."

Póigín eile agus beirim greim láimhe air go bog. Bos an chamáin san aghaidh. Táim ar an talamh arís. Tá sé feicthe ag an réiteoir. Cárta dearg. *Adiós*, a mhic Uí Shúilleabháin, tá súil agam go bhfuil d'athair bródúil asat!

Tá an t-am geall le bheith caite[55]. Táimid **in am cúitimh ghortaithe**[56]. Na foirne uair amháin eile **ar comhtharrac**[57]. Tá teannas san aer. An poc gearr amach chugam. Tá an t-am agam duine a phiocadh amach. Pas deas suas go dtí mo chaptaen. Táim traochta. Tá na cosa imithe uaim. Tá duine éigin **ag cogarnaíl liom**[58]. Deir sé liom leanacht ar aghaidh ag rith suas an pháirc. Táim rólag. Go tobann tagann **fuadar**[59] ó áit éigin fúm. **Iompaíonn sé mé**[60] suas an pháirc.

Tá mo shúile dírithe ar ár gcaptaen agam. Tugann sé pas ar aghaidh. Ritheann sé chun cinn. Glacann sé le pas ar ais. Tá beirt timpeall air. Tá triúr timpeall air. Tá sé á bhrú sall i dtreo na taobhlíne acu. Níl aon duine tar éis mise a fheiceáil go fóill.
Ligim liú amach[61]. Cloiseann sé mé. Pas faighte agam. Lascadh amháin deireanach ar an sliotar. Tá sé go hard. Tá sé go **cruinn**[62]. Tá sé ann. Tá an t-am istigh. An poc amach tógtha. An fheadóg séidte. Tá Craobh na hÉireann buaite againn! Féachaim i dtreo na spéire. Tá na **deora**[63] ag titim. Go raibh maith agat, Daid. Bhí tú ann ag féachaint orm.

An Spórt, Aclaíocht agus

[46] orders
[47] to stand my ground
[48] sideways/ diagonally
[49] Nothing
[50] Hit/sent
[51] turned in the other direction
[52] magic bottle
[53] I wink at him
[54] I move closer to him
[55] The time is almost up
[56] in injury time
[57] even
[58] whispering to me
[59] a rush of energy
[60] It carries me
[61] I shout
[62] accurate
[63] tears

Achoimre ar an ngearrscéal

- Bhí an t-údar naoi mbliana déag d'aois agus seachtain roimh Chluiche Ceannais Iománaíochta na hÉireann, cailleadh a athair. Lá an chluiche shíl an t-údar gur ag brionglóidigh a bhí sé agus é ina shuí ar an mbus foirne lasmuigh de Pháirc an Chrócaigh. Chonaic sé na sluaite amuigh, **bratacha**¹ ag eitilt agus bandaí ar riostaí. An oíche roimhe sin, chuir an traenálaí fios air go déanach ag rá leis go raibh áit faighte aige ar an bhfoireann. Lánchúlaí ar chlé.

- Ní raibh an t-údar ábalta éisteacht le h**óráid**² an traenálaí sa seomra feistis. Bhí sé an-neirbhíseach agus bhí sé ag crith. Ansin, ar a bhealach amach chun na páirce, rug an traenálaí greim air. Dúirt sé leis gan **aird**³ ar bith a thabhairt ar chaint **a chéile comhraic**⁴ darbh ainm an Súilleabhánach. Mhínigh an traenálaí go raibh sé de nós ag an Súilleabhánach rudaí seafóideacha a rá le himreoirí i rith cluichí chun cur as dóibh. Thuig an traenálaí gur thréimhse dheacair é sin don údar. Dúirt sé leis, áfach, go mbeadh a athair an-bhródúil dá bhfeicfeadh sé é.

 ### A Cleachtadh scríofa: Ceisteanna gearra

1. Cad a tharla i saol an údair seachtain roimh an gcluiche mór?

2. Cad a dúirt an traenálaí leis nuair a chuir sé fios ar an údar an oíche roimh an gcluiche?

3. Conas a bhraith an t-údar agus é sa seomra feistis roimh an gcluiche?

4. Cén fáth ar labhair an traenálaí leis an údar roimh dó dul amach ar an bpáirc?

5. Cén t-ainm a bhí ar chéile comhraic an údair ar an bpáirc?

  ### B Punann agus leabhar gníomhaíochta: Cleachtadh scríofa

Téigh chuig do phunann agus leabhar gníomhaíochta. Scríobh síos an óráid ghearr a cheapann tú a thabharfadh an traenálaí sa seomra feistis do na himreoirí roimh dóibh dul amach ar an bpáirc.

Achoimre ar lean

⁵ to support him
⁶ roars
⁷ bad-mannered

- Mhothaigh an t-údar lag amuigh ar an bpáirc nuair a thug sé faoi deara go raibh ochtó míle duine sa staid agus iad ag screadaíl agus ar bís. Tháinig captaen na foirne anall chuige agus mhol sé dó a dhícheall a dhéanamh. Mhínigh sé dó go mbeadh gach duine ar an bhfoireann sásta **tacú leis**⁵ agus ar aghaidh le gach duine chuig an gcairpéad dearg. Ní raibh an t-údar in ann cuimhneamh ar ainm an Uachtaráin – bhí sé chomh neirbhíseach sin. Cheap sé nach dtosódh an cluiche go deo.

- Bhuail na **gártha**⁶ ón slua é agus é ag siúl sa pharáid. Scaip an fhoireann eile roimh dheireadh na paráide. Dar leis an údar bhí sé sin **drochbhéasach**⁷. Faoi dheireadh sheas gach duine le chéile agus bhí nóiméad ciúnais ann d'athair an údair agus ansin canadh 'Amhrán na bhFiann'.

● Cuireadh drochthús leis an **teagmháil**[8] idir an Súilleabhánach agus an t-údar. Duine **nimhneach**[9] ab ea an Súilleabhánach agus dhírigh sé a mhéar isteach sa slua. Dúirt sé leis an údar go raibh a athair thuas sa slua ag féachaint anuas air agus ansin d'fhiafraigh sé den údar cá raibh a athair féin. Dúirt sé leis **go searbhasach**[10] gur cheap sé go raibh aistear uaigneach ag an údar go Baile Átha Cliath ar an traein.

● Bhí an réiteoir **ar tí**[11] an liathróid a chaitheamh isteach ag an bpointe sin agus leag an t-údar an Súilleabhánach chun talaimh le buille a chamáin **sna heasnacha**[12]. Bhí sé ag baint díoltais amach air cinnte agus d'iarr an t-údar go searbhasach air arbh í an traein a leag é! Bhí an fear eile **ar mire**[13] ar ndóigh agus chuir sé dorn ina aghaidh. Rug an t-údar ar a cheann agus gan mhoill bhí slua fear bailithe timpeall, gach duine ag caitheamh buillí. An réiteoir a chuir deireadh leis an raic nuair a shéid sé an fheadóg agus thug sé cárta buí an duine dóibh.

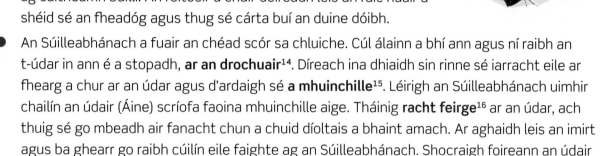

● An Súilleabhánach a fuair an chéad scór sa chluiche. Cúl álainn a bhí ann agus ní raibh an t-údar in ann é a stopadh, **ar an drochuair**[14]. Díreach ina dhiaidh sin rinne sé iarracht eile ar fhearg a chur ar an údar agus d'ardaigh sé **a mhuinchille**[15]. Léirigh an Súilleabhánach uimhir chailín an údair (Áine) scríofa faoina mhuinchille aige. Tháinig **racht feirge**[16] ar an údar, ach thuig sé go mbeadh air fanacht chun a chuid díoltais a bhaint amach. Ar aghaidh leis an imirt agus ba ghearr go raibh cúilín eile faighte ag an Súilleabhánach. Shocraigh foireann an údair síos beagáinín ansin agus d'éirigh leo cúilín deas a fháil. Sula i bhfad bhí ceann deas eile acu.

● Ag leatham, shéid an réiteoir an fheadóg agus isteach leis na himreoirí sna seomraí feistis. **Bhagair**[17] an traenálaí ar an údar go mbeadh air suí ar an mbinse dá leanfadh sé ar aghaidh mar a bhí sé ar an bpáirc. Mhínigh sé dó go raibh cúl agus ceithre chúilín faighte ag an Súilleabhánach ón imirt agus go mbeadh sé **faoi chúram an údair**[18] an scéal sin a athrú sa dara leath.

 A Cleachtadh scríofa: Ceisteanna gearra

1. Cé mhéad duine a bhí sa staid don chluiche?

2. Cén fáth nach raibh an t-údar in ann cuimhneamh ar ainm an Uachtaráin nuair a bhí sé ina sheasamh ar an gcairpéad dearg, dar leat?

3. Cad chuige ar dhírigh an Súilleabhánach a mhéar suas sa slua?

4. Cad a dúirt an Súilleabhánach leis an údar faoi aistear an údair go Baile Átha Cliath?

5. Conas a mhothaigh an Súilleabhánach nuair a leag an t-údar chun talaimh é?

6. Céard a rinne an réiteoir sa deireadh chun críoch a chur leis an troid a thosaigh ar an bpáirc?

7. Cén rud a bhí scríofa ag an Súilleabhánach faoina mhuinchille?

8. An raibh an traenálaí sásta leis an údar ag leatham? Cén fáth?

8 contact/ communication
9 nasty
10 sarcastically
11 about to
12 in the ribs
13 very angry
14 unfortunately
15 his sleeve
16 a fit of anger
17 threatened
18 the author's duty/ responsibility

B Punann agus leabhar gníomhaíochta: Obair ealaíne

Téigh chuig do phunann agus leabhar gníomhaíochta. Tarraing íomhá den suíomh a bhí le feiceáil ar an bpáirc sular chuir an réiteoir críoch leis an troid a bhris amach idir na himreoirí.

Achoimre ar lean

[19] the upper hand

[20] a sign

[21] decision

[22] battle

[23] a small bout of fighting

[24] to block him

[25] war

[26] on the spot/ immediately

[27] in injury time

[28] whispering

[29] a rush of energy

● Sa dara leath, bhí sé ar intinn ag an údar **an lámh in uachtar**[19] a fháil ar a chéile comhraic agus b'amhlaidh a tharla. Chuir an t-údar cosc ar an Súilleabhánach ina chéad iarracht os comhair an chúil. Thug sé buille mór ard don sliotar amach i lár na páirce agus bhí an slua ar bís. D'éirigh le foireann an údair cúl a fháil agus ansin bhí an teannas ag éirí sa staid.

● Tugadh **comhartha**[20] don Súilleabhánach ón taobhlíne bogadh suas go dtí lár na páirce agus bhraith an t-údar sásta leis an g**cinneadh**[21] sin. Bhí an lámh in uachtar faighte aige ar an Súilleabhánach faoi dheireadh. Níor stop an **cath**[22] idir an bheirt ansin, faraor. Nuair a chonaic an t-údar a 'chara' os comhair an chúil, leag sé lena ghualainn chun talaimh é. Ní mó ná sásta a bhí an réiteoir leis sin, ar ndóigh. Shín an t-údar a lámh chuig imreoir na foirne eile, ach fuair sé lámh ar ais san aghaidh. Lean **babhta beag troda**[23] uaidh sin agus ba é an réiteoir a chiúnaigh cúrsaí arís. Dúirt sé leis an údar go bhfaigheadh sé cárta dearg dá ndéanfadh sé rud ar bith eile as áit.

● Tugadh cic saor don Súilleabhánach ansin agus ní raibh aon dua aige an sliotar a chur thar an trasnán. D'éirigh leis an údar **é a bhlocáil**[24] ceann eile a fháil, áfach. Bhí an slua ag béicíl le háthas. D'ardaigh an t-údar dorn i dtreo an tSúilleabhánaigh, ach dhá mhéar a dhírigh an Súilleabhánach ar ais air!

● Ní raibh ach deich nóiméad fágtha sa dara leath agus bhí na foirne ar comhscór. Lean an **cogadh**[25] ar aghaidh idir an t-údar agus an Súilleabhánach. Bhuail an fear eile an t-údar sna heasnacha agus leagadh chun talaimh arís é. Le cuidiú an *physio*, d'éirigh an t-údar arís. Thosaigh sé ag cur as don Súilleabhánach, ag ligean air go raibh sé chun é a phógadh. Leis sin bhí an Súilleabhánach ar dheargbhuile agus bhuail sé an t-údar le lámh a chamáin san aghaidh. Leagadh an t-údar chun talaimh arís. Chonaic an réiteoir an méid sin agus cuireadh an Súilleabhánach den pháirc **ar an toirt**[26]. 'Tá súil agam go bhfuil d'athair bródúil asat!' arsa an t-údar leis.

● Ba bheag nach raibh an cluiche thart ag an bpointe sin. Bhí siad **in am cúitimh gortaithe**[27] agus an dá fhoireann ar comhscór arís. Mhothaigh an t-údar a chosa ag éirí lag, ach d'airigh sé duine éigin **ag cogarnaíl**[28] ina chluas. Dúirt sé leis leanacht ar aghaidh. Cheap sé go raibh sé rólag aon rud a dhéanamh, ach ansin mhothaigh sé **fuadar fuinnimh**[29] ó áit éigin. Chabhraigh sé leis rith suas an pháirc.

- Shleamhnaigh an t-údar suas go ciúin go dtí barr na páirce, áit a raibh deacracht ag a chaptaen an sliotar a choimeád **ina sheilbh**[30]. Chuir sé trasna chuig an údar é agus d'éirigh leis an údar an cúilin deireanach a fháil. Faoin am a tógadh an poc amach, bhí an cluiche críochnaithe. Bhí an bua ag foireann an údair – Craobh na hÉireann buaite acu.

- Shil na deora ó shúile an údair agus d'fhéach sé i dtreo na spéire. Ghabh sé buíochas lena dhaid as ucht a bheith ann dó agus as a bheith ag féachaint anuas air.

[30] in his possession

(A) Fíor nó bréagach

Féach ar na habairtí thíos agus abair an bhfuil siad fíor nó bréagach. Cuir tic sa bhosca ceart.

	Fíor	Bréagach
1. Fuair an Súilleabhánach an chéad scór sa dara leath.	☐	☐
2. Bhog an Súilleabhánach suas go dtí lár na páirce sa dara leath.	☐	☐
3. Dúirt an réiteoir leis an údar go bhfaigheadh sé cárta dearg dá ndéanfadh sé rud ar bith eile as áit.	☐	☐
4. Nuair a d'ardaigh an t-údar a dhorn i dtreo an tSúilleabhánaigh, thosaigh an Súilleabhánach ag gáire.	☐	☐
5. Le deich nóiméad fágtha, bhí foireann an údair chun tosaigh.	☐	☐
6. Tugadh cárta dearg don Súilleabhánach roimh dheireadh an chluiche.	☐	☐
7. D'airigh an t-údar duine éigin ag screadaíl ina chluas.	☐	☐
8. Mhothaigh an t-údar fuadar fuinnimh faoi.	☐	☐
9. Bhuaigh foireann an tSúilleabhánaigh an cluiche.	☐	☐
10. Ghabh an t-údar buíochas lena athair as a bheith ag faire anuas air.	☐	☐

(B) Obair bhaile

Scríobh an cuntas dialainne a cheapann tú a scríobhfadh an t-údar oíche an chluiche ceannais roimh dhul a chodladh dó.

(C) Obair bheirte

Ag obair le do chara, scríobhaigí síos an comhrá a bheadh ann idir an bheirt imreoirí ar an bpáirc iománaíochta agus déanaigí an comhrá sin a chur i láthair don rang.

Príomhthéamaí an ghearrscéil

Is gearrscéal faoin spórt é seo. Shroich foireann an údair craobh iománaíochta na hÉireann. Tugann sé cúlra an scéil dúinn i dtosach nuair a deir sé linn go bhfuair a athair bás seachtain roimh an gcluiche. Ansin leanann sé air le cur síos a thabhairt ar gach ar tharla sular bhain a fhoireann an bua amach sa deireadh.

● Is dócha gurb é an téama is láidre sa scéal seo ná an bhulaíocht a tharlaíonn idir daoine nuair a bhíonn fonn orthu **an lámh in uachtar**[31] nó an bua a fháil **ar ais nó ar éigean**[32]. Níl ach beirt phríomhcharachtar sa ghearrscéal – an t-údar agus a chéile comhraic, an Súilleabhánach. Ba dhuine mar sin é an Súilleabhánach, gan amhras. Lean sé air ag iarraidh cur as don údar trí rudaí gránna a rá ina chluas. An t-aon rud a theastaigh uaidh féin ná an lámh in uachtar a fháil ar an údar ionas nach mbeadh an t-údar ábalta **díriú**[33] i gceart ar an gcluiche.

● Ar an dea-uair, bhí an t-údar in ann déileáil leis seo agus bhain sé **díoltas**[34] amach air. Sa deireadh, cuireadh an Súilleabhánach den pháirc agus chaill a fhoireann an cluiche. 'Filleann an feall ar an bhfeallaire', mar a deir an seanfhocal. Mar sin, is téama mór é an díoltas sa scéal freisin.

● Tarlaíonn **feallanna**[35] ar an bpáirc imeartha go minic i spórt an lae inniu agus tá an téama sin le feiceáil go soiléir sa scéal seo. Bhí an bheirt phríomhcharachtar **ciontach**[36] as buillí a thabhairt dá chéile. Anuas air sin feicimid go raibh na himreoirí eile sásta cúpla dorn a chaitheamh chun tacú lena gcairde. Tugadh cártaí buí an duine don údar agus don Súilleabhánach agus faoi dheireadh fuair an Súilleabhánach cárta dearg mar gheall ar a dhrochiompar.

Na fonótaí:
31 the upper hand
32 one way or another
33 focus
34 revenge
35 fouls
36 guilty

 Punann agus leabhar gníomhaíochta: Cleachtadh scríofa

> Téigh chuig do phunann agus leabhar gníomhaíochta agus déan achoimre ar phríomhthéamaí an ghearrscéil 'An Cluiche Mór' mar a fheiceann tú féin iad.

Na príomhcharachtair sa scéal

Beirt phríomhcharachtar atá sa ghearrscéal seo – an t-údar agus an Súilleabhánach. Beirt mhioncharachtar ar fad a labhraíonn sa scéal, 'sé sin, an traenálaí agus captaen na foirne.

An tÚdar

● Ba dhuine **cróga**[37] é an t-údar. Cé go bhfuair a athair bás seachtain roimh an gcluiche, bhí sé in ann dul amach ag imirt dá chontae i bPáirc an Chrócaigh i gcluiche ceannais na hÉireann. Léiríonn sé seo gur dhuine láidir agus cróga é. Chomh maith leis sin, **sheas sé an fód**[38] in aghaidh a chéile comhraic agus níor lig sé dó an lámh in uachtar a fháil air.

37 brave
38 he stood his ground

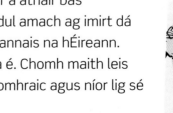

- Ag an am céanna, bhraith an t-údar neirbhíseach roimh an gcluiche. Ní raibh sé in ann éisteacht le hóráid an traenálaí roimh an gcluiche, mar bhí sé chomh neirbhíseach sin. Bhraith sé lag nuair a thug sé faoi deara an slua mór a bhí i láthair ag an gcluiche. Caithfidh go raibh sé neirbhíseach sa chéad leath den chluiche freisin mar ní raibh sé in ann smacht a fháil ar an Súilleabhánach san imirt.

- D'oibrigh an t-údar go maith lena fhoireann. Ní raibh sé **leithleach**[39] nuair a bhí scóir i gceist agus bhí sé sásta an sliotar a chur chuig imreoirí eile.

  [39] selfish

- Bhí an t-údar an-mhór lena athair go deimhin. Chreid sé go raibh a dhaid ag faire anuas ar an gcluiche agus go raibh sé ag cogarnaíl ina chluas. Ghabh sé buíochas leis ag deireadh an scéil as a bheith ansin dó.

- Ba dhuine glic é an t-údar. Cé go raibh an Súilleabhánach ag cur as dó ar an bpáirc, thug sé cúpla sonc dó ach níor cuireadh den pháirc é. D'fhoghlaim sé go sciopta conas an cluiche a imirt agus thuig sé féin conas fearg a chur ar an Súilleabhánach.

An Súilleabhánach

- Ba dhuine **gránna**[40], **mailíseach**[41] é an Súilleabhánach. Lean sé air a bheith ag cur as don údar ionas nach mbeadh an t-údar ábalta díriú ar an gcluiche. Luaigh sé athair an údair agus a aistear uaigneach go Baile Átha Cliath gan a athair. Bhí uimhir chailín an údair scríofa ag an Súilleabhánach faoina mhuinchille freisin chun fearg a chur ar an údar.

- Ba dhuine glic é. Thuig sé go gcuirfeadh na rudaí a dúirt sé fearg ar an údar, ach nach mbeadh sé i dtrioblóid leis an réiteoir.

- B'imreoir **garbh**[42] ar an bpáirc é. Nuair a bhí an cluiche beagnach thart bhuail sé an t-údar le lámh a chamáin san aghaidh agus leag sé chun talaimh é. Fuair sé cárta dearg dá bharr.

  [40] nasty
  [41] malicious
  [42] rough

- B'imreoir maith iománaíochta é gan amhras. Fuair sé an-chuid scór i rith an chluiche.

 Punann agus leabhar gníomhaíochta: Cleachtadh scríofa

> Déan achoimre ar an mbeirt phríomhcharachtar i do phunann agus leabhar gníomhaíochta.

Príomh-mhothúcháin an scéil

- **Brón agus sonas:** Tá an dá mhothúchán brón agus sonas **fite fuaite**[43] sa ghearrscéal seo gan amhras. Cé go bhfuair athair an údair bás seachtain roimh an gcluiche, bhí sé an-sona áit a fháil ar fhoireann an chontae agus a bheith páirteach sa chluiche ceannais. Bhí áthas air arís ag deireadh an scéil nuair a bhuaigh a fhoireann an craobh. D'fhéach sé i dtreo na spéire agus ghabh sé buíochas lena dhaid. Cé gur bhraith sé brónach, bhí sé sásta go raibh a athair ansin chun cabhrú leis agus go raibh sé ag breathnú anuas ar an gcluiche.

  [43] intertwined

- **Fearg:** Bhí fearg ar an mbeirt phríomhcharachtar lena chéile go minic sa scéal. Ba é an Súilleabhánach a chuir tús leis an g**coimhlint**[44] nuair a luaigh sé a athair féin sa slua agus nuair a chuir sé ceist ghránna ar an údar faoina athair. Bhuail an t-údar an Súilleabhánach sna heasnacha nuair a chuala sé **an chaint shearbhasach**[45] sin. Bhí an Súilleabhánach ar mire ar ndóigh nuair a leagadh chun talaimh é.

[44] conflict
[45] the sarcastic talk

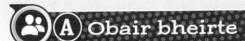

(A) Obair bheirte

Tá neart samplaí eile den fhearg sa ghearrscéal 'An Cluiche Mór'. Ag obair le do chara sa rang, mínigh cad iad na rudaí eile a chuir fearg ar na himreoirí i rith an chluiche?

Mothúcháin eile sa scéal

- **Bród:** Bhí bród ar an údar a bheith ag imirt dá chontae agus ar ndóigh go raibh an bua ag a fhoireann. Dúirt an traenálaí leis an údar gur cheap sé go mbeadh bród ar a athair dá bhfeicfeadh sé a mhac ag imirt.

- **Cineáltas:** Bhain cineáltas leis an traenálaí nuair a dúirt sé leis an údar gur thuig sé gur thréimhse dheacair í an tseachtain sin tar éis d'athair an údair bás a fháil. Dúirt sé leis freisin go mbeadh a dhaid bródúil as dá bhfeicfeadh sé ag imirt é. Tháinig captaen na foirne chuig an údar freisin agus labhair sé go cneasta leis roimh an gcluiche. Dúirt sé leis go mbeadh gach duine ar an bhfoireann sásta tacú leis.

[46] a desire for revenge

- **Fonn díoltais**[46]**:** Bhí fonn díoltais ar an údar ó thús an chluiche.

(B) Obair bheirte

Ag obair le do chara sa rang, ainmnigh na rudaí ar fad a chuir fonn díoltais ar an údar agus ar an Súilleabhánach agus ar an gcaoi ar bhain siad a gcuid díoltais amach ar a chéile.

Suíomh an scéil

Is i bPáirc an Chrócaigh a tharlaíonn mórchuid na n-eachtraí sa ghearrscéal seo. Lá Cluiche Ceannais na hÉireann atá i gceist agus tá foireann an údair páirteach sa chluiche ceannais.

Buaicphointe agus críoch an scéil

Is é buaicphointe an scéil dar liom ná an scór deireanach a fuair an t-údar chun críoch shona a chur leis an gcluiche agus leis an scéal féin. Braitheann an léitheoir sásta don údar sa deireadh. Maidir leis an Súilleabhánach, déarfá go raibh an chríoch sin **tuillte aige**[47].

[47] deserved

Punann agus leabhar gníomhaíochta

Téigh chuig do phunann agus leabhar gníomhaíochta. Scríobh leathanach ar na fáthanna a dtaitníonn nó nach dtaitníonn an gearrscéal 'An Cluiche Mór' leat.

Moladh: Smaoinigh ar na pointí seo a leanas:

1. Ar thaitin aon charachtar faoi leith sa scéal leat? Ar thuig tú a chás?
2. An raibh an scéal corraitheach?
3. An raibh teannas agus aicsean sa scéal?
4. An raibh ábhar an scéil suimiúil duit mar dhéagóir?
5. An raibh críoch shásúil leis an scéal, dar leat?
6. An raibh tú in ann ionannú leis an scéal nó le duine de na carachtair?
7. An bhfuil ábhar an scéil tráthúil maidir le fadhbanna an lae inniu inár sochaí, dar leat?

Ansin, comhlánaigh an leathanach féinmheasúnaithe a ghabhann leis i do phunann agus leabhar gníomhaíochta.

McF Féinfheasacht an fhoghlaimeora: Féinmheasúnú

Cé chomh sásta is atá tú go bhfuil tú in ann caint agus scríobh faoin ngearrscéal 'An Cluiche Mór'? Cuir tic sa bhosca cuí.

An Spórt, Aclaíocht agus Sláinte, Cúrsaí Bia

CÉIM 2: CUMAS CUMARSÁIDE – ÉISTEACHT, FÉACHAINT, CUR I LÁTHAIR AGUS SCRÍOBH

Céim 2: Na Torthaí Foghlama

Cumas Cumarsáide: 1.1, 1.2, 1.3, 1.4, 1.5, 1.6, 1.11, 1.12, 1.13, 1.14, 1.15, 1.16, 1.18, 1.19, 1.20, 1.21, 1.22, 1.23, 1.24, 1.25, 1.26, 1.27, 1.28

Feasacht Teanga agus Chultúrtha: 2.1, 2.2, 2.3, 2.4, 2.5

Féinfheasacht an Fhoghlaimeora: 3.1, 3.3, 3.4, 3.5, 3.6

Cur i láthair A: An spórt

1 Haigh, a chairde! Liam Ó Ceallaigh is ainm dom.

2 Táim ceithre bliana déag d'aois agus beidh mé cúig bliana déag i gceann míosa.

3 Bíonn mo bhreithlá ann ar an dara lá déag de mhí Feabhra.

4 Rugadh mé sa bhliain dhá mhíle is a dó.

5 Is duine an-spórtúil mé. Imrím rugbaí, peil Ghaelach iománaíocht agus galf.

6 Chomh maith leis sin, is aoibhinn liom dul a snámh agus snúcar a imirt. Ar an drochuair, ní éiríonn liom an t-am a fháil¹ gach rud a dhéanamh i gcónaí.

7 Bíonn mo thuismitheoirí ag gearán² go gcaithim an iomarca ama³ ag imirt spóirt agus nach gcaithim mo dhóthain ama⁴ ar mo chuid obair bhaile.

8 Bíonn traenáil agam trí lá sa tseachtain tar éis na scoile agus is minic a bhíonn cluichí agam ag an deireadh seachtaine.

9 Táim ar fhoireann iománaíochta na scoile. Imrím rugbaí agus peil Ghaelach leis an gclub áitiúil, chomh maith le hiad a imirt ar scoil.

10 Is í an pheil Ghaelach an spórt is fearr liom. Is lántosaí⁵ mé ar an bpáirc agus is minic mar sin a fhaighim scóir.

11 Imrím i lár na páirce san iománaíocht agus is cosantóir⁶ mé sa rugbaí.

12 B'aoibhinn liom peil Ghaelach a imirt don chontae amach anseo⁷.

13 Tá club gailf gar don bhaile mór freisin agus téim ann le mo chairde go minic, go háirithe sa samhradh.

14 Is fíor go bhfuil áiseanna spóirt den chéad scoth⁸ againn anseo i mo cheantar. Tá an t-ádh dearg linn.

Feabhra 20__

S	M	T	W	T	F	S
					1	2
3	4	5	6	7	8	9
10	11	12	13	14	15	16
17	18	19	20	21	(22)	23
24	25	26	27	28		

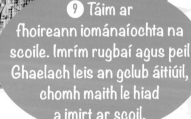

¹ Unfortunately, I don't get the time

² complaining

³ too much time

⁴ enough time

⁵ full forward

⁶ defender

⁷ in the future

⁸ first class/top class

A Ceisteanna gearra

1. Cathain a bhíonn breithlá Liam ann?
2. Cad iad na spórt a imríonn sé?
3. Cén fáth a mbíonn a thuismitheoirí ag gearán, dar le Liam?
4. Cé chomh minic is a bhíonn traenáil ag Liam?
5. Cad é an spórt is fearr le Liam? Cá mbíonn sé ag imirt ar an bpáirc?
6. Cad ba mhaith le Liam a dhéanamh amach anseo?
7. Cén fáth a bhfuil an t-ádh leis a bheith ina chónaí ina cheantar dúchais?

B Cineálacha éagsúla spóirt

Meaitseáil na focail leis na pictiúir.

1. peil/peil Ghaelach
2. sacar
3. rugbaí
4. iomáint/iománaíocht
5. haca
6. leadóg
7. leadóg bhoird
8. snúcar
9. badmantan
10. cispheil
11. eitpheil
12. líonpheil
13. lúthchleasaíocht *athletics*
14. cliathreathaíocht
15. sodar *jogging*
16. rothaíocht
17. dreapadóireacht *climbing hiking*
18. sléibhteoireacht *hiking*
19. dornálaíocht *boxing*
20. iomrascáil *wrestling*
21. clárscátáil *skateboarding*
22. galf
23. snámh
24. seoltóireacht *sailing*
25. tonnmharcaíocht *surfing*
26. currachóireacht *kayaking*
27. rámhaíocht *rowing*

26. kayadóireacht

An Spórt, Aclaíocht agus Sláinte, Cúrsaí Bia

C Punann agus leabhar gníomhaíochta: Obair aonair/Obair bhaile

Téigh chuig do phunann agus leabhar gníomhaíochta agus scríobh liosta de na spóirt ar fad a imrítear i do scoil féin.

Cúinne na gramadaí

Briathra úsáideacha a bhaineann le cúrsaí spóirt:

Imir	
An aimsir láithreach	**An aimsir chaite**
imrím	d'imir mé
imríonn tú	d'imir tú
imríonn sé/sí	d'imir sé/sí
imrímid	d'imríomar
imríonn sibh	d'imir sibh
imríonn siad	d'imir siad
Briathar saor	**Briathar saor**
imrítear an cluiche	imríodh an cluiche
An fhoirm dhiúltach	**An fhoirm dhiúltach**
ní imrím	níor imir mé
An fhoirm cheisteach	**An fhoirm cheisteach**
an imríonn tú?	ar imir tú?

Buaigh	Caill
An aimsir chaite	**An aimsir chaite**
bhuaigh mé	chaill mé
bhuaigh tú	chaill tú
bhuaigh sé/sí	chaill sé/sí
bhuamar	chailleamar
bhuaigh sibh	chaill sibh
bhuaigh siad	chaill siad
Briathar saor	**Briathar saor**
buadh an cluiche	cailleadh an cluiche
An fhoirm dhiúltach	**An fhoirm dhiúltach**
níor bhuaigh mé	níor chaill mé
An fhoirm cheisteach	**An fhoirm cheisteach**
ar bhuaigh tú?	ar chaill tú?

Cuardach foclóra

Cuardaigh www.focloir.ie nó i d'fhoclóir féin muna dtuigeann tú na focail thíos.

Téarmaí a bhaineann le spórt agus le cluichí

- foireann
- cúl
- cúilín/pointe
- úd
- scóráil
- imir
- cúlaí
- tosaí
- imreoir lárpháirce
- cúl báire
- réiteoir
- ionadaí
- cosantóir
- i gcoinne/in aghaidh
- craobh
- Craobh na hÉireann/ cluiche ceannais na hÉireann
- Corn an Domhain
- Cumann Lúthchleas Gael
- an chéad leath
- an dara leath
- leath-am
- chun tosaigh
- na Cluichí Oilimpeacha

Cur i láthair B: Spórt agus aclaíocht

- Dia daoibh. Is mise Sadhbh. Is as Co. Lú dom. Tá cúigear ar fad i mo theaghlach – mo mham, mo dhaid, mo dheirfiúr Róise, mo dheartháir Dara agus mé féin. Táim féin i lár na clainne.

- Tá Róise seacht mbliana déag d'aois agus tá Dara deich mbliana d'aois.

- Is imreoir leadóige í mo dheirfiúr Róise agus bíonn uirthi taisteal go minic.

Co. Lú

- Bíonn uirthi dul **thar lear**[9] ó am go chéile, mar imríonn sí d'fhoireann na hÉireann. Is maith liom féin an leadóg chomh maith, ach nílim leath chomh maith aici is atá Róise.

- Imrím sa chlub áitiúil agus uaireanta imrím cluichí in áiteanna eile in Éirinn do mo chlub.

- Tá gach duine i mo theaghlach spórtúil agus **aclaí**[10].

- Ní ithimid ach bia sláintiúil sa teach, mar tá sé tábhachtach **aiste bia**[11] fholláin a leanúint nuair a bhíonn tú páirteach sa spórt. Tugann sé níos mó fuinnimh duit agus bíonn tú níos tapúla má itheann tú an bia ceart.

- Ithimid go leor torthaí agus glasraí. Chomh maith leis sin, is maith linn iasc agus feoil. Ní ithimid mórán **bia próiseáilte**[12] ná bia ina mbíonn an iomarca siúcra nó salann.

- Is múinteoir corpoideachais í mo mham agus is **cócaire**[13] é mo dhaid. Tá an bheirt acu aclaí agus is minic a théann an teaghlach ar fad **ag sléibhteoireacht**[14] le chéile ag an deireadh seachtaine.

 **A** **Ceisteanna gearra**

1. Cé mhéad deirfiúr atá ag Sadhbh?
2. Cén aois é Dara?
3. Cén fáth a mbíonn ar Róise dul thar lear go minic?
4. Cad a deir Sadhbh faoi gach duine ina teaghlach?
5. Cén fáth a mbíonn sé tábhachtach aiste bia shláintiúil a leanúint nuair a bhíonn tú páirteach sa spórt, dar le Sadhbh?
6. Cén post atá ag máthair Shadhbh?
7. Céard a dhéanann an teaghlach le chéile go minic ag an deireadh seachtaine?

 Cúinne na gramadaí

Conas blianta a chomhaireamh:

aon bhliain	aon bhliain déag	aon bhliain is fiche
dhá bhliain	dhá bhliain déag	dhá bhliain is fiche
trí bliana	trí bliana déag	trí bliana is fiche
ceithre bliana	ceithre bliana déag	ceithre bliana is fiche
cúig bliana	cúig bliana déag	cúig bliana is fiche
sé bliana	sé bliana déag	sé bliana is fiche
seacht mbliana	seacht mbliana déag	seacht mbliana is fiche
ocht mbliana	ocht mbliana déag	ocht mbliana is fiche
naoi mbliana	naoi mbliana déag	naoi mbliana is fiche
deich mbliana		
fiche bliain	tríocha bliain	daichead bliain
caoga bliain	seasca bliain	seachtó bliain
ochtó bliain	nócha bliain	céad bliain

[9] overseas
[10] fit
[11] a diet
[12] processed food
[13] a chef
[14] hillwalking

An Spórt, Aclaíocht agus Sláinte, Cúrsaí Bia

189

B Obair bhaile

Ainmnigh deichniúr daoine cáiliúla a bhfuil suim agat iontu agus faigh amach cén aois iad.

Mar shampla: 'Rugadh Shawn Mendes sa bhliain 1998. Tá sé _____ d'aois.

C Punann agus leabhar gníomhaíochta

Téigh chuig do phunann agus leabhar gníomhaíochta agus scríobh an fhoirm cheart den fhocal 'bliain'.

D Cur i láthair/Obair dhigiteach

Bunaithe ar na nótaí thuas, déan cur síos ar an spórt i do shaol i bhfoirm dhigiteach le híomhánna agus le cur síos scríofa. Ansin, déan an cur i láthair os comhair do ghrúpa féin nó os comhair an ranga.

E Punann agus leabhar gníomhaíochta: Féinfheasacht an fhoghlaimeora

Scríobh isteach an leagan ceartaithe den chur i láthair i do phunann agus leabhar gníomhaíochta. Comhlánaigh an leathanach féinmheasúnaithe a ghabhann leis.

F Obair bheirte

I mbeirteanna, déanaigí iarracht na focail seo a leanas a bhaineann le spórt a aithint nó bainigí úsáid as foclóir chun brí na bhfocal a aimsiú:

Áiseanna agus trealamh spóirt	
1. páirc scátála	2. club gailf
3. lárionad spóirt	4. sliotar
5. club leadóige	6. camán
7. páirc imeartha	8. raicéad leadóige
9. páirc peile	10. liathróid peile
11. raon reatha	12. liathróid rugbaí
13. páirc haca	14. líontán
15. cúirt leadóige	16. bróga peile
17. giomnáisiam	18. bróga reatha
19. linn snámha	20. culaith reatha
21. ionad babhlála	22. clogad

G Punann agus leabhar gníomhaíochta: Obair ealaíne

Téigh chuig do phunann agus leabhar gníomhaíochta agus tarraing léarscáil sa bhosca de do cheantar. Líon isteach an léarscáil leis na háiseanna spóirt agus na bialanna ar fad atá i do cheantar. Féach ar Aonad 2, leathanach 58 más gá duit breathnú siar ar na bialanna éagsúla atá i do cheantar.

   H Punann agus leabhar gníomhaíochta: Obair bheirte

Téigh chuig do phunann agus leabhar gníomhaíochta. Freagair na ceisteanna ansin ó bhéal i mbeirteanna agus i bhfoirm scríofa.

Cúrsaí bia

Baineann cúrsaí bia agus aiste bia sláintiúil le cúrsaí spóirt, sláinte mhaith agus aclaíocht. Cén sórt bia is fearr leat féin?

 Cuardach foclóra

Cuardaigh na tíortha ar leo an bia thíos ar léarscáil Ghaeilge nó na focail eile i d'fhoclóir muna dtuigeann tú gach ceann acu.

Cén saghas bia is fearr leat?

Is fearr liom ...

- bia Iodálach
- bia Indiach
- bia Téalannach
- bia Síneach
- bia Éireannach
- mearbhia

Cad í an mhias is fearr leat?

Is fearr liom ...

- bagún agus cabáiste
- stobhach
- casaról
- lasagne
- píotsa
- curaí

  A Obair bheirte

Déanaigí an cheist thíos a phlé i mbeirteanna:
An maith leat cócaireacht?

Is breá liom cócaireacht:

- Cuireann sí ar mo shuaimhneas mé.
- Is caitheamh aimsire deas í.
- Is breá liom béile a ullmhú nuair a bhíonn aíonna sa teach.

Is fuath liom cócaireacht:

- Nílim go maith aici.
- Éiríonn liom gach rud a dhó nuair a dhéanaim an chócaireacht!
- Níl aon suim agam sa chócaireacht.

B Téarmaí a bhaineann le feoil agus iasc

Meaitseáil na focail thíos leis na pictiúir.

1. feoil
2. tuinnín
3. stéig
4. muiceoil
5. liamhás
6. bagún
7. uaineoil
8. turcaí
9. burgar
10. bradán
11. portán
12. diúilicíní
13. mairteoil

Cuardach foclóra

Téarmaí a bhaineann le bricfeasta

- leite
- gránach
- calóga arbhair
- arán tósta
- im
- marmaláid
- subh
- uibheacha
- ispíní
- slisíní
- putóg bhán
- putóg dhubh
- pancóga

C Téarmaí a bhaineann le torthaí agus glasraí

Meaitseáil na focail leis na pictiúir thíos.

1. oinniún
2. meacan bán
3. práta
4. beacán
5. cairéad
6. leitís

Roinnt téarmaí breise

biachlár	*menu*	anlann	*sauce*
miasa	*dishes*	uibheagán	*omelette*
cócaire	*chef*	prátaí rósta	*roast potatoes*
Is feoilséantóir mé	*I am a vegetarian*	bradán deataithe	*smoked salmon*

D Obair ghrúpa

Féach ar an mbiachlár thíos. Roghnaigh rud amháin ó gach cúrsa duit féin. Téigh isteach i do ghrúpa agus déanaigí an biachlár a phlé.

1. Cad é an bia is fearr le daoine sa ghrúpa?
2. An bhfuil aon mhias ann nach maith le haon duine sa ghrúpa?
3. Cad a cheapann sibh faoin rogha ar an mbiachlár?

FÁILTE CHUIG BIALANN NA MARA, GAILLIMH

An cúrsa tosaigh	An príomhphláta	An mhilseog
sailéad	bagún agus cabáiste	iógart
seabhdar	stobhach	glóthach
anraith	casaról	uachtar reoite
mealbhacán	lasagne	meireang
	píotsa	císte cáise
	curaí	sailéad torthaí
	spaigití Bolognaise	cáca milis/císte milis
	spaigití mara	cáca seacláide
		cáca líomóide
		cáca cairéid
		maróg Nollag

E Punann agus leabhar gníomhaíochta: Obair ealaíne

Téigh chuig do phunann agus leabhar gníomhaíochta. Lig ort go bhfuil do bhialann féin agat agus cuir do bhiachlár féin le chéile. Ná déan dearmad ainm a thabhairt ar do bhialann!

F Obair ghrúpa

Déanaigí suirbhé sa rang faoi bhia i ngrúpaí de cheathrar nó cúigear. Déanaigí na ceisteanna a chur mar seo sa ghrúpa:

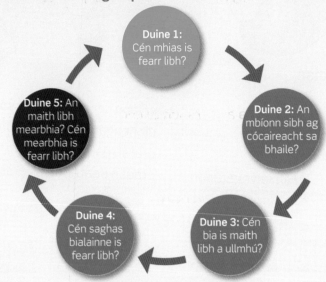

Is féidir ceisteanna eile a chumadh más mian libh. Nuair a bheidh an obair ghrúpa déanta, roghnaígí duine amháin ón ngrúpa chun torthaí an tsuirbhé a thabhairt don rang. Déanaigí na torthaí a thaifeadadh ar Google Docs nó ar SurveyMonkey. Cuirigí na torthaí sin suas ar an gclár bán le cabhair an mhúinteora.

1. Cén saghas bia is fearr le daoine?
2. Cé mhéad duine a dhéanann cócaireacht sa bhaile?
3. Cén bia a ullmhaíonn siad?
4. Cén saghas bialainne is fearr le daoine?
5. An itheann siad mórán mearbhia? Cén mearbhia is fearr le daoine?

  G Punann agus leabhar gníomhaíochta: Obair bheirte

Téigh chuig do phunann agus leabhar gníomhaíochta. Freagair na ceisteanna ansin ó bhéal i mbeirteanna agus i bhfoirm scríofa.

 Féinfheasacht an fhoghlaimeora: Féinmheasúnú

Cé chomh sásta is atá tú go bhfuil tú in ann caint agus scríobh faoin spórt, faoin tsláinte agus faoi chúrsaí bia? Cuir tic sa bhosca cuí.

 □ □ □

CÉIM 3: CUMAS CUMARSÁIDE – AN CHLUASTUISCINT

Céim 3: Na Torthaí Foghlama
Cumas Cumarsáide: 1.1, 1.2, 1.3, 1.4, 1.5, 1.6, 1.14, 1.15, 1.16, 1.21, 1.22, 1.23
Feasacht Teanga agus Chultúrtha: 2.1, 2.2, 2.3, 2.4, 2.5
Féinfheasacht an Fhoghlaimeora: 3.3, 3.4, 3.6

Cuid A Réamhobair

Cuardach foclóra

Cuardaigh na focail seo a leanas i d'fhoclóir más gá:

> cloicheáin   > uaineoil   > foighneach   > babhta

CD 2
45–47

Cuid A

Cloisfidh tú giotaí cainte ó bheirt daoine óga sa chuid seo. Cloisfidh tú gach giota díobh **faoi dhó**. Beidh sos ann tar éis gach giota a chloisfidh tú chun seans a thabhairt duit na ceisteanna a bhaineann leo a fhreagairt. Éist go cúramach leis na giotaí cainte agus líon isteach an t-eolas atá á lorg sna greillí ag 1 agus 2 thíos.

1 An chéad chainteoir (Canúint Uladh)

Ainm: *Caoimhe Ní Mhuirí*

Cad as do Chaoimhe? *baile na Lurgain, co. muineachann*

Cén saghas tí ina gcónaíonn sí? *idteach scoite i dteach scoite*

Cén gnó atá ag a hathair sa bhaile mór? *siopa spoirt siopa spoirt*

Céard a dhéanann Caoimhe ag an deireadh seachtaine? *obríonn sé at siopa oibríonn sag obraíonn sí sa siopa spoirt*

2 An dara cainteoir (cainteoir ó chúige Laighean)

Ainm: *Séamas Ó Cionnaith*

Cén aois é Séamas? *seach mblian déag d'aois seacht mbliana déag d'aois*

Cé mhéad uair a bhuaigh Cill Chainnigh craobh na hÉireann ón mbliain 2000? *dhá uair déag dhá uair déag*

Cé leo a n-ímríonn Séamas iománaíocht? *bainent foireann na scoile gclub aitúil*

Conas a bhraitheann sé faoin séasúr iománaíochta atá roimhe? *feel hurling season 'ag truíth leis an séasúr*

Cuid B Réamhobair

Cuardach foclóra

Cuardaigh na focail seo a leanas i d'fhoclóir más gá:

> imeachtaí   > béim   > nimhiú bia   > coinníollacha oibre

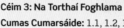

CD 2 48–50 Cuid B

Cloisfidh tú fógra agus píosa nuachta sa chuid seo. Cloisfidh tú gach giota díobh **faoi dhó**. Éist go cúramach leo. Beidh sos ann tar éis gach ceann díobh chun seans a thabhairt duit na ceisteanna a bhaineann leo a fhreagairt.

Fógra (Canúint Chonnacht)

1. Cathain a thosóidh seachtain na háclaíochta agus na sláinte sa scoil?

   well being _week_

   seactain na nainte de luan _de luan seo_ _chuan thagang_

2. Cén fáth a n-iarrtar ar dhaoine a gcuid éidí spóirt a chaitheamh don tseachtain?

   asked

   béid béidh imteaic _beidh imeactaí ar siúl_ _age_ ✓

3. Ainmnigh an dá rud nach mbeidh ar an mbiachlár i mbialann na scoile i gcaitheamh na seachtaine.

   not

   sailead, tartaí milseán, seicloid _milséan, seicláid_ _ea_ ✓

Píosa nuachta (Canúint na Mumhan)

1. Cá bhfuil an bhialann a luaitear anseo?

   ag nimnú bhidlann

2. (a) Cad a d'fhógair an FSS nuair a thug siad cuairt ar an mbialann?

   dógar ní cbte na aeisa sáisa

   (b) Luaigh rud amháin nach raibh ceart sa bhialann, dar leis an FSS.

   glan

Cuid C Réamhobair

FOCLÓIR Cuardach foclóra

Cuardaigh na focail seo a leanas i d'fhoclóir más gá:

> breoite   > faic   > éirigh as   > aisteach

CD 2 51–55 Cuid C

Cloisfidh tú dhá chomhrá sa chuid seo. Cloisfidh tú gach comhrá díobh **faoi dhó**. Cloisfidh tú an comhrá ó thosach deireadh an chéad uair. Ansin cloisfidh tú ina dhá mhír é an dara huair. Beidh sos ann tar éis gach míre díobh chun seans a thabhairt duit na ceisteanna a bhaineann leis an mír sin a fhreagairt.

Comhrá a hAon (cainteoir ó chúige Laighean)

An chéad mhír:

1. Cén fáth a raibh Pádraig amuigh aréir?

   a báile thuenitheorí breithlá Catrina

   deiciúr breithlá , breithlá catrina

An dara mír:

2. Céard a d'ith Pádraig mar mhilseog sa bhialann? _~~tratai~~ uacteoir reoite_

   uacteoin reoite ✓

3. Cad a deir Pádraig faoin mbialann ag an deireadh seachtaine? _~~fhathar bhar~~ gnóthachta_

   bhar _an-gnóthachta_ ✓

Comhrá a Dó (Canúint Uladh)

An chead mhír:

1. Cén fáth a bhfuil an turas go Wimbledon tuillte go maith ag Fionnuala, dar le Hillary? *(deserved)*

   anfta na conaí Landon
   dáth croite, leadóige an obair a dhéanann sí sa chlub club leadóige *(dén dhian)* ✓

An dara mír:

2. Cad é an rud a thaitníonn le Fionnuala faoin obair a dhéanann sí sa chlub?

   obair na ~~be~~ poist obair 'e na paiste ✓

3. Cad é an spórt inar bhuaigh Hillary boinn? *(medal)* _snámh snámh_ ✓

A Punann agus leabhar gníomhaíochta: Féinfheasacht an fhoghlaimeora

5.13

Téigh chuig do phunann agus leabhar gníomhaíochta. Scríobh síos 10 bhfocal/nath nua a d'fhoghlaim tú ón gcluastuiscint thuas.

B Féinfheasacht an fhoghlaimeora

Scríobh síos 5 rud (nathanna nó focail) a chuala tú sa chluastuiscint i gcanúint dhifriúil le do chanúint féin.

Chuala mé ...	I mo chanúint féin, déarfá ...
Sampla: _cuidiú_ sa chlub	_cabhrú_ sa chlub
1.	
2.	
3.	
4.	
5.	

Féinfheasacht an fhoghlaimeora: Féinmheasúnú

Cé chomh sásta is atá tú go bhfuil tú in ann foclóir agus nathanna a bhaineann leis na topaicí 'cúrsaí spóirt agus cúrsaí bia' a thuiscint ó chluas? Cuir tic sa bhosca cuí.

Céim 4: Na Torthaí Foghlama

Cumas Cumarsáide: 1.6, 1.7, 1.8, 1.11, 1.13, 1.14, 1.15, 1.18, 1.19, 1.20, 1.21, 1.22, 1.23, 1.25

Feasacht Teanga agus Chultúrtha: 2.2, 2.3, 2.4

Féinfheasacht an Fhoghlaimeora: 3.3, 3.4, 3.6

CÉIM 4: CUMAS CUMARSÁIDE – AN LÉAMHTHUISCINT

Léamhthuiscint A:
Conchúr Antóin Mac Gréagóir

Léamh

Rugadh Conchúr Mac Gréagóir ar an gceathrú lá déag d'Iúil 1988. Tá sé páirteach **sna healaíona comhraic**[1] agus is dornálaí gairmiúil é chomh maith. Tá **conradh**[2] sínithe aige faoi láthair leis an UFC (*Ultimate Fighting Championship*). Ón mbliain 2017, tá stádas dara háite san UFC aige.

Thosaigh Mac Gréagóir ina ghairm sna healaíona comhraic sa bhliain 2008 agus sa bhliain 2012, bhuaigh sé craobh *Cage Warriors* **sa chleithmheáchan agus san éadrom-mheáchan**[3]. Ba ina dhiaidh sin a d'fhág sé na comórtais sin agus a thosaigh sé ag troid leis an UFC. In 2015, bhuaigh sé a chéad troid i gcoinne José Aldo sa chraobh UFC cleithmheáchain trí shoicind déag istigh sa chéad bhabhta, trí leagan amach. Ba é sin an bua ba thapúla i stair na troda UFC. Ansin, nuair a bhuaigh sé troid éadrom-mheáchain in aghaidh Eddie Alvarez, ba é Mac Gréagóir an chéad duine riamh a raibh an dá theideal sin bainte amach aige sa tréimhse chéanna.

Tá **lucht tacaíochta dílis**[4] agus ollmhór ag an Éireannach aitheanta seo. Tá daoine ann nach n-aontaíonn leis an saghas troda seo, a nglaotar spórt air. Measann daoine áirithe go bhfuil sé i bhfad rófhíochmhar agus rógharbh agus nach bhfuil sé ceart ná cóir poiblíocht a thabhairt dó ar na meáin. Ní mór a aithint, áfach, gur fear iontach saibhir é Mac Gréagóir agus go bhfuil an-chuid ratha agus maoine bainte amach aige agus é fós an-óg. Mar dhornálaí gairmiúil, bhuaigh Floyd Mayweather Jr ar Mhac Gréagóir ina chéad troid trí leagan amach teicniúil. Tharraing Mac Gréagóir níos mó airde air féin i mí Aibreáin, 2018 nuair a cúisíodh é le hionsaí fisiciúil i Nua-Eabhrac.

Footnotes:
[1] in the martial arts
[2] contract
[3] in featherweight and lightweight
[4] loyal supporters

 A Cleachtadh scríofa: Ceisteanna gearra

1. Cad é an stádas a luaitear sa chéad alt a bheith ag Conchúr leis an UFC ón mbliain 2017?
2. Cén chraobh a bhuaigh sé in 2012?
3. Conas a bhuaigh sé a throid in aghaidh José Aldo?
4. Cén fáth nach n-aontaíonn daoine áirithe leis an spórt UFC?
5. Céard a tharla do Chonchúr ina chéad troid mar dhornálaí gairmiúil?

B Obair bheirte: Cleachtadh cainte

1. An maith leat féin Conchúr Mac Gréagóir?
2. Cad é do thuairim faoin spórt a imríonn sé?
3. Cad eile atá ar eolas agat faoi shaol Chonchúir?

Léamhthuiscint B:
Neven Maguire

Léamh

Tá clú agus cáil idirnáisiúnta ar an gcócaire Éireannach Neven Maguire, ón mBlaic, Contae an Chabháin. Is é an príomhchócaire é freisin ina bhialann féin, *MacNean House and Restaurant* i gContae an Chabháin. Tá neart leabhar cócaireachta foilsithe ag Maguire agus is minic a bhíonn sé le feiceáil ar an teilifís, ag craoladh óna bhaile dúchais, an Bhlaic. Scríobhann sé alt seachtainiúil san iris *Irish Farmers Journal*.

Thosaigh Neven ag cócaireacht i gcistin bhialainne a thuismitheoirí MacNean's i mbaile na Blaice nuair nach raibh sé ach dhá bhliain déag d'aois. Cheannaigh a athair an bhialann sa bhliain 1969, ach scriosadh í le buamaí **faoi dhó**[5] le linn **Ré na dTrioblóidí**[6] i dTuaisceart Éireann. Dá bharr sin, bhí an bhialann dúnta ar feadh tréimhse trí bliana déag idir 1976 agus 1989. D'fhág Neven an scoil ag sé bliana déag d'aois, tar éis dó an Teastas Sóisearach a dhéanamh, mar ba mhian leis a fhís a leanúint i ndomhan na cócaireachta. Ainmníodh é mar phríomhchócaire agus úinéir na bialainne sa bhliain 2003.

D'fhreastail Neven ar Choláiste an Bhia, Inis Ceithleann, Co. Fhear Manach. Tar éis dó a chéim a bhaint amach, d'oibrigh sé i mbialanna réaltaí éagsúla *Michelin* ar fud na hEorpa. Tá Neven pósta le Amelda. Tá cúpla ag an lánúin, a rugadh sa bhliain 2012. Is minic a chloistear Neven ar chlár raidió Marian Finucane ar RTÉ Raidió 1. Ó 1998 go dtí 2004, ba é Neven **an cócaire cónaithe**[7] don tsraith theilifíse *Open House*. Ghlac sé páirt i gcláir chócaireachta in áiteanna amhail an Afraic Theas, an Astráil agus Lyon na Fraince. Is duine é atá an-phaiseanta faoi chócaireacht an bhia gan aon agó.

[5] twice
[6] the era of the Troubles
[7] the resident chef

 Cleachtadh scríofa: Ceisteanna gearra

1. Cad as do Neven Maguire?
2. Cén fáth a raibh bialann a Dhaid dúnta ar feadh trí bliana déag?
3. Cad ba mhian le Neven a dhéanamh tar éis dó an Teastas Sóisearach a dhéanamh?
4. Cá ndeachaigh sé ag obair tar éis dó a chéim a bhaint amach sa choláiste?
5. Ainmnigh na tíortha (seachas Éire) inar ghlac Neven páirt i gcláir theilifíse.

Léamhthuiscint C:
Operation Transformation

Léamh

1. Is sraith theilifíse Éireannach é *Operation Transformation* a chraoltar go bliantúil in Éirinn. Is iad na daoine a ghlacann páirt sa chlár ná daoine a mbíonn sé ar intinn acu feabhas a chur ar a gcuid aclaíochta agus ar a n-aistí bia. Is í an aidhm a bhíonn ag gach duine de na ceannairí ná meáchan a chailleadh agus dá bhrí sin a bheith níos sláintiúla. Caithfear a rá go mbíonn atmaisféar iontach dearfach le brath ar gach clár.

2. Is minic a fheictear daoine ag tús na sraithe a bhíonn i mbaol tinnis, amhail galair chroí agus diaibéiteas, a fháil. Níos minice ná a mhalairt, athraítear an scéal sin go mór dóibh roimh dheireadh gach sraithe, áfach. Bíonn ar na daoine a ghlacann páirt ann réisím dhocht aclaíochta agus bia a leanúint. Leanann gach sraith den chlár ar feadh tréimhse ocht seachtaine.

3. I dtús báire, moltar d'aon duine a mbíonn spéis acu dul ar an gclár, na foirmeacha a chomhlánú chun cur isteach ar áit. Faightear na céadta foirm agus ina dhiaidh sin, déantar an liosta a ghearradh síos go mór. Ansin, tagann na hiomaitheoirí go léir le chéile in aon seomra agus insíonn siad a gcuid scéalta don bhord roghnúcháin. Sa deireadh, roghnaítear an cúigear ón ngrúpa agus ainmnítear iad mar cheannairí.

4. Bíonn tuairiscí laethúla ar an gclár le feiceáil ar an idirlíon agus le cloisteáil ar an raidió. Chomh maith leis sin, bíonn ar na ceannairí dul ar an gclár teilifíse gach seachtain chun an méid meáchain a chailleann siad a léiriú don phobal. Nuair nach n-éiríonn leo a gcuid spriocanna a bhaint amach, is minic a shiltear na deora, ach, ar an dea-uair, is annamh a tharlaíonn sé sin.

5. Déantar iarracht mhór muintir na tíre ar fad a mhealladh chun páirt a ghlacadh san fheachtas sláintiúil trí chláir a chur ar-líne, na ceannairí a sheoladh amach ina gceantair féin agus trí lucht ceamaraí RTÉ ag taisteal na tíre ag bualadh isteach i scoileanna agus in ionaid oibre eile. Níl aon amhras ach go spreagtar go leor daoine agus grúpaí a bheith níos sláintiúla le poiblíocht agus fógraíocht den saghas seo.

Scríobh

Ⓐ Freagair na ceisteanna seo a leanas:

1. (a) Cén saghas daoine a ghlacann páirt sa chlár teilifíse *Operation Transformation*? (Alt 1)
    (b) Cén sórt atmaisféir a bhíonn le brath ar gach clár, de réir an eolais a fhaighimid sa sliocht? (Alt 1)

2. (a) Ainmnigh na tinnis a mbíonn daoine i mbaol a fháil go minic ag tús gach sraithe. (Alt 2)
    (b) Cá fhad a mhaireann gach sraith den chlár? (Alt 2)

3. **(a)** Céard a mholtar do dhaoine a dhéanamh má bhíonn spéis acu páirt a ghlacadh sa chlár? (Alt 3)

   (b) Cé mhéad duine a roghnaítear le dul ar an gclár sa deireadh? (Alt 3)

4. **(a)** Cén fáth a mbíonn ar na ceannairí dul ar an gclár teilifíse go seachtainiúil? (Alt 4)

   (b) Cad a tharlaíonn do dhaoine go minic nuair nach n-éiríonn leo a gcuid spriocanna a bhaint amach? (Alt 4)

5. **(a)** Ainmnigh dhá shlí ina ndéantar daoine ar fud na tíre a mhealladh chun páirt a ghlacadh san fheachtas sláintiúil. (Alt 5)

   (b) Cén buntáiste a bhaineann le fógraíocht agus poiblíocht don chlár? (Alt 5)

6. Ainmnigh sampla amháin den bhriathar saor, aimsir láithreach in Alt 3 agus sampla amháin d'aidiacht san uimhir uatha in Alt 5. singular

 B Punann agus leabhar gníomhaíochta: **Féinfheasacht an fhoghlaimeora**

Téigh chuig do phunann agus leabhar gníomhaíochta. Scríobh síos 10 bhfocal/nath nua a d'fhoghlaim tú ón léamhthuiscint thuas.

Léamhthuiscint D:
An Gorta Mór in Éirinn

Léamh

1. Ba thréimhse fhada ocrais é ré an Ghorta Mhóir in Éirinn. D'fhulaing daoine tinnis, fuair go leor daoine bás agus d'imigh na milliúin eile ar imirce idir na blianta 1845 agus 1852. Bhí éifeacht an Ghorta le sonrú ar feadh i bhfad ina dhiaidh sin. Bhí thart ar dhaichead faoin gcéad den daonra ag brath go hiomlán ar phrátaí chun maireachtáil agus dá bhrí sin, nuair a fuarthas an aicíd dhubh ar na prátaí, bhí muintir na tíre i gcruachás.

2. Meastar gur milliún duine ar fad a fuair bás agus gur idir milliún agus dhá mhilliún eile a chuaigh ar bhád bán na himirce. An toradh a bhí air sin ná go raibh laghdú fiche cúig faoin gcéad ar dhaonra na tíre. Bhain Éire leis an mBreatain Mhór fós ag an am sin agus ba leis na Sasanaigh formhór na dtailte in Éirinn. Cuireadh go mór le fearg an phobail in Éirinn le húdaráis na Breataine mar gheall ar an droch-chaoi ar caitheadh leo in am na géarchéime.

3. Bhraith daoine áirithe go hiomlán ar phrátaí chun a gcuid cíosa a íoc agus chun bia a chur ar an mbord. Mar sin, níorbh aon ionadh é gur cuireadh tús le tréimhse dhorcha agus ghruama i stair na hÉireann, nuair a fógraíodh an aicíd dhubh ar na prátaí i mí Mheán Fómhair na bliana 1845. Díbríodh a lán daoine as a dtithe nuair nárbh fhéidir leo an cíos a íoc agus tharla sé go raibh tithe beaga plódaithe le daoine ocracha agus bochta ar fud na tuaithe.

4. B'ealaíontóir é James Mahoney a bhí ina chónaí i gCorcaigh in 1847. D'iarr an *Illustrated London News* air dul timpeall na tuaithe agus tuairisc a thabhairt dóibh ar an méid a chonaic sé. Thaistil sé i gcóiste capaill ó Chorcaigh go dtí An Sciobairín agus uaidh sin go dtí Cloich na Coillte. Rinne sé cur síos ar na radhairc a bhí os a chomhair i gCloich na Coillte. Nuair a stop an cóiste, bhailigh na sluaite timpeall air ag impí déirce air. Bhí bean amháin a chuaigh go mór i bhfeidhm air, toisc corp linbh a bheith ina lámha aici. Ba mhian léi cónra a fháil dá leanbh.

5. Nuair a d'fhiosraigh Mahoney an scéal, fuair sé amach nárbh í an t-aon bhean í a bhí sa chruachás sin, ach gur tharla scéalta mar sin go laethúil sa cheantar. Chonaic sé daoine ina luí ar an talamh ar fud na tuaithe, cuid acu marbh agus cuid eile acu gar don bhás. Chuir na radhairc sin uafás ar Mahoney, ar ndóigh. Tá pictiúir den ghruaim a chonaic sé fós le feiceáil ar www.eyewitnesstohistory.com/irishfamine.htm.

Scríobh

A **Freagair na ceisteanna seo a leanas:**

1. (a) Cá fhad a mhair ré an Ghorta Mhóir in Éirinn? (Alt 1)
   (b) Cén galar a fuarthas ar na prátaí in 1845 a chuir tús leis an nGorta Mór in Éirinn? (Alt 1)

2. (a) Cén éifeacht a bhí ag an nGorta Mór ar dhaonra na tíre? (Alt 2)
   (b) Cén fáth ar cuireadh le fearg an phobail? (Alt 2)

3. (a) Cathain a fógraíodh go raibh an aicíd dhubh ar na prátaí in Éirinn? (Alt 3)
   (b) Cén fáth ar díbríodh go leor daoine as a dtithe? (Alt 3)

4. (a) Céard a d'iarr an *Illustrated London News* ar James Mahoney a dhéanamh? (Alt 4)
   (b) Cén rud ba mhian leis an mbean a fháil dá leanbh marbh? (Alt 4)

5. (a) Déan cur síos ar na daoine a chonaic Mahoney ina luí ar an talamh. (Alt 5)
   (b) Cén chaoi ar mhothaigh Mahoney ag breathnú ar na radhairc sin? (Alt 5)

6. Ainmnigh sampla amháin den chopail san aimsir chaite in Alt 1 agus sampla amháin den bhriathar saor, aimsir chaite in Alt 3.

B **Punann agus leabhar gníomhaíochta: Féinfheasacht an fhoghlaimeora**

Téigh chuig do phunann agus leabhar gníomhaíochta. Scríobh síos 10 bhfocal/nath nua a d'fhoghlaim tú ón léamhthuiscint thuas.

Féinfheasacht an fhoghlaimeora: Féinmheasúnú

Cé chomh sásta is atá tú go bhfuil tú in ann foclóir agus nathanna a bhaineann leis na hábhair sna léamhthuiscintí thuas a thuiscint? Cuir tic sa bhosca cuí.

CÉIM 5: FEASACHT TEANGA –
AN GHRAMADACH

Céim 5: Na Torthaí Foghlama
Feasacht Teanga: 2.1, 2.2, 2.3, 2.4, 2.5
Féinfheasacht an Fhoghlaimeora:
3.1, 3.2, 3.3, 3.4, 3.6, 3.8

Achoimre ar an modh coinníollach

An chéad réimniú

Briathra a bhfuil siolla amháin iontu agus briathra a bhfuil dhá shiolla iontu agus síneadh fada ar an dara siolla atá sa chéad réimniú.

Más briathar é a bhfuil consan mar thús air	Más briathar é a bhfuil guta mar thús air	Más briathar é a bhfuil f mar thús air
séimhiú	d'	d' + séimhiú

Mar shampla:

ghlanfainn   d'ólfainn   d'fhágfainn

Is iad na foircinn seo a leanas a chuirimid le briathra an chéad réimniú sa mhodh coinníollach:

Más consan leathan é consan deiridh an bhriathair	Más consan caol é consan deiridh an bhriathair
-fainn	-finn
-fá	-feá
-fadh sé/sí	-feadh sé/sí
-faimis	-fimis
-fadh sibh	-feadh sibh
-faidís	-fidís
-faí (saorbhriathar)	-fí (saorbhriathar)

Mar shampla:

ghlanfainn	chuirfinn
ghlanfá	chuirfeá
ghlanfadh sé/sí	chuirfeadh sé/sí
ghlanfaimis	chuirfimis
ghlanfadh sibh	chuirfeadh sibh
ghlanfaidís	chuirfidís
ghlanfaí (saorbhriathar)	chuirfí (saorbhriathar)

An fhoirm dhiúltach

Más briathar é a bhfuil consan mar thús air	Más briathar é a bhfuil guta mar thús air
ní + séimhiú	ní

Mar shampla:

ní ghlanfainn   **ní** ólfainn

An fhoirm cheisteach

Más briathar é a bhfuil consan mar thús air	Más briathar é a bhfuil guta mar thús air
an + urú	an

Mar shampla:

an nglanfá?   **an** ólfá?

Féach ar leathanach 449, Aonad 10 le haghaidh nótaí ar na briathra eisceachtúla sa chéad réimniú. Tá cleachtaí breise le fáil ar leathanach 449 freisin.

An dara réimniú

Briathra a bhfuil dhá shiolla iontu agus a bhfuil **-igh**, **-il**, **-in**, **-ir** nó **-is** mar chríoch orthu (chomh maith le grúpa beag eile) atá sa dara réimniú.

1. Maidir leis na briathra a bhfuil **-igh** nó **-aigh** mar chríoch orthu, bainimid an chríoch sin chun an fhréamh a aimsiú.

2. Maidir leis na briathra a bhfuil **-il** nó **-ail**, **-in** nó **-ain**, **-ir** nó **-air** nó **-is** mar chríoch orthu, bainimid an **i** nó an **ai** chun an fhréamh a aimsiú.

Ansin, cuirimid na foircinn seo a leanas leis an bhfréamh sa mhodh coinníollach:

Más consan leathan é consan deiridh na fréimhe	Más consan caol é consan deiridh na fréimhe
-óinn	-eoinn
-ófá	-eofá
-ódh sé/sí	-eodh sé/sí
-óimis	-eoimis
-ódh sibh	-eodh sibh
-óidís	-eoidís
-ófaí (saorbhriathar)	-eofaí (saorbhriathar)

Mar shampla:

cheannóinn	d'osclóinn	bhaileoinn	d'imreoinn
cheannófá	d'osclófá	bhaileofá	d'imreofá
cheannódh sé/sí	d'osclódh sé/sí	bhaileodh sé/sí	d'imreodh sé/sí
cheannóimis	d'osclóimis	bhaileoimis	d'imreoimis
cheannódh sibh	d'osclódh sibh	bhaileodh sibh	d'imreodh sibh
cheannóidís	d'osclóidís	bhaileoidís	d'imreoidís
cheannófaí	d'osclófaí	bhaileofaí	d'imreofaí

An fhoirm dhiúltach

Más briathar é a bhfuil consan mar thús air	Más briathar é a bhfuil guta mar thús air
ní + séimhiú	ní

Mar shampla:

ní thosóinn   **ní** imreoinn

An fhoirm cheisteach

Más briathar é a bhfuil consan mar thús air	Más briathar é a bhfuil guta mar thús air
an + urú	an

Mar shampla:

an dtosófá?   **an** imreofá?

Féach ar leathanach 450, Aonad 10 le haghaidh nótaí ar na briathra eisceachtúla sa dara réimniú. Tá cleachtaí breise le fáil ar leathanach 450 freisin.

Na briathra neamhrialta

Is iad **abair**, **beir**, **bí**, **clois**, **déan**, **faigh**, **feic**, **ith**, **tabhair**, **tar** agus **téigh** na briathra neamhrialta. Foghlaim iad ar leathanach 451.

Tabhair faoi deara!

Úsáidimid an focal dá (if) go minic in abairtí sa mhodh coinníollach. Bíonn urú ar an mbriathar ina dhiaidh.

Féach ar leathanach 452–455 le haghaidh nótaí agus cleachtaí ar 'dá', 'má' agus 'mura'.

A Athraigh na briathra idir na lúibíní go dtí an fhoirm cheart den mhodh coinníollach.

1. Dá mbeadh mo dhóthain airgid agam (ceannaigh mé) _____ fón póca nua.
2. Dá mbeadh an t-am againn (déan sinn) _____ an obair.
3. Dúirt Ciarán go (cuir sé) _____ fios orm.
4. Cheap mé go (feic mé) _____ ag an dioscó thú ach ní raibh tú ann.
5. (Ith siad) _____ an bia dá mbeadh ocras orthu.
6. Dúirt na cailíní go (glan siad) _____ an halla.
7. 'An (críochnaigh sibh) _____ an obair sin anocht?' arsa an múinteoir.
8. Dá mbuafainn an lotto, (tabhair mé) _____ cuid den airgead do mo theaghlach.
9. (Téigh sinn) _____ ar saoire.
10. (Bí mé) _____ saibhir dá mbuafainn an lotto.

B Cleachtadh comhthéacsúil

Scríobh Aisling an cuntas seo a leanas ina dialann faoi na rudaí a dhéanfadh sí dá mbeadh post samhraidh aici. Trí thimpiste, áfach, scríobh sí na briathra san aimsir fháistineach. Athscríobh cuntas Aislinge sa mhodh coinníollach. Mar chabhair duit, tá líne faoi na focail a chaithfidh tú a athrú.

Dá mbeidh mé ag obair don samhradh beidh áthas an domhain orm. Ceannóidh mé clár surfála maith dom féin agus rachaidh mé amach ag surfáil gach lá. Tabharfaidh mé bronntanas do mo mham, mar is duine fíorchneasta í. Tógfaidh mé mo dheirfiúr ag siopadóireacht agus ceannóimid éadaí. Beidh sé go hiontach!

5.16

C Punann agus leabhar gníomhaíochta

Téigh chuig do phunann agus leabhar gníomhaíochta. Scríobh amach na rialacha a bhaineann leis na briathra rialta sa mhodh coinníollach.

Féinfheasacht an fhoghlaimeora: Féinmheasúnú

Cé chomh sásta is atá tú go bhfuil tú in ann na rialacha a bhaineann leis an modh coinníollach a thuiscint? Cuir tic sa bhosca cuí.

CÉIM 6: CUMAS CUMARSÁIDE – AN CHEAPADÓIREACHT

Scéal/Eachtra

Scéal/Eachtra samplach:

'Eachtra a tharla nuair a bhí mé ag imirt spóirt'

An Domhnach a bhí ann. Bhí mé ag mothú an-neirbhíseach ó mhaidin, mar bhí m'fhoireann peile chun imirt i gcluiche ceannais an chontae. Bhí snaidhmeanna i mo bholg ag smaoineamh air. Níor bhuaigh ár gclub craobh an chontae le cúig bliana déag. Bhí an bainisteoir ar bís faoi. Thug sé óráid dúinn, ag rá linn go mbeadh bród ar gach duine sa chontae dá mbeadh an bua againn. Anuas air sin, bheimis i gcluiche ceathrú ceannais na hÉireann.

Bhíomar ag traenáil go dian le míonna roimhe sin agus nuair a tháinig an lá faoi dheireadh, bhí gach duine réidh. D'aimsigh na himreoirí ar fad a n-áiteanna ar an bpáirc agus ar a trí a chlog, shéid an réiteoir an fheadóg agus chaith sé an liathróid san aer. Bhí tús leis an gcluiche. Bhíomar ag imirt in aghaidh na gaoithe sa chéad leath agus bhíomar sásta faoi sin. Muidne a fuair an chéad scór – pointe álainn ó lár na páirce. Sula raibh nóiméad amháin eile caite, áfach, bhí an liathróid istigh i gcúl an líontáin ar an taobh eile den pháirc.

Gan mórán moille, bhí dhá chúilín eile acu agus faoin am seo bhí siad ceithre phointe chun tosaigh. Bheadh orainn rud éigin a dhéanamh, ach bhíomar ag cailleadh misnigh beagáinín. Go tobann, bhris troid amach in aice le cúl na foirne eile. Tosaí ónár bhfoireann agus cúlaí ón taobh eile a bhí i gceist. Bhí an cluiche fós á imirt ar an taobh eile den pháirc, ach stopadh an imirt nuair a chonaic an réiteoir an rud a bhí ar siúl.

Rith sé suas i dtreo na mbuachaillí, ach faoin am seo bhí ár lántosaí thíos ar an talamh agus é ag cur fola. Bhí an chuma ar an scéal go raibh a shrón briste. Tháinig an dochtúir amach ar an bpáirc ar luas lasrach agus dúirt sé go mbeadh ar Cholm imeacht ón bpáirc. B'shin é an scéal ba mheasa dúinn. Bhíomar ag brath ar Cholm chun scóir a fháil dúinn. Tugadh cárta dearg don leaid eile agus cuireadh den pháirc é.

Lean an cluiche ar aghaidh ansin agus thosaigh ár bhfoireann ag fáil scór. Ní raibh ach dhá phointe idir na foirne

ag leath ama. An fhoireann eile a bhí chun tosaigh. Nuair a thosaigh an cluiche arís, fuair siad cúl eile agus cheapamar go raibh an lá leo. Bhíomar i ndeireadh na feide ar fad faoin am sin. An chéad rud eile a tharla, áfach, ná go raibh cic píonóis faighte againn. Mise a bhí chun an cic a bhualadh agus buíochas le Dia, fuair mé an cúl. Bhí atmaisféar iontach le brath ansin.

Ar deireadh thiar, creid nó ná creid, bhí an bua againn. Fuaireamar trí phointe roimh dheireadh an chluiche agus chríochnaigh an scór, Foireann Naomh Eoin 1-17 agus Foireann Bhaile an Locha 2-13. Bhí an t-ádh dearg orainn gan amhras ar bith. Ní ba dhéanaí sa tráthnóna, chualamar go raibh Colm bocht san ospidéal. Bhí sceitimíní áthais air nuair a chuala sé toradh an chluiche ar ndóigh. Cé a chreidfeadh go n-éireodh linn an bua a fháil gan é. Lá dár saoil a bhí ann gan aon agó.

 Cuardach foclóra

Cuardaigh www.focloir.ie nó i d'fhoclóir féin muna dtuigeann tú na focail thíos.

> trasnán *cross bar*
> an líontán *net*
> calaois *foul*

> cárta dearg *red card*
> cic saor *free kick*
> cic pionóis *penalty kick*

> cluiche ceannais *final*
> cluiche leathcheannais *semi final*
> comhscór *even score*

 **Obair bhaile**

Déan cur síos ar eachtra a tharla nuair a bhí tú ag imirt spóirt nó ag freastal ar chluiche/rás/chomórtas.

Seicliosta gramadaí

Bí cinnte féachaint siar ar do chuid oibre. Bí cinnte go gcuireann tú na rialacha gramadaí seo a leanas i bhfeidhm:

✔ Na foircinn chuí a chur le gach briathar san aimsir chaite: caol le caol, leathan le leathan, mar a fheictear thuas

✔ Úsáid chruinn a bhaint as an mbriathar saor san aimsir chaite, mar shampla gortaíodh, cuireadh …

✔ **ar an**, **leis an**, **ag an**, **faoin** + **urú** (ach séimhiú i nGaeilge Uladh)

✔ **ar**, **do**, **sa** + **séimhiú**

B **Féinfheasacht an fhoghlaimeora: Piarmheasúnú**

Tar éis daoibh na scéalta a chríochnu, déanaigí iad a mhalartú sa rang, sula dtugann sibh don mhúinteoir iad.

Léigh mé scéal mo charad sa rang.

1. Thaitin _____
   _____ go mór liom.

2. Bhí ionadh orm nuair a léigh mé _____
   _____ .

3. An rud ab fhearr liom faoin scéal ná _____
   _____ .

4. D'fhéadfá feabhas a chur ar an scéal le _____
   _____ .

Ríomhphost

Bhí tú ar saoire sciála thar lear le déanaí. Scríobh litir/ríomhphost chuig cara leat faoin tsaoire sin.

Ríomhphost samplach: 'Laethanta saoire'

Ó: carolinetnidhufaigh@yahoo.com

Chuig: treasamooney@yahoo.com

Ábhar: Laethanta saoire sciála

Haigh a Threasa,

Caroline anseo! Conas atá tú? Ní fhaca mé le fada thú. Conas atá ag éirí leat sa tríú bliain? Táim féin marbh ag an obair! Mar sin féin, bhí an t-ádh liom le déanaí, mar chuamar ar saoire i rith bhriseadh na Nollag go dtí an Ostair. Bhíomar ag sciáil ar feadh seachtaine. Bhí sé go hiontach ar fad.

D'fhágamar Éire Lá le Stiofáin. Ghlac sé cúig uair an chloig ar fad orainn ár gceann scríbe a bhaint amach. Bhí áthas orainn nuair a

chonaiceamar an lóistín. Teach gleoite a bhí ann, gar do na fánaí sciála. Bhíomar ar mhuin na muice.

Chuamar ag sciáil go luath gach maidin agus bhí an aimsir foirfe di. Bhaineamar an-sult aisti agus chuaigh mé suas dhá leibhéal eile i rith na seachtaine. Bhí mé thar a bheith sásta faoi sin. D'éirigh mé ní b'aclaí freisin ar ndóigh. Bíonn neart fuinnimh ag teastáil sa spórt sin.

Gach oíche, chuamar go dtí bialanna difriúla agus bhí bia blasta againn. D'itheamar píotsa, iasc agus sicín, chomh maith le pasta, rís, prátaí agus glasraí blasta. Itheann muintir na háite a lán cineálacha éagsúla bia, ach thug mé faoi deara gur ith siad a lán liamháis, bagúin agus muiceola. Is fuath liom an mhuiceoil, ach buíochas le Dia, thaitin gach rud eile liom.

Thaitin an tsaoire le mo thuismitheoirí chomh maith. Tá siad an-mhaith ag an sciáil agus thaitin an bia go mór leo. Bhí brón orainn go léir ag teacht abhaile. Bhí saoire den scoth ag gach duine sa teaghlach. Tá súil agam go rachaimid ar ais go dtí an Ostair an bhliain seo chugainn.

Nuair a thángamar abhaile, bhí sé beagnach in am filleadh ar an scoil. Rinne mé roinnt staidéir agus thugamar cuairt ar mo mhamó san Uaimh. Tá sí nócha bliain d'aois anois agus tá sí i mbarr na sláinte.

Sin é! Níl aon scéal eile agam. Tá súil agam go bhfuil tú féin ar fónamh. B'fhéidir go bhfeicfidh mé ag an mbriseadh lárthéarma i mí Feabhra thú. Abair 'haigh' le gach duine i do theaghlach dom.

Slán go fóill.

Do chara,

Caroline

Obair bhaile

Scríobh litir nó ríomhphost chuig cara leat faoi laethanta saoire a chaith tú thar lear nó in Éirinn le déanaí. Bíodh tagairt don spórt agus do na háiseanna spóirt sa cheantar i do litir nó i do ríomhphost.

Óráid

Iarradh ort óráid a thabhairt i halla na scoile faoi thábhacht an spóirt i saol an duine. Seo óráid shamplach chun cabhrú leat do chuid smaointe féin a fhorbairt.

Óráid shamplach: 'Tábhacht an spóirt i saol an duine'

Dia daoibh, a dhaoine uaisle,

Is mise Fiachra agus táim anseo anocht chun labhairt faoi thábhacht an spóirt i saol an duine. Níl aon cheist faoi, dar liom. Is rud an-tábhachtach é an spórt i saol an duine. Ar an gcéad dul síos, tugann sé sos do dhaoine ón scoil nó ón obair. Bíonn a lán brú ar dhaoine na laethanta seo agus tá an spórt go hiontach chun éalú ón mbrú sin. Chomh maith leis sin, bíonn an duine spórtúil sláintiúil agus fuinniúil. Ní fhéadfainn an domhan a shamhlú gan an spórt.

I dtús báire, labhróidh mé faoi mo shaol féin. Táim sa tríú bliain ar scoil agus beidh mé ag déanamh scrúduithe go luath. Is duine an-spórtúil mé agus mar sin is aoibhinn liom dul amach ar an raon reatha nó chuig an linn snámha chun éalú ó bhrú na scoile. Cuireann na múinteoirí agus ár dtuismitheoirí brú orainn staidéar a dhéanamh. Déanaim dearmad ar fhadhbanna agus ar ar mbrú nuair a bhím ag rith nó ag snámh.

Is aoibhinn liom dul chuig comórtais agus a bheith sa chlub lúthchleasaíochta anseo i mBéal an Átha. Buailim le daoine nua an t-am ar fad agus tá cairde nua agam ón spórt. Bíonn craic againn le chéile agus bím ag caint leo ar *Snapchat* nó ar shuíomhanna cainte eile go minic. Is breá liom bualadh le daoine nua.

Bíonn níos mó fuinnimh ag daoine a bhíonn aclaí gan dabht. Mar sin, bíonn formhór na ndaoine sin sláintiúil freisin. Tá sé i bhfad níos sláintiúla ná a bheith sínte ar an tolg ag ithe bia *McDonald's* agus a bheith ag féachaint ar scannáin. De ghnáth, nuair a bhíonn daoine aclaí, itheann siad bia sláintiúil agus cabhraíonn sé sin leis an tsláinte, cinnte.

Faoi dheireadh, nuair a bhíonn daoine óga páirteach sa spórt, is annamh a bhíonn siad i dtrioblóid. Ní bhíonn an saol leadránach do dhéagóirí a imríonn spórt agus dá bhrí sin, ní bhíonn siad ag crochadh thart ar na sráideanna. Is iontach an caitheamh aimsire é an spórt gan aon agó.

Go raibh maith agaibh, a dhaoine uaisle.

 Obair bhaile

Scríobh óráid de do chuid féin anois faoi thábhacht an spóirt i do shaol.

An Spórt, Aclaíocht agus Sláinte, Cúrsaí Bia

Blag/Aiste

Iarradh ort blag a scríobh faoi sheachtain na sláinte i do scoil. Luaigh na himeachtaí éagsúla atá ar siúl agus déan cur síos ar an mbia agus ar an atmaisféar sa scoil.

Blag samplach: 'Seachtain na Sláinte i mo scoil'

Haigh, a chairde. Inniu an Déardaoin agus tá seachtain na sláinte fós ar siúl ar scoil. Tá atmaisféar iontach le brath timpeall na scoile agus tá gach duine sásta páirt a ghlacadh sna himeachtaí éagsúla. Inniu bhí seisiún *zumba* againn sa halla spóirt. Bhaineamar an-taitneamh as. Bhí spórt agus spraoi againn go léir agus an bhliain go léir bailithe le chéile. Níl mé féin thar barr ag an *zumba*, ach ba chuma faoi sin. Bhí an múinteoir an-fhoighneach agus cairdiúil.

Ag am sosa gach lá, bíonn torthaí agus iógart ar díol i gceaintín na scoile. Ní chosnaíonn sé ach euro babhla torthaí agus iógairt a fháil agus mar sin, ceannaíonn a lán daoine iad. Ag am lóin, bíonn sailéid agus plátaí eile sláintiúla ar díol. Níl milseáin ná seacláid le feiceáil an tseachtain seo ar chor ar bith agus is iontach an rud é sin.

Tá i bhfad níos mó daoine ag siúl agus ag rothaíocht ar scoil le cúpla lá anuas. Tháinig an príomhoide ar an idirchum ag iarraidh ar dhaoine é sin a dhéanamh agus tá go leor daoine á dhéanamh. Tá sé sin go maith don tsláinte, ar ndóigh, ach chomh maith leis sin, tá sé níos fearr don timpeallacht.

Inné, bhí rang againn ar fhéinchosaint agus d'fhoghlaim mé a lán rudaí sa rang sin. Ba mhaith liom ranganna eile a dhéanamh inti amach anseo. Is scil an-tábhachtach í sin, dar liom féin.

An rud is fearr liom faoin tseachtain ná go mbíonn na daltaí ar fad sa scoil páirteach sna himeachtaí ar fad. Bíonn atmaisféar deas, dearfach ann i measc na ndaltaí. Beidh gach duine le chéile sa halla amárach chun éisteacht le píosa cainte ar shláinte intinne agus an bhulaíocht. Tá súil agam go mbeidh sé sin go maith. Inseoidh mé gach rud daoibh an chéad uair eile!

(A) Obair bhaile

Scríobh do bhlag/d'aiste féin faoi rud éigin atá/a bhí ar siúl i do scoil nó i do cheantar chun aclaíocht agus sláinte a chur chun cinn. Déan an blag a phleanáil in ailt ar dtús. (Féach thíos.)

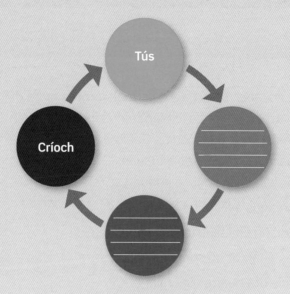

(B) Punann agus leabhar gníomhaíochta: Féinfheasacht an fhoghlaimeora

Téigh chuig do phunann agus leabhar gníomhaíochta agus scríobh isteach na leaganacha ceartaithe de dhá cheann de na cleachtaí scríofa thuas. Ansin comhlánaigh na leathanaigh féinmheasunaithe a ghabhann leo.

Féinfheasacht an fhoghlaimeora: Féinmheasúnú

Cé chomh sásta is atá tú go bhfuil tú in ann giotaí a scríobh a bhaineann leis na topaicí 'an spórt, aclaíocht agus sláinte, agus cúrsaí bia'? Cuir tic sa bhosca cuí.

An Spórt, Aclaíocht agus Sláinte, Cúrsaí Bia

CÉIM 7: SÚIL SIAR AR AONAD 5

 A Measúnú rangbhunaithe: 'Mo laoch spóirt' nó 'An Cumann Lúthchleas Gael'

Mo laoch spóirt

Déan taighde ar do laoch spóirt agus scríobh cuntas ar an duine a roghnaíonn tú. Beidh tú in ann é a chur i láthair an ranga le híomhánna ina dhiaidh sin. D'fhéadfá físeán a léiriú don rang freisin d'óráid a thug do laoch as Gaeilge (má tá a leithéid ann) agus é/í ag glacadh leis an gcorn. Luaigh na pointí seo a leanas:

- ainm an duine agus an spórt a imríonn sé/sí
- aois an duine agus a áit/a háit chónaithe
- ainm na foirne nó an chlub lena n-imríonn sé/sí.
- déan cur síos gearr ar an spórt a imríonn sé/sí
- na duaiseanna atá buaite aige/aici
- rud ar bith eile suimiúil faoi shaol an duine sin

NÓ

An Cumann Lúthchleas Gael

Déan taighde ar an gCumann Lúthchleas Gael in Éirinn agus thar lear. D'fhéadfá físeán a léiriú don rang freisin d'óráid a thug captaen ar bith as Gaeilge agus é ag glacadh leis an gcorn. Luaigh na pointí seo a leanas i do chur síos:

- an bhliain ar bunaíodh an CLG agus na bunaitheoirí
- an líon club atá ann ar fud an domhain.
- na spóirt ghaelacha, le cur síos gearr orthu
- buaiteoirí na gcluichí móra i mbliana
- ceanncheathrú an CLG
- an Ghaeilge sa Chumann Lúthchleas Gael (an bhéim a chuirtear ar thábhacht na Gaeilge)

 Punann agus leabhar gníomhaíochta: Féinfheasacht an fhoghlaimeora

Téigh chuig do phunann agus leabhar gníomhaíochta. Scríobh an leagan ceartaithe den mheasúnú rangbhunaithe thuas ann. Comhlánaigh an leathanach féinmheasúnaithe a ghabhann leis.

B Téacs ilmhódach

Freagair na ceisteanna seo a leanas bunaithe ar an ngrianghraf thuas:

1. Cén spórt atá á imirt sa phictiúr?
2. Cá bhfuil gach duine sa phictiúr, dar leat?
3. Déan cur síos ar gheansaithe na n-imreoirí.
4. Cá n-imríonn na himreoirí seo ar an bpáirc de ghnáth, dar leat? Cén fáth?
5. Cad atá ar siúl ag na himreoirí sa phictiúr seo?
6. Conas atá an aimsir, dar leat?
7. Déan cur síos ar an atmaisféar sa phictiúr.
8. Cén chuma atá ar aghaidheanna na ndaoine sa lucht tacaíochta?
9. Céard a tharla ina dhiaidh seo, meas tú?
10. An dtaitníonn an grianghraf seo leat? Cuir fáth nó dhó le do fhreagra.

An Spórt, Aclaíocht agus Sláinte, Cúrsaí Bia

C Crosfhocal

Trasna

3. An duine a chuireann na rialacha i bhfeidhm le linn cluiche.

5. An sos a bhíonn idir an chéad leath agus an dara leath le linn cluiche.

6. Is pearsana cáiliúla iad Brian O'Driscoll, Rónán O'Gara agus Paul O'Connell i ndomhan an spóirt seo.

8. Saghas peile a imríonn baill den Chumann Lúthchleas Gael.

10. Scóráiltear an rud seo le linn cluiche rugbaí.

Síos

1. Duine a imríonn spórt.

2. Imrítear an spórt seo le camán agus sliotar.

4. An rud a scóráiltear le linn cluiche peile.

7. Nuair a théann an liathróid thar an trasnán le linn cluiche peile.

9. Imrítear an spórt seo le raicéad agus liathróid bheag bhuí.

D Féinmheasúnú

Punann agus leabhar gníomhaíochta: Féinfheasacht an fhoghlaimeora

Téigh chuig do phunann agus leabhar gníomhaíochta. Comhlánaigh an leathanach féinmheasúnaithe bunaithe ar Aonad 5.

Ceol

Céim 1: Feasacht Chultúrtha – An Cultúr agus an Litríocht	⏎ 'An Mhaighdean Mhara' (Amhrán traidisiúnta) ⏎ Measúnú rangbhunaithe: Scéalta sí ⏎ Measúnú rangbhunaithe: Amhránaíocht ar an sean-nós
Céim 2: Cumas Cumarsáide – Éisteacht, Féachaint, Cur i Láthair agus Scríobh	⏎ Ceol ⏎ Saghsanna ceoil ⏎ Na huirlisí ceoil ⏎ Briathra úsáideacha a bhaineann le ceol san aimsir láithreach
Céim 3: Cumas Cumarsáide – An Chluastuiscint	⏎ Ceol ⏎ Saghsanna ceoil ⏎ Na huirlisí ceoil ⏎ An phearsa cheoil is fearr liom ⏎ Ceolchoirm
Céim 4: Cumas Cumarsáide – An Léamhthuiscint (Léamh, Scríobh, Labhairt agus Idirghníomhú Cainte)	⏎ Léamhthuiscint A: Ed Sheeran ⏎ Léamhthuiscint B: Folláine – tábhacht an cheoil agus an rince
Céim 5: Feasacht Teanga – An Ghramadach	⏎ An chlaoninsint
Céim 6: Cumas Cumarsáide – An Cheapadóireacht (Scríobh agus Idirghníomhú Cainte)	⏎ Blag/Aiste: An phearsa cheoil is fearr liom – Ellie Goulding ⏎ Scéal/Eachtra: Ceolchoirm a chonaic mé ⏎ Ríomhphost: Cuireadh chun dul chuig gig ⏎ Measúnú rangbhunaithe: Ceoltóir/Grúpa traidisiúnta
Céim 7: Féinfheasacht an fhoghlaimeora – Súil siar ar Aonad 6	⏎ Téacs ilmhódach ⏎ Crosfhocal ⏎ Féinmheasúnú

Cleachtadh a dhéanann máistreacht!

San aonad seo, foghlaimeoidh tú:

Feasacht chultúrtha
✸ **An cultúr agus an litríocht:** 'An Mhaighdean Mhara' (amhrán traidisiúnta).

Cumas cumarsáide
✸ **Éisteacht, féachaint, cur i láthair agus scríobh:** conas cur síos a dhéanamh, le cur i láthair digiteach, ar an saghas ceoil is fearr leat, na huirlisí ceoil a sheinneann tú, an phearsa ceoil is fearr leat, ceolchoirm a chonaic tú, srl.

✸ **Léamh agus tuiscint/litearthacht:** conas foclóir agus nathanna a bhaineann le cúrsaí ceoil a aithint agus a thuiscint.

✸ **Éisteacht:** conas foclóir agus nathanna a bhaineann le cúrsaí ceoil a aithint agus a thuiscint ó chluas. Gheobhaidh na daltaí taithí ar a bheith ag éisteacht le canúintí éagsúla.

✸ **Scríobh:** conas giotaí a scríobh ar thopaicí a bhaineann leis an gceol.

✸ **Idirghníomhú cainte:** conas idirghníomhú le comhscoláirí agus tú ag tabhairt faoi obair ghrúpa, obair bheirte, piarmheasúnú agus rólimirt, conas eolas a sheiceáil, a dheimhniú agus a mhalartú, conas cumarsáid ó bhéal a dhéanamh ag úsáid teicneolaíochtaí digiteacha.

Feasacht teanga
✸ **Gramadach:** conas an chlaoninsint agus gnéithe eile gramadaí a aithint agus a úsáid i gcomhthéacs, conas patrúin teanga a aithint agus a úsáid.

Féinfheasacht an fhoghlaimeora
✸ **Féinmheasúnú:** conas féinmheasúnú a dhéanamh sa téacsleabhar seo agus sa phunann agus leabhar gníomhaíochta a ghabhann leis agus conas piarmheasúnú a dhéanamh.

CÉIM 1: FEASACHT CHULTÚRTHA –
AN CULTÚR AGUS AN LITRÍOCHT

Céim 1: Na Torthaí Foghlama
Cumas Cumarsáide: 1.6, 1.7, 1.8, 1.9, 1.10
Feasacht Teanga agus Chultúrtha: 2.6, 2.7
Féinfheasacht an Fhoghlaimeora: 3.7

Amhrán

An Mhaighdean Mhara

Amhrán traidisiúnta

1. Is cosúil gur mheath thú
   Nó gur thréig tú an greann
   Tá an sneachta go freasach
   Fá bhéal na mbeann.
   Do chúl buí daite
   Is do bhéilín sámh
   Siúd chugaibh Mary Chinidh
   Is í i 'ndiaidh an Éirne 'shnámh.

2. A mháithrín mhilis
   Dúirt Máire bhán.
   Fá bhruach an chladaigh
   Is fá bhéal na trá
   Maighdean Mhara,
   mo mháithrín ard
   Siúd chugaibh Mary Chinidh
   Is í i 'ndiaidh an Éirne 'shnámh.

3. Tá mise tuirseach agus beidh go lá
   Mo Mháire bhroinngheal
   is mo Phádraig bán.
   Ar bharr na dtonnta
   is fá bhéal na trá
   Siúd chugaibh Mary Chinidh
   Is í i 'ndiaidh an Éirne 'shnámh.

You Tube *Is amhrán ar an sean-nós é an t-amhrán 'An Mhaighdean Mhara'. Ní fios cé a chum an t-amhrán seo. Scaipeadh an t-amhrán ó bhéal i gcaitheamh na mblianta. Éist leis an amhránaí Máiréad Ní Mhaonaigh ón mbanna traidisiúnta Altan ag cur an amhráin seo i láthair. Téigh chuig YouTube agus cuardaigh 'An Mhaighdean Mhara, Altan'.*

Cuardach foclóra

Cuardaigh na focail dheacra i d'fhoclóir nó ar www.focloir.ie agus cuir ceist ar do mhúinteoir muna n-aimsíonn tú gach focal.

A Cleachtadh scríofa

Cuir tic sa bhosca ceart.

1. (a) Scríobhadh an t-amhrán seo faoi bhean darbh ainm Mary Chinidh. ☐

   (b) Scríobhadh an t-amhrán seo faoi bhean darbh ainm Síle Seoige. ☐

   (c) Scríobhadh an t-amhrán seo faoi fhear darbh ainm Seán Ó Súilleabháin. ☐

2. (a) Sa chéad véarsa, deirtear go bhfuil Mary Chinidh áthasach. ☐

   (b) Sa chéad véarsa, deirtear go bhfuil Mary Chinidh brónach. ☐

   (c) Sa chéad véarsa, deirtear go bhfuil Mary Chinidh feargach. ☐

3. (a) Tá gruaig dhonn ar Mary Chinidh. ☐

   (b) Tá gruaig fhionn ar Mary Chinidh. ☐

   (c) Tá gruaig rua ar Mary Chinidh. ☐

4. (a) Deirtear go bhfuil an aimsir grianmhar agus te san amhrán. ☐

   (b) Deirtear go bhfuil sé fliuch agus **tais**[1] san amhrán. ☐

   (c) Deirtear go bhfuil sneachta ar an talamh san amhrán. ☐

5. (a) Deirtear go bhfuil triúr páistí ag Mary Chinidh. ☐

   (b) Deirtear go bhfuil ceathrar páistí ag Mary Chinidh. ☐

   (c) Deirtear go bhfuil beirt pháistí aici – **mar atá**[2], Máire agus Pádraig. ☐

[1] damp
[2] namely

B Ceisteanna gearra

1. Conas atá a fhios againn go raibh brón ar an maighdean mhara san amhrán seo?

2. Déan cur síos ar chuma fhisiceach na maighdine mara.

3. Cé mhéad páiste a bhí aici san amhrán thuas?

4. Cad ab ainm do na páistí san amhrán?

5. Cá ndeachaigh Mary Chinidh ag snámh?

6. Conas a bhí an aimsir?

C Punann agus leabhar gníomhaíochta: Obair ealaíne

Feicfidh tú ceithre cinn de bhoscaí i do phunann agus leabhar gníomhaíochta. Tarraing pictiúr i ngach ceann de na boscaí de na híomhánna a fheiceann tú agus tú ag léamh an amhráin thuas.

Téamaí an dáin

- **Brón** is príomhthéama don amhrán 'An Mhaighdean Mhara'. Deirtear go bhfuil an mhaighdean mhara brónach sa chéad véarsa. Deirtear go mbeidh sí tuirseach go deo sa tríú véarsa. Sin comharthaí go raibh sí ag fulaingt ón nGalar Dubh. **Dá bhrí sin**[3], cé go raibh grá aici dá clann **dhaonna**[4], d'fhill Mary Chinidh ar an bhfarraige agus chuaigh sí ag snámh san Éirne. (Is abhainn í an Éirne a bhuaileann leis an bhfarraige i mBaile na Sionainne, Co. Dhún na nGall.) Ní deirtear mórán faoi i liricí an amhráin ach **is dócha**[5] go raibh an-bhrón ar a fear céile agus ar a páistí tar éis do Mary Chinidh filleadh ar an bhfarraige.

- Tá **grá** le feiceáil go soiléir san amhrán freisin. Is léir go raibh an-ghrá ag a bpáistí dá máthair. Tugann Máire bhán an **téarma muirnéise**[6] 'a mháithrín mhilis' uirthi. Is léir go raibh grá ag Mary Chinidh dá leanaí freisin. Thug sí na téarmaí muirnéise 'mo Mháire bhroinngheal' agus 'mo Phádraig bán' orthu.

(Crostagairt: Féach ar an míniú ar scéal an amhráin thíos le haghaidh eolas breise ar théama an amhráin más mian leat.)

   A Punann agus leabhar gníomhaíochta: Cleachtadh scríofa

Déan achoimre ar scéal an amhráin i d'fhocail féin i do phunann agus leabhar gníomhaíochta.

  B Punann agus leabhar gníomhaíochta: Cleachtadh scríofa

Feicfidh tú léaráid i do phunann agus leabhar gníomhaíochta. Déan achoimre sna boscaí ar phríomhthéamaí an amhráin mar a fheiceann tusa iad.

Teicníochtaí fileata

1. Íomhánna áille

Baineann an file úsáid as íomhánna áille san amhrán seo **gan amhras**[7].

- Luaitear bean álainn, ard le gruaig fhionn agus béilín **sámh**[8], **séimh**[9]. Tugtar Mary Chinidh uirthi – is bean chéile agus máthair í. Bhí sí ina maighdean mhara sular ghlac sí a **cruth daonna**[10].

[3] therefore
[4] human
[5] presumably
[6] term of endearment

[7] without a doubt
[8] gentle/ pleasant
[9] gentle
[10] human form

220

- Luaitear íomhánna áille ón nádúr san amhrán freisin. Tá an sneachta **go flúirseach**[11] ag béal na m**beann**[12] – an áit a mbuaileann abhainn na hÉirne leis an bhfarraige.

- Beidh Mary Chinidh ag snámh 'ar bharr na dtonnta' is 'fá bhéal na trá'.

[11] plentiful
[12] mountains

2. Friotal an amhráin

Friotal álainn, ceolmhar atá in úsáid san amhrán seo agus **oireann** sé sin go mór **d'ábhar**[13] an amhráin. Feictear uaim i liricí an amhráin; mar shampla 'freasach fá' sa dara líne de véarsa a haon, 'a mháithrín mhilis' ag tús véarsa a dó agus 'mo Mháire bhroinngheal' i véarsa a trí.

Tá mórán samplaí de **rím** le feiceáil sna véarsaí ag deireadh na línte. I véarsa a haon, tá comhfhuaim idir na focail 'greann', 'mbeann' agus 'sámh' agus 'shnámh'. I véarsa a dó, feictear rím idir na focail 'Bhán', 'trá' agus 'shnámh'. I véarsa a trí, tá rím le feiceáil idir na focail ag deireadh na línte: 'lá', 'trá', 'bán' agus 'shnámh'.

[13] suits
[14] folklore
[15] depression
[16] to abandon
[17] signs
[18] suicide
[19] metaphorical
[20] usually
[21] cloak
[22] magical
[23] attic

Eolas breise

1. Feasacht chultúrtha: Míniú ar scéal an amhráin

1. Úsáideadh íomhá na maighdine mara go minic i m**béaloideas**[14] na Gaeilge mar mheafar don **ghalar dubh**[15]. San amhrán thuas, bhí Mary Chinidh brónach. Deirtear linn gur '**thréig**[16] [sí] an greann'. Deirtear linn go mbeadh sí tuirseach go deo. B'in **comharthaí**[17] an ghalair dhuibh.

2. Níor theastaigh ó dhaoine fásta fadhbanna cosúil leis an ngalar dubh agus **féinmharú**[18] a phlé le páistí fadó. Chum siad scéalta chun cúrsaí mar sin a mhíniú dóibh i slí **mheafarach**[19].

3. San amhrán seo, deirtear go bhfuil Mary Chinidh brónach agus go bhfuil sí tar éis dul ag snámh san Éirne. Tá a fhios againn gur maighdean mhara í mar sin é teideal an amhráin. Sna scéalta béaloidis Éireannacha a bhain leis an maighdean mhara, bhí an plota mar seo a leanas **de ghnáth**[20]:

   (a) Chonaic fear an mhaighdean mhara ag cíoradh a cuid gruaige ar charraig ar an trá. Thit sé i ngrá léi agus theastaigh uaidh í a phósadh.

   (b) Ghoid an fear cíor nó **clóca**[21] nó caipín **draíochta**[22] a bhain leis an maighdean mhara. Chuir sé i bhfolach áit éigin ina teach é – san **áiléar**[23] go minic. Ní raibh an mhaighdean mhara in ann filleadh ar an bhfarraige gan an cíor/caipín/clóca draíochta sin.

(c) Phós an fear an mhaighdean mhara agus bhí páistí acu.

(d) D'imigh na blianta thart. Tháinig uaigneas agus brón ar an mbean agus theastaigh uaithi filleadh ar an bhfarraige.

(e) Lá amháin, tháinig an bhean ar an gcaipín/gcíor/gclóca draíochta.

(f) Cé go raibh grá aici dá clann **dhaonna**[24], bhí fonn láidir uirthi dul ar ais go dtí a háit dúchais san fharraige. D'fhill sí ar an bhfarraige.

(g) Ba shlí rómánsúil, chuí é scéal na maighdine mara chun rudaí cosúil leis an ngalar dubh, brón agus **féinmharú**[25] a mhíniú do pháistí óga.

[24] human
[25] suicide

 A **Measúnú rangbhunaithe: Scéalta sí**

Déan **taighde**[26] ar scéalta **sí**[27] na hÉireann

NÓ

Déan taighde ar **leaganacha**[28] eile de scéalta a bhaineann leis an maighdean mhara ar fud an domhain cosúil leis an scéal 'The Little Mermaid' le Hans Christian Andersen.

[26] research
[27] fairy
[28] versions

 B **Punann agus leabhar gníomhaíochta**

Téigh chuig do phunann agus leabhar gníomhaíochta. Scríobh leath-leathanach nó mar sin ar na fáthanna a dtaitníonn nó nach dtaitníonn an t-amhrán 'An Mhaighdean Mhara' leat.

Moladh: Smaoinigh ar na pointí seo a leanas:

1. An dtaitníonn áilleacht na mná a luaitear san amhrán leat? Cén fáth?
2. An maith leat na híomhánna a chuirtear os ár gcomhair sa dán?
3. An dtaitníonn friotal an amhráin leat?
4. An dtaitníonn coincheap na maighdine mara mar mheafar do chúrsaí eile i mbéaloideas na Gaeilge leat?
5. Conas a mhothaíonn tú féin tar éis duit éisteacht leis an amhrán? An dtaitníonn port an amhráin leat? An dtaitníonn atmaisféar an amhráin leat?

Ansin, comhlánaigh an leathanach féinmheasúnaithe a ghabhann leis i do phunann agus leabhar gníomhaíochta.

2. Feasacht chultúrtha: Amhránaíocht ar an sean-nós

Is amhrán ar an sean-nós é an t-amhrán 'An Mhaighdean Mhara'. Is liricí Gaeilge atá ann. De ghnáth, chantaí amhráin ar an sean-nós gan **tionlacan**[29] ceoil mar chuid den traidisiún amhránaíochta sean-nóis. Casann amhránaithe nua-aimseartha ar nós Mháiréad Ní Mhaonaigh ó Dhún na nGall agus Lasairfhíona Ní Chonaola ó Chonamara amhráin ar an sean-nós le tionlacain cheoil go minic, **áfach**[30]. Cantar na hamhráin sean-nóis le **ton srónach**[31] de ghnáth. Bíonn **ornáideachas**[32] i gceist leis an amhránaíocht freisin.

[29] accompaniment
[30] however
[31] nasal tone
[32] ornamentation

  C Measúnú rangbhunaithe: Amhránaíocht ar an sean-nós

Má tá suim agat san amhránaíocht ar an sean-nós, déan taighde ar an amhránaíocht ar an sean-nós in Éirinn – luaigh tréithe na hamhránaíochta, difríochtaí réigiúnacha a bhaineann leis an amhránaíocht agus na hamhránaithe mór le rá ó Ghaeltachtaí difriúla.

 Féinfheasacht an fhoghlaimeora: Féinmheasúnú

Cé chomh sásta is atá tú go bhfuil tú in ann caint agus scríobh faoin amhrán 'An Mhaighdean Mhara'? Cuir tic sa bhosca cuí.

CÉIM 2: CUMAS CUMARSÁIDE – ÉISTEACHT, FÉACHAINT, CUR I LÁTHAIR AGUS SCRÍOBH

Céim 2: Na Torthaí Foghlama

Cumas Cumarsáide: 1.1, 1.2, 1.3, 1.4, 1.5, 1.6, 1.11, 1.12, 1.13, 1.14, 1.15, 1.16, 1.18, 1.19, 1.20, 1.21, 1.22, 1.23, 1.24, 1.25, 1.26, 1.27, 1.28

Feasacht Teanga agus Chultúrtha: 2.1, 2.2, 2.3, 2.4, 2.5

Féinfheasacht an Fhoghlaimeora: 3.1, 3.2, 3.3, 3.4, 3.5, 3.6, 3.8

A Saghsanna ceoil

Meaitseáil na huimhreacha leis na litreacha thíos.

1. rapcheol   e   **2.** ceol clasaiceach   d   **3.** rac-cheol   g   **4.** rithim agus gormacha   f

5. snagcheol   a   **6.** ceol traidisiúnta   b   **7.** ceol rince   h   **8.** popcheol   c

A. Miles Davis   **B.** Sharon Shannon   **C.** Justin Bieber   **D.** Tchaikovsky

E. Jay Z   **F.** Rihanna   **G.** Coldplay   **H.** Calvin Harris

B Cén saghas ceoil is fearr leat?

Cuir tic ✓ sa bhosca nó sna boscaí cuí.

popcheol
rac-cheol
ceol traidisiúnta
rapcheol
rithim agus gormacha
snagcheol
ceol clasaiceach
ceol rince

Is fearr liom ...

C Obair bheirte

Bíodh comhrá gearr agat le do chara sa rang faoin saghas ceoil is fearr leat.

Bain úsáid as na nathanna aseo a leanas:

- Chuaigh mé chuig ceolchoirm de chuid ...
- Éistim le ... ar mo iPod/fhón póca

CD 1 16

Cur i láthair A: Ceoltóir traidisiúnta

❻ Bhí mé ar an teilifís anuraidh ag seinnt ceoil ag Fleadh Cheoil na Mumhan. Bhí an Fhleadh ar siúl i Lios Tuathail agus bhí na láithreoirí teilifíse[8] Aoibhinn Ní Shúilleabháin agus John Creedon ag cur seó i láthair dar theideal 'Fleadh Cheoil'! Cuireann an ceol deiseanna[9] iontacha ar fáil duit chun bualadh le daoine suimiúla – ceoltóirí eile agus daoine cáiliúla ina measc!

❶ Is mise Aogán Ó Muircheartaigh. Is as an Daingean mé.

An Daingean

Contae Chiarraí

❺ Casann mo dhearthair agus mo bheirt deirfiúracha uirlisí ceoil[5] freisin agus canann mo dhearthair amhráin ar an sean-nós[6]. Bíonn an-chraic againn ag ócáidí[7] clainne cosúil le cóisirí breithlae mar bíonn seisiún ceoil ar siúl againn i gcónaí! Freastalaímid ar an Oireachtas (comórtas ceoil do cheoltóirí traidisiúnta) gach bliain agus ar Fhleadh Cheoil na Mumhan nuair is féidir linn!

❷ Táim cúig bliana déag d'aois agus táim sa tríú bliain ar scoil.

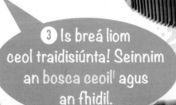

❸ Is breá liom ceol traidisiúnta! Seinnim an bosca ceoil[1] agus an fhidil.

❹ Is clann an-cheolmhar sinn! Tá féith an cheoil go smior ionainn[2]. Seinneann mo dhaid an fheadóg agus na píb uilleann. Is minic a chasann[3] sé ceol le mo mham ag gigeanna ar fud an Daingin agus ar fud an chontae ambaist[4]! Seinneann mo mham an consairtín agus an fhliúit adhmaid.

Fleadh na Mumhan 2016

Listowel Co. Kerry 12th – 17th July

[1] accordion
[2] Music is deeply embedded in us
[3] cas = play (music)
[4] indeed
[5] musical instruments
[6] old style
[7] occasions
[8] television presenters
[9] opportunities

D Ceisteanna gearra

1. Cad as d'Aogán?
2. Cén saghas ceoil is fearr leis?
3. Cé na uirlisí ceoil a sheinneann Aogán?
4. Cé na uirlisí ceoil a sheinneann a thuismitheoirí?
5. Cén fáth a mbíonn an-chraic ag a mhuintir ag ócáidí clainne?
6. Cad a bhí á dhéanamh ag Aogán ar an teilifís?

Ceol

E Uirlisí ceoil

Meaitseáil na huimhreacha leis na litreacha thíos.

1. an fhliúit	n	2. an t-olldord	al	3. an pianó	b	4. an giotár	f
5. an trumpa	q	6. an chláirseach/chruit	a	7. an bodhrán	m	8. an veidhlín	gi
9. an dordghiotár	r	10. na drumaí	d	11. an méarchlár	e	12. an consairtín	j
13. an t-ordveidhil	h	14. an clairinéad	o	15. an t-óbó	k	16. píb uilleann	p
17. an vióla	ggi	18. an sacsafón	c				

A.

an chláirseach

B.

C.

D.

E.

F.

G.

H.

I.

J.

K.

L.

M.

N.

feadóg mór

O.

P.

Q.

R.

ceol

F Nathanna úsáideacha

Líon na bearnaí thíos le do chuid tuairimí a chur in iúl faoin saghas ceoil is fearr leat féin.

1. Is maith liom _____ ach is fearr liom _____ .

2. Ní maith liom _____ ach is fuath liom _____ .

3. Is é _____ an saghas ceoil is fearr liom.

Cur i láthair B: Ceol clasaiceach

- Is mise Sorcha. Táim ag freastal ar ranganna amhranaíochta agus dráma in **acadamh**[10] ceoil agus drámaíochta i mBaile Átha Cliath.

- Déanaim staidéar ar amhránaíocht agus ceoldráma le múinteoir **mór le rá**[11]. Ba mhaith liom a bheith i m'amhránaí **ceoldráma**[12] lá éigin. Tá teangacha **fíorthábhachtach**[13] don **ghairm**[14] sin. Déanaim staidéar ar Fhraincis agus Gearmáinis ar scoil. Canaim *chanson* as Fraincis, *Lieder* as Gearmáinis agus canaim as Iodáilis go minic chomh maith. Anois is arís, canaim amhrán as Spáinnis **fiú**[15]!

- Is é an ceol an t-ábhar is fearr liom ar scoil **gan aon agó**[16]. Déanaimid staidéar ar stair an cheoil, stíleanna agus cumadóirí ceoil difriúla, **armóin**[17] agus foghlaimímid conas ceol agus **poirt**[18] a chumadh. Baineann a lán foirmle agus **prionsabail mhatamaitice**[19] le **cumadóireacht**[20] an cheoil – rud a chuirfeadh **ionadh**[21] ar mhórán daoine! Déanfaidh mé staidéar ar cheol san ollscoil **amach anseo**[22] **le cúnamh Dé**[23]!

- Is duine an-cheolmhar mé. Seinnim an pianó chomh maith. Is mór an chabhair í nuair a bhím ag iarraidh amhráin nua a fhoghlaim!

Eochairnathanna
seinnim ...
táim ag freastal ar ...

[10] academy
[11] well-known
[12] opera
[13] really important
[14] *gairm* = profession
[15] even
[16] without a doubt
[17] harmony
[18] tunes
[19] mathematical principles
[20] composition
[21] surprise
[22] in the future
[23] hopefully

Ceisteanna gearra

1. Cá bhfreastalaíonn Sorcha ar ranganna amhránaíochta agus dráma?

2. Cén post ba mhaith léi amach anseo?

3. Cé na teangacha a ndéanann sí staidéar orthu ar scoil?

4. Cén t-ainm a thugtar ar amhráin chlasaiceacha Fraincise?

5. Cad iad na rudaí a ndéantar staidéar orthu sa rang ceoil?

6. Cén uirlis cheoil a sheinneann Sorcha?

Cén fáth?

Is breá liom/is aoibhinn liom/is maith liom ceol traidisiúnta **mar**

● tá sé **spraíúil**[24]/**spreagúil**[25].

● is cuid dár bh**féiniúlacht**[26] í.

Is fuath liom/ní maith liom miotal trom[27] **mar**

● tá sé leadránach/**leamh**[28].

● tá sé **róthorannach**[29].

[24] fun
[25] inspiring
[26] identity
[27] heavy metal
[28] dull
[29] too noisy

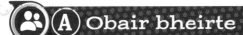 **(A) Obair bheirte**

Bíodh comhrá gearr agat le do chara sa rang faoi na huirlisí ceoil a sheinneann tú nó faoi na huirlisí ceoil a sheinneann an phearsa cheoil/an banna is fearr leat.

  B Punann agus leabhar gníomhaíochta: Obair bheirte

Téigh chuig do phunann agus leabhar gníomhaíochta. Bain úsáid as na nótaí thuas agus as www.focloir.ie. Ansin, scríobh amach liosta de na huirlisí ceoil a bhíonn ...

1. i gceolfhoireann

2. i mbanna rac-cheoil tipiciúil

3. i ngrúpa traidisiúnta.

C Obair bheirte

Tuilleadh téarmaí a bhaineann le ceol. Líon na bearnaí i mbeirteanna.

> moltóir ✓   cumadóir   ceolsiamsa   t-amhránaí
> glór   comhcheol ✓ _harmony_ port   liricí
> léiriú ✓   t-amhrán   trialacha   comhlacht taifeadta ✓

1. Is é Mozart an _cumadóir_ _performance_ is fearr liom.

2. Is é 'The Shape of You' le Ed Sheeran an _port_ ✓ is fearr liom.

3. Is í Rihanna an _t-amhránaí_ is fearr liom mar tá _glór_ iontach aici.

4. Is breá liom _liricí_ agus _léirítá ritim_ _comhcheol_ an amhráin 'Thinking Out Loud'.

5. Bhuaigh an buachaill sin an seó tallainne *The X Factor* mar thug sé _léiriú port_ _léiriú_ ✓ iontach gach seachtain.

6. Is é Simon Cowell an _moltóir_ ✓ is déine ar an seó ceoil *Britain's Got Talent*.

7. Bhain mé taitneamh as féachaint ar na _trialacha_ ✓ don seó ceoil *The Voice* mar bhí an tallann ar fheabhas ar fad. _ceoldrama_

8. Is é *Wicked* an _ceolsiamsa_ is fearr liom.

9. Nuair a chanann na cailíní sa bhanna cailíní Little Mix le chéile, bíonn an _comhcheol_ _t-amhránaí_ go hálainn.

10. Is é Universal Records an _comhlacht_ _taifeadta_ is mó ar domhan.

D Cleachtadh scríofa

Anois roghnaigh cúig fhocal nua a d'fhoghlaim tú ón liosta thuas agus cum abairt á n-úsáid.

E Obair bheirte: Cleachtadh cainte

Cuir na ceisteanna seo a leanas ar an duine atá in aice leat. Ansin roinn na freagraí leis an rang.

Cuardach foclóra

Cuardaigh na focail/nathanna thíos ar www.focloir.ie nó www.tearma.ie.

1. An bhféachann tú ar chláir cheoil? Cad é an clár ceoil is fearr leat?

2. Cé hiad na moltóirí ar an gclár? Conas mar a bhíonn na trialacha agus na hiomaitheoirí?

3. Cad í an duais a bhíonn le buachaint ar an gclár? Ar mhaith leat féin dul ar chlár mar sin?

Eochairnathanna
Is aoibhinn liom an clár ceoil *The X Factor/The Voice*.
Tá an moltóir/na moltóirí dian/ cineálta/féaráilte/ mífhéaráilte.
Bíonn na hiomaitheoirí neirbhíseach/tallannach.
na trialacha
an lucht féachana
duais
conradh taifeadta

Foclóir: Briathra úsáideacha a bhaineann le ceol san aimsir láithreach

seinnim	canaim
seinneann tú	canann tú
seinneann sé/sí	canann sé/sí
seinnimid	canaimid
seinneann sibh	canann sibh
seinneann siad	canann siad

seinntear ceol	cantar
seinnim sa cheolfhoireann	canaim i gcór

  A Punann agus leabhar gníomhaíochta: Obair bheirte

Téigh chuig do phunann agus leabhar gníomhaíochta. Freagair na ceisteanna ó bhéal agus i bhfoirm scríofa.

B Cluiche sa rang: Cé hé?/Cé hí?

I mbeirteanna, ainmnigh 10 pearsan ceoil cáiliúil. Cum 5 leid faoi na pearsana sin. Roinn na leideanna leis an gcuid eile den rang. Beidh ar na daltaí eile an phearsa cheoil a ainmniú bunaithe ar na leideanna a thugann sibh dóibh. Mar shampla:

1. Is as Sasana dó.
2. Seinneann sé an giotár.
3. Canann sé i stíl phopcheoil.
4. Tá gruaig rua air.
5. Scríobhann sé a chuid amhrán féin.

Cé hé? An freagra: Ed Sheeran

C Obair dhigiteach

Téigh chuig an suíomh idirlín www.kahoot.com. Is féidir libh ceisteanna a chumadh agus cluichí a dhearadh ansin bunaithe ar an topaic 'an ceol' chun tacú le bhur gcuid foghlama. Glaotar 'kahoot' ar na cluichí a dhearann sibh!

 D Punann agus leabhar gníomhaíochtaí

Fiafraigh de 10 daltaí sa rang Gaeilge an ceistneoir i do phunann agus leabhar gníomhaíochta a chomhlánú. Cuir **píchart**[30] le chéile **bunaithe ar**[31] **thorthaí**[32] an tsuirbhé.

30 piechart
31 based on
32 results

230

 **E** **Cur i láthair/Obair dhigiteach**

Bunaithe ar na nótaí thuas, ullmhaigh do chur i láthair féin dar teideal 'Áit an cheoil i mo shaol' i bhfoirm dhigiteach le híomhánna agus cur síos scríofa. (An seinneann tú, an gcanann tú, conas a éisteann tú le ceol, cén saghas ceoil is fearr leat, cé hé an phearsa cheoil is fearr leat, agus mar sin de.) Ansin déan an cur i láthair os comhair do ghrúpa féin nó os comhair an ranga.

 F Punann agus leabhar gníomhaíochta: Féinfheasacht an fhoghlaimeora

Téigh chuig do phunann agus leabhar gníomhaíochta. Scríobh amach an leagan ceartaithe den chur i láthair thuas ansin. Líon isteach leathanach féinmheasúnaithe bunaithe ar do chur i láthair scríofa agus an cur i láthair ó bhéal os comhair an ranga.

G Obair físe

Téigh chuig www.youtube.com/user/tglurgan. Féach ar fhíseáin d'amhráin óna cairteacha atá aistrithe go Gaeilge agus á gcasadh ag daltaí ó choláiste Lurgan agus féach ar na liricí Gaeilge a ghabhann leo.

Téigh chuig www.ceacht.ie. Brúigh ar an gcnaipe 'Acmhainní don tSraith Shóisearach'. Ansin, brúigh ar 05, 'Mé Féin in Éirinn' agus roghnaigh litir C 'Ceol'. Féach ar na míreanna físe ansin agus freagair na ceisteanna atá bunaithe orthu.

 **Féinfheasacht an fhoghlaimeora: Féinmheasúnú**

Cé chomh sásta is atá tú go bhfuil tú in ann caint agus scríobh faoi chúrsaí ceoil? Cuir tic sa bhosca cuí.

CÉIM 3: CUMAS CUMARSÁIDE – AN CHLUASTUISCINT

Céim 3: Na Torthaí Foghlama
Cumas Cumarsáide: 1.1, 1.2, 1.3, 1.4, 1.5, 1.6, 1.14, 1.15, 1.16, 1.21, 1.22, 1.23
Feasacht Teanga agus Chultúrtha: 2.1, 2.2, 2.3, 2.4, 2.5
Féinfheasacht an Fhoghlaimeora: 3.3, 3.4, 3.6

Cuid A Réamhobair

Cuardach foclóra

Cuardaigh na focail seo a leanas i d'fhoclóir nó ar an suíomh www.focloir.ie nó www.tearma.ie más gá:

- poirt
- cairdín
- gairmiúil
- mór le rá
- féile

Cuid A

CD 2 56–58

Cloisfidh tú giotaí cainte ó bheirt daoine óga sa chuid seo. Cloisfidh tú gach giota díobh **faoi dhó**. Beidh sos ann tar éis gach giota a chloisfidh tú chun seans a thabhairt duit na ceisteanna a bhaineann leo a fhreagairt. Éist go cúramach leis na giotaí cainte agus líon isteach an t-eolas atá á lorg sna greillí ag 1 agus 2 thíos.

1 An chéad chainteoir (Canúint na Mumhan)

Ainm:	*Áine Ní Riain*
Cad as d'Áine?	*Áine ... Co. Portláraigaí...*
Cén saghas ceoil is fearr léi?	*traidisiúnta ...*
Cé na huirlísí ceoil a sheinneann sí?	*fidil, caitlín ... fhidil ...*
Cé hí an phearsa cheoil is fearr léi?	*Zoe ... way* ✓

2 An dara cainteoir (Canúint Uladh)

Ainm:	*Brighid Nic Giolla Bhríde*
Cad as do Bhrighid?	*sciodar gaotdarr*
Cad é an t-ábhar is fearr léi ar scoil?	*ceoil*
Cad ab ainm don fhéile a bhí ar siúl an samhradh seo caite?	*amhranaí c sessions* *c-secion*
Cé na bannaí a bhí ag seinm ag an bhféile?	*Ham sandwich, The coronos*

Cuid B Réamhobair

Cuardach foclóra

Cuardaigh na focail seo a leanas i d'fhoclóir nó ar an suíomh www.focloir.ie nó www.tearma.ie más gá:

- na céibhe
- leathphraghas
- maor
- díolachán
- lascaine
- taispeántais ealaíne

Cuid B

Cloisfidh tú fógra agus píosa nuachta sa chuid seo. Cloisfidh tú gach giota díobh **faoi dhó**. Éist go cúramach leo. Beidh sos ann tar éis gach ceann díobh chun seans a thabhairt duit na ceisteanna a bhaineann leo a fhreagairt.

Fógra (Canúint Chonnacht)

1. Cá bhfuil an siopa ceoil lonnaithe san fhógra seo?

   situated

   diatocán *gailleamh*

2. Cad a bheidh ar siúl sa siopa an deireadh seachtaine seo chugainn?

   do demhain *dé* *aoine draolacán* *ar* *súil*

   halfprice

3. Cad a dhíolfar ar leathphraghas?

   dlúth disci

   dlútgluaseáí *theisclabhair* *ceoil*

Píosa nuachta (Canúint na Mumhan)

1. Cad a fógraíodh aréir?   *what*

   ainmníodh corcaigh mar carcher

   i *cathair gorláin agus cultúrtha*

   named

2. (a) Cad a bheidh ar siúl ar fud na cathrach i rith na bliana atá le teacht?   *when*

   gigánna, *ceol*

   (b) Cé a mheallfar chuig an gcathair dá bharr?   *who*

   múireanteairí × cuairteairí

Cuid C Réamhobair

Cuardach foclóra

Cuardaigh na focail/nathanna seo a leanas i d'fhoclóir nó ar an suíomh www.focloir.ie nó www.potafocal.com más gá:

> i ngan fhios dom   > geallaimse duit/geall do   > eagraigh
> chun na fírinne a rá   > togha   > ar an gcéad dul síos

Cuid C

Cloisfidh tú dhá chomhrá sa chuid seo. Cloisfidh tú gach comhrá díobh **faoi dhó**. Cloisfidh tú an comhrá ó thosach deireadh an chéad uair. Ansin cloisfidh tú ina dhá mhír é an dara huair. Beidh sos ann tar éis gach míre díobh chun seans a thabhairt duit an cheist a bhaineann leis an mír sin a fhreagairt.

Comhrá a hAon (Canúint Uladh)

An chéad mhír:

1. Cén cuireadh a thugann Máire do Ruairí sa chomhrá teileafóin?

   só ar cónk dh

   dín thug do ceolcoir

   dtó teieeaid Beyance

An dara mír:

2. Cén plean atá déanta ag Ruairí le Bríd? _~~dul thuig~~ ~~stim go~~ Picture this e Bríd_

3. Conas a mhothaíonn Máire faoi sin? _~~mai Síomai~~ síl_
   athas   fearagach

Comhrá a Dó (Canúint Chonnacht)

An chéad mhír:

1. Cén fáth nár thaitin ceol an bhanna le tuismitheoirí Shíle? _an treol_
   ráth   aird,

An dara mír:

2. Cén fáth a raibh cóisir ar siúl i dteach Shíle aréir ar an gcéad dul síos?
   bhí   breithlá   faoi   Eoinn
   _th_

3. Cén socrú a dhéanann Cormac agus Síle le chéile don deireadh seachtaine seo chugainn?
   arangement
   _ag_

A Punann agus leabhar gníomhaíochta: Féinfheasacht an fhoghlaimeora

> Téigh chuig do phunann agus leabhar gníomhaíochta. Scríobh isteach 10 bhfocal/nath nua a d'fhoghlaim tú ón gcluastuiscint thuas.

B Féinfheasacht an fhoghlaimeora

Scríobh síos 5 rud (nathanna nó focail) a chuala tú sa chluastuiscint i gcanúint dhifriúil le do chanúint féin.

Chuala mé ...	I mo chanúint féin, déarfá ...
Sampla: **Gaelainn**	**Gaeilge**
1.	
2.	
3.	
4.	
5.	

Téigh chuig www.ceacht.ie. Brúigh ar 05, sa cholún ar an lámh chlé dar teideal 'Mé Féin in Éirinn'. Ansin brúigh ar litir C (Ceol). Féach ar na míreanna físe ansin agus comhlánaigh na bileoga oibre a ghabhann leo.

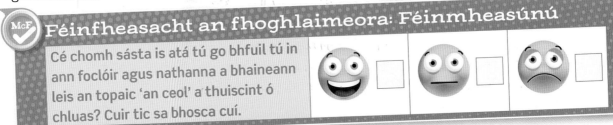

Féinfheasacht an fhoghlaimeora: Féinmheasúnú

Cé chomh sásta is atá tú go bhfuil tú in ann foclóir agus nathanna a bhaineann leis an topaic 'an ceol' a thuiscint ó chluas? Cuir tic sa bhosca cuí.

CÉIM 4: CUMAS CUMARSÁIDE – AN LÉAMHTHUISCINT

Ceol

Léamhthuiscint A:
Ed Sheeran

Léamh

1. Rugadh Ed Sheeran in Halifax, Sasana agus bhog a mhuintir go Suffolk nuair a bhí sé ina pháiste. Tá deartháir amháin aige darb ainm Matthew agus is cumadóir ceoil é. Is léiritheoir ealaíne é a athair John agus is dearthóir seodra í a mháthair. Cé gur rugadh a bheirt tuismitheoirí i Londain, deir Ed Sheeran gur shíolraigh a athair ó chlann Chaitliceach Éireannach mhór. Bhí suim mhór ag a mhuintir sa cheol agus is cuimhin le Ed a bheith ag éisteacht le halbaim de chuid Bob Dylan, The Beatles, Eric Clapton agus Van Morrison.

2. Thosaigh sé ag foghlaim an ghiotáir nuair a bhí sé an-óg. Ba mhinic a thug a athair Ed chuig ceolchoirmeacha nuair a bhí sé óg. Chuaigh siad chuig ceolchoirm de chuid Damien Rice i mBaile Átha Cliath nuair a bhí sé aon bhliain déag d'aois. Chomh maith leis sin thug a athair Ed chuig ceolchoirm de chuid Eric Clapton san amharclann cháiliúil Royal Albert Hall agus chonaic siad Paul McCartney ag seinm in Birmingham. Deir Ed go bhfuil tionchar mór ag The Beatles, Bob Dylan, Nizlopi agus Eminem ar a chuid ceoil.

3. Thosaigh Ed ag taifeadadh ceoil in 2004 agus bhog sé go Londain in 2008. Sheinn sé cúpla gig in áiteanna beaga ar dtús. Chonaic mórán daoine Ed ag canadh agus ag seinm ar YouTube agus d'fhás a lucht leanúna diaidh ar ndiaidh. In 2011, d'eisigh Ed a chéad albam stiúideo darb ainm **+**. Bhain a chéad singil 'The A Team' (amhrán álainn faoi chailín atá gafa le hearóin) uimhir a trí amach i gcairteacha na Breataine. Dhíol an t-amhrán sin 801,000 cóip agus bhí sé ar bharr na gcairteacha san Astráil, sa Ghearmáin, in Éirinn, sa tSeapáin, sa Nua-Shéalainn, san Iorua, i Lucsamburg agus san Ísiltír.

4. Tá mórán amhrán scríofa ag Ed d'amhránaithe agus bannaí eile ar nós Taylor Swift, Justin Bieber agus One Direction. Scríobh sé an t-amhrán mór le rá 'Little Things' don bhanna buachaillí One Direction. Tá mórán amhrán eile mór le rá scríofa ag Ed ar nós 'Thinking Out Loud' (bunaithe ar a chaidreamh rómánsúil le cailín darb ainm Athina Adrelos) a scaoileadh i mí Mheán Fomhair 2014. Ainmníodh a albam × don ghradam Albam na Bliana ag *The Grammy Awards*. Tá Ed an-cheanúil ar Éirinn agus cultúr na hÉireann agus chan sé a amhrán 'Thinking out Loud' as Gaeilge ar an albam *Ceol* in 2016. Scaoil Sheeran a albam ÷ in 2017. Dúirt sé gur scríobh sé an t-amhrán cáiliúil 'Shape of You' ón albam sin

don amhránaí Rihanna i dtús báire ach chinn sé an t-amhrán a choimeád dó féin agus bhí mórchnag aige leis an amhrán sin.

5. Bhunaigh Ed Sheeran a lipéad ceirníní féin darb ainm Gingerbread Man Records chomh maith le cainéal YouTube in 2015. Tugann Ed Sheeran a lán tacaíochta d'eagraíochtaí carthanachta éagsúla. Is minic a thugann sé a chuid éadaí do shiopaí carthanachta ina cheantar féin. Is ambasadóir é d'ospís leanaí in East Anglia. Tá cuid mhaith aisteoireachta déanta aige freisin. Ghlac sé páirt sa sobalchlár *Home and Away* agus bhí ról aige ar an sraithscéal mór le rá *Game of Thrones*. Cheannaigh Sheeran feirm i ngar do Framlingham Suffolk in 2011 agus deir sé gur mhaith leis clann a thógáil ansin amach anseo.

Scríobh

A **Freagair na ceisteanna seo a leanas:**

1. Cár rugadh Ed Sheeran? (Alt 1)
2. Cad as do shinsir Ed Sheeran? (Alt 1)
3. Cé na gigeanna ar fhreastail sé orthu lena dhaid? (Alt 2)
4. Cé na daoine a luann Ed a bhfuil tionchar [influence] mór acu ar a chuid ceoil? (Alt 2)
5. Conas a d'fhás lucht leanúna Ed Sheeran diaidh ar ndiaidh? (Alt 3)
6. Cén ábhar a bhí i gceist leis an amhrán 'The A Team'? (Alt 3)
7. Cé na hamhránaithe agus bannaí eile a bhain úsáid as amhráin Ed Sheeran ar a n-albaim? (Alt 4)
8. Cé na gradaim a bhí i gceist le hainmniúchán a albam ×? (Alt 4)
9. Cad a chuir Ed ar bun in 2015? (Alt 5)
10. Cad a deir Ed faoin bhfeirm a cheannaigh sé in Framlingham, Suffolk? (Alt 5)

B **Líon na bearnaí leis an bhfocal cuí ón liosta sna habairtí thíos bunaithe ar an sliocht thuas:**

do	bunaithe ar	de chuid	Is	mór le rá
sraithscéal	Bhunaigh	don	ar	í

1. ___Is___ cumadóir ceoil é deartháir Ed Sheeran.
2. Chuaigh sé chuig ceolchoirm ___de___ ___chuid___ Eric Clapton lena dhaid.
3. Scríobh sé an t-amhrán ___mór___ ___le___ ___rá___ 'Little Things' don bhanna buachaillí One Direction.
4. Tá an t-amhrán 'Thinking out Loud' ___bunaithe___ ___ar___ a chaidreamh le Athina Adrelos.
5. Tá Ed an-cheanúil ___í___ Éirinn.

6. Bhí a albaim __ar__ gcairteacha na Breataine.

7. Ainmníodh a albam × __don__ ghradam Albam na Bliana.

8. Bhí ról aige ar an __s raithscéal__ mór le rá *Game of Thrones*.

9. __Bhunaigh__ Ed Sheeran a lipéad ceirnín féin in 2015.

10. Cheannaigh Ed Sheeran feirm i ngar __do__ Farmlingham, Suffolk.

C Obair bheirte: Cleachtadh cainte

I mbeirteanna, cuirigí bhur dtuairimí in iúl mar gheall ar na ceisteanna seo a leanas bunaithe ar an léamhthuiscint thuas:

1. Cén saghas ceoil is fearr leatsa?

2. Cé hé an phearsa ceoil is fearr leatsa?

3. An maith leatsa ceol de chuid Ed Sheeran?

4. An raibh tú riamh ag ceolchoirm? Cé a bhí ag seinm?

D Punann agus leabhar gníomhaíochta: Féinfheasacht an fhoghlaimeora

Téigh chuig do phunann agus leabhar gníomhaíochta. Scríobh síos 10 bhfocal nó nath nua a d'fhoghlaim tú ón léamhthuiscint thuas.

Léamhthuiscint B:
Folláine – Tábhacht an cheoil agus an rince

Léamh

1. Tá **béim**[1] mhór ar **thábhacht**[2] na sláinte fisicí agus ar thábhacht na sláinte intinne ar an gcuraclam don Teastas Sóisearach faoi láthair. Creidim go láidir go bhfuil ceol agus rince an-tábhachtach i saol an duine dár **sláinte fhisiceach**[3] agus **sláinte intinne**[4]. Tá siad tábhachtach mar chaitheamh aimsire mar tugann siad **faoiseamh**[5] dúinn ó strus agus ó **bhuairt**[6] an tsaoil. Is féidir le daoine dearmad a dhéanamh ar a gcuid fadhbanna nuair a bhíonn siad ag rince, ag seinm ceoil, nó ag éisteacht le ceol.

[1] emphasis
[2] *tábhacht* = importance
[3] physical health
[4] mental health
[5] relief
[6] *buairt* = worry
[7] to identify with
[8] Similarly
[9] lively
[10] mood
[11] *cumann* = composes

2. Nuair a éisteann daoine le ceol is féidir leo **ionannú le**[7] hatmaisféar an cheoil nó na liricí, agus go minic sa tslí sin faigheann siad faoiseamh ó fhadhbanna nó ó bhrón. **Mar an gcéanna**[8], nuair a bhíonn áthas ar dhaoine is féidir leo ceol **beoga**[9] a chasadh a oireann dá n-**aoibh**[10]. Má chanann duine, má sheinneann sé/sí ceol nó má **chumann**[11] sé/sí ceol is

12 particular
13 to express
14 release
15 choice/range
16 ballet
17 Latin dance
18 exercise
19 activity
20 weight
21 celebrating
22 wedding
23 funeral
24 dignity
25 mental health

féidir leis é/í féin a chur in iúl trí mheán an cheoil. Mar an gcéanna, is breá le daoine **áirithe**[12] rince a dhéanamh chun iad féin **a chur in iúl**[13] agus chun **fuascailt**[14] a fháil.

3. Chomh maith leis sin, tá **rogha**[15] iontach stíleanna ceoil agus rince ann. Is féidir le duine rogha a dhéanamh idir popcheol, rac-cheol, rithim agus gormacha, miotal trom, snagcheol, ceol tíre, ceol clasaiceach, agus eile. Mar an gcéanna leis an rince, tá a lán stíleanna ann, ina measc rince Gaelach, **bailé**[16], rince hip-hap, flamenco, rince sráide, agus **rince Laidineach**[17].

4. Is caitheamh aimsire spraíúil iad ceol agus rince. Maidir le h**aclaíocht**[18], is **gníomhaíocht**[19] iontach é rince, dar ndóigh agus déanann sé an-mhaitheas don tsláinte. Téann a lán daoine chuig ranganna rince nuair a bhíonn siad ag iarraidh **meáchan**[20] a chailleadh, nó fiú amháin i gcomhair an spraoi! Bíonn siad ag cur allais nuair a bhíonn siad ag rince, agus ardaíonn rince ráta croí an duine.

5. Is cuid thábhachtach iad ceol agus rince de shaol sóisialta an duine. Is breá le daoine óga dul ag rince i gclub oíche ag an deireadh seachtaine. Nuair a bhíonn daoine **ag ceiliúradh**[21] lá breithe nó **bainis**[22] nó aon ócáid thábhachtach eile is cuid lárnach den cheiliúradh iad ceol agus rince de ghnáth. Fiú más ócáid bhrónach í, **sochraid**[23] fiú amháin, bíonn an ceol tábhachtach do mhórán daoine chun cur le **dínit**[24] na hócáide agus sa chaoi sin chun ómós a thabhairt don duine marbh. Mar is léir ón méid seo, tá ceol agus rince an-tábhachtach i saol an duine: dá shláinte choirp agus dá **shláinte mheabhrach**[25], mar fhuascailt, mar chaitheamh aimsire agus mar chuid dá shaol sóisialta.

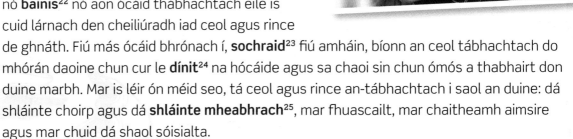

Scríobh

Ⓐ Freagair na ceisteanna seo a leanas:

1. Cén rud a bhfuil béim mhór air ar churaclam an Teastas Shóisearaigh faoi láthair? (Alt 1)
2. Cén fáth a bhfuil ceol agus rince tábhachtach i saol an duine? (Alt 1)
3. Cad a dhéanann daoine nuair a bhíonn áthas orthu go minic? (Alt 2)
4. Conas is féidir le daoine iad féin a chur in iúl trí mheán an cheoil? (Alt 2)
5. Ainmnigh trí stíl cheoil. (Alt 3)
6. Ainmnigh trí shaghas rince. (Alt 3)

7. Cad a deirtear faoi rince maidir le haclaíocht? (Alt 4)

8. Cén fáth a dtéann mórán daoine chuig ranganna rince? (Alt 4)

9. Cad a thaitníonn le daoine óga ag an deireadh seachtaine? (Alt 5)

10. Cén bhaint atá ag ceol agus rince le hócáidí sóisialta? (Alt 5)

B Cum abairtí ag úsáid na bhfocal/nathanna thíos.

1. sochraid	6. a chur in iúl
2. bainis	7. rince sráide
3. aclaíocht	8. ionannú le
4. sláinte fhisiceach	9. beoga
5. sláinte intinne	10. faoiseamh

C Obair bheirte: Cleachtadh cainte

I mbeirteanna, cuirigí bhur dtuairimí in iúl mar gheall ar na ceisteanna seo a leanas atá bunaithe ar an léamhthuiscint thuas:

1. An bhfuil tú in ann damhsa?

2. Cén saghas damhsa is fearr leat?

3. Cad iad na buntáistí a bhaineann leis an damhsa, i do thuairim?

D Punann agus leabhar gníomhaíochta: Féinfheasacht an fhoghlaimeora

Téigh chuig do phunann agus leabhar gníomhaíochta. Scríobh síos 10 bhfocal nó nath nua a d'fhoghlaim tú ón léamhthuiscint thuas.

Féinfheasacht an fhoghlaimeora: Féinmheasúnú

Cé chomh sásta is atá tú go bhfuil tú in ann foclóir agus nathanna a bhaineann le cúrsaí ceoil a thuiscint? Cuir tic sa bhosca cuí.

CÉIM 5: FEASACHT TEANGA – AN GHRAMADACH

Achoimre ar an gclaoninsint

Úsáidimid an chlaoninsint tar éis frásaí ar nós 'dúirt', 'is dóigh liom', 'is é mo thuairim', 'ceapaim', 'creidim', 'sílim' agus mar sin de.

An chlaoninsint agus briathra rialta san aimsir chaite

- Má thosaíonn an briathar le consan, úsáidtear **gur** + **séimhiú**, **nár** + **séimhiú**.
- Ma thosaíonn an briathar le guta, úsáidtear **gur** + **faic**, **nár** + **faic**.

Abairtí samplacha:

Insint dhíreach	Claoninsint
'Thóg mé an t-airgead.'	Dúirt Seán **gur t**hóg sé an t-airgead.
'Níor thóg mé an t-airgead.'	Dúirt Seán **nár t**hóg sé an t-airgead.
'D'ól mé cupán tae.'	Dúirt Seán **gur** ól sé cupán tae.
'Níor ól mé cupán tae.'	Dúirt Seán **nár** ól sé cupán tae.

Eisceachtaí san aimsir chaite

 Tabhair faoi deara go mbíonn foirm ar leith ag roinnt de na briathra neamhrialta i ndiaidh **ní**, **go** *agus* **nach**. *Ní chuireann* **ní** *séimhiú ar 'dúirt', agus cuireann* **ní** *urú ar 'fuair'.*

abair	dúirt mé	**ní** dúirt mé	**go n**dúirt mé	**nach n**dúirt mé
bí	bhí mé	**ní** raibh mé	**go** raibh mé	**nach** raibh mé
faigh	fuair mé	**ní bh**fuair mé	**go bh**fuair mé	**nach bh**fuair mé
feic	chonaic mé	**ní f**haca mé	**go bh**faca mé	**nach bh**faca mé
déan	rinne mé	**ní** dhearna mé	**go n**dearna mé	**nach n**dearna mé
téigh	chuaigh mé	**ní** dheachaigh mé	**go n**deachaigh mé	**nach n**deachaigh mé

An saorbhriathar

Insint dhíreach	Claoninsint
'Tógadh an t-airgead.'	Dúirt Muiris gur tógadh an t-airgead.

 Tabhair faoi deara nach gcuirimid séimhiú ar an saorbhriathar san aimsir chaite i ndiaidh gur ná nár.

A Cuir an nath 'Ceapann Síle' roimh na habairtí seo a leanas agus athscríobh na habairtí mar is cuí.

Ceapann Síle ...

1. Bhí cóisir ar siúl aréir i dtigh Shéamais.
2. Chuaigh Seoidín go Mala inné.
3. Thóg Muiris an t-airgead.
4. Cailleadh madra Eibhlín inné.
5. D'ith Máire na milseáin go léir.
6. Níor ól Peadar na deochanna go léir.
7. Níor ghoid Tomás an t-airgead.
8. Cheannaigh Sofia rothar nua.
9. Chríochnaigh Maria an scrúdú go luath.
10. Thosaigh an cluiche ar a dó inné.

An chlaoninsint agus briathra san aimsir láithreach, san aimsir fháistineach agus sa mhodh coinníollach

San aimsir láithreach, san aimsir fháistineach agus sa mhodh coinníollach, seo a leanas mar a bhíonn an chlaoninsint:

● Briathra a thosaíonn le **consain**: **go** + **urú** + briathar, **nach** + **urú** + briathar
● Briathra a thosaíonn le **guta**: **go** + **n-** + briathar, **nach** + **n-** + briathar

Abairtí samplacha san aimsir láithreach:

Insint dhíreach	Claoninsint
'Téim go dtí an siopa gach lá.'	Deir Éamonn **go d**téann sé go dtí an siopa gach lá.
'Ní théim go dtí an siopa gach lá.'	Deir Stiofán **nach d**téann sé go dtí an siopa gach lá.

Tabhair faoi deara!

● Táim go maith ag spórt. ➜ Creidim **go bhfuilim** go maith ag spórt.
● Nílim go maith ag spórt. ➜ Ceapaim **nach bhfuilim** go maith ag spórt.

Abairtí samplacha san aimsir fháistineach:

Insint dhíreach	Claoninsint
'Ceannóidh mé rothar nua.'	Deir Máirtín **go g**ceannóidh sé rothar nua.
'Ní cheannóidh mé rothar nua.'	Deir Donncha **nach g**ceannóidh sé rothar nua.
'Buailfidh mé le Tomás amárach.'	Deir Sorcha **go m**buailfidh sí le Tomás amárach.
'Ní bhuailfidh mé le Tomás amárach.'	Deir Anna **nach m**buailfidh sí le Tomás amárach.

 Tabhair faoi deara!

- *Gheobhaidh sí carr um Nollaig.* → *Deir Áine go bhfaighidh sí carr um Nollaig.*
- *Ní bhfaighidh sí carr um Nollaig.* → *Deir Áine nach bhfaighidh sí carr um Nollaig.*

Abairtí samplacha sa mhodh coinníollach:

Insint dhíreach	Claoninsint
'Bheadh díomá orm dá gcaillfinn.'	Is dóigh léi go mbeadh díomá uirthi dá gcaillfeadh sí.
'Ní bheadh díomá orm dá gcaillfinn.'	Is dóigh léi nach mbeadh díomá uirthi dá gcaillfeadh sí.

B **Cuir an nath 'Deir Seán' roimh na habairtí seo a leanas agus athscríobh na habairtí mar is cuí.**

Deir Seán ...

1. Tá sé ag cur báistí.
2. Beidh sé grianmhar amárach.
3. Rachaidh sé go Baile Átha Cliath amárach.
4. Bheadh áthas air dá mbuafadh a scoil an cluiche ceannais.
5. Tógann an foirgneoir sin teach nua gach bliain.
6. Itheann sé glasraí mar chuid de gach béile.
7. Déanann sí aclaíocht gach lá.
8. Téann sé go dtí an giomnáisiam gach Satharn.
9. Ní ghlacann sí páirt i gcomórtais riamh.
10. Ní dhéanfaidh sí a cuid obair bhaile anocht.

 Cúinne na gramadaí

I ndiaidh aon natha san aimsir chaite ag tús na habairte (m.sh. 'dúirt sé', 'cheap sé', 'chreid sé', srl.), athraíonn cuid de na haimsirí.

- An aimsir láithreach → an aimsir chaite
- An aimsir fháistineach → an modh coinníollach
- An aimsir chaite → an aimsir chaite
- An modh coinníollach → an modh coinníollach

Abairtí samplacha:

Insint dhíreach	Claoninsint
'Ceannaím carr nua gach bliain.'	Dúirt Seán **gur** **c**heannaigh sé carr nua gach bliain.
'Ní cheannaím milseáin gach lá.'	Dúirt Seán **nár** **c**heannaigh sé milseáin gach lá.
'Ceannóidh mé rothar nua.'	Dúirt Máirtín **go** **g**ceannódh sé rothar nua.
'Ní cheannóidh mé rothar nua.'	Dúirt Úna **nach** **g**ceannódh sí rothar nua.

C **Líon na bearnaí mar is cuí chun na habairtí seo a leanas a athrú go dtí an chlaoninsint:**

1. Ceannaím éadaí nua i gcomhair na Nollag. → Duirt Méav _____ _____ éadaí nua don Nollaig.

2. Níor cheannaigh mé rothar nua inné. → Dúirt Learaí _____ _____ rothar nua inné.

3. Tabharfaidh mé airgead póca duit níos déanaí. → Dúirt mo Mham _____ _____ sí airgead póca dom ní ba dhéanaí.

4. Rachaidh ar saoire an samhradh seo chugainn. → Dúirt mo Dhaid _____ _____ ar saoire an samhradh dar gcionn.

5. Beidh cóisir ar siúl i mo thigh anocht. → Dúirt mo chara _____ _____ cóisir ar siúl ina tigh an oíche sin anocht.

D **Punann agus leabhar gníomhaíochta: Féinfheasacht an fhoghlaimeora**

Téigh chuig do phunann agus leabhar gníomhaíochta. Scríobh amach na rialacha a ghabhann leis an gclaoninsint.

Féinfheasacht an fhoghlaimeora: Féinmheasúnú

Cé chomh sásta is atá tú go bhfuil tú in ann na rialacha a bhaineann leis an gclaoninsint a thuiscint agus go bhfuil tú in ann í a úsáid i gceart? Cuir tic sa bhosca cuí.

CÉIM 6: CUMAS CUMARSÁIDE – AN CHEAPADÓIREACHT

Punann agus leabhar gníomhaíochta

Téigh chuig do phunann agus leabhar gníomhaíochta. Dear póstaer ag fógairt seó ceoil a bheidh ar siúl i do scoil ar ball.

Blag/Aiste

Is féidir leat an aiste seo a úsáid freisin i gcomhair aiste dar teideal 'Duine a bhfuil meas agam air'.

Eochairnathanna
is é/í … an t-amhránaí is fearr liom
tá glór binn/láidir/saibhir aige/aici
canann sé/sí le mothú
scríobhann sé/sí a amhráin/hamhráin féin
tá sé/sí go hiontach ag damhsa
is ceoltóir é/í freisin
seinneann sé/sí an giotár/an pianó
is breá liom a chuid/cuid físeán
is breá liom a stíl faisin

Aiste samplach:

'An phearsa cheoil is fearr liom – Ellie Goulding'

Is í Ellie Goulding an phearsa cheoil is fearr liom **gan aon agó**[1]. Tá glór iontach aici agus is amhránaí den scoth í. Canann sí amhráin phopcheoil. Tá íomhá láidir aici. Scríobhann nó comhscríobhann sí formhór na n-amhrán atá ar a halbaim. Tá **teacht i láthair**[2] iontach aici ar an stáitse. Is duine **cumasach**[3] tallannach í.

Rugadh Elena Jane Goulding ar an 30 Nollaig 1986. Is as Hereford i Sasana í Ellie Goulding. Tógadh í in Lyonshall, sráidbhaile beag i ngar do Kington, Herefordshire. Is í an dara duine is sine sa chlann í. Tá deartháir amháin aici agus beirt deirfiúracha. B'**adhlacóir**[4] é a hathair agus d'oibrigh a Mam san ollmhargadh áitiúil. Scar a tuismitheoirí nuair a bhí sí cúig bliana d'aois.

Thosaigh Ellie ag seinm an chlairinéid nuair a bhí sí naoi mbliana d'aois agus thosaigh sí ag foghlaim an ghiotáir nuair a bhí sí ceithre bliana déag d'aois. Ghlac sí ról an

[1] without a doubt
[2] presence
[3] talented
[4] undertaker

Fhir Bhréige[5] ina ceolsiamsa scoile, *The Wizard of Oz*. Thosaigh sí ag scríobh amhrán nuair a bhí sí cúig bliana déag d'aois agus bhuaigh sí comórtas amhránaíochta nuair a bhí sí sa séú bliain.

Thosaigh Goulding ar chúrsa dráma, polaitíocha agus Béarla ag Ollscoil Kent. Thug Jamie Lillywhite ón g**comhlacht**[6] Turn First Artists faoi deara í ag comórtas tallainne san ollscoil. D'fhág sí an ollscoil agus d'íoc an comhlacht as **lóistín**[7] di in iarthar Londan. D'oibrigh Lillywhite mar **bhainisteoir**[8] aici agus **chuir sí in aithne í do**[9] na **léiritheoirí ceirníní**[10] Starsmith agus Frankmusik. Ba é Starsmith an príomhdhuine a d'oibrigh léi ar an albam *Lights* mar léiritheoir agus scríbhneoir. **Shínigh**[11] sí **conradh**[12] le Polydor Records in Iúil 2009. Bhuaigh sí an **gradam**[13] 'Rogha na **Léirmheastóirí**[14]' ag The Brit Awards in 2010. Chuir sí a halbam *Lights* amach in 2010 agus bhain sé uimhir a haon amach i gcairteacha na Breataine. Bhí **mórchnaig**[15] aici le hamhráin ar nós 'Starry Eyed' agus 'Guns and Horses' agus 'The Writer'. Bhain a leagan den amhrán 'Your Song' le Elton John uimhir a dó amach sna cairteacha agus chan sí an t-amhrán sin ag **bainis**[16] Catherine Middleton agus an Phrionsa William.

Eisíodh a dara halbam *Halcyon* in 2012. Bhain amhráin ar nós 'Anything could happen' agus 'Burn' cáil amach don amhranaí. In 2013, úsáideadh a hamhrán 'Mirror' ar **fhuaimrian**[17] an scannáin *The Hunger Games: Catching Fire*. Bhuaigh Ellie gradam don amhranaí **baineann**[18] is fearr ag na Brit Awards in 2014. I mí na Samhna, 2015, chuir sí a halbam *Delirium* amach. Úsáideadh a hamhrán 'Love Me Like You Do' ar fhuaimrian an scannáin *Fifty Shades of Grey* agus ainmníodh an singil sin dona *Grammy Awards*.

Chuaigh mé chuig ceolchoirm de chuid Ellie Goulding sa Marquee i gCorcaigh le déanaí in éineacht le mo chara Sinéad. Chosain na ticéid céad euro, ach **b'fhiú iad**[19] agus ceolchoirm iontach ba ea í. Bhí Ellie go hiontach ar an stáitse agus bhí an slua ar mire. Chan sí an t-amhrán is fearr liom, 'Starry Eyed'. Bhí an banna ar fheabhas, bhí na soilse **dochreidte**[20] agus bhí an t-atmaisféar leictreach. Bhí gach duine ag canadh, ag rince agus ag luascadh ó thaobh go taobh. Chuamar abhaile go sona sásta.

Is amhránaí agus scríbhneoir den chéad scoth í Ellie Goulding agus is breá liom a híomhá agus a físeáin. **Ní haon ionadh é**[21] gurb í Ellie Goulding an t-amhránaí is fearr liom.

[5] *fear bréige* = scarecrow
[6] company
[7] accommodation
[8] *bainisteoir* = manager
[9] *cuir in aithne do* = to introduce
[10] record producers
[11] *sínigh* = to sign
[12] contract
[13] award
[14] critics
[15] big hits
[16] wedding
[17] *fuaimrian* = soundtrack
[18] female
[19] they were worth it
[20] unbelievable
[21] it's no surprise

A Freagair na ceisteanna seo a leanas:

1. Cad as d'Ellie Goulding?
2. Luaigh dhá fhíric faoina clann.
3. Cén ról a fuair sí ina ceolsiamsa scoile, *The Wizard of Oz*?
4. Cen cúrsa a thosaigh sí san ollscoil?
5. Cén ról a bhí ag Jamie Lillywhite i saol Ellie?
6. Cén comhlacht ceirnín ar shínigh sí leo?
7. Cén t-amhrán a chas sí ag bainis an Phrionsa William?
8. Luaigh trí mhórchnaig a bhí aici.
9. Luaigh dhá ghradam a bhuaigh sí mar cheoltóir.
10. Cén bhaint a bhí aici leis na scannáin *The Hunger Games: Catching Fire* agus *Fifty Shades of Grey*?

    (*connection* — written above "bhaint")
11. Cá raibh ceolchoirm Ellie ar siúl in Éirinn, dar leis an údar?

B Obair bheirte

I mbeirteanna, cum abairtí ag úsáid na nathanna/focal seo a leanas iontu:

1. gan aon agó
2. teacht i láthair
3. comórtas amhránaíochta
4. mórchnaig
5. eisíodh
6. bhain sí ... amach
7. gradam
8. fuaimrian
9. b'fhiú iad
10. ní haon ionadh é

C Líon na bearnaí seo a leanas in abairtí atá bunaithe ar an aiste/blag thuas:

ionadh *suprised*	aithne *recognise*	amach	de chuid	stáitse
cáil *fame*	Shínigh *sign*	gradam *award*	mire *delighted*	Ainmníodh *nominated*

1. Chuir a bainisteoir Ellie in ___aithne___ don léiritheoir ceoil *Starsmith*.
2. Bhain a halbam *Lights* uimhir a haon ___amach___ i gcairteacha na Breataine.
3. ___Shínigh___ sí conradh le *Polydor Records*.
4. Bhuaigh sí an ___gradam___ don amhránaí baineann is fearr ag *The Brit Awards*.
5. ___Ainmníodh___ an t-amhrán dona *Grammy Awards*.
6. Bhain an t-amhrán ___cáil___ amach don amhránaí.
7. Chuaigh mé chuig ceolchoirm ___de chuid___ Ellie Goulding sa *Marquee* i gCorcaigh.
8. Bhí Ellie go hiontach ar an ___stáitse___.
9. Bhí an slua ar ___mire___.
10. Ní haon ___ionadh___ é gurb í Ellie Goulding an phearsa cheoil is fearr liom.

D Obair ghrúpa/Obair aonair: Cleachtadh scríofa

Scríobh aiste nó blag dar teideal 'An phearsa cheoil is fearr liom'. Má thugann sibh faoin aiste mar ghrúpa, bainigí úsáid as an bplean/mata boird seo a leanas:

Plean i gcomhair na haiste/an bhlaig

Dalta 1 – Smaoinigh ar na pointí seo a leanas agus tú ag scríobh alt 1:

Alt 1 – na rudaí is fearr leat faoin bpearsa cheoil, m.sh. a g(h)lór, a (h)íomhá, a stíl cheoil, a (h)amhráin

reasons why

Dalta 2 – Smaoinigh ar na pointí seo a leanas agus tú ag scríobh alt 2:

Alt 2 –
- cúlra agus óige na pearsan *background*
- conas a thosaigh an t-amhránaí amach i ndomhan an cheoil *when start music world*

Dalta 3 – Smaoinigh ar na pointí seo a leanas agus tú ag scríobh alt 3:

Alt 3 –
- na mórchnaig agus albaim a bhí aige/aici/acu *big hits album*
- na gradaim a bhain sé/sí/siad amach *awards*

Dalta 4 – Smaoinigh ar na pointí seo a leanas agus tú ag scríobh alt 4:

Alt 4 – ceolchoirm ag a bhfaca tú an phearsa cheoil is fearr leat *concert*

conclude – good exam is éli eisimláir maith do dhéagóirí

Feasacht teanga/Cúinne na gramadaí

Pointe gramadaí a bhaineann leis an aiste: Bí cúramach leis an aidiacht shealbhach. An bhfuil an phearsa cheoil is fearr leat fireann (*male*) nó baineann (*female*)?

m'albam	**m'**amhrán	**mo** ghlór
d'albam	**d'**amhrán	**do** ghlór
a albam	**a** amhrán	**a** ghlór
a halbam	**a** hamhrán	**a** glór
ár n-albam	**ár** n-amhrán	**ár** n-glór
bhur n-albam	**bhur** n-amhrán	**bhur** n-glór
a n-albam	**a** n-amhrán	**a** n-glór

Seicliosta gramadaí

Bí cinnte féachaint siar ar do chuid oibre. Bí cinnte go gcuireann tú na rialacha gramadaí seo a leanas i bhfeidhm:

✔ **sa** + **séimhiú** (m.sh. '**sa** bhanna'), ach amháin nuair a thosaíonn an focal le **d, n, t, l, s**

✔ Athraíonn **sa** go **san** roimh ghuta nó **fh** + guta (m.sh. '**san a**mhrán', '**san fh**íseán')

✔ **ar, de, do, roimh, um, thar, trí, faoi, mar, ó** + **séimhiú** (m.sh. '**ar** Sheán')

✔ **ar an, ag an, as an, chuig an, tríd an, roimh an, ón, faoin, leis an** + **urú** (m.sh. '**ag an gc**eolchoirm'), ach amháin nuair a thosaíonn an focal le guta nó **d, n, t, l, s** (m.sh. '**ar an** ábhar sin', '**ar an** albam', '**ar an** traein') (Eisceacht: Is í an riail i nGaeilge Uladh ná **ar an, ag an** srl. + séimhiú)

✔ **ag, as, go, chuig, le, seachas** + **faic** (m.sh. '**ag** ceolchoirm')

✔ Eisceacht: Cuireann **go** agus **le h** roimh ainmfhocal a thosaíonn le guta (m.sh. '**le h**Úna', '**go h**Albain').

Na critéir ratha

 Na mianta:

✔ Cuirfidh mé plean de leagan amach na haiste le chéile sula dtosaím ag scríobh (cosúil leis an gceann ar leathanach 247 ar an mata boird).

✔ Bainfidh mé úsáid as na heochairnathanna thuasluaite.

✔ Bainfidh mé úsáid as seicliosta gramadaí nuair a scríobhfaidh mé an aiste.

✔ Beidh mé cúramach leis an aidiacht shealbhach nuair a scríobhfaidh mé an aiste.

 Na réaltaí:

✔ Chuir mé plean de leagan amach na haiste le chéile sular thosaigh mé ag scríobh (cosúil leis an gceann ar leathanach 247 ar an mata boird).

✔ Bhain mé úsáid as na heochairnathanna thuasluaite.

✔ Bhain mé úsáid as an seicliosta gramadaí thuas nuair a scríobh mé an aiste.

✔ Bhí mé cúramach leis an aidiacht shealbhach nuair a scríobh mé an aiste.

Scéal/Eachtra

Smaoinigh ar na pointí seo a leanas agus tú ag scríobh scéil:

✔ Tús, na carachtair a chur in aithne, tús a chur leis an aicsean, buaicphointe drámatúil agus críoch.

✔ Féach ar an bplean ar an mata boird chun struchtúr a chur le do scéal féin ar leathanach 251.

✔ Tabhair na heochairfhocail agus nathanna faoi deara.

Eochairnathanna
chuaigh mé chuig ceolchoirm de chuid Coldplay
bheartaigh mé go rachainn …
chuir mé glao ar …
b'fhiú iad
chuaigh an slua as a meabhair/bhí an slua ar mire/chuaigh an slua le báiní
ba bheag nár thit mé i laige
bhí fuinneamh agus teacht i láthair iontach aige/aici/acu ar an stáitse
ní dhéanfaidh mé dearmad ar an oíche sin go deo

Scéal/Eachtra samplach:

'Ceolchoirm a chonaic mé'

Dé Sathairn seo caite chuaigh mise agus Colm chuig ceolchoirm de chuid Coldplay i bPáirc an Chrócaigh i mBaile átha Cliath. Chuala mé **fógra**[22] faoin gceolchoirm ar Raidió na Life, agus **bheartaigh mé**[23] go rachainn chuig an gceolchoirm. Chuir mé glao ar oifig na dticéad agus cheannaigh mé dhá thicéad dom féin agus do Cholm. Chosain siad céad euro an ceann, ach ba chuma liomsa: is breá liom Coldplay, agus **b'fhiú iad**[24]!

Tháinig lá na ceolchoirme, agus bhí mé **ar bís**[25]! Bhuail mé le Colm i lár na cathrach, agus chuamar ar an mbus go dtí páirc an Chrócaigh. Ba iad The Strypes a bhí **ag tabhairt taca do**[26] Coldplay, agus nuair a shroicheamar an staid, bhí siad ag seinm. Amhráin **bheoga**[27], **chumhachtacha**[28] a bhí acu, agus bhain mé an-taitneamh as a **léiriú**[29]. Bhí gach duine ag canadh leo agus ag rince agus bhí an t-atmaisféar leictreach!

Ansin tháinig Coldplay amach ar an ardán agus **chuaigh an slua as a meabhair**[30]! **Ba bheag nár thit mé i laige**[31]. Labhair Chris Martin leis an slua agus dúirt sé go raibh áthas air bheith in Éirinn leis an mbanna. Bhí gach duine ag bualadh bos agus ag screadach. **Bhí an slua ar mire**[32]. Ansin

[22] advertisement
[23] I decided
[24] they were worth it
[25] excited
[26] supporting
[27] *beoga* = lively
[28] *cumhachtach* = powerful
[29] presentation/performance
[30] the crowd went mad
[31] I almost fainted
[32] the crowd was crazy

thosaigh siad ag seinm amhrán ón albam is déanaí uathu agus chan siad an singil is fearr liomsa. Tugadh bráisléid le soilse orthu do gach duine a d'fhreastail ar an gceolchoirm agus d'athraigh dathanna na soilse d'amhráin dhifriúla – rud a chuir go mór leis an atmaisféar sa **staid**[33]. Bhraith an **lucht féachana**[34] go raibh siad ag glacadh páirte sa cheolchoirm. Anuas air sin, thóg Chris Martin fón póca ó dhuine den slua agus rinne sí **taifeadadh**[35] de féin ag canadh agus ag seinm ar an bhfón! **Chuaigh an slua le báiní**[36] nuair a rinne Chris é sin! Go tobann, thit an cailín ar léi an fón i laige! Ghlaoigh Chris ar an bhfoireann gharchabhrach ach tháinig an cailín ar ais chuici féin luath go leor. Bhí faoiseamh ar gach duine, Chris san áireamh!

Bhí glór iontach ag Chris an príomhamhránaí, a bhí ag seinm an phianó freisin. Bhí Will Champion ag seinm na ndrumaí, sheinn Guy Rupert Berryman an **dordghiotár**[37] agus sheinn Jonny Buckland an giotár leictreach agus an méarchlár. Bhí siad **dochreidte**[38]. Bhí na focail go léir ar eolas ag an slua agus bhí gach duine ag canadh, ag damhsa agus ag screadach.

Chan Chris le **mothú**[39] agus bhí an banna ar fheabhas. Chan siad meascán de **bhailéid**[40] agus amhráin bheoga **bhríomhara**[41] ar nós 'Yellow', 'The Scientist', 'Viva la vida', 'Paradise' agus 'Hymn for the Weekend'. Bhí **fuinneamh**[42] agus **teacht i láthair**[43] iontach acu ar an stáitse.

Tar éis na ceolchoirme cheannaigh mise agus Colm albam agus póstaeir. Bhí gach duine **ar aon aigne**[44] faoin oíche, is é sin gurbh í an cheolchoirm ab fhearr dá bhfacamar riamh. Chuaigh mise agus Colm abhaile ar an mbus agus muid tuirseach traochta ach sásta. Ní dhéanfaidh mé dearmad ar an oíche sin **go deo na ndeor**[45].

Marginal glossary:

[33] stadium
[34] the audience
[35] recording
[36] the crowd went crazy
[37] bass guitar
[38] unbelievable
[39] feeling/emotion
[40] *bailéid* = ballads
[41] *bríomhar* = lively
[42] energy
[43] presence
[44] in agreement
[45] forever

Ⓐ Freagair na ceisteanna seo a leanas:

1. Cá raibh an cheolchoirm ar siúl?
2. Cé a bhí ag seinm?
3. Conas a chuala an scríbhneoir faoin gceolchoirm?
4. Cé a chuaigh in éineacht leis an scríbhneoir?
5. Cén banna a bhí ag tabhairt taca don phríomhbhanna?
6. Conas a bhí an t-atmaisféar?
7. Cén cleas a bhí ag an mbanna leis na soilse?
8. Cé na huirlisí ceoil a sheinn an príomhbhanna?
9. Cén saghas amhrán a chas siad?
10. Conas a thaistil an scríbhneoir agus a chara abhaile?

B Líon na bearnaí sna habairtí thíos bunaithe ar an sliocht thuas:

dochreidte	bheoga, bhríomhara	dearmad	Sheinn	faoin	ar
teacht i láthair	taca	glór	canadh	ar siúl	

1. Chuala mé ___faoin___ gceolchoirm ___ar___ an raidió.
2. Bhí an cheolchoirm ___ar___ ___siúl___ i bPáirc an Chrócaigh.
3. Bhí The Strypes ag tabhairt ___taca___ don phríomhbhanna.
4. Bhí an t-atmaisféar ___dochreidte___.
5. ___Sheinn___ Chris Martin an pianó.
6. Bhí ___glór___ iontach ag Chris Martin.
7. Bhí gach duine ag ___canadh___ agus ag luascadh ó thaobh go taobh.
8. Chan siad amhráin ___bheoga___, ___bhríomhara___ ar nós 'Viva la Vida' agus 'Hymn for the Weekend'.
9. Bhí ___teacht___ i ___láthair___ iontach acu ar an stáitse.
10. Ní dhéanfaidh mé ___dearmad___ ar an oíche sin go deo.

C Obair ghrúpa/aonair: Cleachtadh scríofa

Scríobh scéal dar teideal 'An cheolchoirm is fearr dá bhfaca mé riamh'. Is féidir an scéal a scríobh i ngrúpa más mian libh le cabhair an mhata boird thíos.

Dalta a 1: Smaoinigh ar na ceisteanna seo a leanas nuair a scríobhann tú an chéad alt den aiste:

- Conas a chuala tú faoin gceolchoirm?
- Cár cheannaigh tú na ticéid?
- Cá raibh an cheolchoirm ar siúl agus cé a bhí ag seinm?
- Conas a bhí an aimsir lá na ceolchoirme?
- Conas a mhothaigh tú?
- Cé a bhí leat?

Dalta a 2: Smaoinigh ar na ceisteanna seo a leanas nuair a scríobhann tú an dara halt den aiste:

- Conas a bhí an banna a bhí ag tabhairt taca leis an bpríomhbhanna/bpríomhamhranaí?
- Conas a bhí an t-atmaisféar?
- Conas a bhí an slua?
- Conas a mhothaigh tú nuair a shiúil an príomhamhránaí/an príomhbhanna amach?

Dalta a 3: Smaoinigh ar na ceisteanna seo a leanas nuair a scríobhann tú an tríú halt den aiste:

- Déan cur síos ar na huirlisí ceoil a bhí á seinm ag an mbanna.
- Conas a bhí glór an phríomhamhránaí?
- An raibh teacht i láthair maith aige/aici ar an stáitse?
- Cé na hamhráin a chas sé/sí/siad?
- Conas mar a bhí na soilse agus an fhuaim?

Dalta a 4: Smaoinigh ar na ceisteanna seo a leanas nuair a scríobhann tú an ceathrú halt den aiste:

- Ar cheannaigh tú aon rud tar éis na ceolchoirme (m.sh. albam/póstaeir/T-léine)?
- Conas a thaistil tú abhaile?
- Conas a mhothaigh sibh tar éis na ceolchoirme?

Sula suíonn sibh síos: 'An bhfuil ceist ar bith ag éinne sa rang?'

   D **Punann agus leabhar gníomhaíochta: Féinfheasacht an fhoghlaimeora/Piarmheasúnú**

Inseoidh duine ó gach grúpa an scéal a chum an grúpa don rang. Déanfaidh na grúpaí eile sa rang piarmheasúnú ar an scéal faoi na cinnteidil seo a leanas ar leathanach piarmheasúnaithe ina bpunann agus leabhar gníomhaíochta.

Léigh mé scéal mo charad/chairde sa rang.

1. Thaitin _____
_____ go mór liom/linn.

2. Chuir _____
_____ ionadh orm/orainn.

3. Cheap mé/Cheapamar gurbh é an rud ab fhearr faoin scéal ná _____
_____ .

4. Ceapaim/Ceapaimid gurbh fhéidir libh feabhas a chur ar _____
_____ .

  E **Punann agus leabhar gníomhaíochta**

Téigh chuig do phunann agus leabhar gníomhaíochta. Is ball de bhanna ceoil thú. Scríobh blag mar gheall air.

Ríomhphost/Litir

Scríobh ríomhphost chuig do chara ag tabhairt cuiridh dó/di dul chuig gig leat an deireadh seachtaine seo chugainn.

Eochairnathanna

| Ar mhaith leat teacht in éineacht liom? |
| Cuir ríomhphost ar ais chugam chomh luath agus is féidir! |
| Táim ag tnúth go mór leis. |

Ríomhphost samplach: 'Cuireadh chun dul chuig gig'

Ó: roisinnicheallaigh@gmail.com

Chuig: padraiginnichonaola@yahoo.com

Ábhar: Cuireadh chun dul chuig ceolchoirm

Haigh, a Phádraigín,

Conas atá cúrsaí leat? Aon scéal ó Ros Muc? **Conas atá ag éirí leat**[46] ar scoil? An bhfuil tú ag baint taitnimh as an tríú bliain? Tá brón orm nár scríobh mé go dtí seo, ach bím **an-ghnóthach**[47] leis an scoil agus leis an gceol.

Bhuaigh mé dhá thicéad chun dul chuig ceolchoirm de chuid an bhanna Picture This san amharclann *Black Box* i nGaillimh an Satharn seo chugainn. Beidh an banna Ham Sandwich **ag tabhairt taca dóibh**[48]. Ar mhaith leat teacht in éineacht liom? Tá a fhios agam go bhfuil a n-albam agat agus cheap mé gur mhaith leat dul ann. Beidh an cheolchoirm ag tosú ar a hocht a chlog san amharclann. Bheadh mo dhaid in ann síob a thabhairt dúinn go dtí an chathair. Bheadh oíche iontach againn! **Táim ag tnúth go mór leis**[49]!

Cuir ríomhphost ar ais chugam chomh luath agus is féidir. **Idir an dá linn**[50], tabhair aire duit féin.

Le grá,

Róisín

[46] how are you getting on
[47] very busy
[48] supporting them
[49] I'm really looking forward to it
[50] In the meantime

A Cleachtadh scríofa

Scríobh ríomhphost ag glacadh le cuireadh Róisín nó ag diúltiú do chuireadh Róisín chun dul go dtí an cheolchoirm de chuid Picture This thuas. Bain úsáid as na heochairnathanna thíos.

Eochairnathanna

Míle buíochas as ucht an chuiridh a sheol tú chugam chun dul chuig ceolchoirm de chuid Picture This leat. Bheadh áthas orm dul in éineacht leat ...
nárbh iontach an duais í
tá brón an domhain orm, ach ní féidir liom dul ...
is oth liom a rá nach féidir liom dul ...
faraor, tá ... ar siúl agam ar an lá/oíche sin
ar mhí-amharaí an tsaoil, ní thabharfaidh mo mham cead dom dul ... níl sí róshásta liom faoi láthair mar ...
tá mo thuismitheoirí ródhian ...

   B Punann agus leabhar gníomhaíochta: Féinfheasacht an fhoghlaimeora

Téigh chuig do phunann agus leabhar gníomhaíochta. Scríobh isteach na leaganacha ceartaithe de dhá cheann de na cleachtaí scríofa thuas. Ansin comhlánaigh na leathanaigh féinmheasunaithe a ghabhann leo.

   C Measúnú rangbhunaithe: Ceoltóir/Grúpa traidisiúnta

Roghnaigh ceoltóir/banna traidisiúnta. Ullmhaigh tionscnamh mar gheall ar an gceoltóir/grúpa traidisiúnta atá roghnaithe agat. Is féidir na nótaí agus plean don aiste 'An phearsa cheoil is fearr liom' a úsáid mar chabhair duit!

   D Punann agus leabhar gníomhaíochta: Féinfheasacht an fhoghlaimeora

Téigh chuig do phunann agus leabhar gníomhaíochta. Scríobh an leagan ceartaithe den mheasúnú rangbhunaithe thuas ann. Comhlánaigh an leathanach féinmheasúnaithe a ghabhann leis.

 Féinfheasacht an fhoghlaimeora: Féinmheasúnú

Cé chomh sásta is atá tú go bhfuil tú in ann giotaí a scríobh a bhaineann leis an topaic 'an ceol'? Cuir tic sa bhosca cuí.

CÉIM 7: SÚIL SIAR AR AONAD 6

A Téacs ilmhódach

Freagair na ceisteanna seo a leanas bunaithe ar an ngrianghraf thuas:

1. Cé na huirlisí ceoil a fheiceann tú sa phictiúr thuas?

2. Cén stíl cheoil atá i gceist sa phictiúr thuas?

3. Cad atá á dhéanamh ag an seanfhear?

4. Cén fhéile atá ar siúl sa phictiúr thuas, meas tú?

5. Cá bhfuil an taispeántas ar siúl?

6. Cén aois iad na ceoltóirí, dar leat?

7. An bhfuil an slua ag baint taitnimh as an taispeántas, an dóigh leat?

8. Déan cur síos ar na héadaí atá á gcaitheamh ag an seanfhear atá ag damhsa.

9. Cén fáth a bhfuil sé ag damhsa ar phíosa adhmaid, meas tú?

10. An maith leatsa ceol traidisiúnta? An bhfaca tú taispeántas de cheol traidisiúnta riamh? Déan cur síos ar an taispeántas agus an áit ina raibh sé ar siúl.

B Crosfhocal

Trasna

1. Grúpa ceoltóirí a sheinneann ceol clasaiceach le chéile.

4. Canann amhránaithe ar nós Beyoncé agus Rihanna sa stíl cheoil seo.

7. Uirlis cheoil traidisiúnta a sheinntear le cnaipí.

Síos

1. Duine a chasann uirlis cheoil.

2. Uirlis cheoil traidisiúnta a shéidtear.

3. Duine a chanann amhráin.

5. An téarma a úsáidtear d'fhocail in amhráin.

6. Grúpa amhránaithe a chanann i gcomhcheol le chéile.

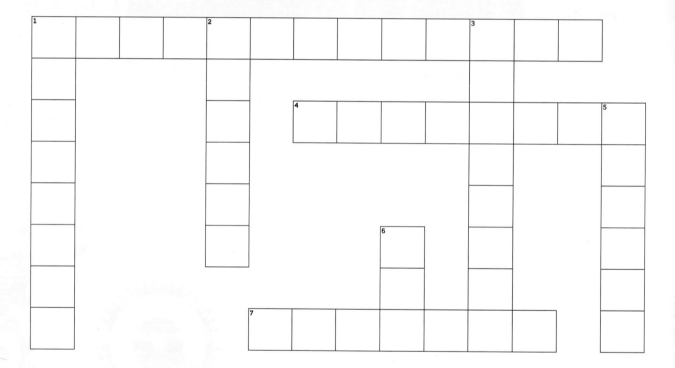

C Féinmheasúnú

 Punann agus leabhar gníomhaíochta: Féinfheasacht an fhoghlaimeora

Téigh chuig do phunann agus leabhar gníomhaíochta. Comhlánaigh an leathanach féinmheasúnaithe bunaithe ar Aonad 6.

Na Meáin Chumarsáide – Cláir Theilifíse, Scannáin, Leabhair agus An Teicneolaíocht

Céim 1: Feasacht Chultúrtha – An Cultúr agus an Litríocht
- 'Stadeolaíocht' le Marcus Mac Conghail
- Crostagairt don ghearrscéal 'Katfish' le hÓgie Ó Céilleachair

Céim 2: Cumas Cumarsáide – Éisteacht, Féachaint, Cur i Láthair agus Scríobh
- Na meáin chumarsáide
- An teilifís, raidió agus nuachtáin
- Scannáin
- Leabhair (Féach ar an measúnú rangbhunaithe samplach 'Agallamh le Seán Bán Breathnach' ar fhístéip an mhúinteora.)
- An teicneolaíocht

Céim 3: Cumas Cumarsáide – An Chluastuiscint
- Na meáin chumarsáide
- An teilifís
- Scannáin
- Leabhair

Céim 4: Cumas Cumarsáide – An Léamhthuiscint (Léamh, Scríobh, Labhairt agus Idirghníomhú Cainte)
- Léamhthuiscint A: An phearsa theilifíse is fearr liom – Graham Norton
- Léamhthuiscint B: An t-úrscéal/scannán is fearr liom – The Hunger Games

Céim 5: Feasacht Teanga – An Ghramadach
- Réamhfhocail shimplí agus forainmneacha réamhfhoclacha

Céim 6: Cumas Cumarsáide – An Cheapadóireacht (Scríobh agus Idirghníomhú Cainte)
- Blag/Aiste: An réalta scannáin is fearr liom – Emma Watson
- Ríomhphost samplach: Cuireadh chuig scannán
- Litir shamplach: Fón cliste nua
- Litir fhoirmiúil shamplach: Gearán faoi chlár teilifíse
- Measúnú rangbhunaithe: 'Scannáin'

Céim 7: Féinfheasacht an fhoghlaimeora – Súil siar ar Aonad 7
- Téacs ilmhódach
- Crosfhocal
- Féinmheasúnú

Tarraingíonn scéal scéal eile!

San aonad seo, foghlaimeoidh tú:

Feasacht chultúrtha
✿ **An cultúr agus an litríocht:** 'Stadeolaíocht' le Marcus Mac Conghail.

Cumas cumarsáide
✿ **Éisteacht, féachaint, cur i láthair agus scríobh:** conas cur síos a dhéanamh, le cur i láthair digiteach, ar na cláir theilifíse is fearr leat, na scannáin is fearr leat, an post sna meáin ba mhaith leat, na leabhair is fearr leat, na buntáistí agus míbhuntáistí a bhaineann le húsáid na teicneolaíochta.

✿ **Léamh agus tuiscint:** conas foclóir agus nathanna a bhaineann leis na meáin chumarsáide, cláir theilifíse, scannáin agus leabhair a aithint agus a thuiscint.

✿ **Éisteacht:** conas foclóir agus nathanna a bhaineann 'leis na meáin chumarsáide a aithint agus a thuiscint ó chluas. Gheobhaidh na daltaí taithí ar a bheith ag éisteacht le canúintí éagsúla.

✿ **Scríobh:** conas giotaí a scríobh ar thopaicí a bhaineann leis na meáin chumarsáide, cláir theilifíse, scannáin, leabhair agus giuirléidí teicneolaíochta.

✿ **Idirghníomhú cainte:** conas idirghníomhú le comhscoláirí agus tú ag tabhairt faoi obair ghrúpa, obair bheirte, piarmheasúnú agus rólimirt, conas eolas a sheiceáil, a dheimhniú agus a mhalartú, conas cumarsáid ó bhéal a dhéanamh ag úsáid teicneolaíochtaí digiteacha.

Feasacht teanga
✿ **Gramadach:** conas réamhfhocail shimplí agus forainmneacha réamhfhoclacha a aithint agus a úsáid i gcomhthéacs; conas patrúin teanga a aithint agus a úsáid.

Féinfheasacht an fhoghlaimeora
✿ **Féinmheasúnú:** conas féinmheasúnú a dhéanamh sa téacsleabhar seo agus sa phunann agus leabhar gníomhaíochta a ghabhann leis agus conas piarmheasúnú a dhéanamh.

CÉIM 1: FEASACHT CHULTÚRTHA – AN CULTÚR AGUS AN LITRÍOCHT

Céim 1: Na Torthaí Foghlama

Cumas Cumarsáide: 1.6, 1.7, 1.8, 1.9, 1.10, 1.17, 1.19, 1.29

Feasacht Teanga agus Chultúrtha: 2.6, 2.7

Féinfheasacht an Fhoghlaimeora: 3.4, 3.6

Filíocht

CD 1 46

Stadeolaíocht

le Marcus Mac Conghail

Brúim cnaipe na haipe ag ceapadh
go gcuirfí ar an eolas mé
ach in áit am theacht an bhus a thabhairt dom
ar mo ghuthán
faighim radharc fíor-ama
den tiománaí ag féachaint orm
(is é ag tiomáint an bhus thar bráid)
ar ardú mo chinn dom

Cuardach foclóra

Cuardaigh na focail dheacra i d'fhoclóir nó ar www.focloir.ie agus cuir ceist ar do mhúinteoir muna n-aimsíonn tú gach focal.

A Fíor nó bréagach

Féach ar na habairtí thíos agus abair an bhfuil siad fíor nó bréagach.
Cuir tic sa bhosca ceart.

	Fíor	Bréagach
1. Marcus Mac Conghail a chum an dán 'Stadeolaíocht'.	☐	☐
2. Tá an file ag féachaint ar a **ríomhaire glúine**[1] sa dán seo.	☐	☐
3. Bhí an file ag féachaint ar aip ar a fhón póca sa dán seo.	☐	☐
4. Bhí sé ag iarraidh **amchlár**[2] na traenach a **chuardadh**[3].	☐	☐
5. Bhí sé ag iarraidh amchlár an bhus a chuardadh.	☐	☐
6. Stop an bus don fhile.	☐	☐
7. Chaill an file an bus mar bhí sé róghnóthach ag féachaint ar aip ar a fhón.	☐	☐
8. Taispeánann an dán seo go bhfuil **míbhuntáistí**[4] chomh maith le **buntáistí**[5] ag baint leis an teicneolaíocht.	☐	☐
9. Bhí an file róghnóthach ar a fhón póca agus **cuireadh moill air**[6] agus é ar a thuras **dá bharr**[7].	☐	☐
10. Is dán fada, **casta**[8] é an dán seo.	☐	☐

[1] laptop
[2] timetable
[3] (cuardaigh) to search
[4] disadvantages
[5] advantages
[6] he was delayed
[7] as a result
[8] complicated

B Cleachtadh scríofa: Ceisteanna gearra

Freagair na ceisteanna gearra seo a leanas bunaithe ar an dán thuas:

1. Conas a **bhraith**[9] an file nuair a chaill sé an bus, meas tú?
2. An dán **dáiríre**[10] nó dán greannmhar, éadrom é an dán seo, dar leat?
3. Cad a cheap tiománaí an bhus, dar leat, nuair a thiomáin sé **thar bráid**[11]?
4. Cad í **príomhtheachtaireacht**[12] an dáin 'Stadeolaíocht', i do thuairim?

[9] felt
[10] serious
[11] past
[12] message

  C Punann agus leabhar gníomhaíochta: Cleachtadh scríofa

Téigh chuig do phunann agus leabhar gníomhaíochta agus scríobh amach scéal an dáin i do chuid focal féin.

An file

Chum Marcus Mac Conghail an dán seo. Is file, scríbhneoir agus ceoltóir é Marcus Mac Conghail a chónaíonn i mBaile Átha Cliath. Tá **saothar**[13] leis **foilsithe**[14] ag **comhlachtaí foilsitheoireachta**[15] amhail Coiscéim, Feasta agus Dedalus Press agus **craolta ag**[16] RnaG, RTÉ agus TG4. Bhuaigh sé duais Mhichíl Uí Airtnéide in 2015. Ba bhall den bhanna IMLÉ é go dtí 2016 a chum amhráin Ghaeilge i stíl a mheasc rapcheol, popcheol agus filíocht le chéile. Tá moladh faighte ag IMLÉ as a gcuid amhrán Gaeilge.

[13] work (artistic work)
[14] published
[15] publishing companies
[16] broadcast by

You Tube *Éist le ceol IMLÉ ar YouTube. Téigh chuig www.youtube.com. Cuir na focail 'IMLÉ Críochfort' sa tascbharra. Ansin eist leis an amhrán 'Críochfort'. Ar thaitin sé leat? Déan plé air sa rang.*

Punann agus leabhar gníomhaíochta

Téigh chuig do phunann agus leabhar gníomhaíochta. Déan níos mó taighde ar fhile an dáin thuas. Scríobh amach na rudaí a fhaigheann tú amach faoi i do phunann agus leabhar gníomhaíochta.

Téama an dáin

[17] it is clear
[18] technological gadgets
[19] majority
[20] Presumably
[21] certain
[22] obsessed with
[23] we ignore
[24] we should
[25] emphasis
[26] cyber-world
[27] advises us
[28] behaviour
[29] too much

- Is é áit na teicneolaíochta i saol an duine sa lá atá inniu ann téama an dáin seo. **Is léir**[17] go mbaineann an file úsáid as **giuirléidí teicneolaíochta**[18] ar nós a fhóin chliste. Sa tslí sin, tá an file cosúil le **formhór**[19] na ndaoine i sochaí an domhain thiar sa lá atá inniu ann.

- Is é scéal an dáin seo ná go gcailleann an file an bus mar bhí sé róghnóthach ag cuardadh aipe a d'inseodh clár ama an bhus dó. Thiomáin an bus thar bráid nuair a d'ardaigh sé a cheann. **Is dócha**[20] gur bhraith an file beagáinín amaideach nuair a d'fhéach tiománaí an bhus air.

- B'fhéidir go bhfuil an file ag rá go gcaillimid amach ar rudaí **áirithe**[21] i bhfíor-am nuair a chaithimid an iomarca ama ar ghiuirléidí teicneolaíochta. Bíonn an baol ann agus muid ag plé le giuirléidí teicneolaíochta go mbímid chomh **gafa leis**[22] na giuirléidí go n**déanaimid neamhaird ar**[23] na rudaí atá ag tarlú mórthimpeall orainn agus na daoine atá mórthimpeall orainn san fhíor-am! **Ba chóir dúinn**[24] níos mó **béime**[25] a chur ar an domhan fíor-ama ná ar an g**cibeardhomhan**[26] atá ar líne agus ar aipeanna is dócha!

- **Molann** an file **dúinn**[27] an saghas **iompair**[28] sin a sheachaint agus gan **an iomarca**[29] béime a chur ar an teicneolaíocht i slí éadrom, ghreannmhar leis an scéal beag, simplí a insíonn sé dúinn sa dán seo.

Punann agus leabhar gníomhaíochta: Cleachtadh scríofa

Déan achoimre i do phunann agus leabhar gníomhaíochta ar théamaí an dáin.

Mothúcháin an dáin

- **Náire:** Bíonn náire ar an bhfile sa dán 'Stadeolaíocht'. Chaill sé an bus mar bhí sé róghnóthach agus é ag féachaint ar a fhón póca. Cheap sé go raibh sé cliste agus é ag féachaint ar aip ar a fhon póca chun am theacht an bhus a fháil amach ach **a mhalairt**[30] ar fad a bhí fíor. Bhí sé chomh gnóthach ag cuardadh an amchláir ar an aip gur chaill sé an bus i bhfíor-am. Nuair a d'fhéach tiománaí an bhus air agus é ag tiomáint thar bráid, is dócha gur bhraith an file amaideach agus **náirithe**[31]. Is dócha gur **aithin**[32] an file an greann a bhain leis an eachtra freisin, áfach, mar ní deir sé go raibh fearg air. Is dán gearr, **éadromchroíoch**[33], greannmhar é an dán seo.

[30] the opposite
[31] embarrassed
[32] recognised
[33] light-hearted

- **Magadh:** Tá an file ag magadh faoi féin sa dán seo. Aithníonn sé go raibh sé amaideach nuair a chaill sé an bus agus é ag cuardadh amchlár an bhus ar aip ar a fhón póca. Aithníonn sé an greann a bhain leis an eachtra sin.

Cleachtadh scríofa

1. Cum an cuntas dialainne a cheapann tú a scríobhfadh an file an oíche sin tar éis dó dul abhaile.

2. Cén sórt duine é an file, meas tú?

Teicnící fileata an dáin

● Tá **friotal**[34] an dáin seo simplí agus ceolmhar. Tá an dán seo scríofa i stíl shimplí, ghonta. Oireann an stíl do **theachtaireacht**[35] shimplí an dáin. Luann an file teachtaireacht an dáin i mbeagán focal leis an eachtra shimplí a tharlaíonn sa dán – is é sin gan a bheith róghafa le giuirléidí teicneolaíochta toisc go bhfuil sé éasca neamhaird a dhéanamh ar an domhan mórthimpeall orainn má dhírimid an iomarca airde ar an teicneolaíocht.

● Tá **comhfhuaim**[36] le tabhairt faoi deara i gcéad líne an dáin idir na focail: cnaipe, haipe, ceapadh. Is tús deas é an chéad líne sin leis an gcuid eile den dán.

● Níl a lán íomhánna sa dán gearr seo ach luann an file dhá íomhá shimplí a léiríonn teachtaireacht an dáin i slí **shoiléir**[37], shimplí, éifeachtach. Sa chéad trí líne den dán, luann sé íomhá de féin agus é ag cuardach amchlár an bhus ar aip ar a fhón póca. Faighimid pictiúr, cruinn, soiléir den fhile lena cheann **cromtha**[38] agus é ag féachaint ar a fhón póca.

● Sa dara híomhá, feicimid an file ag ardú a chinn agus an tiománaí bus ag féachaint air agus é ag tiomáint an bhus thar bráid. **Samhlaímid**[39] an náire a bhí ar an bhfile agus cé chomh hamaideach is a bhraith sé nuair a d'fhéach tiománaí an bhus air. Braithimid an greann a bhaineann leis an eachtra freisin leis an iomhá sin mar tá an file ag magadh faoina chuid **amaideachta**[40] féin.

[34] language
[35] message
[36] assonance
[37] clear
[38] bent
[39] We imagine
[40] foolishness

Suíomh an dáin

Cónaíonn an file i mBaile Átha Cliath. Mar sin, is dócha go bhfuil an dán seo suite sa chathair.

A Obair ghrúpa

Déanaigí iarracht in bhur ngrúpaí sa rang amhrán nó dan a chumadh bunaithe ar eachtra bheag shimplí ghreannmhar a bhain díot/díbh sa saol laethúil.

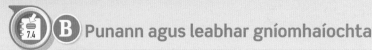

B Punann agus leabhar gníomhaíochta

Téigh chuig do phunann agus leabhar gníomhaíochta. Scríobh leath-leathanach nó mar sin ar na fáthanna a dtaitníonn nó nach dtaitníonn an dán 'Stadeolaíocht' leat.

Moladh: Smaoinigh ar na pointí seo a leanas:

1. An dtaitníonn na híomhánna a luaitear sa dán leat? Cén fáth?
2. Cad í an íomhá is fearr leat sa dán?
3. An gceapann tú go bhfuil atmaisféar deas le brath sa dán?
4. An bhfuil an dán éasca a thuiscint?
5. An bhfuil tú in ann ionannú ar chor ar bith le hábhar an dáin seo?
6. Conas a mhothaíonn tú féin tar éis duit an dán a léamh?
7. An maith leat friotal an dáin?
8. An maith leat an greann a bhaineann leis an dán?
9. An maith leat an dán ar an iomlán?

Ansin, comhlánaigh an leathanach féinmheasúnaithe a ghabhann leis i do phunann agus leabhar gníomhaíochta.

Gearrscéal

'Katfish'

le hÓgie Ó Céilleachair

Féach ar Aonad a 9, Céim 2, leathanach 365, le haghaidh script, achoimre agus nótaí ar an ngearrscéal 'Katfish'.

Blurb

Tosaíonn an gearrscéal seo le cailín óg ag caint le buachaill darb ainm 'Jon Green' i seomra cainte ar líne. Tá an cailín ceithre bliana déag d'aois. Deir Jon Green go bhfuil sé sé bliana déag d'aois. Bíonn sé **ag cliúsaíocht**[1] leis an gcailín óg. Tugann sí 'KitiKat' uirthi féin ar líne. Seolann siad grianghraif dá chéile chuig a chéile. Molann sé a **háilleacht**[2] agus cuireann sé spéis sna caithimh aimsire atá aici. Dealraíonn sé gur cailín óg soineanta í KitiKat nach ndeachaigh amach le buachaill riamh. Éiríonn go maith leo le chéile ar líne. Ar deireadh, socraíonn siad go mbuailfidh siad le chéile i lár an bhaile mhóir. **Tagann sé chun solais**[3] go raibh **cur i gcéill**[4] ar siúl ag an mbeirt acu, áfach, agus **ní mar a shíltear a bhítear**[5] ...

[1] flirting
[2] beauty
[3] It comes to light
[4] pretence
[5] things are not what they seem

Téamaí: An teicneolaíocht, fadhbanna daoine óga, caidrimh

Féinfheasacht an fhoghlaimeora: Féinmheasúnú

Cé chomh sásta is atá tú go bhfuil tú in ann an dán 'Stadeolaíocht' a thuiscint agus a phlé? Cuir tic sa bhosca cuí.

 A Obair ghrúpa: Taighde

Déan taighde ar na scríbhneoirí seo a leanas:

- Cén fáth a bhfuil siad tábhachtach agus cé na saothair mór le rá atá scríofa acu?
- Cad as dóibh agus cén tréimhse inar mhair/ina mhaireann siad?
- Cén saghas litríochta a scríobh/scríobhann siad?

An litríocht – údair/filí mór le rá

1. Maidhc Dainín Ó Sé
2. Pádraig Mac Piarais
3. Seosamh Mac Grianna
4. Babs Feiritéar
5. Áine Ní Ghlinn
6. Nuala Ní Dhomhnaill
7. Peig Sayers
8. Michael Davitt
9. Pádraic Ó Conaire
10. Tomás Ó Criomhthain
11. Gabriel Rosenstock
12. Peadar Ua Laoghaire
13. Máirtín Ó Cadhain
14. Seán Ó Ríordáin
15. Máirtín Ó Direáin
16. Máire Mhac an tSaoi
17. Micí Mac Gabhann
18. Colmán Ó Raghallaigh

Maidhc Dainín Ó Sé

Nuala Ní Dhomhnaill

Gabriel Rosenstock

Máire Mhac an tSaoi

B Féach ar na gearrscannáin seo a leanas:

1. *Clare sa Spéir*
2. *An Fear Grinn*
3. *Marion agus an Banphrionsa* (ar sheinnteoir TG4)
4. *Yu Ming is Ainm Dom* (ar sheinnteoir TG4)

Abair cén gearrscannán is fearr leat agus cén fáth. Tabhair trí mhórphointe eolais ag tacú le do fhreagra.

C Féach ar eipeasóid den sraithscéal *An Klondike* ar sheinnteoir TG4.

Tabhair trí mhórphointe eolais faoi shuíomh an scéil, an ré atá i gceist sa scéal agus plota an scéil. Abair ar thaitin nó nár thaitin an eipeasóid leat agus tabhair cúis le do thuairim.

CÉIM 2: CUMAS CUMARSÁIDE – ÉISTEACHT, FÉACHAINT, CUR I LÁTHAIR AGUS SCRÍOBH

Céim 2: Na Torthaí Foghlama
Cumas Cumarsáide: 1.1, 1.2, 1.3, 1.4, 1.5, 1.6, 1.11, 1.12, 1.13, 1.14, 1.15, 1.16, 1.18, 1.19, 1.20, 1.21, 1.22, 1.23, 1.24, 1.25, 1.26, 1.27, 1.28

Feasacht Teanga agus Chultúrtha: 2.1, 2.2, 2.3, 2.4, 2.5

Féinfheasacht an Fhoghlaimeora: 3.1, 3.2, 3.3, 3.4, 3.5, 3.6, 3.8

A Cláir theilifíse

Meaitseáil na huimhreacha leis na litreacha thíos.

1. clár faisnéise — O	2. clár spóirt — B	3. clár faisin — G	4. clár réaltachta — F
5. clár cainte — I	6. clár ceoil — C	7. sobalchlár — A	8. clár coiriúlachta — H
9. clár grinn — L	10. sraithscéal — J	11. cartún — E	12. clár taistil agus saoire — K

A. Ros na Rún

sobalchlár
clár faisnéise

B. GAA Beo

clár spóirt

C. The Voice UK

clár ceoil

D. Fíorscéal

clár faisnéise
sraithscéal

E. Dora the Explorer

cartún

F. Big Brother

clár réaltachta

G. Xposé

clár faisin

H. CrimeCall

clár coiriúlachta

I. The Late Late Show

clár cainte

J. Homeland

sraithscéal
sobalchlár

K. Getaways

clár taistil agus saoire

L. Friends

clár grinn

B Cén saghas clár teilifíse is fearr leat?

Cuir tic ✓ sa bhosca nó sna boscaí cuí.

cláir thaistil *travel*

cláir ghrinn

cláir spóirt

cláir cheoil

cláir faisin

sobalchláir *soap*

cláir choiriúlachta *crime*

sraithscéalta *series*

cláir chainte

irischláir

cláir réaltachta *reality*

cláir faisnéise *documentaries*

cláir chócaireachta *cooking*

Is fearr liom …

C Obair bheirte: Cleachtadh cainte

Bíodh comhrá gearr agat le do chara sa rang faoin saghas clár teilifíse is fearr leat/is maith leat/is fuath leat!

Téarmaí a bhaineann leis an teilifís, an raidió agus nuachtáin

An teilifís, an raidió agus nuachtáin

craoltóir *broadcaster*	an raidió
léiritheoir *producer*	taighdeoir *researcher*
léitheoir nuachta *news pre-reader*	teicneoir fuaime *sound engineer*
láithreoir *presenter*	teicneoir solais *light engineer*
stiúrthóir *director*	iriseoir *journalist*
fógra *notice*	ealaíontóir smididh *makeup artist*
fógraíocht *ad*	clár teilifíse
réamhaisnéis na haimsire *weather forecast*	oibreoir ceamara/ceamaradóir *camra person*

D Líon na bearnaí le focail ón liosta thuas agus cuir na focail in oiriúint dona habairtí thíos.

1. Is ___léitheoir___ ___nuachta___ ✓ í Sharon Ní Bheoláin ar RTÉ.

2. Is ___craoltóir___ ✓ iontach é John Creedon.

3. Is é *EastEnders* an ___clar reilifíse___ ✓ is fearr liom.

4. Is iascaire é m'athair. Féachann sé ar ___reamhaisnéis___ ___na___ ___haimsire___ ✓ gach lá mar tá an aimsir an-tábhachtach dó ina ghairm.

5. Braitheann gach stáisiún teilifíse go mór ar ___fógraíocht___ chun airgead a thuilleamh don stáisiún teilifíse.

6. Is é an jab a bhíonn ag ___raghbheair___ ná eolas a bhailiú do chlár raidió agus do chláir theilifíse.

7. Ba mhaith liom staidéar a dhéanamh ar an innealtóireacht fuaime lá éigin agus a bheith i ___teicneoir ___ ___fuaime___ .

8. Taistealaíonn mo chol ceathrar ar fud na tíre mar ~~taighdeoir~~ ___iriseoir___ ag bailiú eolais agus ag scríobh alt don nuachtán áitiúil.

9. Is é Ryan Tubridy an ___láithreoir___ is fearr liom ar an teilifís.

10. Bhí spéis agam riamh i scannánaíocht agus grianghrafadóireacht. Ba mhaith liom a bheith i mo ___stiúrthóir___ amach anseo.

Cur i láthair A: An teilifís agus Netflix

5
Breathnaím ar shraith dúlra darb ainm *Planet Earth* ar Netflix nuair a bhíonn an seans agam freisin. Is é David Attenborough reacaire[6] an chláir. Bíonn a reacaireacht agus an obair cheamara ar fheabhas ar fad! Rinneadh taifeadadh don chlár i níos mó ná daichead tír. Foghlaimím mórán faoin nádúr agus faoi ainmhithe nuair a fhéachaim ar an tsraith.

1 Is mise Dearbhla. Is as an gClochán mé.

An Clochán
Contae na Gaillimhe

2 Tá mé ceithre bliana déag d'aois agus tá mé sa tríú bliain ar scoil.

4 Is breá liom na sobalchláir[1] *Fair City* ar RTÉ I agus *Ros na Rún* ar TG4. Tá an sobalchlár *Fair City* suite i mBaile Átha Cliath. Tá sé bunaithe ar[2] shaol na gcarachtar agus ar a gcaidrimh[3]. Pléann sé leis na fadhbanna agus constaicí[4] a bhíonn acu ina saol laethúil. Is minic a bhíonn na scéalta lán de mhéaldráma[5]! Is aoibhinn liom an clár mar déanaim dearmad glan ar mo chuid fadhbanna féin agus ar bhrú an staidéir nuair a bhím ag féachaint air.

3 Is breá liom an teilifís agus scannáin! Féachaim ar shobalchláir ar an teilifís agus ar chláir dhúlra ar Netflix.

[1] soaps
[2] based on
[3] relationships
[4] obstacles
[5] melodrama
[6] narrator

A Ceisteanna gearra

1. Cad as do Dhearbhla?
2. Cad é an saghas cláir is fearr léi ar an teilifís?
3. Ainmnigh dhá shobalchlár a thaitníonn léi.
4. Cá bhfuil *Fair City* suite?
5. Cad atá i gceist leis na cláir sin?
6. Cén fáth ar breá léi féachaint ar chláir?
7. Cad is ainm don reacaire sa chlár *Planet Earth*?
8. Cad a fhoghlaimíonn Dearbhla ón gclár *Planet Earth*?

B Saghsanna scannán

Meaitseáil na huimhreacha leis na litreacha thíos.

1. scannán grinn   E
2. scannán eachtraíochta   G
3. scannán uafáis   A
4. scannán rómánsúil/ rómánsach   F

5. scannán fantaisíochta   B
6. scannán bleachtaireachta   C A
7. scannán eipice   H
8. scannán ficsean-eolaíochta   D

A

B

C

D

E

F

G

H

grinn

C Saghsanna leabhar

Meaitseáil na huimhreacha agus na litreacha thíos.

1. leabhar grá/rómánsúil
2. leabhar eachtraíochta
3. cnuasach dánta
4. dírbheathaisnéis
5. leabhar uafáis A
6. leabhar grinn D
7. leabhar fantaisíochta
8. leabhar ficsean-eolaíochta
9. leabhar cogaidh

A *Carrie*

B *The Fault in Our Stars*

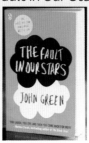

C *A Thig Ná Tit Orm*

D *Bridget Jones's Diary*

E *The Martian*

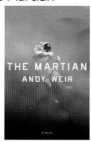

F *Cloch Nirt*

G *War Horse*

H *Game of Thrones*

I *Treasure Island*

Focail agus frásaí a bhaineann le scannáin agus leabhair

an stiúideo

láithreán/seit

an stiúrthóir

an léiritheoir

an fhoireann
team

oibreoir ceamara/
ceamaradóir

ealaíontóir smididh

maisíocht
special effects

aisteoir

aisteoireacht

na pearsana/na
carachtair

réalta scannáin
movie star

an t-údar
author

an t-úrscéal

cnuasach dánta

an phríomhphearsa/an príomhcharachtar

an phríomhpháirt

an scéal/an plota

tá an scannán/leabhar bunaithe ar …/bunaíodh an scannán/leabhar ar …

D Nathanna úsáideacha

Líon na bearnaí thíos le do chuid tuairimí a chur in iúl faoin saghas scannán/leabhar is fearr leat féin.

1. Is maith liom _ficsean-eolaíochta_ ach is fearr liom _fantaisíochta._

2. Ní maith liom _scanar gráin eipice_ ach is fuath liom _scannán uafáis_

3. Is iad _scanann eachtraíochta_ an saghas scannán/leabhar is fearr liom.

Cur i láthair B: Scannáin

CD 1 19

Eochairnathanna
Is breá liom féachaint ar …

- Is mise Saoirse ó Leitir Ceanainn. Is breá liom féachaint ar scannáin de gach saghas, **go háirithe**[7] scannáin ghrinn.

- Is é an scannán is fearr a chonaic mé le gairid ná *How Do You Know?* ar Netflix. Bhí an scannán greannmhar agus rómánsúil. Thaitin sé go mór liom. Bhí an scannán suite i Meiriceá agus bhí an plota go hiontach ar fad. Bhí cailín (Reese Witherspoon) ag dul amach le pearsa spóirt **cháiliúil**[8], shaibhir (Owen Wilson). Imreoir **bogliathróide**[9] **gairmiúil**[10] ab ea í ach níor roghnaíodh í don fhoireann bhogliathróide. Bhí sí **in ísle brí**[11] **dá bhrí sin**[12]. Bhuail sí le buachaill eile a bhí i bhfad ní ba dheise ná a buachaillchara. Bhí uirthi **cinneadh**[13] a dhéanamh idir an bheirt. Ghlac na haisteoirí cáiliúla Owen Wilson, Reese Witherspoon agus Jack Nicholson páirt sa scannán. Ba é carachtar Jack Nicholson an carachtar ab fhearr liom mar bhí sé an-ghreannmhar.

- Is breá liom dul go dtí an phictiúrlann áitiúil freisin nuair a bhíonn an seans agam. Téim inti uair sa mhí. Bíonn **lascaine**[14] ar phraghas na dticéad do dhaltaí meánscoile gach Aoine ag leathuair tar éis a hocht i.n. Ceannaím **gránach rósta**[15], milseáin agus deochanna. Bainim taitneamh as **comhluadar**[16] mo chairde **fosta**[17].

Leitir Ceanainn

Co. Dhún na nGall

[7] in particular
[8] famous
[9] softball
[10] professional
[11] depressed
[12] therefore
[13] decision
[14] discount
[15] popcorn
[16] company
[17] also

Ceisteanna gearra

1. Cad as do Shaoirse? *Leitir ceanainn*
2. Cén saghas scannán is fearr léi? *scannáin ghrinn*
3. Cad is ainm don scannán is fearr a chonaic sí le déanaí? *recently How do you know*
4. Cén post a bhí ag pearsa Reese Witherspoon sa scannán? *bogliathróide gairmiúil*
5. Cén saghas carachtair a bhí ag Owen Wilson sa scannán? *Is pearsa spóirt cháiliúil*
6. Cé mhéad uair sa mhí a théann Saoirse go dtí an phictiúrlann? *uair sa mhí*
7. Cén fáth a mbíonn lascaine ar phraghas na dticéad dé hAoine? *mar is dalta stj*
8. Cad a cheannaíonn sí sa phictiúrlann roimh an scannán? *gránach rósta, milseáin agus deochanna*

Cén fáth?

Is breá liom/is aoibhinn liom/is maith liom an scannán/leabhar _____ **mar**

- tá sé **corraitheach**[18]/greannmhar/rómánsúil/**taitneamhach**[19].
- tá plota an scannáin/leabhair ar fheabhas.
- tá an aisteoireacht thar barr.
- tá an scannán/leabhar an-**réadúil**[20].
- is breá liom **suíomh**[21] an scannáin/leabhair.
- is breá liom an phríomhphearsa/an príomhcharachtar.
- is féidir liom **ionannú leis**[22] an bpríomhcharachtar.
- is aoibhinn liom an **stiúrthóir**[23]/an t-údar agus an obair a dhéanann sé/sí.

Is fuath liom/ní maith liom an scannán/leabhar _____ **mar**

- tá sé leadránach/**leamh**[24].
- tá sé róscanrúil.
- **níl an aisteoireacht thar mholadh beirte**[25].
- tá an plota **áibhéalach**[26]/**áiféiseach**[27].
- níl sé **réadúil**[28].

[18] exciting
[19] enjoyable
[20] realistic
[21] setting
[22] identify with
[23] director
[24] dull
[25] the acting is not great
[26] exaggerated
[27] ridiculous
[28] realistic

A Obair bheirte

Bíodh comhrá gearr agat le do chara sa rang faoi na scannáin agus na leabhair is fearr leat agus an fáth ar fearr leat na scannáin/leabhair sin. Ansin scríobh síos 5 phointe eolais mar gheall ar an scannán/leabhar is fearr leat.

B Punann agus leabhar gníomhaíochta

Téigh chuig do phunann agus leabhar gníomhaíochta. Iarr ar 10 daltaí an ceistneoir bunaithe ar na meáin chumarsáide a chomhlánú.

Cur i láthair C: An post ba mhaith liom amach anseo

- Is mise Nicola agus is as an Rinn mé.

- Is ceantar Gaeltachta é an Rinn. Is í an Ghaelainn mo theanga dúchais. Ba mhaith liom a bheith i mo láithreoir teilifíse lá éigin. **Ar ámharaí an tsaoil**[29], tá cúrsa traenála ar fáil i ngar dom in Institiúid Teicneolaíochta Phort Láirge. Maireann an cúrsa ceithre bliana.

- Is **buntáiste**[30] mór í Gaelainn **líofa**[31] a bheith agat nuair a bhíonn tú ag iarraidh post sna meáin chumarsáide a fháil. Tá poist ar fáil le TG4, Raidió na Gaeltachta agus mórán stáisiún raidió agus teilifíse nach iad. Tá **comhlacht**[32] léirithe teilifíse darb ainm Nemeton i mo cheantar. B'fhéidir go bhfaighinn post leo lá éigin, **le cúnamh Dé**[33]! Tá mórán **gradam**[34] bainte amach acu.

- Ba mhaith liom a bheith i mo láithreoir mar ceapaim gur post suimiúil é agus is breá liom a bheith ag caint le daoine eile. Is duine **fiosrach**[35] mé agus bíonn fonn orm fáil amach faoi scéalta daoine eile.

[29] luckily
[30] advantage
[31] fluent
[32] company
[33] hopefully
[34] awards
[35] inquisitive

A Ceisteanna gearra

1. Cad as do Nicola?
2. Cén post ba mhaith léi amach anseo?
3. Cá bhfuil poist ar fáil?
4. Cén saghas comhlachta é Nemeton?
5. Cén fáth ar mhaith le Nicola a bheith ina láithreoir?
6. Cén saghas duine í?

B Punann agus leabhar gníomhaíochta: Obair bheirte

Cuir liosta le chéile de na cláir theilifíse atá le feiceáil ar TG4 faoi na cinnteidil luaite faoi thasc 7.6.

C Obair bheirte

Tuilleadh téarmaí a bhaineann leis na meáin chumarsáide. Líon na bearnaí i mbeirteanna.

fhón póca	stiúrthóir	raidió	bunaithe ar	suíomh idirlín
aisteoireacht	bpríomhcharachtar	chartúin	suite	láithreoir

1. Is é Graham Norton an _____ is fearr liom.
2. Tá an scannán _____ bheirt a thiteann i ngrá.
3. Ní raibh mé in ann m'_____ a lasadh inniu.
4. Is é Stephen Spielberg an _____ scannán is fearr liom.
5. Tá an scannán *Gone Girl* _____ i Meiriceá.
6. Bhí an _____ ar fheabhas ar fad sa scannán *The Godfather*.
7. Ba bhreá liom féachaint ar _____ nuair a bhí mé óg.
8. Is féidir liom ionannú leis an _____ sa scannán *Twilight*.
9. Is aoibhinn leis a bheith ag éisteacht le ceol ar an _____.
10. An ndeachaigh tú ar an _____ chun fógra don phost sin a fheiceáil?

D Cleachtadh scríofa

Anois roghnaigh cúig fhocal nua a d'fhoghlaim tú ón liosta thuas agus cum abairtí á n-úsáid.

E Obair bheirte

Cuir na ceisteanna seo a leanas ar an duine atá in aice leat:

- An bhféachann tú ar chláir theilifíse? Cad iad na saghsanna clár is maith leat? Cad é an clár teilifíse is fearr leat? Déan cur síos air. An fuath leat aon saghas cláir?

- An bhféachann tú ar scannáin? Cén saghas? Déan cur síos ar an scannán is fearr a chonaic tú le déanaí. (Cá raibh an scannán suite? Déan cur síos ar an bplota agus ar na príomhcharachtair.)

Féach ar an measúnú rangbhunaithe samplach ar fhístéip an mhúinteora leis an láithreoir mór le rá Seán Bán Breathnach.

Cur i láthair D: An teicneolaíocht – Cad iad na buntáistí[36] agus na míbhuntáistí[37] a bhaineann léi?

- Is mise Marcus. Is iontach an méid **giuirléidí**[38] teicneolaíocha atá againn sa lá atá inniu ann. Cabhraíonn siad linn i ngach gné den saol.

- Le teacht na bhfón póca is féidir le daoine **teagmháil**[39] a dhéanamh lena chéile ag aon am den lá. Le suíomhanna gréasáin ar nós Snapchat, Instagram agus Facebook, is féidir le daoine caint lena gcairde a chónaíonn cúig nóiméad síos an bóthar nó ar an taobh eile den domhan. Is féidir le daoine mórán eolais a fháil ón ngréasán domhanda le cabhair **inneall cuardaigh**[40] ar nós Google agus Yahoo.

- Baineann míbhuntáistí leis an teicneolaíocht freisin, ar ndóigh. Míbhuntáiste a bhaineann leis an idirlíon is ea an **chibearbhulaíocht**[41]. Le teacht na suíomhanna gréasáin agus na bhfón póca tá sé i bhfad níos éasca do dhaoine bulaíocht a dhéanamh ar dhaoine eile.

- De réir dealraimh, déanann sé dochar do leanaí óga a bheith ag féachaint ar scáileán d'aon saghas.

- Uaireanta éiríonn daoine leisciúil má chaitheann siad **an iomarca**[42] ama ag féachaint ar an teilifís nó ag imirt ar an ríomhaire. Cuireann sé sin le drochshláinte agus le fadhb na **raimhre**[43].

- Caithfimid a admháil go bhfuil a lán buntáistí agus a lán míbhuntáistí ag baint leis an teicneolaíocht sa lá atá inniu ann.

[36] advantages
[37] disadvantages
[38] gadgets
[39] contact
[40] search engines
[41] cyberbullying
[42] too much
[43] obesity

A Punann agus leabhar gníomhaíochta: Obair bheirte

Téigh chuig do phunann agus leabhar gníomhaíochta. Freagair na ceisteanna ansin ó bhéal i mbeirteanna agus i bhfoirm scríofa.

B Cluiche sa rang: Cé hé?/Cé hí?

I mbeirteanna, ainmnigh 10 pearsana teilifíse cáiliúla. Cum 5 leid faoi na pearsana sin. Roinn na leideanna leis an gcuid eile den rang. Beidh ar na daltaí eile an phearsa theilifíse a ainmniú bunaithe ar na leideanna a thugann sibh dóibh.

Mar shampla:

1. Is as Droichead na Bandan, Corcaigh in Éirinn dó.
2. Tá gruaig liath air agus is duine beag é.
3. Tá sé an-ghreannmhar.
4. Bhí sé ina aisteoir ar an gclár grinn *Father Ted* tráth.
5. Bíonn a chlár cainte ar siúl ar an BBC agus cuireann sé agallaimh ar mhórán aisteoirí, amhránaithe agus pearsana teilifíse mór le rá.

An é Graham Norton? An freagra: Is é.

C Cur i láthair/Obair dhigiteach

Bunaithe ar na nótaí thuas, ullmhaigh do chur i láthair féin dar teideal 'An clár teilifíse is fearr liom' nó 'Ag féachaint ar an teilifís – an caitheamh aimsire is fearr liom' i bhfoirm dhigiteach le híomhánna agus cur síos scríofa. Ansin déan an cur i láthair os comhair do ghrúpa féin nó os comhair an ranga.

D Punann agus leabhar gníomhaíochta: Féinfheasacht an fhoghlaimeora

Téigh chuig do phunann agus leabhar gníomhaíochta. Comhlánaigh an leathanach féinheasúnaithe a ghabhann leis ar do chur i láthair scríofa agus an cur i láthair ó bhéal os comhair an ranga.

 Féinfheasacht an fhoghlaimeora: Féinmheasúnú

Cé chomh sásta is atá tú go bhfuil tú in ann caint agus scríobh faoi na meáin chumarsáide? Cuir tic sa bhosca cuí.

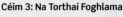

CÉIM 3: CUMAS CUMARSÁIDE – AN CHLUASTUISCINT

Céim 3: Na Torthaí Foghlama

Cumas Cumarsáide: 1.1, 1.2, 1.3, 1.4, 1.5, 1.6, 1.14, 1.15, 1.16, 1.21, 1.22, 1.23

Feasacht Teanga agus Chultúrtha: 2.1, 2.2, 2.3, 2.4, 2.5

Féinfheasacht an Fhoghlaimeora: 3.3, 3.4, 3.6

Cuid A Réamhobair

Cuardach foclóra

Cuardaigh na focail seo a leanas i d'fhoclóir nó ar an suíomh www.focloir.ie nó i www.tearma.ie más gá:

- moltóirí
- iomaitheoirí
- trialacha
- amaideach
- go háirithe
- éagsúlacht
- míréalaíoch

Cuid A

CD 2 67–69

Cloisfidh tú giotaí cainte ó bheirt óg sa chuid seo. Cloisfidh tú gach giota díobh **faoi dhó**. Beidh sos ann tar éis gach giota a chloisfidh tú chun seans a thabhairt duit na ceisteanna a bhaineann leo a fhreagairt. Éist go cúramach leis na giotaí cainte agus líon isteach an t-eolas atá á lorg sna greillí ag 1 agus 2 thíos.

1 An chéad chainteoir (Canúint Chonnacht)

Ainm: *Eibhlín Ní Chonaola*

Cad as d' Eibhlín? — Ros muic, Ros, muc concanamara / Conamara

Cén saghas clár teilifíse is fearr léi? — clár cheoil, clár cheoil ✓

Cad iad na cláir is mó a thaitníonn léi? — X-facter, x-factor ✓ voice

Cén fáth a mbíonn na trialacha an-suimiúil dar léi? — iei an-eachtar, éagsúlacht / bíonn an éagsúlacht idir na hiomaitheoirí

2 An dara cainteoir (Canúint na Mumhan)

Ainm: *Tomás Ó Sé*

Cad as do Thomás? — Ciarraí, Ciarraí

Cad é an caitheamh aimsire is fearr leis? — scannán, feachaint ar scannán ✓

Cé chomh minic is a théann sé go dtí an phictiúrlann? — uair sa cócicas, uair sa caísats choicts ✓

Cén saghas scannán nach dtaitníonn leis agus cén fáth? — rómance ura, rómansula ✓ amadach ✓

Cuid B Réamhobair

Cuardach foclóra

Cuardaigh na focail seo a leanas i d'fhoclóir nó ar an suíomh www.focloir.ie nó www.tearma.ie más gá:

- tairiscint (offer)
- saor in aisce (free chang)
- scoláireacht (scollarship)
- gníomhaíocht (activity)
- lascaine (discaun)
- luach (value)
- tábhacht (importan)

Cuid B

CD 2 70–72

Cloisfidh tú fógra agus píosa nuachta sa chuid seo. Cloisfidh tú gach giota díobh **faoi dhó**. Éist go cúramach leo. Beidh sos ann tar éis gach ceann díobh chun seans a thabhairt duit na ceisteanna a bhaineann leo a fhreagairt.

Fógra (Canúint Uladh)

1. Cá bhfuil an t-óstán san fhógra seo lonnaithe? *suite*

   sa_____ ca_____ reaic___ na___ mara___, reaic na mara

2. Cén lascaine a bheidh ar sheomraí dúbailte? *discount* *double* *rooms*

   sna calumbuga
   na cealla beaga
   trénna trí an gcéad 30% bricfeast saoire,

3. Cad a chuirfear ar fáil sa bheár do mhuintir an cheantair? *bar*

   linn snámha, wifi solaistí saor in aisce
   tranera

Píosa nuachta (Canúint Chonnacht)

1. Cad a fógraíodh aréir?

   colaist Lurgan
   trí scannan ar fáil Choist Lurgan
   trí scolaireachtaí ar fháil

2. (a) Cén luach atá ag baint leis na scoláireachtaí seo?

   ocht gcéad euro ocht gcéad euro

   (b) Cén saghas gníomhaíochtaí a bheidh ar fáil do dhaltaí san iarnóin?

   seisún cheoil, ranana Graeilge
   ranga Gaeilge, gcomortas talanta
   seisun ceol rogha leathan spart ✓

Cuid C Réamhobair

FOCLÓIR

Cuardach foclóra

Cuardaigh na focail/nathanna seo a leanas i d'fhoclóir nó ar an suíomh www.focloir.ie nó www.potafocal.com más gá:

- amharc
- cneasta
- aclaíocht
- néaróga
- láithreoir
- iomaitheoirí
- ambaist

Cuid C

CD 2 73–77

Cloisfidh tú dhá chomhrá sa chuid seo. Cloisfidh tú gach comhrá díobh **faoi dhó**. Cloisfidh tú an comhrá ó thosach deireadh an chéad uair. Ansin cloisfidh tú ina dhá mhír é an dara huair. Beidh sos ann tar éis gach míre díobh chun seans a thabhairt duit an cheist a bhaineann leis an mír sin a fhreagairt.

Comhrá a hAon (Canúint Uladh)

An chéad mhír:

1. Cén seó a raibh Síle ag féachaint air aréir? Cé hí an láithreoir ar an seó sin?

   Clár operation Transfer mother
   Katherine Thomas

An dara mír:

2. Cén saghas rudaí a fhoghlaimíonn Síle ón seó? _____
_____

3. Cén caitheamh aimsire a thaitníonn le Seán? _____
_____

Comhrá a Dó (Canúint na Mumhan)

An chéad mhír:

1. Cén saghas scannán ba mhaith le hOisín a fheiceáil Dé Sathairn seo chugainn?
_____

An dara mír:

2. Cén fáth nach maith le Gráinne an saghas sin scannáin? _____
_____

3. Cén saghas scannán is fearr le Gráinne? _____

 A Punann agus leabhar gníomhaíochta: Féinfheasacht an fhoghlaimeora

Téigh chuig do phunann agus leabhar gníomhaíochta. Scríobh síos 10 bhfocal nua/nath a d'fhoghlaim tú. Cum deich n-abairt á n-úsáid.

B Féinfheasacht an fhoghlaimeora

Scríobh síos 5 rud (nathanna nó focail) a chuala tú sa chluastuiscint i gcanúint dhifriúil le do chanúint féin.

Chuala mé …	I mo chanúint féin, déarfá …
Sampla: **Gaelainn**	*Gaeilge*
1.	
2.	
3.	
4.	
5.	

Féinfheasacht an fhoghlaimeora: Féinmheasúnú

Cé chomh sásta is atá tú go bhfuil tú in ann foclóir agus nathanna a bhaineann leis an topaic 'na meáin chumarsáide' a thuiscint ó chluas? Cuir tic sa bhosca cuí.

Mol an Óige 3

Céim 4: Na Torthaí Foghlama
Cumas Cumarsáide: 1.6, 1.7, 1.8,
1.11, 1.14, 1.15, 1.18, 1.19, 1.20,
1.21, 1.22, 1.23, 1.28
Feasacht Teanga agus Chultúrtha:
2.2, 2.3, 2.4
Féinfheasacht an Fhoghlaimeora:
3.3, 3.4, 3.6

CÉIM 4: CUMAS CUMARSÁIDE – AN LÉAMHTHUISCINT

Léamhthuiscint A:

An phearsa theilifíse is fearr liom – Graham Norton

Léamh

1. Is pearsa theilifíse, láithreoir raidió, ceirneoir, fear grinn, aisteoir agus scríbhneoir Éireannach é Graham Norton. Rugadh Graham William Walker ar an gceathrú lá d'Aibreán, 1963. Rugadh Graham i gCluain Dolcáin, Baile Átha Cliath agus tógadh é i nDroichead na Bandan, Co. Chorcaí ach tá aithne níos fearr air sa lá atá inniu ann mar Graham Norton. Bhuaigh sé gradam

teilifíse ag na gradaim BAFTA cúig huaire as ucht a róil mar láithreoir teilifíse ar a chlár *The Graham Norton Show*. Is seó cainte é an seó sin a bhíonn an-ghreannmhar ar fad ina gcuireann Norton agallamh ar amhránaithe, aisteoirí, scríbhneoirí, mainicíní agus pearsana teilifíse mór le rá ó gach cearn den domhan.

2. Is as Co. Chill Mhantáin iad muintir a athar agus is as Béal Feirste iad muintir a mháthar. D'fhreastail sé ar Scoil Ghramadaí Dhroichead na Bandan in Iarthar Chorcaí agus ina dhiaidh sin, chuaigh sé chuig Ollscoil Chorcaí chun staidéar a dhéanamh ar Bhéarla agus Fraincis, cé nár chríochnaigh sé a chéim. Bhog Graham Norton go Londain agus d'fhreastail sé ar scoil darbh ainm Central School of Speech and Drama. D'oibrigh sé mar fhreastalaí le linn na tréimhse sin agus d'athraigh sé a shloinne ó Walker go Norton mar bhí aisteoir darbh ainm Graham Walker ann an uair sin.

3. Ghlac Norton ról an Athar Noel Furlong i dtrí eipeasóid den tsraith ghrinn *Father Ted* ar Channel 4 – sraith ghrinn faoi shagairt a chónaigh ar oileán darbh ainm Craggy Island. Thuill sé mórán clú agus cáil don ról sin agus d'éirigh leis a sheónna cainte féin a fháil ina dhiaidh sin ar Channel 4 darbh ainm *So Graham Norton* agus *V Graham Norton*. Ghlac sé ról Mr Puckov sa scannán grinn Meiriceánach *Another Gay Movie* in 2006 agus ghlac sé ról an charachtair Taylor sa scannán rómánsúil grinn *I Could Never Be Your Woman*.

4. I 1988, bhuail agus sháigh grúpa ionsaitheoirí Norton ar shráid i Londain. Chaill sé leath dá chuid fola agus ba bheag nach bhfuair sé bás. Bhí sé san ospidéal ar feadh dhá sheachtain go leith. Chonaic sé físeán a chuir mac léinn ó Institiúid Theicneolaíochta Thrá Lí le chéile darbh theideal *Pulp Fiction Kerry Shtyle* nuair a tugadh blas Ciarraíoch do na carachtair a ghlac na haisteoirí Meiriceánacha John Travolta agus Samuel L. Jackson. Scaipeadh an físeán ar YouTube agus bhronn Graham Norton gradam dar theideal 'Graham Norton

Creativity Award' ar na mic léinn Eoin O'Leary agus David Williams a bhí freagrach as an bhfíseán.

5. In 2014, d'fhoilsigh Norton leabhar darbh ainm *The Life and Loves of a He Devil*. Bhuaigh an leabhar an gradam 'Non-Fiction Book of the Year' in 2014 ag Gradaim Leabhar na hÉireann. In 2016, d'fhoilsigh Norton a chéad úrscéal dar theideal *Holding* faoi dhúnmharú i bpobal tuaithe in Éirinn. Bhuaigh sé an gradam 'Popular Fiction Book of the Year' ag Gradaim Leabhar na hÉireann. Chomh maith leis sin, cuireann sé clár raidió i láthair ar BBC Radio 2 agus is é an tráchtaire teilifíse do Chomórtas na hEoraifíse sa Bhreatain le fada an lá é. Dhíol sé a chomhlacht teilifíse, So Television leis an gcainéal teilifíse ITV in 2012 le haghaidh seacht milliúin déag punt. Tuilleann sé idir 850,000 agus 899,999 punt in aghaidh na bliana mar láithreoir don BBC agus ainmníodh é mar an t-ochtú duine is tábhachtaí i gcultúr na Breataine!

Scríobh

A Freagair na ceisteanna seo a leanas:

1. Ainmnigh trí phost atá ag Graham Norton. (Alt 1)
2. Cén saghas cláir é *The Graham Norton Show*? (Alt 1)
3. Luaigh dhá rud faoi shliocht Graham Norton. (Alt 2)
4. Luaigh dhá rud faoi scolaíocht Graham. (Alt 2)
5. Cén bhaint a bhí ag Graham Norton leis an tsraith ghrinn *Father Ted*? (Alt 3)
6. Conas a chabhraigh sé sin leis dul chun cinn a dhéanamh ar Channel 4? (Alt 3)
7. Cad a tharla do Norton chun é a chur i mbaol a bháis? (Alt 4)
8. Cad a rinne Graham Norton nuair a chonaic sé an físeán greannmhar *Pulp Fiction Kerry Shtyle*? (Alt 4)
9. Conas atá a fhios againn go raibh Norton rathúil mar scríbhneoir? (Alt 5)
10. Conas atá a fhios againn gur duine tábhachtach sna meáin chumarsáide sa Bhreatain é? (Alt 5)

B Líon na bearnaí sna habairtí seo a leanas leis an bhfocal cuí ón liosta thíos bunaithe ar an léamhthuiscint thuas:

ar	staidéar	tábhachtaí	Bhronn	D'fhoilsigh
cáil	bheag	go	Ghlac	fada

1. Tá Graham Norton ag obair mar thráchtaire teilifíse don Chomórtas Eoraifíse le _____ an lá.
2. Chuaigh sé chuig Ollscoil Chorcaí chun _____ a dhéanamh ar an mBéarla agus ar an bhFraincis.
3. Ba _____ nach bhfuair sé bás nuair a rinne grúpa ionsaí air ar shráid i Londain i 1988.

4. _____ Graham Norton cúpla leabhar.

5. _____ Norton an ról an Athar Furlong sa tsraith ghrinn *Father Ted*.

6. Thuill sé clú agus _____ don ról sin.

7. Is an t-ochtú duine is _____ i gcultúr na Breataine é.

8. _____ sé gradam ar bheirt mhac léinn ó Institiúid Teicneolaíochta Thrá Lí.

9. Bhog Norton _____ Londain.

10. D'fhreastail sé _____ scoil darbh ainm Central School of Speech and Drama.

C Obair bheirte: Cleachtadh cainte

I mbeirteanna, cuirigí bhur dtuairimí in iúl mar gheall ar na ceisteanna seo a leanas bunaithe ar an léamhthuiscint thuas:

1. Cé hé an láithreoir is fearr leatsa?

2. Cén clár a chuireann an duine sin i láthair?

3. An maith leatsa Graham Norton mar láithreoir?

4. Ar fhéach tú ar an tsraith ghrinn *Father Ted* riamh? Ar thaitin sé leat?

5. An bhfaca tú aon eipeasóid den tsraith ina raibh Graham Norton? Déan cur síos ar an ról a ghlac sé sa chlár.

D Punann agus leabhar gníomhaíochta

Téigh chuig do phunann agus leabhar gníomhaíochta. Scríobh síos 10 bhfocal nó nath nua a d'fhoghlaim tú ón léamhthuiscint thuas sa phunann agus leabhar gníomhaíochta.

Léamhthuiscint B:

An t-úrscéal/scannán is fearr liom – The Hunger Games

Léamh

1. Is mise Emma de Róiste. Táim cúig bliana déag d'aois agus táim sa tríú bliain ar scoil. Is é an caitheamh aimsire is fearr liom ná an léitheoireacht gan aon agó. Théinn go dtí an leabharlann áitiúil nuair a bhí mé óg agus is ball mé den leabharlann scoile anois. Is breá liom leabhair agus a bheith ag léamh. Tá mórán buntáistí ag baint leis an léitheoireacht. Leathnaítear do stór focail, laghdaíonn sé strus, leathnaítear an méid eolais atá agat agus cuirtear feabhas ar do chuimhne. Chomh maith leis sin, forbraítear do chuid scileanna anailíse, cuirtear feabhas ar do chumas díriú ar rudaí mar bíonn tú ag díriú ar rud amháin nuair a bhíonn tú ag léamh agus cuirtear feabhas ar do chuid scileanna scríbhneoireachta. Déanaim dearmad glan ar mo chuid cúraimí agus fadhbanna nuair a bhím ag léamh.

2. Is iad na saghsanna leabhar is fearr liom ná leabhair ghrá agus leabhair eachtraíochta. Is é an leabhar eachtraíochta is fearr a léigh mé le déanaí ná *The Hunger Games* a scríobh an t-údar Meiriceánach Suzanne Collins.

3. Tá an tsraith leabhar seo suite i ndomhan fantaisíochta i dtír darb ainm Panem. Tá trí cheantar déag sa tír sin. Tá an chuid is mó díobh an-bhocht ach tá ceantar amháin ann darb ainm Capitol atá an-saibhir. Tá an saibhreas agus an chumhacht go léir ag muintir an cheantair sin. Eagraíonn muintir Capitol cluichí báis gach bliain agus déantar taifeadadh orthu mar shiamsaíocht ar an teilifís do na daoine saibhre. Roghnaítear trí pháiste dhéag ó na ceantair bhochta chun páirt a ghlacadh sna cluichí agus bíonn orthu na hiomaitheoirí eile a mharú chun teacht slán iad féin. Tá an plota brúidiúil agus léiríonn sé an taobh dorcha de nádúr an chine dhaonna.

4. Tá trí leabhar sa tsraith: *The Hunger Games*, *Catching Fire* agus *Mockingjay*. Rinneadh scannáin rathúla de na húrscéalta go léir agus ghlac an t-aisteoir Jennifer Lawrence an phríomhpháirt de Katniss Everdeen. Is as an gceantar is boichte sa tír í Katniss – áit ina bhfaigheann daoine bás ón ocras go minic – darb ainm District 12. Bhí an stiúrthóireacht agus an mhaisíocht sa scannán den chéad scoth!

5. In 2012, rinne an eagraíocht Meiriceánach NPR (National Public Radio) suirbhé inar tháinig an tsraith leabhar *The Hunger Games* sa dara háit don tsraith ab fhearr le déagóirí. Tháinig an tsraith *Harry Potter* le J.K. Rowling sa chéad áit. Díoladh níos mó ná 65 milliún cóip de na húrscéalta sa tsraith *The Hunger Games* i Meiriceá amháin roimh dheireadh 2014.

Scríobh

Ⓐ Freagair na ceisteanna seo a leanas:

1. Cad a rinne Emma nuair a bhí sí óg? (Alt 1)
2. Luaigh trí bhuntáiste a bhaineann leis an léitheoireacht mar chaitheamh aimsire. (Alt 1)
3. Cé a scríobh an tsraith leabhar *The Hunger Games*? (Alt 2)
4. Cad iad na saghsanna leabhar is fearr le hEmma? (Alt 2)
5. Déan cur síos ar phlota na sraithe *The Hunger Games*. (Alt 3)
6. Déan cur síos ar District 12 san úrscéal. (Alt 3)
7. Déan cur síos ar cheantar Capitol san úrscéal. (Alt 4)
8. Cad is ainm do phríomhcharachtar na sraithe? (Alt 4)
9. Cén tsraith leabhar a tháinig sa chéad áit sa suirbhé a rinne NPR i Meiriceá? (Alt 5)
10. Cé mhéad cóip de na leabhair ón tsraith *The Hunger Games* a díoladh roimh 2014? (Alt 5)

Na Meáin Chumarsáide – Cláir Theilifíse, Scannáin, Leabhair agus An Teicneolaíocht

B Líon na bearnaí sna habairtí thíos bunaithe ar an sliocht thuas:

liom	t-údar	ar	de	muintir
níos mó ná	de	brúidiúil	feabhas	bheith

1. Is breá liom leabhair agus a _____ ag léamh.

2. Déanaim dearmad glan _____ mo chuid cúraimí agus fadhbanna nuair a bhím ag léamh.

3. Scríobh an _____ Meiriceánach Suzanne Collins an tsraith *The Hunger Games*.

4. Cuirtear _____ ar do chuimhne nuair a bhíonn tú ag léamh.

5. Is é an leabhar is fearr _____ ná *The Hunger Games*.

6. Eagraíonn _____ Capitol cluichí báis gach bliain.

7. Rinneadh scannáin rathúla _____ na leabhair.

8. Tá an plota _____.

9. Léiríonn na húrscéalta an taobh dorcha _____ nádúr an chine dhaonna.

10. Díoladh _____ _____ _____ 65 milliúin cóip de na leabhair sa tsraith.

C Obair bheirte: Cleachtadh cainte

I mbeirteanna, cuirigí bhur dtuairimí in iúl mar gheall ar na ceisteanna seo a leanas bunaithe ar an léamhthuiscint thuas:

1. An maith leat scannáin nó/agus leabhair?

2. Cén saghas scannán/leabhar is fearr leat?

3. An bhfaca tú an scannán *The Hunger Games* nó ar léigh tú an leabhar?

4. Ar thaitin sé leat? Cérbh iad na gnéithe a thaitin/nár thaitin leat faoin scannán nó leabhar?

  D Punann agus leabhar gníomhaíochta: Féinfheasacht an fhoghlaimeora

Téigh chuig do phunann agus leabhar gníomhaíochta. Luaigh 10 bhfocal/nath nua a d'fhoghlaim tú sa léamhthuiscint 'An t-úrscéal is fearr liom – *The Hunger Games*'.

Féinfheasacht an fhoghlaimeora: Féinmheasúnú

Cé chomh sásta is atá tú go bhfuil tú in ann foclóir agus nathanna a bhaineann leis an topaic 'na meáin chumarsáide' a thuiscint? Cuir tic sa bhosca cuí.

Achoimre ar réamhfhocail shimplí

Athbhreithniú ar réamhfhocail shimplí

Réamhfhocail shimplí	Réamhfhocail shimplí	Réamhfhocail agus an t-alt
ar de do roimh um thar trí faoi mar ó — + séimhiú de ghnáth	ag as go chuig le seachas — + faic de ghnáth	ar an ag an as an chuig an tríd an roimh an ón faoin leis an — + urú de ghnáth (Leanann séimhiú **ar an**, **ag an**, srl. i nGaeilge Uladh.)
i + **urú**		den, don, sa + **séimhiú**

 *Cuireann **le** agus **go h** roimh ghuta, m.sh. '**le h**Oisín', '**go h**Albain'.*

Eisceachtaí:

- Nuair a thosaíonn an t-ainmfhocal le **st, l, n, r, sm, sp** nó **sc** (**St** E**l**ea**n**or is **sm**iling in **Sp**anish **sc**hool), ní chuirimid séimhiú ná urú air.
- Nuair a thosaíonn an t-ainmfhocal le **m** nó **s**, (**M**arks & **S**pencer), ní chuirimid urú air.
- Nuair a chríochnaíonn focal amháin le **d, n, t, l** nó **s** agus nuair a thosaíonn an chéad fhocal eile le **d, n, t, l** nó **s**, ní chuirtear séimhiú ná urú ar an dara focal de ghnáth, m.sh. 'ar a**n t**raein', 'ag a**n d**oras'.

 ## Cleachtaí scríofa

A Athraigh na focail idir na lúibíní más gá.

1. Bhí ionadh an domhain ar (Síle) _____ nuair a chonaic sí torthaí a scrúduithe.
2. Éisteann Tomás le (ceol) _____ ar a chluasáin nuair a bhíonn sé ag siúl.

3. Léimeann sé de (balla) _____ gach lá.

4. Cheannaigh Stiofáin bronntanas do (cailín) _____ ach níl a fhios agam cé hí.

5. Bhí mé i mo sheasamh roimh (buachaill) _____ sa scuaine.

6. Rachaidh mé go dtí an Róimh um (Cáisc) _____.

7. Léim mé thar (claí) _____ nuair a bhí mé san ionad eachtraíochta.

8. Chuaigh an teach trí (tine) _____ aréir. Tá mo
   bhróga faoi (bosca) _____ éigin sa seomra.

9. Tá Máirín ag obair mar (múinteoir) _____
   i gCill Airne.

10. Fuair Séamas cárta Vailintín ó (cailín) _____ éigin.

11. Tá sí ina cónaí i (cathair) _____.

B **Athraigh na focail idir lúibíní más gá.**

1. Tá mo chuid stuif sa (bosca) _____.

2. Léim mé den (balla) _____.

3. Cheannaigh mé bronntanas don (buachaill) _____.

4. Tá a lán uisce san (farraige) _____.

5. Tá Séamas ag an (doras) _____.

6. Tá mo chuid leabhar ar an (bord) _____.

7. Tá sí ina seasamh roimh an (buachaill) _____.

8. Tá sé ag teacht tríd an (doras) _____.

9. Tá mo shlipéir faoin (cathaoir) _____.

10. Táim ag tnúth go mór leis an (cóisir) _____.
    Tiocfaidh mo chol ceathrar Ruairí in éineacht (le : mé)
    _____.

11. Cuirfidh mé fios (ar : tú) _____ níos déanaí agus inseoidh mé an scéal ar fad (do : tú)
    _____.

12. Nuair a chuaigh mé isteach sa rang déanach bhí gach duine ag gáire (faoi : mé) _____.
    Bhí náire an domhain (ar : mé) _____.

13. Bhí fearg ar na cailíní mar nach raibh cead (ag : siad) _____ dul go dtí an dioscó.

14. Lig na buachaillí (ar : siad) _____ go raibh siad ag obair nuair a tháinig an múinteoir
    isteach.

15. Tá sé ag dul go dtí an phictiúrlann le (Úna) _____.

Forainmneacha réamhfhoclacha

Nuair a chuirimid réamhfhocal simplí agus forainm le chéile, bíonn forainm réamhfhoclach againn.

Mar shampla:

Réamhfhocal	Forainm	Forainm réamhfhoclach
ag	mé	agam
ar	tú	ort
do	sé	dó

	mé	tú	sé	sí	muid (sinn)	sibh	siad
ag	agam	agat	aige	aici	againn	agaibh	acu
ar	orm	ort	air	uirthi	orainn	oraibh	orthu
as	asam	asat	as	aisti	asainn	asaibh	astu
chuig	chugam	chugat	chuige	chuici	chugainn	chugaibh	chucu
de	díom	díot	de	di	dínn	díbh	díobh
do	dom	duit	dó	di	dúinn	daoibh	dóibh
faoi	fúm	fút	faoi	fúithi	fúinn	fúibh	fúthu
i	ionam	ionat	ann	inti	ionainn	ionaibh	iontu
le	liom	leat	leis	léi	linn	libh	leo
ó	uaim	uait	uaidh	uaithi	uainn	uaibh	uathu
roimh	romham	romhat	roimhe	roimpi	romhainn	romhaibh	rompu
idir					eadrainn	eadraibh	eatarthu

Ⓐ Cleachtadh scríofa

Ceartaigh na focail idir na lúibíní más gá.

1. Bhí áthas an domhain (ar : mé) _____ nuair a bhuaigh Ciarraí an cluiche peile.

2. Tabhair an leabhar sin (do : mé) _____.

3. Ní rachaidh sí go dtí an scannán (le : sé) _____.

4. Tar abhaile (le : sinn) _____.

5. Bhain mé mo chóta (de : mé) _____.

6. Ba mhaith liom comhghairdeas a ghabháil (le : tú) _____.

7. Tá fáilte (roimh : tú) _____.

8. Táim an-bhuíoch (de : tú) _____.

Na Meáin Chumarsáide — Clár Theilifíse, Scannán, Leabhair agus An Teicneolaíocht

9. Bhí fearg ar na buachaillí. Bhí troid mhór (idir : siad) _____ .

10. Teastaíonn sos go géar (ó : mé) _____ .

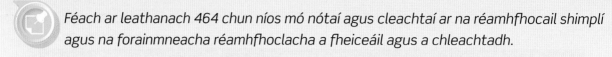

Féach ar leathanach 464 chun níos mó nótaí agus cleachtaí ar na réamhfhocail shimplí agus na forainmneacha réamhfhoclacha a fheiceáil agus a chleachtadh.

 B Punann agus leabhar gníomhaíochta: Féinfheasacht an fhoghlaimeora

Téigh chuig do phunann agus leabhar gníomhaíochta. Scríobh amach na rialacha a bhaineann leis na réamhfhocail shimplí agus forainmneacha réamhfhoclacha.

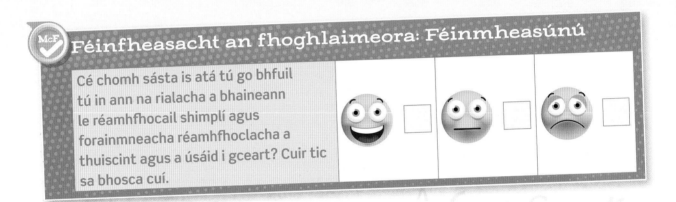

Féinfheasacht an fhoghlaimeora: Féinmheasúnú

Cé chomh sásta is atá tú go bhfuil tú in ann na rialacha a bhaineann le réamhfhocail shimplí agus forainmneacha réamhfhoclacha a thuiscint agus a úsáid i gceart? Cuir tic sa bhosca cuí.

CÉIM 6: CUMAS CUMARSÁIDE – AN CHEAPADÓIREACHT

Céim 6: Na Torthaí Foghlama
Cumas Cumarsáide: 1.1, 1.2, 1.6, 1.11, 1.14, 1.15, 1.19, 1.20, 1.21, 1.22, 1.23, 1.25, 1.26, 1.27, 1.28
Feasacht Teanga agus Chultúrtha: 2.1, 2.2, 2.3, 2.4, 2.5
Féinfheasacht an Fhoghlaimeora: 3.1, 3.2, 3.3, 3.4, 3.5, 3.6, 3.8

A Punann agus leabhar gníomhaíochta

Téigh chuig do phunann agus leabhar gníomhaíochta. Dear sceideal na gclár sa ghreille don stáisiún teilifíse TG4.

B Punann agus leabhar gníomhaíochta

Téigh chuig do phunann agus leabhar gníomhaíochta. Dear ceistneoir agus déan suirbhé sa rang ar na scannáin, na cláir, na leabhair agus na haisteoirí is fearr le gach duine.

Blag/Aiste

Is féidir leat an aiste seo a úsáid freisin i gcomhair aiste dar teideal 'Duine a bhfuil meas agam air'.

Eochairnathanna

is é … an réalta scannáin is fearr liom
tá teacht i láthair iontach aige/aici ar an scáileán
tá sé/sí an-tallannach
tá sé/sí an-dathúil
tá sé/sí an-ghreannmhar
gan aon agó
ghlac sé/sí páirt … sa scannán …

Aiste shamplach:

'An réalta scannáin is fearr liom – Emma Watson'

Is í Emma Watson an t-aisteoir is fearr liom **gan aon agó**[1]. Is bean thallannach í! Is aisteoir, **mainicín**[2] agus **gníomhaí**[3] Sasanach í Emma Charlotte Duerre Watson. Rugadh Emma ar an 15 Aibreán, 1990. Rugadh Emma Watson i bPáras, sa Fhrainc agus ba dhlíodóirí iad a tuismitheoirí Jacqueline Luesby agus Chris Watson. Chónaigh Watson i bPáras go dtí go raibh sí cúig bliana d'aois. **Scar**[4] a tuistí nuair a bhí sí óg. Tar éis an

[1] without a doubt
[2] model
[3] activist
[4] separated
[5] divorce

cholscartha[5], bhog Watson ar ais go Sasana agus chónaigh sí in Oxfordshire lena Mam. Chuaigh sí ar cuairt ar theach a athar i Londain gach deireadh seachtaine. Fuair sí a cuid traenála mar aisteoir ag scoil darbh ainm Stagecoach Theatre Arts. Rinne sí staidéar ar an amhránaíocht, an rince agus an aisteoireacht sa scoil sin agus theastaigh uaithi a bheith ina haisteoir ó bhí sí sé bliana d'aois.

Sula raibh sí deich mbliana d'aois, bhí an seans ag Watson páirt a ghlacadh i mórán drámaí scoile agus seónna de chuid na scoile Stagecoach ach ba é ról Hermione sa tsraith *Harry Potter* an chéad phost **gairmiúil**[6] a fuair sí. Bhain sí **clú agus cáil**[7] amach nuair a fuair sí ról an charachtair Hermione Granger sa tsraith scannán *Harry Potter*. Ní raibh sí ach aon bhliain déag d'aois! Ghlac sí páirt in ocht scannán den tsraith *Harry Potter* ó 2001 go 2011. Thuill sí **moladh**[8] ó léirmheastóirí scannán agus thuill sí thart ar sheasca milliún dollar!

Fad is a bhí sí ar sheit na scannán *Harry Potter*, bhí múinteoir aici agus ag a comrádaithe ar feadh cúig uair an chloig sa lá. Fuair sí deich ngrád A ina cuid scrúduithe GCSE. Rinne Emma scannáin eile **seachas**[9] na scannáin sa tsraith *Harry Potter* freisin. Tar éis an scannáin dheireanaigh sa tsraith Harry Potter, ghlac sí **ról tacaíocha**[10] sa scannán *My Week with Marilyn* in 2011, ceann de na príomhpháirteanna sa scannán *The Perks of Being a Wallflower* in 2012 agus *The Bling Ring* in 2013. In 2017 fuair sí príomhpháirt Belle sa scannán *Beauty and the Beast* agus ba é sin an scannán a thuill an méid is mó airgid sa bhliain sin.

[6] professional
[7] fame
[8] praise
[9] besides
[10] supporting role
[11] projects
[12] famous
[13] campaign
[14] labels/brands
[15] award
[16] British

Lean Watson ar aghaidh ag staidéar fad is a bhí sí ag obair ar **thionscnaimh**[11] scannánaíochta. Bhain sí céim amach i litríocht an Bhéarla ó ollscoil **mór le rá**[12] darb ainm Brown University in 2014. Tá mórán oibre faighte aici mar mhainicín **feachtais**[13] do na **lipéid**[14] faisin Burberry agus Lancome. Chruthaigh sí líne éadaí don lipéad People Tree fiú.

In 2014, bhuaigh Emma Watson an **gradam**[15] 'Ealaíontóir **Breataineach**[16] na Bliana' ag na gradaim BAFTA. Ainmníodh í mar Ambasadóir do na Náisiúin Aontaithe in 2014 ag obair ar son chearta na mban agus chabhraigh sí le seoladh an fheachtais HeForShe – feachtas a bhí ag iarraidh ar fhir comhionannas idir mná agus fir a mholadh. Is duine fíorspéisiúil agus fíorthallannach í Emma Watson agus sin í an fáth arb í an réalta scannáin is fearr liom gan dabht.

A Freagair na ceisteanna seo a leanas ar an aiste thuas:

1. Cé na poist dhifriúla atá ag Emma Watson?
2. Cén post a bhí ag a tuismitheoirí?
3. Conas a bhain Emma clú agus cáil amach nuair nach raibh sí ach aon bhliain déag d'aois?
4. Cé mhéad airgid a thuill sí ó na scannáin sa tsraith *Harry Potter*?
5. Conas a d'éirigh le Emma ina cuid scrúduithe GCSE?
6. Ainmnigh trí scannán eile a rinne sí seachas na cinn sa tsraith *Harry Potter*.
7. Cén saghas céime a bhain sí amach?
8. Cé na lipéid faisin a ndearna Emma obair mar mhainicín dóibh?
9. Cén gradam a bhuaigh Emma ag na gradaim BAFTA in 2014?
10. Cad dó a raibh sí ag obair ina ról mar Ambasadóir leis na Náisiúin Aontaithe?

B Líon na bearnaí sna habairtí seo a leanas bunaithe ar an aiste thuas:

go	ar	sa	uair	Bhain
bPáras	ar son	mó	ar	ach

1. Rugadh Emma _____ an 15 Aibreán, 1990.
2. Rugadh i _____ í.
3. Bhog Watson ar ais _____ Sasana.
4. Chuaigh sí _____ cuairt ar a Daid gach deireadh seachtaine.
5. Fuair Emma an ról Hermione Granger _____ tsraith scannán *Harry Potter*.
6. Ní raibh sí _____ aon bhliain déag d'aois.
7. Tugadh múinteoireacht di ar feadh cúig _____ an chloig sa lá.
8. Ba é *Beauty and the Beast* an scannán a thuill an méid is _____ airgid sa bhliain 2017.
9. _____ Watson céim amach i litríocht an Bhéarla.
10. Is Ambasadóir í Emma Watson do na Náisiúin Aontaithe agus oibríonn sí _____ _____ chearta na mban.

C Punann agus leabhar gníomhaíochta: Féinfheasacht an fhoghlaimeora

Téigh chuig do phunann agus leabhar gníomhaíochta. Scríobh síos 10 bhfocal nua/nath nua a d'fhoghlaim tú ón aiste thuas.

D Obair ghrúpa/aonair: Cleachtadh scríofa

Scríobh aiste nó blag dar teideal 'An réalta scannáin is fearr liom'. Má thugann sibh faoin aiste mar ghrúpa, bainigí úsáid as an bplean/mata boird seo a leanas:

Plean i gcomhair na haiste/an bhlag

Dalta 1 – Smaoinigh ar na pointí seo a leanas agus tú i mbun alt 1 a scríobh:	**Dalta 2** – Smaoinigh ar na pointí seo a leanas agus tú i mbun alt 2 a scríobh:
Alt 1 – óige an réalta scannáin is fearr leat	**Alt 2** – conas a thosaigh sé/sí amach i ndomhan na haisteoireachta
Dalta 3 – Smaoinigh ar na pointí seo a leanas agus tú i mbun alt 3 a scríobh:	**Dalta 4** – Smaoinigh ar na pointí seo a leanas agus tú i mbun alt 4 a scríobh:
Alt 3 – na scannáin mhóra ina raibh siad agus aon ghradaim a bhuaigh siad	**Alt 4** – aon ról eile a bhí acu nó aon eolas suimiúil eile fúthu

Seicliosta gramadaí

Bí cinnte féachaint siar ar do chuid oibre. Bí cinnte go gcuireann tú na rialacha gramadaí seo a leanas i bhfeidhm:

✔ **sa** + **séimhiú** (m.sh. '**sa** p**h**lota'), ach amháin nuair a thosaíonn an focal le **d**, **n**, **t**, **l**, **s**

✔ Athraíonn **sa** go **san** roimh ghuta nó **fh** + **guta** (m.sh. '**san a**mhrán', '**san f**harraige')

✔ **ar**, **de**, **do**, **roimh**, **um**, **thar**, **trí**, **faoi**, **mar**, **ó** + **séimhiú** (m.sh. '**ar S**heán')

✔ **ar an**, **ag an**, **as an**, **chuig an**, **tríd an**, **roimh an**, **ón**, **faoin**, **leis an** + **urú** (m.sh. '**ag an** b**pictiúrlann'), ach amháin nuair a thosaíonn an focal le guta nó **d**, **n**, **t**, **l**, **s** (m.sh. '**ar an** ábhar sin', '**ar an** oileán', '**ar an** traein') (I nGaeilge Uladh, is í an riail ná **ar an**, **ag an**, srl. + **séimhiú**.)

✔ **ag**, **as**, **go**, **chuig**, **le**, **seachas** + **faic i gcás ainmfhocal a thosaíonn le consan** (m.sh. '**ag** scannán')

✔ Cuireann **go** agus **le h** roimh ainmfhocal a thosaíonn le guta (m.sh. '**le h**Úna', '**go h**Albain').

Na critéir ratha

Na mianta:

✔ Cuirfidh mé plean de leagan amach na haiste le chéile sula dtosaíonn mé ag scríobh (cosúil leis an gceann thuas ar an mata boird).

✔ Bainfidh mé úsáid as na heochairnathanna thuasluaite.

✔ Bainfidh mé úsáid as seicliosta gramadaí nuair a scríobhfaidh mé an aiste.

Na réaltaí:

✔ Chuir mé plean de leagan amach na haiste le chéile sular thosaigh mé ag scríobh (cosúil leis an gceann thuas ar an mata boird).

✔ Bhain mé úsáid as na heochairnathanna thuasluaite

✔ Bhain mé úsáid as an seicliosta gramadaí thuas nuair a scríobh mé an aiste

E Obair bhaile: Cleachtadh scríofa

Scríobh aiste/blag ar an gclár teilifíse is fearr leat. San aiste/bhlag:

- Luaigh an saghas cláir é.

- Abair cá bhfuil sé suite.

- Déan cur síos ar an scéal.

- Déan cur síos ar na pearsana agus an fáth a dtaitníonn siad leat (nó nach dtaitníonn siad leat); an féidir leat **ionannú leo**[17]?

- Déan cur síos ar an aisteoireacht agus ar na haisteoirí a ghlacann páirt sa scannán.

[17] identify with them

    F Punann agus leabhar gníomhaíochta: Féinfheasacht an fhoghlaimeora – Obair ghrúpa

Scríobh script do ghearrscannáin le do chairde. Is féidir libh aon topaic nó scéal faoin spéir a chumadh! Bain úsáid as PhotoStory chun taifead a dhéanamh ar an scannán más féidir agus taispeáin an gearrscannán don rang. Téigh chuig do phunann agus leabhar gníomhaíochta. Comhlánaigh an leathanach piarmheasúnaithe bunaithe ar scannáin an ranga ansin.

Ríomhphost/Litir

Scríobh ríomhphost chuig do chara ag tabhairt cuireadh dó/di dul go dtí scannán leat an deireadh seachtaine seo chugainn.

Eochairnathanna

Ar mhaith leat teacht in éineacht liom?

Cuir ríomhphost ar ais chugam chomh luath agus is féidir!

Táim ag tnúth go mór leis.

Ríomhphost samplach: 'Cuireadh chuig scannán'

Ó: eamonnoceallaigh@gmail.com

Chuig: silenibhraonain@yahoo.com

Ábhar: Cuireadh chun dul chuig scannán

A Shíle, a chara,

Cad é mar atá tú? Aon scéal? **Cad é mar atá ag éirí leat**[18] ar scoil? An bhfuil tú ag baint taitnimh as an tríú bliain? Tá brón orm nár scríobh mé go dtí seo, ach bím **an-ghnóthach**[19] leis an scoil agus leis an spórt.

Faoi mar is eol duit, táim ar fhoireann peile na scoile agus bímid ag traenáil beagnach gach oíche nó gach re oíche ar a laghad!

Chonaic mé fógra le haghaidh an scannáin *Logan Lucky* ar an teilifís agus tá cuma mhaith air! Bheartaigh mé gur mhaith liom dul chuig an scannán agus ba mhaith liom cuireadh a thabhairt duit teacht in éineacht liom dá mba mhian leat! Tá an t-aisteoir iontach Daniel Craig (an fear a ghlac páirt James Bond) ag glacadh na príomhpháirte sa scannán. Is aisteoir den chéad scoth é gan dabht! Chomh maith leis sin, tá léirmheasanna maithe faighte ag an scannán ar RTE.ie. Déarfainn go mbainfimis an...

Beidh an scannán ar siúl Dé... a chlog sa phictiúrlann i Leitir Ceanainn. Tá mo dhaid sásta... meadfaimis tú a bhailiú thart ar a seacht? Ba mhaith liom a bheith ann roimh ré chun gránach rósta agus deochanna a cheannach dúinn.

Seol ríomhphost ar ais chugam chomh luath agus is féidir chun mé a chur ar an eolas más féidir leat dul.

Do chara,

Éamonn

18 How are you getting on
19 very busy

Cleachtadh scríofa

Scríobh ríomhphost ag glacadh le nó ag diúltú do chuireadh Éamoinn dul go dtí an scannán thuas. Bain úsáid as na heochairnathanna thíos.

Litir/Ríomhphost

Scríobh litir nó ríomhphost chuig do pheannchara/chara ag déanamh cur síos ar fhón póca nua a cheannaigh do thuismitheoirí duit. I do litir, luaigh:

● an fáth ar cheannaigh siad an fón duit.

● dhá rud a thaitníonn leat faoin bhfón.

● rud amháin nach maith leat faoin bhfón. *costasach leochaileach*

Eochairnathanna

Míle buíochas as ucht an chuiridh a sheol tú chugam chun dul chuig scannán leat. Bheadh áthas orm dul in éineacht leat!
Tá brón an domhain orm ach ní féidir liom dul ann.
Is oth liom a rá nach féidir liom dul ann.
Faraor, tá … ar siúl agam ar an lá/oíche sin.
Ar mhí-ámharaí an tsaoil, ní thabharfaidh mo mham cead dom dul. Níl sí róshásta liom faoi láthair mar …
Tá mo thuismitheoirí ródhian.

Litir shamplach: 'Fón cliste nua'

25 Páirc Naomh Bréanann,
An Uaimh,
Co. na Mí

24 Iúil 2019

[20] screen
[21] already
[22] free
[23] calendar
[24] calculator
[25] smartphone

A Niamh, a chara,

Cén chaoi a bhfuil tú? Tá súil agam go bhfuil tú féin agus do mhuintir i mbarr na sláinte.

Faoi mar is eol duit, bhí mé ag céiliúradh mo lá breithe an tseachtain seo caite. Bhí cóisir mhór agam agus fuair mé a lán bronntanas – fón póca nua ina measc ó mo thuismitheoirí. Bhí an **scáileán**[20] briste ar an bhfón a bhí agam **cheana féin**[21] agus mar sin bheartaigh siad go raibh fón nua ag teastáil uaim.

Is breá liom m'fhón nua. Tá mórán aipeanna air **saor in aisce**[22] ar nós Samsung Health, Spotify agus Facebook. Tá **féilire**[23], aláram, **áireamhán**[24] agus e-dialann air chomh maith. Tá na rudaí sin an-áisiúil ar fad dom. Is féidir liom glaonna *calls* a dhéanamh agus a ghlacadh, is féidir liom ríomhphoist a sheoladh agus a léamh air agus bím in ann scimeáil *browse* ar an Idirlíon nuair is mian liom. Ní bhíonn aon leadrán *boredom* ag cur isteach ort nuair a bhíonn **fón cliste**[25] agat!

Is é an t-aon rud a chuireann isteach orm faoin bhfón nua ná nach **maireann**[26] an *doesn't last long* **bataire**[27] rófhada! Deir mo chairde go bhfuil **na haipeanna**[28] go léir ag cur isteach ar an *affect* mbataire. Chomh maith leis sin, nuair a fhéachaim ar fhíseáin ar YouTube, cuireann sé isteach ar an mbataire. Bíonn orm an fón **a luchtú**[29] cúpla uair sa lá!

Bhuel, sin é mo chuid nuachta go léir faoi láthair. *now* Tá do bhreithlá **ag druidim linn**[30] go luath, nach bhfuil? **Cuir ar an eolas mé**[31] mar gheall ar do chóisir agus bronntanais.

Slán go fóill,

Ruairí

26 *mair* = last
27 battery
28 the apps
29 to charge
30 approaching us
31 Let me know

Ⓐ Freagair na ceisteanna seo a leanas bunaithe ar an litir thuas:

1. Cad as do Ruairí? *Is as Co. na mhí do Ruairí*

2. Cathain a bhí a lá breithe ar siúl? *an tseachtain seo caite*

3. Ar eagraigh sé aon rud chun a bhreithlá a cheiliúradh? *bhí cóisir mór aige agus fuair sé a lán*

4. Cad a cheannaigh a thuismitheoirí dó? Cén fáth? *Bronntanas* *fón fón póca nua mar bhí a seisceáin briste ar an a fón pó caor séan póca*

5. Cén saghas giuirléidí atá ar a fhón póca nua? *samsung health spotify, Facebook*

6. Luaigh trí rud is féidir leis a dhéanamh ar an bhfón: *glaonna a dhéanamh, iscimeal an idirlíon, ríomhphoist a seoladh*

7. Luaigh rud amháin nach maith leis faoin bhfón. *nach maireann an bataire.*

8. Cé na rudaí a chuireann isteach ar bhataire an fhóin? *na haipeanna, fhíseáin ar Youtube*

9. Cé chomh minic is a bhíonn air an fón a luchtú? *cúpla uair sa lá*

10. Cad atá ag druidim le Niamh go luath? *Tá a breithlá ag druidim le Niamh so luath*

Ⓑ Cuir Gaeilge ar na focail/nathanna seo a leanas sa litir thuas. Ansin cum abairtí ag úsáid na bhfocal sin.

1. celebrating
2. apps
3. calculator
4. to charge (a phone)
5. alarm
6. free
7. battery
8. I can surf the internet
9. calendar
10. screen
11. approaching
12. let me know

Ⓒ Cleachtadh scríofa

Scríobh litir/ríomhphost chuig do pheannchara faoi ríomhaire glúine nua a cheannaigh do thuismitheoirí duit le déanaí. I do litir/ríomhphost, luaigh:

● an fáth ar cheannaigh siad an ríomhaire glúine duit.

● dhá rud a thaitníonn leat faoin ríomhaire glúine.

● rud amháin nach maith leat faoi.

Litir fhoirmiúil

Chonaic tú sraithscéal ar RTÉ aréir a bhí déistineach agus lán d'**fhoréigean** agus **gáirsiúlacht**[33].
Scríobh litir chuig **ceannasaí**[34] an stáisiúin ag gearán leis faoin gclár. I do litir, luaigh:

- ainm na sraithe agus an fáth ar chuir sé isteach ort.
- an tionchar **diúltach**[35] a bheadh ag an gclár ar mheon na n-óg.
- an méid a theastaíonn uait ón stáisiún amach anseo.

[32] violence
[33] obscenity
[34] boss
[35] negative

Litir fhoirmiúil shamplach: 'Gearán faoi chlár teilifíse'

Ceannasaí RTÉ
Raidió Teilifís Éireann,
Domhnach Broc,
Baile Átha Cliath 4

25 Aibreán 2019

A Chara,

Táim ag scríobh chugat chun gearán a dhéanamh faoin sobalchlár *EastEnders* a chonaic mé ar RTÉ aréir. Bím ag féachaint ar RTÉ go rialta, agus de ghnáth taitníonn na cláir go mór liom. Is oth liom a rá, áfach, nárbh é sin an scéal aréir.

Tá an sobalchlár *EastEnders* **foréigeanach**[36], agus lán de **gháirsiúlacht**[37]. Bhí a lán radharc sa chlár aréir a thaispeáin foréigean agus cruálacht agus bhí an plota bunaithe ar **dhúnmharú**[38] foréigeanach duine de na carachtair. Níl clár mar sin oiriúnach le taispeáint ag a hocht a chlog tráthnóna.

Ba chóir go mbeadh a fhios agat go mbíonn **tionchar**[39] ollmhór ag na meáin ar mheon na n-óg. Uaireanta ceapann daoine óga go mbíonn sé ceart go leor rudaí áirithe a rá nó a dhéanamh má fheiceann siad ar an teilifís iad. Tá dualgas ar stáisiún teilifíse **cloí le**[40] **caighdeán**[41] éigin measa agus béasa.

Tá súil agam go gcuirfidh tú stop leis an saghas **ráiméise**[42] seo ar do stáisiún **as seo amach**[43].

Mise le meas[44],

Máire Nic Mhathúna

[36] violent
[37] obscenity
[38] *dúnmharú* = murder
[39] influence
[40] to stick to
[41] standard
[42] rubbish
[43] in the future
[44] Yours sincerely

A Obair bhaile: Litir fhoirmiúil

Chonaic tú alt le déanaí ag caitheamh anuas ar dhaoine óga. Scríobh litir chuig an eagarthóir ag gearán faoi. I do litir, luaigh:

- dhá argóint a bhí san alt nach n-aontaíonn tú leo
- dhá argóint uait féin ag moladh daoine óga
- rud amháin eile san alt a chuir fearg ort.

 B Measúnú rangbhunaithe: 'Scannáin'

Roghaigh aon ábhar nó duine is mian leat a bhaineann le scannáin nó réalta scannáin. Ullmhaigh tionscnamh mar gheall ar an topaic/duine sin. Bain úsáid as pictiúir/íomhánna agus PowerPoint. Is féidir na nótaí don aiste 'An réalta scannáin is fearr liom' a úsáid mar chabhair duit. Cuir an tionscnamh i láthair ó bhéal os comhair an ranga nó os comhair grúpa bhig.

 C Punann agus leabhar gníomhaíochta: Féinfheasacht an fhoghlaimeora

Téigh chuig do phunann agus leabhar gníomhaíochta. Scríobh isteach na leaganacha ceartaithe de dhá cheann de na cleachtaí scríofa thuas. Ansin comhlánaigh na leathanaigh féinmheasúnaithe a ghabhann leo.

Féinfheasacht an fhoghlaimeora: Féinmheasúnú

Cé chomh sásta is atá tú go bhfuil tú in ann giotaí a scríobh a bhaineann leis an topaic 'na meáin chumarsáide'? Cuir tic sa bhosca cuí.

CÉIM 7: SÚIL SIAR AR AONAD 7

A Téacs ilmhódach

Freagair na ceisteanna seo a leanas bunaithe ar an ngrianghraf thuas:

1. Cá bhfuil na daoine sa phictiúr thuas? *pictiúrlann*

2. Cén saghas scannáin a bhfuil siad ag féachaint air? *scannann uaifais*

3. Cén fáth, an dóigh leat, a bhfuil siad ag féachaint ar scannán den chineál sin? *is maith leo an teannais*

4. Déan cur síos ar an gcuma atá ar aghaidh na ndaoine sa phictiúr. *Tá imní iomaí orainn f aitfos an domhain léin*

5. Déan cur síos ar éadaí na ndaoine atá ina suí sa chéad sraith suíochán. *seacaid gorm, glas agus bristí gorm gorm*

6. Cén saghas caidrimh atá idir gach beirt atá ina suí sa chéad sraith suíochán? *Tá caidreamh grá againn*

7. Cén saghas bia agus deochanna atá á n-ól ag na daoine sa phictiúr? *gránach rósta agus uice suím each*

8. An bhfuil an slua ag baint taitnimh as an scannán, an dóigh leat? *Tá an fear ag cabadh each*

9. An dtaitníonn an phictiúrlann leatsa? Cé chomh minic is a théann tú de ghnáth? *ní maith liom mar tá sé ro-scannúil*

10. An maith leatsa scannáin cosúil leis an gceann a bhfuil na daoine sa phictiúr ag féachaint air? Tabhair fáth amháin le do fhreagra.

9. Ba mhaith leo an scannán mar tá ionad an domhain

Na Meáin Chumarsáide – Clár Theilifíse, Scannáin, Leabhair agus An Teicneolaíocht

B Crosfhocal

Trasna

3. Scannán grá.
6. Pléitear cúrsaí ceoil agus cloistear ceol ar an saghas cláir seo.
9. Éisteann daoine leis an rud seo.
11. Duine a scríobhann ailt do nuachtáin agus d'irisí.
12. Scannán ina dtarlaíonn a lán eachtraí corraitheacha.

Síos

1. Scannán ina dtarlaíonn eachtraí uafásacha.
2. Scannán ina dtarlaíonn eachtraí greannmhara.
4. Léann daoine scéalta agus píosa nuachta sa rud seo.
5. Pléitear cúrsaí faisin ar an saghas cláir seo.
6. Cuireann an duine seo cláir theilifíse i láthair ar an teilifís.
7. Pléitear cúrsaí spóirt ar an saghas cláir seo.
10. Duine a scríobhann leabhair.

Crossword grid (as filled in by hand):

3 Across: s c a n n á n r á m á n s ú i l
8 Across: c l á r c e o i l
9 Across: A N r a i d i o
11 Across: i r i s e o i r
12 Across: s c a n n á n e a c h t r a í o c h t a

1 Down: s c a n n á n u a t á i
2 Down: s c a n n á n g r i n
5 Down: c l á r (faisin...) r í p a í r
4 Down: n u a c h t á n
6 Down: l i t r e o i r
7 Down: c l á r s p ó r t i
10 Down: u d a r

C Féinmheasúnú

Punann agus leabhar gníomhaíochta: Féinfheasacht an fhoghlaimeora

Téigh chuig do phunann agus leabhar gníomhaíochta. Comhlánaigh an leathanach féinmheasúnaithe bunaithe ar Aonad 7.

Aonad 8

Taisteal agus Laethanta Saoire

Is glas iad na cnoic atá i bhfad uainn.

San aonad seo, foghlaimeoidh tú:

Feasacht chultúrtha
✿ **An cultúr agus an litríocht:** 'Deireadh na Seachtaine' leis na Fíréin, Gaeltachtaí na hÉireann.

Cumas cumarsáide
✿ **Éisteacht, féachaint, cur i láthair agus scríobh:** conas cur síos a dhéanamh le cur i láthair digiteach ar laethanta saoire, cúrsaí taistil agus post samhraidh.

✿ **Léamh agus tuiscint/litearthacht:** conas foclóir agus nathanna a bhaineann leis an taisteal, laethanta saoire agus tíortha thar lear a aithint, a thuiscint agus a úsáid.

✿ **Éisteacht:** conas foclóir agus nathanna a bhaineann le cúrsaí taistil agus laethanta saoire a aithint agus a thuiscint ó chluas. Gheobhaidh na daltaí taithí ar a bheith ag éisteacht le canúintí éagsúla.

✿ **Scríobh:** conas giotaí a scríobh ar thopaicí a bhaineann le turas scoile, laethanta saoire thar lear agus cúrsa Gaeltachta.

✿ **Idirghníomhú cainte:** conas idirghníomhú le comhscoláirí agus tú ag tabhairt faoi obair ghrúpa, obair bheirte, piarmheasúnú agus rólimirt, conas eolas a sheiceáil, a dheimhniú agus a mhalartú, conas cumarsáid ó bhéal a dhéanamh ag úsáid teicneolaíochtaí digiteacha.

Feasacht teanga
✿ **Gramadach:** conas an tuiseal ginideach, aidiachtaí agus gnéithe eile gramadaí a aithint agus a úsáid i gcomhthéacs, conas patrúin teanga a aithint agus a úsáid.

Féinfheasacht an fhoghlaimeora
✿ **Féinmheasúnú:** conas féinmheasúnú a dhéanamh sa téacsleabhar seo agus sa phunann agus leabhar gníomhaíochta a ghabhann leis agus conas piarmheasúnú a dhéanamh.

Amhrán

Deireadh na Seachtaine

leis Na Fíréin

An traein ag teacht isteach sa stáisiún tréigthe _(abandoned)_
Oíche Dhomhnaigh i lár an gheimhridh
Scuaine bhusannaí i líne dhíreach _(que)_
Chun na daoine a bhreith isteach go lár na cathrach.

Curfá: Deireadh, tá deireadh le deireadh na seachtaine.

Gluaiseann an bus go réidh le hais an uisce dhuibh _(travel)_ _(river liffey)_
Lampaí arda ag soilsiú na sráide buí _(shining)_
Lámha bána ar mhálaí deireadh seachtaine
Is cuimhní milse ag rince i ngach croí. _(sweet memories)_

Curfá

Ar ais an oíche sin in árasán (fuar agus teann) _(compact)_
An t-imirceach óg ón mbaile thiar (baile thiar sa ngleann) _(young culchie)_
Caitheann a chuid éadaí glana isteach i dtarraiceán (tarraiceán lom)
Léinte 's stocaí nite ag máthair chromtha.

Curfá

Cúig lá sa tseachtain óna naoi go dtí na cúig
Laethanta ag obair (i gcathair aduain)
Istoíche, deoch sna pubannaí
Ag fanacht go foighdeach le theacht Dé hAoine arís. _(patiently)_

Curfá

 Cuardach foclóra

Cuardaigh na focail dheacra i d'fhoclóir nó ar www.focloir.ie agus cuir ceist ar do mhúinteoir muna n-aimsíonn tú gach focal.

Fíor nó bréagach

Féach ar na habairtí thíos agus abair an bhfuil siad fíor nó bréagach.
Cuir tic sa bhosca ceart.

		Fíor	Bréagach
1.	Na Fíréin a chum an t-amhrán 'Deireadh na Seachtaine'.	✓	
2.	An fómhar atá ann sna amhán.		✓
3.	Tagann an duine óg ar ais go Baile Átha Cliath ar an mbus.	✗	✓
4.	Téann na busanna isteach go lár na cathrach go mall thar Abhainn na Life.	✓	
5.	Tá árasán an duine óig spásmhar agus compordach.		✓
6.	Caitheann sé a chuid éadaigh isteach sa vardrús.		✓
7.	Rinne mam an níochán dó sa bhaile ag an deireadh seachtaine.	✓	
8.	Tosaíonn a lá oibre ar a naoi a chlog ar maidin.	✓	
9.	Ólann sé deoch san oíche.	✓	
10.	Ní bhíonn sé ag tnúth leis an deireadh seachtaine.		✓

Cumadóirí an amhráin

Chum Na Fíréin an t-amhrán bríomhar seo agus ansin cuireadh fístéip leis. Is amhrán é sa stíl rac-cheoil agus popcheoil. Ceathrar ar fad atá sa ghrúpa agus iad ag canadh an amhráin. Tá dhá ghiotár leictreacha ann, drumaí agus canann an príomhamhránaí. Cuireann na hamhránaithe eile comhcheol leis.

 Punann agus leabhar gníomhaíochta: Obair bhaile

Scríobh scéal an amhráin 'Deireadh na Seachtaine' i d'fhocail féin i do phunann agus leabhar gníomhaíochta.

Téama an amhráin

Insíonn an t-amhrán seo cuid de scéal an duine óig agus é ag **fill**eadh[1] ar an ollscoil nó ar a chuid oibre tar éis dó an deireadh seachtaine a chaitheamh sa bhaile. Filleann a lán daoine óga ar an gcathair ar an gcóras iompair poiblí. Bíonn lóistín saghas **bunúsach**[2] ag tromlach na ndaoine óga freisin agus filleann siad abhaile gach deireadh seachtaine.

[1] return
[2] basic

- Oíche Dé Domhnaigh atá ann agus tá an deireadh seachtaine thart. Deirtear go mbíonn an stáisiún traenach sa chathair ciúin agus na daoine ag teacht isteach ag an am sin den oíche i lár an gheimhridh, 'sa stáisiún tréigthe'. Bíonn líne busanna taobh amuigh den stáisiún ag

Taisteal agus Laethanta Saoire

fanacht leis na daoine ar fad a thabhairt isteach go lár na cathrach.

- Déantar cur síos ar na busanna ag dul isteach go lár na cathrach in aice le hAbhainn na Life. Dath dubh atá ar an uisce a deirtear agus soilse arda buí ag soilsiú na sráide. Feictear daoine le málaí deireadh seachtaine á n-iompar acu, 'lámha bána' ar na málaí céanna. Bíonn croí na ndaoine lán le **cuimhní**[3] deasa ar an deireadh seachtaine.

³ memories
⁴ patiently

- Filleann na daoine ar ais ansin ar árasáin a bhíonn fuar agus beag. Glaotar 'imirceach' ar an duine ón tuath nuair a bhíonn sé sa chathair, 'an t-imirceach óg ón mbaile thiar'. Roimh dhul a chodladh dó, cuireann sé a chuid éadaigh nite isteach i dtarraiceán folamh. Mam a rinne an obair chrua chun iad a ní, a deirtear linn, 'máthair chromtha'.

- Cúig lá a bhíonn le déanamh ag an duine ansin roimh an gcéad deireadh seachtaine eile. Caitheann sé cúig lá ag cur faoi sa phríomhchathair. Bíonn sé ag obair óna naoi go dtí a cúig a chlog agus ólann sé deoch sa teach tábhairne san oíche. Fanann sé **go foighneach**[4] ansin go dtí deireadh na seachtaine.

 Punann agus leabhar gníomhaíochta

Déan achoimre i do phunann agus leabhar gníomhaíochta ar théamaí an amhráin 'Deireadh na Seachtaine'.

Mothúcháin an amhráin

⁵ boredom
⁶ unusual

- **Leadrán**[5]: Tá an chuma ar an scéal go dtarlaíonn an rud céanna gach oíche Dhomhnaigh agus gach seachtain agus go bhfuil an saol saghas leadránach mar sin. Ní tharlaíonn aon rud **as an ngnách**[6]. Gluaiseann an tseachtain ar aghaidh agus an duine óg ag tnúth le deireadh na seachtaine arís.

- **Brón/uaigneas:** Tá brón agus uaigneas le brath san amhrán. Bíonn cuimhní milse i gcroí an duine ar an deireadh seachtaine. Mar sin féin, bíonn air an tseachtain a chaitheamh 'i gcathair aduain' agus é ag súil leis an gcéad deireadh seachtaine eile. Cónaíonn sé in árasan fuar agus beag agus **braitheann sé uaidh[7]** compoird an bhaile. Bíonn an stáisiún traenach fiú amháin, saghas brónach oíche Dé Domhnaigh, 'sa stáisiún tréigthe'. Is 'imearcach' é an duine ón iarthar ('an baile thiar') sa chathair mhór. Braitheann sé caillte agus míchompordach, 'laethanta ag obair i gcathair aduain'.

[7] he misses

- **Grá:** Tá grá máthar agus an teaghlaigh le mothú. Filleann an duine ar an gcathair ag an deireadh seachtaine agus a chroí lán le dea-chuimhní. Tá an níochán déanta ag a mháhair dó. Fanann sé go foighneach le dul abhaile don chéad deireadh seachtaine eile.

  A Obair bheirte

Cad é an mothúchán is mó a théann i bhfeidhm ort ó liricí an amhráin thuas? Déan an mothúchán sin a phlé le do chara sa rang.

B Punann agus leabhar gníomhaíochta: Cleachtadh scríofa

Cum an cuntas dialainne a cheapann tú a scríobhfadh an duine san amhrán oíche Dé Domhnaigh nuair a shroichfeadh sé a árasán. Scríobh an cuntas sin i do phunann agus leabhar gníomhaíochta.

Íomhánna san amhrán

Tá an t-amhrán seo lán le híomhánna soiléire a insíonn scéal an amhráin dúinn.

- Faighimid íomhá shoiléir de dhaoine ag dul isteach sa stáisiún traenach oíche Dé Domhnaigh i lár an gheimhridh. Bíonn an stáisiún ciúin ag an am sin den oíche.

- Feicimid pictiúr eile de líne busanna taobh amuigh den stáisiún traenach ag fanacht leis na daoine chun iad a bhreith isteach go lár na cathrach.

- Tá íomhá eile de bhus ag dul isteach sa chathair, an abhainn in aice leis agus dath dubh ar an uisce. Tá solas buí na lampaí sráide le feiceáil ar an spéir.

305

[8] emptying

- Tá duine amháin ar ais ina árasán sa tríú véarsa. Árasán beag agus fuar is ea é agus tá sé **ag folmhú**[8] a mhála ina sheomra leapa. Cuireann sé a chuid éadaigh isteach i dtarraiceán folamh.

- Sa véarsa deireanach, faighimid íomhá den duine céanna. Mothaíonn sé saghas caillte sa chathair mhór, 'i gcathair aduain'. Ólann sé deoch san oíche i dteach tábhairne agus é ag tnúth le deireadh na seachtaine.

Suíomh an amhráin

Is i mBaile Átha Cliath atá an t-amhrán seo suite. Lár an gheimhridh atá ann agus gluaiseann an scéal ón stáisiún traenach go dtí árasán i lár na cathrach.

Ⓐ Obair ghrúpa

Déanaigí iarracht in bhur ngrúpaí sa rang amhrán nó dán a chumadh bunaithe ar an tseachtain scoile.

B Punann agus leabhar gníomhaíochta

Téigh chuig do phunann agus leabhar gníomhaíochta. Scríobh leath-leathanach nó mar sin ar na fáthanna a dtaitníonn nó nach dtaitníonn an t-amhrán 'Deireadh na Seachtaine' leat.

Moladh: Smaoinigh ar na pointí seo a leanas:

1. An dtaitníonn na híomhánna a luaitear san amhrán leat? Cén fáth? *íomhánna réadúla + tairiscúla, suimiúla iad*
2. Cad í an íomhá is fearr leat ón amhrán?
3. An gceapann tú go bhfuil atmaisféar deas le brath san amhrán?
4. An maith leat an ceol a théann leis an amhrán?
5. An bhfuil na liricí éasca a thuiscint?
6. An bhfuil tú in ann ionannú ar chor ar bith le hábhar an amhráin seo?
7. Conas a mhothaíonn tú féin tar éis duit éisteacht leis an amhrán? *mhúscail an dán seo ____ ionam*
8. An maith leat an t-amhrán ar an iomlán?

Ansin, comhlánaigh an leathanach féinmheasúnaithe a ghabhann leis i do phunann agus leabhar gníomhaíochta.

Féinfheasacht an fhoghlaimeora: Féinmheasúnú

Cé chomh sásta is atá tú go bhfuil tú in ann caint agus scríobh faoin amhrán 'Deireadh na Seachtaine'? Cuir tic sa bhosca cuí.

Na Gaeltachtaí – Tír gan teanga, tír gan anam!

Cad is brí leis an téarma 'Gaeltacht'?

Is ceantar é ina bhfuil an Ghaeilge á húsáid mar theanga phobail.

Tugtar fíor-Ghaeltachtaí **ar**[1] na Gaeltachtaí in Iarthar Chiarraí i gCorca Dhuibhne, Gaeltacht Uíbh Ráthach i dtuaisceart Chiarraí, Gaeltacht Dhún na nGall, Gaeltacht Chonamara, Gaeltacht Mhaigh Eo, Gaeltacht Chontae Chorcaí, Gaeltacht Chontae na Mí (Ráth Chairn) agus Gaeltacht na nDéise (an Rinn) i gContae Phort Láirge.

[1] tugtar ar = are called

 Obair dhigiteach

Téigh chuig www.ceacht.ie. Brúigh ar Acmhainní don tSraith Shóisearach. Brúigh ar 04, 'An Ghaeilge agus an Ghaeltacht'. Brúigh ar A 'Ag Sealbhú Gaeilge'. Pléann tuismitheoirí na rudaí atá i gceist le bheith ag tógáil páistí sa Ghaeltacht.

Gaeltacht Chorca Dhuibhne, Co. Chiarraí

A Fíricí faoi Ghaeltacht Chorca Dhuibhne

Tá Gaeltacht Chorca Dhuibhne suite
in Iarthar Chiarraí. Is é an Daingean
nó Daingean Uí Chúis **mar a ghlaotar
air**[2] an príomhbhaile mór sa cheantar.
Tugtar an áit is áille ar domhan ar an
áit san fhoilseachán dar teideal *The
National Geographic Traveller*. Cónaíonn
idir sé mhíle agus seacht míle duine sa
Ghaeltacht agus labhraíonn níos mó ná
trí mhíle díobh Gaelainn. Is iad Abhainn an
Scáil, Lios Pól, Ceann Trá, Baile an Fheiritéaraigh, Baile na
nGall agus an Clochán na sráidbhailte sa cheantar. Rinneadh
taifeadadh ar radhairc do dhá scannán de chuid *Star Wars* i
nGaeltacht Chiarraí – ceann amháin do *Star Wars: Episode
VII* ar Sceilig Mhichíl i nGaeltacht Uíbh Ráthach i ndeisceart
Chiarraí agus radhairc do scannán eile de chuid *Star Wars:
Episode VIII* ar Cheann Sibéal i gCorca Dhuibhne!

[2] as it is called

Corca Dhuibhne

An Clochán
Baile na nGall
Baile an Fheirtéataigh
Dún Chaoin An Daingean
Ceann Trá Lios Pól
Abhainn an Scáil
Na Blascaodaí

Ceisteanna

1. Cad is ainm don phríomhbhaile mór i nGaeltacht Chorca Dhuibhne, Co. Chiarraí?
2. Cé mhéad duine a labhraíonn an Ghaelainn sa Ghaeltacht seo?

B Raidió na Gaeltachta agus údair cháiliúla ón áit

Tá stáisiún réigiúnach de chuid RTÉ Raidió na Gaeltachta suite i
mBaile na nGall. Baineann mórán scríbhneoirí **mór le rá**[3] de chuid
litríocht na Gaeilge leis an gceantar, ina measc Peig agus Tomás Ó
Críomhthain a chónaigh ar na hoileáin cháiliúla **na Blascaoidí**[4] agus
a scríobh leabhair mar gheall ar shaol an oileáin, Danny Sheehy
agus Bab Feiritéar. Carachtar eile ón gceantar ab ea an ceoltóir
agus údar Maidhc Dainín Ó Sé (a scríobh an **dírbheathaisnéis**[5] mór
le rá *A Thig ná Tit Orm*). Is mac leis é an **láithreoir**[6] mór le rá Daithí
Ó Sé a **chuireann** an seó teilifíse *Féile Rós Thrá Lí* **i láthair**[7] ar RTÉ
gach bliain.

[3] well known
[4] the Blasket Islands
[5] autobiography
[6] presenter
[7] *chuireann i láthair* = presents

Ceisteanna

1. Cad atá suite i mBaile na nGall?
2. Ainmnigh triúr scríbhneoirí mór le rá a chónaigh sa Ghaeltacht seo.

An clár teilifíse Other Voices agus ceoltóirí traidisiúnta mór le rá ón gceantar

[8] best of music
[9] recording

Tá **scoth an cheoil**[8] le fáil san áit ag ceoltóirí traidisiúnta cáiliúla ar nós Bhreandáin Uí Bheaglaíoch, Shéamais Uí Bheaglaíoch, Phádraig Uí Shé, Mhuireann Nic Amhlaoibh agus Pauline Scanlon agus mórán eile nach iad. Déantar **taifeadadh**[9] ar an seó rac-cheoil mór le rá *Other Voices* i séipéal beag sa Daingean gach bliain agus tagann ceoltóirí ó cheann ceann na tíre agus ó thíortha eile chuige.

C Taiscéalaí mór le rá ón nGaeltacht

Carachtar eile ón gceantar a bhfuil clú agus cáil air is ea Tom Crean, ón sráidbhaile Abhainn an Scáil – an **taiscéalaí**[10] a chuaigh go dtí an tAntartach. Ba thaiscéalaí Éireannach Antartach é Thomas 'Tom' Crean (1877–1938). Chuaigh sé sa Chabhlach Ríoga nuair a bhí sé cúig bliana déag d'aois, **ag insint bréige**[11] faoina aois chun dul isteach ann. Ghlac Tom Crean páirt i dtrí as an gceithre phríomhthuras taiscéalaíochta de chuid na Breataine go dtí an tAntartach: *Discovery* (1901–1904), *Terra Nova* (1911–1913) agus *Endurance* (1914–1916). Tá teach tábhairne fós ann in Abhainn an Scail darb ainm 'South Pole Inn' a bhí ag Tom Crean lena linn agus tá drámaí scríofa faoi shaol Tom Crean fiú.

[10] explorer
[11] telling lies

Ceisteanna

1. Ainmnigh triúr ceoltóirí traidisiúnta mór le rá ó Chorca Dhuibhne.
2. Cén áit a ndeachaigh an taiscéalaí Tom Crean?

D Tábhacht an spóirt sa cheantar

Cuirtear an-bhéim ar an spórt sa cheantar, **go háirithe**[12] ar pheil nó 'caid' mar a ghlaotar air in Iarthar Chiarraí. Tháinig mórán de na himreoirí is fearr ar fhoireann peile Chiarraí ón gceantar seo le blianta beaga anuas – ina measc Páidí Ó Sé, Tomás Ó Sé, Darragh Ó Sé, Dara Ó Cinnéide. Oibríonn bainisteoir fhoireann Chiarraí mar phríomhoide i bPobalscoil Chorca Dhuibhne, mar atá, Éamonn Fitzmaurice.

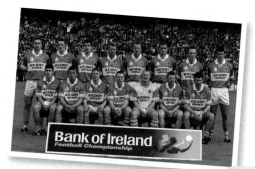

[12] especially

Féilte Chorca Dhuibhne

Cuirtear mórán béime ar rámhaíocht agus is ócáid mhór iad na geallta bád seoil a bhíonn ar siúl sa Daingean gach Lúnasa ina mbíonn rásanna na naomhóg. Chomh maith leis sin, bíonn mórán féilte eile ar siúl i gCorca Dhuibhne i rith na bliana – ina measc Féile Siúil an Daingin, Féile Scannánaíochta an Daingin, Féile Bhia an Daingin, Féile na

Bealtaine, na Rásaí Capall ar thrá Bhéal Bhán (trá i ngar do Bhaile an Fheirtéaraigh), Rásaí an Daingin, Féile Lios Póil, Féile na Lúnasa agus mórán eile nach iad.

Ceisteanna

1. Cé na saghsanna spóirt atá an-tábhachtach sa cheantar?
2. Ainmnigh triúr peileadóirí cáiliúla ó Chorca Dhuibhne.

E Nósanna agus traidisiúin ársa an cheantair

Baineann mórán traidisiún agus **deasghnátha**[13] **ársa**[14] leis an nGaeltacht i gCiarraí. Cuir i gcás na traidisiúin a bhaineann leis an Nollaig. Bíonn sé de nós ag cuid d' fhir an cheantair i nGaeltacht Chorca Dhuibhne dul sa tóir ar an dreoilín Lá Fhéile Stiofáin nó Lá an Dreoilín mar a ghlaotar air in Iarthar Chiarraí gach bliain. Deirtear gur **shíolraigh**[15] an focal 'dreoilín' ón bhfocal 'draoi-éan' (*druid's bird*). Bíonn paráid i lár an bhaile agus gléasann siad i bh**feistis**[16] **ildathacha**[17], maisc agus **peiriúicí**[18] ag seinm ceoil agus ag damhsa. Glaotar 'wran' ar gach grúpa d'fhir. Fadó, bhí sé de nós acu dul ó theach go teach ag lorg pinginí chun **an ruaig a chur ar**[19] an n**gorta**[20] agus an **doircheacht**[21] a bhain le lár an gheimhridh. Itear iasc le salainn darb ainm langa Oíche Nollag. Sa lá atá inniu ann, tugtar an t-airgead a bhailítear d'**eagraíochtaí carthanachta**[22] áitiúla.

Cuirtear coinnle arda dearga i bhfuinneoga na siopaí agus na dtithe ar fud an cheantair chun fáilte a chur roimh chuairteoirí (cosúil le Muire agus Iósaf Oíche Nollag agus mar shiombail den dóchas a bhain le breith Íosa um Nollaig). Fiú roimh **ré na Críostaíochta**[23], creideadh ar fud na hEorpa go raibh an seans ann go mbeadh strainséar ag lorg **fothana**[24] ar do **thairseach**[25] ina Dhia **faoi cheilt**[26]. Thug traidisiún na gcoinnle **fuinneamh**[27] agus **muinín**[28] do dhaoine sna míonna ba dhorcha den bhliain phágánach.

Ceisteanna

1. Cad a tharlaíonn Lá an Dreoilín sa Daingean?
2. Cén bhrí shiombalach a bhaineann le traidisiún na gcoinnle i bhfuinneoga na dtithe agus siopaí i nGaeltacht Chorca Dhuibhne?

Gaeltacht Dhún na nGall

A Firicí faoi Ghaeltacht Dhún na nGall

Tá Gaeltacht Dhún na nGall suite go príomha in Iarthar an Chontae. Tá 24,744 duine ina gcónaí i nGaeltacht Dhún na nGall. Is í an dara Gaeltacht is mó sa tír í. Is iad na príomhpharóistí sa Ghaeltacht ná Na Rosa, Gaoth Dobhair agus Cloich Cheann Fhaola ina bhfuil daonra de thart ar 16,000 duine. Ciallaíonn an **logainm**[29] Dún na nGall 'fort of the foreigner' de bharr na n-**ionsaithe éagsúla**[30] a rinne **na Lochlannaigh**[31] ar an gcontae san ochtú agus naoú haois. Tá Gaeltachtaí eile i nGleann Choilm Cille, Ceann Fhánada agus Ros Goill agus ar na hoileáin Árainn Mhór, Oileán

---

13 traditions
14 ancient
15 to descend/derive from
16 outfits
17 multi-coloured
18 wigs
19 to chase away
20 famine
21 darkness
22 charitable organisations
23 era of Christianity
24 shelter
25 threshold
26 in disguise
27 energy
28 trust

29 placename
30 various attacks
31 the Vikings

Thoraí agus Inis Bó Finne. Is é Gaoth Dobhair an paróiste ina bhfuil an líon is mó **cainteoirí ó dhúchas**[32] 5,000 duine atá ina gcónaí ann. Tá stáisiún réigiúnach de chuid RTÉ Raidió na Gaeltachta ann freisin.

[32] native speakers

Ceisteanna

1. Cé mhéad duine a chónaíonn i nGaeltacht Dhún na nGall?
2. Cad is ainm do phríomhpharóistí na Gaeltachta?

B An tírdhreach agus stair na háite

Is é an pointe is faide ó thuaidh ar mhórthír Ghaeltacht Dhún na nGall ná Ceann Fhánada. Ar **leithinis**[33] Fhánada. Is fiú cuairt a thabhairt ar na sráidbhailte a tógadh le linn Phlandáil Uladh, mar atá Ráth Mealtain agus Ráth Maoláin – áit ar mealladh Iarla Thír Chónaill Aodh Ó Dónaill ar bhád Sasanach le haghaidh dí agus tugadh chuig príosún i mBaile Átha Cliath é. Ar leithinis Inis Eoghain, tá clú agus cáil ar an **dún cloiche**[34] Grianán Aileach agus Cionn Mhálanna. Ar leithinis Ghaoth Dobhair, tá an **tírdhreach**[35] go hálainn ar fad timpeall Chnoc Fola (*Bloody Foreland*) leis an **eibhir**[36] dhearg atá le feiceáil ann agus a bhíonn ag lonrú agus an ghrian ag dul faoi. Is fiú dul chun na haillte áille ar Chorrán Binne a fheiceáil agus téann a lán daoine chuig **Cuan**[37] na gCaorach chun an tírdhreach álainn a fheiceáil ansin. Tá an tírdhreach sna ceantair na Rosa, Gaoth Dobhair agus Cloich Cheann Fhaola go haoibhinn ar fad. Tá **croílár**[38] Ghaeltacht Dhún na nGall i ngar do Shléibhte Dhoire Bheatha draíochta agus Cró álainn.

[33] peninsula
[34] stone fort
[35] landscape
[36] granite
[37] harbour
[38] heart

Ceisteanna

1. Cad é an pointe is faide ó thuaidh ar mhórthír Ghaeltacht Dhún na nGall?
2. Cad a tharla don Iarla Aodh Ó Donaill i Rath Maoláin?

C Nósanna, ceoltóirí agus scríbhneoirí ó Ghaeltacht Dhún na nGall

Tá mórán rudaí áille le feiceáil agus le déanamh i ngaeltacht Dhún na nGall. Tá mórán **ceardlann**[39] a dhéanann **breidín**[40] Dhún na nGall i gCill Charthaigh, Gleann Colm Cille, agus Ard a' Ratha. Ceann de na **nósanna**[41] a bhíonn ag muintir na Gaeltachta ná go dtéann roinnt daoine go dtí an trá agus isteach sa **taoide**[42] ar an 15 Lúnasa chun a gcosa a ní agus chun galar agus tinneas **a sheachaint**[43] don chuid eile den bhliain. Baineann mórán ceoltóirí mór le rá le Gaeltacht Dhún na nGall, ina measc grúpaí a bhfuil **rath**[44] idirnáisiúnta orthu ar nós Clannad,

[39] workshops
[40] tweed
[41] customs
[42] tide
[43] avoid
[44] success

Taisteal agus Laethanta Saoire

Altan agus an t-amhránaí Enya. Tá clú agus cáil
ar Shliabh Earagail agus ar fhéile **dhátheangach**[45]
ealaíne an Earagail atá á **reachtáil**[46] le 25 bliain anuas.
Baineann scríbhneoirí mór le rá ar nós Mháire Dinny
Wren ó Ghaoth Dobhair (a bhuaigh an **duais**[47] don
leabhar Gaeilge is fearr in 2016 i gComórtas Litríochta
an Oireachtais) agus Seosamh Mac Grianna agus a
dhearthair Séamas Ó Grianna ó Rann na Feirste, Brian
Friel agus Frank McGuinness ó Inis Eoghan agus Peadar
O'Donnell ó na Rosa, leis an nGaeltacht seo.

[45] bilingual
[46] organise
[47] prize

Ceisteanna

1. Cad a dhéantar i mórán ceardlann i gCill Charthaigh, Gleann Colm Cille agus Ard a' Ratha?

2. Cad a dhéanann mórán daoine chun galar agus tinneas a sheachaint ar an 15 Lúnasa?

D Stair Oileán Thoraí

[48] Iron Age
[49] medieval
[50] ruins
[51] unusual
[52] against
[53] stop
[54] the mainland
[55] darkness
[56] once
[57] entertainment

Is é oileán Thoraí an t-oileán is mó ó thuaidh i nGaeltacht
Dhún na nGall. Tá dúnta ón **iarannaois**[48], cloigthithe
meánaoiseacha[49] agus **fothracha**[50] mhainistir naomh
Cholm Cille ón séú haois ar an oileán. Tá mórán éan
agus bláthanna **neamhghnácha**[51] ar an oileán, cuir i
gcás an puifín agus an traonach. Tá clú agus cáil ar an
ealaíontóir agus ceoltóir Patsy Dan Mac Ruairí. Thug na
hoileánaigh eile 'rí Thoraí' air de bharr an méid a rinne sé ar son chultúr an oileáin
agus an méid a chuir sé le saol an oileáin. Throid sé **i gcoinne**[52] phlean an rialtais na hoileánaigh
a athlónnú ar an mórthír tar éis na stoirmeacha i 1974 a chuir **bac**[53] le taisteal idir **an mhórthír**[54]
agus an t-oileán ar feadh dhá mhí. Bhunaigh Patsy Dan Mac Ruairí agus roinnt ealaíontóirí eile
ón oileán an scoil ealaíne. Creideadh gur chónaigh Dia ceilteach na **doircheachta**[55] Balor ar
oileán Thoraí **tráth**[56]. Bíonn Féile Shoilse Thoraí ar siúl gach bliain agus eagraítear imeachtaí
ar nós rásanna na gcurach, turais cois farraige, céilí mór, ceardlanna rince ghaelaigh agus
siamsaíocht[57] do leanaí.

Ceisteanna

1. Cén fáth ar tugadh Rí Thoraí ar Phatsy Dan Mac Ruairí?

2. Cad is ainm don fhéile a bhíonn ar siúl ar oileán Thoraí gach bliain?

E Fíricí suimiúla faoi Árainn Mhór agus na hoileáin eile

[58] ferry boat
[59] since then

Is féidir an **bád farantóireachta**[58] a fháil ó bhaile mór Ailt an Chorráin (5 mhíle ón gClochán Liath)
go dtí an t-oileán is mó a bhfuil daoine ina gcónaí ann darb ainm Árainn Mhór. Tá oileánaigh ina
gcónaí ann ón Iarannaois ar aghaidh agus ba lárionad don chultúr gaelach é an t-oileán **ó shin
i leith**[59]. Freastalaíonn 93 dalta ar Ghairmscoil Mhic Dhiarmada ar an oileán. Téann 43 dalta ón

mórthir fiú ar an mbád farantóireachta ó Ailt an Chorráin go dtí an scoil ar an oileán mar tá **clú agus cáil**[60] ar an scoil mar scoil iontach maith. Tá Slí Árainn Mhór ann mar chuid de Bhealach na Gaeltachta agus tá mórán rudaí le feiceáil ann ar nós theach solais Árainn Mhór, an Seanmhuileann, Teach na Cúirte agus Uaimh an Áir. Dar leis an **seanchas**[61] áitiúil, mharaigh captaen faoi cheannaireacht Chromail 67 bean agus leanaí a bhí ag lorg **tearmainn**[62] san **uaimh**[63]. Tarraingítear mórán ealaíontóirí, grianghrafadóirí, siúlóirí agus dreapadóirí chuig na hoileáin thuasluaite agus na hoileáin eile darb ainm Inis Bó Finne, oileán Gola, oileán Uaighe agus oileáin eile nach iad. **Ní haon ionadh é**[64] gur ainmnigh an **foilseachán**[65] *National Geographic* Dún na nGall mar *'coolest place on the planet'* in 2017.

[60] fame
[61] folklore
[62] refuge
[63] cave
[64] It's no surprise
[65] publication

Ceisteanna

1. Luaigh dhá rud shuimiúla faoin oileán Árainn Mhór.
2. Cad a dúradh faoi Dhún na nGall san fhoilseachán *National Geographic*?

Gaeltacht Chonamara

A Fíricí suimiúla faoi Ghaeltacht Chonamara

Is í Gaeltacht Chonamara an ceantar Gaeltachta is mó in Éirinn. Tá an ceantar Gaeltachta suite go príomha in iarthar na Gaillimhe. Tá **daonra**[66] **de thart ar**[67] 49,000 ann; 's é sin 48.5% de dhaonra na nGaeltachtaí ar fad sa tír. Na ceantair ina bhfuil an daonra is mó sa Ghaeltacht ná An Spidéal (naoi gcileaméadar déag siar ó chathair na Gaillimhe) agus An Cheathrú Rua (ocht gcileaméadar is daichead siar). Tá an stáisiún raidió Gaeilge, Raidió na Gaeltachta lonnaithe i gCasla (seacht gcileaméadar is tríocha siar) agus tá **ceanncheathrú**[68] TG4 suite i mBaile na hAbhann (aon chileaméadar is tríocha siar).

Cathair na Mart
An Clochán
An Mám
Uachtar Ard
Ros a'Mhí
Gaillimh
An Spidéal
Inis Móir
Inis Meáin
Oileáin Árann
Inis Óirr

[66] population
[67] approximately
[68] headquarters

Ceisteanna

1. Cad é daonra Ghaeltacht Chonamara?
2. Cá bhfuil ceanncheathrú TG4 lonnaithe?

B TG4 agus fostaíocht i nGaeltacht Chonamara

I dteannta le feirmeoireacht, iascaireacht, **an tionscal fáilteachais**[69] agus **eagraíochtaí**[70] Gaeilge amhail Údarás na Gaeltachta, fostaíonn TG4 an-chuid daoine ó Ghaeltacht Chonamara chomh maith le daoine ó Ghaeltachtaí eile mar **láithreoirí**[71], **thuairisceoirí**[72], **léiritheoirí**[73], theicneoirí, innealtóirí soilse agus innealtóirí fuaime. Chomh maith leis sin, tá mórán **comhlachtaí léirithe teilifíse**[74] suite i nGaeltacht Chonamara i ngar do cheanncheathrú TG4 a dhéanann cláir theilifíse

[69] the hospitality industry
[70] organisations
[71] presenters
[72] reporters
[73] producers
[74] television production companies

don stáisiún agus do staisiúin teilifíse eile. Dá bhrí sin, is ó Ghaeltacht Chonamara a thagann go leor láithreoirí teilifíse mór le rá ar nós Aoife Ní Thuairisgc agus Eimear Ní Chonaola. Tá go leor láithreoirí teilifíse a thosaigh le TG4 agus a bhog go stáisiúin teilifíse eile ní ba dhéanaí amhail Gráinne Seoige agus Síle Seoige ón Spidéal, Maura Derrane ó Inis Mór agus mórán eile nach iad.

Ceisteanna

1. Cén saghas poist a bhíonn ar fáil ag TG4?

2. Ainmnigh triúr láithreoirí mór le rá ó Ghaeltacht Chonamara.

3. Téigh chuig www.ceacht.ie. Brúigh ar Acmhainní don tSraith Shóisearach. Brúigh ar 04, 'An Ghaeilge agus an Ghaeltacht'. Brúigh ar G, 'Réalta na Gaeilge'.

C Na coláistí samhraidh

Freastalaíonn na mílte scoláire ar na cúrsaí Gaeilge **éagsúla**[75] a bhíonn ar siúl ar fud na Gaeltachta i gConamara chomh maith leis na Gaeltachtaí eile ar fud na tíre i rith an tsamhraidh. Baineann siad an-taitneamh as na cúrsaí sin. Chomh maith leis an nGaeilge a fhoghlaim, faigheann siad **blas**[76] de chultúr agus de shaol na Gaeltachta. Fanann siad le teaghlaigh áitiúla agus cloiseann siad Gaeilge á labhairt go nádúrtha ag muintir an tí. Gan aon amhras, bíonn grá agus paisean don teanga ag daltaí a fhreastalaíonn ar na cúrsaí sin agus iad ag filleadh abhaile. Léirigh an fear grinn Des Bishop saol na Gaeltachta sa chlár teilifíse *In the Name of the Fada* ar RTÉ roinnt bliana ó shin. D'fhan sé le clann sa Ghaeltacht agus ghlac sé páirt ina saol **laethúil**[77] ag feirmeoireacht, ag iascaireacht agus ag baint taitnimh as an nádúr. D'fhoghlaim sé Gaeilge **as an nua**[78] agus ghlac sé páirt sa **phobal áitiúil**[79] Gaeltachta ag dul chuig an gclub peile áitiúil, ag freastal ar **cheardlanna**[80] damhsa ar an sean-nós, ag dul ar cuairt chuig comhlacht léirithe áitiúil chun giotaí a **thaifeadadh**[81] don chlár *South Park* as Gaeilge do TG4 agus ag freastal ar mheánscoil áitiúil agus ar an gcoláiste samhraidh Coláiste Lurgan. Thug an clár sin **léargas**[82] iontach ar an nGaeilge agus ar mhuintir agus saol Chonamara don chuid eile den tír.

[75] various
[76] taste
[77] daily
[78] from scratch
[79] local community
[80] workshops
[81] record
[82] insight

Ceisteanna

1. Cad a fhaigheann daltaí nuair a fhreastalaíonn siad ar chúrsaí Gaeilge i gcoláistí samhraidh?

2. Cé na rudaí a rinne an fear grinn Des Bishop sa Ghaeltacht a thug léargas ar shaol laethúil na Gaeltachta?

3. Téigh chuig www.ceacht.ie. Brúigh ar Acmhainní don tSraith Shóisearach. Brúigh ar 04, 'An Ghaeilge agus an Ghaeltacht'. Brúigh ar B, 'Mé féin agus an Ghaeilge'.

D Damhsa agus amhránaíocht ar an sean-nós

Tá móran traidisiún i nGaeltacht Chonamara. Is nós tábhachtach é an damhsa ar an sean-nós agus **shíolraigh**[83] an nós sin ó Ghaeltacht Chonamara. Is stíl damhsa aonair é atá **neamhfhoirmiúil**[84] ina ngluaiseann an rinceoir a lámha mar is mian leis/léi agus ina gcaitheann sé/sí bróga crua chun na céimeanna nó an *'battering'* a dhéanamh. Bíonn meas ar chumas an rinceora **cumadóireacht a dhéanamh ar an láthair**[85]. Is traidisiún mór é an amhránaíocht ar an sean-nós freisin mar atá sna Gaeltachtaí eile. Úsáideann na hamhránaithe i nGaeltacht Chonamara níos mó **ornáideachais**[86] nuair a chanann siad amhráin sean-nóis ná mar a dhéantar i nGaeltachtaí eile. Ní úsáidtear aon **tionlacan ceoil**[87] sa tseanstíl sean-nóis agus bíonn ton srónach ard ag an amhránaí. Chan amhránaithe **mór le rá**[88] amhail Seosamh Ó hÉanaí (1919–1984) agus Máire Áine Ní Dhonnchadha i seanstíl sean-nóis Chonamara. Sa lá atá inniu ann, canann amhránaithe óga ó Chonamara amhail Lasairfhíona Ní Chonaola na hamhráin sean-nóis ach baineann siad úsáid as tionlacan ceoil le roinnt amhráin agus ton níos boige.

[83] derived
[84] informal
[85] to improvise
[86] ornamentation
[87] musical accompaniment
[88] well-known

Ceisteanna

1. Luaigh trí thréith a bhaineann leis an damhsa ar an sean-nós.
2. Luaigh tréith amháin a bhaineann le hamhránaíocht sean-nóis Chonamara atá difriúil leis an stíl amhránaíochta sean-nóis atá ar fáil i nGaeltachtaí eile.

E Féilte móra i nGaeltacht Chonamara

Bíonn mórán féilte ar siúl i nGaeltacht Chonamara 'chuile bhliain amhail Féile Mhic Dara a tharlaíonn gach Iúil agus ina mbíonn mórán comórtas bád. Bíonn mórán saghsanna bád gaelach le feiceáil aige seo amhail curacha, báid mhóra, gleoiteoga, leathbháid agus púcáin a úsáidtear go traidisiúnta ar fud Chuan na Gaillimhe, chósta Chonamara agus chósta thuaisceart Chontae an Chláir. Bíonn féile Joe Éinniú ar siúl i gCarna, Conamara 'chuile bhliain **in onóir**[89] an amhránaí Seosamh Ó hÉanaí. Cónaíonn mórán ceoltóirí agus ealaíontóirí mór le rá i gConamara de bharr áilleacht na háite. Is áit álainn í Gaeltacht Chonamara **gan aon agó**[90] a bhfuil cultúr saibhir ann.

[89] in honour of
[90] without doubt

Ceisteanna

1. Luaigh dhá fhéile a bhíonn ar siúl i nGaeltacht Chonamara chuile bliain.
2. Cén saghas bád a bhíonn le feiceáil ag Féile Mhic Dara?

CÉIM 2: CUMAS CUMARSÁIDE – ÉISTEACHT, FÉACHAINT, CUR I LÁTHAIR AGUS SCRÍOBH

Céim 2: Na Torthaí Foghlama

Cumas Cumarsáide: 1.1, 1.2, 1.3, 1.4, 1.5, 1.6, 1.11, 1.12, 1.13, 1.14, 1.15, 1.16, 1.18, 1.19, 1.20, 1.21, 1.22, 1.23, 1.24, 1.25, 1.26, 1.27, 1.28

Feasacht Teanga agus Chultúrtha: 2.1, 2.2, 2.3, 2.4, 2.5, 2.8

Féinfheasacht an Fhoghlaimeora: 3.1, 3.3, 3.4, 3.5, 3.6, 3.7

Cur i láthair A: Laethanta saoire/ Taisteal

CD 1 22

1 Peadar is ainm domsa. Is as An Daingean, i gContae Chiarraí dom.

An Daingean

Contae Chiarraí

13 Tá cairde againn ó Chorcaigh agus rachaidh siad ann ag an am céanna linne[3].

14 Táim ar bís ag smaoineamh ar an aimsir agus ar an mbia blasta cheana féin[4]!

2 Táim cúig bliana déag d'aois, ach beidh mé sé bliana déag i rith an tsamhraidh.

12 Rachaimid ag rothaíocht sa cheantar chomh maith.

3 Táim ag tnúth go mór leis an samhradh seo chugainn, mar beidh an Teastas Sóisearach críochnaithe agus beidh mé ag dul ar saoire le mo theaghlach.

11 Is aoibhinn le gach duine sa chlann an spórt uisce agus beimid ag snámh, ag surfáil agus ag curachóireacht[2] gan amhras.

10 Fanfaimid in Biarritz ar feadh seachtaine agus beimid ag stopadh in áiteanna eile ar an tslí ar ais.

4 Rachaimid go dtí Biarritz in iardheisceart na Fraince.

5 Beimid ag campáil cois farraige.

9 Tá veain champála[1] ag mo thuismitheoirí agus is aoibhinn linn dul ag taisteal.

6 Tá Biarritz suite ar an gcósta Atlantach, cosúil linn féin anseo sa Daingean, ar ndóigh.

8 Dhá bhliain ó shin, chuamar go dtí an áit chéanna agus thaitin sé go mór linn.

7 De ghnáth, bíonn an aimsir níos teo agus níos tirime i mBiarritz ná sa Daingean, áfach.

Ceisteanna gearra

1. Cathain a bheidh Peadar sé bliana déag d'aois?
2. Cén fáth a bhfuil sé ag súil leis an samhradh seo chugainn?
3. Cá bhfuil Biarritz suite?
4. Conas a bhíonn an aimsir in Biarritz de ghnáth, dar le Peadar?
5. Cén saghas veain atá ag a thuismitheoirí?
6. Cá fhad a fhanfaidh an teaghlach in Biarritz?
7. Luaigh dhá rud a dhéanfaidh an teaghlach ar a gcuid laethanta saoire?
8. Cén fáth a ndeir Peadar go bhfuil sé ar bís cheana fein?

[1] camper van
[2] canoeing
[3] at the same time as us
[4] already

Cur i láthair B: Laethanta saoire faoin tuath

- Éabha an t-ainm atá orm. Tá mé cúig bliana déag d'aois.
- Cónaím i gcathair Bhaile Átha Cliath, ach is as Contae Mhaigh Eo do mo bheirt tuismitheoirí.
- Tháinig siad go Baile Átha Cliath **mar gheall ar chúrsaí oibre**[5] sular rugadh mé.
- Dá bhrí sin, caithim cuid mhaith de laethanta saoire an tsamhraidh gach bliain ar fheirm mo sheantuismitheoirí i Maigh Eo.
- Bainim taitneamh as ciúnas agus **síocháin**[6] na tuaithe.
- Tá a lán col ceathracha agam i Maigh Eo agus is aoibhinn liom am a chaitheamh in éineacht leo.
- Tá saol na tuaithe an-difriúil le saol na cathrach gan amhras.
- Ní bhíonn **fadhbanna tráchta**[7] ann in aon chor i gceantar mo sheantuistí.
- Ar an lámh eile, níl mórán áiseanna **gar dá dteach**[8] agus uaireanta **braithim uaim**[9] na siopaí agus an phictiúrlann.
- Tugann mo sheanathair cead dúinn cabhrú leis ar an bhfeirm go minic.
- Tá ba, caoirigh agus capaill aige.
- Chomh maith leis sin, téimid go dtí **an portach**[10] gach bliain chun an mhóin a thabhairt isteach.
- **Cé go**[11] mbíonn an obair crua, is maith liom é.
- De ghnáth téimid ar saoire theaghlaigh thar lear freisin. Téimid go dtí an Spáinn nó Sasana nó an Iodáil.
- Bíonn áthas orm mo chairde i mBaile Átha Cliath a fheiceáil arís ag deireadh an tsamhraidh.

[5] because of work
[6] peace
[7] traffic problems
[8] close to their house
[9] I miss
[10] the bog
[11] Even though/although

Ceisteanna gearra

1. Cad as do thuismitheoirí Éabha?
2. Conas a chaitheann Éabha cuid mhaith de laethanta saoire an tsamhraidh?
3. Luaigh slí amháin a bhfuil saol na cathrach difriúil le saol na tuaithe, dar le hÉabha?
4. Cad é an míbhuntáiste is mó a bhaineann le ceantar a seantuismitheoirí, dar le hÉabha?
5. Cad iad na hainmhithe atá ag a seanathair ar an bhfeirm?
6. An dtaitníonn an obair sa phortach le hÉabha?
7. Conas a mhothaíonn Éabha ag deireadh an tsamhraidh?

Cur i láthair C: Laethanta saoire/Post samhraidh

Scairbh na gCaorach
Mhuineacháin

- Is mise Daithí. Táim sé bliana déag d'aois agus is as Scairbh na gCaorach i gContae Mhuineacháin dom.

- Tá post páirtaimseartha agam i mbialann bheag sa bhaile mór.

- Is maith liom an obair agus taitníonn **mo chuid comhoibrithe**[12] liom.

- Bíonn an bhialann gnóthach ag an deireadh seachtaine agus i rith na laethanta saoire.

- Is freastalaí mé agus mar sin bíonn orm freastal ar na boird, an fón a fhreagairt agus cuidiú leis an nglanadh nuair a dhúntar an bhialann.

- Tá atmaisféar deas ann idir na hoibrithe agus tá an bainisteoir an-chneasta.

- Oibrím cúig lá sa tseachtain i rith na laethanta saoire agus faighim cuid mhaith airgid as an obair.

- Mar sin, bím ábalta rudaí a cheannach dom féin, ar nós éadaí agus trealamh spóirt nó cluichí ríomhaireachta nua.

- Táim **neamhspleách**[13] mar sin agus is aoibhinn liom é sin.

- Tá an t-ádh orm go bhfuil post agam. **Tá aithne ag mo mham ar**[14] úinéir na bialainne agus chomh luath is a bhí mé sé bliana déag d'aois thosaigh mé ag obair.

- Nuair a bhíonn am saor agam, imrím spórt le mo chairde nó bímid **ag crochadh thart**[15] i gcaifé sa bhaile mór.

- Nuair a fhillfidh mé ar scoil i mí Mheán Fómhair, beidh mé ag obair gach Satharn.

- Rachaidh mé isteach san idirbhliain ag deireadh an tsamhraidh. Beidh sé go hiontach airgead a bheith agam don turas scoile ag deireadh na bliana.

[12] my co-workers
[13] independent
[14] My mother knows
[15] hanging around

A Ceisteanna gearra

1. Cá bhfuil post ag Daithí?
2. Cathain a bhíonn an bhialann gnóthach?
3. Luaigh dhá rud a dhéanann Daithí sa bhialann.
4. Cad a deir sé faoin mbainisteoir sa bhialann?
5. Céard is féidir le Daithí a cheannach leis an airgead a thuilleann sé?
6. Cathain a thosaigh Daithí ag obair sa bhialann?
7. Cathain a bheidh sé ábalta oibriú i rith na bliana nuair a fhillfidh sé ar scoil?
8. Céard a bheidh ar siúl ag deireadh na bliana ag na daltaí?

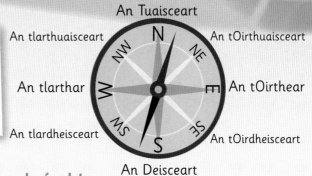

An Tuaisceart

An tIarthuaisceart — N NE — An tOirthuaisceart

An tIarthar — W E — An tOirthear

An tIardheisceart — SW SE — An tOirdheisceart

An Deisceart

An compás	
An tuaisceart	An t-oirthuaisceart
An deisceart	An t-oirdheisceart
An t-oirthear	An t-iardheisceart
An t-iarthar	An t-iarthuaisceart

B Punann agus leabhar gníomhaíochta

Téigh chuig do phunann agus leabhar gníomhaíochta agus líon isteach léarscáil na hÉireann. Léirigh áit aitheanta amháin i ngach ceanna de na treonna thuas. Féach ar www.logainm.ie más gá chun an Ghaeilge a fháil ar na ceantair a roghnaíonn tú.

C Punann agus leabhar gníomhaíochta: Obair ghrúpa

Téigh chuig do phunann agus leabhar gníomhaíochta. Déan an obair thuas a chur i láthair do do ghrúpa sa rang anois. Tosaigh le sampla mar seo: 'Tá Baile Átha Cliath in oirthear na tíre.'

Cá raibh tú ar saoire?

An Domhain				
Éire	An Ghearmáin	An Ghréig	An tSeapáin	Ceanada
Sasana	Lucsanburg	An Pholainn	An tSualainn	Meiriceá Thuaidh
An Bhreatain Bheag	An Bheilg	An Liotuáin	An Iorua	An Astráil
Albain	An Eilvéis	An Laitvia	An Fhionlainn	An Afraic
An Fhrainc	An Iodáil	An Rómáin	An Danmhairg	An Áise
An Spáinn	An Ostair	An Rúis	Poblacht na Seice	
An Phortaingéil	An Tuirc	An tSín	Meiriceá Theas	

Punann agus leabhar gníomhaíochta: Obair ghrúpa

Feicfidh tú tábla i do phunann agus leabhar gníomhaíochta leis na háiteanna thuas ainmnithe ann. Tá spás fágtha do thíortha breise ar an tábla más gá. Déan suirbhé leis an rang ar fad. Cuireann an chéad dalta an cheist, 'Lámha suas aon duine a thug cuairt ar Shasana' agus leantar ar aghaidh mar sin.

  Obair ghrúpa

1. Déan torthaí an tsuirbhé a chur isteach i do phunann agus leabhar gníomhaíochta.
2. Ansin, déanaigí iad a chur i láthair ar an gclár bán agus bíodh comhrá agaibh sa rang faoi.
3. Cad iad na teangacha a labhraítear sna tíortha thuas?
   Samplaí: Éire – Gaeilge agus Béarla
   Sasana – Béarla

 Punann agus leabhar gníomhaíochta: Obair aonair

Téigh chuig do phunann agus leabhar gníomhaíochta agus scríobh abairtí bunaithe ar an suirbhé.

Mar shampla:

Thug cúigear ón rang cuairt ar Mheiriceá.

Chuaigh ceathrar go dtí an Ghearmáin.

Ní dheachaigh ach duine amháin go dtí an Afraic ...

Cúinne na gramadaí

Má thagann **an** nó **na** roimh ainm na háite, deirimid **go dtí** agus **sa** nó **san** (roimh ghuta) nó **sna** (uimhir iolra).

Mar shampla:

an Bhreatain Bheag	Beidh mé ag dul **go dtí an** Bhreatain Bheag.	Táim **sa** Bhreatain Bheag.
an Astráil	Beidh mé ag dul **go dtí an** Astráil.	Táim **san** Astráil.
na Stáit Aontaithe	Beidh mé ag dul **go dtí na** Stáit Aontaithe.	Táim **sna** Stáit Aontaithe.

An tuiseal ginideach

an Afraic	muintir na hAfraice	an Ghréig	muintir na Gréige
an Áise	muintir na hÁise	an Spáinn	muintir na Spáinne
an Fhrainc	muintir na Fraince	an Eilvéis	muintir na hEilvéise
an Bhreatain Bheag	muintir na Breataine Bige	an Ghearmáin	muintir na Gearmáine
an Astráil	muintir na hAstráile	an Ostair	muintir na hOstaire
na Stáit Aontaithe	muintir na Stát Aontaithe		

Mura bhfuil **an** nó **na** roimh ainm na tíre, deirimid **go** agus **i** nó **in** (roimh ghuta).

Mar shampla:

Sasana	Beidh mé ag dul **go** Sasana.	Táim **i** Sasana.
Albain	Beidh mé ag dul **go h**Albain.	Táim **in** Albain.

An tuiseal ginideach

Sasana	Muintir Shasana
Meiriceá	Muintir Mheiriceá

Eisceachtaí

Maidir le roinnt bheag logainmneacha nach bhfuil an t-alt (**an** nó **na**) rompu, cuirimid an t-alt rompu sa tuiseal ginideach.

Mar shampla:

in Éirinn	muintir **na h**Éireann
in Albain	muintir **na h**Alban

An ndeachaigh tú ar saoire an samhradh seo caite?

- Chuaigh mé ar saoire thar lear.
- Chuaigh mé go dtí an Fhrainc. Tá teach saoire againn ann.
- Chuaigh mé ar saoire in Éirinn. Tá **gaolta**[16] againn i gContae Shligigh.
- Chuaigh mé ar saoire champála i gConamara le mo theaghlach. Tá **dhá phuball**[17] mhóra againn.
- Fuaireamar carbhán/veain champála/teach ar cíos.
- Chaith mé seachtain i lár na cathrach i bPáras.
- D'fhanamar in óstán álainn.
- D'fhanamar **i mbrú óige**[18].
- D'fhanamar in árasán in aice na trá.

[16] relatives
[17] two tents
[18] in a youth hostel

Conas a bhí an ceantar?

- Bhí an ceantar **dochreidte**[19].
- Bhí na radhairc go hálainn.
- Bhí **an tírdhreach**[20] go hálainn.
- Bhí an trá **in aice láimhe**[21] go hálainn.
- Bhíomar **i ngar do**[22] na sléibhte.
- Bhí a lán rudaí le déanamh sa chathair.
- Bhí gailearaí ealaíne/**iarsmalann**[23]/ amharclann/mórán **séadchomharthaí**[24] ann.
- Bhí a lán **foirgneamh**[25] stairiúil sa bhaile mór.

- Ba cheantar **iargúlta**[26] é.
- Bhí **an t-ionad saoire**[27] plódaithe le turasóirí.
- Bhí mé tuirseach traochta tar éis an turais.

[19] unbelievable
[20] the landscape
[21] close by
[22] close to
[23] museum
[24] monuments
[25] building
[26] remote
[27] the holiday resort

Conas a bhí na háiseanna ann?

[28] luxurious

[29] very convenient

[30] attractive

[31] apartment block

- Óstán mór **galánta**[28] compordach a bhí ann.
- Bhí linn snámha, cúirt leadóige, bialann agus giomnáisiam ann.
- Bhí an t-ionad campála **an-áisiúil**[29], agus bhí na háiseanna go hiontach.
- Tá ár dteach saoire **gleoite**[30] agus áisiúil.
- Bhí an t-árasán glan agus compordach.
- Bhí sé i ngar don trá, agus bhí linn snámha in aice leis an m**bloc árasán**[31].

A Obair bheirte

Bíodh comhrá gearr agat le do chara faoi do chuid laethanta saoire féin anuraidh nó faoi na pleananna atá agat don samhradh seo chugainn.

B Meaitseáil na focail leis na pictiúir.

Conas a chuaigh sibh ann?

Chuamar ...

1. ar eitleán
2. ar long farantóireachta
3. sa charr
4. i veain champála
5. ar an traein

Cuardach foclóra

[32] novels

[33] magazines

Cuardaigh www.focloir.ie nó i d'fhoclóir féin muna dtuigeann tú na focail thíos.

Conas a bhí an turas?	Cén saghas rudaí a rinne tú gach lá?
Bhí an turas ...	Chuaigh mé ag snámh gach lá.
taitneamhach	D'imir mé leadóg agus eitpheil ar an trá.
fada	D'éist mé le m'iPod, agus léigh mé **úrscéalta**[32] agus **irisí**[33].
compordach	Lig mé mo scíth.
míchompordach	Chonaic mé na radhairc.
gearr	Chonaic mé na foirgnimh stairiúla.
tuirsiúil	
uafásach	
corraitheach	

Cad a rinne tú gach oíche?
Chuaigh mé chuig bialann.
Chuaigh mé chuig dioscó.
Chuaigh mé chuig céilí.
Chuaigh mé chuig seó.
Chuamar chuig ceoldráma.

Conas a bhí na daoine?
Bhí muintir na háite …
cairdiúil
fáilteach
fiosrach
doicheallach
drochbhéasach

Conas a bhí an bia?
Bhí an bia …
blasta
do-ite
déistineach

C Cur i láthair/Obair dhigiteach

Bunaithe ar na nótaí thuas, déan cur síos digiteach ar do laethanta saoire anuraidh le híomhánna agus cur síos scríofa. Déan an obair sin a chur i láthair do do ghrúpa féin nó don rang.

  D Punann agus leabhar gníomhaíochta: Féinfheasacht an fhoghlaimeora

Scríobh isteach an leagan ceartaithe den chur i láthair i do phunann agus leabhar gníomhaíochta. Comhlánaigh an leathanach féinmheasúnaithe a ghabhann leis.

E Punann agus leabhar gníomhaíochta: Obair bheirte

Téigh chuig do phunann agus leabhar gníomhaíochta. Freagair na ceisteanna ansin ó bhéal i mbeirteanna agus i bhfoirm scríofa.

F Obair dhigiteach

Ag úsáid www.tellagami.com nó www.photostory.com, déan cur síos ar conas a chaith tú an samhradh seo caite.

 Féinfheasacht an fhoghlaimeora: Féinmheasúnú

Cé chomh sásta is atá tú go bhfuil tú in ann caint agus scríobh faoin taisteal, faoi laethanta saoire, faoin samhradh agus faoi phoist samhraidh? Cuir tic sa bhosca cuí.

CÉIM 3: CUMAS CUMARSÁIDE – AN CHLUASTUISCINT

Cuid A Réamhobair

Cuardach foclóra

Cuardaigh na focail seo a leanas i d'fhoclóir más gá:

- iargúlta
- síochánta
- gaolta
- thar lear

CD 2
78–80

Cuid A

Cloisfidh tú giotaí cainte ó bheirt daoine óga sa chuid seo. Cloisfidh tú gach giota díobh **faoi dhó**. Beidh sos ann tar éis gach giota a chloisfidh tú chun seans a thabhairt duit na ceisteanna a bhaineann leo a fhreagairt. Éist go cúramach leis na giotaí cainte agus líon isteach an t-eolas atá á lorg sna greillí ag 1 agus 2 thíos.

1 An chéad chainteoir (Canúint Chonnacht)

Ainm:	*Gemma Ní Mhurchú*
Cén bhliain ina bhfuil Gemma ar scoil?	cupla blian
Rud amháin a deir sí faoi Ros a'Mhíl.	tíra etl tísa go hallanos
An fáth a dtagann daltaí meánscoile go Ros a'Mhíl.	G bíonn daltaí na urrstí
An maith le Gemma a ceantar?	is aoibhinn leis a Gaeilge

2 An dara cainteoir (Canúint na Mumhan)

Ainm:	*Cathal Ó Cearnaigh*
Cathain a bhí breithlá Chathail ann?	caicuss satharn
Cad as do mháthair Chathail?	ea Ceanada
An áit a gcónaíonn an teaghlach.	Carrai
Cén áit i gCeanada ina gcónaíonn gaolta Chathail?	Toronto

Cuid B Réamhobair

Cuardach foclóra

Cuardaigh na focail seo a leanas i d'fhoclóir más gá:

- folúsghlanadh
- díograiseach
- cóiste
- taom croí

Cuid B

Cloisfidh tú fógra agus píosa nuachta sa chuid seo. Cloisfidh tú gach giota díobh **faoi dhó**. Éist go cúramach leo. Beidh sos ann tar éis gach ceann díobh chun seans a thabhairt duit na ceisteanna a bhaineann leo a fhreagairt.

Fógra (Canúint na Mumhan)

1. Cathain a bheidh na poist samhraidh a luaitear ar fáil?

   i mhí úll

2. Luaigh dhá shaghas oibre a bheidh le déanamh ag na daoine a cheapfar.

   sé a glannah seanra folcath, leapaca a curaidh

3. Cén sórt daoine atá ag teastáil don phost seo?

   fainúlla, iúrg, duisulan

Píosa nuachta (Canúint Uladh)

1. Cár tharla an timpiste?

   Gardaí cathair water uaie

2. (a) Cé mhéad duine a gortaíodh go dona sa timpiste?

   ge acthaín

   (b) Cár tugadh gach duine tar éis na timpiste?

   priomhobathair zan colone

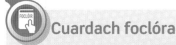 **Cuid C Réamhobair**

 Cuardach foclóra

Cuardaigh na focail seo a leanas i d'fhoclóir más gá:
- athrú
- idirbhliain
- líofa
- eagraigh

 **Cuid C**

Cloisfidh tú dhá chomhrá sa chuid seo. Cloisfidh tú gach comhrá díobh **faoi dhó**. Cloisfidh tú an comhrá ó thosach deireadh an chéad uair. Ansin cloisfidh tú ina dhá mhír é an dara huair. Beidh sos ann tar éis gach míre díobh chun seans a thabhairt duit an cheist a bhaineann leis an mír sin a fhreagairt.

Comhrá a hAon (Canúint Chonnacht)

An chéad mhír:

1. Cén tinneas a bhí ar Fhiachra?

An dara mír:

2. Cén fáth a bhfuil ionadh ar Fhiachra faoi dhul go Krakow ar an turas scoile?

_____

_____

3. Luaigh rud amháin a chuala Fiachra faoi chathair Krakow. _____

_____

Comhrá a Dó (Canúint na Mumhan)

An chéad mhír:

1. Cén fáth a rachaidh Pádraig go dtí an Fhrainc i mí Iúil? _____

_____

An dara mír:

2. Cá bhfuil cathair La Rochelle suite? _____

_____

3. Cén fáth a bhfuil ionadh ar Ghearóid faoi pheannchara nua Phádraig?

_____

_____

   A Punann agus leabhar gníomhaíochta: Féinfheasacht an fhoghlaimeora

Téigh chuig do phunann agus leabhar gníomhaíochta. Scríobh síos 10 bhfocal/nath nua a d'fhoghlaim tú ón gcluastuiscint thuas.

 B Féinfheasacht an fhoghlaimeora

Scríobh síos 5 rud (nathanna nó focail) a chuala tú sa chluastuiscint i gcanúint dhifriúil le do chanúint féin.

Chuala mé ...	I mo chanúint féin, déarfá ...
Sampla: *achan duine*	*gach duine*
1.	
2.	
3.	
4.	
5.	

 Féinfheasacht an fhoghlaimeora: Féinmheasúnú

Cé chomh sásta is atá tú go bhfuil tú in ann foclóir agus nathanna a bhaineann leis na topaicí 'laethanta saoire agus taisteal' a thuiscint ó chluas? Cuir tic sa bhosca cuí.

Céim 4: Na Torthaí Foghlama
Cumas Cumarsáide: 1.6, 1.7, 1.8, 1.11, 1.13, 1.14, 1.15, 1.18, 1.19, 1.20, 1.21, 1.22, 1.23, 1.28
Feasacht Teanga agus Chultúrtha: 2.2, 2.3, 2.4
Féinfheasacht an Fhoghlaimeora: 3.3, 3.4, 3.6

Léamhthuiscint A:
Laethanta saoire sa Pholainn

Léamh

Is mise Jan. Is Éireannach mé ach is as an bPolainn do mo thuismitheoirí. Tháinig siad go hÉirinn sa bhliain 2004. Rugadh mé sa bhliain 2005. Tá bialann ag mo thuismitheoirí i gCorcaigh agus bíonn siad thar a bheith gnóthach ansin, go háirithe i rith na laethanta saoire. Níl aon ghaol eile acu anseo in Éirinn, ach tá a lán cairde acu. Ceapann siad go bhfuil muintir na hÉireann an-fháilteach agus lách. Dúirt siad nár ghlac sé i bhfad orthu cairdeas a dhéanamh le daoine inár gceantar agus tá siad an-bhuíoch as an tacaíocht a fuair siad ó na comharsana san eastát tithíochta ina gcónaímid. Freastalaíonn mé féin agus mo dheartháir ar an meánscoil áitiúil.

Toisc go mbíonn mo thuismitheoirí an-ghnóthach sa bhialann i rith an tsamhraidh, is minic a chaithim féin agus mo dheartháir cuid mhaith den samhradh sa Pholainn. Taitníonn sé sin go mór linn. De ghnáth, tagann mo mham nó mo dhaid in éineacht linn ag tús mhí Iúil agus fanann siad cúpla lá lena dtuismitheoirí. Filleann siad ar Éirinn ansin chun aghaidh a thabhairt ar an obair dhian. Is as Krakow do mo thuismitheoirí agus cónaíonn tuismitheoirí m'athar i lár na cathrach. Tá árasán beag acu, ina bhfuil seomra suí, cistin, seomra folctha agus dhá sheomra codlata. De ghnáth, caithimid coicís in éineacht leo agus tugaimid cuairt ar chol ceathracha linn beagnach gach lá. Cé go mbraithimid uainn ár dtuismitheoirí, is aoibhinn linn am a chaitheamh lenár ngaolta.

Caithimid coicís eile le tuismitheoirí mo mham ina dhiaidh sin. Tá teach sách mór acu ar imeall na cathrach agus tá áiseanna iontacha spóirt thart timpeall orthu. Oireann sé sin go mór domsa agus do mo dheartháir. Tá an bheirt againn an-spórtúil. Taitníonn an snámh go háirithe linn agus tá linn snámha iontach agus ionad spóirt den scoth thart ar chúig nóiméad óna dteach. Bíonn mo sheantuismitheoirí an-sásta muid a fheiceáil agus bímid millte acu gan amhras! Tagann siad ar ais go hÉirinn in éineacht linn gach bliain agus is minic a chaithimid cúpla lá i Londain nó i mBaile Átha Cliath ar an mbealach ar ais. Bainim féin an-taitneamh as an samhradh.

A Cleachtadh scríofa: Ceisteanna gearra

1. Cathain a tháinig tuismitheoirí Jan go hÉirinn?
2. Cad a deir tuismitheoirí Jan faoi na hÉireannaigh ar chas siad leo?
3. Cén fáth a bhfuil a thuismitheoirí an-bhuíoch de na comharsana?
4. Cén fáth a gcaitheann Jan agus a dhearthár cuid mhaith den samhradh sa Pholainn?
5. An dtaitníonn sé sin leo?
6. Cá bhfuil tuismitheoirí athair Jan ina gcónaí?
7. Cé mhéad ama a chaitheann siad lena seantuismitheoirí i lár na cathrach?
8. Cá gcónaíonn tuismitheoirí a mháthar?
9. Cad é an rud is fearr le Jan faoina gceantar cónaithe?
10. Céard a dhéanann siad ar an mbealach ar ais go hÉirinn?

B Obair bheirte: Cleachtadh cainte

I mbeirteanna, cuirigí bhur dtuairimí in iúl mar gheall ar na ceisteanna seo a leanas thuas:

1. An maith leat an taisteal?
2. Cad í an áit is fearr leat saoire a chaitheamh inti?
3. An maith leat eitilt/dul ar bhád/taisteal ar an traein?
4. An mbíonn tú neirbhíseach ag taisteal ar chor ar bith?
5. An bhfuil gaolta agat i dtír thar lear? An dtugann tú cuairt orthu?
6. An maith leat an bia sa Spáinn/san Iodáil?
7. An bhfuil an saol difriúil sa tír sin leis an saol in Éirinn, dar leat? Conas sin?
8. Ar mhaith leat a bheith i do chónaí ansin lá éigin?

Léamhthuiscint B:
Disney san Eoraip

Léamh

1. Tosaíodh ar phleananna ar pháirc théama Euro Disney Resort a thógáil sa bhliain 1972, tar éis do mhuintir an domhain rath Disneyland i gCalifornia agus Domhan Walt Disney in Florida a fheiceáil. Roghnaíodh suíomh i mbaile tuaithe Marne-la-Vallée don pháirc toisc é a bheith cóngarach do Pháras agus é a bheith suite i lár na hEorpa thiar. Suíomh 4,800 acra atá ann. Tosaíodh ar thógáil na páirce téama sa bhliain 1988 agus osclaíodh í go hoifigiúil don phobal i 1992. Osclaíodh an dara ceann, Disney Studio Park in 2002.

Taisteal agus Laethanta Saoire

2. Beartaíodh ar óstáin a oscailt san ionad freisin, ina mbeadh 5,200 seomra ar fad. Téama Meiriceánach atá sna seomraí ar fad. Feictear íomhánna de réigiúin na Stát Aontaithe i ngach seomra sna hóstáin. In Aibreán 1992, nuair a osclaíodh Euro Disney, osclaíodh seacht gcinn d'óstáin agus 5,800 seomra iontu. Ba é an t-ailtire Frank Gehry a rinne an t-ionad siamsaíochta, siopadóireachta agus bialanna a dhearadh, é bunaithe ar *Walt Disney World's Downtown Disney.*

3. Ar an meán, idir 13 agus 14 mhilliún déag duine a thugann cuairt ar Euro Disney in aghaidh na bliana. Dá bhrí sin, tá géarghá le bialanna ann. 29 mbialann a tógadh taobh istigh den ionad féin, chomh maith le 16 bhialann eile idir na hóstáin agus *Festival Disney* in aice láimhe. 2,300 suíochán atá acu dóibh siúd a dteastaíonn uathu ithe lasmuigh. Bia Meiriceánach den chuid is mó a bhíonn ar fáil sna bialanna.

4. Bhí deacrachtaí ag an gcomhlacht sna blianta tosaigh brabús a dhéanamh as Euro Disney. Cuireadh feachtais nua fógraíochta ar bun agus athraíodh ainm na páirce i 1994 go *Disneyland Paris*. An aidhm a bhí leis sin ná níos mó daoine a mhealladh le hainm na cathrach 'Páras' a úsáid. D'éirigh leis na feachtais sin agus i gcaitheamh na mblianta, d'fheabhsaigh cúrsaí go mór agus thosaigh an comhlacht ag fás.

5. Sa lá atá inniu ann in Disneyland Paris, tá dhá pháirc téama, seacht n-óstán agus seacht gcinn eile taobh amuigh a bhaineann le *Disneyland Paris*. Chomh maith leis sin, tá stáisiún traenach ann, cúrsa gailf, lárionad siopadóireachta ollmhór (la vallée village) agus ionad siopadóireachta eile (Val d'Europe). Tugann níos mó daoine cuairt ar *Disneyland Paris* ná ar aon pháirc théama eile san Eoraip. Is í an t-aon chomhlacht taobh amuigh de na Stáit Aontaithe a bhaineann le *The Walt Disney Company*. Is leo *Disneyland Paris* agus is iad na stiúrthóirí sa chomhlacht freisin iad.

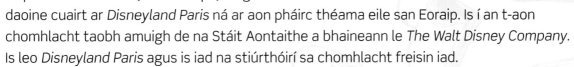

Scríobh

A **Freagair na ceisteanna seo a leanas:**

1. (a) Cad chuige ar tosaíodh ar phleananna ar pháirc théama *Euro Disney Resort* a thógáil sa bhliain 1972? (Alt 1)

   (b) Cén fáth ar roghnaíodh an suíomh i Marne-la-Vallée don pháirc théama? (Alt 1)

2. (a) Céard a fheictear i ngach ceann de na seomraí sna hóstáin in *Disneyland Paris*? (Alt 2)

   (b) Cé mhéad seomra óstáin ar fad a osclaíodh in Aibreán 1992? (Alt 2)

329

3. (a) Cé mhéad bialann atá ann idir na hóstáin agus Festival Disney? (Alt 3)

   (b) Cad atá ann dóibh siúd a dteastaíonn uathu ithe lasmuigh? (Alt 3)

4. (a) Cad í an deacracht a bhí ag an gcomhlacht sna blianta tosaigh? (Alt 4)

   (b) Cad í an aidhm a bhí le hainm an chomhlachta a athrú? (Alt 4)

5. (a) Ainmnigh trí cinn de na háiseanna atá ar fáil do chuairteoirí sa lá atá inniu ann in *Disneyland Paris*. (Alt 5)

   (b) Cé hiad stiúrthóirí an chomhlachta anois? (Alt 5)

6. Aimsigh sampla amháin d'ainmfhocail sa tuiseal ainmneach, uimhir iolra in alt 2 agus sampla amháin de chéim chomparáide na haidiachta in alt 5.

B Punann agus leabhar gníomhaíochta: Féinfheasacht an fhoghlaimeora

Téigh chuig do phunann agus leabhar gníomhaíochta. Scríobh síos 10 bhfocal/nath nua a d'fhoghlaim tú ón léamhthuiscint thuas.

Léamhthuiscint C:
Treoirleabhar taistil (treoirleabhartaistil.ie)

Léamh

1. Nach mbeadh sé go hiontach taisteal áit ar bith ar domhan agus gan ach thart ar mhíle euro a íoc as. Feicfidh tú tuairimí deasa galánta anseo ar féidir leat taighde a dhéanamh orthu. Cé gur mór an tsuim airgid é míle euro, is fíor go bhféadfadh le mórán daoine an méid sin a chur i dtaisce am éigin. Ní gá ach fiche euro a chur ar leataobh in aghaidh na seachtaine ar feadh bliana. Gheobhaidh tú eitiltí, lóistín, bia agus imeachtaí san áireamh ar an suíomh thuas ar bhuiséad íseal.

2. Ní mór a bheith dearfach faoi. Nuair a dhúisíonn tú ar maidin, ba chóir do dhuine a rá leis/léi féin go dtarlóidh sé! Féach ar dtús ar an méid airgid a chaitheann tú in aghaidh an lae agus ar an gcaoi a gcaitheann tú an t-airgead céanna. Dá gcaithfeadh daoine níos lú airgid ar a gcuid pacáistí fóin agus teilifíse, dá gceannóidís níos lú alcóil, nó caife, dá n-íosfadh daoine sa bhaile níos minice, chabhródh sé go mór le hairgead breise a chur i dtaisce.

3. Bíonn an rogha le déanamh idir an bríste nua sin agus níos mó ama a chaitheamh ag taisteal. Nuair a dhéantar cinneadh in aon teach costais mhaireachtála a laghdú, is cinnte gur féidir é sin a dhéanamh. Ansin, nuair a shocraítear ar an turas, ní mór an tsaoire a phleanáil go cúramach. Fad is a dhéantar taighde ar chostas na rudaí a theastaíonn ó dhuine a dhéanamh ar saoire roimh ré, beidh sé éasca an buiséad a mheas.

4. Is féidir praghsanna ísle a fháil ar eitiltí má bhíonn daoine cliste faoi. Caithfear a bheith ann ag an am ceart. Ní mór a bheith chun tosaigh ar na comhlachtaí aeir. Moltar ríomhaire nó gléasanna difriúla teicneolaíochta a úsáid agus tú ag déanamh taighde ar na heitiltí don dara nó don tríú huair. Is féidir go leor costas eile, ar nós siopadóireachta a sheachaint más gá. Ansin, nuair a shroicheann tú an áit, is cinnte go mbíonn sé i bhfad níos saoire an córas taistil poiblí a úsáid ná aon mhodh taistil eile.

5. Nuair is lóistín atá i gceist, is féidir áiteanna deasa compordacha a fháil ar phraghsanna an-réasúnta, ach gan iad a chur in áirithe i gceartlár an cheantair thurasóireachta. Más grúpaí a bhíonn i gceist, tá margaí maithe le fáil ar Airbnb. Minic go leor tig le ceathrar nó cúigear fanacht san árasán nó sa teach céanna agus laghdaíonn sé sin an praghas go mór. Maidir le cúrsaí bia, téigh ar *TripAdvisor* agus déan do thaighde féin ar bhia maith ar phraghas íseal nó déan do chuid cócaireachta féin! *Áit a bhfuil toil tá bealach!* Is féidir taisteal ar phraghsanna ísle!

Scríobh

A **Freagair na ceisteanna seo a leanas:**

1. (a) Cé mhéad airgid a bheadh ar dhaoine a chur ar leataobh in aghaidh na seachtaine chun saoire ar phraghas íseal a fháil? (Alt 1)

   (b) Céard iad na rudaí a gheofar ar bhuiséad íseal ar an suíomh a luaitear? (Alt 1)

2. (a) Cad é an rud ba cheart do dhaoine a dhéanamh nuair a dhúisíonn siad ar maidin? (Alt 2)

   (b) Dá gcaithfeadh daoine níos lú airgid ar shólaistí na beatha, conas a chabhródh sé sin leo? (Alt 2)

3. (a) Cén rogha a bhíonn le déanamh ag daoine agus iad ag iarraidh dul ar saoire ar phraghas íseal? (Alt 3)

   (b) Cén rud a bheidh éasca a dhéanamh má dhéantar taighde ar chostas na rudaí a theastaíonn ó dhuine a dhéanamh ar saoire roimh ré? (Alt 3)

4. (a) Conas a mholtar do dhaoine a bheith chun tosaigh ar na comhlachtaí aeir? (Alt 4)

   (b) Cad é an modh taistil is saoire le húsáid agus tú ar saoire? (Alt 4)

5. (a) Céard a mholtar maidir le lóistín a chur in áirithe ar saoire? (Alt 5)

   (b) Cén áit ar féidir taighde a dhéanamh ar bhia maith ar phraghas íseal? (Alt 5)

6. Ainmnigh sampla amháin den bhriathar saor, aimsir láitheach in alt 3 agus sampla amháin den tuiseal ginideach, uimhir uatha in alt 5.

 **B** **Punann agus leabhar gníomhaíochta: Féinfheasacht an fhoghlaimeora**

Téigh chuig do phunann agus leabhar gníomhaíochta. Scríobh síos 10 bhfocal/nath nua a d'fhoghlaim tú ón léamhthuiscint thuas.

Féinfheasacht an fhoghlaimeora: Féinmheasúnú

Cé chomh sásta is atá tú go bhfuil tú in ann foclóir agus nathanna a bhaineann leis na hábhair sna léamhthuiscintí thuas a thuiscint? Cuir tic sa bhosca cuí.

CÉIM 5: FEASACHT TEANGA – AN GHRAMADACH

Céim 5: Na Torthaí Foghlama
Feasacht Teanga: 2.1, 2.2, 2.3, 2.4, 2.5
Féinfheasacht an Fhoghlaimeora:
3.1, 3.2, 3.3, 3.4, 3.6, 3.8

An tuiseal ginideach

Féach ar leathanach 473 in Aonad 10 chun na rialacha a bhaineann leis an ainmfhocal sa tuiseal ainmneach agus sa tuiseal ginideach a fheiceáil.

Na rialacha

Bíonn an t-ainmfhocal sa tuiseal ginideach sna cásanna seo a leanas:

1. Nuair a bhíonn seilbh i gceist, mar shampla, '*of the*'	
Mar shampla:	
scéal	téama an scéil
páirc	i lár na páirce

2. Nuair a thagann dhá ainmfhocal le chéile a bhfuil gaol eatarthu	
Mar shampla:	
siopadóireacht	ionad siopadóireachta
snámh	linn snámha

3. Nuair a leanann ainmfhocal ainm briathartha	
Mar shampla:	
peil	ag imirt peile
dán	ag léamh dáin
scéal	ag insint scéil

4. Nuair a leanann ainmfhocal réamhfhocal comhshuite (ar fud, os comhair, tar éis, go ceann, i gcoinne, de réir, i rith, le linn, i gcomhair, i lár, de bhrí, i measc, in aice, os cionn)	
Mar shampla:	
an domhan	ar fud an domhain
an scoil	tar éis na scoile
an teach	os comhair an tí
an samhradh	i rith an tsamhraidh
seachtain	ar feadh seachtaine
mí	le haghaidh míosa

5. Nuair a leanann ainmfhocal na focail 'timpeall', 'trasna', 'chun' (má thagann an t-ainmfhocal díreach i ndiaidh 'chun'), cois, dála	
Mar shampla:	
an tsráid	trasna na sráide
an domhan	timpeall an domhain
an trá	cois na trá
an scéal	dála an scéil
an scoil	chun na scoile

A Cleachtadh scríofa

Athraigh na focail thíos idir lúibíní ón tuiseal ainmneach uatha go dtí an tuiseal ginideach uatha.

1. obair (baile) _____
2. ar fud (an domhan) _____
3. mála (scoil) _____
4. múinteoir (Fraincis) _____
5. tús (an obair) _____
6. muintir (an Spáinn) _____
7. i rith (an lá) _____
8. ionad (siopadóireacht) _____
9. barr (an pháirc) _____
10. obair (an fheirm) _____

An tuiseal ginideach san uimhir iolra

● Úsáidtear an tuiseal ginideach iolra nuair a bhímid ag caint faoi níos mó ná rud amháin sa tuiseal ginideach.

● Úsáidtear an tuiseal ginideach iolra sna cásanna céanna is a úsáidtear an tuiseal ginideach uatha (thuas).

● An chéad rud a thugann tú faoi deara sa tuiseal ginideach iolra ná go leanann urú 'na' má bhíonn an t-alt in úsáid.

Mar shampla:

formhór **na** ndaoine, cótaí **na** mbuachaillí, tithe **na** mban, carranna **na bh**fear, stair **na bh**filí, stáisiún **na** nGardaí, ospidéal **na** bpáistí

Aidiachtaí sa Ghaeilge

Céimeanna comparáide na haidiachta

Féach ar leathanach 159, Aonad 4 le haghaidh nótaí agus cleachtaí ar chéimeanna comparáide na haidiachta.

Mar shampla:

mór	**níos** mó	**is** mó
beag	**níos** lú	**is** lú
álainn	**níos** áille	**is** áille

Conas aidiachtaí a chur in oiriúint d'ainmfhocail – rialacha eile a bhaineann le haidiachtaí

1. Nuair a bhíonn tú ag scríobh nó ag caint as Gaeilge, ní mór duit an aidiacht a chur in oiriúint don ainmfhocal.

2. Nuair a bhíonn ainmfhocal firinscneach agat, ní dhéantar aon athrú ar an aidiacht sa tuiseal ainmneach; m.sh. an fear dathúil, an t-am ceart, an teach mór.

3. Nuair a bhíonn ainmfhocal baininscneach agat, cuirtear séimhiú ar an aidiacht sa tuiseal ainmneach, m.sh. an bhean chairdiúil, an fheirm bheag, obair dheacair.

4. Nuair a bhíonn ainmfhocal san uimhir iolra agat, cuirtear an aidiacht san uimhir iolra; m.sh. na filí tallannacha, súile gorma, stocaí bána, na daltaí maithe, na laethanta breátha.

5. Nuair a chríochnaíonn ainmfhocal san uimhir iolra ar chonsan caol, séimhítear an aidiacht a leanann an t-ainmfhocal agus cuirtear an aidiacht san uimhir iolra; m.sh. na fir mhóra, na leabhair ghlasa, na boird fhada.

 B **Cleachtadh scríofa**

Líon isteach an fhoirm cheart den aidiacht sna spásanna thíos.

1. an carr _____ (dearg)
2. na buachaillí _____ (cliste)
3. an pháirc _____ (mór)
4. an cailín _____ (beag)
5. dán _____ (brónach)
6. aisteoir _____ (cáiliúil)
7. cláir _____ (maith)
8. an fhuinneog _____ (fada)
9. amhránaithe _____ (deas)
10. daoine _____ (foighneach)

 C Punann agus leabhar gníomhaíochta

8.14

Téigh chuig do phunann agus leabhar gníomhaíochta. Scríobh amach na rialacha a bhaineann leis an tuiseal ginideach agus le haidiachtaí sa tábla.

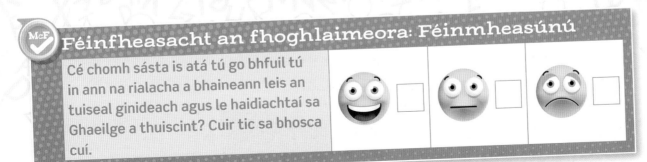

Féinfheasacht an fhoghlaimeora: Féinmheasúnú

Cé chomh sásta is atá tú go bhfuil tú in ann na rialacha a bhaineann leis an tuiseal ginideach agus le haidiachtaí sa Ghaeilge a thuiscint? Cuir tic sa bhosca cuí.

Scéal/Eachtra

Déan cur síos ar eachtra a tharla duit nuair a bhí tú ar thuras scoile thar lear.

Scéal/Eachtra samplach:

'Timpiste in Barcelona'

Is cuimhin liom go maith é. Bhí an rang uile ag dul ar thuras scoile go cathair Barcelona, ar chósta **thoir**[1] na Spáinne. Bhí gach duine ar bís faoin turas. Maidin an turais, thug mo mham síob dom go dtí an t-aerfort agus bhuail mé le mo mhúinteoirí agus **comhdhaltaí**[2] lasmuigh de dhoras **Chríochfort**[3] a Dó, Aerfort Bhaile Átha Cliath. **Mhair**[4] an turas aeir trí uair an chloig. Bhí na suíocháin chompordach go leor agus bhí bricfeasta deas Éireannach againn ar an eitleán.

[1] eastern
[2] fellow students
[3] terminal
[4] lasted
[5] reserved
[6] convenient
[7] cathedral
[8] designed
[9] architect
[10] buildings
[11] unusual
[12] well-known

Nuair a shroicheamar Aerfort Barcelona, chuamar ar an mbus go dtí an brú óige a bhí **curtha in áirithe**[5] ag an scoil, agus d'fhágamar ár málaí inár seomraí. Bhí an brú óige an-deas agus compordach agus bhí sé suite cóngarach do lár na cathrach, rud a bhí an-**áisiúil**[6] dúinne.

Ansin, nuair a bhí gach duine réidh, chuamar amach ar thuras bus timpeall na cathrach. Chuamar ar thuras go dtí **ardeaglais**[7] Sagrada Familia **a dhear**[8] an t-**ailtire**[9] Antonio Gaudi. Tá mórán **foirgneamh**[10] suimiúil leis an ailtire sin timpeall na cathrach agus cuid díobh an-**neamhghnách**[11] ar nós Casa Batlló. Chonaiceamar foirgnimh eile a dhear sé agus páirc phoiblí a thóg sé darbh ainm Park Güell fiú. Ansin chuamar go dtí bialann dheas agus bhí bia álainn Spáinneach againn: tapas, paella agus gazpacho. Níor thaitin an gazpacho le mo chara Maria, áfach – bhí sé cosúil le hanraith fuar, dar léi.

Lá arna mhárach chuamar go léir chun na trá. Ansin chonaiceamar an tsráid cháiliúil Las Ramblas agus bhí lón deas againn i mbialann. Go gairid ina dhiaidh sin, chuamar ar thuras go Camp Nou – an staid sacair **mór le rá**[12]. Bhí sé thar a bheith suimiúil mar tá an-suim agam sa sacar.

Ar ár mbealach go dtí an bhialann an oíche sin, áfach, tharla timpiste uafásach. Bhí na carranna á dtiomáint go han-tapa ar fad in Barcelona, agus bhí sé deacair na sráideanna a thrasnú. Nuair a bhí Ciara, cara liom, ag trasnú na sráide níor fhéach sí ar chlé ná ar dheis. Bhí **gluaisrothar**[13] ag teacht i mbarr a luais, agus bhuail an gluaisrothar fúithi. Thit sí ar an talamh, agus bhuail sí a cloigeann. Bhí sí gan aithne gan urlabhra, agus bhí imní an domhain orm. Ghlaoigh duine de na múinteoirí ar otharcharr **láithreach**[14], agus chuaigh sí in éineacht le Ciara go dtí an t-ospidéal.

An lá dar gcionn, thugamar cuairt ar Chiara. Dúirt an dochtúir go raibh a lámh briste agus **ata**[15] ach nach raibh a cloigeann gortaithe go dona agus go mbeadh sí ceart go leor. Thug sé **piollaí**[16] di chun an phian a laghdú, agus chuir sé plástar ar a lámh. Bhí an-trua agam di, mar bhí sé deacair di cithfholcadh a bheith aici nó a h**iallacha**[17] a cheangal fiú! Ceithre lá ina dhiaidh sin chuamar abhaile. Ní dhéanfaidh mé dearmad ar an turas sin go deo!

[13] motorbike
[14] immediately
[15] swollen
[16] pills
[17] laces

Ⓐ Freagair na ceisteanna seo a leanas:

1. Cá bhfuil Barcelona suite?
2. Conas a thaistil an t-údar chuig an aerfort?
3. Cá fhad a mhair an turas?
4. Cá raibh na daltaí agus múinteoirí ag fanacht?
5. Cén t-ailtire a dhear mórán de na foirgnimh shuimiúla timpeall na cathrach?
6. Luaigh trí fhoirgneamh a dhear an t-ailtire sin.
7. Cad is ainm don staid sacair mór le rá in Barcelona?
8. Cad a tharla do Chiara nuair a thrasnaigh sí an bóthar?
9. Cad a ghortaigh sí?
10. Cad a rinne na dochtúirí chun a pian a laghdú?

Ⓑ Líon na bearnaí leis an bhfocal cuí ón liosta thíos.

Tá na habairtí bunaithe ar an scéal thuas.

1. Bhí an rang uile ag dul _____ thuras go cathair Barcelona.
2. Fuair mé síob _____ mo mham go dtí an _____.
3. Bhuail mé _____ mo mhúinteoirí agus comhdhaltaí lasmuigh de dhoras Chríochfort a Dó.
4. Chuamar ar thuras bus timpeall na _____.
5. Chonaiceamar ardeaglais Sagrada Familia _____ an ailtire Antonio Gaudi.
6. Go gairid ina _____ sin, chuamar ar thuras go dtí an staid sacair, Camp Nou.
7. Chonaiceamar foirgnimh eile deartha _____.
8. Bhí na carranna á _____ go han-tapa.
9. Bhí gluaisrothar ag teacht i mbarr a _____.
10. Bhí trua agam _____.

cathrach
t-aerfort
luais
ó
dtiomáint
dhiaidh
le
di
leis
aige
ar

C Cleachtadh scríofa

Scríobh scéal dar teideal 'Eachtra a tharla nuair a bhí mé ar thuras scoile' nó 'Eachtra a tharla nuair a bhí mé ar laethanta saoire'.

Plean don scéal:

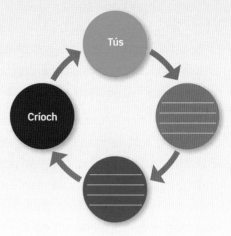

Seicliosta gramadaí

Bí cinnte féachaint siar ar do chuid oibre. Bí cinnte go gcuireann tú na rialacha gramadaí seo a leanas i bhfeidhm:

✔ Rialacha a bhaineann leis an aimsir chaite a chur i bhfeidhm go cruinn, mar a fheictear sa scéal thuas iad.

✔ **ar an**, **leis an**, **ag an**, **faoin** + **urú**

✔ **ar**, **do**, **sa** + **séimhiú**

✔ **i** + **urú**

✔ **mo**, **do**, **a** (*his*) + **séimhiú**, **a** (*her*) –, **ár**, **bhur**, **a** + **urú**

Na critéir ratha

Na mianta:

✔ Cuirfidh mé plean de leagan amach na haiste le chéile sula dtosóidh mé ag scríobh.

✔ Bainfidh mé úsáid as nathanna ón scéal samplach thuas.

✔ Bainfidh mé úsáid as an seicliosta gramadaí thuas nuair a scríobhfaidh mé an scéal.

✔ Beidh mé cúramach leis na briathra san aimsir chaite agus mé ag scríobh.

Na réaltaí:

✔ Chuir mé plean de leagan amach an scéil/eachtra le chéile sular thosaigh mé ag scríobh.

✔ Bhain mé úsáid as eochairnathanna maithe sa Ghaeilge.

✔ Bhain mé úsáid as seicliosta gramadaí nuair a scríobh mé an scéal.

Féinfheasacht an fhoghlaimeora: Piarmheasúnú

Tar éis daoibh na scéalta a chríochnú, déanaigí iad a mhalartú sa rang, sula dtugann sibh don mhúinteoir iad.

Léigh mé scéal mo charad sa rang.

1. Thaitin _____

_____ go mór liom.

2. Bhí ionadh orm nuair a léigh mé _____

_____ .

3. An rud ab fhearr liom faoin scéal ná _____

_____ .

4. D'fhéadfá feabhas a chur leis an scéal le _____

_____ .

Ríomhphost

Scríobh ríomhphost nó litir chuig do chara ag tabhairt cuiridh dó/di dul ar saoire cois trá i dtír iasachta leat. I do ríomhphost/litir, luaigh:

● conas a bheidh sibh ag taisteal.

● an áit ina mbeidh sibh ag fanacht.

● an aimsir.

● na rudaí a dhéanfaidh sibh gach lá/oíche.

An dtuigeann tú na heochairnathanna thíos? Léigh an ríomhphost agus ansin déan iarracht gach nath a thuiscint i gcomhthéacs. Má bhíonn aon rud ann nach dtuigeann tú, i ngrúpa de cheathrar, cabhraígí lena chéile leis an bhfoclóir deacair a thuiscint.

Eochairnathanna

ag dul ar saoire gréine	in aice láimhe
na hOileáin Chanáracha	an mheánteocht
os rud é gur páiste aonair mé	istoíche
tá sé ar intinn againn	raon leathan bia
ní gá	dá bhrí sin
dá mb'fhéidir leat	i mo thuairim
sráidbhaile gleoite	Tá aithne againn ar a chéile le fada an lá.
más mian linn	ar aon nós
ag ligean mo scíthe	idir an dá linn
ag grianaíocht ar an trá	

Taisteal agus laethanta Saoire

Ríomhphost samplach: 'Cuireadh dul ar saoire cois trá i dtír iasachta'

Ó: aislingnineachtain@gmail.com

Chuig: eadaoinniloinsigh@eircom.net

Ábhar: Cuireadh dul ar saoire cois trá

A Éadaoin, a chara,

Conas atá tú? Tá súil agam go bhfuil cúrsaí go maith leatsa. Tá dea-nuacht agam duit! Tá mé féin agus mo mhuintir ag dul ar saoire gréine go dtí na hOileáin Chanáracha sa Spáinn i mí Iúil seo chugainn. Os rud é gur páiste aonair mé, thug mo thuismitheoirí cead dom cuireadh a thabhairt duit teacht in éineacht linn! Nach bhfuil sé sin go hiontach? 🙂

Tá sé ar intinn againn eitilt ó aerfort na Sionainne, Co. an Chláir go dtí Las Palmas ar an oileán Gran Canaria ag a dó a chlog Dé Sathairn, an 15ú lá de mhí Iúil. Ní gá duit a bheith buartha faoi chostas na heitilte ach dá mb'fhéidir leat síob a fháil chuig an aerfort agus bualadh linn ansin, bheadh sé sin go hiontach.

Beimid ag fanacht in óstán galánta cois trá darb ainm *Gloria Palace*. Tá an t-óstán suite i gceantar álainn darb ainm Amadores, cóngarach don sráidbhaile gleoite Puerto Rico. Tá a lán áiseanna san óstán sin – ina measc bialann, linn snámha faoin aer, linn snámha faoi dhíon, spá, cúirt leadóige agus mórán áiseanna eile nach iad. Tá gaineamh bán ar an trá agus is féidir linn dul ag snámh agus ag surfáil ar an trá gach lá más mian linn. Is breá liomsa a bheith ag ligean mo scíthe, ag éisteacht le ceol agus ag grianaíocht ar an trá. Tá mórán siopaí beaga agus caiféanna in aice láimhe freisin.

Bíonn an aimsir go hiontach ar na hOileáin Chanáracha ar feadh na bliana ar fad. Is í an mheánteocht do mhí Iúil ná 25 chéim Celsius. Mar sin, is féidir linn a bheith ag sú na gréine gach lá agus beidh dath iontach orainn nuair a théimid abhaile!

Beimid ag dul amach chuig na bialanna áitiúla istoíche agus tá an bia an-bhlasta agus éagsúil in Puerto Rico. Tá raon leathan bia acu do na turasóirí. Dá bhrí sin, is féidir leat bia a fháil cosúil leis an mbia atá anseo in Éirinn againn nó is féidir leat triail a bhaint as bia Spáinneach ar nós paella, cloicheáin le hola agus gairleog nó *tapas*. I mo thuairim, tá an bia an-bhlasta agus is é *Oscar's* an bhialann is fearr liom sa sráidbhaile.

Tá súil agam go mbeidh tú saor ar na dátaí thuas agus go dtabharfaidh do thuismitheoirí cead duit dul in éineacht linn! Tá aithne againn ar a chéile le fada an lá. Déan do dhícheall impí orthu ar aon nós! Cuirfidh mé glaoch ort an tseachtain seo chugainn. Cuir ríomhphost chugam má fhaigheann tú freagra ó do thuismitheoirí idir an dá linn.

Slán go fóill,

Aisling

A Punann agus leabhar gníomhaíochta

Tá 19 cinn de nathanna Gaeilge aibhsithe duit sa ríomhphost thuas. Téigh go dtí leathanach 191 i do phunann agus leabhar gníomhaíochta agus cuir isteach an liosta nathanna sa spás cuí. Aimsigh brí na nathanna san fhoclóir nó ón múinteoir sa rang.

B Freagair na ceisteanna seo a leanas bunaithe ar an ríomhphost thuas:

1. Cá bhfuil Aisling ag dul ar saoire lena muintir an samhradh seo chugainn?
2. Cathain a bheidh siad ag dul ann?
3. Conas a bheidh siad ag taisteal?
4. Cén rud a iarrann Aisling ar Éadaoin mar gheall ar an turas go dtí an t-aerfort?
5. Cá bhfanfaidh siad in Gran Canaria?
6. Luaigh trí áis atá san óstán.
7. Cad a dhéanfaidh siad gach lá más mian leo?
8. Cad í an mheánteocht i mí lúil ar an oileán Gran Canaria?

C Líon na bearnaí leis an bhfocal cuí thíos.
Tá na habairtí bunaithe ar an ríomhphost thuas.

1. Ba mhaith _____ hAisling cuireadh a thabhairt d'Éadaoin dul ar saoire léi.
2. _____ páiste aonair í Aisling.
3. Dá _____ sin, tá tuismitheoirí Aisling sásta cuireadh a thabhairt d'Éadaoin dul leo.
4. Ní gá _____ Éadaoin a bheith buartha faoi chostas na _____.
5. Tá sé ar _____ acu eitilt ó Aerfort na Sionainne.
6. Beidh siad ag fanacht _____ óstán galánta darb ainm Gloria Palace.
7. Tá a lán áiseanna _____ óstán sin.
8. Is breá le hAisling a bheith ag ligean a _____ ar an trá gach lá.
9. Is féidir leo triail a bhaint _____ bia Spáinneach más mian _____ .
10. Tá aithne ag Aisling agus Éadaoin _____ a chéile le fada an lá.

| Is |
| bhrí |
| d' |
| intinn |
| in |
| scíthe |
| as |
| ar |
| leo |
| heitilte |
| san |
| le |

D Cleachtadh scríofa

Is tusa Éadaoin. Scríobh litir/ríomhphost ag glacadh le nó ag diúltiú do chuireadh Aislinge thuas.

Litir phearsanta

Tá tú ag freastal ar chúrsa Gaeilge i gcoláiste samhraidh. Scríobh litir chuig do chara ag insint dó/di faoi. I do litir, luaigh:

- an áit ina bhfuil tú ag fanacht.
- na rudaí a dhéanann tú gach maidin agus iarnóin.
- cad a dhéanann tú gach oíche.
- eachtra a tharla le linn an chúrsa Ghaeilge.

Litir phearsanta samplach: 'Sa choláiste samhraidh'

Coláiste Lurgan
Coill Rua Thoir
Indreabhán
Co. na Gaillimhe

15 Lúnasa 2019

A Cháit, a chara,

Conas atá tú? Tá súil agam go bhfuil cúrsaí go maith leatsa agus go bhfuil tú ag baint taitnimh as an samhradh. Abair le do mhuintir go raibh mé **ag cur a dtuairisce**[18]. Aon scéal ó Chontae Liatroime? Faoi mar is eol duit, táim ag freastal ar an gcúrsa Gaeilge anseo i gColáiste Lurgan.

Táim sásta a rá go bhfuil mé ag baint an-sult as an gcoláiste agus as an gceantar. Ar dtús bhí mé beagán uaigneach mar gurbh é mo chéad uair as baile ar feadh **tréimhse**[19] chomh fada seo riamh. Táim sona sásta anois, áfach, toisc go bhfuil go leor cairde nua agam. Táim ag baint taitnimh as an **neamhspleáchas**[20] anois!

Táim ag fanacht i dteach mór compordach gar don choláiste samhraidh. Tá bean an tí cairdiúil agus cainteach, rud atá an-chabhrach domsa, toisc gur féidir liom caint léi i nGaeilge an t-am ar fad! Bíonn béilí deasa blasta againn gach lá, mar gur cócaire iontach í. **Roinnim**[21] seomra leapa mór le cúigear eile agus bíonn an-chraic againn le chéile ag caint agus **ag spochadh as a chéile**[22]. Is cailíní cineálta agus greannmhara iad.

Bíonn ranganna Gaeilge againn sa choláiste ar maidin. Siúlaimid go dtí an coláiste gach maidin. Déanaimid staidéar ar an ngramadach agus ar ghiotaí ó pháipéir agus irisí Gaeilge leis na múinteoirí; bímid ag caint agus ag comhrá i nGaeilge, agus déanaimid **tionscnaimh**[23] shuimiúla as Gaeilge. San iarnóin imrímid cluichí. Tá **rogha leathan**[24] ar fáil: cispheil, peil, iománaíocht, sacar, rugbaí, leadóg, leadóg bhoird agus eile. Má bhíonn an aimsir go maith téimid chun na trá agus téimid ag snámh, ag surfáil nó ag **clársheoltóireacht**[25]. Uaireanta eile, téimid ag siúl sna cnoic. Labhraímid Gaeilge ó mhaidin go hoíche agus táim ag cur feabhais ar mo chuid Gaeilge labhartha.

Gach tráthnóna bíonn comórtais tallainne nó céilí nó tráth na gceist againn. Ní chreidfidh tú cad a tharla an tseachtain seo caite! Chuaigh grúpa mór daltaí ar an seó cainte *The Late Late Show* ag canadh tar éis an ratha a bhí ar cheann de na físeáin a cuireadh ar YouTube! Rinne mo ghrúpa físeán d'amhrán cúpla lá ó shin agus tá an méid sin daoine tar éis féachaint air ná go bhfuil an seó cainte *Saturday Night with Miriam* tar éis cuireadh a thabhairt dúinn dul ar an seó chun an t-amhrán a chasadh! Táimid go léir ar bís faoi! Beidh tú in ann féachaint orainn ag canadh ag a deich a chlog Dé Sathairn seo chugainn ar RTÉ 1.

Bhuel, sin mo scéal faoi láthair. Tá mo dhinnéar réidh agus ní mór dom críochnú anois.

Scríobh chugam go luath.

Slán go fóill,

Sinéad

---

[18] asking for them
[19] a period of time
[20] independence
[21] I share
[22] teasing each other
[23] projects
[24] a wide choice
[25] windsurfing

A Freagair na ceisteanna seo a leanas:

1. Cén coláiste samhraidh a luaitear sa litir thuas?
2. Cá bhfuil Sinéad ag fanacht?
3. Cén fáth a raibh Sinéad uaigneach ar dtús?
4. Déan cur síos ar bhean an tí.
5. Cad a dhéanann Sinéad agus a comhdhaltaí gach maidin?
6. Conas a bhaineann siad leas as an teicneolaíocht chun cabhrú leis na daltaí sa choláiste?
7. Cad a dhéanann na daltaí istoíche?
8. Cén fáth a ndeachaigh grúpa mór ón gcoláiste ar an seó cainte *The Late Late Show* roinnt blianta ó shin?
9. Cén eachtra mhór a tharla seachtain ó shin?
10. Cathain a bheidh Sinéad agus a cairde le feiceáil ar an teilifís?

B Líon na bearnaí leis an bhfocal cuí thíos. Tá na habairtí bunaithe ar an litir thuas.

1. Táim ag baint _____ as an gcúrsa Gaeilge.
2. Ba é mo chéad uair _____ baile é.
3. Bíonn ranganna Gaeilge _____ sa choláiste gach maidin.
4. Déanaimid staidéar _____ ghramadach agus giotaí ó pháipéir agus irisí Gaeilge.
5. Baineann siad úsáid _____ an teicneolaíocht sa choláiste.
6. Is féidir linn a _____ ag éisteacht le canúintí difriúla ar na cluasáin.
7. Leagtar _____ mhór ar an gceol sa choláiste seo.
8. Tá mórán físeán ceoil déanta ag daltaí an choláiste le roinnt blianta _____.
9. Tar éis an _____ a bhí ar an bhfíseán ar YouTube tugadh cuireadh _____ dul ar sheó cainte.
10. Beidh tú _____ féachaint orainn ag canadh Dé Sathairn seo chugainn ar an teilifís.

Word bank:
- againn
- suilt
- ar
- béim
- rath
- anuas
- bheith
- as
- dúinn
- as
- in ann

C Obair bhaile

Litir nó ríomhphost

Bhí tú ar chúrsa i gcoláiste samhraidh i mbliana. Scríobh litir nó ríomhphost chuig do chara pinn faoi. I do litir/ríomhphost, luaigh:

- cá raibh tú ag fanacht.
- dhá rud a thaitin leat faoin gceantar.
- duine a ndearna tú cairdeas leis/léi.
- eachtra a tharla le linn an chúrsa.

Taisteal agus Laethanta Saoire

Focail agus frásaí a bhaineann leis an nGaeltacht

Ceantair Ghaeltachta

Contae Dhún na nGall:	Contae Chiarraí:	Contae na Gaillimhe:
Rann na Feirste	An Fheothanach	An Spidéal
Gaoth Dobhair	Baile an Fheirtéaraigh/An Buailtín	Indreabhán
Gort an Choirce	Dún Chaoin	Ros Muc
Na Cealla Beaga	Ceann Trá	An Ceathrú Rua
Na Rosa	An Daingean	Bearna

Contae Phort Láirge:	Contae Mhaigh Eo:	Contae Chorcaí:
An Rinn	Ceathrú Thaidhg	Cúil Aodha
	Tuar Mhic Éadaigh	Baile Bhúirne
Contae na Mí:	An Eachléim	
Ráth Chairn	An Fód Dubh	

Na daoine:	Cad a dhéanann tú sa choláiste samhraidh?
na múinteoirí	Táim ag cur feabhais ar mo chuid Gaeilge.
na ceannairí	Ar maidin bíonn ranganna Gaeilge againn.
na daltaí	Bíonn gramadach, comhrá agus léamhthuiscint againn.
bean an tí	Imrímid cluichí.
muintir na háite	San iarnóin imrímid cluichí, ina measc cispheil/eitpheil/leadóg/peil/sacar/rugbaí.
	San oíche eagraíonn na múinteoirí céilithe/quizeanna/comórtais tallainne.

Punann agus leabhar gníomhaíochta: Féinfheasacht an fhoghlaimeora

Téigh chuig do phunann agus leabhar gníomhaíochta agus scríobh isteach na leaganacha ceartaithe de dhá cheann de na cleachtaí scríofa thuas. Ansin comhlánaigh na leathanaigh féinmheasúnaithe a ghabhann leo.

Féinfheasacht an fhoghlaimeora: Féinmheasúnú

Cé chomh sásta is atá tú go bhfuil tú in ann giotaí a scríobh a bhaineann leis na topaicí laethanta saoire, an taisteal agus coláiste samhraidh? Cuir tic sa bhosca cuí.		

CÉIM 7: SÚIL SIAR AR AONAD 8

 A Measúnú rangbhunaithe: 'An tír is fearr liom ar domhan'

Bunaithe ar na rudaí ar fad a d'fhoghlaim tú faoi thíortha an domhain agus an taisteal in Aonad 8, déan taighde ar an tír is fearr leat. Scríobh cuntas dar teideal 'An tír is fearr liom ar domhan' i do chóipleabhar agus déan é a chur i láthair do do ghrúpa nó don rang.

B Téacs ilmhódach

Freagair na ceisteanna seo a leanas bunaithe ar an ngrianghraf thuas:

1. Céard atá ar siúl sa phictiúr seo, dar leat?
2. An bhfuil a fhios agat cár glacadh an pictiúr?
3. Cén saghas foirgneamh a fheiceann tú ann?
4. Conas atá an aimsir?
5. Cén chaoi a bhfuil daoine gléasta sa phictiúr?
6. An lá speisialta é, meas tú? Cén fáth?
7. Cé hiad na carachtair a fheiceann tú sa phictiúr?
8. An ócáid mhór í seo, dar leat? Cén fáth?
9. Céard atá á dhéanamh ag na daoine ar fad sa phictiúr?
10. Cén sórt atmaisféir atá le brath sa phictiúr seo, dar leat?

Taisteal agus Laethanta Saoire

C Crosfhocal

Trasna

5. Bíonn grúpa daoine ag taisteal ar an rud seo ar an mbóthar.

6. Nuair a bhíonn an t-óstán agus an eitilt san áireamh i gcostas na saoire (An Ghaeilge atá ar 'package holiday').

8. Tá baint idir an modh taistil seo agus Iarnród Éireann.

Síos

1. Fanann daoine san áit seo nuair a chodlaíonn siad i bpubaill agus iad ag campáil.

2. An t-ainm a thugtar ar dhaoine a théann ar saoire i dtíortha eile.

3. Is minic a fhanann daoine anseo nuair a bhíonn siad ag taisteal nó ar saoire.

4. Bíonn tú ag taisteal ar an rud seo ar an bhfarraige.

7. Eitlíonn tú ar an rud seo go háiteanna eile.

D Féinmheasúnú

Punann agus leabhar gníomhaíochta: Féinfheasacht an fhoghlaimeora

Téigh chuig do phunann agus leabhar gníomhaíochta. Comhlánaigh an leathanach féinmheasúnaithe bunaithe ar Aonad 8.

Aonad 9

An Litríocht

CÉIM 1: AN GEARRSCÉAL 'LEIGHEAS' LE HORNA NÍ CHOILEÁIN

Baineann téamaí na hoibre agus na bulaíochta sa ghearrscéal 'Leigheas' le téamaí in Aonad a 3, amhail poist agus fadhbanna daoine óga.

'Leigheas'

le hOrna Ní Choileáin

1 shy/timid
2 butterfly
3 happy shine/ glint
4 freckles
5 she hadn't smiled much/ she hadn't been in good humour
6 a garden party
7 pale
8 too engrossed
9 a flame (look of contentment)
10 cherry cake
11 the refreshments stand
12 Méabh shook her head
13 heat
14 either
15 again
16 creative
17 careful
18 architect
19 She had a nice presence
20 trust
21 extension
22 interior design

Bean **chúthail**[1] chiúin ab ea Méabh, dar le muintir an bhaile. Dar le hAindrias, **féileacán**[2] álainn a bhí inti. Thaitin **loinnir aoibhinn**[3] a súl leis. Thaitin an dath a thagadh ar a héadan agus na **bricíní gréine**[4] a thagadh uirthi gach samhradh. Thaitin a miongháire leis. Faraor, **ní raibh mórán aoibhe uirthi**[5] le déanaí. Níorbh é Aindrias amháin a thug é sin faoi deara.

Tráthnóna breá brothallach Domhnaigh a bhí ann agus **cóisir gharraí**[6] an pharóiste ar siúl arís. Chas bean na dticéad crannchuir ar Aindrias.

'Nach bhfuil Méabh ar fónamh na laethanta seo?' ar sí. 'Tá cuma thar a bheith **mílítheach**[7] uirthi.'

'**Rósháite**[8] san obair atá sí!' ab ea freagra gealgháireach Aindréis. Sula raibh deis ag an mbean fhiosrach neart ceisteanna a chur, bhain sé nóta airgid as a phóca agus shín chuici é.

'Le haghaidh an chrannchuir,' ar sé.

Tháinig **lasair**[9] i súile na mná agus ghlac sí go fonnmhar leis an airgead. 'Bí cinnte go bhfaigheann tú gloine líomanáide agus **císte silíní**[10]! M'oideas féin atá ann, dála an scéil.'

Shleamhnaigh Aindrias uaithi agus chuaigh chun a bhean chéile a lorg. Bhí Méabh ag freastal ar **stainnín na sólaistí**[11]. Chuir sé cogar ina cluas.

'Tá súil agam nár thóg tú aon chuid den chíste silíní go fóill!'

Bhain Méabh croitheadh as a cloigeann[12]. 'Táim tuirseach. **Teas**[13] an lae ag cur isteach orm, is dócha.'

D'amharc Aindrias le trua ar a bhean. Ní raibh sí tar éis a thabhairt faoi deara gur ag magadh a bhí sé. Ní raibh sí ag tabhairt mórán airde ar an stainnín **ach oiread**[14]. Bhí an babhla roimpi folamh. Thóg Aindrias an crúiscín agus thosaigh á líonadh **an athuair**[15].

Duine **cruthaitheach**[16] ab ea Méabh agus í **cáiréiseach**[17] de ghnáth. **Ailtire**[18] ab ea í san oifig bheag ar phríomhshráid an bhaile. **Bhí teacht i láthair bhreá aici**[19]. Chuir sí daoine ar a gcompord. Bhí **muinín**[20] acu aisti agus ar an gcaoi sin, bhí obair i gcónaí aici, más **síneadh**[21] a chur le teach nó **dearadh inmheánach**[22] a bhí ag teastáil.

Ní tionscadail ar thithe príobháideacha amháin a bhíodh ar siúl ag Méabh, ach **tionscadail tráchtála**[23] chomh maith. Bhí an ceantar seo **ag forbairt**[24] i gcónaí. Ar bhruach an bhaile, bhí eastát tithíochta á thógáil. Níorbh fhada go mbeadh **géarghá**[25] le hollmhargadh agus breis áiseanna nua le dul leis.

Bhreathnaigh Aindrias mórthimpeall air. Bhí slua mór ag freastal ar an bhféile samhraidh i mbliana. D'fhair sé páistí beaga ag léim is ag spraoi, ógánaigh ag ceannach leabhar nó seod, agus daoine fásta ina suí faoi scáth gréine, iad **ag cabaireacht**[26] agus **ag súimínteacht**[27] as gloiní líomanáide.

Bhí **saothair**[28] de chuid Aindréis á dtaispeáint ar stainnín dá chuid féin. Bhí a chuid **sonraí**[29] breactha ar chlár **lámh leis**[30] dá mba shuim le cuairteoir ar bith **dealbh**[31] a cheannach uaidh. D'fhillfeadh sé níos moille ar an stainnín, ach díreach anois, dhéanfadh sé cuideachta lena bhean.

'Téimis ar shiúlóid bheag agus ansin fillfimis ar an mbaile chun go ligfidh tú do scíth,' ar sé léi.

Rinne siad leithscéal leis an g**comhluadar**[32]. Chas an lánúin tríd an slua agus i dtreo na habhann. D'fhág siad an séipéilín agus an fhéile ina ndiaidh. Ghabh siad trasna an droichid bhig agus lean an cosán. Tháinig **ealaí**[33] agus **lachain**[34] ina gcóngar ach d'imigh uathu arís nuair a thuig siad nach raibh aon bhia ag an lánúin le tabhairt dóibh.

Cé go raibh an lá te, thuig Aindrias nárbh é sin ba chúis leis an tuirse a bhí ar a bhean. Bhí sí go trom **faoi ghruaim**[35]. Bhí sí **corrthónach**[36]. Ní nach ionadh nuair nár chodail sí istoíche. Ní raibh an **goile folláin céanna**[37] aici na laethanta seo faoi mar a bhíodh.

Dá mba rud é go mbeadh sí in ann sos a thógáil ón obair nuair a thagadh sí abhaile, bheadh **faoiseamh**[38] éigin aici. Ach bhíodh sí trína chéile gach tráthnóna tar éis lá iomlán **anróiteach**[39] a chaitheamh sáite san **oifig dhoicheallach**[40] sin.

Ní raibh ann san oifig féin ach Méabh agus Conchubhar. An bulaí. Bhí Méabh breá sásta inti féin sular tháinig seisean. Réitigh sí thar barr le Micheál, **an t-innealtóir**[41] a bhí ann roimhe, ach nuair a bhuail **taom croí**[42] é in aois a daichead a ceathair, d'éirigh sé as an bpost. Tháinig biseach air ach bheartaigh sé a bheith ina fhear tí lánaimseartha agus aire a thabhairt dá bheirt iníonacha óga. **Ní raibh sé de rún aige**[43] filleadh ar an oifig go ceann i bhfad.

Ós mar sin a bhí an scéal, sheol **príomhoifig an ghnólachta**[44] Conchubhar chuig brainse Mhéabh agus ó shin i leith, **anró**[45] ar fad a bhí ina saol oibre. Chaitheadh Conchubhar an lá ar fad san oifig, agus bhíodh sé ann go déanach ag cur brú ar Mhéabh fanacht go déanach chomh maith.

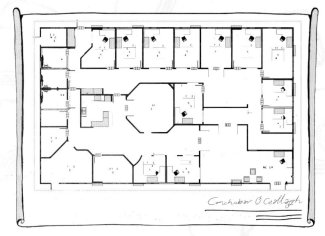

Conchubar Ó Ceallaigh

[23] business projects
[24] developing
[25] sharp need
[26] chatting
[27] sipping
[28] works/ craftsmanship
[29] details
[30] beside it
[31] statue/ sculpture
[32] company
[33] swans
[34] ducks
[35] miserable/ depressed
[36] restless
[37] the same healthy appetite
[38] relief
[39] difficult
[40] gloomy office
[41] the engineer
[42] heart attack
[43] He didn't plan
[44] the firm's head office
[45] hardship

Innealtóir sibhialta ab ea Conchubhar. Ní raibh sé i bhfad **sa chomhlacht**[46] agus bhí sé ag iarraidh **stádas**[47] a bhaint amach sa bhrainse beag bídeach seo. Bhí súil aige **ardú céime**[48] a bhaint amach **sa cheanncheathrú**[49].

Bhí bealach **borb**[50] leis ó thús agus cheistíodh sé Méabh **faoi chomhpháirtithe**[51] agus oibrithe eile a bhí bainteach leis an ngnó. Ba chuma cad a deireadh sí, ní bhíodh sé sásta riamh. Chuireadh sé na ceisteanna céanna arís is arís eile uirthi, **amhail is**[52] nár chreid sé an chéad uair í. Lena chois sin, gan fhios do Mhéabh, bhí sé ag dearg-ghoid a cuid oibre.

D'iarradh sé uirthi na pleananna a bhí curtha i gcrích aici a sheoladh chuige tríd an ríomhphost. Ba bheag a bhíodh le cur ag Conchubhar féin leis an obair, ach sheoladh sé an saothar iomlán ar aghaidh chuig an gceanncheathrú agus a ainm féin mar údar air.

Níor thuig Méabh **gurbh amhlaidh a bhí an scéal**[53] go dtí an lá a raibh sí i mbun comhrá ar an nguthán le **comhghleacaí**[54]. Rinne seisean tagairt don obair ar fad a bhí déanta ag Conchubhar. Chreid daoine gurbh eisean a rinne an obair go léir, cé gurbh í Méabh an t-ailtire!

Rinne Aindrias agus Méabh an scéal a chíoradh go mion[55]. Thaitin an post féin le Méabh agus d'oibrigh sí go dian chun **an cháilíocht**[56] mar ailtire a bhaint amach. Bhí teachín deas aimsithe acu, é seanfhaiseanta ach thaitin sé leo mar sin. Bhí comhluadar cairdiúil ar an mbaile seo. Níor theastaigh uathu ar chor ar bith **aistriú**[57] amach ón áit.

Baint ar bith ní raibh ag an mbulaí leis an gceantar. Thug Aindrias faoi deara nach raibh iarracht dá laghad déanta aige aithne a chur ar chairde nua ann. Ach an mó duine a bheadh in ann **an diabhal a fhulaingt**[58]?

Mhol Aindrias do Mhéabh cuideachta ailtirí dá cuid féin **a bhunú**[59] agus an bulaí a fhágáil ina diaidh.

'Níl áit sa bhaile beag seo do dhá ghnó den chineál céanna,' a dúirt Méabh.

'Ach nach bhfuil na cliaint sásta le do chuid oibre? Beidh flúirse oibre ann duit amach anseo.'

'Ní mar sin atá sé. **Téann daoine i dtaithí ar ghnólacht faoi leith**[60] agus filleann siad ar an áit chéanna, seachas ar an duine féin a rinne an obair. Agus **nuair a thugaimid san áireamh**[61] nach bhfuil **ioncam leanúnach**[62] á thuilleamh agatsa faoi láthair, tá **dualgas**[63] ormsa an post buan a choimeád. Caithfear na billí a íoc.'

Níor aontaigh Aindrias léi. Bhí gach uile chúis acu dul sa seans ach go raibh a **misneach**[64] caillte ag Méabh. **Conas a rachadh sé i gcion uirthi?**[65]

***

---

[46] in the company
[47] status
[48] promotion
[49] in headquarters
[50] abrupt
[51] associates/ partners
[52] as if
[53] that it was such
[54] colleague
[55] Aindrias and Méabh had teased out the story
[56] the qualification
[57] move/ change
[58] to suffer the devil (to put up with the bully)
[59] to set up
[60] People become accustomed to a certain business
[61] when we take into account
[62] regular income
[63] duty/ responsibility
[64] courage
[65] How would he convince her?

Bhuail drochshlaghdán Aindrias tar éis an chóisir gharraí. B'aisteach an rud é agus an aimsir chomh breá sin. Chaith sé lá sa leaba, ag súil go dtiocfadh feabhas air, ach an lá ina dhiaidh sin **is ar éigean a bhí a chumas cainte ann**[66]. Chuir Méabh fios ar an dochtúir agus tháinig sé chun an tí roimh dul go dtí an clinic an mhaidin sin dó.

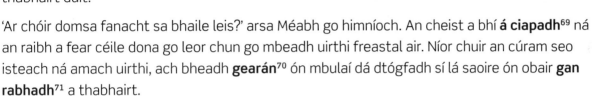

'*Strep* ort sa scornach,' ar sé tar éis dó mionscrúdú a dhéanamh ar **chéislín borrtha**[67] Aindréis. 'Teocht ard ort chomh maith. Beidh ort fanacht sa leaba go ceann cúpla lá. Gheobhaidh mé féin **an t-antaibheathach**[68] duit agus tiocfaidh mé ar ais leis ag am lóin. Idir an dá linn, beidh orm instealladh a thabhairt duit.'

'Ar chóir domsa fanacht sa bhaile leis?' arsa Méabh go himníoch. An cheist a bhí **á ciapadh**[69] ná an raibh a fear céile dona go leor chun go mbeadh uirthi freastal air. Níor chuir an cúram seo isteach ná amach uirthi, ach bheadh **gearán**[70] ón mbulaí dá dtógfadh sí lá saoire ón obair **gan rabhadh**[71] a thabhairt.

'Imigh leat go dtí an oifig,' arsa Aindrias sa ghuth **faon**[72] a bhí fágtha aige. 'Is féidir liom teachtaireacht a sheoladh chugat más gá. Agus nach mbeidh an dochtúir ag bualadh isteach chugam ar ball leis an antaibheathach?'

D'aontaigh an dochtúir leis. 'Beidh Aindrias i gceart faoi cheann cúpla lá. Ní dhéanfaidh sé aon mhaitheas duitse a bheith thíos leis an tinneas céanna. **Tá cuma thraochta ort**[73] cheana féin.'

'Ní fhaigheann sí mórán codlata,' arsa Aindrias de chogar. Bhí a fhios aige go maith nach **faiteach**[74] faoin tinneas a bhí Méabh ach faoin íde béil a gheobhadh sí ón mbulaí.

'An fíor sin?' arsa an dochtúir, agus é ag díriú a aird anois ar an mbean.

Tháinig imní ar Mhéabh. D'aithin Aindrias féin é sin. B'eol dó gur **shamhlaigh sí**[75] ina hintinn féin an bulaí **ag bagairt uirthi**[76] agus a ghuth gránna ag béicíl ina cluas.

'Is minic a bhíonn sí **in ísle brí**[77],' arsa Aindrias, 'de bharr na hoibre de ghnáth.'

'Tuigim,' arsa an dochtúir go críonna. 'Béarfaidh mé liom **oideas**[78] duitse chomh maith, a Mhéabh, nuair a fhillfidh mé ag am lóin. Agus pléifimid an scéal arís tar éis duit an cúrsa piollairí a ghlacadh.'

Ag am lóin, tháinig Méabh abhaile chun sracfhéachaint a thabhairt ar a fear céile. Bhí sé ina chodladh go suaimhneach. Chuir sí **spúinse**[79] fuar lena chlár éadain tais. D'oscail sé na súile agus rinne meangadh lag léi.

'Tá deoch bhreá déanta agam duit,' arsa Méabh go bog leis. 'Mil, líomóid, oráiste agus clóibh. Tá sé te anois ach bí cinnte go n-ólann tú siar an rud ar fad agus cuirfidh tú an tinneas díot go tapa. Tá an ghrian ag taitneamh amuigh agus tá a fhios agam gurbh fhearr duit i bhfad a bheith amuigh ansin ná istigh anseo.'

[66] he was barely able to speak
[67] swollen tonsil
[68] antibiotic
[69] bothering her/ tormenting her
[70] complaint
[71] without warning
[72] faint
[73] You look exhausted
[74] afraid of/ nervous of
[75] she imagined
[76] threatening her
[77] sad/depressed
[78] prescription
[79] sponge

351

D'fhéach sí ar a huaireadóir. 'Is mithid dom imeacht. Tá an bulaí chomh cantalach céanna inniu is a bhíonn i gcónaí. Bhí sé ar intinn agam **éalú**[80] uaidh roimh a sé a chlog mar beidh cruinniú an chlub leabhar ar siúl. Ní fheadar! Luaigh mé leo go raibh seans ann go mbeinn mall má thagaim in aon chor!'

Shuigh Aindrias aniar beagáinín sa leaba. Bhí sé ag mothú níos fearr ná mar a bhí sé ar maidin. 'Tá an iomarca smachta ag an mbithiúnach sin ort cheana féin. Anois, imigh uaim – beidh an dochtúir anseo go gairid.'

'Beidh,' ar sí. 'Bainfidh mé an **glas**[81] den doras agus mé ag dul amach.'

Thart ar a dó a chlog, díreach tar éis do Mhéabh an teach a fhágáil, thit scamall mór ar an ngrian agus dhorchaigh an spéir. Agus é ina luí sa leaba ina sheomra dorcha, **báite ina chuid allais**[82], é ag stánadh ar **an tsíleáil**[83], thuig Aindrias cad a chaithfeadh sé a dhéanamh faoin mbulaí. Bhí sé in am aige féin an scéal a chur ina cheart.

Bhris an dochtúir isteach ar a chuid smaointe ar theacht aníos an staighre agus isteach an doras leis. **Bhí saothar anála air**[84]. '**Spéirling**[85] le teacht,' ar sé. Tháinig sé i ngar d'Aindrias. Thóg sé cúig cinn déag de shaicíní antaibheathach mar aon le teirmiméadar amach as a mhála. 'Agus an scornach agat chomh dona sin,' ar sé, 'leacht antaibheathach atá agam duit, seachas piollairí. Mairfidh an cúrsa cúig lá. Is féidir leat an chéad cheann a ghlacadh anois.

'Réiteoidh mise an deoch duit sa chistin. Cuir an rud seo i do chluas agus beidh mé ar ais faoi cheann cúpla nóiméad?'

Teirmiméadar digiteach a shac sé isteach i lámh Andréis agus síos an staighre leis arís. Bhreathnaigh Aindrias ar an ngléas. Bhí an scáileán glan. **Bhrúigh sé an cnaipe**[86] chun é a lasadh agus ansin chuir isteach ina chluas chlé é. Nuair a shíl sé go raibh sé i gceart aige, bhrúigh sé an cnaipe arís agus chuala sé an bhlíp.

Thóg sé amach é, an chluas á **cuimilt**[87] aige lena lámh dheas agus léigh an teocht: 37.4°. Ní raibh sé ró-olc ach bhí a scornach nimhneach mar sin féin. **Chlaon sé ar dheis**[88] agus shín amach a lámh chlé chun an deoch a bhí réitithe ag Méabh dó a thógáil. Shleamhnaigh an teirmiméadar óna lámh agus thit isteach sa ghloine. Bhain sé amach as láithreach é ach agus é á dhéanamh sin, bhrúigh sé an cnaipe an athuair lena ordóg. Tháinig blíp bheag eile as. Rinne sé iarracht an gléas a thriomú agus é ag súil nach raibh aon damáiste déanta. Is díreach ag an nóiméad sin a tháinig an dochtúir isteach leis an antaibheathach.

'Maith an fear!' arsa an dochtúir agus thóg uaidh an gléas sula raibh deis cainte ag Aindrias.

Leath na súile ar an dochtúir. '39.2°! Tá tú níos measa ná mar a shíl mé! Ná bog as an teach seo! Seans go mbeidh orm instealladh eile a thabhairt duit amárach. Agus mura dtagann feabhas ort ina dhiaidh sin, beidh ort dul go dtí an t-ospidéal! Anois glac an t-antaibheathach agus lig do scíth. Ní miste liom roinnt **piollairí suain**[89] a thabhairt duit chomh maith agus tú chomh dona sin. Agus éist, tá oideas do chéile fágtha agam ar an mbord sa chistin.'

Ní raibh an doras ach dúnta ag an dochtúir nuair a chuala Aindrias **plimp thoirní**[90]. Bhí an stoirm anuas orthu. D'aimsigh sé an fón ar an urlár in aice leis agus sheol sé teachtaireacht chuig a

[80] escape
[81] lock
[82] wet/drowned in sweat
[83] the ceiling
[84] He was out of breath
[85] thunderstorm
[86] He pushed the button
[87] rubbing
[88] He leaned to the right
[89] sleeping pills
[90] crash of thunder

bhean: 'Scornach fós tinn ach leigheas á thógáil. Drochaimsir. B'fhearr duit dul díreach chun an chruinnithe ná teacht timpeall chugamsa.'

D'fhreagair sí é ar a leath i ndiaidh a sé: '**An cladhaire ag clamhsán gan staonadh**[91]. Ag éalú anois. Ar ais roimh a naoi. Grá, Méabh.'

D'éirigh Aindrias agus chuir air a chóta agus amach leis. Ní raibh duine ná deoraí sa tsráid. Bhain áilleacht leis an spéir dhúghorm agus **corrladhar thintrí**[92] ag gabháil tríd.

Nuair a shroich sé an oifig, chonaic Aindrias an solas thuas staighre ar lasadh ann go fóill. Thug sé sin le tuiscint dó go raibh an bulaí istigh ag obair, agus an saol is a mháthair sa bhaile ina dtithe compordacha féin.

Bhí doras na sráide faoi ghlas ach d'fhéad Aindrias **buille maith faoi thuairim a thabhairt**[93] maidir leis an gcód. **Cearnóg**[94] nó cros a bhíodh ann i gcónaí, a dúirt Méabh. Bhain sé triail as 2-5-8 síos agus 4-5-6 trasna. Scaoileadh an doras.

Suas an staighre leis. Chonaic sé an bulaí ina staicín ag an deasc. Ar dtús, shíl sé go raibh an cladhaire ag léamh, ach ansin thug sé faoi deara nach raibh **corraí**[95] ar bith as. Bhí sé ina chodladh. Níorbh aon leithscéal é sin. Bhí Aindrias tar éis teacht anseo anois agus **bhí sé de rún aige**[96] cúrsaí a phlé leis.

'A Chonchubhair!' ar sé chomh láidir agus ab fhéidir leis. Bhí **piachán**[97] ina ghuth go fóill.

Bhíog Conchubhar. D'oscail sé na súile agus stán sé díreach roimhe.

'Táim ag iarraidh labhairt leat,' arsa Aindrias.

Sheas Conchubhar agus rinne sé geáitsí, ar nós duine a bhí ag mímeadh rud éigin. Cad faoin spéir a bhí ar siúl aige?

Shiúil sé díreach thar Aindrias chuig an **ngléas fótachóipeála**[98] gan dada a rá leis. **Ní ag áibhéil a bhí Méabh**[99]. Bhí an fear seo as a mheabhair.

De splanc, thuig Aindrias go raibh sé **ag suansiúl**[100]. Shíl an t-amadán gur ag éirí ón leaba a bhí sé. Thuig Aindrias nár chóir iarracht a dhéanamh **é a mhúscailt**[101]. Bheartaigh sé ar fanacht cúpla nóiméad chun féachaint cad a dhéanfadh sé. B'fhéidir go rachadh sé abhaile. B'fhéidir go ndúiseodh an bháisteach amuigh é.

I ndiaidh a bheith ag póirseáil thart ar an ngléas fótachóipeála, thóg Conchubhar deoch ón deasc. Caife fuar a bhí ann. D'ól sé siar é. Ansin thosaigh sé ag siúl díreach ar aghaidh, i dtreo an staighre.

[91] The toe rag endlessly complaining

[92] the odd flash of lightning

[93] to make a good guess

[94] square

[95] move

[96] it was his intention

[97] hoarseness

[98] photocopying machine

[99] Méabh was not exaggerating

[100] sleepwalking

[101] to wake him

'Hé!' arsa Aindrias.

Bhí sé rómhall. Ní raibh aon rud a d'fhéadfadh sé a dhéanamh. Chuir Conchubhar a chos roimhe ag barr an staighre. **Baineadh tuisle as**[102] agus thit sé i mullach a chinn go dtí an bun.

Síos le hAindrias ina dhiaidh. D'amharc sé ar an gcorpán gan chorraí sínte ag bun an staighre. Bhí amhras air **an raibh beocht fós ann**[103]. Nó má bhí, cad a dhéanfadh sé? Cén míniú a thabharfadh sé ar ar tharla? Nó cé a chreidfeadh é? B'eol do dhaoine nach raibh cúrsaí go maith. **Ar ghá aon mhíniú a thabhairt**[104] in aon chor? Ní raibh a fhios ag duine ná deoraí go raibh sé ann. Agus ní gá go mbeadh.

Nuair a d'fhill Aindrias ar an mbaile, chaith sé siar cúpla piollaire suain agus isteach leis sa leaba.

Nuair a d'oscail sé na súile arís, bhí solas na maidine ag lonrú isteach idir na cuirtíní. Bhí Méabh in aice leis agus í ag breathnú air. Bhí **cuma gheal shuaimhneach**[105] ar a haghaidh.

'Tá na **braillíní**[106] seo **bréan**[107],' ar sí gan choinne. 'Amach leat as an leaba go n-athróidh mé iad.'

'Tá tusa **lán de bheocht ar maidin**[108],' arsa Aindrias, agus é ag déanamh ar an bh**fallaing seomra**[109] a bhí ar crochadh ar an doras. Tharraing Méabh na braillíní ón tocht agus thosaigh **ag baint na gclúdach de na hadhairteanna**[110].

'Ar maidin? Tá sé ag druidim ar mheán lae!'

Stad Aindrias ag an doras. Bhí **íomhánna d'eachtraí na hoíche aréir**[111] ag scinneadh thar a shúile. Dhún sé a shúile agus rinne iarracht cuimhneamh ar cén lá den tseachtain ab ea é. 'Meán lae? Nár chóir duitse a bheith san oifig?'

'Ní bheidh mé ag filleadh ar an oifig sin go deo na ndeor!'

Dhírigh Aindrias ar a bhean. Bhí a droim leis anois agus í ag lorg clúdach glan sa tarraiceán.

'Cén fáth a ndeir tú sin?' ar sé.

'Bhris argóint uafásach amach eadrainn nuair a rinne mé iarracht ar imeacht chun an club leabhar. Bhí sé níos measa ná riamh agus d'inis mé dó go raibh mé críochnaithe leis an áit. Measaim go bhfuil sé i gcomhar leis an diabhal. Dáiríre píre. Ní fhéadfadh gnáthdhuine é féin **a iompar**[112] ar an gcaoi sin.'

Rug Aindrias lámh ar a bhean agus chas timpeall chuige í. Bhí faoiseamh le feiceáil ina haghaidh, rud nach bhfaca sé le fada. Rinne sé aoibh léi agus **d'fháisc chuige féin í**[113]. Sheas Méabh nóiméad leis, a cloigeann ar a ghualainn agus í ag machnamh. Bhí an post caillte aici ach ní raibh **aithreachas**[114] uirthi mar gheall air sin.

---

[102] He wobbled
[103] if he was still alive
[104] Would he need to explain
[105] happy peaceful appearance
[106] sheets
[107] filthy
[108] full of life
[109] dressing gown
[110] taking the pillow cases off
[111] images of the happenings of last night
[112] behave
[113] he pulled her towards him
[114] repentance

'Tar éis cuairt an dochtúra inné,' a lean Méabh, 'thuig mé ar deireadh go raibh sé in am agam rud éigin a dhéanamh faoin gcruachás ina raibh mé. **Ní dhéanfadh sé maitheas ar bith**[115] dom an chuid eile de mo shaol a chaitheamh ar phiollairí. Ní raibh mé ag iarraidh a bheith **faoi chois**[116] ag an diabhal de bhulaí sin a thuilleadh. Is mian liom rudaí eile a dhéanamh sa saol. Tá sé ar intinn agam **seirbhísí ailtireachta neamhspléacha a chur ar fáil**[117]. Táim cinnte go bhféadfainn obair a mhealladh **sna ceantair máguaird**[118].'

Bhris cloigín an doras isteach ar a cuid cainte. **Chur Méabh roic ina mallaí**[119].

'Ní fheadar cé tá ansin?'

'An dochtúir, b'fhéidir,' arsa Aindrias. Rith sé leis nach raibh an t-antaibheathach á ghlacadh aige mar ba chóir. Síos le Méabh chun an doras a fhreagairt. D'fhan Aindrias siar cúpla nóiméad agus chuir air an fhallaing sheomra.

Nuair a chuaigh sé isteach sa chistin chuig a bhean chéile, chonaic sé gurbh é an dochtúir féin a bhí ann ach bhí garda ina theannta. Bhí Méabh **ag gol**[120]. **Bhánaigh Aindrias**[121]. Chuir sé lámh thart ar a bhean.

'Tá drochscéal againn duit,' arsa an garda le hAindrias. 'Fuarthas marbh Conchubhar Ó Ceallaigh in Oifig na nAiltirí. Tá amhras ann maidir leis an mbás.'

'Cén bhaint atá aige sin liomsa?' arsa Aindrias, pas beag róthapa. **Bhí fonn air a chur in iúl**[122] do na cuairteoirí nárbh fhíor-dhrochscéal é sin.

'Níl baint ar bith aige leat,' a lean an garda. 'De réir thuairisc an dochtúra, bhí tú sínte le tinneas. Ach maidir le do bhean chéile, tuigtear dúinn nár réitigh sí go maith leis. Bhris argóint amach aréir. Ní dheachaigh sí ag obair ar maidin. Is chun Méabh a **ghabháil**[123] atáim anseo.'

[115] It will do me no good
[116] under the control of
[117] to work as a freelance architect
[118] in the surrounding areas
[119] Méabh furrowed her eyebrows
[120] crying
[121] Aindrias became pale
[122] He wanted to inform
[123] to arrest

Achoimre ar an ngearrscéal

[1] shy
[2] butterfly
[3] the pale look
[4] trust
[5] working on business projects
[6] a stand/stall
[7] statue
[8] details
[9] restless

Cheap muintir an bhaile gur bhean **chúthail**[1], chiúin í Méabh. Bhí a fear céile Aindrias ar aon intinn leo. Dar leis, b'**fhéileacán**[2] álainn í. Thaitin gach tréith a bhain léi le hAindrias. Ba mhaith leis a haoibh álainn ach ní fhaca sé mórán aoibhe ar a haghaidh le déanaí agus níorbh é Aindrias an t-aon duine a thug é sin faoi deara.

Tráthnóna Domhnaigh a bhí ann sa samhradh agus bhí Méabh agus Aindrias ag cóisir gharraí an pharóiste. D'iarr bean na dticéad crannchuir ar Aindrias an raibh Méabh ceart go leor **mar gheall ar an gcuma mhílítheach**[3] a bhí uirthi. An t-aon fhreagra a thug Aindrias ná go raibh Méabh an-ghnóthach ag a cuid oibre agus níor thug sé seans di tuilleadh ceisteanna a chur. Cheannaigh sé ticéad uaithi agus d'fhill sé ar a bhean chéile. Ní raibh Méabh ag tabhairt móran airde ar an gcóisir ach dúirt sí lena fear céile gur mhothaigh sí tuirseach traochta. Chonaic Aindrias an méid sin ar a haghaidh.

Ailtire ab ea Méabh agus bhí sí an-mhaith ag a cuid oibre. Thaitin sí le daoine agus bhí **muinín**[4] acu aisti. Dá bhrí sin ní raibh sí riamh as obair. D'oibrigh sí ar thithe príobháideacha chomh maith le bheith **ag obair ar thionscadail tráchtála**[5]. Ina bruachbhaile féin, bhí forbairt mhór ag tarlú agus bhí eastát tithíochta á thógáil.

Bhí slua mór ag an bhféile shamhraidh agus bhí atmaisféar deas ann. Bhí **stainnín**[6] dá chuid féin ag Aindrias ann agus d'fhéadfadh le duine ar bith **dealbh**[7] a cheannach uaidh. Bhí a chuid **sonraí**[8] scríofa ar chlár in aice leis an stainnín. Dúirt sé le Méabh go rachadh sé ar shiúlóid ghearr in éineacht léi agus ansin go rachaidís abhaile toisc gur thuig sé go raibh sí tuirseach.

Thuig Aindrias freisin nárbh é an teas a bhí ag cur isteach uirthi an oíche sin. Bhí sí **corrthónach**[9] agus míshásta le fada. Thagadh sí abhaile gach tráthnóna óna cuid oibre agus í fós faoi bhrú agus faoi strus. Ba léir dó nach raibh sí sásta san oifig ina raibh sí ag obair.

Obair bheirte: Ceisteanna gearra

1. Cén sórt duine í Méabh, dar le muintir an bhaile?
2. Cad é an rud nach bhfaca Aindrias ar aghaidh a mhná céile le déanaí?
3. Cén fáth ar fhiafraigh bean na dticéad d'Aindrias an raibh Méabh ceart go leor?
4. Conas a mhothaigh Méabh ag an gcóisir?
5. Cén post a bhí ag Méabh?
6. Cén obair a bhí ar siúl ina bruachbhaile?
7. Céard a bhí ar taispeáint ag Aindrias ar an stainnín a bhí aige ag an gcóisir?
8. Conas a bhí a fhios ag Aindrias nárbh é an teas a bhí ag cur isteach ar Mhéabh?

Achoimre ar lean

Ní raibh san oifig ach Méabh agus Conchubhar. **Innealtóir sibhialta**[10] ab ea Conchubhar agus bhí sé ag iarraidh ardú céime a bhaint amach dó féin. Bulaí a bhí ann, dar le Méabh, agus chuireadh sé isteach go mór uirthi leis an mbrú a chuireadh sé uirthi fanacht siar déanach sa tráthnóna. Bhraith Méabh uaithi Micheál, an t-innealtóir a bhí ann roimh Chonchubhar toisc gur réitigh sí go breá leis sin agus go raibh sí breá sásta agus í ag obair leis.

Lá amháin agus Méabh ar an nguthán le **comhghleacaí**[11] léi, fuair sí amach go raibh Conchubhar ag goid a cuid oibre uaithi agus ag cur a ainm féin ar obair a rinne Méabh. Ní stopadh sé de bheith ag cur ceisteanna uirthi faoi **chomhpháirtithe**[12] agus oibrithe eile a raibh baint acu leis an ngnó, ach dá mhaitheas féin a bhí sé á dhéanamh sin.

Rinne Méabh agus Aindrias an cheist ar fad a phlé. Ní raibh aon amhras ann ach go raibh Méabh an-sásta leis an gcineál oibre a bhí ar siúl aici. Bhí teach beag seanfhaiseanta ceannaithe ag an lánúin i gceantar deas agus thaitin sé sin go mór leo. Ní nach ionadh, ní raibh cairde ag Conchubhar sa cheantar, áfach.

Mhol Aindrias do Mhéabh **comhlacht ailtireachta**[13] dá cuid féin a oscailt, ach dar le Méabh bhí an ceantar róbheag le dhá ghnó den chineál sin a bheith ann. Níor aontaigh a fear céile léi, mar cheap sé nach mbeadh fadhb ar bith ag Méabh cliaint a fháil mar gheall ar an meas a bhí uirthi agus ar a cuid oibre mórthimpeall. Bhí misneach caillte ag Méabh, faraor, agus ní raibh fonn uirthi **a post buan**[14] a fhágáil, cé go raibh sí faoi ghruaim ann. Ba léir nach raibh post buan ag Aindrias ag an bpointe sin.

[10] a civil engineer
[11] fellow worker
[12] partners
[13] an architectural company
[14] her permanent job

 ### Punann agus leabhar gníomhaíochta: Obair bhaile

> Lig ort gur tusa Méabh agus go bhfuil tú ag obair le Conchubhar. Déan cur síos ar Chonchubhar i do dhialann agus ar an gcomhrá a bhí agat le d'fhear céile Aindrias faoi. Scríobh an cuntas sin isteach sa spás a thugtar dó i do phunann agus leabhar gníomhaíochta.

Achoimre ar lean

Tar éis na cóisire garraí, tháinig drochshlaghdán ar Aindriais agus bhí air cúpla lá a chaitheamh sa leaba. Tháinig an dochtúir ar cuairt chuige ar maidin agus mhol sé dó sos a ghlacadh. D'éirigh Méabh neirbhíseach, áfach, go mbeadh uirthi fanacht sa bhaile chun aire a thabhairt dó. Níorbh é an **cúram**[15] sin a chuirfeadh isteach uirthi, ach smaoinigh sí ar an íde béil a gheobhadh sí ón mbulaí san oifig dá gcuirfeadh sí fios air.

[15] duty/care

Ar ámharaí an tsaoil, dúirt an dochtúir léi nach mbeadh aon ghá léi sa teach agus dúirt sé go dtiocfadh sé féin ar ais ag am lóin le hantaibheathach a thabhairt d'Aindrias. Ba ansin a luaigh

¹⁶ depression
¹⁷ prescription
¹⁸ ceiling
¹⁹ to take his temperature

Aindrias leis an dochtúir an **ísle brí**[16] a bhí ar a bhean chéile agus nach raibh sí ag fáil mórán codlata san oíche. D'fhreagair an dochtúir go dtiocfadh sé ar ais le h**oideas**[17] do Mhéabh chomh maith le piollairí Aindréis agus go bpléifidís an scéal nuair a bheadh an cúrsa piollairí glactha ag Méabh.

Tháinig Méabh abhaile ag am lóin agus d'ullmhaigh sí deoch the shláintiúil dá fear a chabhródh lena thinneas a leigheas. Dúirt sí go raibh an drochghiúmar céanna ar an mbulaí an lá sin agus gur cheap sí go mbeadh sí déanach dá cruinniú club leabhar. D'ardaigh Aindrias é féin sa leaba píosa, mar bhí sé ag brath beagáinín ní b'fhearr agus bhí fearg air. Ní raibh sé sásta leis an méid smachta a bhí ag an mbulaí Conchubhar ar a bhean.

Tar éis do Mhéabh imeacht, agus Aindrias ag stánadh ar an **tsíleáil**[18] ina sheomra dorcha, smaoinigh sé ar a gcaithfeadh sé a dhéanamh faoin mbulaí. Bhí sé in am aige rud éigin a dhéanamh chun an scéal a réiteach.

Tháinig an dochtúir ar ais in athuair agus thug sé leacht antaibheathaigh d'Aindrias. Chuaigh sé go dtí an chistin chun deoch a fháil d'Aindrias. Shín sé teirmiméadar digiteach chuige agus d'iarr sé ar Aindias **a theocht a ghlacadh**[19] leis. Rinne Aindrias amhlaidh agus ní raibh a theocht ró-ard. 37.4° an teocht a léiríodh. Ansin, trí thimpiste shleamhnaigh an teirmiméadar isteach sa ghloine ina raibh an deoch the a thug Méabh dó ní ba thúisce. Nuair a tháinig an dochtúir ar ais, léigh sé an teocht ar an teirmiméadar agus cheap sé gur ag 39.2° a bhí teocht Aindréis. Bhí sé an-bhuartha faoi sin ar ndóigh agus thug sé piollairí suain dó. Dúirt sé leis gan bogadh as an leaba. Bhí eagla ar Aindrias go ndearna sé damáiste don ghléas agus níor mhinigh sé an fíorscéal don dochtúir!

Fíor nó bréagach?

Féach ar na habairtí thíos agus abair an bhfuil siad fíor nó bréagach.
Cuir tic sa bhosca ceart.

	Fíor	Bréagach
1. Bhí tinneas boilg ar Aindrias tar éis na cóisire garraí.	☐	☐
2. Bhí Méabh buartha go mbeadh uirthi fanacht sa bhaile lena fear céile toisc go raibh sé tinn.	☐	☐
3. Bheadh Conchubhar an-tuisceanach dá gcuirfeadh sí fios air ag rá nach mbeadh sí ábalta dul ag obair.	☐	☐
4. Dúirt an dochtúir go dtiocfadh sé ar ais ar a sé a chlog.	☐	☐
5. D'ullmhaigh Méabh béile mór te dá fear céile ag am lóin.	☐	☐
6. Ní raibh Aindrias sásta leis an méid smachta a bhí ag Conchubhar ar a bhean chéile.	☐	☐
7. Nuair a ghlac Aindrias a theocht, 39.1° a bhí ann.	☐	☐
8. Níor mhínigh Aindrias don dochtúir an timpiste a tharla leis an teirmiméadar mar cheap sé go ndearna sé damáiste dó.	☐	☐

Achoimre ar lean

Bhí an aimsir go hainnis ag an bpointe sin agus bhí tintreach agus toirneach ann. Sheol Aindrias téacs chuig Méabh ag moladh di dul díreach chuig a cruinniú club leabhar agus gan teacht abhaile roimhe. Ag leathuair tar éis a sé d'fhreagair sí é, ag rá gur éirigh léi éalú ón mbulaí faoi dheireadh.

Ansin d'éirigh Aindrias agus chuir sé a chóta air. Bhí an tsráid ciúin nuair a shiúil sé amach. Bhí cuma álainn ar an spéir dhorcha agus splanc thintrí le feiceáil ó am go ham. Nuair a shroich sé an oifig chonaic sé an solas thuas staighre. Ba léir mar sin go raibh Conchubhar fós ag obair. D'éirigh le hAindrias cuimhneamh ar an gcód chun **an glas**[20] a scaoileadh ó bheith ag éisteacht le Méabh agus isteach leis.

[20] the lock
[21] sleepwalking
[22] a move
[23] doubtful

Nuair a shiúil Aindrias suas staighre, bhí Conchubhar ina chodladh ag an deasc. Níor chuir sé sin cosc ar Aindrias, áfach. Bhí sé ansin chun labhairt le Conchubhar agus ghlaoigh sé amach a ainm. Bhog an bulaí agus stán sé díreach roimhe. Sheas sé suas agus shiúil sé thar Aindrias go dtí an meaisín fótachóipeála.

Gan mhoill, thuig Aindrias go raibh an fear eile **ag suansiúl**[21] agus shocraigh sé nárbh fhiú é a dhúiseacht. D'fhanfadh sé le feiceáil céard a dhéanfadh an fear eile. B'fhéidir go rachadh sé abhaile agus go ndúiseodh an bháisteach é.

D'ól Conchubhar caife fuar a bhí fágtha ar an deasc agus ansin ar aghaidh leis i dtreo an staighre. Chonaic Aindrias go raibh sé ar tí titim. 'Hé,' a ghlaoigh sé, ach bhí sé ródhéanach. Thit Conchubhar i mullach a chinn go dtí bun an staighre. Chuaigh Aindrias síos ina dhiaidh agus d'fhéach sé ar Chonchubhar sínte ar an urlár. Ní raibh **corraí**[22] as. Ní raibh Conchubhar cinnte an raibh sé beo nó marbh, ach thuig sé go raibh sé in am aige féin imeacht. An gcreidfeadh aon duine an fíorscéal? Bhí sé **amhrasach**[23].

  Punann agus leabhar gníomhaíochta: Obair bhaile

Lig ort gur tusa Aindrias. Scríobh síos an cuntas a thabharfaidh tú do na gardaí má cheistítear tú níos déanaí. Scríobh an cuntas sin i do phunann agus leabhar gníomhaíochta.

Achoimre ar lean

Nuair a shroich sé a theach féin, thóg Aindrias cúpla piollaire suain agus ar ais sa leaba leis. Níor dhúisigh sé go dtí meán lae an lá dar gcionn agus bhí Méabh in aice leis, **dea-aoibh**[24] uirthi.

D'inis sí dó nach mbeadh sí ag filleadh ar an oifig go brách arís agus go raibh sí sásta faoi sin. Dúirt sí go raibh argóint uafásach aici le Conchubhar sula ndeachaigh sí chuig an gclub leabhar agus go ndúirt sí leis go raibh sí críochnaithe san oifig dá bharr. Den chéad uair le fada, chonaic Aindrias faoiseamh agus aoibh ar aghaidh a mhná agus **d'fháisc sé chuige í**[25].

Dúirt Méabh gur shocraigh sí go raibh sé in am aici rud éigin a dhéanamh tar éis don dochtúir labhairt léi an lá roimhe sin. Níor theastaigh uaithi a bheith **ag brath ar phiollairí**[26] agus anuas air sin níor mhaith léi a bheith faoi smacht ag bulaí ar nós Chonchubhair. Bhí sé i gceist aici a comhlacht **neamhspleách**[27] féin ailtireachta a bhunú agus cheap sí go n-éireodh go breá léi.

[24] good humour

[25] he pulled her towards him/ he hugged her

[26] depending on pills

[27] independent

[28] Aindrias became pale

[29] evidence

[30] the authorities

[31] to arrest Méabh

Bhí ionadh uirthi ansin nuair a chuala sí cloigín an dorais. Méabh a d'fhreagair é agus nuair a chuaigh Aindrias síos chun na cistine, chonaic sé an dochtúir agus garda in éineacht leis. Bhí Méabh ag caoineadh agus **bhánaigh Aindrias**[28]. Chuir sé a lámh timpeall ar a bhean.

Mhínigh an garda dó go bhfuarthas corp Chonchubhair Uí Cheallaigh sínte ar an urlár in oifig na n-ailtirí agus go raibh amhras ann faoina bhás. De réir **fianaise**[29] an dochtúra, a dúirt an garda, bhí Aindrias ina leaba leis an bhfliú agus mar sin ba léir dóibh nach raibh aon bhaint aige leis an mbás.

Ar an lámh eile, bhí a fhios ag **na húdaráis**[30] nár réitigh Méabh go maith le Conchubhar. Bhí drochargóint aici leis an tráthnóna roimh ré agus níor fhill sí ar an oifig ar maidin. Bhí an garda ansin chun **Méabh a ghabháil**[31].

👥 Obair ghrúpa

Leanaigí ar aghaidh leis an scéal anois in bhur gcuid grúpaí. Smaoinígí ar na ceisteanna seo agus sibh ag cur leis an scéal. Ansin déanaigí bhur leagan den scéal a léamh don rang agus éistigí le hobair na ngrúpaí eile.

1. Cad a tharla do Mhéabh nuair a chuaigh sí go dtí stáisiún na ngardaí?
2. Ar ceistíodh Aindrias in aon chor faoi bhás Conchubhair?
3. Nuair a bhailigh na gardaí a gcuid fianaise ar fad, ar tháinig an fíorscéal amach?
4. An ndeachaigh an cás go dtí an chúirt? Má chuaigh, cad a tharla sa chúirt?
5. Ar chaith Méabh nó Aindrias tréimhse sa phríosúrn?

Príomhthéamaí an ghearrscéil

- Is é príomhthéama an ghearrscéil 'Leigheas', dar liom, ná an bhulaíocht agus an éifeacht a bhíonn ag an mbulaíocht ar shaol daoine go minic. **Íobartach**³² bulaíochta ab ea Méabh sa ghearrscéal seo. Bhí sí míshásta inti féin de bharr na drochíde a fuair sí óna comhoibrí Conchubhar. Thug a fear céile agus daoine eile faoi deara go raibh cuma mhíshásta uirthi ó thosaigh Conchubhar ag obair san oifig.

- Tá an grá go mór chun tosaigh sa scéal seo freisin. Ó thús an scéil feicimid an grá mór idir Aindrias agus a bhean chéile Méabh. Ba bhreá le hAindrias gach **tréith**³³ a bhain le Méabh – a miongháire, na **bricíní gréine**³⁴ a thagadh uirthi sa samhradh agus a pearsantacht bhog chiúin. Bhí sé sásta an fód a sheasamh ar a son sa deireadh, ag léiriú dúinn arís an grá a bhí aige di.

- An grá a bhaineann leis an saol pósta atá i gceist ar ndóigh agus ba léir go raibh an grá céanna ag Méabh dá fear céile. Bhí sí buartha faoi nuair a d'éirigh sé tinn agus theastaigh uaithi aire mhaith a thabhairt dó agus é a leigheas.

³² a victim
³³ trait
³⁴ freckles

 Punann agus leabhar gníomhaíochta: Cleachtadh scríofa

Téigh chuig do phunann agus leabhar gníomhaíochta agus líon isteach téamaí an ghearrscéil mar a thuigeann tusa iad sna boscaí.

Na carachtair
Méabh

- Ba bhean chiúin shéimh í Méabh. Thaitin sí le daoine thart timpeall uirthi agus bhí siad buartha fúithi nuair a cheap siad nach raibh gach rud **ar fónamh**¹ ina saol.

- Bhí grá mór aici dá fear céile. Ba mhian léi aire a thabhairt dó nuair a bhí sé tinn. Chomh maith leis sin theastaigh uaithi leanúint ar aghaidh lena post buan toisc gur thuig sí nach raibh post seasmhach ag Aindrias.

- Ba dhuine neirbhíseach í. Bhí an méid sin le feiceáil ar a haghaidh agus í buartha an t-am ar fad faoina cuid oibre agus faoin íde béil a gheobhadh sí ó Chonchubhar.

- Bhí sí **an-fhoighneach**² le Conchubhar agus lig sí dó a bheith olc léi.

- B'ailtire iontach í. Bhí meas mór ag daoine ar an obair a rinne sí. Nár ghoid Conchubhar a cuid oibre uaithi toisc go raibh sí chomh maith sin?

- Bhí sí príobháideach mar dhuine. Níor luaigh sí a cuid fadhbanna le héinne, seachas lena fear céile.

- D'éirigh Méabh **misniúil**³ ag an deireadh, áfach, nuair a sheas sí an fód le Conchubhar. Dúirt sí leis nach mbeadh sí ar ais mar gheall ar an gcaoi ar chaith sé léi. Thaispeáin sí **neart**⁴ agus fuinneamh inti féin faoi dheireadh mar sin.

¹ well
² very patient
³ courageous
⁴ strength

- Cé go raibh eagla uirthi nuair a luaigh Aindrias léi go bhféadfadh sí a comhlacht féin a bhunú, chuaigh a cuid moltaí i gcionn ar Mhéabh. Mhothaigh sí neamhspleách go leor é sin a dhéanamh ar deireadh thiar.

  A Punann agus leabhar gníomhaíochta: Obair bheirte

Téigh chuig do phunann agus leabhar gníomhaíochta. Feicfidh tú pictiúr de Mhéabh ann. Le do chara, déan achoimre ar charachtar Mhéabh agus scríobh síos na heochairfhocail in aice leis an bpictiúr. An bhfuil sibh in ann cuimhneamh ar thréithe nach luaitear thuas?

Aindrias

- Ba dhuine grámhar é Aindrias. Bhí sé i ngrá go mór le Méabh agus le gach tréith a bhain léi.

- Bhí sé **cosantach**[5] ar Mhéabh. Bhí fearg air nuair a bhí Conchubhar olc léi ag an obair agus sa deireadh shocraigh sé an fód a sheasamh ar son a mhná.

- Bhí sé **mímhacánta**[6] uair amháin sa scéal ach bhí cúis aige leis. Cheap sé go raibh damáiste déanta aige do theirmiméadar an dochtúra agus mar sin níor inis sé an fhírinne iomlán dó.

- Bhí sé cliste agus glic. Chuala sé Méabh ag caint faoin gcód ar dhoras na hoifige. Cé nach raibh na huimhreacha ar eolas aige, bhí sé in ann an cód a dhéanamh amach.

- Rinne sé botún sa deireadh, áfach, nuair a bhris sé an cód agus nuair a thug sé cuairt ar Chonchubhar ina oifig. Tháinig críoch olc leis an gcuairt sin d'Aindrias agus do Chonchubhar ar ndóigh.

[5] defensive
[6] dishonest
[7] promotion

  B Punann agus leabhar gníomhaíochta: Obair bheirte

Téigh chuig do phunann agus leabhar gníomhaíochta. Feicfidh tú pictiúr d'Aindrias ann. Le do chara, déan achoimre ar charachtar Aindréis agus scríobh síos na heochairfhocail in aice leis an bpictiúr. An bhfuil sibh in ann cuimhneamh ar thréithe nach luaitear thuas?

Conchubhar

- An bulaí a thugtar ar Chonchubhar go minic sa scéal. Ní tús maith í sin ar ndóigh do charachtar ar bith!

- Is cinnte go raibh Conchubhar an-tugtha dá chuid oibre agus go raibh sé ag lorg **ardú céime**[7] sa chomhlacht. Mar sin féin, bhí sé sásta obair Mhéabh a ghoid chun an t-ardú céime sin a bhaint amach dó féin.

- Bhain gliceas leis freisin, sa chaoi a bhfuair sé gach eolas ó Mhéabh faoi na cliaint agus é ag obair ar a mhaitheas féin.

- Bhí drochghiúmar air san oifig an t-am ar fad. Bhí sé olc le Méabh. Chuir sé an-bhrú uirthi fanacht siar sa tráthnóna tar éis na hoibre agus thug sé íde béil di go minic.

C Punann agus leabhar gníomhaíochta: Obair bheirte

Téigh chuig do phunann agus leabhar gníomhaíochta. Feicfidh tú pictiúr de Chonchubhar ann. Le do chara, déan achoimre ar charachtar Chonchubhair agus scríobh síos na heochairfhocail in aice leis an bpictiúr. An bhfuil sibh in ann cuimhneamh ar thréithe nach luaitear thuas?

Na mioncharachtair

Bean na dticéad, an dochtúir agus an garda.

   D Punann agus leabhar gníomhaíochta: Obair ealaíne

Téigh chuig do phunann agus leabhar gníomhaíochta agus tarraing pictiúr de na mioncharachtair sa scéal. Scríobh síos na pointí eolais a thugtar dúinn sa scéal faoi gach duine acu.

Teicnící an údair

Tá go leor teicnící in úsáid ag an údar sa ghearrscéal 'Leigheas' a choinníonn aird an léitheora ar an scéal an t-am ar fad agus a fhágann go mbíonn an léitheoir ag tnúth leis an gcéad chuid eile den scéal.

● Cuirtear na príomhcharachtair in aithne dúinn gan mhoill agus úsáidtear go leor mionsonraí chun cur leis an aithne sin.

   A Punann agus leabhar gníomhaíochta: Obair bheirte

Téigh chuig do phunann agus leabhar gníomhaíochta anois agus feicfidh tú trí cholún. Luaigh na sonraí móra agus na mionsonraí a thugtar dúinn ar gach carachtar a chuidíonn linn aithne a chur orthu.

● Tá sraith comhtharlúintí sa scéal gan dabht a chuireann go mór leis an gcríoch dhrámatúil a thagann leis an scéal.

Sampla

Thit teirmiméadar an dochtúra isteach sa deoch the a d'ullmhaigh Méabh d'Aindrias. Dá bhrí sin cheap an dochtúir go raibh Aindrias i bhfad ní ba mheasa ná mar a bhí sé agus nach raibh sé ábalta éirí as a leaba.

    B Punann agus leabhar gníomhaíochta: Obair bheirte

Téigh chuig do phunann agus leabhar gníomhaíochta anois agus déan iarracht na comhtharlúintí eile sa scéal a mhíniú. Is féidir an obair seo a dhéanamh le do chara.

● Is minic i ngearrscéal a fheicimid an-chodarsnacht idir carachtair. Sa scéal seo léirítear an lánúin phósta dúinn mar dhaoine grámhara, cneasta, dílse. Ar an taobh eile de, ní thugtar dea-thréith ar bith dúinn i gcás charachtar Chonchubhair, seachas go bhfuil sé díograiseach faoina chuid oibre.

  C Punann agus leabhar gníomhaíochta: Cleachtadh scríofa

Téigh chuig do phunann agus leabhar gníomhaíochta. Abair ar thaitin nó nár thaitin carachtar Chonchubhair leat. Tabhair cúiseanna le do fhreagra.

Suíomh an scéil

Ní luaitear ainm na háite ina bhfuil an scéal seo suite ach tá a fhios againn go gcónaíonn na carachtair i mbruachbhaile cathrach in Éirinn agus go n-oibríonn siad sa cheantar céanna. Tarlaíonn an mhórchuid de na himeachtaí i ngairdín an pharóiste, i dteach na lánúine Méabh agus Aindrias agus in oifig an ailtire atá gar dá dteach.

Buaicphointe agus críoch an scéil

Tagann buaicphointe an ghearrscéil ag an deireadh nuair a thugann Aindrias cuairt ar Chonchubhar san oifig agus nuair a thagann an dochtúir agus an garda chuig teach Mhéabh agus Aindréis chun Méabh a ghabháil.

 Punann agus leabhar gníomhaíochta

Téigh chuig do phunann agus leabhar gníomhaíochta. Scríobh leathanach ar na fáthanna ar thaitin nó nár thaitin an gearrscéal 'Leigheas' leat.

Moladh: Smaoinigh ar na pointí seo a leanas:

1. Ar thaitin aon charachtar faoi leith sa scéal leat? Ar thuig tú a c(h)ás?
2. An raibh an scéal **corraitheach**[1]?
3. An raibh **teannas**[2] agus aicsean sa scéal?
4. An raibh ábhar an scéil suimiúil duit mar dhéagóir?
5. An raibh críoch shásúil leis an scéal, dar leat?
6. An raibh tú in ann **ionannú**[3] leis an scéal nó le duine de na carachtair?
7. An bhfuil ábhar an ghearrscéil **tráthúil**[4] i bhfianaise na bhfadhbanna atá inár sochaí sa lá atá inniu ann, dar leat?

Ansin, comhlánaigh an leathanach féinmheasúnaithe a ghabhann leis.

 Féinfheasacht an fhoghlaimeora: Féinmheasúnú

Cé chomh sásta is atá tú go bhfuil tú in ann caint agus scríobh faoin ngearrscéal 'Leigheas'? Cuir tic sa bhosca cuí.

Céim 2 Na Torthaí Foghlama
Cumas Cumarsáide: 1.6, 1.7, 1.8, 1.9, 1.10
Feasacht Teanga agus Chultúrtha: 2.6, 2.7
Féinfheasacht an Fhoghlaimeora: 3.7

CÉIM 2: AN GEARRSCÉAL 'KATFISH' LE hÓGIE Ó CÉILLEACHAIR

Baineann téama na teicneolaíochta sa ghearrscéal 'Katfish' le téama na teicneolaíochta in Aonad a 7.

'Katfish'

le hÓgie Ó Céilleachair

jongreen: hi

KitiKat: hi

jongreen: profile pic deas 😊

KitiKat: lol grma

jongreen: so like ... cad is ainm duit

KitiKat: Kat

jongreen: ok cool

KitiKat: agus d'ainm?

jongreen: oh yeah ha! James

KitiKat: right

jongreen: cén aois tú?

KitiKat: 14 agus tusa?

jongreen: 16 😊

KitiKat: 😊

jongreen: an raibh tú ag siúl amach le haon bhuachaill a bhí 16 riamh?

KitiKat: ní raibh mé really ag siúl amach le haon duine **riamh**[1].

jongreen: yeah right!

KitiKat: no really ní raibh mé

jongreen: ag magadh fúm atá tú! 😛

KitiKat: táim ag insint na fírinne. cén fáth nach g**creideann**[2] tú mé?

jongreen: tá sé deacair a chreidiúint nach raibh cailín álainn cosúil leat féin riamh ag siúl amach le duine éigin! sin an fáth 😊

KitiKat: lol táim imithe dearg san aghaidh anois

jongreen: lol

KitiKat: grma

jongreen: so cén fáth nach raibh tú riamh ag siúl amach le buachaill?

[1] ever
[2] believe

KitiKat: lol well tá mo thuismitheoirí thar a bheith **dian**[3] agus ní fhaighim mórán seans bualadh le daoine …

jongreen: wil fhios acu go bhfuil tú ag caint liomsa air seo?

KitiKat: no way!

jongreen: cad faoin scoil?

KitiKat: scoil chailíní atá ann

jongreen: tar éis scoile?

KitiKat: staidéar luan, céadaoin, aoine. haca máirt & déardaoin

jongreen: san oíche?

KitiKat: ceachtanna pianó

jongreen: deireadh seachtaine?

KitiKat: cluichí haca, traenáil, staidéar, cleachtadh pianó, ceachtanna veidhlín, cleachtadh veidhlín etc …

jongreen: wow tá tú **ildánach**[4]!

KitiKat: lol tá mo **leicne**[5] dearg arís!

jongreen: so cén fhad atá tú air seo?

KitiKat: díreach inné a bhain mé triail as. níl mórán cur amach agam ar rudaí mar seo ach chuala mé faoi ar scoil

jongreen: ná bí buartha. taispeánfaidh mise gach rud duit

KitiKat: ha! lol hé caithfidh mé imeacht anois mar cloisim mo dhaid ag teacht. feicfidh mé tú air seo arís?

jongreen: deffo

KitiKat: k slán go fóill

***

jongreen: hé

KitiKat: hé

jongreen: conas atá tú ó shin?

KitiKat: ok

jongreen: so cén scoil ina wil tú?

KitiKat: Coláiste na Trócaire. cén scoil ina wil tusa?

jongreen: Bráithre Críostaí

KitiKat: ok cool

jongreen: conas atá sí?

KitiKat: mo scoil?

jongreen: yeah

KitiKat: ah tá sí ok. **tá's agat féin**[6]. cad faoi do scoilse?

jongreen: wil mórán cailíní ann?

KitiKat: yeah timpeall 500. cad faoi do scoilse?

jongreen: agus will mórán cailíní i do rang?

KitiKat: 30 is dóigh liom. lol wil tú chun insint dom faoi do scoil in aon chor?

jongreen: agus cad faoi a mbíonn sibh ag caint i measc a chéile?

KitiKat: cad é?

jongreen: like nuair a bhíonn tusa agus do chailíní le chéile cad faoi a mbíonn sibh ag caint?

KitiKat: cén fáth na ceisteanna ar fad? cén fáth nach wil tú ag caint faoi do scoil?

jongreen: brónzies. just ag iarraidh pictiúr níos fearr a fháil **díot**[7]. á tá mo scoil leadránach go leor

KitiKat: really? cén fáth?

jongreen: á ní bhíonn mórán le déanamh againn seachas ag traenáil agus ag dul go dtí an gym ag obair ar na **meáchain**[8]

KitiKat: oh right an imríonn tú spórt yeah?

jongreen: yeah imrím leis an bhfoireann **sinsir**[9]

KitiKat: rugbaí?

jongreen: yeah

KitiKat: wow níl tú ach 16 agus tá tú ar an bhfoireann sinsir? anois cé atá ildánach! 😛

jongreen: lol tá m'aghaidh dearg anois 😎

KitiKat: hé caithfidh mé imeacht anois sula bhfaigheann mo mham agus daid amach go wilim air seo! níos déanaí k?

jongreen: k 🙂

*****

jongreen: hé Kat!

KitiKat: hé

jongreen: so cén áit ina wil tú i do chónaí?

KitiKat: díreach taobh amuigh den bhaile mór

jongreen: cén áit taobh amuigh den bhaile mór?

KitiKat: in aice leis an mbóthar mór. cá wil tusa i do chónaí?

jongreen: cén áit go díreach?

KitiKat: cad é? díreach in aice leis. cad fútsa?

jongreen: cad é do **sheoladh**[10]?

KitiKat: ???

jongreen: cad é do sheoladh? ar léigh tú an chéad uair é?

KitiKat: ok tá sé seo beagáinín **aisteach**[11]. níl aithne agam ort agus tá tú ag iarraidh mo sheoladh a fháil amach? níor fhreagair tú mo cheist **ach oiread**[12] 😬

jongreen: brónzies. ní raibh mé ag iarraidh fearg a chur ort

[7] of you
[8] weights
[9] senior
[10] address
[11] strange
[12] either

367

KitiKat: tá sé ceart go leor. táimse ag imeacht anois slán

jongreen: tá brón orm ná himigh fós …

jongreen: ?

jongreen: ?

jongreen: ??????

***

jongreen: hé 🙂 look tá brón orm faoin eachtra a tharla coicís ó shin. Tá a fhios agam go wil fearg ort ach ní raibh mé ag iarraidh a bheith **gránna**[13]. **Mura dteastaíonn uait**[14] fanacht **i dteagmháil liom**[15] tuigim …

KitiKat: ok just **caithfidh tú**[16] a thuiscint nach wil mórán **taithí**[17] agam ar an saghas seo ruda. ní raibh mé ag siúl amach le haon bhuachaill riamh fiú!

jongreen: tosóimid **as an nua**[18] k?

KitiKat: k

jongreen: chun do cheist a fhreagairt táim i mo chónaí uair an chloig síos an bóthar sa sráidbhaile

KitiKat: Oh right **tá aithne agam ar**[19] roinnt daoine thíos ansin a thagann go dtí na ranganna veidhlín. is dócha go wil aithne acu ort?

jongreen: á **ní dócha é**[20]. bím chomh gnóthach le gach rud nach bhfaighim seans a bheith ag bualadh le gach duine. chomh maith leis sin na daoine go bhfuil aithne agatsa orthu tá siad cúpla bliain níos óige ná mé!

KitiKat: á b'fhéidir go mbeadh aithne acu ort fós!

jongreen: ní dóigh liom go mbeadh. táim i mo chónaí taobh amuigh den sráidbhaile … amuigh faoin tuath …

KitiKat: lol ní bheadh fhios agat …

jongreen: seo chugat roinnt pictiúir díom

KitiKat: k féachfaidh mé orthu anois

KitiKat: wow! cén trá í sin?

jongreen: sin ar laethanta saoire an samhradh seo caite. an maith leat an 6-pack? 😝

KitiKat: lol tá tú ag iarraidh náire a chur orm anois! 🤓

jongreen: mise? no! ní dhéanfainn é sin go deo!

KitiKat: ha ha! **pleidhce**[21]!

jongreen: 🙂

KitiKat: féachann an aimsir san áit sin go hálainn …

jongreen: lol hé ní chuirfidh mé aon bhrú ort pic a sheoladh chugam. tuigim nach bhfuil mórán taithí agat leis an saghas seo ruda …

[13] horrible
[14] if you don't want
[15] in contact with me
[16] you must
[17] experience
[18] anew
[19] I know
[20] I don't think so
[21] messer

KitiKat: well seans go wil pic nó dhó agam … ach níl siad rómhaith …

jongreen: **cuirfidh mé geall leat**[22] go wil! 😊 ach níl aon bhrú k?

KitiKat: seo chugat iad …

jongreen: a thiarna dia! tá na pictiúir sin **thar barr**[23]!

KitiKat: lol

jongreen: **i ndáiríre**[24] tá siad

KitiKat: ha ha! tá tú ag iarraidh náire a chur orm arís!

jongreen: nílim! nuair a bheidh tú níos sine is cinnte go mbeidh **deis**[25] agat a bheith i do mhainicín más mian leat!

KitiKat: ha ha! an stopfaidh tú!

jongreen: sin mura oibríonn an ghairm haca nó pianó nó veidhlín amach 😆

KitiKat: aww **is cuimhin leat**[26] na rudaí beaga fúm 😊

jongreen: is cuimhin liom gach rud fút 😊

KitiKat: lol hé caithfidh mé imeacht anois. mam ag glaoch orm don dinnéar. slán go fóill 😆

jongreen: slán a chailín álainn 😗 x

KitiKat: lol slán 😗 x

***

KitiKat: hé!

jongreen: hé! conas atá tú anois?

KitiKat: go maith anois go wilim ag caint leat 😗 x

jongreen: lol 😗 x

KitiKat: conas a v an traenáil rugbaí?

jongreen: deacair! an-deacair ar fad! Conas a v an ceacht pianó?

KitiKat: leadránach!!!

jongreen: so wil tú chun d'uimhir fóin a thabhairt dom?

KitiKat: cén fáth?

jongreen: chun gur féidir liom glaoch a chur ort! 😍 x

KitiKat: feicfidh mé

jongreen: ok ní chuirfidh mé brú ort

KitiKat: beidh orm bualadh leat ar dtús agus ansin feicfidh mé faoin uimhir fóin! 😗 x

jongreen: i ndáiríre?

KitiKat: i ndáiríre yip 😆 x

jongreen: cathain?

KitiKat: oops tá daid ag glaoch orm. beimid ag caint níos déanaí k?

jongreen: k 😊 x

***

[22] I promise you
[23] excellent
[24] really
[25] opportunity
[26] you remember

jongreen: hé!

KitiKat: hé!

jongreen: aon scéal?

KitiKat: nope! agatsa?

jongreen: nope! díreach go wilim ar bís mar go mbeidh mé ag bualadh leat go luath! (tá súil agam!!!)

KitiKat: ha ha! 😜 x well má tá gach rud ceart go leor is féidir liom bualadh leat ar an satharn. as in amárach!!! déarfaidh mé le mo thuismitheoirí go wilim ag dul chuig "ranganna veidhlín" ha!

jongreen: wow! níor cheap mé go mbeadh sé chomh luath sin! **tá sceitimíní orm**[27] anois!! 😆 x

KitiKat: má théann gach rud leis an bplean buailfimid le chéile. munar féidir liom é a choimeád **faoi rún**[28] cuirfidh mé scéal chugat air seo agus buailfimid ag am eile ok?

jongreen: ok

KitiKat: btw ní raibh aithne ag aon duine sa rang veidhlín ort!

jongreen: dúirt mé leat nach mbeadh!

KitiKat: á well iad féin atá siar leis!

jongreen: lol so cén áit? cén t-am?

KitiKat: ok so buailfimid le chéile i lár an bhaile sa pháirc phoiblí. an binse atá díreach trasna ón mbanc. wil eolas agat ar an mbinse sin?

jongreen: tá **go deimhin**[29]. tá stad an bhus díreach roimh an mbanc nach bhfuil? agus bosca bruscair mór dubh?

KitiKat: sin é go díreach! feicfidh mé ann tú k? 😜 x

jongreen: k 😜 x

[27] I am excited

[28] a secret

[29] certainly

[30] that would impress

[31] tan

[32] high heels

[33] make-up

[34] chain

[35] *cumhráin* = perfume

[36] *meánaosta* = middle-aged

***

D'oscail sí doirse an vardrúis. Cad a chaithfeadh sí **a rachadh i bhfeidhm ar**[30] James? Bhí an **dath bréige**[31] curtha aici ar na cosa aréir. *Hotpants* bánghorm. Barr beag bán. Bróga **sála arda**[32]. Go leor **smididh**[33]. Smideadh gorm éadrom timpeall ar na súile. Mála bánghorm. **Slabhra**[34] beag bánghorm agus fáinní cluasa beaga bánghorma. GHD thar an ngruaig. Leathbhuidéal **cumhráin**[35]. Fón sa mhála. Bhí sí réidh le himeacht.

Isteach léi ar an mbus. Amach léi ag stad an bhus. Suas go dtí an banc. D'fhéach sí trasna ar an mbinse. Fear **meánaosta**[36] ina shuí ar an mbinse. Léine bhán le línte gorma tríd. Bríste dúghorm. Cuaráin á gcaitheamh aige le stocaí dubha. Spéaclaí gréine. Shuigh sí ar an mbinse. Ciúnas.

"Á … á … á … Kitikat?"

"Yup, sin mise. Jongreen? nó James?"

"Sin mise … *look* caithfidh mé mo leithscéal a ghabháil leat. Ní buachaill sé bliana déag mé **mar is eol duit**[37]. Is fear mé. Daichead is a sé, ach tá go leor airgid agam. Mura dteastaíonn uait teacht liom anois tá sé sin ceart go leor. Má thagann tú liom, áfach, tá teach deas agam. Gheobhaimid ag dul ag ól. Beidh aon saghas deoch gur mian leat ann. Is féidir liom síob abhaile a thabhairt duit."

"Tá a fhios agat go bhfuil sé seo **go hiomlán**[38] **i gcoinne an dlí**[39] nach bhfuil? Agus más rud é go mbéarfaí ort bheifeá sa phríosún ar feadh tamall an-fhada?"

"Tá."

"Agus tá a fhios agat nach bhfuil mise ach ceithre bliana déag?"

"Tá … ach **is cuma liom**[40] faoin aois."

Isteach le lámh an déagóra ina mála agus mhúch sí an micreafón ar an bhfón.

"Tabhair d'fhón dom," ar sí leis.

Bhain sé a spéaclaí gréine de.

"Cad é? Cén fáth?"

"Tabhair d'fhón dom anois agus ná bíodh orm é a rá leat an dara huair. Tá **taifead**[41] déanta agam den chomhrá ar fad a bhí againn ar an bhfón agus tá taifead agam de na **comhráití**[42] a bhí againn ar an idirlíon."

Go tobann rinne sé iarracht **preabadh**[43] ina treo.

"Ná téir **orlach**[44] amháin eile níos gaire dom nó tosóidh mé ag béicíl agus ag screadaíl. Féach timpeall ort féin. Táimid i lár an bhaile. Cé a chreidfidh an pobal? Fear meánaosta nó cailín beag óg **soineanta**[45] cosúil liomsa? Anois, tabhair an fón dom!"

Shuigh sé siar ar ais sa suíochán agus thóg sé amach an fón.

"Maith an buachaill. Anois **múch**[46] an pasfhocal ar an bhfón. Nuair atá sé sin déanta agat tóg amach do *wallet*, bain amach do chuid airgid, do chárta bainc agus do **chárta creidmheasa**[47]. Cuir uimhir *pin* an dá chárta isteach sa bhfón agus sábháil iad istigh ann. Fág iad sin go léir síos agus bog síos go dtí taobh eile an bhinse nuair atá tú réidh."

Fón, airgead, cártaí, sciobtha agus isteach sa mhála.

"Anois, tá tusa chun fanacht ansin agus ní bhogfaidh tú, an dtuigeann tú? Táimse chun dul trasna anseo go dtí an ATM agus tá mé chun gach pingin atá istigh sna cártaí a bhaint amach. Má fheicim **fiú**[48] do **mhéar**[49] **ag bogadh**[50] táim chun glaoch a chur ar na gardaí **láithreach**[51]. Ansin táim chun dul trí d'fhón agus má tá bean agus páistí agat inseoidh mé gach rud dóibh. Ina dhiaidh sin fanfaidh tusa i do shuí agus fanfaidh mise leis an gcéad bhus eile. Cuirfidh mé an fón in airde ar an mbosca bruscair sin agus nuair a bheidh an bus imithe timpeall an chúinne beidh tú in ann é a fháil. Beidh mé **ag faire ort**[52] tríd an bhfuinneog agus má fheicim tú ag bogadh … **is duitse is measa é**[53]."

[37] as you know
[38] totally
[39] against the law
[40] I don't care
[41] record
[42] conversations
[43] jump
[44] inch
[45] innocent
[46] turn off
[47] credit card
[48] even
[49] finger
[50] moving
[51] immediately
[52] watching you
[53] it will be worse for you

"Ceart go leor."

"Smaoinigh ar gach rud a chaillfidh tú má bhriseann tú aon cheann de na **coinníollacha**[54] sin. Ní thógfaidh sé seo i bhfad. Má fhanann tú socair agus mura ndéanann tú aon rud **amaideach**[55], déanfaimid dearmad gur tharla an eachtra seo in aon chor. Ní fheicfidh tú mé **choíche**[56] ansin ... k?"

Anall léi go dtí an ATM. Isteach leis na cártaí. Cad é mar **ghabháil airgid**[57] a tháinig amach. D'fhan sí cúpla nóiméad leis an mbus. D'fhéach sí trasna air. An bus tagtha. Chaith sí an fón ar an talamh chomh láidir is go bhfaigheadh sí agus bhris sé ina smidiríní. D'imigh an bus.

[54] conditions
[55] foolish
[56] ever
[57] big wad of cash

Achoimre ar an ngearrscéal

[1] She calls herself
[2] ever
[3] It appears
[4] innocent
[5] Jon Green asks her
[6] a multitude
[7] events
[8] etc.
[9] accomplished
[10] embarrassed

Buaileann cailín óg atá ceithre bliana déag d'aois le buachaill ar líne i seomra cainte. **Tugann sí 'KitiKat' uirthi féin**[1] ar líne agus tugann sé Jon Green air féin. Deir sé go bhfuil sé sé bliana déag d'aois. Deir KitiKat le Jon nach raibh sí ag dul amach le héinne **riamh**[2]. Tugann Jon Green 'cailín álainn' uirthi agus deir KitiKat go bhfuil sí dearg san aghaidh nuair a mholann sé í. **Dealraíonn sé**[3] ón gcomhrá go bhfuil KitiKat óg agus **soineanta**[4]. Deir sí le Jon Green go bhfuil a tuismitheoirí an-dian agus nach mbíonn an seans aici bualadh le buachaillí riamh. **Fiafraíonn Jon Green di**[5] an bhfuil a fhios ag a tuismitheoirí go bhfuil sí ag caint leis ar líne agus deir sí nach bhfuil. Deir KitiKat go bhfuil sí ag freastal ar scoil do chailíní agus go mbíonn **iliomad**[6] **imeachtaí**[7] ar siúl aici tar éis na scoile cosúil le staidéar, ceachtanna veidhlín, ceachtanna pianó, cluichí haca **agus araile**[8]. Molann Jon Green cé chomh h**ildánach**[9] is atá sí agus deir sí go bhfuil sí **náirithe**[10] arís.

 Cleachtadh scríofa

Féach ar na habairtí thíos. Cuir tic sa bhosca cuí.

1. (a) Deir KitiKat go bhfuil sí dhá bhliain déag d'aois.
   (b) Deir KitiKat go bhfuil sí ceithre bliana déag d'aois. ✓
   (c) Deir KitiKat go bhfuil sí ocht mbliana déag d'aois.

2. (a) Buaileann KitiKat le Jon Green sa teach tábhairne.
   (b) Buaileann KitiKat le Jon Green ag cluiche rugbaí.
   (c) Buaileann KitiKat le Jon Green ar líne. ✓

3. (a) Freastalaíonn KitiKat ar scoil mheasctha.

   (b) Freastalaíonn KitiKat ar scoil do chailíní. ✓

   (c) Freastalaíonn KitiKat ar scoil chónaithe.

4. (a) Tá go leor taithí ag KitiKat ar chúrsaí rómánsúla.

   (b) Níl mórán taithí ag KitiKat ar chúrsaí rómánsúla
       mar nach raibh ach buachaill amháin aici riamh.

   (c) Níl aon taithí ag KitiKat ar chúrsaí rómánsúla dar léi mar
       go bhfuil a tuismitheoirí an-dian. ✓

5. (a) Tar éis na scoile, bíonn cluichí haca, staidéar agus ranganna
       pianó agus veidhlín ag KitiKat de ghnáth. ✓

   (b) Tar éis na scoile, téann KitiKat go dtí an phictiúrlann
       agus go dtí an dioscó de ghnáth.

   (c) Tar éis na scoile, buaileann KitiKat lena cairde agus bíonn siad
       ag crochadh timpeall sa bhaile mór de ghnáth.

Achoimre ar lean

Cuireann Jon Green a lán ceisteanna ar KitiKat mar gheall ar a scoil. Bíonn sé ag iarraidh ainm na scoile a fháil amach, an **líon**[11] daltaí atá ina rang agus cad faoi a mbíonn KitiKat agus a cairde ag caint. **Bíonn leisce air**[12] caint faoina scoil féin. Tagann frustrachas ar KitiKat nuair a leanann sé air ag cur mórán ceisteanna uirthi agus gan aon eolas a thabhairt di faoina scoil fein. **Ar deireadh**[13] deir sé go bhfuil sé ag freastal ar Scoil na mBráithre Críostaí é féin.

Tar éis do KitiKat éirí crosta leis, deir sé go bhfuil a scoil leadránach go leor agus go bhfuil sé ar an bhfoireann **shinsearach**[14] rugbaí. Sa chéad chomhrá eile **eatarthu**[15], cuireann Jon Green brú ar KitiKat a **seoladh baile**[16] a insint dó. Ní insíonn sí an seoladh bhaile dó, **áfach**[17]. Deir sí go bhfuil sí ina cónaí in aice le bóthar mór ar imeall an bhaile mhóir. Éiríonn sí **míshuaimhneach**[18] lena chuid ceisteanna. Deir sí go bhfuil sé beagáinín '**aisteach**[19]' go bhfuil sé ag cur an méid sin **brú**[20] uirthi an seoladh bhaile a thabhairt dó.

[11] amount
[12] He is reluctant
[13] Finally
[14] senior
[15] between them
[16] home address
[17] however
[18] uncomfortable
[19] strange
[20] pressure

Cleachtadh scríofa

Líon na bearnaí leis an bhfocal cuí sna habairtí thíos.

Ar deireadh	aisteach strange	shinsearach senior	eatarthú eatarthúr	frustrachas frustrating
leisce excuse	fáil amach find out	ar	brú pressure	

1. Cuireann Jon Green a lán ceisteanna ar KitiKat mar gheall ar a scoil.

2. Bíonn sé ag iarraidh fáil amach faoina mbíonn í féin agus a cairde ag caint.

3. Tagann frustrachas ar KitiKat nuair a bhíonn leisce air aon rud a insint di faoina scoil féin.

4. ar deireadh , deir sé go bhfuil sé ag freastal ar Scoil na mBráithre Críostaí. ✓

5. Dar le Jon Green, tá sé ar an bhfoireann shinsearach rugbaí. ✓

6. Sa chéad chomhrá eile ar rhá, cuireann Jon Green brú ar KitiKat a seoladh bhaile a insint dó.

7. Tá sé sin beagáinín aisteach dar léi. ✓

8. Éiríonn KitiKat feargach leis mar go bhfuil sé ag cur an iomarca brú uirthi. ✓

Achoimre ar lean

Sa chéad chomhrá eile, gabhann Jon Green a leithscéal léi agus deir sé nach raibh sé ag iarraidh fearg a chur uirthi nuair a bhí sé ag cur brú uirthi a seoladh baile a insint dó. Deir sé go bhfuil sé ina chónaí i sráidbhaile uair an chloig síos an bóthar. Deir KitiKat **go bhfuil aithne aici ar**[21] chúpla daoine óg sa sráidbhaile sin a sheinneann an veidhlín. Deir Jon Green nach bhfuil aithne aige orthu. Seolann sé grianghraf de féin ar thrá éigin **thar lear**[22]. Leanann sé ar aghaidh **ag cliúsaíocht le**[23] KitiKat agus fiafraíonn sé di ar thaitin a *'six pack'* léi sa phictiúr. Ansin seolann KitiKat pictiúr di féin chuige. Sa chéad chomhrá eile, iarrann sé uirthi a huimhir theileafóin a sheoladh chuige sa tslí gur féidir leis glaoch a chur uirthi. Deir KitiKat gur mhaith léi bualadh leis ar dtús sula dtugann sí a huimhir theileafóin dó.

Socraíonn KitiKat go mbuailfidh sí le Jon Green ar **bhinse**[24] sa pháirc phoiblí díreach os comhair an bhainc sa bhaile mór. Cuireann KitiKat **donnú bréige**[25] uirthi féin. Caitheann sí *hotpants* bánghorm, **barr**[26] beag bán agus bróga **sála arda**[27]. Cuireann sí *GHD* thar a cuid gruaige. Cuireann sí go leor **smididh**[28] uirthi féin freisin chun **dul i bhfeidm ar**[29] Jon Green. Téann sí go lár an bhaile mhóir ar an mbus.

 ## Cleachtadh scríofa

Freagair na ceisteanna gearra seo a leanas.

1. Cén fáth a ngabhann Jon Green a leithscéal le KitiKat?

2. Cá bhfuil Jon Green ina chónaí, dar leis?

3. Cé na daoine a bhfuil aithne ag KitiKat orthu sa sráidbhaile sin?

4. An bhfuil aithne ag Jon ar na daoine sin?

5. Cá bhfuil Jon Green sa ghrianghraf a sheolann sé chuig KitiKat?

6. Cén cheist a chuireann sé uirthi mar gheall ar an bpictiúr sin?

7. Cad é an chéad rud eile a bhíonn á lorg ag Jon Green ó KitiKat?

8. Conas a fhreagraíonn KitiKat an **achainí**[30] sin?

9. Cén socrú a dhéanann KitiKat le Jon Green?

10. Conas a ullmhaíonn KitiKat í féin chun bualadh le Jon Green?

Margin glossary:

[21] that she knows
[22] abroad
[23] flirting with
[24] bench
[25] false tan
[26] a top
[27] high heels
[28] make-up
[29] to impress
[30] request

Achoimre ar lean

Nuair a shroicheann KitiKat an binse sa pháirc phoiblí, tá fear **meánaosta**[31] ina shuí ann. Caitheann sé léine bhán le línte gorma tríthi, bríste dúghorm, cuaráin le stocaí dubha agus spéaclaí gréine. **Cuireann sé é féin in aithne di**[32] mar Jon Green. Gabhann sé a leithscéal léi mar gheall ar an bh**fíric**[33] nach buachaill óg é. Tá sé sé bliana is daichead d'aois. Deir sé go bhfuil teach deas agus go leor airgid aige agus go bhfuil aon deoch is mian léi ann agus go dtabharfaidh sé **síob**[34] abhaile di.

Cuireann KitiKat cúpla ceist ar Jon Green agus déanann sí **taifeadadh**[35] orthu ar a fón póca ina mála láimhe. **Admhaíonn sé**[36] go bhfuil sé sé bliana is daichead d'aois agus go bhfuil a fhios aige nach bhfuil sí ach ceithre bliana déag d'aois. Admhaíonn sé go bhfuil sé ag iarraidh siúl amach léi. **Míníonn sí dó**[37] go bhfuil taifead aici ar a gcomhrá ar a fón póca agus go bhfuil taifeadadh aici ar a gcomhráite go léir ar líne. **Ordaíonn sí dó**[38] a fhón póca a thabhairt di. Déanann sé iarracht **preabadh**[39] ina treo ach **bagraíonn sí air**[40] go screadfaidh sí. Bagraíonn sí air go n-inseoidh sí do gach duine timpeall orthu go bhfuil sé ag iarraidh **ionsaí a dhéanamh ar**[41] chailín óg **soineanta**[42].

[31] middle-aged
[32] He introduces himself to her
[33] fact
[34] lift
[35] recording
[36] He admits
[37] She explains to him
[38] She orders him
[39] to jump
[40] she threatens him
[41] to attack
[42] innocent

Fíor nó bréagach?

Féach ar na habairtí thíos agus abair an bhfuil siad fíor nó bréagach.
Cuir tic sa bhosca ceart.

	Fíor	Bréagach
1. Is buachaill óg sé bliana déag é Jon Green.		✓
2. Deir Jon Green go bhfuil teach deas agus go leor airgid aige.	✓	
3. Déanann KitiKat taifeadadh de Jon Green agus é ag admháil go bhfuil sé meánaosta agus go bhfuil suim rómánsúil aige i gcailín óg atá ceithre bliana déag d'aois.	✓ ✓	
4. Glaonn KitiKat ar na gardaí.		✓
5. Screadann KitiKat le haghaidh cabhrach.		✓
6. Tógann KitiKat fón póca Jon Green uaidh.	✓	
7. Nuair a dhéanann Jon Green iarracht preabadh i dtreo KitiKat, bagraíonn sí air go screadfaidh sí.	✓	
8. Tá cuma shoineanta ar KitiKat.	✓	

Achoimre ar lean

Ordaíonn KitiKat do Jon Green a chuid airgid, a chárta bainc agus a **chárta creidmheasa**[43] a thabhairt di agus na huimhreacha *pin* **a bhrú**[44] isteach ar a fón póca. Tógann sí a fhón, a chuid airgid agus na cártaí agus chuaigh sí chuig an mbanc trasna an bhóthair. Tugann sí **rabhadh**[45] dó nach mór dó fanacht ar an mbinse agus gan bogadh nó glaofaidh sí ar na gardaí. Bagraíonn sí air go gcuirfidh sí glaoch ar aon bhean nó páistí atá aige ar a fhón póca má bhogann sé ón mbinse. Míníonn sí dó go bhfuil sí chun aon airgead atá ar na cártaí a thógáil agus go bhfuil sí chun an

[43] credit card
[44] to press
[45] warning

chéad bhus eile a fháil ag stad an bhus trasna an bhóthair. Deir sí go bhfágfaidh sí a fhón póca ar bharr an bhosca bruscair dó sula n-imíonn sí ar an mbus. Tógann sí **gabháil mór airgid**[46] as an mbanc.

Fanann sí leis an mbus. Nuair a thagann an bus, caitheann sí fón Jon Green ar an talamh agus briseann sé ina **smidiríní**[47]. Imíonn sí abhaile ar an mbus.

[46] a big sum of money
[47] small pieces

 A **Cleachtadh scríofa**

Freagair na ceisteanna gearra seo a leanas.

1. Cad a bhíonn ar Jon Green a bhrú isteach ina fhón póca do KitiKat?
2. Cad a dhéanfaidh KitiKat, dar léi, má bhogann Jon Green ón mbinse?
3. Cá dtéann KitiKat?
4. Cad a dhéanann sí ag an mbanc?
5. Cad a dhéanann sí le fón Jon Green sula n-imíonn sí ar an mbus?

   B Punann agus leabhar gníomhaíochta: Obair ealaíne

Téigh chuig do phunann agus leabhar gníomhaíochta. Tarraing íomhá den suíomh a bhí le feiceáil nuair a bhuail KitiKat le Jon Green sa pháirc phoiblí i lár an bhaile mhóir.

C Obair bhaile/Obair aonair

Scríobh an cuntas dialainne a cheapann tú a scríobhfadh KitiKat tar éis di teacht abhaile tar éis bualadh le Jon Green sa bhaile mór.

D Obair bheirte

Ag obair le do chara, scríobhaigí síos an comhrá a bheadh ann idir KitiKat agus a Mam dá bhfaigheadh a Mam amach gur bhuail KitiKat le Jon Green sa bhaile mór.

Príomhthéamaí an ghearrscéil

[48] relationships
[49] predators
[50] disadvantages
[51] pretending
[52] to exploit

Is gearrscéal faoin dainséar a bhaineann le **caidrimh**[48] ar líne é seo. Léiríonn an scéal go bhfuil a lán **creachadóirí**[49] ar líne agus go bhfuil roinnt **míbhuntáistí**[50] ag baint leis an teicneolaíocht.

- Tá an bheirt phríomhcharachtar **ag ligint orthu**[51] gur daoine difriúla iad sa scéal seo chun **dúshaothrú a dhéanamh ar**[52] an duine eile.

- Nuair a bhíonn KitiKat ag caint ar líne le Jon Green, ligeann sí uirthi gur cailín óg **soineanta**[53] í nach bhfuil aon taithí aici ar an saol ná ar chaidrimh le buachaillí. Deir sí nach ndeachaigh sí amach le buachaill riamh. Deir sí go bhfuil a tuismitheoirí an-**dian**[54] agus **cosantach**[55] uirthi agus go bhfreastalaíonn sí ar scoil do chailíní. Ligeann sí uirthi go bhfuil sí **náirithe**[56] nuair a deir Jon Green gur cailín álainn í agus go bhfuil sí **ildánach**[57].

- Nuair a bhuaileann KitiKat le Jon Green sa pháirc phoiblí i lár an bhaile mhóir, **tagann sé chun solais**[58] go raibh plean aici **roimh ré**[59] airgead a ghoid ó Jon Green. Nuair a thógann sí a chártaí bainc uaidh, bíonn a fhios aici nach féidir leis **ionsaí a dhéanamh**[60] uirthi mar **shocraigh**[61] sí ar bhualadh leis in áit phoiblí **d'aon ghnó**[62]. Déanann sí taifeadadh de Jon Green **ag admháil**[63] go bhfuil sé ag lorg caidrimh le duine faoin aois **dhleathach**[64] ar a fón póca agus **déanann sí dúmhál ar**[65] Jon Green leis.

- Is léir gur **creachadóir**[66] agus **péidifileach**[67] é Jon Green sa ghearrscéal seo. Ligeann sé air gur buachaill óg sé bliana déag d'aois é. Déanann sé iarracht cailín óg faoin aois dhleathach a **mhealladh**[68] cé gur fear meánaosta é. Insíonn sé **bréag**[69] **neamhbhalbh**[70]. Déanann sé iarracht a seoladh bhaile agus a huimhir theileafóin a fháil amach **ar mhaithe leis féin**[71].

- Seolann sé grianghraf de bhuachaill le '*six pack*' ar thrá thar lear chuig KitiKat fiú agus é ag iarraidh KitiKat a mhealladh. Bíonn sé ag cliúsaíocht léi an t-am ar fad – rud nach bhfuil **cuí**[72] d'fhear meánaosta.

- Buaileann sé le cailín óg sa bhaile mór agus déanann sé iarracht í a mhealladh chuig a theach. Is duine gránna, dainséarach é Jon Green a bhíonn ag iarraidh dúshaothrú a dhéanamh ar chailín óg.

- Cé go bhfuil **casadh**[73] i bplota an scéil ag an deireadh, taispeánann an gearrscéal seo an dainséar a bhaineann le seomraí cainte agus leis an teicneolaíocht uaireanta do dhaoine óga.

[53] innocent
[54] strict
[55] protective
[56] embarrassed
[57] accomplished
[58] it comes to light
[59] in advance
[60] to attack
[61] decided
[62] on purpose
[63] admitting
[64] legal
[65] she blackmails
[66] predator
[67] paedophile
[68] entice
[69] a lie
[70] blunt
[71] for his own benefit
[72] appropriate
[73] a twist

  Punann agus leabhar gníomhaíochta: Cleachtadh scríofa

9.2b

Téigh chuig do phunann agus leabhar gníomhaíochta agus déan achoimre ar phríomhthéamaí an ghearrscéil 'Katfish' mar a fheiceann tú féin iad.

Na carachtair

Beirt phríomhcharachtar atá sa ghearrscéal seo – daoine a thugann KitiKat agus Jon Green orthu féin agus iad ag caint le chéile ar líne. Tá sé soiléir gur bréagadóirí agus creachadóirí iad an bheirt acu ag deireadh an scéil.

KitiKat

74 dishonest
75 protective
76 sly
77 clues
78 to impress him
79 qualms of conscience
80 in advance
81 on purpose
82 admitting
83 she blackmails Jon Green with it
84 foolish
85 would kidnap

- Is duine **mímhacánta**[74] í KitiKat. Nuair a bhíonn KitiKat ag caint ar líne le Jon Green, ligeann sí uirthi gur cailín óg, soineanta í. Dar léi, níl sí ach ceithre bliana déag d'aois agus níl aon taithí aici ar an saol ná ar chaidrimh le buachaillí. Deir sí nach ndeachaigh sí amach le buachaill riamh. Deir sí go bhfuil a tuismitheoirí an-dian agus **cosantach**[75] uirthi agus go bhfreastalaíonn sí ar scoil do chailíní. Deir sí go mbíonn sí gnóthach tar éis na scoile i gcónaí agus nach mbíonn an seans aici bualadh le buachaillí ansin ach an oiread. Ligeann sí uirthi go bhfuil sí náirithe nuair a deir Jon Green gur cailín álainn í agus go bhfuil sí ildánach.

- Is cailín cliste, **glic**[76] í. Ag deireadh an scéil, tuigimid na **leideanna**[77] beaga a thugann an t-údar dúinn nach bhfuil sí chomh soineanta sin. Éiríonn sí feargach le Jon Green nuair a chuireann sé brú uirthi a seoladh baile a thabhairt di. Ní thugann sí a seoladh baile dó. Ní thugann sí a huimhir theileafóin dó nuair a iarrann sé uirthi í. Cuireann sí cuma álainn uirthi féin sula mbuaileann sí le Jon Green chun **dul i bhfeidhm air**[78].

- Is cailín gan **scrupaill choinsiasa**[79] í. Nuair a bhuaileann KitiKat le Jon Green sa pháirc phoiblí i lár an bhaile mhóir, tagann sé chun solais go raibh plean aici **roimh ré**[80] airgead a ghoid ó Jon Green. Nuair a thógann sí a fhón póca agus a chártaí bainc uaidh, bíonn a fhios aici nach féidir leis ionsaí a dhéanamh uirthi mar shocraigh sí ar bhualadh leis in áit phoiblí **d'aon ghnó**[81]. Déanann sí taifeadadh de Jon Green **ag admháil**[82] go bhfuil sé ag lorg caidrimh le duine faoin aois dhleathach ar a fón póca agus **déanann sí dúmhál ar Jon Green**[83] leis. Tógann sí gabháil mhór airgid amach as an mbanc lena chártaí bainc. Goideann sí a chuid airgid, briseann sí a fhón póca i smidiríní ar an talamh agus imíonn sí ar an mbus.

- B'fhéidir go raibh KitiKat beagáinín **amaideach**[84] freisin, dar liom. Bhí Jon Green ní ba shine agus ní ba láidre ná í. Bhí seans ann nach n-oibreodh a plean agus go bh**fuadódh**[85] sé í. Bhí sé an-dainséarach ar fad bualadh le creachadóir cosúil le Jon Green.

Jon Green

86 predator
87 paedophile
88 to seduce
89 flirting
90 evil
91 to exploit

- Is **creachadóir**[86] agus **péidifileach**[87] é Jon Green sa ghearrscéal seo. Is duine an-dainséarach é. Is fear meánaosta é agus ligeann sé air gur buachaill óg sé bliana déag d'aois é chun cailín óg faoin aois dhleathach **a mhealladh**[88]. Bíonn sé **ag cliúsaíocht**[89] léi ar líne agus ag iarraidh pictiúir di féin uaithi. Cuireann sé brú millteanach ar an gcailín óg a seoladh baile agus a huimhir theileafóin a insint dó ar mhaithe leis féin. Buaileann sé léi sa bhaile mór agus déanann sí iarracht í a mhealladh chuig a theach. Deir sé go bhfuil teach deas aige agus go leor airgid. Tá sé sásta aon deoch is mian léi a thabhairt di. Alcól is dócha atá i gceist anseo. Is duine **olc**[90] é a bhíonn ag iarraidh **dúshaothrú a dhéanamh ar**[91] chailín óg.

- Is **bréagadóir**[92] é Jon Green. Insíonn sé mórán bréag do KitiKat. Deir sé go bhfuil sé sé bliana déag d'aois agus go bhfuil sé ag freastal ar Scoil na mBráithre. Deir sé go n-imríonn sé rugbaí ar scoil. Seolann sé grianghraf de bhuachaill le *'six pack'* ar thrá thar lear chuig KitiKat **fiú**[93] agus é ag iarraidh KitiKat a mhealladh. Bíonn sé ag cliúsaíocht léi an t-am ar fad – rud nach bhfuil **cuí**[94] d'fhear meánaosta.

- Cé go bhfuil casadh i bplota an scéil ag an deireadh, taispeánann an gearrscéal seo an dainséar a bhaineann leis an teicneolaíocht uaireanta do dhaoine óga.

  A Punann agus leabhar gníomhaíochta: Cleachtadh scríofa

> Déan achoimre ar an mbeirt phríomhcharachtar i do phunann agus leabhar gníomhaíochta.

92 a liar
93 even
94 appropriate

B Obair bhaile

> Tá neart samplaí eile de bhréaga sa ghearrscéal 'Katfish'. Tabhair sampla de na bréaga a d'inis an bheirt charachtar dá chéile.

C Obair bheirte

> Ag obair le do chara sa rang, pléigh conas a bhraith tú i dtaobh na gcarachtar Jon Green agus KitiKat. Ansin scríobh amach do fhreagra.
>
> *(Smaoinigh ar na pointí seo a leanas.)*
>
> 1. Ar thaitin nó nár thaitin na carachtair leat? Cén fáth?
> 2. An raibh **meas**[95] agat ar aon duine de na carachtair?
> 3. Cé na mothúcháin a **spreag**[96] siad ionat?
> 4. An raibh tú in ann **ionannú le**[97] duine de na carachtair?
> 5. Cad a cheap tú faoin tslí ar **chaith** KitiKat **le**[98] Jon Green?
> 6. An raibh KitiKat cliste nó **amaideach**[99], dar leat?

95 respect
96 inspired
97 identify with
98 treated
99 foolish

Suíomh an scéil

Is ar líne a tharlaíonn an chuid is mó den aicsean sa ghearrscéal seo nuair a bhíonn Jon Green agus KitiKat ag caint agus ag cliúsaíocht lena chéile ar líne. Buaileann siad le chéile ar bhinse i bpáirc phoiblí i lár an bhaile mhóir ag deireadh an scéil. Tá an pháirc suite os comhair bainc agus stad an bhus – áit a ngoideann KitiKat airgead Jon Green ón mbanc lena chártaí bainc.

Buaicphointe agus críoch an scéil

Is é buaicphointe an scéil, dar liom, ná nuair a fhógraíonn KitiKat do Jon Green nach mór dó a chártaí bainc agus a fhón póca a thabhairt di sa chaoi ar féidir léi airgead a thógáil uaidh. Cheap sé gur chailín óg soineanta í ach **bhí dul amú air**[100]. Tagann an casadh sa scéal nuair a fhaigheann sé amach go bhfuil KitiKat an-ghlic. **Shocraigh sí ar**[101] bhualadh leis in áit phoiblí i lár an bhaile **d'aon ghnó**[102] sa chaoi go mbeadh sí in ann airgead a ghoid uaidh. Ní raibh sé in ann aon rud a dhéanamh faoi mar bhí daoine mórthimpeall orthu agus rinne KitiKat taifeadadh de Jon Green ag admháil go raibh sé ag iarraidh dul amach le cailín ceithre bliana déag d'aois. Ní raibh Jon Green ná muidne, na léitheoirí, ag tnúth leis an gcasadh sin sa scéal.

100 he was mistaken
101 She arranged
102 on purpose

 Punann agus leabhar gníomhaíochta

Téigh chuig do phunann agus leabhar gníomhaíochta. Scríobh leathanach ar na fáthanna ar thaitin nó nár thaitin an gearrscéal 'Katfish' leat.

Moladh: Smaoinigh ar na pointí seo a leanas:

1. Ar thaitin aon charachtar **faoi leith**[103] sa scéal leat? Ar thuig tú a chás/cás?
2. An raibh an scéal **corraitheach**[104]?
3. An raibh **teannas**[105] agus **aicsean**[106] sa scéal?
4. An raibh ábhar an scéil suimiúil duit mar dhéagóir?
5. An raibh críoch shásúil leis an scéal, dar leat?
6. An raibh tú in ann **ionannú leis**[107] an scéal nó le duine de na carachtair?
7. An bhfuil ábhar an scéil **tráthúil**[108] maidir le fadhbanna an lae inniu inár **sochaí**[109], dar leat?

Ansin, comhlánaigh an leathanach féinmheasúnaithe a ghabhann leis i do phunann agus leabhar gníomhaíochta.

103 in particular
104 exciting
105 tension
106 action
107 identify with
108 topical
109 society

Féinfheasacht an fhoghlaimeora: Féinmheasúnú

Cé chomh sásta is atá tú go bhfuil tú in ann caint agus scríobh faoin ngearrscéal 'Katfish'? Cuir tic sa bhosca cuí.

CÉIM 3: DRÁMA GLEANN ÁLAINN LE BRIAN Ó BAOILL

Baineann téama na timpeallachta sa dráma *Gleann Álainn* le téama na timpeallachta in Aonad a 2.

Céim 3 Na Torthaí Foghlama
Cumas Cumarsáide: 1.6, 1.7, 1.8, 1.9, 1.10
Feasacht Teanga agus Chultúrtha: 2.6, 2.7
Féinfheasacht an Fhoghlaimeora: 3.7

Gleann Álainn

le Brian Ó Baoill

Foireann

Déagóirí óga:	Daoine fásta:
PÁDRAIG	SÉAMUS DUBH
EILÍS	PEADAIRÍN THÓIN AN BHAILE
ÉAMONN BEAG	BREITHEAMH
PÁDRAIGÍN	TADHG Ó CUILL *oifigeach sa Chomhairle Chontae*
SEOSAMH	SEÁN MAC AN MHÁISTIR *polaiteoir*
SINÉAD	CLÉIREACH NA CÚIRTE
SLUA AR PHICÉAD	MAC UÍ DHROMA
	MAC UÍ GHRÍOFA
	DOIRSEOIR
	Fógraí agus bratacha faoi thruailliú.

Radharc 1

Suíomh: Ar cúl ar clé, radharc tíre, **portach**[1], sliabh, coill, nó trá. **Sceacha**[2], crainn, **dumhcha**[3] nó carraigeacha, de réir **mar a fheileann**[4]. Ar deis, **chun tosaigh**[5], seomra le bord agus le dhá chathaoir. **Bainfear feidhm as**[6] an seomra seo mar aonaid éagsúla, seomra i dteach, oifig, cúirt. Dhá **radharc**[7] éagsúla iad seo agus **lonróidh**[8] an solas ar an gceann a bhíonn in úsáid ag an am. Ar cúl ar clé, rud éigin ar féidir le daoine seasamh air, ba leor bosca nó dhó.

Tagann seisear daoine óga ar an stáitse ón taobh clé, iad **ag iompar**[9] málaí agus ábhar péinteála, go dtí an radharc tíre álainn, loch agus sléibhte. **Sceach**[10] **aitinn**[11] agus carraig nó dhó ar an ardán, **más féidir**[12].

EILÍS (*ag díriú méire ar an radharc*):

[1] bog
[2] bushes
[3] sand dunes
[4] as suits
[5] to the fore
[6] Use will be made of
[7] scene
[8] will shine
[9] carrying
[10] bush
[11] gorse
[12] if possible

Céard faoin áit seo?

PÁDRAIG: Tá sé go hálainn. Céard a dúirt an múinteoir linn? Áit a thaitníonn linn **a roghnú**[13]. An dtaitníonn an áit seo le gach uile dhuine?

GACH DUINE: Taitníonn!

PÁDRAIG: Go hiontach!

*(Osclaíonn daoine a **leabhair sceitseála**[14], duine nó beirt ag cur suas **tacas**[15] agus bord bán. **Socraíonn** ceathrar acu **síos**[16].)*

SEOSAMH: Sílim go rachaidh mise suas ar an ard, beidh radharc níos fearr ar na sléibhte ón áit sin. Céard fútsa, a Shinéad?

*(Breathnaíonn an chuid eile ar Shinéad, iad fiosrach. Tá SINÉAD beagán **trína chéile**[17].)*

PÁDRAIG *(ag magadh):* Bhuel, a Shinéad?

SINÉAD: Ó! *(Éiríonn sí, tógann léi a cuid stuif agus leanann Seosamh.)*

PÁDRAIG: Ahá! Grá don ealaín nó, b'fhéidir, grá don **ealaíontóir**[18]!

(Gáire ón chuid eile. Feictear Seosamh agus Sinéad ag dul as radharc.)

EILÍS: **Ní cóir**[19] bheith ag magadh fúthu.

PÁDRAIG *(le gáire beag):* Ó! Nach cuma. Bheadh siad féin sásta bheith ag magadh fúinne, dá mbeadh an seans acu.

(Socraíonn siad síos arís agus bíonn siad ag péinteáil agus ag sceitseáil. Feictear SINÉAD ag teacht ar ais go sciobtha. Breathnaíonn an chuid eile suas agus iontas orthu.)

PÁDRAIG: Ní raibh muid ag súil libhse go fóill. Titim amach idir ealaíontóirí nó ... céard é seo ... ar chaill tú Seosamh?

(Briseann SINÉAD isteach ar a chuid cainte.)

SINÉAD: **Éirigh as**[20] **an tseafóid**[21], a Phádraig, tá rud **gránna**[22] éigin thuas ansin.

PÁDRAIG: Ó, céard é féin? Seosamh?

(Gáire ón chuid eile)

SINÉAD *(go feargach):* Éirigh as, a dúirt mé! Tá Seosamh thuas ann go fóill. Tá **bruscar**[23] caite ag **amadán**[24] éigin thuas ansin!

EILÍS: Bruscar. Cén sórt bruscair?

SINÉAD: **Gabhaigí i leith**[25] go bhfeicfidh sibh féin.

*(Bailíonn siad go léir ar an taobh clé ar cúl agus breathnaíonn siad uathu. **Casann** SEOSAMH **leo**[26].)*

SEOSAMH: Ansin, in aice an locha. An bhfeiceann sibh?

SINÉAD: Go hálainn, nach bhfuil? Málaí móra plaisteacha, **cannaí stáin**[27], buidéil, seanleapacha.

[13] to choose
[14] sketching books
[15] easel
[16] settle ... down
[17] confused
[18] artist
[19] it is not right
[20] Give up
[21] the nonsense
[22] ugly
[23] rubbish
[24] fool
[25] go up there
[26] meets them
[27] tin cans

PÁDRAIGÍN (*ag bogadh go dtí áit eile*)**:** Féach, tá **tuilleadh**[28] anseo, sna sceacha. Málaí plaisteacha **stróicthe**[29]. An bruscar **lofa**[30] seo ar fad ar fud na háite! Tá sé gránna! **Milleann**[31] sé áilleacht na háite.

(*Filleann siad ar na **tacais**[32].*)

PÁDRAIG: Tá sé uafásach, ach céard is féidir linne a dhéanamh faoi?

SINÉAD: Caithfimid rud éigin a dhéanamh!

SEOSAMH (***ag machnamh**[33]*)**:** Bhuel, má tá daoine ag cur **stuif**[34] amach anseo, bíonn orthu teacht anseo leis.

SINÉAD: Sin é! (*Go ciúin*) Is féidir linn súil a choinneáil ar an áit.

(*Breathnaíonn siad ar a chéile.*)

EILÍS: Ach ... an mbeadh sé sin dainséarach?

SINÉAD: Cén chaoi, dainséarach?

EILÍS: Dá bhfeicfidís muid?

(*Sos nóiméid*)

SINÉAD: Caithfimid dul sa seans.

SEOSAMH: An bhfuil gach duine sásta fanacht?

GACH DUINE: Tá.

(*Téann siad i bhfolach taobh thiar de na sceacha in áiteanna éagsúla ón lár go dtí an taobh deas den stáitse. Seosamh agus Sinéad le chéile.*)

SINÉAD (***de chogar**[35]*, ach ***an-díograiseach**[36]*)**:** A Sheosaimh, an mbeifeá sásta bheith páirteach in agóid i gcoinne na dumpála seo?

SEOSAMH (***ag breathnú uirthi**[37]*, ***miongháire**[38]* ar a bhéal*):* An bhfuil tú ag iarraidh an domhan a athrú arís? Ní féidir é a dhéanamh, tá a fhios agat.

SINÉAD: Is féidir iarracht a dhéanamh **feabhas**[39] éigin a chur ar an domhan.

SEOSAMH: Tá an ceart agat. Beidh mé leat.

(*Beireann SEOSAMH greim láimhe ar Shinéad agus suíonn siad síos taobh thiar de sceach. Cloistear **fuaim**[40] **ghluaisteáin**[41] ag teacht agus ag stopadh. Fanann na gasúir uile taobh thiar de na sceacha, ach iad **ag faire**[42] go cúramach. Feictear beirt fhear, ar clé, ag iompar stuif ón veain, nach bhfuil le feiceáil, go dtí áit ar clé agus carn de mhálaí plaisteacha, d'adhmad, srl, á dhéanamh acu. Glacann SEOSAMH grianghraf **faoi rún**[43], feiceann SINÉAD é á dhéanamh seo. Cuireann SEOSAMH an ceamara síos ar an talamh taobh thiar den sceach. Feiceann SINÉAD na fir agus cuireann sí lámh lena béal.*)

SEOSAMH (*de chogar*)**:** Céard tá **cearr**[44]?

SINÉAD: **Aithním**[45] na fir sin.

SEOSAMH: Aithním féin iad, Séamus Dubh agus Peadairín ó Thóin an Bhaile, céard fúthu?

[28] more
[29] torn
[30] rotten
[31] destroys
[32] easels
[33] thinking
[34] stuff
[35] in a whisper
[36] earnest
[37] looking at her
[38] a smile
[39] improvement
[40] sound
[41] of a car
[42] looking
[43] in secret
[44] wrong
[45] I recognise

[46] nothing
[47] supporting
[48] sympathetically
[49] give up
[50] campaign
[51] furious
[52] we must go ahead
[53] we will be caught
[54] to pay
[55] whichever
[56] fool
[57] T.D.
[58] Don't mind them
[59] nonsense
[60] Why
[61] We must

SINÉAD: Dada[46], ach go mbíonn siad **ag tacú le**[47] m'athair, is baill den chumann áitiúil iad.

SEOSAMH (*go báúil*[48]): An bhfuil tú ag iarraidh **éirí as**[49] an bh**feachtas**[50], mar sin? Bheadh sé an-deacair ort, nach mbeadh?

SINÉAD: Beidh m'athair **ar buile**[51], níl a fhios agam céard a dhéanfaidh sé … ach **caithfimid dul ar aghaidh**[52].

(*Críochnaíonn SÉAMUS DUBH agus PEADAIRÍN a gcuid oibre agus seasann siad, ag breathnú thart.*)

PEADAIRÍN: Meas tú, a Shéamaisín, an bhfuil aon seans go m**béarfar orainn**[53]?

SÉAMUS: Go mbéarfear orainn! Céard sa diabhal atá i gceist agat, a mhac?

PEADAIRÍN: Muise, an fógra sin thoir go gcaithfidh tú €800 **a íoc**[54] má bheirtear ort ag dumpáil.

SÉAMUS: €800, mo thóin. Nach raibh muide ag dumpáil anseo sular rugadh **cibé**[55] **clabhta**[56] a chuir an fógra sin in airde?

PEADAIRÍN: Bhí muid, ó bhí, tá an ceart agat. Ach tá fógra ann anois agus …

SÉAMUS (*ag briseadh isteach air*): Dhera, éirigh as mar scéal, cén chaoi a mbeadh a fhios acu gur muide a rinne é?

PEADAIRÍN (*ag casadh chun imeachta*): Tá an ceart agat, tá an ceart agat.

SÉAMUS: Agus fiú dá mbeadh a fhios acu, nach bhfuil na cairde cearta againne?

PEADAIRÍN: Ar ndóigh, tá, Mac an Mháistir, nach **Teachta Dála**[57] é? Ní féidir dul thairis sin.

SÉAMUS: Sin é an buachaill a choinneoidh smacht ar na hoifigigh sin!

(*Imíonn an bheirt acu.*
Breathnaíonn SINÉAD ar Sheosamh, uafás ina súile.)

SINÉAD (*de chogar*): Mo Dhaide!

(*Cuireann SEOSAMH a lámh timpeall ar ghualainn Shinéad.*)

SEOSAMH: Níl tada mícheart déanta ag do Dhaide. Ná bí buartha.

SINÉAD: Ach ceapann siad sin …

SEOSAMH: **Ná bac leo**[58], seans nach bhfuil ann ach **bladar**[59], tá a fhios agat an bheirt sin.

SINÉAD: Ach tá imní orm.

SEOSAMH: Céard faoi?

SINÉAD (*de chogar buartha*): Céard a dhéanfas muid mura seasann an chuid eile linn?

SEOSAMH (*de chogar*): **Tuige**[60] nach seasfadh?

SINÉAD (*de chogar*): Uncail le hÉamonn Beag is ea Séamus Dubh.

SEOSAMH (*de chogar*): Tuigim. **Ní mór dúinn**[61] bheith an-chúramach.

(*Tagann an chuid eile as na háiteanna ina raibh siad i bhfolach.*)

PÁDRAIG: An bhfuil an bheirt agaibhse ag teacht nó an bhfuil sé i gceist agaibh an oíche a chaitheamh anseo?

PÁDRAIGÍN: Bhuel, tá a fhios againn cé a rinne é. Céard é an chéad **chéim**[62] eile?

EILÍS (*go gliondrach*[63]): Séamus Dubh agus Peadairín Thóin an Bhaile.

SINÉAD: Agóid! Agus **an dlí a chur orthu**[64]!

ÉAMONN BEAG (*cuma bhuartha air*)**:** Ní bhíonn sé ciallmhar … **sceitheadh ar**[65] chomharsana.

(Caitheann sé cúpla nóiméad ag fústráil anseo agus ansiúd, an chuid eile ag breathnú air. Ansin déanann sé **cinneadh**[66]*.)*

Feicfidh mé **ar ball**[67] sibh.

(Imíonn ÉAMONN BEAG ina aonar. Breathnaíonn an chuid eile ina dhiaidh.
Breathnaíonn SINÉAD agus SEOSAMH ar a chéile.
Imíonn siad uile amach go ciúin, ar clé)

(Soilse múchta)

62 step
63 joyfully
64 to bring them to justice
65 to tell on
66 decision
67 soon

Radharc 2

Soilse ag lasadh thaobh na láimhe deise den stáitse.
Suíomh: *Oifig sa Chomhairle Chontae. Fuinneog ar an mballa ar cúl. Oifigeach na Comhairle,* TADHG Ó CUILL, *ina shuí ag an mbord.*
Cloistear **béicíl**[68] *taobh amuigh.*

GUTHANNA: Deireadh le dumpáil! An dlí ar **lucht na dumpála**[69].

A LÁN GUTHANNA LE CHÉILE:

Hurú! Hurú! Hurú!
Deireadh le **truailliú**[70]!
Deireadh le dumpáil,
Deireadh le dumpáil,
Fíneáil[71] mhór inniu!

(Éiríonn TADHG agus breathnaíonn sé an fhuinneog amach.
Feiceann sé rud éigin a bhaineann geit as agus léiríonn sé é seo
trí **chnead**[72] *beag a ligean agus lámh a chur lena* **smig**[73].
Tagann DOIRSEOIR agus fógraíonn go bhfuil cuairteoir aige.)

DOIRSEOIR: An tUasal Seán Mac an Mháistir.

(Tagann SEÁN MAC AN MHÁISTIR isteach ag baint stuif buí dá aghaidh, é trí chéile agus ar buile.)

68 shouting
69 the people who dump rubbish
70 pollution
71 fine
72 sighs
73 chin
74 A rabble
75 under attack
76 A lack of
77 control

SEÁN (*fós á ghlanadh féin*)**:** An bhfaca tú é sin? Na dailtíní sráide sin? **Daoscarshlua**[74]! Ní féidir le comhairleoir siúl isteach ina oifig féin gan bheith **faoi ionsaí**[75]! Céard tá á dhéanamh ag na tuismitheoirí? **Easpa**[76] **smachta**[77]! Céard tá ar siúl?

385

TADHG (*duine tirim oifigiúil*): De réir mar a thuigim, a Sheáin, tá siad **ag éileamh**[78] go gcuirfí an dlí ar an **dream**[79] a bhíonn ag dumpáil **go mídhleathach**[80]. Ní ormsa an **locht**[81] faoi sin.

SEÁN: An dlí? Cén meas atá acu siúd ar an dlí? Nach féidir leat fáil réidh leo?

TADHG: Tá na Gardaí ag teacht le súil a choinneáil orthu.

SEÁN (*le drochmheas*[82]): Le súil a choinneáil orthu. Dhéanfadh trí mhí i bpríosún maitheas don daoscarshlua sin.

TADHG (*le miongháire*[83] *rúnda*[84]): Tá mé ag ceapadh go bhfaca mé d'iníon ina measc.

SEÁN (*preab bainte as*): M'iníonsa! Ní féidir. **Ag dul thar bráid**[85] a bhí sí, tá mé cinnte.

(*Déanann TADHG miongháire ach ní deir sé dada*[86].)

SEÁN: Ach ní faoi sin a tháinig mé isteach. De réir mar a thuigim, tá seanchairde liom, Séamus Dubh agus Peardairín Thóin an Bhaile, le bheith os comhair na cúirte **gan mhoill**[87]. Daoine an-mhaithe iad agus … bheinn **an-bhuíoch**[88] … um … á … dá bhféadfadh an Chomhairle an cás a tharraingt siar … um … **fianaise bhréige**[89] atá á cur **ina gcoinne**[90], tá mé cinnte. Tuigim, **dár ndóigh**[91], go mbíonn costas ag baint le cás mar seo, obair **bhreise**[92], agus mar sin de.

(*Tógann sé* **clúdach**[93] *beag donn as a phóca agus cuireann sé síos ar an mbord os comhair Thaidhg é.*)

TADHG (*ag déanamh neamhshuime den*[94] *chlúdach agus ag caint go* **tomhaiste**[95]): Bhuel, a Sheáin, caithfidh an cás dul ar aghaidh … ach … b'fhéidir go bhféadfaí pointí **ina bhfabhar**[96] a lua, nó **finné**[97] ina bhfabhar **a aimsiú**[98]. Labhróidh mé lenár ndlíodóir. Ach tá mé cinnte go dtuigeann tú nach í an **Chomhairle**[99], ach na daoine óga seo, atá ag cur an dlí orthu. Beidh sé deacair.

SEÁN: Fágfaidh mé fút féin é. Tá mé cinnte go ndéanfaidh tú an rud ceart, mar a rinne tú **riamh**[100], a Thaidhg.

(*Déanann TADHG miongháire.*)

(*Íslítear na soilse*)

Radharc 3

An chúirt. Bord **bogtha**[101] isteach sa lár. **Spotsolas**[102] ar an gcúirt.

Séamus Dubh, Peadairín agus Mac Uí Dhroma, a ndlíodóir, ar clé. Mac Uí Ghríofa, dlíodóir na ndaoine óga, ar clé. Níl Seosamh ann. Tá Pádraig, Eilís, agus Pádraigín níos faide ar clé. Níl Éamonn Beag ann. Tá Cléireach na Cúirte ina shuí.

Glosaire ar chlé:
- [78] demanding
- [79] gang
- [80] illegally
- [81] blame
- [82] disdain
- [83] smile
- [84] secret
- [85] going by
- [86] anything
- [87] without delay
- [88] very grateful
- [89] false evidence
- [90] against them
- [91] of course
- [92] extra
- [93] envelope
- [94] disregarding
- [95] measured
- [96] in their favour
- [97] witness
- [98] to find
- [99] council
- [100] always
- [101] moved
- [102] Spot-light

SINÉAD (*ag breathnú thart, agus ag caint lena dlíodóir*): Níl Seosamh tagtha fós.

(*Siúlann sí sall le labhairt leis na h**ógánaigh**[103] eile.*)

SINÉAD:	Cá bhfuil Seosamh?
PÁDRAIG:	Bhí mé ag caint leis ar maidin agus dúirt sé rud éigin faoina cheamara agus rith sé leis.
SINÉAD (*imní uirthi*):	An ceamara! **Bhí dearmad déanta agam**[104] de sin! Tá mé cinnte gur fhág sé ar an b**portach**[105] é!

(*Ní thuigeann Pádraig an chaint seo faoi cheamara agus casann sé ar ais chuig na hógánaigh eile le **searradh dá ghuaillí**[106]. Téann SINÉAD ar ais go dtí a dlíodóir agus cuma bhuartha uirthi. Éiríonn CLÉIREACH NA CÚIRTE.*)

CLÉIREACH:	Seasaigí don **Bhreitheamh**[107]!

(*Tagann an BREITHEAMH isteach. Seasann sé taobh thiar den bhord ar feadh nóiméid. Suíonn sé. Suíonn na daoine eile a bhfuil suíocháin ann dóibh.*)

BREITHEAMH:	Móra dhaoibh! Cad é an chéad chás ar maidin?
CLÉIREACH:	Cás dumpála. Is iad Séamus Dubh agus Peadairín Thóin an Bhaile na cosantóirí, a Dhuine Uasail.
BREITHEAMH:	Céard é an cás in aghaidh na ndaoine ainmnithe?
MAC UÍ GHRÍOFA:	Is é an cás, a Dhuine Uasail, gur chaith na daoine ainmnithe bruscar ar an bportach go **mídhleathach**[108], agus go bhfaca **scata**[109] daoine óga iad á dhéanamh.
BREITHEAMH:	An bhfuil na daoine óga sin **i láthair**[110]?

(*Breathnaíonn MAC UÍ GHRÍOFA ar Shinéad agus cuireann ceist uirthi **os íseal**[111]. Freagraíonn sí é os íseal.*)

MAC UÍ GHRÍOFA:	Tá ceathrar den seisear a chonaic iad anseo, a Dhuine Uasail.
BREITHEAMH:	Ceathrar den seisear. Tuigim. **Lean ort**[112].
MAC UÍ GHRÍOFA:	Bhí an seisear ag péintéireacht ar an bportach ar an 20ú lá den mhí agus chonaic siad an bheirt chosantóirí seo ag dumpáil go mídhleathach.
BREITHEAMH:	Agus aontaíonn an seisear go bhfaca siad an bheirt ainmnithe ag dumpáil?
MAC UÍ GHRÍOFA:	Aontaíonn an ceathrar atá anseo.
BREITHEAMH:	Tuigim. Ceathrar. Go raibh maith agat. Anois, an bhfuil aon rud le rá ag an dream atá **cúisithe**[113]?
MAC UÍ DHROMA:	Ba mhaith liom ceist a chur ar Shinéad Nic an Mháistir. Tuige nach bhfuil an seisear a chonaic na daoine ainmnithe ag dumpáil, **mar dhea**[114], anseo?
MAC UÍ GHRÍOFA:	Tá duine amháin acu, Seosamh Ó Fatharta, **ag cuardach**[115] **fianaise**[116] atá **fíorthábhachtach**[117].
MAC UÍ DHROMA:	Sin cúigear. Céard faoin séú duine?
MAC UÍ GHRÍOFA:	Tá muid ag súil leis aon nóiméad **feasta**[118].

[103] young people
[104] I had forgotten
[105] bog
[106] shrug of his shoulders
[107] judge
[108] illegally
[109] group
[110] present
[111] quietly
[112] Continue
[113] accused
[114] supposedly
[115] looking for
[116] evidence
[117] really important
[118] from now on

MAC UÍ DHROMA: Bhuel, b'fhéidir gur féidir liom **lámh chúnta**[119] a thabhairt daoibh. Glaoim ar Éamonn Beag Ó Murchú.

DOIRSEOIR: Éamonn Beag Ó Murchú.

(*Tagann* ÉAMONN BEAG *isteach agus seasann taobh le Mac Uí Dhroma.*
Breathnaíonn NA HÓGÁNAIGH *ar a chéile agus uafás orthu.*)

MAC UÍ GHRÍOFA (*de chogar*[120] *le Sinéad*)**:** Ní maith liom é seo. Níl ag éirí go rómhaith le cúrsaí, tá faitíos orm.

MAC UÍ DHROMA: Is tusa Éamonn Beag Ó Murchú.

ÉAMONN BEAG (*ag caint ós íseal*)**:** Is mé.

MAC UÍ DHROMA: An raibh tú ar an turas péintéireachta seo leis an gcúigear eile?

ÉAMONN BEAG (*os íseal*)**:** Bhí.

MAC UÍ DHROMA: An bhfaca tú daoine agus iad ag dumpáil bruscair?

ÉAMONN BEAG (*os íseal*)**:** Chonaic.

MAC UÍ DHROMA: Agus arbh iad seo, na daoine ainmnithe, na daoine a rinne an dumpáil?

ÉAMONN BEAG (*go neirbhíseach agus* **go héiginnte**[121])**:** Ní … ní féidir liom a bheith cinnte.

MAC UÍ DHROMA: Agus **tuige**[122] nach féidir leat a bheith cinnte?

ÉAMONN BEAG (*trí chéile*[123])**:** E … bhí **sceach**[124] ann … **ní cuimhin**[125] … ní raibh mé ábalta iad a fheiceáil i gceart.

MAC UÍ DHROMA: Mar sin, ní féidir leat a rá gurbh iad seo na daoine a rinne an dumpáil?

ÉAMONN BEAG: Ní féidir.

MAC UÍ DHROMA: Is dóigh liomsa, a Dhuine Uasail, nach féidir na daoine seo a chúiseamh gan fianaise níos cinnte.

SINÉAD (*de chogar lena dlíodóir*)**:** Iarr sos cúig nóiméad.

MAC UÍ GHRÍOFA: A Dhuine Uasail, **iarraim ort**[126] sos cúig nóiméad a cheadú dom le **dul i gcomhairle le**[127] mo chuid **cliant**[128].

BREATHEAMH: Tá go maith. Cúig nóiméad.

CLÉIREACH NA CÚIRTE: Seasaigí don Bhreitheamh!

(*Seasann gach duine.*
Imíonn an BREITHEAMH.
Labhraíonn MAC UÍ DHROMA *le Séamus Dubh agus le Peadairín Thóin an Bhaile agus tagann cuma an-***ríméadach**[129] *orthu, iad ag caint agus ag gáire.* **Is léir** *nach bhfuil* ÉAMONN BEAG *sona,* **áfach**[130]*, agus seasann sé ar leataobh uathu.*
Bailíonn NA HÓGÁNAIGH *le chéile lena ndlíodóir siúd, iad an-chiúin.*)

MAC UÍ GHRÍOFA: Tá ár gcosa nite murar féidir linn teacht ar fhianaise chinnte.

PÁDRAIG: An **cladhaire**[131] sin Éamonn Beag, **ag cliseadh orainn**[132] mar sin!

EILÍS: Ach cén **rogha**[133] a bhí aige, is é Séamus Dubh a uncail.

PÁDRAIG (*feargach*): Tá a fhios aige chomh maith is atá a fhios againne gurbh iad a bhí ann!

MAC UÍ GHRÍOFA: Is cuma faoi sin anois, mar níl sé sásta é a rá.

PÁDRAIGÍN: Ach cá bhfuil Seosamh?

SINÉAD: Nuair a bhí muid ar an bportach, ghlac Seosamh cúpla grianghraf de na daoine a bhí ag dumpáil. Ach tá mé ag ceapadh gur fhág sé an ceamara san áit ina raibh muid. Chuir sé síos é, ach ní fhaca mé é á thógáil leis. Rinne muid dearmad.

(*Cuireann* SINÉAD *a lámha lena cloigeann* **go héadóchasach**[134])

PÁDRAIGÍN: Caithfidh sé go ndeachaigh sé suas ansin ar maidin á lorg.

EILÍS: Má éiríonn leis ...

MAC UÍ GHRÍOFA: Beidh linn.

EILÍS (*go mall*): Ach ... mura n-éiríonn ...

(*Breathnaíonn siad ar a chéile gan focal a rá ach iad ag breathnú sall ar an ngrúpa eile.*)

CLÉIREACH NA CÚIRTE: Seasaigí don Bhreitheamh!

(*Éiríonn gach duine.*
Tagann an BREITHEAMH *isteach agus suíonn sé síos.*)

BREITHEAMH: An bhfuil aon rud breise le rá ag taobh ar bith sa chás seo?

(*Breathnaíonn an* BREITHEAMH *ó ghrúpa go grúpa.*)

BREITHEAMH: Níl? Bhuel, sa chás ...

(*Go tobann, cloistear* **coiscéimeanna**[135] *agus briseann* SEOSAMH *isteach ar an gcúirt, cuma* **fhiáin**[136] *air, é* **stróicthe**[137] *ag* **driseacha**[138], *a chuid gruaige* **in aimhréidh**[139], *a léine stróicthe agus salach, saothar air.*)

BREITHEAMH (*ag glaoch amach*): Stop an duine sin!

(*Léimeann an* DOIRSEOIR *agus beireann greim ar Sheosamh.*)

MAC UÍ GHRÍOFA: A Dhuine Uasail, creidim go bhfuil fianaise atá fíorthábhachtach ag an duine sin, Seosamh Mac Domhnaill. Iarraim cead í a ghlacadh uaidh.

(*Tá na* PÁISTÍ *go léir ar bís. Tá Séamus Dubh agus a bhuíon ag breathnú ar Sheosamh agus iontas orthu. Níl a fhios acu céard tá ag tarlú.*)

BREITHEAMH: Tá go maith. Tá súil agam gur fiú é.

(*Faoin am seo tá* SEOSAMH **ar tí**[140] *titim ach síneann sé cúpla grianghraf chuig dlíodóir na n-óganach. Breathnaíonn an* DLÍODÓIR *orthu, déanann* **miongháire**[141] *agus síneann chuig an* mBreitheamh iad. *Breathnaíonn an* BREITHEAMH *orthu agus déanann* **comhartha**[142] *do Mhac Uí Dhroma teacht chuige. Tagann* MAC UÍ DHROMA. *Taispeánann an* BREITHEAMH *na grianghraif dó. Baintear preab uafásach as Mac Uí Dhroma.*)

133 choice
134 despairingly
135 footsteps
136 wild
137 torn
138 briars
139 in a mess
140 about to
141 smile
142 a sign

Téann MAC UÍ DHROMA *ar ais chuig a ghrúpa féin,
agus deir cúpla focal leo go ciúin.*
Tagann **dreach**[143] **scanraithe**[144] *ar Shéamus Dubh
agus ar Pheadairín Thóin an Bhaile.*
Casann MAC UÍ DHROMA *i dtreo an Bhreithimh.)*

MAC UÍ DHROMA: Tá na cosantóirí **ag tarraingt**[145]
a gcáis siar agus **ag admháil**[146]
go bhfuil siad **ciontach**[147], a
Dhuine Uasail.

BREITHEAMH: Gearraim fíneáil ocht gcéad
euro an duine oraibh.

(Imíonn MAC UÍ DHROMA, SÉAMUS DUBH *agus* PEADAIRÍN THÓIN AN BHAILE *as an gcúirt.*
Bualadh bos mór ó na hógánaigh, **liú buach**[148], *agus ardaíonn siad a gcuid* **bratach**[149].
Téann SINÉAD *chuig Seosamh agus tugann lámh chúnta dó lena choinneáil ar a chosa agus iad
ar an mbealach amach.*
Breathnaíonn SINÉAD *siar ar Éamonn Beag atá ina sheasamh leis féin agus cuma an-uaigneach
air. Tugann sí comhartha dó lena cloigeann teacht leo agus ritheann sé chucu go háthasach.*
Casann na gasúir uile a n-amhrán ar an mbealach amach, bratacha ar crochadh.)

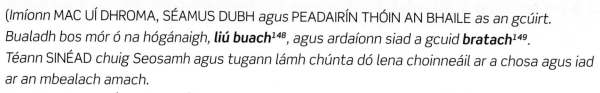

Hurú! Hurú! Hurú!

Cosc[150] ar thruailliú!

Deireadh le dumpáil,

Deireadh le dumpáil,

Fíneáil mhór inniu!

CRÍOCH

Achoimre an dráma: Radharc a 1

Suíomh: Tá an chéad chuid den dráma suite i b**portach**[1] le radharc tíre ar shliabh agus loch.

● Téann grúpa déagóirí chuig an bportach chun
péintéireacht[2] a dhéanamh agus pictiúir
a tharraingt den tírdhreach. Pádraig, Eilís,
Éamonn Beag, Pádraigín, Seosamh agus Sinéad
is ainm do na déagóirí. Tá radharc álainn ón áit
ina bhfuil siad ar an bportach – radharc den
sliabh[3] agus den loch. Téann Seosamh agus
Sinéad suas ar an **ard**[4] sa chaoi go mbeidh
radharc níos fearr ar an sliabh acu. Bíonn cara
Shinéad, mar atá, Pádraig ag magadh faoi
Shinéad go bhfuil grá aici do Sheosamh.

Glossary (margin notes):

[143] expression
[144] scared
[145] drawing
[146] admitting
[147] guilty
[148] a shout of victory
[149] flags
[150] A ban

[1] bog
[2] painting
[3] mountain
[4] hillock

- Imíonn Sinéad agus Seosamh as radharc agus leanann na déagóirí eile orthu ag péintéireacht agus **ag sceitseáil**[5]. Tar éis tamaill, filleann Sinéad ar an ngrúpa. Deir sí go bhfuil rud éigin 'gránna' thuas san áit ina raibh sí. Deir sí gur chaith 'amadán éigin' bruscar ann. Téann an grúpa déagóirí go léir chuig **bruach**[6] an locha.

- Feiceann siad málaí móra plaisteacha, cannaí **stáin**[7], buidéil agus seanleapacha in aice an locha. Feiceann siad **tuilleadh**[8] málaí plaisteacha **stróicthe**[9] sna sceacha. Bíonn na déagóirí **trí chéile**[10] mar gheall ar an mbruscar mar ceapann siad go bhfuil sé ag milleadh áilleacht na háite. Braitheann Sinéad nach mór dóibh rud éigin a dhéanamh faoi. Socraíonn siad go bhfanfaidh siad san áit as radharc i bhfolach taobh thiar de **sceacha**[11] chun fáil amach cé atá ag dumpáil an bhruscair san áit.

[5] sketching
[6] bank
[7] tin
[8] more
[9] torn
[10] upset
[11] bushes

Fíor nó bréagach?

Féach ar na habairtí thíos agus abair an bhfuil siad fíor nó bréagach.
Cuir tic sa bhosca ceart.

		Fíor	Bréagach
1.	Téann grúpa déagóirí chuig an trá chun péintéireacht a dhéanamh.		✓
2.	Téann grúpa daoine fásta chuig an bportach chun glanadh suas a dhéanamh.		✓
3.	Téann grúpa déagóirí chuig an bportach [bog] chun péintéireacht a dhéanamh.	✓	✓
4.	Tá radharc álainn ar abhainn ón áit ina bhfuil siad.		✓
5.	Bíonn a cara Eilís ag magadh faoi Shinéad go bhfuil grá aici do Sheosamh.	✓	
6.	Téann Sinéad agus Seosamh suas go dtí an t-ard chun a gcuid péintéireachta a dhéanamh.	✓	
7.	Filleann Sinéad ar an ngrúpa chun rud éigin gránna a thaispeáint dóibh.	✓	
8.	Feiceann siad málaí móra plaisteacha, cannaí stáin, buidéil agus seanleapacha in aice an locha agus málaí stróicthe sna sceacha.	✓	
9.	Cuireann an bruscar a fheiceann siad in aice an locha áthas an domhain orthu.		✓
10.	Socraíonn an grúpa déagóirí go n-imeoidh siad abhaile ar an toirt. [immediatly]		

Achoimre ar Radharc a 1 ar lean

- Teastaíonn ó Shinéad **agóid**[12] i gcoinne na dumpála **a eagrú**[13]. Iarrann sí ar Sheosamh páirt a ghlacadh san agóid léi. Deir sé go mbeadh sé sásta páirt a ghlacadh san agóid agus beireann sé greim ar lámh Shinéad. Feiceann na déagóirí beirt fhear ag iompar stuif óna veain go dtí áit ar clé. Tá siad ag dumpáil **carn**[14] de mhálaí plaisteacha, carn d'adhmad agus mar sin de.

[12] protest
[13] to organise
[14] a heap

391

[15] in secret
[16] recognises
[17] they support
[18] furious
[19] she tells on
[20] need
[21] T.D.
[22] referring to

Glacann Seosamh grianghraf **faoi rún**[15] de na fir. Feiceann Sinéad é á dhéanamh seo. Cuireann Seosamh an ceamara ar an talamh taobh thiar den sceach.

Cosc ar dhumpáil anseo
Fíneáil €800

● **Aithníonn**[16] Sinéad na fir. Séamus Dubh agus Peadairín ó Thóin an Bhaile is ainm dóibh. Cuireann an rud uilig isteach go mór uirthi mar **tacaíonn siad le**[17] hathair Shinéad. Tá a fhios ag Sinéad go mbeidh a hathair **ar buile**[18] má **sceitheann sí**[19] orthu. Críochnaíonn Séamus Dubh agus Peadairín a gcuid dumpála agus bíonn comhrá acu.

● Tá imní ar Pheadairín go mbéarfar orthu ag déanamh na dumpála agus luann sé go bhfuil fógra ann a deir go ngearrfar 800 euro ar éinne a dhéanann dumpáil san áit.

● Deir Séamus nach **gá**[20] dóibh a bheith buartha faoi – go bhfuil siad ag dumpáil san áit le fada an lá. Deir sé nach mbéarfaidh éinne orthu agus nach mbeidh a fhios ag éinne gurb iadsan a bhíonn ag dumpáil bruscair ann. Dar le Séamus, fiú dá bhfaigheadh éinne amach gurb iadsan a bhíonn ag dumpáil bruscair ann, tá cairde tábhachtacha acu – mar atá, Mac an Mháistir, an **Teachta Dála**[21]. Bíonn uafás ar Shinéad nuair a chloiseann sí an méid sin mar tá siad **ag tagairt dá**[22] Daid.

 ## Cleachtadh scríofa: Ceisteanna gearra

Freagair na ceisteanna gearra seo a leanas.

1. Cad a theastaíonn ó Shinéad a eagrú?
2. Cad a iarrann sí ar Sheosamh?
3. Cad a bhíonn á dhéanamh ag an mbeirt fhear?
4. Cad a dhéanann Seosamh faoi rún?
5. Cad a dhéanann Seosamh leis an gceamara tar éis dó na grianghraif a ghlacadh?
6. Cé hiad na fir?
7. Cén fáth a n-aithníonn Sinéad na fir?
8. Cén fáth a ndeir Peadairín go bhfuil imní air?
9. Cad é an píonós a ghearrfar ar dhaoine má bheirtear orthu ag dumpáil bruscair san áit, dar leis an bhfógra?
10. Cén fáth nach bhfuil gá ann a bheith buartha, dar le Séamus Dubh? Cé na cairde tábhachtacha a luann sé?

Achoimre ar Radharc a 1 ar lean

- Cuireann Seosamh a lámh timpeall ar **ghualainn**[23] Shinéad agus tugann sé **sólás**[24] di. Deir sé nach bhfuil aon rud mícheart déanta ag a hathair agus gan a bheith buartha faoi. Dar leis nach bhfuil ann ach **bladar**[25] ón mbeirt fhear.

- **Admhaíonn**[26] Sinéad do Sheosamh go bhfuil imní uirthi nach seasfaidh na déagóirí eile leo mar is uncail le hÉamonn Beag é Séamus Dubh. Tagann na déagóirí eile amach as na háiteanna ina raibh siad i bhfolach. Teastaíonn ó **fhormhór**[27] na ndéagóirí an **dlí**[28] a chur ar Shéamus Dubh agus Peadairín agus teastaíonn ó Shinéad an **agóid**[29] a eagrú **i gcoinne**[30] na dumpála in aice leis an loch. Níl Éamonn Beag, nia le Séamus Dubh **ar a shuaimhneas**[31] mar gheall ar an rud uilig, áfach. Bíonn cuma bhuartha air agus deir sé nach mbíonn sé ciallmhar **sceitheadh ar**[32] chomharsana. Imíonn sé **ina aonar**[33]. Ansin imíonn na déagóirí eile go ciúin ón stáitse.

[23] shoulder
[24] comfort
[25] nonsense
[26] Admits
[27] majority
[28] law
[29] protest
[30] against
[31] at his ease
[32] to tell on
[33] on his own

   A Cleachtadh scríofa

Líon na bearnaí sna habairtí thíos leis an bhfocal cuí ón liosta.

ciallmhar	bladar	ghualainn	sólás	Admhaíonn	uncail
dlí	ó	dumpála	bhuartha	mícheart	i bhfolach

(handwritten annotations above words: sensible – ciallmhar; shoulder – ghualainn; peace – sólás; admit – Admhaíonn; law – dlí; from – ó; wrong – mícheart)

1. Cuireann Seosamh a lámh timpeall ar _ghualain_ Shinéad agus tugann sé _sólas_ di.
2. Deir Seosamh nach bhfuil aon rud _mícheart_ déanta ag a hathair.
3. Dar leis, níl ann ach _bladar_ ón mbeirt fhear.
4. _admhaíonn_ Sinéad do Sheosamh go bhfuil imní uirthi nach seasfaidh na déagóirí eile leo.
5. Is _uncail_ le hÉamonn Beag é Séamus Dubh.
6. Tagann na déagóirí eile amach as an áit ina raibh siad _i bhfolach_.
7. Teastaíonn ó gach duine díobh, seachas Éamonn Beag, an _dlí_ a chur ar Shéamus Dubh agus Peadairín.
8. Teastaíonn _ó_ Shinéad agóid a eagrú i gcoinne na _dumpála_.
9. Bíonn cuma _bhuartha_ ar Éamonn Beag.
10. Deir sé nach bhfuil sé _ciallmhar_ sceitheadh ar chomharsana.

B Punann agus leabhar gníomhaíochta: Obair ealaíne

Téigh chuig do phunann agus leabhar gníomhaíochta. Tarraing íomhá den suíomh a bhí le feiceáil nuair a chonaic na daoine óga an bruscar in aice an locha sa ghleann álainn.

(C) Obair bhaile

Scríobh an cuntas dialainne a cheapann tú a scríobhfadh Sinéad tar éis di teacht abhaile tar éis an lae a chaith sí sa ghleann álainn leis na daoine óga eile.

(D) Obair bheirte

Ag obair le do chara, scríobhaigí síos an comhrá a bheadh ann idir Sinéad agus a Daid dá bhfaigheadh a Daid amach cad a bhí ar intinn aici a eagrú.

Achoimre an dráma: Radharc a 2

Suíomh: Tá radharc a 2 suite in oifig na **comhairle contae**³⁴.

- Suíonn Tadhg Ó Cuill, oifigeach de chuid na comhairle, ag an mbord ina oifig i bhfoirgneamh na comhairle contae. Tá **agóid**³⁵ i gcoinne na dumpála ar siúl lasmuigh den **fhoirgneamh**³⁶. Cloistear na guthanna **ag screadach**³⁷ istigh san oifig.

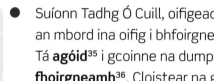

- Is í an agóid a d'**eagraigh**³⁸ Sinéad agus an grúpa déagóirí i gcoinne na dumpála atá ar siúl lasmuigh d'oifigí na comhairle contae. Féachann Tadhg an fhuinneog amach agus feiceann sé rud éigin san agóid a bhaineann geit as. Ligeann sé trí chnead bheaga amach agus cuireann sé lámh lena **smig**³⁹ go **machnamhach**⁴⁰.

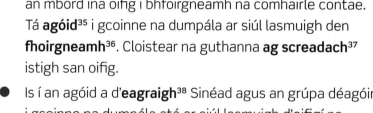

- Tagann an Teachta Dála Seán Mac an Mháistir isteach san oifig. Tá sé **trí chéile**⁴¹ agus **ar buile**⁴². Tá sé ag baint stuif buí dá aghaidh. Deir sé le Tadhg go bhfuil sé ar buile leis na daltaí atá ag glacadh páirte san agóid. Deir sé go bhfuil sé **náireach**⁴³ nach féidir le **comhairleoir**⁴⁴ siúl isteach chuig a oifig féin gan a bheith faoi ionsaí. **Cáineann sé**⁴⁵ tuismitheoirí na ndaoine óga ag rá go bhfuil easpa **smachta**⁴⁶ ag a dtuismitheoirí orthu.

- Deir Tadhg nach féidir leis aon rud a dhéanamh faoin agóid. Míníonn sé do Sheán go bhfuil na daoine óga **ag éileamh**⁴⁷ go gcuirfí an dlí ar dhaoine atá ag dumpáil **go mídhleathach**⁴⁸ in aice an locha – áit ina bhfuil fógra de chuid na comhairle contae ag fógairt go ngearrfar fíneáil ar éinne a chaithfidh bruscar ann. Deir sé go bhfuil sé tar éis glaoch a chur ar na Gardaí chun súil a choimeád orthu. Tugann Seán '**daoscarshlua**⁴⁹' orthu agus deir sé gur cheart trí mhí sa phríosún a ghearradh ar na daoine óga sa daoscarshlua.

Glossary (margin):

³⁴ county council
³⁵ protest
³⁶ building
³⁷ screaming
³⁸ organise
³⁹ chin
⁴⁰ thoughtfully
⁴¹ upset
⁴² angry
⁴³ embarrassing
⁴⁴ counsellor
⁴⁵ He criticises
⁴⁶ control
⁴⁷ demanding
⁴⁸ illegally
⁴⁹ rabble

Fíor nó bréagach?

Féach ar na habairtí thíos agus abair an bhfuil siad fíor nó bréagach.
Cuir tic sa bhosca ceart.

	Fíor	Bréagach
1. Tá radharc a 2 suite i gcaisleán.	☐	☐
2. Suíonn Tadhg Ó Cuill ag a bhord ina oifig.	☐	☐
3. Oibríonn Tadhg don chomhairle contae.	☐	☐
4. Is feirmeoir é Seán Mac an Mháistir.	☐	☐
5. Tá Seán i ndea-ghiúmar nuair a shiúlann sé isteach in oifig Thaidhg.	☐	☐
6. Braitheann Seán go raibh sé faoi ionsaí agus é ag siúl isteach chuig a oifig.	☐	☐
7. Molann sé tuismitheoirí na ndaoine óga.	☐	☐
8. Míníonn Tadhg do Sheán go bhfuil na daoine óga ag iarraidh an dlí a chur ar dhaoine atá ag dumpáil bruscair in aice an locha – áit ina bhfuil fógra de chuid na comhairle contae ag fógairt go ngearrfar fíneáil ar éinne a chaithfidh bruscar ann.	☐	☐
9. Deir Tadhg go bhfuil sé tar éis glaoch a chur ar an arm chun súil a choimeád ar na daoine óga san agóid.	☐	☐
10. Deir Seán gur cheart trí mhí sa phríosún a ghearradh ar na daoine óga sa 'daoscarshlua'.	☐	☐

Achoimre ar Radharc a 2 ar lean

- Luann Tadhg le **miongháire**[50] **rúnda**[51] go bhfaca sé iníon leis an Teachta Dála Seán Mac an Mháistir (mar atá Sinéad) sa slua. **Baintear geit as Seán**[52] ach deir sé gur dóigh leis go raibh Sinéad **ag dul thar bráid**[53]. Feictear miongháire ar aghaidh Thaidhg arís.

- Ansin **míníonn**[54] Seán an fáth ar tháinig sé chun Tadhg a fheiceáil. Míníonn sé go bhfuil a sheanchairde Séamus Dubh agus Peadairín Thóin an Bhaile le bheith os comhair na cúirte. Teastaíonn ó Sheán go gcuirfidh an Comhairle Contae an cás cúirte siar. Deir sé go bhfuil **fianaise**[55] **bhréige**[56] á cur ina gcoinne. Cuireann sé clúdach donn ar bhord Thaidhg.

- **Déanann Tadhg neamhaird ar**[57] an g**clúdach**[58] ar a bhord. Deir sé nach mór don chás dul ar aghaidh ach go luafar pointí **áirithe**[59] i bhfabhar na beirte agus go ndéanfaidh siad iarracht **finné**[60] **ina bhfabhar**[61] a aimsiú. Deir sé go labhróidh sé leis an dlíodóir a bheidh ag obair **ar son**[62] na comhairle don chás cúirte. Míníonn sé do Sheán nach í an chomhairle contae ach na daoine óga atá ag déanamh agóide i gcoinne na dumpála atá ag cur an dlí ar Shéamus Dubh agus ar Pheadairín. Deir Seán go bhfuil sé cinnte go ndéanfaidh Tadhg 'an rud ceart' mar a rinne sé riamh, dar le Seán.

[50] a smile
[51] secret
[52] Seán gets a fright
[53] going by
[54] explains
[55] evidence
[56] false
[57] Tadhg ignores
[58] envelope
[59] certain/ particular
[60] witness
[61] in their favour
[62] on behalf of

✎ **Cleachtadh scríofa**

Freagair na ceisteanna gearra seo a leanas.

1. Cé a fheiceann Tadhg sa slua?

2. Cad a deir Seán Mac an Mháistir nuair a chloiseann sé é sin?

3. Cén saghas duine é Tadhg, dar leat? Cén fáth a raibh miongháire ar aghaidh Thaidhg, dar leat?

4. Cén fáth a dtagann Seán chun Tadhg a fheiceáil?

5. Cad a chuireann Seán ar bhord Thaidhg?

6. Cad a deir Tadhg mar gheall ar an gcás cúirte?

7. Cé atá ag cur an dlí ar Shéamus Dubh agus Peadairín, dar le Tadhg?

8. Conas a fhreagraíonn Seán?

Achoimre an dráma: Radharc a 3

Suíomh: Tá radharc a 3 suite i seomra cúirte. Feictear Séamus Dubh, Peadairín Thóin an Bhaile agus a ndlíodóir ar clé. Mac Uí Dhroma is ainm dá ndlíodóir. Feictear Mac Uí Ghríofa, dlíodóir na ndaoine óga, ar clé. Níl Seosamh ann. Tá Pádraig, Eilís agus Pádraigín níos faide ar clé agus níl Éamonn Beag le feiceáil. Tá Cléireach na Cúirte ina shuí.

⁶³ remembers
⁶⁴ solicitor
⁶⁵ judge
⁶⁶ Asks
⁶⁷ present
⁶⁸ accused
⁶⁹ agree

- Tá Sinéad ag caint le dlíodóir na ndaoine óga. Tá sí buartha nach bhfuil Seosamh tagtha go fóill. Cuireann sí ceist ar Phádraig agus deir sé go ndúirt Seosamh rud éigin faoina cheamara leis. Ansin **cuimhníonn**⁶³ Sinéad gur fhág Seosamh a cheamara ar an bportach.

- Tosaíonn an cás cúirte. Míníonn Mac Uí Ghríofa, **dlíodóir**⁶⁴ na ndaoine óga, don **bhreitheamh**⁶⁵ go bhfuil na daoine óga ag iarraidh an dlí a chur ar Shéamus Dubh agus Peadairín toisc go raibh siad ag dumpáil bruscair sa ghleann álainn agus go bhfaca grúpa daoine óga iad. **Fiafraíonn**⁶⁶ an breitheamh den dlíodóir an bhfuil na daoine óga go léir ón ngrúpa i láthair. Míníonn an dlíodóir dó go bhfuil ceathrar den seisear **i láthair**⁶⁷.

- Míníonn Mac Uí Ghríofa don bhreitheamh go raibh an grúpa déagóirí ag péintéireacht ar an bportach ar an 20ú lá den mhí agus go bhfaca siad an bheirt fhear ag dumpáil bruscair go mídhleathach. Fiafraíonn an breitheamh den dlíodóir an aontaíonn an seisear daoine óga go bhfaca siad an bheirt fhear atá **cúisithe**⁶⁸ as dumpáil bruscair. Deir Mac Uí Ghríofa go n-**aontaíonn**⁶⁹ an ceathrar atá sa seomra cúirte.

- Ansin fiafraíonn Mac Uí Dhroma (dlíodóir an bheirt fhear atá cúisithe) de Mhac Uí Ghríofa an fáth nach bhfuil an seisear go léir i láthair sa seomra cúirte. Míníonn dlíodóir na ndaoine óga go bhfuil Seosamh Mac Domhnaill ag cuardach **fianaise**[70] **thábhachtach**[71] don chás agus go bhfuil siad ag súil leis an séú duine nóiméad ar bith. Deir Mac Uí Dhroma gur féidir leis cabhrú leo an séú duine a **aimsiú**[72].

Cleachtadh scríofa

Freagair na ceisteanna gearra seo a leanas.

1. Cá bhfuil na carachtair i radharc a trí?
2. Cad is ainm don dlíodóir atá ag obair do Shéamus Dubh agus Peadairín?
3. Cad is ainm don dlíodóir a oibríonn ar son na ndaoine óga?
4. Cá bhfágann Seosamh a cheamara?
5. Cén fáth nach bhfuil Seosamh sa seomra cúirte, meas tú?
6. Cén fáth a bhfuil na daoine óga ag iarraidh an dlí a chur ar Shéamus Dubh agus Peadairín?
7. Cé mhéad de na daoine óga atá i láthair?
8. Cad a bhí á dhéanamh ag Seosamh Mac Domhnaill, dar le dlíodóir na ndaoine óga?

Achoimre ar Radharc a 3 ar lean

- Glaonn Mac Uí Dhroma ar an séú duine ón ngrúpa de dhaoine óga ansin – mar atá, Éamonn Beag Ó Murchú. Deir Mac Uí Ghríofa le Sinéad go bhfuil sé buartha nach bhfuil cúrsaí ag oibriú amach go rómhaith dá gcás.

- Deir Éamonn Beag le Mac Uí Dhroma nach bhfuil sé cinnte gurbh iad Séamus Dubh agus Peadairín a bhí ag dumpáil bruscair an lá a raibh sé féin agus an grúpa déagóirí ag péintéireacht ar an bportach. Deir sé go raibh **sceach**[73] ann agus nach cuimhin leis na **mionsonraí**[74] ach nach raibh sé ábalta na fir a bhí ag dumpáil a fheiceáil i gceart. Molann Mac Uí Dhroma don bhreitheamh gan an bheirt fhear a chúiseamh **ar an mbonn sin**[75] **gan fianaise**[76] níos cinnte. Iarrann dlíodóir na ndaoine óga ar an mbreitheamh sos cúig nóiméad a thabhairt dóibh.

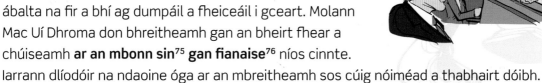

- Bíonn fearg ar Phádraig go raibh Éamonn Beag ag '**cliseadh**[77]' orthu. Tuigeann Eilís cás Éamoinn mar tá sé **gaolta le**[78] Séamus Dubh. Míníonn Sinéad don ghrúpa go bhfuil Seosamh tar éis dul ar ais chuig an bportach chun a cheamara a aimsiú agus gur ghlac Seosamh cúpla grianghraf den bheirt fhear ag dumpáil an bhruscair ar an lá sin.

- Filleann an breitheamh ar an seomra cúirte. Tá sé ar tí deireadh a chur leis an gcás i bhfabhar na beirte nuair a ritheann Seosamh isteach sa seomra cúirte. Míníonn Mac Uí Ghríofa go gcreideann siad go bhfuil fianaise thábhachtach ag Seosamh a chabhróidh lena gcás. Tá Seosamh lag ach síneann sé cúpla grianghraf chuig dlíodóir na ndaoine óga.

70 evidence
71 important
72 to find

73 bush
74 minor details
75 on that basis
76 without evidence
77 failing them
78 related to

● Taispeánann Mac Uí Ghríofa na grianghraif don bhreitheamh agus iarrann an breitheamh ar Mhac Uí Dhroma teacht chuige chun féachaint ar na grianghraif. Baintear geit uafásach as Mac Uí Dhroma. Feiceann sé an bheirt fhear ag dumpáil an bhruscair sna grianghraif, is dócha. Míníonn sé an scéal go ciúin do Shéamus Dubh agus Peadairín.

● Tar éis an chomhrá sin, deir Mac Uí Dhroma go bhfuil siad ag tarraingt a gcáis siar agus **ag admháil**[79] go bhfuil siad **ciontach**[80]. **Gearrann**[81] an breitheamh **fíneáil**[82] ocht gcéad euro orthu. Imíonn an bheirt fhear as an gcúirt agus tagann bualadh bos mór ó na daoine óga. Ardaíonn siad a gcuid bratach agus ligeann siad **liú buach**[83] astu.

● Tugann Sinéad lámh chúnta do Sheosamh chun é a choimeád ar a chosa ar an mbealach amach an doras. Féachann Sinéad siar agus feiceann sí Éamonn Beag ina sheasamh leis féin agus cuma an-uaigneach air. Bíonn trua aici dó agus tugann sí **comhartha**[84] dó teacht leo. Ritheann sé chucu le háthas. Canann na daoine óga amhrán buach agus iad ag dul amach doras na cúirte lena **mbratacha**[85] ar crochadh. Canann siad go bhfuil deireadh le dumpáil agus go bhfuil **cosc**[86] ar **thruailliú**[87].

[79] admitting
[80] guilty
[81] Imposes
[82] a fine
[83] a shout of victory
[84] a sign
[85] flags
[86] a ban
[87] pollution

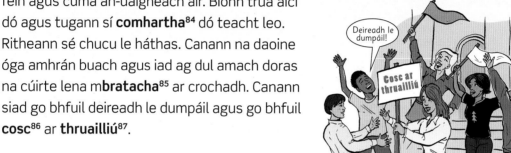

Deireadh le dumpáil!

Cosc ar thruailliú

Cleachtadh scríofa

Líon na bearnaí leis an bhfocal cuí ón liosta thíos.

| cinnte | le | gearrann | cliseadh | fianaise | bportach | don | ar |

definitely · give in · evidence · to go

1. Glaonn Mac Uí Dhroma **le** an séú duine ón ngrúpa. ✓

2. Deir Mac Uí Ghríofa **don** Sinéad go bhfuil sé buartha nach bhfuil cúsaí ag oibriú amach go rómhaith dá gcás.

3. Deir Éamonn Beag nach raibh sé **cinnte** go bhfaca sé Séamus agus Peadairín ag dumpáil an bhruscair.

4. Molann Mac Uí Dhroma **don** bhreitheamh gan na fir a chúiseamh ar an mbonn sin.

5. Bíonn fearg ar Phádraig go raibh Éamonn Beag ag **cliseadh** orthu.

6. Míníonn Sinéad don ghrúpa go bhfuil Seosamh tar éis dul ar ais chuig an **bportach** chun a cheamara a aimsiú.

7. Ritheann Seosamh isteach sa seomra cúirte agus míníonn an dlíodóir go bhfuil **fianaise** thábhachtach aige a chabhróidh lena gcás.

8. Buann na daoine óga an cás tar éis do Mhac Uí Ghríofa na grianghraif den bheirt fhear a thaispeáint don bhreitheamh agus **gearrann** an breitheamh fíneáil 800 euro ar Shéamus Dubh agus Peadairín. ✓

Téamaí an dráma

1. An timpeallacht

Is é **an timpeallacht** téama an dráma seo – truailliú na timpeallachta agus tábhacht na timpeallachta.

● Sa dráma seo, téann grúpa daoine óga chuig áit álainn ar phortach ina bhfuil **radharc**[88] álainn ar loch agus sliabh chun péintéireacht a dhéanamh den tírdhreach álainn. Feiceann siad málaí plaisteacha, adhmad agus bruscar ar bhruach an locha sa ghleann álainn. **Cuireann sé sin isteach go mór orthu**[89].

● Téann na daoine óga i bhfolach chun **breith ar**[90] na daoine atá ag dumpáil an bhruscair in aice an locha. Tagann beirt fhear, mar atá, Séamus Dubh agus Peadairín, agus tosaíonn siad ag dumpáil **carn adhmaid**[91] agus málaí plaisteacha in aice an locha.

● Is léir ón gcomhrá eatarthu go bhfuil siad ag dumpáil stuif ann le fada an lá. Feiceann Peadairín **fógra**[92] na comhairle contae ag fógairt go bhfuil **cosc**[93] ar dhumpáil san áit agus go ngearrfar fíneáil ocht gcéad euro ar éinne a bhéarfar orthu. Bíonn Peadairín buartha faoin bhfógra ach ní chuireann sé isteach ar Shéamus Dubh agus **leanann siad orthu**[94] ag dumpáil an bhruscair.

● Tógann Seosamh, duine de na daoine óga, grianghraif de na fir ag dumpáil an bhruscair. Mothaíonn Sinéad, duine eile de na daoine óga, **paiseanta**[95] **in aghaidh**[96] **an truaillithe**[97].

● Cloiseann Sinéad na fir ag rá go bhfuil 'na cairde cearta' acu sa bhaile mór – mar atá, an Teachta Dála Seán Mac an Mháistir, athair Shinéad. Cé go mbíonn Sinéad buartha go bhfuil na fir cairdiúil lena Daid, **beartaíonn sí**[98] an dlí a chur ar an mbeirt fhear as ucht na dumpála a rinne siad. Eagraíonn sí **agóid**[99] in aghaidh na dumpála.

● Eagraíonn Sinéad agus na daoine óga agóid lasmuigh d'**fhoirgneamh**[100] na **comhairle contae**[101] cé go n-oibríonn athair Shinéad ann. Faigheann siad dlíodóir agus cuireann siad brú ar an gcomhairle contae cás cúirte **a eagrú**[102] chun an dlí a chur ar an mbeirt fhear. Nuair a thagann Seosamh leis na grianghraif a ghlac sé den bheirt ag dumpáil an bhruscair, buann na daoine óga an cás cúirte. **Gearrann**[103] **an breitheamh**[104] fíneáil ocht gcéad euro ar an mbeirt fhear.

2. An chaimiléireacht

Téama eile atá le feiceáil sa dráma seo is ea **an chaimiléireacht**[105].

● Nuair a bhíonn Séamus Dubh agus Peadairín Thóin an Bhaile ag dumpáil bruscair in aice an locha sa ghleann álainn, bíonn Peadairín buartha faoin bhfógra a deir go ngearrfar fíneáil ocht gcéad euro ar éinne a mbéarfar orthu ag dumpáil bruscair ann.

88 view
89 This really bothers them
90 to catch
91 a heap of wood
92 a notice
93 a ban
94 they continue on
95 passionate
96 against
97 pollution
98 she decides
99 protest
100 building
101 county council
102 to organise
103 imposes
104 the judge
105 crookedness

Cosc ar dhumpáil anseo
Fíneáil €800

Deir Séamus Dubh nach gá dóibh a bheith buartha toisc go bhfuil siad ag dumpáil bruscair ann le fada an lá agus go bhfuil 'na cairde cearta' acu. Luann sé an Teachta Dála, Seán Mac an Mháistir mar dhuine de **na boic mhóra**[106] a bhfuil siad cairdiúil leis. Dar le Séamus Dubh, choinneodh Seán Mac an Mháistir '**smacht**[107]' ar aon oifigeach eile sa chomhairle contae **dá mbéarfaí orthu**[108] ag dumpáil an bhruscair.

Feicimid níos déanaí sa dráma go raibh caimiléireacht ar siúl sa bhaile mór. Tháinig an Teachta Dála isteach chuig oifig duine de na hoifigigh sa chomhairle contae agus thug sé clúdach donn lán d'airgead don oifigeach chun an cás cúirte a bhain le Séamus Dubh agus Peadairín a tharraingt siar. Dúirt sé gur dhaoine maithe iad an bheirt agus go raibh sé cinnte go raibh '**fianaise bhréige**[109]' á cur **ina gcoinne**[110].

Anuas air sin, mhínigh Tadhg (an t-oifigeach) nárbh í an chomhairle contae a bhí ag cur an dlí orthu ach na daoine óga. Ba í an chomhairle contae a chuir an fógra in aice an locha ag rá go raibh **cosc**[111] ar dhumpáil. Dá bhrí sin, níl aon chiall ag baint leis an méid a dúirt Tadhg le Seán Mac an Mháistir. Dúirt Tadhg go ndéanfadh siad iarracht pointí **i bhfabhar**[112] na beirte a lua sa chás cúirte agus **finné**[113] ina bhfabhar a aimsiú.

Tagann sé chun solais[114] go raibh an sórt caimiléireachta sin ag tarlú le fada an lá idir Tadhg agus Seán Mac an Mháistir mar deir Seán go raibh sé cinnte go ndéanfadh Tadhg 'an rud ceart' mar a rinne sé **riamh**[115].

Feicimid caimiléireacht **maidir le**[116] h**iompar**[117] Éamoinn Bhig freisin. Nuair a chonaic Éamonn Beag Séamus Dubh agus Peadairín ag dumpáil an bhruscair leis na daoine óga eile dúirt sé nach raibh sé 'ciallmhar' a bheith **ag sceitheadh ar**[118] do chomharsana toisc go raibh sé gaolta le Séamus Dubh.

D'inis sé **bréag**[119] sa seomra cúirte ar son a uncail – dúirt sé nach raibh sé cinnte gurbh iad Séamus Dubh agus Peadairín a chonaic sé ag dumpáil an bhruscair toisc go raibh **sceach**[120] ann agus nach raibh sé ann na fir a fheiceáil i gceart.

Glossary (left margin):

106 the big boys
107 control
108 if they were caught
109 false evidence
110 against them
111 a ban
112 in favour of
113 witness
114 It comes to light
115 always
116 in relation to
117 behaviour
118 to tell on
119 a lie
120 a bush

Punann agus leabhar gníomhaíochta: Cleachtadh scríofa

Téigh chuig do phunann agus leabhar gníomhaíochta agus déan achoimre ar phríomhthéamaí an dráma *Gleann Álainn* mar a fheiceann tú féin iad.

Na carachtair

Is í Sinéad **ceannaire**[121] na ndaoine óga, i ndáiríre. Is í Sinéad a eagraíonn an **agóid**[122] i gcoinne na dumpála lasmuigh d'**fhoirgneamh**[123] na comhairle contae – áit a n-oibríonn a Daid féin. Tá sí ag iarraidh 'feabhas éigin a chur ar an domhan'. Is duine **idéalaíoch**[124] í.

Glossary (left margin):

121 leader
122 protest
123 building
124 idealistic

- Tá Sinéad **macánta**[125] agus **cróga**[126]. Bíonn sé buartha nuair a chloiseann sí Séamus Dubh agus Peadairín ag lua ainm a Daid mar chara. Bíonn sí buartha go bhfuil rud éigin mícheart déanta ag a Daid mar Theachta Dála. **Leanann sí uirthi**[127] fós ag cur an dlí ar an mbeirt fhear a rinne an dumpáil in aice an locha mar mothaíonn sí go **paiseanta**[128] nach bhfuil sé ceart ligint do dhaoine áit álainn **a thruailliú**[129].

- Tá Sinéad **ceanndána**[130]. Bíonn brú uirthi ó Éamonn Beag (nia le Séamus Dubh) nach bhfuil sé ciallmhar **sceitheadh ar**[131] chomharsana ach leanann sí uirthi leis na daoine óga eile agus éiríonn léi dlíodóir a fháil agus an dlí a chur ar Shéamus Dubh agus Peadairín sa chás cúirte. Buann Sinéad agus na daoine óga an cás cúirte ar deireadh mar tagann Seosamh (cara agus grá Shinéad) le **fianaise**[132] – grianghraif a ghlac sé de na fir ag dumpáil an bhruscair in aice an locha.

- Tá Sinéad grámhar. Is léir go bhfuil grá aici do Sheosamh, duine de na daoine óga.

Seosamh

- Is duine cineálta, grámhar é Seosamh. Tugann sé an-chuid **tacaíocht**a[133] do Shinéad. Cé go mbíonn sé ag magadh fúithi beagáinín go bhfuil sí ag iarraidh an domhan a athrú, fanann sé léi in éineacht leis na daoine óga eile chun **breith ar**[134] na daoine atá ag dumpáil bruscair in aice an locha.

- Tugann Seosamh **sólás**[135] di nuair a chloiseann sí Séamus Dubh agus Peadairín ag rá go bhfuil siad cairdiúil le hathair Shinéad. Deir siad go gcoimeádfadh athair Shinéad 'smacht' ar na hoifigigh sa chomhairle contae dá mbéarfaí orthu ag dumpáil an bhruscair in aice an locha. Nuair a bhíonn imní ar Shinéad mar gheall air sin, deir Seosamh nach bhfuil ann ach '**bladar**[136]' ó na fir. Tá sé cineálta agus déanann sé iarracht **buairt**[137] Shinéad **a laghdú**[138]. Cuireann sé a lámh timpeall ar ghualainn Shinéad nuair a bhíonn uafás uirthi tar éis di ainm a hathar a chloisteáil ag na fir.

- Tá Seosamh cliste. Glacann sé grianghraif de na fir ag dumpáil an bhruscair lena cheamara. Baineann sé úsáid as na grianghraif sin níos déanaí sa dráma chun an cás cúirte in aghaidh na beirte a bhuachan. Nuair a deir Sinéad leis gur uncail é Séamus Dubh le hÉamonn Beag (duine de na daoine óga), deir Seosamh gur gá dóibh a bheith an-chúramach.

- Níl Seosamh sásta go bhfuil daoine **ag truailliú**[139] na timpeallachta. Fanann sé le Sinéad chun breith ar na daoine atá ag dumpáil bruscair in aice an locha. Tacaíonn sé léi sa chás cúirte le fianaise óna cheamara.

Seán Mac an Mháistir

- Is Teachta Dála é Seán Mac an Mháistir agus is é athair Shinéad é.
- Is duine **mímhacánta**[140] é Seán. Faraor, is léir go mbíonn caimiléireacht ar siúl aige ina **ghairm**[141] mar pholaiteoir. Tugann sé clúdach donn lán d'airgead do Thadhg (oifigeach de chuid na comhairle contae) chun an cás cúirte a chur siar sa dráma seo. Tá

[125] honest
[126] brave
[127] she continues
[128] passionate
[129] to pollute
[130] stubborn
[131] to tell on
[132] evidence

[133] support
[134] to catch
[135] comfort
[136] nonsense
[137] worry
[138] to reduce
[139] polluting

[140] dishonest
[141] profession

142 to protect
143 therefore
144 bribes
145 to avoid
146 stupid/
dense
147 narrow-
minded
148 going by

sé cairdiúil le Séamus Dubh agus Peadairín agus déanann sé iarracht iad **a chosaint**[142] **dá bhrí sin**[143] ón dlí. Deir sé go bhfuil 'fianaise bhréige' á cur ina leith agus gur daoine maithe iad. Is dócha gur cuma leis faoi thruailliú na timpeallachta agus faoin dumpáil a rinne na fir. Is é an rud is tábhachtaí dó ná aire a thabhairt dá chairde.

- Is léir go raibh an saghas sin caimiléireachta ar siúl go minic idir Seán agus Tadhg. Dúirt sé le Tadhg go raibh sé cinnte go ndéanfadh Tadhg 'an rud ceart' mar a rinne sé riamh. Tugann sé sin le fios gur thug Seán **breabanna**[144] do Thadhg ar bhonn rialta chun a chairde a chosaint agus an dlí **a sheachaint**[145].

- Is duine **dúr**[146], **cúngaigeanta**[147] é Seán. Ní chreideann sé go raibh a iníon féin ag glacadh páirte san agóid lasmuigh d'fhoirgneamh na comhairle contae cé go ndúirt Tadhg go raibh sí ann. Dar le Seán, bhí sí **ag dul thar bráid**[148]. Dar leis, ba cheart do na Gardaí na daoine óga a ghlac páirt san agóid a chaitheamh isteach sa phríosún ar feadh trí mhí.

Séamus Dubh

149 immoral
150 destroying
151 arrogant
152 even

- Is duine **mímhorálta**[149] é Séamus Dubh. Is cuma leis go bhfuil sé **ag scriosadh**[150] na timpeallachta. Tá sé féin agus Peadairín ag dumpáil bruscair in aice an locha le fada an lá.

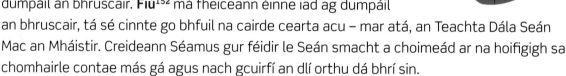

- Is duine **sotalach**[151] é Séamus. Ní chreideann sé go gcuirfear an dlí orthu cé go bhfuil fógra de chuid na comhairle contae in aice an locha ag fógairt go ngearrfar ocht gcéad euro ar éinne a dhéanann dumpáil ann. Ní dóigh leis go mbéarfar orthu ag dumpáil an bhruscair. **Fiú**[152] má fheiceann éinne iad ag dumpáil an bhruscair, tá sé cinnte go bhfuil na cairde cearta acu – mar atá, an Teachta Dála Seán Mac an Mháistir. Creideann Séamus gur féidir le Seán smacht a choimeád ar na hoifigigh sa chomhairle contae más gá agus nach gcuirfí an dlí orthu dá bhrí sin.

Peadairín Thóin an Bhaile

- Is duine mímhorálta é Peadairín freisin. Tá sé sásta bruscar a chaitheamh in aice an locha sa ghleann álainn agus áit álainn a scriosadh.

- Is duine neirbhíseach é. Bíonn sé neirbhíseach nuair a fheiceann sé an fógra ag fógairt go ngearrfar ocht gcéad euro ar éinne a dhéanann dumpáil ann

153 submissive
154 advice

- Is duine **géilliúil**[153] é Peadairín. Nuair a chuireann sé a bhuairt in iúl do Shéamus, glacann sé le **comhairle**[154] Shéamuis – is é sin go bhfuil na cairde cearta acu agus nach gcuirfí an dlí orthu dá bhrí sin fiú dá mbéarfaí orthu ag dumpáil bruscair san áit.

An Litríocht

Éamonn Beag

- Is duine **lag**[155], **géilliúil**[156] é Éamonn Beag. Ní theastaíonn uaidh sceitheadh ar a uncail nuair a fheiceann sé ag dumpáil bruscair **go mídhleathach**[157] in aice an locha sa ghleann álainn é. Insíonn sé bréaga sa chás cúirte. Deir sé nach raibh sé cinnte go bhfaca sé Séamus Dubh agus Peadairín i gceart an lá a raibh siad ag dumpáil bruscair in aice an locha. Dúirt sé go raibh sceach ann agus nach bhfaca sé i gceart iad.

- Bíonn **aiféala**[158] air ag deireadh an dráma. Is léir go mbraitheann sé uaigneach nuair a bhuann na daoine óga an cás cúirte agus nuair a éiríonn leo an dlí a chur ar Shéamus Dubh agus Peadairín. Bíonn áthas air nuair a thugann Sinéad **comhartha**[159] dó teacht chucu agus imeacht leo.

[155] weak
[156] submissive
[157] illegally
[158] regret
[159] a sign

 A Obair bhaile

> Scríobh nóta ar na mioncharachtair sa dráma *Gleann Álainn*.

B Obair bheirte

> Ag obair le do chara sa rang, pléigh conas a **bhraith tú**[160] **i dtaobh**[161] na gcarachtar Sinéad, Séamus Dubh agus Seán Mac an Mháistir. Ansin scríobh amach do fhreagra.
> *(Smaoinigh ar na pointí seo a leanas.)*
>
> 1. Ar thaitin nó nár thaitin na carachtair leat? Cén fáth?
> 2. An raibh meas agat ar aon duine de na carachtair?
> 3. An raibh **tarcaisne** nó **dímheas**[162] agat ar aon duine de na carachtair?
> 4. Cé na mothúcháin a spreag siad ionat?
> 5. An raibh tú in ann ionannú le haon duine de na carachtair?

[160] you felt
[161] in relation to
[162] contempt

  C Punann agus leabhar gníomhaíochta: Cleachtadh scríofa

> Téigh chuig do phunann agus leabhar gníomhaíochta. Scríobh achoimre ar na tréithe a bhain leis na carachtair Sinéad, Séamus Dubh agus Seán Mac an Mháistir.

Buaicphointe an dráma

Deireadh le dumpáil!

Cosc ar thruailliú

163 climax point
164 Increases
165 tension
166 They succeed
167 stand the ground
168 against

Is é **buaicphointe**[163] an dráma *Gleann Álainn* ná nuair a bhuann na daoine óga a gcás cúirte i gcoinne Shéamuis Dhuibh agus Pheadairín Thóin an Bhaile, dar liom. **Méadaíonn**[164] **an teannas**[165] roimh an bpointe sin nuair a ritheann Seosamh (duine de na daoine óga) isteach sa seomra cúirte le fianaise nua óna cheamara – mar atá grianghraif de Shéamus Dubh agus Peadairín ag dumpáil bruscair sa ghleann álainn. Is í an fhianaise sin a bhuann an cás do na daoine óga. **Éiríonn leo**[166] an dlí a chur ar an mbeirt fhear agus gearrann an breitheamh ocht gcéad euro orthu. Éiríonn le Sinéad agus a cairde feabhas éigin a chur ar an domhan agus **an fód a sheasamh**[167] **i gcoinne**[168] thruailliú na timpeallachta.

 D Punann agus leabhar gníomhaíochta

Téigh chuig do phunann agus leabhar gníomhaíochta. Déan cur síos ar na mothúcháin atá le brath sa dráma *Gleann Álainn* agus scríobh nóta gearr ar gach mothúchán a luann tú.

 E Punann agus leabhar gníomhaíochta

Téigh chuig do phunann agus leabhar gníomhaíochta. Scríobh leathanach ar na fáthanna ar thaitin nó nár thaitin an dráma *Gleann Álainn* leat.

Moladh: Smaoinigh ar na pointí seo a leanas:

169 in particular
170 exciting
171 identify with
172 topical
173 society

1. Ar thaitin aon charachtar **faoi leith**[169] sa scéal leat? Ar thuig tú a chás/cás?
2. An raibh an scéal **corraitheach**[170]?
3. An raibh teannas agus aicsean sa scéal?
4. An raibh ábhar an scéil suimiúil duit mar dhéagóir?
5. An raibh críoch shásúil leis an scéal, dar leat?
6. An raibh tú in ann **ionannú leis**[171] an scéal nó le duine de na carachtair?
7. An bhfuil ábhar an scéil **tráthúil**[172] maidir le fadhbanna an lae inniu inár **sochaí**[173], dar leat?

Ansin, comhlánaigh an leathanach féinmheasúnaithe a ghabhann leis i do phunann agus leabhar gníomhaíochta.

Féinfheasacht an fhoghlaimeora: Féinmheasúnú

Cé chomh sásta is atá tú go bhfuil tú in ann caint agus scríobh faoin dráma *Gleann Álainn*? Cuir tic sa bhosca cuí.

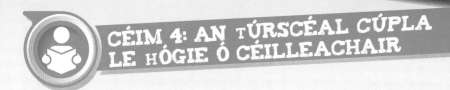

CÉIM 4: AN TÚRSCÉAL CÚPLA LE HÓGIE Ó CÉILLEACHAIR

Céim 4 Na Torthaí Foghlama

Cumas Cumarsáide: 1.6, 1.7, 1.8, 1.9, 1.10

Feasacht Teanga agus Chultúrtha: 2.6, 2.7

Féinfheasacht an Fhoghlaimeora: 3.7

Baineann na téamaí seo a leanas (atá luaite in Aonad a 3) leis an úrscéal *Cúpla*: an teaghlach, caidrimh, fadhbanna daoine óga agus an scoil.

Achoimre ar an úrscéal

Caibidil a 1

Feictear Máiréad Uí Bhraonáin ina suí ag a bord cistine. Insíonn an t-údar dúinn gur chúpla iad Éile agus Sharon Ní Bhraonáin a bhí cúig bliana déag d'aois. Insítear go bhfuil Máiréad Uí Bhraonáin buartha faoina hiníon Sharon mar bhí sí **gránna lena**[1] deirfiúr Éile le déanaí.

Déanann an t-údar cur síos ar Éile mar chailín **staidéarach**[2] a fuair go leor A-nna i ngach tuairisc scoile agus a bhí **an-tógtha le**[3] hainmhithe, ceol gaelach, ceol clasaiceach agus cispheil. Bhí Éile amuigh sa ghairdín ag caint le capall a **comharsan béaldorais**[4]. Charlie ab ainm don chapall.

Deirtear linn go raibh a dheirfiúr Sharon an-tógtha le cúrsaí faisin, cúrsaí smididh agus buachaillí. B'fhuath léi ainmhithe. Ba mhaith léi rapcheol agus ceol hip-hap. Bhí an bheirt ag freastal ar scoil lánchailíní sa chathair agus chónaigh siad faoin tuath, deich nóiméad ón gcathair.

Bhí athair na gcailíní ag múineadh i scoil do bhuachaillí sa bhaile mór céanna agus ba thraenálaí na foirne iománaíochta é. TimmyTíogair an **leasainm**[5] a bhí air mar d'imir sé ar fhoireann iománaíochta an chontae **tráth**[6].

Bhí máthair an chúpla ag smaoineamh faoi na cailíní nuair a tháinig a fear céile isteach sa chistin ach níor labhair sé léi.

[1] horrible to
[2] studious
[3] very taken with
[4] nextdoor neighbour
[5] nickname
[6] once

A Cleachtadh scríofa

Freagair na ceisteanna gearra seo a leanas.

1. Cad ab ainm do mháthair an chúpla?
2. Cén aois a bhí ag an gcúpla?
3. Déan cur síos ar Éile.
4. Déan cur síos ar Sharon.
5. Cén saghas scoile ar fhreastail siad uirthi?
6. Cár chónaigh siad?
7. Déan cur síos ar athair an chúpla.

  B Punann agus leabhar gníomhaíochta: Obair ealaíne

Tarraing pictiúr i do phunann agus leabhar gníomhaíochta chun suíomh na céad chaibidile thuas a léiriú. Ansin, pléigh do phictiúr le do chara nó le do ghrúpa sa rang agus mínigh an scéal ón bpictiúr.

Caibidil a 2

[7] in relation to
[8] identical
[9] make-up
[10] fake tan
[11] idiot
[12] to hide
[13] project

Bhí Éile ag caint le capall a comharsan. Charlie ab ainm dó. Bhí sí ag cur a himní in iúl dó **mar gheall ar**[7] a deirfiúr Sharon. Insíonn an t-údar dúinn gur chúpla **comhionann**[8] iad a bhfuil gruaig fhada dhonn orthu, súile gorma agus fráma ard acu. Bhí siad an-chosúil lena chéile go dtí gur thosaigh Sharon ag caitheamh **smididh**[9] agus ag cur dath gruaige ina cuid gruaige. Chaith Sharon éadaí ó BTs agus **donnú bréige**[10]. Níor chaith Éile aon smideadh ar a haghaidh.

Bhí Éile buartha mar bhí Sharon tar éis teacht abhaile i gcarr Jack de Grás. Cheap Éile gur **amadán**[11] é Jack. Bhí Jack i bhfad ní ba shine ná Sharon. Thug Éile faoi deara gur fhág sé 'hickies' gránna ar mhuinéal Sharon. Chuir Sharon folaitheoir ar na 'hickies' chun iad **a chur faoi cheilt**[12] óna tuismitheoirí. Dúirt Sharon lena Mam go raibh sí déanach toisc go raibh sí ag déanamh **'tionscadail'**[13].

Cleachtadh scríofa

Líon na bearnaí sna habairtí thíos leis an bhfocal cuí ón liosta.

éadaí	Jack de Grás	comhionann	amadán	smideadh
mhuinéal	gruaige	tionsadail	donnú bréige	comharsan

1. Bhí Éile ag caint le capall a _____ .

2. Ba chúpla _____ iad Éile agus Sharon.

3. Chaith Sharon _____ agus chuir sí dath ina cuid _____ .

4. Chaith Sharon _____ ó BTs agus _____ _____ .

5. Bhí Éile buartha mar tháinig Sharon abhaile i gcarr _____ __ _____ .

6. Cheap Éile gur _____ é.

7. Bhí 'hickies' gránna fágtha ar _____ Sharon.

8. Dúirt Sharon lena Mam go raibh sí abhaile go déanach toisc go raibh sí ag déanamh _____ .

Caibidil a 3

An mhaidin dar gcionn, d'éirigh Sharon ag deich tar éis a sé chun a smideadh a chur uirthi agus a cuid gruaige a scuabadh i gceart cé nach raibh sí ag fágáil an tí go dtí a hocht a chlog. Fuair sí téacs ó Jimmy ag iarraidh uirthi bualadh leis ar chúl Scoil na mBráithre (an scoil inar oibrigh a Daid) ag a 10 a chlog. D'fhág Daid Éile agus Sharon ag an gcrosbhóthar ag leathuair tar éis a hocht **mar ba ghnáth**[14]. Nuair a bhí Daid **as radharc**[15], áfach, d'inis Sharon bréag

d'Éile. Dúirt sí go raibh uirthi rith ar ais go Centra chun cóipleabhar agus peann a cheannach. Bhí Éile buartha mar gheall ar Sharon agus í sa rang staire. Dúirt sí leis an múinteoir go raibh sí ag dul go dtí an leithreas. **Las sí a fón póca**[16] agus chuir sí glao ar Sharon.

Chuaigh Sharon go dtí an seanbhothán ar chúl Scoil na mBráithre Críostaí chun bualadh le Jimmy. Thaitin an dainséar léi mar bhí a fhios aici go raibh sí ag déanamh rud éigin as an tslí.

Nuair a d'fhéach sí isteach an fhuinneog, ní raibh sí in ann a bhfaca sí a chreidiúint. Chonaic sí a Daid le múinteoir óg darbh ainm Bláithín de Clár **ina bhaclainn**[17] aige agus bhí siad ag pógadh. Sheas sí ann **ar nós deilbhe**[18]. Baineadh geit uafásach aisti. Chuala a Daid agus Bláithín torann. Chuaigh Bláithín ar ais go dtí an scoil. D'fhan athair Sharon ann ar feadh cúpla nóiméad. Bhuail sé le Jimmy ag siúl síos an pháirc. **Chuir sé an ruaig air**[19] agus sheol sé Jimmy ar ais go dtí an scoil. Nuair a tháinig Sharon ar ais chuig an scoil ag am lóin, thug Éile faoi deara go raibh a cuid súl **ata**[20] agus dearg ó bheith ag caoineadh. Rinne sí **iarracht**[21] labhairt le Sharon ach níor theastaigh ó Sharon labhairt léi. Labhair sí **go borb**[22] le hÉile.

[14] as was usual
[15] out of sight
[16] She turned on her phone
[17] in his arms
[18] like a statue
[19] He hunted him away
[20] swollen
[21] effort
[22] abruptly

A Fíor nó bréagach?

Féach ar na habairtí thíos agus abair an bhfuil siad fíor nó bréagach.
Cuir tic sa bhosca ceart.

		Fíor	Bréagach
1.	D'éirigh Sharon ag a sé an mhaidin dar gcionn chun a cuid obair bhaile a dhéanamh.	☐	☐
2.	Fuair Sharon téacs ó Jimmy ag iarraidh uirthi bualadh leis taobh thiar de Scoil na mBráithre Críostaí.	☐	☐
3.	Dúirt Sharon le hÉile go raibh sí ag imeacht chun bualadh le Jimmy nuair a bhí sí ag fágáil slán aici.	☐	☐
4.	Chuaigh Sharon go dtí an seanbhothán ar chúl Scoil na mBráithre chun bualadh le Jimmy.	☐	☐
5.	Níor thaitin an dainséar le Sharon.	☐	☐
6.	Chonaic sí a Daid ag pógadh múinteoir eile darbh ainm Bláithín de Clár nuair a d'fhéach sí isteach trí fhuinneog an bhotháin.	☐	☐
7.	Níor chuala an bheirt acu aon torann lasmuigh den bhothán.	☐	☐
8.	Nuair a chonaic athair Sharon Jimmy ag teacht ina threo, chuir sé an ruaig air.	☐	☐
9.	Sheol sé Jimmy ar ais go dtí an scoil.	☐	☐
10.	Nuair a tháinig Sharon ar ais go dtí a scoil féin, bhí cuma áthasach ar a haghaidh.	☐	☐

  ## B Punann agus leabhar gníomhaíochta: Cleachtadh scríofa

Is tusa Sharon. Scríobh cuntas dialainne i do phunann agus leabhar gníomhaíochta le cur síos ar na smaointe atá ag gabháil trí do chloigeann tar éis duit d'athair a fheiceáil ag pógadh Bhláithín de Clár sa seanbhothán.

Caibidil a 4

Bhí Éile ar an mbealach chuig Scoil na mBráithre chun bualadh lena Daid. Bhí uirthi **bréag**[23] a insint lena Daid arís ar son Sharon **ag ligint uirthi**[24] go raibh Sharon ag obair ar **thionscadal**[25] arís. B'fhuath léi a bheith ag insint bréag. Bhí Sharon tar éis labhairt go borb léi arís. Nuair a chuaigh Éile abhaile, d'inis sí a scéal do Charlie, capall a comharsan. Bhí Máiréad Ní Bhraonáin ag éirí **amhrasach**[26] go raibh tionscadal Sharon ag dul ar aghaidh rófhada. Ní raibh a fear céile Timmy ag rá mórán léi ag am dinnéir.

[23] a lie
[24] pretending
[25] project
[26] suspicious
[27] a mess
[28] she burst out

Cúpla uair an chloig níos déanaí, chuala Éile Jack de Grás ag tiomáint an Honda Civic síos an bóthar agus thuirling Sharon den charr díreach lasmuigh den tigh. Bhí a héadaí **ina praiseach**[27] agus bhí an chuma uirthi go raibh sí tar éis alcól a ól. **Phléasc sí amach**[28] ag gáire nuair a bhí a máthair dá ceistiú. Tháinig Timmy, athair an chúpla amach ón seomra suí. Dúirt sé go mbeadh cás le freagairt ag Sharon amárach ach dúirt Sharon go mbeadh cás le freagairt aige! Ba léir go raibh fearg uirthi lena Daid. D'imigh sí suas staighre.

Cleachtadh scríofa

Freagair na ceisteanna gearra seo a leanas.

1. Cén bhréag a bhí ar Éile a insint dá Daid?
2. Cé dó ar inis Éile a scéalta?
3. Cé a thug síob abhaile do Sharon an oíche sin?
4. Cén chuma a bhí ar Sharon nuair a tháinig sí isteach sa teach?
5. Cad a dúirt a Daid léi?
6. Cad a dúirt Sharon leis?

Caibidil a 5

Bhí Éile, Sharon agus Timmy sa charr. Bhí **póit**[29] ar Sharon. Dúirt Timmy go scriosfaí a gclann dá leanfadh Sharon ar aghaidh mar a bhí sí. Lean Sharon ar aghaidh ag stánadh amach an fhuinneog.

[29] hangover
[30] the amount
[31] old shed

D'iarr Sharon ar an múinteoir cead a thabhairt di dul go dtí an leithreas. Bhí tinneas cinn uirthi de bharr **an méid**[30] vodca a d'ól sí agus de bharr an méid a chonaic sí sa **seanbhothán**[31] ar chúl Scoil na mBráithre. Bheartaigh sí gan aon rud a rá mar gheall air ar feadh tamaill. Fuair sí teist ar ais nuair a d'fhill sí ar a rang. Fuair sí 21% sa teist. Bhí cuma áthasach ar Éile agus í ag féachaint ar a teist. Cheap Sharon gur *'saddo'* agus *'swot'* í Éile. Chuaigh Sharon chuig an rang tíreolais le hIníon Nic Amhlaoibh. Bhí an múinteoir sin i gcónaí déanach agus bhí a cairde sa rang sin.

[32] Decided
[33] eraser
[34] temporary
[35] hid (chuir ... i bhfolach)
[36] skitting
[37] tears
[38] bothering her

Bheartaigh[32] Sharon ar dhul ag rógaireacht.

Chaith sí mála scoile Julie amach an fhuinneog. Ba léir go ndearna Sharon é sin go minic mar dúirt Julie 'Ah nó ... arís'. Nuair a bhí Julie ag dul amach an fhuinneog chun an mála scoile a fháil, bhrúigh sí Julie amach an fhuinneog. Phléasc gach duine amach ag gáire.

Ansin, chuir Sharon *'superglue'* ar an **n**glantóir[33]. Tháinig an múinteoir isteach agus **chuir** Sharon na marcóirí **sealadacha**[34] **i bhfolach**[35]. Fuair an múinteoir amach gur úsáid sí marcóir buan ar an gclár bán ... Tháinig Julie isteach go déanach chuig an rang. Bhí an rang go léir **ag sciotaráil**[36]. Bhí Julie feargach le Sharon. Bhí **deora**[37] i súile an mhúinteora. Ní raibh Sharon ag smaoineamh ar na rudaí a bhí **ag cur isteach uirthi**[38] le linn an ranga sin ach nuair a bhí an rang thart, bhí sí ag smaoineamh orthu arís.

Cleachtadh scríofa

Líon na bearnaí sna habairtí thíos leis an bhfocal cuí ón liosta.

teist	tinneas cinn	póit	rógaireacht
scriosfaí	nglantóir	sealadacha	smaoineamh

1. Bhí _____ ar Sharon agus í sa charr lena Daid agus Éile.

2. Dúirt a hathair Timmy go _____ a gclann dá leanfadh sí ar aghaidh mar a bhí sí.

3. Bhí _____ _____ ar Sharon de bharr an méid vodca a d'ól sí agus de bharr an méid a chonaic sí sa seanbhothán.

4. Fuair Sharon 21% sa _____ a fuair sí ar ais ón múinteoir. Ba léir go raibh Éile sásta leis an ngrád a fuair sí sa teist.

5. Bheartaigh Sharon ar dhul ag _____ sa rang tíreolais.

6. Chuir sí *'superglue'* ar an _____.

7. Chuir sí na marcóirí _____ don bhord i bhfolach.

8. Ní raibh Sharon ag _____ ar na rudaí a bhí ag cur as di le linn an ranga.

Caibidil a 6

[39] closer to
[40] expressing

Bhí na laethanta ag éirí ní b'fhaide agus bhí an aimsir ag éirí ní ba theo. Bhí scrúduithe an Teastais Shóisearaigh ag éirí **ní ba ghaire don**[39] chúpla. Bhí Éile buartha faoi Sharon agus **ag cur** an méid sin **in iúl**[40] do Charlie, capall a comharsan.

Bhí Sharon ag fanacht amach gach oíche agus ag diúltiú do shíob abhaile óna nDaid. Bhí Sharon ag teacht abhaile i gcarranna difriúla – cheap Éile go raibh níos mó ná buachaill amháin ag Sharon. Ní raibh a nDaid ag rá **dada**[41] le Sharon mar gheall air agus ní raibh a Mam agus a Daid ag caint lena chéile. Bhí rud éigin ait ar siúl sa teaghlach, dar le hÉile.

Bhí Timmy ag féachaint ar an g**craoladh**[42] déanach den *Champion's League* agus é ag súil go mbeadh a bhean chéile ina codladh sula rachadh sé suas staighre. Ní raibh comhrá ceart eatarthu le trí mhí anuas. Tháinig Sharon isteach agus thosaigh Timmy ag tabhairt **íde béil**[43] di. Dúirt sé go raibh sí ag cur buartha ar a Maim.

Thosaigh Sharon **ag bagairt ar**[44] Timmy go raibh 'carn scéalta' aici faoin mbothán ar chúl Scoil na mBráithre. Thug Timmy **buille**[45] di trasna **a leiceann**[46]. Tháinig Máiréad Ní Bhraonáin isteach sa chistin ag iarraidh fáil amach cad a bhí ar siúl. Thug sí íde béil do Sharon. Chuaigh Timmy suas staighre agus fuair sé téacs ó Bhláithín ag tabhairt cuiridh dó bualadh léi oíche Dé Sathairn. Níor fhreagair sé an téacs ar eagla go mbéarfadh a bhean chéile air ar an bhfón.

[41] anything/ nothing
[42] broadcast
[43] a telling off
[44] threatening
[45] a blow
[46] her cheek

Ⓐ Fíor nó bréagach?

**Féach ar na habairtí thíos agus abair an bhfuil siad fíor nó bréagach.
Cuir tic sa bhosca ceart.**

	Fíor	Bréagach
1. Bhí scrúduithe na hArdteiste ag druidim leis an gcúpla.	☐	☐
2. D'inis Éile a scéalta go léir dá madra.	☐	☐
3. Cheap Éile go raibh níos mó ná buachaill amháin ag Sharon.	☐	☐
4. Ní raibh comhrá ceart idir Timmy agus a bhean chéile le dhá bhliain anuas.	☐	☐
5. Bhí Sharon ag bagairt ar a Daid go n-inseodh sí gach rud dá Mam faoin méid a chonaic sí sa bhothán ar chúl Scoil na mBráithre.	☐	☐
6. Fuair Timmy cuireadh ó Bhláithín chun bualadh léi oíche Dé Sathairn.	☐	☐

👥 Ⓑ Obair bheirte

Scríobhaigí síos an comhrá a bheadh ann idir Timmy agus Sharon i gcaibidil a sé. Ansin déanaigí an comhrá sin a chur i láthair don rang.

Achoimre ar chaibidil a 6 ar lean

47 messing
48 speech
49 asked
50 sarcastically
51 warning
52 diligently
53 It came to light
54 Refused her
55 she threatened him
56 blackmail him
57 defeated
58 lift
59 anyway

Bhí Sharon **ag pleidhcíocht**[47] lena cara Sinéad agus iad ag éisteacht le h**óráid**[48] lena bpríomhoide. Bhagair an mháistreás ar Shinéad go mbeadh uirthi fanacht siar agus thug an príomhoide íde béil di. Nuair a **d'fhiafraigh Éile de**[49] Sharon an raibh sí ag teacht abhaile léi, dúirt Sharon **go searbhasach**[50] gurbh fhéidir go raibh tionscadal eile le déanamh aici. Chaith Sharon na laethanta scoile ag féachaint amach an fhuinneog nó ag cur isteach ar dhalta eile nuair a bhuail an fonn í. Bhí an méid a chonaic sí sa bhothán ar chúl Scoil na mBráithre ag cur isteach uirthi an chuid is mó den am. Thug a Daid **rabhadh**[51] di go scriosfaí an teaghlach dá n-inseodh sí an scéal dá Maim.

Chaith Éile na laethanta scoile ag déanamh a díchill sa rang agus ag déanamh a cuid obair bhaile **go díograiseach**[52]. Dúirt cara le Sharon go raibh dioscó ar siúl oíche Dé Sathairn. Chuir Sharon a cuid suime in iúl di. Chuaigh Sharon agus a cairde isteach sa bhaile mór agus bhí siad ag caint faoin dioscó – cad a chaithfidís agus mar sin de. Bhí Sharon agus a cara Sinéad ag caint le chéile mar gheall ar Jack de Grás. **Tháinig sé chun solais**[53] ón gcomhrá go raibh Sharon ag bualadh le John, Tommy, Jason agus Pete freisin. Chuir Sharon glao ar Jack. D'iarr sí air paicéad Malboro Lights a cheannach di. Tháinig sé leis na toitíní agus ansin d'fhiafraigh sí de buidéal vodca a cheannach di don dioscó oíche Dé Sathairn. Thug sí póg ar a leiceann dó.

D'iarr Sharon cead ar a Maim dul chuig an dioscó. **Dhiúltaigh** a Maim **di**[54].

Ansin d'iarr sí cead ar a Daid. Nuair a rinne sé iarracht diúltiú di, **bhagair sí air**[55] go raibh 'cuimhní' ag teacht ar ais chuici ón mbóthán ar chúl Scoil na mBráithre Críostaí. Ní raibh Timmy in ann creidiúint go raibh a iníon **á chur faoi dhúmhál**[56]. Leis sin, d'ordaigh Sharon dó 40 euro a thabhairt di. Bhí sé **cloíte**[57] aici. Dúirt Timmy lena bhean chéile go raibh sé tar éis cead a thabhairt do Sharon dul

chuig an dioscó. Ní raibh a bhean chéile in ann é a chreidiúint. Dúirt sé go dtabharfadh sé **síob**[58] do Sharon chuig an dioscó agus go mbaileodh sé í tar éis an dioscó. Dúirt sé go gcaithfeadh sé an oíche ag tiomáint timpeall an bhaile mhóir ach i ndáiríre, bhí sé ar intinn aige bualadh le Bláithín de Clár ag a naoi a chlog i.n. D'ordaigh Sharon dá hathair gan í a bhailiú tar éis an dioscó agus dúirt sí leis go searbhasach gur cheap sí go mbeadh sé 'gnóthach go leor' **ar aon nós**[59]. Chuaigh Timmy go teach Bhláithín de Clár.

Cleachtadh scríofa

Freagair na ceisteanna gearra seo a leanas.

1. Cad a bhí á dhéanamh ag Sharon agus í ag éisteacht le hóráid an phríomhoide?

2. Cad a dúirt Sharon le hÉile nuair a d'fhiafraigh Éile di an raibh sí ag teacht abhaile léi?

3. Conas a chaith Éile na laethanta scoile?

4. Cad a tháinig chun solais nuair a bhí Sharon agus Sinéad ag caint le chéile?

5. Cad a cheannaigh Jack de Grás do Sharon?

6. Cad a rinne Sharon nuair a rinne a Daid iarracht diúltiú dá hachainí dul go dtí an dioscó?

7. Cé a thug síob do Sharon go dtí an dioscó?

8. Cad a bhí ar intinn ag Timmy a dhéanamh an oíche sin tar éis dó síob a thabhairt do Sharon?

Caibidil a 7

Bhí Timmy ag féachaint ar chlár spóirt ar an teilifís agus bhí a bhean chéile ina suí ar an tolg. Ní raibh focal eatarthu. Mhúch a bhean an teilifís mar theastaigh uaithi labhairt leis. Dúirt sí go raibh sí buartha faoina raibh ag tarlú eatarthu agus faoina g**caidreamh**[60].

Bhí Timmy míchompórdach agus níor theastaigh uaidh aon chomhrá domhain a bheith aige lena bhean chéile. Dúirt Timmy go raibh sé faoi bhrú ag cursaí scoile agus go raibh brón air nach raibh sé ag caitheamh go ródheas léi le déanaí. Dúirt sé léi go seolfaidís an cúpla ar chúrsa Gaeltachta trí seachtaine sa chaoi go mbeadh seans acu labhairt le chéile **go príobháideach**[61] agus cúrsaí a phlé.

D'fhógair[62] tuismitheoirí an chúpla dóibh go raibh sé ar intinn acu na cailíní a sheoladh ar chúrsa Gaeltachta. Ní raibh Éile sásta mar gheall air mar theastaigh uaithi post samhraidh a fháil leis an **tréidlia áitiúil**[63]. Bhí Sharon an-sásta mar gheall air mar bheadh go leor buachaillí dathúla ó Bhaile Átha Cliath ar an gcúrsa dar léi. An tseachtain ina dhiaidh sin, bhí scrúduithe an Teastais Shóisearaigh ag tosú. **Bheartaigh**[64] Sharon go dtosódh sí ag staidéar do na scrúduithe. Fuair

  Sharon téacs ó Mhícheál Ó Laoire, col ceathrar le Jimmy. Bhí sé ag iarraidh bualadh léi. Níor cheap Sharon go raibh sé pioc dathúil ach bhí BMW gorm aige agus cheannaigh sé **creidmheas**[65] dá fón di. Dúirt sí leis go raibh sí gnóthach ag staidéar agus go raibh sí ag dul ar chúrsa sa Ghaeltacht ar feadh trí seachtaine tar éis na scrúduithe.

Bhí Éile an-sásta tar éis di a scrúdú Béarla a dhéanamh. Dúirt sí lena cara, áfach, go raibh an solas fós ar siúl i seomra leapa a deirféar ag a 4 a chlog san oíche nuair a dhúisigh sí. Bhí sí buartha faoina deirfiúr.

[60] relationship
[61] privately
[62] announced
[63] local vet
[64] decided
[65] credit

Cleachtadh scríofa

Líon na bearnaí sna habairtí thíos leis an bhfocal cuí ón liosta.

gcaidreamh	seolfaidís	dathúla	bhrú	caitheamh	sásta
chúpla	uaithi	labhairt	creidmheas	spóirt	

1. Bhí Timmy ag féachaint ar chlár _____ ar an teilifís.

2. Mhúch a bhean chéile an teilifís mar theastaigh _____ labhairt leis.

3. Dúirt a bhean le Timmy go raibh sí buartha faoina _____.

4. Dúirt Timmy go raibh sé faoi _____ le cúrsaí scoile agus go raibh brón air nach raibh sé ag _____ go ródheas léi le déanaí.

5. Dúirt sé léi go _____ an cúpla ar chúrsa Gaeltachta ar feadh trí seachtaine.

6. Sa tslí sin, bheadh an seans acu _____ le chéile go príobháideach.

7. D'fhógair Timmy agus Máiréad don _____ go raibh siad ag dul ar chúrsa Gaeltachta.

8. Ní raibh Éile _____ mar theastaigh uaithi post samhraidh a fháil leis an tréidlia áitiúil.

9. Bhí Sharon an-sásta mar gheall air mar cheap sí go mbeadh mórán buachaillí _____ ar an gcúrsa.

10. Bhuail Sharon le Mícheál Ó Laoire mar bhí BMW aige agus cheannaigh sé _____ dá fón.

Caibidil a 8

Dhúisigh Éile an mhaidin a bhí siad chun dul ar an gcúrsa Gaeltachta. Rinne sí iarracht Sharon a dhúiseacht. Bhí **boladh láidir cumhráin**[66] sa seomra leapa agus bhí amhras ar Éile go raibh Sharon ag iarraidh boladh eile a chlúdach. Mhair an turas chuig an gColáiste Gaeilge dhá uair an chloig. Nuair a shroich siad an coláiste, bhí Éile sásta mar chonaic sí cúirt chispheile álainn ar an mbealach isteach chuig an halla agus d'aithin sí mórán cailíní ó fhoireann chispheile Thrá Lí sa halla.

[66] a strong smell of perfume
[67] a ban
[68] abruptly
[69] surprise

Ní raibh Sharon sásta ar chor ar bith mar bhí i bhfad níos mó cailíní ná buachaillí ag freastal ar an gcúrsa agus ní raibh na buachaillí a chonaic sí dathúil ar chor ar bith. Thug príomhoide an choláiste óráid dóibh. Liostaigh sé na rialacha agus dúirt sé go raibh **bac**[67] ar chaidrimh idir na buachaillí agus na cailíní sa choláiste. Bhí Éile agus Sharon ag fanacht le bean tí óg. Bhí siad ag roinnt an tseomra leapa le ceathrar eile. Ní raibh Sharon pioc sásta faoi sin. Labhair Sharon **go borb**[68] leis an mbean tí. Dúirt an bhean tí lena fear céile go raibh 'madam

ceart' acu i Sharon. Dúirt an bhean tí leo a bhfóin phóca a thabhairt di ach lig Sharon uirthi nach raibh aon fhón aici.

Bhí Sharon agus Éile ag freastal ar ranganna Gaeilge an mhaidin dar gcionn. Shuigh Sharon in aice le hÉile – rud a chuid **iontas**[69] ar Éile. Bhí múinteoir óg acu a chaith éadaí ildaite. Nuair a tháinig am spóirt, shuigh Sharon ar an talamh. Tháinig cailín eile chun suí in aice léi a bhí ag caitheamh bríste géine le Victoria Beckham. **Chuaigh sé sin go mór i bhfeidhm ar Sharon[70]**. Thug an cailín roinnt cumhráin de chuid Burberry do Sharon.

Ar deireadh, bhí cúigear cailíní ina suí le chéile agus iad go léir ag caitheamh bríste géine teanna, buataisí Uggs agus go leor bonnsmididh ar a n-aghaidh. Bhí Éile ag imirt cluiche corr agus bhí sí ag baint taitnimh as.

[70] It really impressed Sharon

Fíor nó bréagach?

Féach ar na habairtí thíos agus abair an bhfuil siad fíor nó bréagach. Cuir tic sa bhosca ceart.

		Fíor	Bréagach
1.	Mhair an turas go dtí an Coláiste Gaeilge ceithre uair an chloig.	☐	☐
2.	Bhí Éile an-sásta nuair a chonaic sí an cúirt chispheile álainn sa choláiste Gaeilge.	☐	☐
3.	Bhí áthas ar Sharon nuair a chonaic sí go raibh i bhfad níos mó cailíní ná buachaillí i halla an choláiste Ghaeilge.	☐	☐
4.	Dúirt príomhoide an choláiste go raibh cead ag na cailíní agus ag na buachaillí caidreamh a bheith acu le chéile sa choláiste.	☐	☐
5.	Bhí Éile agus Sharon ag fanacht i lóistín a bhí suite sa choláiste.	☐	☐
6.	Bhí a seomra leapa féin ag an gcúpla.	☐	☐
7.	Bhí Sharon an-bhéasach agus cáirdiúil le bean an tí.	☐	☐
8.	Bhí múinteoir óg a raibh éadaí ildaite uirthi ag múineadh na gcailíní sa choláiste Gaeilge.	☐	☐
9.	Bhuail Sharon le cailín a bhí ag caitheamh bríste géine le Victoria Beckham – rud a chuaigh go mór i bhfeidhm ar Sharon.	☐	☐
10.	Ar deireadh, bhí deichniúr cailíní ina suí le Sharon agus iad go léir ag caitheamh gúnaí agus sála arda.	☐	☐

Achoimre ar Chaibidil a 8 ar lean

Bhí Timmy agus Máiréad Uí Bhraonáin ag tiomáint ar ais ón gcoláiste samhraidh. Bhí óstán **curtha in áirithe[71]** ag Timmy cúpla uair an chloig ón gcoláiste samhraidh. Sheiceáil siad isteach agus bhí béile breá acu i mbialann sa bhaile mór. Thosaigh siad ag caint mar gheall ar chuimhní sona agus bhraith Máiréad go raibh caidreamh de shaghas éigin ag éirí eatarthu arís.

[71] reserved

72 Decreased
73 tension
74 he rejected
75 receptionist
76 conscience
77 however
78 messages
79 He disclosed his secret to his wife
80 He admitted to
81 relationship
82 adulterous
83 upset
84 a key
85 solution
86 to assess

Bhí siad ag caint agus ag gáire lena chéile. **Mhaolaigh**[72] **an teannas**[73] a bhí eatarthu diaidh ar ndiaidh agus bhí cúpla deoch acu ar ais i mbeár an óstáin an oíche sin. Sheol Timmy téacs chuig Bláithín ag rá gur mhaith leis deireadh a chur lena gcaidreamh. Chuir Bláithín glao air ach **dhiúltaigh sé don**[74] ghlao agus mhúch sé a fhón póca.

Dúirt sé leis an bh**fáilteoir**[75] san óstán, gur mhaith leo seomra a fháil le haghaidh seachtain iomlán. Dúirt an fáilteoir go raibh seomra ar fáil agus bhí áthas ar Timmy. Chuir sé seisiún spa in áirithe dá bhean chéile. Tar éis trí lá, bhí cúrsaí go hiontach idir é féin agus a bhean chéile. Bhí

coinsias[76] Timmy ag cur isteach air, **áfach**[77]. Gach uair a las sé a fhón, bhí **teachtaireachtaí**[78] fágtha ag Bláithín. Nuair a chuir a bhean chéile ceist air mar gheall air, dúirt sé gurbh í an Chomhairle Chontae a bhí ag fágáil na dteachtaireachtaí ar an bhfón dó. Bhí béile breá acu ar an Aoine agus thosaigh Timmy ag ól.

Scaoil sé a rún lena bhean chéile[79]. **D'admhaigh sé dá**[80] bhean chéile go raibh **caidreamh**[81] **adhaltrach**[82] aige le duine eile. Bhí a bhean chéile an-**suaite**[83].

Nuair a dhúisigh sé an mhaidin dar gcionn, bhí sé sínte amach ar an urlár i seomra codlata an óstáin. Chuala sé **eochair**[84] sa doras ag 8.12 i.n. Tháinig a bhean chéile isteach agus bhí sí bán san aghaidh. Dúirt sí gur cheap sí gur cheart dóibh scaradh ar feadh tamaill. Bhí Timmy ag iarraidh rudaí a **réiteach**[85] ach dúirt a bhean chéile go raibh am ag teastáil uaithi chun cúrsaí **a mheas**[86]. Bhí sé briste.

 ## Cleachtadh scríofa

Freagair na ceisteanna gearra seo a leanas.

1. Cá raibh Timmy agus Máiréad ag dul agus iad ag tiomáint ar ais ón gcoláiste samhraidh?
2. Cad faoi a raibh siad ag caint sa bhialann?
3. Cad a dúirt Timmy sa téacs a sheol sé chuig Bláithín?
4. Cad a dúirt Timmy leis an bhfáilteoir san óstán?
5. Conas a bhí cúrsaí idir é féin agus a bhean chéile tar éis trí lá?
6. Cad a bhí ag cur isteach ar Timmy?
7. Cad a d'admhaigh sé dá bhean chéile ar deireadh?
8. Conas a mhothaigh a bhean tar éis di an méid sin a chloisteáil?
9. Cad a dúirt a bhean chéile leis an lá dar gcionn?
10. Conas a mhothaigh Timmy nuair a chuala sé an méid sin?

Caibidil a 9

Bhí céilí ar siúl i halla an choláiste samhraidh. Bhí áthas ar Sharon agus a cara nua Jane mar bhí buachaillí dathúla ó Bhaile Átha Cliath ar an urlár agus bhí cuma níos aosta orthu ná na cailíní. Thug an múinteoir **íde béil**[87] dóibh toisc go raibh siad ag pleidhcíocht. Thaitin sé sin le Sharon. Nuair a tháinig sos i lár an chéilí, chuaigh na daltaí lasmuigh den halla. **Chuir** Sharon í féin agus a cairde **in aithne do**[88] na buachaillí. Chuaigh siad go léir chuig crann ag bun an ghairdín agus thug duine de na buachaillí paicéad *Benson and Hedges* amach. Bhí siad ag caitheamh toitíní nuair a tháinig múinteoir aireach orthu a chuir an ruaig orthu ar ais go dtí an halla. Shleamhnaigh Jamie, duine de na buachaillí nóta isteach i lámh Sharon. D'iarr sé uirthi bualadh leis ar Bhóthar na Móna an oíche sin ag a haon a chlog. Dúirt sé go raibh 'rud éigin deas' aige di.

[87] a telling off
[88] Introduced
[89] the dishes
[90] hash
[91] leaders
[92] slap

Bhí Sharon ar ais i dteach bhean an tí agus bhí gach duine ag ithe a ndinnéar. D'iarr an bhean tí ar Sharon na gréithe a ní ach ní raibh Sharon ag iarraidh iad a ní toisc nár ith sí aon dinnéar. Bhí uirthi dul go dtí an chistin ach d'fhág sí **na soithí**[89] go léir ag cailín ciúin darbh ainm Christine. Shuigh Sharon ar chathaoir di féin.

Chuaigh Sharon amach an fhuinneog chun bualadh le Jamie ar Bhóthar na Móna an oíche sin. Bhí **haisis**[90] aige. Bhí Sharon ag iarraidh triail a bhaint as ach rug an príomhoide ar an mbeirt acu. D'inis Cáit an scéal d'Éile an lá dar gcionn. Dúirt sí gur chuir Sharon an haisis ina béal nuair a d'ordaigh an príomhoide di é a thabhairt dó.

Bhí céilí mór ar siúl an oíche sin sa halla. Bhí téama difriúil ag gach foireann agus bhí Éile ag baint taitnimh as. Ansin, tháinig Sharon agus a cairde isteach go déanach. Bhí siad ina suí agus ag magadh faoi na grúpaí difriúla a bhí ag damhsa agus ag cruthú fadhbanna do na **ceannairí**[91]. Bhí fearg ar Éile. Chuaigh Éile chuici agus ghlaoigh sí 'cailín sráide' uirthi. Thosaigh siad ag argóint agus tharraing Sharon **sceilp**[92] ar a deirfiúr. Leag Sharon ar an urlár í agus léim sí in airde uirthi agus bhuail Sharon cúpla sceilp eile uirthi agus shrac sí a cuid gruaige. Bhí ceathrar múinteoirí ag teastáil chun stop a chur leis an troid.

Cleachtadh scríofa

Líon na bearnaí sna habairtí thíos leis an bhfocal cuí ón liosta.

in aithne	íde béil	ar	bualadh le	ar	in airde	cailín sráide	le
ag	ar siúl	sceilp	triail	troid	ar	féachaint ar	

1. Bhí áthas ___ Sharon mar bhí buachaillí dathúla ar an urlár.

2. Thug an múinteoir __ _____ dóibh mar bhí siad ag pleidhcíocht. Thaitin sé sin ___ Sharon.

3. Chuir Sharon í féin agus a cairde __ _____ do na buachaillí.

4. Theastaigh ó Jamie, duine de na buachaillí, _____ __ Sharon ag an gcrosbhóthar go déanach an oíche sin.

5. Bhí haisis ___ Jamie.

6. Bhí Sharon ag iarraidh _____ a bhaint as.

7. Rug an príomhoide ___ an mbeirt acu.

8. Bhí céilí mór __ _____ an oíche sin sa halla.

9. Bhí Sharon agus a cairde ag _____ __ na daltaí a bhí ag damhsa.

10. Tháinig fearg ar Éile agus ghlaoigh sí _____ _____ ar Sharon.

11. Tharraing Sharon _____ ar a deirfiúr agus thosaigh siad ag _____.

12. Léim Sharon __ _____ ar Éile agus bhuail sí í.

Caibidil a 10

Chuir an príomhoide glao ar Timmy agus dúirt sé go raibh drochscéal aige dó. Chuaigh Sharon ar ais chuig teach bhean an tí agus chuaigh sí díreach go dtí an seomra codlata gan focal a rá le héinne.

Sheol sí téacs chuig gach buachaill a raibh aithne aici orthu chun í a bhailiú on gcoláiste. Nuair a chuir sí glao ar Jack de Grás, chuala sí glór a carad Sinéad sa chúlra. Dúirt duine de na buachaillí eile go raibh sé ag obair. Bhí cailín nua ag buachaill eile agus bhí carr iarbhuachalla eile as feidhm. Ar deireadh, dúirt Mícheál Ó Laoire go mbaileodh sé ina BMW í. Tháinig Mícheál sa charr le buidéal vodca. Cheap Sharon go raibh sé gránna ach bhí carr deas aige. D'ól sí vodca leis agus ansin thóg sé amach piollaí. **Shlog**[93] sí piolla siar. Dúirt sí go raibh sí i ngrá leis faoi **thionchar**[94] na bpiollaí. **Is dócha**[95] gur thaibléid eacstaise a bhí i gceist.

[93] Swallowed
[94] influence
[95] Presumably
[96] Ripped

D'iarr Sharon ar Mhícheál múineadh di conas tiomáint. **Réab**[96] an BMW tríd an oíche. Thosaigh Sharon ag tiomáint ní ba thapúla agus ní ba thapúla – suas le 200 ciliméadar san uair. Bhí áthas uirthi. Bhí lánsolas á lasadh ag Sharon ags bhí carr ag teacht ón treo eile. Rinne Mícheál iarracht na lánsoilse a mhúchadh. **Bhrúigh**[97] sé Sharon agus bhrúigh Sharon Mícheál. Bhí an timpiste thart **i bpreabadh na súl**[98].

Tháinig feirmeoir darbh ainm Séamus Ó Ceallaigh ar **láthair**[99] na timpiste an oíche sin. Bhí an dá charr brúite. Bhí fonn air **caitheamh anuas**[100] nuair a chonaic sé an fhuil ar an mbóthar agus nuair a fuair sé an **boladh**[101].

[97] Pushed
[98] in the blink of an eye
[99] scene
[100] to get sick
[101] smell

Fíor nó bréagach?

Féach ar na habairtí thíos agus abair an bhfuil siad fíor nó bréagach.
Cuir tic sa bhosca ceart.

	Fíor	Bréagach
1. Bhí Sharon ag iarraidh síob a fháil ó bhuachaill ar bith a raibh aithne aici orthu sular shroich Timmy an coláiste chun iad a bhailiú.	☐	☐
2. Nuair a chuir Sharon glaoch ar Jack de Grás, chuala sí glór a hathar sa chúlra.	☐	☐
3. Dúirt iarbhuachaill eile go raibh sé ag obair agus dúirt buachaill eile go raibh a charr as feidhm.	☐	☐
4. Ar deireadh, thairg Mícheál Ó Laoire síob abhaile di.	☐	☐
5. Nuair a tháinig Mícheál Ó Laoire chun í a bhailiú, bhí taibléid agus vodca aige di.	☐	☐
6. Níor shlog Sharon na taibléid bhána siar.	☐	☐
7. Thiomáin Sharon an BMW go mall tríd an oíche.	☐	☐
8. Bhí lánsolas ar siúl ag Sharon sa charr nuair a bhí carr ag teacht ón treo eile.	☐	☐
9. Rinne Mícheál iarracht na lánsoilse a mhúchadh agus bhrúigh sé Sharon.	☐	☐
10. Bhrúigh Sharon Mícheál agus bhí an timpiste thart i bpreabadh na súl.	☐	☐

Caibidil a 11

Dhúisigh Sharon agus ní raibh a fhios aici cá raibh sí nó cad a bhí tar éis tarlú. Bhí a ceann tinn. Bhí altra in aice léi. D'fhéach sí ar an teilifís a bhí thuas in airde agus bhí Sky News ar siúl. 25 Lúnasa ab ea an dáta a bhí scríofa air ach lár mí Iúil ab ea é **dar le**[102] Sharon. Ní raibh sí in ann a lámh ná a cos a bhogadh ná aon rud a rá. Tháinig Éile go dtí an t-ospidéal lena Maim. Bhí a Maim ag siúl le cabhair maidí croise. Bhí siad ag dul chuig seomra Sharon san ospidéal chun insint di cad a thit amach. Bhí altra ag cabhrú le Sharon dul go dtí an leithreas

[102] according to

103 bath
104 wheelchair
105 embarrassed
106 graveyard
107 crutches
108 gravestone

agus á hardú isteach i bh**folcadán**103 speisialta ar ghléas. D'ardaigh an fhoireann Sharon isteach i g**cathaoir rotha**104 agus bhí orthu a ceann a shocrú sa chaoi nach mbeadh sé ag bogadh ó thaobh go taobh. Thug siad Sharon chuig an otharcharr agus bhí gach duine ag féachaint ar Sharon le trua. Bhraith sí **náirithe**105 agus ní raibh sí in ann féachaint ar a máthair ná Éile.

Nuair a d'oscail doirse an otharchairr, bhrúigh Éile cathaoir rotha Sharon isteach i **reilig**106 agus lean a máthair iad ar na **maidí croise**107. Chonaic Sharon **leac uaighe**108 lena Daid Timmy Ó Braonáin a cailleadh ar an 10 Iúil air. Ag bun na reilige, bhí leac uaighe eile le feiceáil – ceann le Mícheál Ó Laoire a cailleadh ar an dáta céanna.

 A Obair ealaíne

Tarraing íomhánna/pictiúir le scéal na caibidle seo a léiriú.

 B Cleachtadh scríofa

Freagair na ceisteanna gearra seo a leanas.

1. Cá raibh Sharon?
2. Conas a bhraith a ceann?
3. Cén dáta a bhí ar an teilifís?
4. Cén fáth, an dóigh leat, a raibh an dáta mícheart, dar le Sharon?
5. Cén uirlis a bhí ag teastáil ón altra chun Sharon a ní?
6. An raibh Sharon in ann siúl ón seomra san ospidéal go dtí an t-otharcharr?
7. Cá ndeachaigh Éile, a Maim agus Sharon?
8. Cad a bhí scríofa ar leac na n-uaigheanna?

 C Obair ealaíne

Déan achoimre ar an úrscéal *Cúpla* i bhfoirm pictiúr agus siombailí.

 D Cleachtaí scríofa: Plota an úrscéil

1. Ar thaitin plota an úrscéil *Cúpla* leat? Tabhair dhá fháth le do fhreagra.
   (*Smaoinigh ar na rudaí seo a leanas.*)
   - An raibh go leor teannais, aicsin agus coimhlinte sa scéal duit?
   - Ar thaitin críoch an scéil leat?
   - Ar thaitin téamaí an scéil leat?

2. Samhlaigh gur tusa scríbhneoir an úrscéil *Cúpla*. Scríobh críoch dhifriúil ar an úrscéal.

Téamaí an úrscéil

Tá téamaí difriúla le feiceáil san úrscéal *Cúpla*, ina measc **an óige**, **an scoil**, **an teaghlach** agus **fadhbanna daoine óga**.

An óige agus fadhbanna daoine óga

- Téann Ógie Ó Céilleachair i ngleic le mórán fadhbanna agus dúshlán a bhaineann leis an óige san úrscéal seo.

- Leis an gcúpla Éile agus Sharon, feicimid an brú a bhíonn ar dhéagóirí. Oibríonn Éile go dian ar scoil ach cuireann an teannas sa bhaile idir a Daid agus a Maim isteach uirthi. Bíonn sí buartha faoina deirfiúr Sharon agus ní chaitheann Sharon go deas léi a thuilleadh mar ceapann sí gur *'swot'* í Éile. Bíonn Sharon an-suaite nuair a fhaigheann sí amach go bhfuil caidreamh adhaltrach ar siúl idir a Daid agus múinteoir sa scoil ina n-oibríonn sé. Feicimid an tslí a gcuireann fadhbanna clainne brú ar dhéagóirí.

- Tá seanfhocal ann a deir 'ní thagann ciall roimh aois' agus tá sé sin fíor i gcás Sharon san úrscéal seo. Ní dhéanann sí faic ar scoil agus tá sí gafa le rudaí éadoimhne, ina measc smideadh, cúrsaí faisin agus buachaillí. Is maith le Sharon an dainséar agus buachaillí dána.

- Feicimid cathú an alcóil agus cathú na ndrugaí mar shlí éalaithe sa scéal seo. Ólann Sharon vodca chun dearmad a dhéanamh ar fhadhbanna a teaghlaigh agus toisc go dtaitníonn an dainséar léi freisin. Glacann sí le haisis ó bhuachaill sa Choláiste Gaeilge agus slogann sí siar taibléid eacstaise a thugann Mícheál Ó Laoire di ag deireadh an scéil agus tiomáineann sí carr Mhíchíl faoi thionchar drugaí agus gan aon taithí tiomána. Ar deireadh, íocann sí praghas an-daor ar a drochiompar.

 ### Punann agus leabhar gníomhaíochta

Feicfidh tú ceithre cinn de chiorcail i do phunann agus leabhar gníomhaíochta. Déan príomhthéamaí an úrscéil a scríobh isteach sna boscaí mar a fheiceann tú féin iad agus tabhair míniú gairid ar na príomhthéamaí sin.

Na carachtair

Éile

- Ba chailín maith í Éile. Ba leathchúpla comhionann í ach bhí sí difriúil amach is amach ina **dearcadh**[1] ar an saol lena leathchúpla Sharon. Bhí súile gorma ag an mbeirt cailíní, agus bhí gruaig dhonn ar an mbeirt acu. Bhí siad ard agus **téagartha**[2].

[1] outlook
[2] strongly/athleticly built

³ hardworking
⁴ studious
⁵ at her ease
⁶ telling lies
⁷ on behalf of
⁸ projects
⁹ loyal
¹⁰ she did not tell on her
¹¹ abruptly
¹² vet
¹³ a ban
¹⁴ demise
¹⁵ patience
¹⁶ included
¹⁷ a slap

- Cailín **díograiseach**³, **staidéarach**⁴ ab ea í Éile, áfach. Chaith sí an-chuid ama ag staidéar agus rinne sí a dícheall ar scoil. Thaitin cispheil go mór léi. D'imir sí cispheil ar scoil agus bhí áthas uirthi nuair a chonaic sí an chúirt chispheile álainn sa choláiste Gaeilge.

- Bhí sí macánta. Ní raibh sí **ar a suaimhneas**⁵ **ag insint bréige**⁶ ar son Sharon dá tuismitheoirí. Nuair nach raibh Sharon sásta dul abhaile tar éis na scoile, chuir sí brú ar Éile bréaga a insint dá Maim agus Daid **ar a son**⁷. Bhí ar Éile a rá leo go raibh Sharon ag déanamh **tionscadail**⁸ agus a léithéid. Ag an am céanna bhí Éile **dílis**⁹ do Sharon mar **níor sceith sí uirthi**¹⁰ lena tuismitheoirí.

- Bhí Éile an-bhuartha faoi Sharon – rud a thaispeánann go raibh an-ghrá aici dá deirfiúr cé gur labhair Sharon **go borb**¹¹ léi go minic. Chuir Éile a buairt faoi Sharon in iúl don chapall béaldorais – ba bhreá léi ainmhithe agus theastaigh uaithi post samhraidh a fháil leis an **tréidlia**¹² áitiúil. Nuair a chuaigh Sharon go Scoil na mBráithre in ionad dul ar scoil le hÉile, bhí Éile an-bhuartha fúithi agus d'fhág sí an rang staire chun glaoch a chur ar fhón póca Sharon cé go raibh **cosc**¹³ ar fhóin ar scoil. Bhí Éile buartha faoi Sharon nuair a chonaic sí í ag teacht abhaile i gcarr Jack de Grás mar cheap Éile gurbh amadán é Jack.

- Bhí a fhios aici go raibh Sharon ag dul ar bhóthar a h**aimhleas**a¹⁴. Bhris ar **fhoighne**¹⁵ Éile sa choláiste Gaeilge nuair a bhí Sharon agus a cairde ag magadh faoi na daltaí a bhí ag damhsa agus ag iarraidh páirt a ghlacadh san oíche – Éile **san áireamh**¹⁶. Thug sí 'cailín sráide' ar Sharon agus tharraing Sharon **sceilp**¹⁷ ar a deirfiúr agus leag sí ar an urlár í.

 A Punann agus leabhar gníomhaíochta

Feicfidh tú pictiúr d'Éile i do phunann agus leabhar gníomhaíochta. Scríobh achoimre ar a carachtar mar a fheiceann tú féin é tar éis duit na tréithe sin a phlé le do ghrúpa sa rang. Ansin, líonfaidh gach duine isteach a c(h)uid tuairimí féin ar an léaráid.

Sharon

¹⁸ obsessed with
¹⁹ make-up
²⁰ false tan
²¹ welfare
²² abuse
²³ earned/ deserved

- Ba leathchúpla í Sharon ach bhí sí an-difriúil le hÉile. Bhí Sharon **gafa le**¹⁸ cúrsaí faisin, **smideadh**¹⁹ agus buachaillí. Cheannaigh sí a cuid éadaigh go léir sa siopa Brown Thomas agus cheannaigh sí an branda **donnú bréige**²⁰ ab fhearr. Chuir sí dath ina cuid gruaige.

- Ní raibh Sharon ag caitheamh go deas lena deirfiúr Éile le cúpla mí roimhe sin. Nuair a thosaigh siad sa mheánscoil le chéile, bhí cairdeas iontach eatarthu. Ach bhuail Sharon le roinnt cailíní ón mbaile mór sa mheánscoil a raibh suim mhór acu i gcúrsaí faisin agus smididh agus tar éis di bualadh leo, níor chaith sí go deas le hÉile. Bhí Éile i gcónaí ag smaoineamh faoi **leas**²¹ Sharon agus ní raibh an **drochíde**²² sin **tuillte**²³ aici. Labhair Sharon go borb drochmhúinte léi go minic. Níor chaith Sharon go deas le roinnt daoine eile ach an oiread. Chaith sí mála Julie (dalta eile ar scoil) amach an fhuinneog ar bhonn rialta agus bhrúigh sí Julie amach an fhuinneog os comhair an ranga.

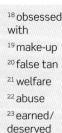 422

- Bhí Sharon an-**leithleach**[24]. Chuir sí brú ar Éile bréaga a insint dá tuismitheoirí ar a son nuair a tháinig sí abhaile go déanach ón scoil.

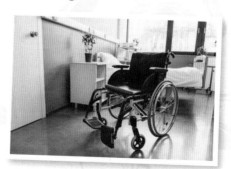

- Bhí Sharon **ag cúirteáil le**[25] roinnt buachaillí difriúla. Tháinig sí abhaile i gcarr Jack de Grás cúpla uair. Cheannaigh sé **toitíní**[26] agus vodca di. Tháinig sé chun solais go raibh sí ag bualadh le mórán buachaillí eile freisin, áfach – ina measc John, Tommy, Jason agus Pete freisin. Bhí Sharon an-éadomhain. **Dhealraigh sé**[27] go raibh sí **sa tóir ar**[28] bhuachaillí bunaithe ar an méid a bhí siad in ann tabhairt di. D'iarr sí ar Jack de Grás toitíní agus vodca a cheannach di. Bhí sí **i dteagmháil le**[29] Mícheál Ó Laoire mar bhí BMW aige cé gur cheap sí go raibh aghaidh ghránna air.

- Chuaigh Sharon go dtí seanbhothán ar chúl Scoil na mBráithre maidin amháin chun bualadh le Jimmy. Nuair a d'fhéach sí isteach trí fhuinneog an bhotháin, chonaic sí a hathair ag pógadh múinteoir óg. Bhí sí an-**suaite**[30] mar gheall air agus **baineadh geit uafásach aisti**[31]. Cé go raibh Sharon **fiáin**[32] go leor go dtí sin, ba léir gur chuir sé sin go mór lena **drochiompar**[33] agus míshástacht. Chuir sé leis an méid rógaireachta a bhí ar siúl aici ar scoil mar bhí sí ag iarraidh a haird a dhíriú ar rudaí eile seachas caidreamh adhaltrach a Daid.

- Bhí Sharon **ceanndána**[34] agus ní raibh eagla uirthi roimh éinne ná aon rud. **Rinne sí iarracht**[35] a Daid a chur faoi dhúmhál tar éis di é a fheiceáil ag pógadh an mhúinteora óig sa seanbhothán ar chúl na scoile nuair a bhí sí ag iarraidh dul go dtí an dioscó. Níor thug a máthair cead di dul ann ach bhí a fhios aici nach raibh an dara rogha ag a Daid ach **ligint di**[36] dul chun a caidreamh adhaltrach a choinneáil faoi rún. Chomh maith leis sin, tháinig Sharon isteach agus í ar meisce go déanach san oíche agus níor ghabh sí a leithscéal lena Daid ná lena Maim.

- Bhí Éile agus a máthair an-bhuartha faoi Sharon mar bhí sé soiléir go raibh sí **ag dul in olcas**[37]. Bhí Sharon **místuama**[38] agus ní raibh **splanc céille**[39] aici. Bhain Sharon triail as drugaí. Nuair a thairg an buachaill sa Choláiste Gaeilge haisis di, bhí sí sásta glacadh leis. Nuair a tháinig Mícheál Ó Laoire chun í a bhailiú ón gColáiste Gaeilge, ghlac sí le taibléid eacstaise uaidh agus **shlog sí**[40] siar iad. Thiomáin sí carr ar phríomhbhóthar faoi **thionchar**[41] na ndrugaí nuair nach raibh aon **taithí**[42] tiomána aici. Ar deireadh, bhí sí **freagrach as**[43] bás Mhíchíl Uí Laoire, bás a Daid, Timmy agus bhí sí freagrach as an **míchumas**[44] a bhí uirthi féin. Fágadh i **gcathaoir rotha**[45] don chuid eile dá saol í.

[24] selfish
[25] flirting with
[26] cigarettes
[27] It appeared
[28] chasing
[29] touch with
[30] upset
[31] she got an awful fright
[32] wild
[33] bad behaviour
[34] stubborn
[35] She made an effort
[36] to let her
[37] going downhill
[38] reckless
[39] a spark of sense
[40] she swallowed
[41] influence
[42] experience
[43] responsible for
[44] disability
[45] wheelchair

9.4e **B** Punann agus leabhar gníomhaíochta

Feicfidh tú pictiúr de Sharon i do phunann agus leabhar gníomhaíochta. Scríobh achoimre ar a carachtar mar a fheiceann tú féin é tar éis duit na tréithe sin a phlé le do ghrúpa sa rang.

Timmy Ó Braonáin

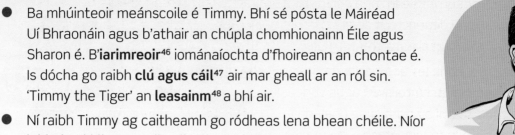

- Ba mhúinteoir meánscoile é Timmy. Bhí sé pósta le Máiréad Uí Bhraonáin agus b'athair an chúpla chomhionainn Éile agus Sharon é. B'**iarimreoir**[46] iománaíochta d'fhoireann an chontae é. Is dócha go raibh **clú agus cáil**[47] air mar gheall ar an ról sin. 'Timmy the Tiger' an **leasainm**[48] a bhí air.

- Ní raibh Timmy ag caitheamh go ródheas lena bhean chéile. Níor labhair sé léi ag am dinnéir nó um thráthnóna sa teach. **Tháinig sé chun solais**[49] go raibh sé ag bualadh le múinteoir óg darbh ainm Bláithín agus go raibh **caidreamh adhaltrach**[50] eatarthu. Chonaic a iníon féin Timmy ag pógadh Bhláithín i seanbhothán ar chúl Scoil na mBráithre, áit a raibh sé ag múineadh.

- Is léir go raibh Timmy **místuama**[51] agus **leithleach**[52]. Lean sé ar aghaidh leis an gcaidreamh le Bláithín – fiú amháin nuair a bhí a fhios aige go bhfaca Sharon le chéile iad. Tar éis dó síob a thabhairt do Sharon chuig an dioscó oíche Dé Sathairn, chuaigh sé chuig teach Bhláithín.

- Ní raibh Timmy sásta le h**iompar**[53] Sharon. Bhí a hiompar ag cur brú ar an teaghlach ar fad, dar leis. Ní raibh sé in ann mórán a dhéanamh faoi dhrochiompar Sharon, áfach. Ní raibh meas ag a iníon air a thuilleadh tar éis di é a fheiceáil sa seanbhothán le Bláithín agus bhí sí feargach leis. Bhí sí **ag cur Timmy faoi dhúmhál**[54] as sin amach.

- Bhí sé soiléir go raibh grá ag Timmy dá bhean chéile ar deireadh agus gurbh é brú an tsaoil a bhí ag cur isteach ar a gcaidreamh go dtí seo i ndáiríre. Chomh luath agus a bhí sos acu, d'éirigh go han-mhaith leo. Chuaigh siad chuig óstán tar éis dóibh an cúpla a sheoladh chuig coláiste Gaeilge agus réitigh siad go han-mhaith le chéile. Chuir sé deireadh leis an gcaidreamh idir eisean agus Bláithín ag an bpointe sin.

- Bhí **coinsias**[55] ag Timmy. Bhí air an scéal faoin gcaidreamh adhaltrach **a admháil**[56] dá bhean chéile san óstán. Bhí sé 'briste' nuair a dúirt a bhean chéile go mbeadh orthu scaradh ar feadh tamaill.

- Ar deireadh, mharaigh Sharon a Daid **de thimpiste**[57] i dtimpiste bhóthair nuair a bhí sí ag tiomáint cairr faoi **thionchar**[58] na ndrugaí gan aon **taithí tiomána**[59].

Máiréad Uí Bhraonáin

- Máthair an chúpla Éile agus Sharon ab ea Máiréad Uí Bhraonáin. Bhí sí an-bhuartha faoina hiníon Sharon agus a drochiompar.

- Ní raibh a fear céile ag caint léi agus ní raibh a gcaidreamh go maith. Ní raibh a fhios ag an mbean bhocht cad a bhí ar siúl nó cad a bhí cearr le Timmy. Tar éis tamaill, rinne sí iarracht cúrsaí a phlé leis mar gheall ar **staid**[60] a gcaidrimh. Dúirt Timmy go raibh sé faoi bhrú ag obair scoile agus go seolfaidís na cailíní ar chúrsa Gaeilge ar feadh cúpla seachtain chun seans a thabhairt dóibh féin cúrsaí a phlé.

- Tar éis dóibh na cailíní a thabhairt chuig an gcoláiste samhraidh, chuaigh Máiréad agus Timmy go dtí óstán deas. D'éirigh go maith leo sa bhialann an oíche sin agus bhí siad ag baint taitnimh as **comhluadar**[61] a chéile agus ag plé **cuimhní**[62] sona.

---

[46] former player
[47] fame
[48] nickname
[49] It came to light
[50] adulterous relationship
[51] reckless
[52] selfish
[53] behaviour
[54] blackmailing
[55] conscience
[56] to admit
[57] by accident
[58] influence
[59] driving experience
[60] state
[61] company
[62] memories

- D'admhaigh Timmy di go raibh caidreamh adhaltrach ar bun aige le cúpla mí roimhe sin. Dúirt sé go raibh sé tar éis deireadh a chur leis an gcaidreamh. Bhí Máiréad an-**suaite**⁶³ faoi sin ar ndóigh. Dúirt sí le Timmy go mbeadh orthu scaradh ar feadh tamaill agus go raibh uirthi smaoineamh faoi chúrsaí eatarthu.

- Ag deireadh an úrscéil, bhí ar Mháiréad a fear céile a chur san **uaigh**⁶⁴. Maraíodh é i dtimpiste bhóthair ar an mbealach ar ais chuig an gcoláiste samhraidh chun na cailíní a bhailiú. Ba í Sharon, a hiníon a bhí ag tiomáint an chairr eile faoi **thionchar**⁶⁵ drugaí. Fágadh a hiníon Sharon i gcathaoir rotha anuas air sin.

Na mioncharachtair

Jack de Grás, Sinéad (cara le Sharon), Julie, bean an tí agus Mícheál Ó Laoire.

 C Cleachtadh scríofa

1. Cérbh é an carachtar ba mhó a thaitin leat? Cuir fáthanna le do fhreagra.
   Feicfidh tú nathanna thíos a chabhróidh leat an cheist a fhreagairt.

   - B'fhearr liom.
   - Thaitin sé liom mar …
   - Bhí saghas trua agam do …
   - Thaitin sé liom go raibh Sharon dána agus fiáin.
   - Chuir a cuid iompair go mór le teannas an scéil.
   - Thaitin Éile liom mar bhí sí cineálta. Bhí sí buartha faoina deirfiúr agus bhí sí cneasta le hainmhithe.
   - Níor thaitin na carachtair sa scéal liom ar chor ar bith.
   - Níor thaitin Timmy liom mar bhí caidreamh adhaltrach aige le múinteoir eile agus níor chaith sé go deas lena bhean chéile d'fhormhór an scéil.

2. An raibh aon charachtar san úrscéal nár thaitin leat? Tabhair dhá fháth le do fhreagra.

D Obair dhrámaíochta: Rólimirt

1. Is tusa Sharon. Cuirfidh an chuid eile den rang ceisteanna ort mar gheall ar:

   - an fáth a raibh tú gránna le hÉile, an fáth a raibh tú feargach le do Dhaid
   - an fáth a raibh tú ag dul amach le buachaillí difriúla, an fáth ar ghlac tú drugaí
   - an fáth ar thiomáin tú carr faoi thionchar drugaí gan **taithí tiomána**⁶⁶.

2. Is tusa Timmy Ó Braonáin. Cuirfidh an chuid eile den rang ceisteanna ort mar gheall ar an bhfáth a raibh caidreamh adhaltrach agat le Bláithín.

⁶³ upset
⁶⁴ grave
⁶⁵ influence

⁶⁶ driving experience

425

Na mothúcháin a bhraitear sa scéal

Fearg: Bhí fearg ar Sharon nuair a fuair sí amach go raibh caidreamh adhaltrach ar bun idir a Daid agus múinteoir eile sa scoil ina raibh sé ag múineadh.

Buairt: Bhí Máiréad Uí Bhraonáin (máthair an chúpla) an-bhuartha faoi Sharon agus a **drochiompar**[67]. Bhí Éile (deirfiúr Sharon) an-bhuartha fúithi freisin. D'inis sí an méid sin don chapall béaldorais go minic.

Aiféala: Bhí **aiféala**[68] ar Timmy (athair an chúpla) nuair a dúirt a bhean chéile go raibh sí ag iarraidh scaradh leis ar feadh tamaill tar éis dó a admháil di go raibh caidreamh adhaltrach aige le Bláithín. Bhí sé 'briste'.

Cé nach n-insíonn an t-údar dúinn conas a mhothaigh Sharon ag deireadh an scéil nuair a chonaic sí **leacanna uaighe**[69] le hainm a Daid agus Mhíchíl Uí Laoire scríofa orthu, is dócha go raibh aiféala ar Sharon gur mharaigh sí a Daid agus Mícheál Ó Laoire sa timpiste bhóthair.

Cneastacht: **Ba léir**[70] go raibh Éile cneasta agus go raibh grá aici dá deirfiúr Sharon. **Faraor**[71] ní raibh sí in ann cabhrú léi.

[67] bad behaviour
[68] regret
[69] gravestones
[70] It was clear
[71] Unfortunately

 ## Punann agus leabhar gníomhaíochta

Téigh chuig do phunann agus leabhar gníomhaíochta. Feicfidh tú na mothúcháin chéanna luaite ann. Tá spás ann duit le samplaí eile a léiriú ón scéal de gach mothúchán thuas. An gceapann tú go bhfuil mothúcháin eile le brath ó léamh an úrscéil duit. Cad iad?

Suíomh an úrscéil

Teach Mhuintir Uí Bhraonáin, Scoil Sharon agus Éile, Meánscoil na mBráithre ina raibh a n-athair Timmy ag múineadh, an Coláiste Gaeilge, an t-óstán agus an príomhbhóthar idir an t-óstán agus an coláiste samhraidh.

 ## Cleachtadh scríofa

I do chóipleabhar, déan liosta de na háiteanna ina dtarlaíonn mórchuid na n-imeachtaí san úrscéal.

Mar shampla:

Teach Uí Bhraonáin: Is ansin a chonaiceamar mórán de na fadhbanna a bhí ag muintir Uí Bhraonáin. Chonaiceamar an teannas idir Máiréad Uí Bhraonáin agus a fear céile Timmy. Is ansin a tharla mórán de na hargóintí idir Sharon agus a tuismitheoirí. Fuaireamar léargas ar na comhráite a bhí ag Éile leis an gcapall béaldorais sa ghairdín.

An Scoil: Chonaiceamar rógaireacht agus pleidhcíocht Sharon ar scoil (mar shampla, nuair a chaith sí mála scoile dalta eile darbh ainm Julie amach an fhuinneog).

Buaicphointe an scéil

An timpiste bhóthair inar mharaigh Sharon a Daid agus Mícheál Ó Laoire nuair a bhí sí ag tiomáint carr Mhíchíl Uí Laoire faoi thionchar drugaí.

A Punann agus leabhar gníomhaíochta

Téigh chuig do phunann agus leabhar gníomhaíochta. Déan liosta de na pointí móra tábhachtacha eile san úrscéal _Cúpla_, dar leat.

Samplaí

- _Nuair a chonaic Sharon a Daid agus múinteoir eile sa scoil ina raibh sé ag múineadh ag pógadh sa seanbhóthán ar chúl na scoile._
- _Nuair a d'admhaigh Timmy dá bhean chéile go raibh caidreamh adhaltrach ar bun aige._

B Obair bhaile

Conas mar a thaitin an scéal seo leat? Cuir fáthanna le do fhreagra. Feicfidh tú nathanna thíos a chabhróidh leat an cheist a fhreagairt.

- Thaitin críoch an scéil go mór liom.
- Baineadh geit asam nuair a chonaic Sharon a Daid ag pógadh múinteora ón scoil ina raibh sé ag obair.
- Cheap mé go raibh an scéal an-**chorraitheach**[72].
- Bhí mé **ag tnúth go mór leis**[73] an gcéad leathanach eile a léamh.
- Bhí saghas trua agam do chás Sharon.
- Cheap mé go raibh na híomhánna an-soiléir don léitheoir agus dá bhrí sin bhí sé an-éasca an suíomh a shamhlú.
- Is aoibhinn liom scéalta **eachtraíocht**a[74] a léamh.
- Mhothaigh mé an teannas ag éirí **ionam**[75] ag pointí **áirithe**[76] sa scéal.
- Ní raibh mé ag súil leis an g**casadh**[77] sa scéal ag deireadh an úrscéil.

[72] exciting
[73] greatly looking forward to it
[74] action/ adventure
[75] in me
[76] certain
[77] twist

Críoch an scéil

Tagann críoch thobann leis an scéal gan amhras agus baintear geit as an léitheoir nuair a bhíonn timpiste bhóthair ag Sharon. Is críoch an-éifeachtach í seo agus cuireann sí go mór le teannas an léitheora.

 **A** Obair bhaile

Déan críoch eile a chur leis an scéal ón bpointe a fuair Timmy amach go raibh air Sharon agus Éile a bhailiú ón gColáiste Gaeilge.

 B Punann agus leabhar gníomhaíochta

Téigh chuig do phunann agus leabhar gníomhaíochta. Scríobh leathanach ar na fáthanna ar thaitin nó nár thaitin an t-úrscéal *Cúpla* leat.

Moladh: Smaoinigh ar na pointí seo a leanas:

1. An raibh tú in ann **ionannú le**[78] haon duine de na carachtair sa scéal?
2. An raibh an scéal **corraitheach**[79]?
3. An raibh **teannas**[80] agus aicsean sa scéal?
4. An raibh ábhar an scéil **tráthúil**[81] duit mar dhéagóir?
5. An raibh an t-údar ag dul i ngleic le rudaí tábhachtacha a bhaineann le saol an déagóra sa lá atá inniu ann?

Ansin, comhlánaigh an leathanach féinmheasúnaithe a ghabhann leis.

[78] identify with
[79] exciting
[80] tension
[81] topical

 Féinfheasacht an fhoghlaimeora: Féinmheasúnú

Cé chomh sásta is atá tú go bhfuil tú in ann caint agus scríobh faoin úrscéal *Cúpla*? Cuir tic sa bhosca cuí.

Aonad 10

Feasacht Teanga: An Ghramadach

PICTIÚRLANN

CÉIM 1: TÉARMAÍ NA GRAMADAÍ

ainmfhocal	*a noun*
uimhir uatha	*singular form*
uimhir iolra	*plural form*
siolla	*a syllable*
an fhréamh	*the root*
na gutaí	*the vowels*
na consain	*the consonants*
consan leathan	*broad consonant*
consan caol	*slender consonant*
inscne	*gender*
firinscneach	*masculine*
baininscneach	*feminine*
tuiseal	*case*

An t-ainmfhocal

Focal is ea ainmfhocal a chuireann cineál duine, áite nó ruda in iúl dúinn.

Mar shampla:

fear, bean, buachaill, cailín, cathair, feirm, teach, sráidbhaile, fuinneog, brón, grá

Tá uimhir uatha agus uimhir iolra ag formhór na n-ainmfhocal.

Mar shampla:

Uimhir uatha	Uimhir iolra
fear	fir
bean	mná
teach	tithe
cailín	cailíní

Ainmfhocal dílis (*proper noun*) is ea ainm duine nó áit ar leith.

Mar shampla:

Colm, Caitlín, Baile Átha Cliath, Meiriceá

An t-alt

Focal is ea an t-alt (*the definite article, i.e. 'the'*) a dhéanann ainmfhocal cinnte d'ainmfhocal.

Mar shampla:

an fear, **an** bhean, **na** mná

An tuiseal ainmneach

Bíonn an t-ainmfhocal sa tuiseal ainmneach nuair is é ainmní na habairte é. (*A noun is in the nominative case when it is the subject of the sentence, i.e. the person/animal/thing doing the action.*)

De ghnáth, tagann an t-ainmfhocal díreach i ndiaidh an bhriathair. (*Usually, the noun comes directly after the verb.*)

Mar shampla:

Bhí **an príomhoide** ag caint leis na daltaí.
Tá **teach** glas ag bun an bhóthair.
Bhí **an cailín** ag canadh sa cheolchoirm aréir.
Tá **an cat** tinn.

 Síle = ainmfhocal dílis (ainm duine/áite)

An tuiseal ainmneach uatha	An tuiseal ainmneach iolra
an fear	na fir
an bhean	na mná
an teach	na tithe
an scoil	na scoileanna

An aidiacht

Tugann aidiacht (*adjective*) tuilleadh eolais dúinn faoi ainmfhocal. Cuirimid an aidiacht in oiriúint don ainmfhocal sa Ghaeilge.

Féach ar leathanach 335 le haghaidh tuilleadh eolais ar an aidiacht agus conas an aidiacht a chur in oiriúint d'ainmfhocal.

Mar shampla:

fear **ard**, cat **dubh**, bean **chineálta**, scoil **mhór**

An aidiacht shealbhach

Cuireann an aidiacht shealbhach (*possessive adjective*) in iúl cé leis rud.

Mar shampla:

An aidiacht shealbhach roimh chonsan	An aidiacht shealbhach roimh ghuta
mo charr	m'aintín
do charr	d'aintín
a charr	a aintín
a carr	a haintín
ár gcarr	ár n-aintín
bhur gcarr	bhur n-aintín
a gcarr	a n-aintín

An briathar

Cuireann briathar (*verb*) gníomh in iúl.

Mar shampla:

téigh, tabhair, déan, ith, tar

Tá briathra rialta (*regular verbs*) agus briathra neamhrialta (*irregular verbs*) ann.

An saorbhriathar

Úsáidimid an saorbhriathar (*the autonomous verb*) nuair nach n-insítear dúinn cé a dhéanann an gníomh.

Mar shampla:

Osclaíodh an scoil ar a 8 ar maidin.	The school was opened at 8 this morning.
Osclaítear an scoil ar a 8 gach maidin.	The school is opened at 8 every morning.
Osclófar an scoil ar a 8 maidin amárach.	The school will be opened at 8 tomorrow morning.
D'osclófaí an scoil ar a 8 muna mbeadh sé dúnta don samhradh.	The school would be opened at 8 if it were not closed for the summer.

Téarmaí a bhaineann le briathra	
Aimsir	*Tense*
réimniú	*conjugation (grouping of verbs)*
an chéad réimniú	*the first conjugation*
an dara réimniú	*the second conjugation*
an fhoirm dhearfach	*the positive form*
an fhoirm dhiúltach	*the negative form*
an fhoirm cheisteach	*the question/interrogative form*
na briathra neamhrialta	*the irregular verbs*

Na réamhfhocail shimplí

Focal is ea réamhfhocal (*preposition*) a léiríonn dúinn cá bhfuil rud maidir le rud eile. Faightear réamhfhocal roimh ainmfhocail. Focal aonair is ea réamhfhocal simplí (*simple preposition*), agus leanann ainmfhocal sa tuiseal tabharthach (*the dative case*) é de ghnáth.

- Uaireanta ní athraíonn litriú an ainmfhocail sa tuiseal tabharthach.
- Uaireanta cuirtear séimhiú ar an ainmfhocal.
- Amanna eile, cuirtear urú ar an ainmfhocal.

> **Mar shampla:**
> ar Shíle, le hÚna, ag an stáisiún, ar an mbord, roimh an gcailín, ag Caitríona

 'An' = *an t-alt* (*the definite article*), *ní réamhfhocal é!*

Na réamhfhocail chomhshuite

Dhá fhocal a fheidhmíonn le chéile mar réamhfhocal is ea réamhfhocal comhshuite (*compound preposition*), agus leanann an tuiseal ginideach (*the genitive case*) iad, m.sh. 'ar fud', 'in aice', 'ar feadh', 'os comhair', 'tar éis', 'le haghaidh'.

> **Mar shampla:**
>
> | | | | |
> |---|---|---|---|
> | domhan | ar fud an domhain | teach | os comhair an tí |
> | farraige | in aice na farraige | scoil | tar éis na scoile |
> | seachtain | ar feadh seachtaine | mí | le haghaidh míosa |

An forainm

Focal is ea forainm (*pronoun*) a úsáidimid in ionad ainmfhocail.

> **Mar shampla:**
> é, í, iad

Forainmneacha pearsanta (*personal pronouns*) is ea na forainmneacha a bhaineann le daoine.

> **Mar shampla:**
> mé, tú, sé, sí, muid (sinn), sibh, siad, thú, é, í, iad

An forainm réamhfhoclach

Nuair a dhéanaimid aon fhocal amháin de réamhfhocal simplí agus forainm, bíonn forainm réamhfhoclach (*prepositional pronoun*) againn.

Mar shampla:

	roimh	de	ag
mé	romham	díom	agam
tú	romhat	díot	agat
sé	roimhe	de	aige
sí	roimpi	di	aici

 Cleachtadh scríofa

Cuir gach focal sa cholún ceart.

téigh, Seán, mór, ar, orm, sé, agam, os comhair, bí, sí, ard, sinn, againn, linn, de, ar fud, romhat, ag, as, tar, bean, leanbh, do, dúinn, cailín, scoil, beag, tú, teach, faoi, clog, fúm

Ainmfhocal	Aidiacht	Briathar	Réamhfhocal simplí	Réamhfhocal comhshuite	Forainm	Forainm réamhfhoclach

CÉIM 2: AN AIMSIR LÁITHREACH

Féach ar leathanach 31, Aonad 1 le haghaidh na rialacha a bhaineann leis an aimsir láithreach.

An chéad réimniú: na briathra eisceachtúla

Le foghlaim!

taispeáin	siúil	sábháil
taispeánaim	siúlaim	sábhálaim
taispeánann tú	siúlann tú	sábhálann tú
taispeánann sé/sí	siúlann sé/sí	sábhálann sé/sí
taispeánaimid	siúlaimid	sábhálaimid
taispeánann sibh/siad	siúlann sibh/siad	sábhálann sibh/siad
taispeántar	siúltar	sábháiltear
ní thaispeánaim	ní shiúlaim	ní shábhálaim
an dtaispeánann tú?	an siúlann tú?	an sábhálann tú?

nigh	suigh	buaigh	glaoigh	léigh	pléigh
ním	suím	buaim	glaoim	léim	pléim
níonn tú	suíonn tú	buann tú	glaonn tú	léann tú	pléann tú
níonn sé/sí	suíonn sé/sí	buann sé/sí	glaonn sé/sí	léann sé/sí	pléann sé/sí
nímid	suímid	buaimid	glaoimid	léimid	pléimid
níonn sibh/siad	suíonn sibh/siad	buann sibh/siad	glaonn sibh/siad	léann sibh/siad	pléann sibh/siad
nítear	suitear	buaitear	glaoitear	léitear	pléitear
ní ním	ní shuím	ní bhuaim	ní ghlaoim	ní léim	ní phléim
an níonn tú?	an suíonn tú?	an mbuann tú?	an nglaonn tú?	an léann tú?	an bpléann tú?

Cleachtadh scríofa

A **Athscríobh na habairtí seo a leanas san aimsir láithreach gan na lúibíní:**

1. (Glan) _____ an scoil ó bhun go barr gach lá.

2. (Fág : sé) _____ an teach ag a hocht a chlog gach maidin.

3. (Bris : sí) _____ cupán i mo theach gach uair a bhíonn cóisir ar siúl.

4. (Coimeád : sé) _____ a chuid airgid sa bhanc.

5. (Caith : sí) _____ gúna i gcónaí nuair a théann sí chuig cóisir.

6. (An : féach : tú) _____ ar an teilifís gach oíche?

7. (Léigh : sí) _____ irisí gach oíche.

8. (Éist : mé) _____ leis an raidió gach maidin.

9. (Cuir : sí) _____ gach rud sa charr sula dtiomáineann sí go dtí a háit oibre.

10. (Tóg : sinn) _____ na cláir shurfála linn nuair a théimid go dtí an trá.

B Athscríobh na habairtí seo a leanas san aimsir láithreach gan na lúibíní:

1. (Glaoigh : mé) _____ ar mo chara i Luimneach gach deireadh seachtaine.

2. (An : nigh : tú) _____ an t-urlár sa chistin gach maidin?

3. (Ní : taispeáin) _____ Liam a chóipleabhar don mhúinteoir mar tá sé míshlachtmhar.

4. (Siúil : sinn) _____ ar scoil gach maidin.

5. (Tit : sí) _____ ar an leac oighir gach uair a théann sí ag scátáil.

6. (Mol) _____ mo mham dom mo chuid gruaige a thriomú nuair a bhíonn an aimsir fuar.

7. (Ceap : sí) _____ go mbeidh sé tirim amárach.

8. (Dún) _____ an siopa ag a sé a chlog.

9. (Bain : sí) _____ an-taitneamh as ceolchoirmeacha i gcónaí.

10. (Úsáid : sinn) _____ ár n-iPadanna chun féachaint ar scannáin uaireanta.

C Scríobh amach na briathra seo a leanas san aimsir láithreach:

1. tóg
2. bris
3. taispeáin
4. buail
5. mair
6. siúil
7. íoc
8. geall
9. sroich
10. glan

An dara réimniú: na briathra eisceachtúla

Le foghlaim!

Maidir leis na briathra **lorg**, **foghlaim**, **fulaing**, **tarraing** agus **tuirling**, cuirimid na foircinn a bhaineann leis an dara réimniú leo gan aon athrú eile a dhéanamh.

Mar shampla:

lorg	foghlaim	fulaing	tarraing
lorgaím	foghlaimím	fulaingím	tarraingím
lorgaíonn tú/sé/sí	foghlaimíonn tú/sé/sí	fulaingíonn tú/sé/sí	tarraingíonn tú/sé/sí
lorgaímid	foghlaimímid	fulaingímid	tarraingímid
lorgaíonn sibh/siad	foghlaimíonn sibh/siad	fulaingíonn sibh/siad	tarraingíonn sibh/siad
lorgaítear	foghlaimítear	fulaingítear	tarraingítear
ní lorgaím	ní fhoghlaimím	ní fhulaingím	ní tharraingím
an lorgaíonn tú?	an bhfoghlaimíonn tú?	an bhfulaingíonn tú?	an dtarraingíonn tú?

Le foghlaim!

Maidir leis an mbriathar **freastail**, bainimid an 'i' ón dara siolla agus ansin cuirimid na foircinn a bhaineann leis an dara réimniú leis an bhfréamh.

freastail
freastalaím
freastalaíonn tú/sé/sí
freastalaímid
freastalaíonn sibh/siad
freastalaítear
ní fhreastalaím
an bhfreastalaíonn tú?

 Cleachtadh scríofa

A Athscríobh na habairtí seo a leanas san aimsir láithreach gan na lúibíní:

1. (Críochnaigh : sí) _críochnaíonn sí_ a cuid obair bhaile go luath gach Céadaoin.

2. (Mínigh) _míníonn_ an múinteoir gach rud go soiléir sa rang gach lá.

3. (Tosaigh : sí) _tosaíonn sí_ ag obair ag a hocht a chlog gach maidin.

4. (Ní : réitigh : siad) _ní réitíonn siad_ go maith le chéile ar chor ar bith.

5. (Imigh : sí) _imíonn sí_ abhaile go luath ó gach cóisir.

6. (Gortaigh : siad) _gortaíonn siad_ iad féin nuair a imríonn siad go rógharbh.

7. (Fiafraigh) _fiafraíonn_ mo dhaid a lán ceisteanna díom gach uair a chuireann buachaill scairt orm.

8. (Críochnaigh) _críochnaíonn_ an clár teilifíse ag leathuair tar éis a sé gach tráthnona.

9. (Náirigh) _náiríonn_ mé nuair a thosaíonn Nóra ag magadh fúm os comhair gach duine.

10. (Bailigh : mé) _bailím_ na cóipleabhair don mhúinteoir gach lá.

B Athscríobh na habairtí seo a leanas san aimsir láithreach gan na lúibíní:

1. (Freagair : sí) _____ na ceisteanna go léir a chuirtear uirthi i gcónaí.

2. (Labhair : sé) _____ go drochbhéasach leis na múinteoirí go minic.

3. (Oscail : sinn) _____ an bhialann ag ceathrú tar éis a 9 gach maidin.

4. (Eitil : sí) _____ thar lear gach samhradh

5. (Codail : sé) _____ go sámh gach oíche.

6. (Foghlaim : sinn) _____ ár ngramadach go dúthrachtach gach deireadh seachtaine.

7. (Tarraing : sí) _____ pictiúr álainn dom sa rang ealaíne gach Aoine.

8. (Freastail : siad) _____ ar scoil dhifriúil leis an gceann seo.

9. (Imir : sinn) _____ cluiche peile gach Satharn.

10. (Inis) _____ mo dhaid na scéalta céanna dom i gcónaí mar gheall ar a óige.

C **Scríobh amach na briathra seo a leanas san aimsir láithreach:**

1. ceannaigh	3. codail	5. bailigh	7. foghlaim	9. críochnaigh
2. Inis	4. imir	6. oscail	8. tosaigh	10. imigh

Na briathra neamhrialta

abair	beir	clois	déan	faigh
deirim	beirim	cloisim	déanaim	faighim
deir tú/sé/sí	beireann tú/sé/sí	cloiseann tú/sé/sí	déanann tú/sé/sí	faigheann tú/sé/sí
deirimid	beirimid	cloisimid	déanaimid	faighimid
deir sibh/siad	beireann sibh/siad	cloiseann sibh/siad	déanann sibh/siad	faigheann sibh/siad
deirtear	beirtear	cloistear	déantar	faightear
ní deirim	ní bheirim	ní chloisim	ní dhéanaim	ní fhaighim
an ndeir tú?	an mbeireann tú?	an gcloiseann tú?	an ndéanann tú?	an bhfaigheann tú?

feic	ith	tabhair	tar	téigh
feicim	ithim	tugaim	tagaim	téim
feiceann tú/sé/sí	itheann tú/sé/sí	tugann tú/sé/sí	tagann tú/sé/sí	téann tú/sé/sí
feicimid	ithimid	tugaimid	tagaimid	téimid
feiceann sibh/siad	itheann sibh/siad	tugann sibh/siad	tagann sibh/siad	téann sibh/siad
feictear	itear	tugtar	tagtar	téitear
ní fheicim	ní ithim	ní thugaim	ní thagaim	ní théim
an bhfeiceann tú?	an itheann tú?	an dtugann tú?	an dtagann tú?	an dtéann tú?

Tá agus bíonn: na rialacha

Tá dhá leagan den bhriathar **bí** ann san aimsir láithreach, mar atá, **bí** agus **tá**.

1. Úsáidimid **tá** nuair a dhéanaimid tagairt do ghníomh atá ar siúl anois díreach.

> **Mar shampla:**
>
> Cá bhfuil tú? Táim sa bhaile.
>
> Cad atá cearr leat? Tá an fliú orm.
>
> Tá cúigear i mo chlann.
>
> Tá a lán áiseanna i mo cheantar.
>
> Tá mo theach beag agus compordach.

2. Úsáidimid **bíonn** nuair a dhéanaimid tagairt do ghníomh a bhíonn ar siúl go leanúnach nó go rialta.

> **Mar shampla:**
>
> Bím ar scoil ag leathuair tar éis a hocht gach maidin.
>
> Bíonn tinneas cinn orm i gcónaí nuair nach n-ólaim go leor uisce.
>
> Bím i dteach mo charad gach tráthnóna Dé hAoine.

tá	bí
táim	bím
tá tú/sé/sí	bíonn tú/sé/sí
táimid	bímid
tá sibh/siad	bíonn sibh/siad
táthar	bítear
nílim	ní bhím
an bhfuil tú?	an mbíonn tú?

Cleachtadh scríofa

A Scríobh na habairtí seo a leanas san aimsir láithreach:

1. (Bí : sí) _____ stiúgtha leis an ocras gach tráthnóna tar éis na scoile.

2. (Téigh : mé) _____ ag snámh san fharraige gach samhradh.

3. (Feic : sinn) _____ ár gcairde ar scoil gach lá.

4. (Tabhair : sí) _____ airgead do Thrócaire gach Nollaig.

5. (Ní : déan : sinn) _____ ár gcuid obair bhaile nuair a bhíonn cuairteoirí sa teach.

6. (An : abair : sí) _____ a paidreacha gach lá?

7. (Ní : faigh : sé) _____ mórán um Nollaig, an creatúr bocht.

8. (Tar : sinn) _____ ar scoil ar an mbus gach maidin.

9. (An : beir : sé) _____ ar an liathróid i gcónaí i rith cluiche?

10. (Ní : mé) _____ sa bhaile faoi láthair. Buail isteach níos déanaí.

B Cuir na briathra seo a leanas san aimsir láithreach:

1. faigh
2. téigh
3. tar
4. clois
5. tabhair
6. feic
7. ith
8. beir
9. abair
10. déan

CÉIM 3: AN AIMSIR CHAITE

Féach ar leathanach 74 le haghaidh na rialacha a bhaineann leis an aimsir chaite.

An chéad réimniú – na briathra eisceachtúla

Le foghlaim!

Bí cúramach leis na briathra seo a leanas:

Le **taispeáin** agus **siúil**, crosálann tú amach an 'i' deireanach sa bhriathar sa chéad phearsa iolra agus sa saorbhriathar san aimsir chaite.

taispeáin	siúil
thaispeáin mé/tú/sé/sí	shiúil mé/tú/sé/sí
thaispeánamar	shiúlamar
thaispeáin sibh/siad	shiúil sibh/siad
taispeánadh	siúladh
níor thaispeáin mé	níor shiúil mé
ar thaispeáin tú?	ar shiúil tú?

*Briathra le dhá shiolla a chríochnaíonn ar **-áil***

Crosálann tú amach an 'i' deireanach den bhriathar sa chéad phearsa iolra agus sa saorbhriathar san aimsir chaite.

sábháil	cniotáil
shábháil mé/tú/sé/sí	chniotáil mé/tú/sé/sí
shábhálamar	chniotálamar
shábháil sibh/siad	chniotáil sibh/siad
sábháladh	cniotáladh
níor shábháil mé	níor chniotáil mé
ar shábháil tú?	ar chniotáil tú?

*Briathra a bhfuil **-igh** mar chríoch orthu le siolla amháin*

nigh	suigh	buaigh
nigh mé/tú/sé/sí	shuigh mé/tú/sé/sí	bhuaigh mé/tú/sé/sí
níomar	shuíomar	bhuamar
nigh sibh/siad	shuigh sibh/siad	bhuaigh sibh/siad
níodh	suíodh	buadh
níor nigh mé	níor shuigh mé	níor bhuaigh mé
ar nigh tú?	ar shuigh sé?	ar bhuaigh tú?

léigh	pléigh	glaoigh
léigh mé/tú/sé/sí	phléigh mé/tú/sé/sí	ghlaoigh mé/tú/sé/sí
léamar	phléamar	ghlaomar
léigh sibh/siad	phléigh sibh/siad	ghlaoigh sibh/siad
léadh	pléadh	glaodh
níor léigh mé	níor phléigh mé	níor ghlaoigh mé
ar léigh tú?	ar phléigh tú?	ar ghlaoigh tú?

Cleachtadh scríofa

A **Athscríobh na habairtí seo a leanas san aimsir chaite gan na lúibíní:**

1. (Glan : sé) _____ _____ a sheomra inné.

2. (Bris : sí) _____ _____ gloine sa chistin inné.

3. (Úsáid : sinn) _____ an carr inné.

4. (Léigh : mé) _____ _____ an páipéar nuachtáin ar maidin.

5. (Mol) _____ an múinteoir an dalta go hard na spéire sa rang.

6. (Can : sí) _____ _____ ag an gceolchoirm aréir.

7. (Coimeád : sinn) _____ ár gcuid airgid sa bhanc anuraidh .

8. (Tóg : sí) _____ _____ an t-airgead as a spárán.

9. (Bain : sinn) _____ sult as an seó faisin aréir.

10. (Fág : siad) _____ _____ an teach ar a 9 ar maidin.

B **Athscríobh na habairtí seo a leanas san aimsir chaite gan na lúibíní:**

1. (Tiomáin : sinn) _____ ó Bhaile Átha Cliath go Corcaigh inné.

2. (Sábháil : mé) _____ _____ mo chuid airgid i gcuntas anuraidh.

3. (Tóg : sí) _____ _____ na málaí as an gcarr.

4. (Fás) _____ na bláthanna go hard an samhradh seo caite.

5. (Rith) _____ Séamas ar nós na gaoithe sa chluiche peile.

6. (Cuir : siad) _____ na leabhair ar ais ar na seilfeanna sa seomra.

7. (Nigh : sinn) _____ an chistin ó bhun go barr.

8. (Pléigh : sinn) _____ na fadhbanna go léir ag an gcruinniú.

9. (Taispeáin : mé) _____ mo charr nua di inné.

10. (Siúil : sinn) _____ abhaile ón scoil inné.

Feasacht Teanga: An Ghramadach

An dara réimniú: na briathra eisceachtúla

Le foghlaim!

Maidir le **foghlaim**, **fulaing**, **tarraing**, **tuirling** agus **lorg**, ní dhéanaimid aon athrú ar leith sa chéad phearsa, uimhir iolra, ná sa saorbhriathar do fhréamh na mbriathra.

foghlaim	fulaing	tarraing	tuirling	lorg
d'fhoghlaim mé/tú/sé/sí	d'fhulaing mé/tú/sé/sí	tharraing mé/tú/sé/sí	thuirling mé/tú/sé/sí	lorg mé/tú/sé/sí
d'fhoghlaimíomar	d'fhulaingíomar	tharraingíomar	thuirlingíomar	lorgaíomar
d'fhoghlaim sibh/siad	d'fhulaing sibh/siad	tharraing sibh/siad	thuirling sibh/siad	lorg sibh/siad
foghlaimíodh	fulaingíodh	tarraingíodh	tuirlingíodh	lorgaíodh
níor fhoghlaim mé	níor fhulaing mé	níor tharraing mé	níor thuirling mé	níor lorg mé
ar fhoghlaim tú?	ar fhulaing tú?	ar tharraing tú?	ar thuirling tú?	ar lorg tú?

Le foghlaim!

Maidir leis an mbriathar **freastail**, bainimid an i sa chéad phearsa, uimhir iolra, agus sa saorbhriathar, ach ní dhéanaimid aon athrú eile.

freastail
d'fhreastail mé/tú/sé/sí
d'fhreastalaíomar
d'fhreastail sibh/siad
freastalaíodh
níor fhreastail mé
ar fhreastail tú?

 Cleachtadh scríofa

A **Athscríobh na habairtí seo a leanas san aimsir chaite gan na lúibíní:**

1. (Ceannaigh : mé) _____ barr nua inné.

2. (Ní : bailigh : sí) _____ na cóipleabhair nuair a d'iarr mé uirthi é sin a dhéanamh.

3. (Tosaigh) _____ an cluiche ar bhuille a dó a chlog.

4. (An : críochnaigh : sí) _____ an obair bhaile go léir?

5. (An : imigh : sí) _____ go Corcaigh Dé Sathairn seo caite?

6. (Mínigh) _____ an múinteoir na rialacha gramadaí go léir dúinn sa rang inné.

7. (Maslaigh) _____ Máire an réiteoir mar bhí fearg uirthi go bhfuair sí cárta dearg.

8. (Deisigh) _____ mo dhaid an roth ar mo rothar arú inné.

9. (Réitigh : siad) _____ go maith le chéile nuair a bhí siad ag obair le chéile san ollmhargadh.

10. (Aimsigh : mé) _____ an fiche euro a chaill mé sa charr inné, buíochas le Dia!

B **Athscríobh na habairtí seo a leanas san aimsir chaite:**

1. (Imir : sinn) _____ peil ghaelach ar fhoireann na Mistéalach le chéile an samhradh seo caite.

2. (Foghlaim : sí) _____ mórán i rang Bhean Uí Shé anuraidh.

3. (Tarraing : sé) _____ pictiúr álainn sa rang ealaíne an tseachtain seo caite.

4. (Freagair : sinn) _____ na ceisteanna go léir a bhí ar an scrúdú ar maidin.

5. (Ní : labhair : sí) _____ _____ liom ar chor ar bith ag an gcóisir aréir.

6. (Tuirling) _____ an heileacaptar ag an aerfort arú inné.

7. (Freastail : sinn) _____ ar an gcoláiste samhraidh céanna an samhradh seo caite.

8. (Imir : sí) _____ sa léig sacair Dé hAoine seo caite.

9. (Oscail : sinn) _____ caifé nua i lár na cathrach anuraidh.

10. (Cosain : sí) _____ na cuaillí go cróga i rith an chluiche Déardaoin seo caite.

Na briathra neamhrialta

Is iad **abair**, **beir**, **bí**, **clois**, **déan**, **faigh**, **feic**, **ith**, **tabhair**, **tar** agus **téigh** na briathra neamhrialta. Is iad seo a leanas foirmeacha na mbriathra neamhrialta san aimsir chaite:

abair	beir	bí	clois
dúirt mé/tú/sé/sí	rug mé/tú/sé/sí	bhí mé/tú/sé/sí	chuala mé/tú/sé/sí
dúramar	rugamar	bhíomar	chualamar
dúirt sibh/siad	rug sibh/siad	bhí sibh/siad	chuala sibh/siad
dúradh	rugadh	bhíothas	chualathas
ní dúirt mé	níor rug mé	ní raibh mé	níor chuala mé
an ndúirt tú?	ar rug tú?	an raibh tú?	ar chuala tú?

déan	faigh	feic	ith
rinne mé/tú/sé/sí	fuair mé/tú/sé/sí	chonaic mé/tú/sé/sí	d'ith mé/tú/sé/sí
rinneamar	fuaireamar	chonaiceamar	d'itheamar
rinne sibh/siad	fuair sibh/siad	chonaic sibh/siad	d'ith sibh/siad
rinneadh	fuarthas	chonacthas	itheadh
ní dhearna mé	ní bhfuair mé	ní fhaca mé	níor ith mé
an ndearna tú?	an bhfuair tú?	an bhfaca tú?	ar ith tú?

tabhair	tar	téigh
thug mé/tú/sé/sí	tháinig mé/tú/sé/sí	chuaigh mé/tú/sé/sí
thugamar	thángamar	chuamar
thug sibh/siad	tháinig sibh/siad	chuaigh sibh/siad
tugadh	thángthas	chuathas
níor thug mé	níor tháinig mé	ní dheachaigh mé
ar thug tú?	ar tháinig tú?	an ndeachaigh tú?

 Cleachtadh scríofa

A **Athscríobh na habairtí seo a leanas san aimsir chaite:**

1. (Bí : mé) _bhí me_ sa Fhrainc ar feadh coicíse an samhradh seo caite.

2. (Déan : sinn) _rinneamar_ a lán oibre sa bhaile an deireadh seachtaine seo caite.

3. (Ith : sí) _d'ith sí_ a bricfeasta sa bhaile ar maidin.

4. (Téigh : sinn) _chuamar_ ar saoire an Cháisc seo caite.

5. (Faigh : mé) _fuair mé_ a lán bronntanas an Nollaig seo caite.

6. (Ní : feic : sí) _ní bhfaca sí_ a cairde an samhradh seo caite mar bhí sí thar lear.

7. (An : feic : tú) _an bhfaca tú_ aon duine ag teacht isteach nó ag dul amach ar maidin?

8. (An : clois : tú) _ar chuala tú_ an nuacht ar an raidió ar maidin?

9. (Ní : tabhair : mé) _níor thug mé_ aon bhronntanas do Mháire dá breithlá agus ní mór dom rud éigin a cheannach di.

10. (Ní : abair : sé) _ní dúirt sé_ aon ní liomsa mar gheall ar an gcóisir inné.

B **Scríobh amach na briathra seo a leanas san aimsir chaite:**

1. bí   3. déan   5. ith   7. tabhair   9. beir
2. feic   4. abair   6. faigh   8. clois   10. téigh

CÉIM 4: AN AIMSIR FHÁISTINEACH

 Féach ar leathanach 116 le haghaidh nótaí ar na rialacha a bhaineann leis an aimsir fháistineach.

An chéad réimniú: na briathra eisceachtúla

 *Tabhair faoi deara!*

taispeáin	siúil	sábháil	nigh	suigh	buaigh	glaoigh	léigh	pléigh
taispeánfaidh mé	siúlfaidh mé	sábhálfaidh mé	nífidh mé	suífidh mé	buafaidh mé	glaofaidh mé	léifidh mé	pléifidh mé

✎ **Cleachtadh scríofa**

A **Cuir na habairtí seo a leanas san aimsir fháistineach:**

1. (Tóg : mé) _____ _____ mo rothar liom amárach.

2. (An : glan : tú) _____ _____ an teach níos déanaí?

3. (Éist : sí) _____ leis an raidió anocht.

4. (Troid : sé) _____ sa chogadh an bhliain seo chugainn.

5. (Bris) _____ rialacha na scoile mura gcuireann an príomhoide stop leis.

6. (Féach : mé) _____ ar Netflix anocht.

7. (Úsáid : sí) _____ a ríomhaire glúine chun taighde a dhéanamh d'aistí.

8. (Coimeád : sinn) _____ an rún sin go·lá ár mbáis.

9. (Fág) _____ Tomás an chóisir go luath anocht mar is iondúil.

10. (Ní : buail : mé) _____ le mo chara níos déanaí anocht mura mbíonn m'obair bhaile déanta agam.

B **Athscríobh na habairtí seo a leanas san aimsir fháistineach:**

1. (Léigh) _____ mo dhaid an páipéar nuachtáin ó thús deireadh maidin amárach.

2. (Suigh) _____ an bhanríon síos in aice leis an bprionsa ag an bhféasta anocht.

3. (Sábháil) _____ Cáit a cuid airgid sa bhanc an bhliain seo chugainn.

4. (Pléigh) _____ fadhbanna an domhain ag an gcruinniú idir Uachtarán Mheiriceá agus Príomhaire na Breataine.

Feasacht Teanga: An Ghramadach

5. (Scríobh : sí) _____ aiste den chéad scoth agus (cuir : sí) _____ _____ isteach ar an gcomórtas scríbhneoireachta.

6. (Can : sinn) _____ 'Amhrán na bhFiann' sula dtosaíonn an cluiche peile Dé Sathairn seo chugainn.

7. (Glaoigh) _____ an príomhoide ar mháthair Oisín má bheirtear air ag caitheamh tobac arís.

8. (Nigh : mé) _____ an t-urlár nuair a bheidh an deis agam níos déanaí.

9. (Buail : sí) _____ lena cara i lár an bhaile mhóir an deireadh seachtaine seo chugainn.

10. (Cáin : sé) _____ _____ blas an bhia sa bhialann anocht mar is duine an-ghearánach é.

An dara réimniú: na briathra eisceachtúla

Maidir le **foghlaim**, **fulaing**, **tarraing**, agus **tuirling**, cuirimid na foircinn chuí leo agus ní dhéanaimid aon athrú eile.

foghlaim	fulaing	tarraing	tuirling
foghlaimeoidh mé	fulaingeoidh mé	tarraingeoidh mé	tuirlingeoidh mé

 *Tabhair faoi deara!*

Maidir leis an mbriathar **freastail**, bainimid an 'i' den dara siolla:

freastail → freastal

An aimsir fháistineach: freastalóidh mé/tú/sé/sí, freastalóimid, freastalóidh sibh/siad, freastalófar, ní fhreastalóidh mé, an bhfreastalóidh tú?

 **Cleachtadh scríofa**

A **Athscríobh na habairtí seo a leanas san aimsir fháistineach:**

1. (Ceannaigh : sinn) _____ teach nua an bhliain seo chugainn.

2. (Mínigh) _____ an múinteoir gach rud sa rang níos déanaí.

3. (Ní : bailigh : sé) _____ an carr anocht.

4. (An : fiosraigh) _____ an príomhoide an cás bulaíochta amárach?

5. (Ní : críochnaigh) _____ Aogán an aiste in am don rang.

6. (Mothaigh : sí) _____ uaigneach nuair a imeoidh a cara amárach.

7. (Réitigh : siad) _____ go maith le chéile ag an gcoláiste samhraidh le cúnamh Dé.

8. (Cabhraigh) _____ an múinteoir linn má iarraimid cúnamh uirthi.

9. (An : fiafraigh : tú) _____ de do mham?

10. (Imigh : mé) _____ chomh luath agus is féidir liom tar éis na scoile.

B Athscríobh na habairtí seo a leanas san aimsir fháistineach:

1. (Oscail : sí) _____ an scoil ag a seacht a chlog maidin amárach.

2. (Codail : sinn) _____ go déanach maidin amárach mar beidh tuirse orainn.

3. (Imir) _____ an cluiche i bPáirc Uí Chaoimh Dé Sathairn seo chugainn.

4. (Inis : sí) _____ scéal a beatha don iriseoir nuair a thiocfaidh sí.

5. (Freagair) _____ na daltaí na ceisteanna go léir ar an scrúdú níos déanaí.

6. (Labhair : mé) _____ leat níos déanaí nuair a bheidh an t-am agam.

7. (Eitil : siad) _____ thar lear an samhradh seo chugainn.

8. (Foghlaim : sí) _____ mórán ar an gcúrsa Gaeilge an samhradh seo chugainn.

9. (Tarraing : sé) _____ pictiúr álainn dom níos déanaí.

10. (Tuirling) _____ an heileacaptar san aerfort anocht.

Na briathra neamhrialta

Is iad **abair**, **beir**, **bí**, **clois**, **déan**, **faigh**, **feic**, **ith**, **tabhair**, **tar** agus **téigh** na briathra neamhrialta. Is iad seo a leanas foirmeacha na mbriathra neamhrialta san aimsir fháistineach:

abair	beir	bí	clois
déarfaidh mé/tú/sé/sí	béarfaidh mé/tú/sé/sí	beidh mé/tú/sé/sí	cloisfidh mé/tú/sé/sí
déarfaimid	béarfaimid	beimid	cloisfimid
déarfaidh sibh/siad	béarfaidh sibh/siad	beidh sibh/siad	cloisfidh sibh/siad
déarfar	béarfar	beifear	cloisfear
ní déarfaidh mé	ní bhéarfaidh mé	ní bheidh mé	ní chloisfidh mé
an ndéarfaidh tú?	an mbéarfaidh tú?	an mbeidh tú?	an gcloisfidh tú?

déan	faigh	feic	ith
déanfaidh mé/tú/sé/sí	gheobhaidh mé/tú/sé/sí	feicfidh mé/tú/sé/sí	íosfaidh mé/tú/sé/sí
déanfaimid	gheobhaimid	feicfimid	íosfaimid
déanfaidh sibh/siad	gheobhaidh sibh/siad	feicfidh sibh/siad	íosfaidh sibh/siad
déanfar	gheofar	feicfear	íosfar
ní dhéanfaidh mé	ní bhfaighidh mé	ní fheicfidh mé	ní íosfaidh mé
an ndéanfaidh tú?	an bhfaighidh tú?	an bhfeicfidh tú?	an íosfaidh tú?

tabhair	tar	téigh
tabharfaidh mé/tú/sé/sí	tiocfaidh mé/tú/sé/sí	rachaidh mé/tú/sé/sí
tabharfaimid	tiocfaimid	rachaimid
tabharfaidh sibh/siad	tiocfaidh sibh/siad	rachaidh sibh/siad
tabharfar	tiocfar	rachfar
ní thabharfaidh mé	ní thiocfaidh mé	ní rachaidh mé
an dtabharfaidh tú?	an dtiocfaidh tú?	an rachaidh tú?

 Cleachtadh scríofa

A **Cuir na habairtí thíos san aimsir fháistineach:**

1. (Tar : sí) _____ _____ ar scoil ar an mbus maidin amárach.

2. (Téigh : sinn) _____ go Port Láirge amárach.

3. (Tabhair : sé) _____ _____ an Corn do chaptaen na foirne ag an gcluiche amárach.

4. (Bí : sé) _____ _____ ag an gcóisir anocht.

5. (An : abair : sí) _____ _____ _____ a cuid paidreacha anocht?

6. (Ní : faigh : sinn) _____ _____ aon sos amárach.

7. (An : clois : tú) _____ _____ _____ an clog sa seomra seo níos déanaí?

8. (Téigh : sinn) _____ ar saoire an samhradh seo chugainn.

9. (Ní : bí : sé) _____ _____ _____ ag an bpictiúrlann anocht.

10. (Ith : sí) _____ _____ a dinnéar ag leathuair tar éis a seacht anocht.

B **Scríobh amach na briathra seo a leanas san aimsir fháistineach:**

1. téigh   3. faigh   5. beir   7. feic   9. ith
2. tar   4. bí   6. déan   8. faigh   10. clois

CÉIM 5A: AN MODH COINNÍOLLACH

Féach ar leathanach 203 le haghaidh nótaí ar na rialacha a bhaineann leis an modh coinníollach.

Úsáidimid an modh coinníollach nuair a bhímid ag caint faoi rud a mbaineann coinníoll leis, is é sin go dtarlódh rud éigin dá dtarlódh rud eile nó dá mbeadh cúinsí (*circumstances*) áirithe ann.

Má bhíonn an focal 'would', 'could' nó 'should' *san abairt Bhéarla, úsáidtear an modh coinníollach don abairt iomlán sa Ghaeilge.*

An chéad réimniú: na briathra eisceachtúla

Le foghlaim!

taispeáin	siúil	nigh	suigh	pléigh	léigh	glaoigh	sábháil
thaispeánfainn	shiúlfainn	nífinn	shuífinn	phléifinn	léifinn	ghlaofainn	shábhálfainn

Cleachtadh scríofa

A **Athscríobh na habairtí thíos sa mhodh coinníollach:**

1. (Tóg : mé) _____ níos mó ranganna amhránaíochta dá mbeadh an t-am agam.

2. (Ní : glan : sé) _____ an carr mura mbeadh an t-am aige.

3. (Úsáid : sí) _____ a peann dá mbeadh peann aici.

4. (Goid : sé) _____ an t-airgead dá mbeadh an seans aige.

5. (Éist : sinn) _____ leis an raidió dá mbeadh an t-am againn.

6. (An : féach : tú) _____ ar an teilifís dá mbeadh an t-am agat?

7. (Coimeád : siad) _____ aon rún faoin spéir duit, ná bí buartha!

8. (Ní : taispeáin : sí) _____ a gúna nua domsa mura mbeadh mo thuairim tábhachtach di.

9. (Léigh : sé) _____ níos mó leabhar dá mbeadh níos lú obair bhaile le déanamh aige.

10. (Nigh : sí) _____ an t-urlár dá (bí) _____ níos lú le déanamh aici.

B Scríobh amach na briathra seo a leanas i bhfoirm tábla sa mhodh coinníollach:

1. fág
2. úsáid
3. tiomáin
4. siúil
5. rith
6. sábhái
7. coimeád
8. tóg
9. fás
10. ól

An dara réimniú: na briathra eisceachtúla

Le foghlaim!

Maidir leis na briathra **foghlaim**, **fulaing**, **tarraing**, **tuirling** agus **lorg**, cuirimid na foircinn a bhaineann leis an dara réimniú leo gan aon athrú eile a dhéanamh.

foghlaim	fulaing	tarraing	tuirling	lorg
d'fhoghlaimeoinn	d'fhulaingeoinn	tharraingeoinn	thuirlingeoinn	lorgóinn

Le foghlaim!

Maidir leis an mbriathar **freastail**, bainimid an 'i' den dara siolla agus cuirimid na foircinn a bhaineann leis an dara réimniú leis.

freastail	freastal (an fhréamh)	d'fhreastalóinn

 Cleachtadh scríofa

A Athscríobh na habairtí seo a leanas sa mhodh coinníollach:

1. (Críochnaigh : sé) _____ a lá oibre go luath dá mbeadh an seans aige.

2. (Ní : tosaigh : sí) _____ an rás mura mbeimis faoi bhrú ama.

3. (An : ceannaigh : sí) _____ barr nua don dioscó dá mbeadh an t-airgead póca aici?

4. (An : imir) _____ an cluiche dá mbeadh an aimsir go dona?

5. (Ní : labhair : sé) _____ mar sin liomsa riamh.

6. (Freagair : siad) _____ an cheist dá mbeadh an freagra ar eolas acu.

7. (An : bailigh : siad) _____ na cóipleabhair don mhúinteoir dá n-iarrfadh sí orthu sin a dhéanamh?

8. (Ní : inis : sí) _____ a rún dó dá mbeadh ciall aici!

9. (Freastail : sí) _____ ar an scoil chéanna liomsa dá mbeadh sí ina cónaí cóngarach dom.

10. (Fiosraigh) _____ na Gardaí an scéal dá mbeadh amhras orthu mar gheall air.

B Scríobh amach na briathra seo a leanas sa mhodh coinníollach:

1. imigh	3. codail	5. fulaing	7. tuirling	9. freastail
2. oscail	4. labhair	6. críochnaigh	8. tarraing	10. ceannaigh

Na briathra neamhrialta

abair	beir	bí	clois
déarfainn	bhéarfainn	bheinn	chloisfinn
déarfá	bhéarfá	bheifeá	chloisfeá
déarfadh sé/sí	bhéarfadh sé/sí	bheadh sé/sí	chloisfeadh sé/sí
déarfaimis	bhéarfaimis	bheimis	chloisfimis
déarfadh sibh	bhéarfadh sibh	bheadh sibh	chloisfeadh sibh
déarfaidís	bhéarfaidís	bheidís	chloisfidís
déarfaí	bhéarfaí	bheifí	chloisfí
ní déarfainn	ní bhéarfainn	ní bheinn	ní chloisfinn
an ndéarfá?	an mbéarfá?	an mbeifeá?	an gcloisfeá?

déan	faigh	feic	ith
dhéanfainn	gheobhainn	d'fheicfinn	d'íosfainn
dhéanfá	gheofá	d'fheicfeá	d'íosfá
dhéanfadh sé/sí	gheobhadh sé/sí	d'fheicfeadh sé/sí	d'íosfadh sé/sí
dhéanfaimis	gheobhaimis	d'fheicfimis	d'íosfaimis
dhéanfadh sibh	gheobhadh sibh	d'fheicfeadh sibh	d'íosfadh sibh
dhéanfaidís	gheobhaidís	d'fheicfidís	d'íosfaidís
dhéanfaí	gheofaí	d'fheicfí	d'íosfaí
ní dhéanfainn	ní bhfaighinn	ní fheicfinn	ní íosfainn
an ndéanfá?	an bhfaighfeá?	an bhfeicfeá?	an íosfá?

tabhair	tar	téigh
thabharfainn	thiocfainn	rachainn
thabharfá	thiocfá	rachfá
thabharfadh sé/sí	thiocfadh sé/sí	rachadh sé/sí
thabharfaimis	thiocfaimis	rachaimis
thabharfadh sibh	thiocfadh sibh	rachadh sibh
thabharfaidís	thiocfaidís	rachaidís
thabharfaí	thiocfaí	rachfaí
ní thabharfainn	ní thiocfainn	ní rachainn
an dtabharfá?	an dtiocfá?	an rachfá?

 Cleachtadh scríofa

A **Athscríobh na habairtí seo a leanas sa mhodh coinníollach:**

1. (Téigh : mé) _____ ar saoire dá mbeadh an t-airgead agam.

2. (Bí : sé) _____ _____ an-sásta dá mbuafadh sé an Crannchur Náisiúnta.

3. (Ní : clois : sí) _____ _____ _____ an scéal dá mbeadh sí imithe.

4. (Faigh : siad) _____ carr nua dá mbeadh an seans acu.

5. (An : ith : tú) _____ _____ seilide dá mbeifeá sa Fhrainc?

6. (Déan : sí) _____ _____ aon rud ar son a cuid páistí.

7. (An : tar) _____ _____ an Pápa go hÉirinn, meas tú?

8. (Abair : siad) _____ rud ar bith chun an díospóireacht a bhuachan.

9. (An : feic : sí) _____ _____ _____ a cairde go minic nuair a bheadh sí sa bhaile?

10. (Ní : tabhair : sé) _____ _____ _____ pingin rua do dhaoine bochta mar gur duine suarach é.

B **Scríobh amach na briathra seo a leanas sa mhodh coinníollach:**

1. bí
2. téigh
3. tar
4. déan
5. feic
6. beir
7. tabhair
8. clois
9. faigh
10. ith

CÉIM 5B: 'DÁ' AGUS AN MODH COINNÍOLLACH

- Ciallaíonn 'dá' *if* sa Ghaeilge. Leanann an modh coinníollach 'dá' **i gcónaí**.

- An riail: **dá** + **urú**

Mar shampla:

Dá mbeadh deis agam, rachainn ar saoire.	*If I had the opportunity, I <u>would go</u> on holidays.*
Dá mbeinn i mo phríomhoide, thabharfainn leathlá do na daltaí gach Aoine.	*If I were principal, I <u>would give</u> a halfday to the students every Friday.*
Dá mbeimis ábalta rith, rithfimis.	*If we were able to, we <u>would run</u>.*

- Is é 'mura' foirm dhiúltach 'dá'. mura = *if not*

- An riail: **mura** + **urú**

Mar shampla:

Mura mbeadh an aimsir go maith, ní fhéadfainn dul ag rothaíocht.	*If the weather was not good, I could not go cycling.*
Mura mbeinn i mo cheoltóir, ní bheinn sásta le mo shaol.	*If I weren't a musician, I would not be happy in my life.*

CÉIM 5C: 'MÁ' AGUS 'MURA'

Má

- Ciallaíonn 'má' 'if' sa Ghaeilge.
- Úsáidtear 'má' in abairtí san aimsir chaite agus san aimsir láithreach.
- Ní féidir an aimsir fháistineach a úsáid díreach i ndiaidh 'má' ach is minic a bhíonn sé sa dara leath den abairt.
- An riail: **má** + **séimhiú**

Mar shampla:

'Má' + an aimsir láithreach, an aimsir láithreach sa dara leath den abairt	
Má bhíonn an aimsir go maith, téim go dtí an trá.	*If the weather is good, I go to the beach.*
Má bhíonn mo nia go maith, tugaim milseán dó.	*If my nephew is good, I give him a sweet.*

'Má' san aimsir láithreach, an aimsir fháistineach sa dara leath den abairt	
Má fhaighim mo thuarastal, ceannóidh mé feisteas nua amárach.	*If I get my salary, I will buy a new outfit tomorrow.*
Má chloisim an scéal sin arís uaidh, rachaidh mé le báiní!	*If I hear that story again from him, I will go crazy!*

'Má' san aimsir chaite	
Má bhí Pádraig ag an gcóisir, ní fhaca mé é.	*If Pádraig was at the party, I didn't see him.*
Má theastaigh ardú pá uaidh, níor chuala mise faic faoi.	*If he wanted a pay rise, I didn't hear anything about it.*

 **Cleachtadh scríofa**

Athscríobh na habairtí seo a leanas gan na lúibíní:

1. Má (bí) _____ an t-am agam, is aoibhinn liom dul go dtí an phictiúrlann.

2. Má (tar : sí) _____ _____ anseo, ní bheidh sí sásta le staid an tí.

3. Má (bí : sé) _____ ag an gcóisir aréir, ní fhaca mé é.

4. Má (déan : siad) _____ _____ an obair bhaile inné, ní fhaca mé é.

5. Má (bí : tú) _____ i ndrochghiúmar i gcónaí, éireoidh daoine eile bréan díot.

Mura

- Is é 'mura' foirm dhiúltach 'má' agus 'dá'.
- Is féidir briathar san aimsir chaite, aimsir láithreach, aimsir fháistineach nó sa mhodh coinníollach 'mura' a leanúint.
- An riail: **mura** + **urú**

 *Eisceachtaí: Nuair a thosaíonn briathra le **st**, **l**, **n**, **r**, **sm**, **sp** nó **sc** (**St** El**ea**nor is **sm**iling in **Sp**anish **sc**hool) nó **m** nó **s** (**M**arks & **S**pencer).*

Na rialacha 'mura' nó 'murar' san aimsir chaite

1. Úsáidtear **mura** le roinnt briathra neamhrialta san aimsir chaite.

   Mar shampla:
   mura raibh, mura bhfaca, mura ndearna, mura ndúirt, mura ndeachaigh, mura bhfuair

2. Úsáidimid **murar** le **briathra rialta** san aimsir chaite agus le roinnt briathra neamhrialta.
   - Briathra a thosaíonn le consain: **murar** + **séimhiú**
   - Briathra a thosaíonn le guta: **murar** + **faic**

   Mar shampla:
   murar thóg sé, murar thug sé, murar chabhraigh sé, murar ól sé, murar éist sé
   murar chuala, murar tháinig, murar ith, murar rug, murar thug

3. Úsáidimid **murar** + **faic** le saorbhriathra.

   Mar shampla:
   Murar cailleadh an bád le linn na stoirme, beidh faoiseamh orm.

 Cleachtadh scríofa

Athscríobh na habairtí seo a leanas gan na lúibíní:

1. Mura (téigh : sé) _____ go Corcaigh inné, cén fáth a bhfaca mé ansin é?

2. Mura (tar : sí) _____ anocht, ní thabharfaidh mé cuireadh di arís.

3. Mura (bí : sé) _____ ag an gcóisir aréir, cá raibh sé?

4. Murar (tóg : siad) _____ an t-airgead, cá bhfuil an t-airgead anois?

5. Mura (faigh : sí) _____ aon chabhair, conas a d'éirigh léi an teach a mhaisiú?

Feasacht Teanga: An Ghramadach

CÉIM 6: ATHBHREITHNIÚ AR NA hAIMSIRÍ

Cluiche

	An aimsir chaite	An aimsir láithreach	An aimsir fháistineach	An modh coinníollach
(téigh : mé)				
(bí : sé)				
(glan : sí)				
(ní : tóg : siad)				
(an : ith : sí)				
(ceannaigh : sinn)				
(oscail : sí)				
(ní : imir : siad)				
(can : siad)				
(clois : sé)				
(an : déan : sé)				
(an : foghlaim : sí)				
(úsáid : siad)				
(ní : ól : sí)				
(freastail : sí)				
(codail : siad)				
(an : inis : tú)				
(coimeád : siad)				
(an : bailigh : sí)				
(foghlaim : sí)				
(ní : léigh : sé)				
(abair : siad)				
(an : tiomáin : sé)				
(imir : sé)				

CÉIM 7: AN CHLAONINSINT AGUS BRIATHRA

Féach ar leathanach 240, Céim 5, Aonad 6 le haghaidh nótaí agus cleachtaí ar an gclaoninsint agus briathra.

CÉIM 8: AN CHOPAIL AGUS CLAONINSINT NA COPAILE

An aimsir láithreach

Briathar ar leith is ea an chopail 'is' a úsáidimid nuair is ionann dhá rud. Úsáidimid an chopail go minic nuair a bhímid ag caint faoi phost nó faoi stádas duine.

Mar shampla:

Is feirmeoir é Tomás.

Is múinteoir í Sorcha.

Is bean tí í.

Is Éireannach é.

Is bean phósta í.

Is fear pósta é.

Is fear tí é.

Úsáidimid an chopail nuair a bhímid ag déanamh cur síos ar chineál nó ar cháilíocht an duine.

Mar shampla:

Is duine flaithiúil é.

Is cailín saibhir í.

Is buachaill cneasta é.

Úsáidimid 'is' sna frásaí seo a leanas freisin.

Mar shampla:

Is fearr liom.

Is maith liom/Is breá liom/Is aoibhinn liom.

Is fuath liom.

Is féidir liom.

Is ionann X agus Y.

Is liomsa an mála sin.

Is é ... an t-ábhar is fearr liom.

Is é ... an phearsa cheoil is fearr liom.

Achoimre ar an gcopail san aimsir láithreach

Foirm dhearfach	Foirm dhiúltach	Foirm cheisteach
Is fear gnó é.	Ní fear gnó é.	An fear gnó é?
Is iascaire é.	Ní iascaire é.	An iascaire é?
Is duine cineálta í.	Ní duine cineálta í.	An duine cineálta í?
Is maith liom	Ní maith liom	An maith liom?

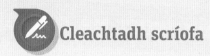

Cleachtadh scríofa

Freagair na ceisteanna seo a leanas:

1. An aisteoir í Jennifer Lawrence?
2. Cad é an t-ábhar is fearr leat?
3. Cén phearsa spóirt is fearr leat?
4. An cuntasóir é d'athair?
5. An páiste aonair thú?
6. An Éireannach í do mham?
7. An fearr leat cóc nó oráiste nó uisce?
8. An amhránaí í Rihanna?
9. An féidir leat Fraincis a labhairt?
10. An duine saibhir é Ronaldo?

An chopail san aimsir chaite agus sa mhodh coinníollach

- Tá an chopail mar an gcéanna san aimsir chaite agus sa mhodh coinníollach. Níl aon leaganann di san aimsir fháistineach.
- Bíonn a fhios agat cén aimsir ina bhfuil an chopail nuair a fhéachann tú ar an abairt iomlán agus ar an gcomhthéacs.

An chopail roimh chonsan

An fhoirm dhearfach	An fhoirm dhiúltach	An fhoirm cheisteach
ba + séimhiú	**níor** + séimhiú	**ar** + séimhiú

Mar shampla:		
Ba thréidlia é tráth.	Níor thréidlia é trath.	Ar thréidlia é tráth?
Ba dhuine cineálta é fadó.	Níor dhuine cineálta é fadó.	Ar dhuine cineálta é fadó?
Ba mhaith liom seacláid.	Níor mhaith liom seacláid.	Ar mhaith leat seacláid?

	An chopail roimh ghuta	An chopail roimh f + séimhiú
An fhoirm dhearfach	b'	b' + séimhiú
An fhoirm dhiúltach	níorbh	b' + séimhiú
An fhoirm cheisteach	arbh	b' + séimhiú

Mar shampla:

B'amhránaí é tráth.	**Níorbh** amhránaí é tráth.	**Arbh** amhránaí é tráth?
B'aoibhinn liom sos ón obair	**Níorbh** aoibhinn liom sos ón obair.	**Arbh** aoibhinn leat sos ón obair?
B'fhearr liom tae ná caife.	**Níorbh** fhearr liom tae ná caife.	**Arbh** fhearr leat tae ná caife?

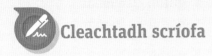 **Cleachtadh scríofa**

Freagair na ceisteanna seo a leanas san fhoirm dhearfach nó san fhoirm dhiúltach:

1. Arbh fhearr leat uisce nó sú oráiste?
2. Ar mhaith leat a bheith i do mhúinteoir?
3. Ar mhiste leat na cóipleabhair a bhailiú?
4. Arbh fhéidir leat codladh na hoíche a fháil aréir?
5. Ar mhaith leat dul go dtí an Astráil lá éigin?
6. Arbh fhear cineálta é do sheanathair?
7. Ar chailín deas í nuair a bhí aithne agat uirthi?
8. Ar dhuine lách é nuair a bhí sé ag obair leat?
9. Arbh fhearr leat staidéar a dhéanamh ar an bhFraincis nó ar an Spáinnis?
10. Ar mhiste leat do mhála a thógáil as an mbealach?

An chlaoninsint leis an gcopail

An aimsir láithreach

Abairt dhíreach	Claoninsint
is	gur (roimh chonsan agus guta)
ní	nach
is	gurb (roimh aidiacht a thosaíonn le guta)

Insint dhíreach	Claoninsint
'Is bean ghnó í,' arsa Fiachra.	Deir Fiachra gur bean ghnó í.
'Is iascaire é,' arsa Seoidín.	Deir Seoidín gur iascaire é.
'Ní bean chainteach í,' arsa Tomás.	Deir Tomás nach bean chainteach í.
'Ní Meiriceánach í,' arsa Deibhinn.	Deir Deibhinn nach Meiriceánach í.
Is álainn an lá é.	Deir Sofia gurb álainn an lá é.
Is ait an saol.	Deir Stiofán gurb ait an saol.

An aimsir chaite agus an mhodh coinníollach

	Abairt dhíreach	Claoninsint
Roimh chonsan	**ba** + séimhiú	**gur** + séimhiú
	níor + seimhiú	**nár** + séimhiú
Roimh ghuta	**b'**	**gurbh**
	níor	**nárbh** + faic
Roimh f	**b'**	**gurbh** + séimhiú
	níorbh + séimhiú	**nárbh** + séimhiú
Roimh aidiacht a thosaíonn le guta	**níor**	**nárbh**

Insint dhíreach	Claoninsint
'**Ba** mhaith leis dul go dtí an Astráil lá éigin.'	Ceapaim **gur** mhaith leis dul go dtí an Astráil lá éigin.
'**Níor** mhaith liom dul go hAlbain.'	Ceapaim **nár** mhaith liom dul go hAlbain.
'**Ba** mhúinteoir é.'	Dúirt Aogán **gur** mhúinteoir é.
'**Níor** mhúinteoir é.'	Dúirt Antaine **nár** mhúinteoir é.
'**B'**álainn an lá é inné.'	Dúirt Fiona **gurbh** álainn an lá é inné.
'**Níorbh** álainn an lá é inné.'	Dúirt Fiona **nárbh** álainn an lá é inné.
'**B'f**hearr liom uisce ná sú úill.'	Dúirt Mícheál **gurbh** fhearr leis uisce ná sú úill.
'**Níorbh** fhearr liom hip hap ná popcheol.'	Dúirt Máirtín **nárbh** fhearr leis hip hap ná popcheol.

 Cleachtadh scríofa

Cuir 'Dúirt Ruaidhrí' roimh na habairtí seo a leanas:

1. Is breá liom bia Iodálach.

2. B'amhránaí iontach é George Michael.

3. Níor dhlíodóir é Seoirse nuair a bhí sé ní b'óige.

4. B'fhearr leis uisce súillíneach ná cóc.

5. B'iontach an lá é inné.

6. Níorbh iontach an lá é inné.

7. Níorbh fhearr le Séamas iasc ná feoil nuair a bhí sé óg.

8. Ba mhúinteoir den chéad scoth í nuair a bhí sí beo.

9. B'eolaí iontach é dá bhfaigheadh sé an deis.

10. Níorbh ailtire riamh é.

CÉIM 9: AN AIDIACHT SHEALBHACH

	Roimh chonsan	Sampla	Roimh Ghuta	Sampla
mo	séimhiú	mo dhaid	m'	m'uncail
do	séimhiú	do dhaid	d'	d'uncail
a (*his*)	séimhiú	a dhaid	—	a uncail
a (*her*)	—	a daid	h	a huncail
ár	urú	ár ndaid	urú	ár n-uncail
bhur	urú	bhur ndaid	urú	bhur n-uncail
a (*their*)	urú	a ndaid	urú	a n-uncail

- Ní féidir séimhiú a chur ar **l**, **n** ná **r** ná ar **sc**, **sm**, **sp** nó **st**.
- Ní féidir urú a chur ar **l**, **m**, **n**, **r** ná **s**.

 Cleachtadh scríofa

A Athscríobh na habairtí seo a leanas gan na lúibíní:

1. Tá (mo : daid) _____ _____ ina chónaí i nGaillimh.
2. An mbeidh (do : aintín) _____ ag teacht chuig an dinnéar?
3. Níl (mo : iníon) _____ ag dul go dtí an Astráil a thuilleadh.
4. Téann (mo : deartháir) _____ go dtí an phictiúrlann uair sa mhí.
5. Is breá le (mo : aintín) _____ spórt.
6. Taitníonn ceol le (mo : uncail) _____.
7. An bhfuil (do : mála) _____ _____ sa charr?
8. Cá bhfuil (mo : eochracha) _____?
9. Ní raibh (a : athair) ___ _____ ar an mbainis.
10. An bhfaca aon duine (mo : spárán) _____ _____?

B Athscríobh na habairtí seo a leanas gan na lúibíní:

1. An bhfuil (do : cóta) _____ _____ agat?
2. Cá bhfuil (mo : bríste) _____ nua?
3. Tá (a [*his*] : deirfiúr) _____ as baile.
4. An bhfuil (a [*her*] : mam) _____ _____ an-deas?
5. Ní thaitníonn an teilifís le (mo : mac) ___ _____.
6. An mbeidh (do : iníon) _____ ag dul go dtí an chóisir?
7. Ní maith le (mo : daid) _____ _____ rapcheol.
8. An mbeidh (a [*their*] : deirfiúr) ___ _____ dul thar lear?
9. An maith leat (do : teach) _____ _____ nua?
10. Ní thaitníonn (ár : post) _____ _____ linn.

 CÉIM 10: UIMHREACHA

Maoluimhreacha

Úsáidtear iad le haghaidh uimhreacha teileafóin, uimhreacha árasáin/tithe, srl.

Mar shampla:

a náid, a haon, a dó, a trí, a ceathair, a cúig, a sé, a seacht, a hocht, a naoi, a deich

Uimhreacha pearsanta

Úsáidtear iad chun daoine a chomhaireamh.

Mar shampla:

duine, beirt, triúr, ceathrar, cúigear, seisear, seachtar, ochtar, naonúr, deichniúr

 Féach ar Aonad 3, leathanach 102.

Orduimhreacha

Úsáidtear iad chun dátaí a chur in iúl nó daoine/ranganna sa mheánscoil a chur in ord.

Mar shampla:

an chéad, an dara, an tríú, an ceathrú, an cúigiú, an séú, an seachtú, an t-ochtú, an naoú, an deichiú

Bunuimhreacha neamhphearsanta

Úsáidtear iad chun rudaí nó ainmhithe a chomhaireamh.

Mar shampla:

cat amháin, dhá chat, trí chat, ceithre chat, cúig chat, sé chat, seacht gcat, ocht gcat, naoi gcat, deich gcat

Na rialacha

1. Ainmfhocail a thosaíonn le consain: **1–6** + **séimhiú**, **7–10** + **urú**

2. Ainmfhocail a thosaíonn le gutaí: **1–6** + **faic**, **7–10** + **urú**.

3. Fanann an t-ainmfhocal san uimhir uatha.

 Féach ar Aonad 1, leathanach 10.

 Cleachtadh scríofa

A **Aistrigh ó Bhéarla go Gaeilge:**

1. She has 3 cats. *tá trí o chat ao aici*

2. My telephone number is 086 325698. *mo huimir pfón na*

3. I have 4 brothers. *tá ceathrar dh*

4. There are 6 people in my family. *tá sé dhaoine i mo tleaboir*

5. I study 10 subjects. *neanaim stade orr deich nabair*

6. I am in third year at school. *Tá mé sa triú bhlion sa scoil*

7. She was born on the 2nd of July, 2018. *rugadh i ar an dara lá d'iúíl sa bhlian 2018*

8. He has 8 copybooks. *Tá och chgleath oiçe*

9. I live in apartment number 1. *tá ne i mo clonai i noraser uimhir a haon*

10. He has 2 dogs. *tá dhoi mbrodar aayle*

CÉIM 11: NA RÉAMHFHOCAIL SHIMPLÍ, AN TUISEAL TABHARTHACH AGUS NA FORAINMNEACHA RÉAMHFHOCLACHA

Focal is ea réamhfhocal (*preposition*) a léiríonn dúinn cá bhfuil rud maidir le rud eile. Faightear réamhfhocal roimh ainmfhocail. Focal aonair is ea réamhfhocal simplí (*simple preposition*), agus leanann ainmfhocal sa tuiseal tabharthach (*the dative case*) é de ghnáth.

● Uaireanta ní athraíonn litriú an ainmfhocail sa tuiseal tabharthach.

● Uaireanta cuirtear séimhiú ar an ainmfhocal.

● Amanna eile, cuirtear urú ar an ainmfhocal.

1. Ar = *on* (de ghnáth)

● Réamhfhocal shimplí: **ar** + **séimhiú** de ghnáth

● Réamhfhocal agus an t-alt: **ar an** + **urú**

● Canúint Uladh: **ar an** + **séimhiú**

> **Mar shampla:**
> Bhí eagla ar Mháire.
> Tá an bainne ar an mbord.

● Forainm réamhfhoclach: orm, ort, air, uirthi, orainn, oraibh, orthu

● Briathra a n-úsáidtear 'ar' leo: **impigh ar**[1], freastail ar, féach ar, teip ar, glaoigh ar, iarr ar, déan dearmad ar, **braith ar**[2]

[1] implore
[2] depend on
[3] let on/pretend
[4] faitíos = eagla = scanradh

● Nathanna a mbíonn 'ar' in úsáid iontu: **lig ar**[3], tá fliú orm, tá tinneas cinn orm, tá ocras orm, tá tart orm, tá tuirse orm

● Mothúcháin: tá brón orm, tá áthas ort, tá díomá air, tá ionadh uirthi, tá uaigneas orainn, tá **faitíos**[4] oraibh, tá éad orthu, tá bród ar Sheán, tá imní ar na Gardaí

Eisceachtaí

Ní bhíonn séimhiú ar an ainmfhocal más ionad ginearálta atá ann …

> **Mar shampla:**
> ar farraige, ar muir, ar talamh

● … nó más staid nó coinníoll atá ann …

[5] cancelled
[6] shaking
[7] hanging
[8] well
[9] on loan

> **Mar shampla:**
> ar meisce, **ar ceal**[5], ar siúl, ar saoire, **ar crith**[6], **ar crochadh**[7], ar buile, ar díol, **ar fónamh**[8], ar mire, ar iarraidh, **ar iasacht**[9], ar oscailt, ar lorg

● … nó más am atá ann.

> **Mar shampla:**
> ar ball, ar maidin

2. De = *from/of/off* (de ghnáth)

- Réamhfhocal: **de** + **séimhiú**

> **Mar shampla:**
> Bain an hata de Mháire.

- Réamhfhocal agus an t-alt: **den** + **séimhiú**

> **Mar shampla:**
> Thit an cupán den bhord.

- Forainm réamhfhoclach: díom, díot, de, di, dínn, díbh, díobh
- Nathanna a mbíonn 'de' in úsáid iontu: bain díot do chóta, **táim an-bhuíoch díot**[10], **fiafraigh de**[11]

3. Do = *to/for* (de ghnáth)

- Réamhfhocal: **do** + **séimhiú**

> **Mar shampla:**
> Thug mé airgead do Mháire.

- Réamhfhocal agus an t-alt: **don** + **séimhiú**

> **Mar shampla:**
> Thug mé mo chóipleabhar don mhúinteoir.

[10] I am very grateful to you

[11] ask

[12] allow

[13] give in to

[14] promise

- Forainm réamhfhoclach: dom, duit, dó, di, dúinn, daoibh, dóibh
- Nathanna a mbíonn 'do' in úsáid iontu: **lig do**[12], tabhair do, **géill do**[13], inis do, **geall do**[14], taispeáin do

4. Roimh = *before/in front of* (de ghnáth)

- Réamhfhocal: **roimh** + **séimhiú**

> **Mar shampla:**
> Chuir mé fáilte roimh Mháire.

- Réamhfhocal agus an t-alt: **roimh an** + **urú**
- Canúint Uladh: **roimh an** + **séimhiú**

> **Mar shampla:**
> Tá eagla orm roimh an gcat.

- Forainm réamhfhoclach: romham, romhat, roimhe, roimpi, romhainn, romhaibh, rompu
- Nathanna a mbíonn 'roimh' in úsáid iontu: cuir fáilte roimh, tá eagla orm roimh

5. Faoi = *about/under* (de ghnáth)

- Réamhfhocal: **faoi** + **séimhiú**

> **Mar shampla:**
> Chuala mé an scéal faoi M**h**áire.

- Réamhfhocal agus an t-alt: **faoin** + **urú**
- Canúint Uladh: **faoin** + **séimhiú**

> **Mar shampla:**
> Chuala mé an scéal faoin **g**cailín.

- Forainm réamhfhoclach: fúm, fút, faoi, fúithi, fúinn, fúibh, fúthu
- Nathanna a mbíonn 'faoi' in úsáid iontu: ag gáire faoi, ag magadh faoi, ag caint faoi, ag labhairt faoi

6. Ó = *from* (de ghnáth)

- Réamhfhocal: **ó** + **séimhiú**

> **Mar shampla:**
> Fuair mé bronntanas ó M**h**áire.

- Réamhfhocal agus an t-alt: **ón** + **urú**
- Canúint Uladh: **ón** + **séimhiú**

> **Mar shampla:**
> Fuair mé an biachlár ón **bh**freastalaí.

- Forainm réamhfhoclach: uaim, uait, uaidh, uaithi, uainn, uaibh, uathu
- Nathanna a mbíonn 'ó' in úsáid iontu: teastaigh ó, airigh ó

> **Mar shampla:**
> Teastaíonn seacláid uaim. (*I want chocolate.*)
> Airím tú uaim. (*I miss you.*)

7. Ag = *at/also possession* (de ghnáth)

- Réamhfhocal: **ag** + –

> **Mar shampla:**
> Tá a lán airgid ag Máire.

- Réamhfhocal agus an t-alt: **ag an** + **urú**.
- Canúint Uladh: **ag an** + **séimhiú**

> **Mar shampla:**
> Feicfidh mé ag an **b**pictiúrlann thú.

- Forainm réamhfhoclach: agam, agat, aige, aici, againn, agaibh, acu
- Nathanna a mbíonn 'ag' in úsáid iontu: **bí** + **ag** (*to have*); tá súile gorma agam, bíonn cith agam gach maidin

8. As = *from/out of* (de ghnáth)

- Réamhfhocal: **as** + –

> **Mar shampla:**
> Is as Baile Átha Cliath dom.

- Réamhfhocal agus an t-alt: **as an** + **urú**
- Canúint Uladh: **as an** + **séimhiú**

> **Mar shampla:**
> Go tobann léim sé as an **m**bosca.

- Forainm réamhfhoclach: asam, asat, as, aisti, asainn, asaibh, astu
- Nathanna a mbíonn 'as' in úsáid iontu: bain geit as, bain preab as, lig béic as, ag spochadh as

9. Chuig = *to* (de ghnáth)

- Réamhfhocal: **chuig** + –

> **Mar shampla:**
> Scríobh mé litir chuig Máire.

- Réamhfhocal agus an t-alt: **chuig an** + **urú**
- Canúint Uladh: **chuig an** + **séimhiú**

> **Mar shampla:**
> Ní féidir liom dul chuig an **g**cóisir.

- Forainm réamhfhoclach: chugam, chugat, chuige, chuici, chugainn, chugaibh, chucu
- Nathanna a mbíonn 'chuig' in úsáid iontu: scríobh litir/ríomhphost chuig, seol chuig

10. I = *in* (de ghnáth)

- Réamhfhocal: **i** + **urú**

> **Mar shampla:**
> Táim i mo chónaí i **g**Corcaigh.

- Athraíonn 'i' go 'in' roimh **ghuta**, m.sh. 'in Albain', 'in Éirinn'
- Réamhfhocal agus an t-alt: **sa** + **séimhiú**

> **Mar shampla:**
> Cónaím sa **ch**athair.

- Athraíonn 'sa' go 'san' roimh **ghuta** nó **f + guta**, m.sh. 'san **fh**arraige', 'san árasán'
- Forainm réamhfhoclach: ionam, ionat, ann, inti, ionainn, ionaibh, iontu

11. Idir = *between*

- Réamhfhocal: **idir** + –, m.sh. 'ar an mbóthar idir Dún na nGall agus Leitir Ceanainn'
- Forainm réamhfhoclach: idir mé, idir tú, idir é, idir í, eadrainn, eadraibh, eatarthu

12. Le = *with*

- Réamhfhocal: **le** + –, m.sh. 'le Colm', 'le Sorcha', 'le Máire'
- Roimh ghuta: **le** + **h**, m.sh. 'le **h**Áine'
- Réamhfhocal agus an t-alt: leis an **g**cailín, leis an **bh**fear
- Canúint Uladh: **leis an** + **séimhiú**
- Nathanna a mbíonn 'le' in úsáid iontu: taitin le, buail le, éirigh le, labhair le, ag súil le, **ag tnúth le**[15], **gabh buíochas le**[16], **gabh comhghairdeas le**[17], **gabh leithscéal le**[18]
- Forainm réamhfhoclach: liom, leat, leis, léi, linn, libh, leo

[15] looking forward to
[16] thank
[17] congratulate
[18] excuse

Athbhreithniú ar na réamhfhocail shimplí

Réamhfhocail shimplí	Réamhfhocail shimplí	Réamhfhocail agus an t-alt
ar de do roimh um thar trí faoi mar ó — séimhiú de ghnáth	ag as go chuig le seachas — faic de ghnáth	ar an ag an as an chuig an tríd an roimh an ón faoin leis an — urú de ghnáth seachas i gcanúint Uladh
i + urú		**den, don, sa** + séimhiú

 Cuireann 'le' agus 'go' 'h' roimh ghuta, m.sh. 'le hOisín', 'go hAlbain'.

Eisceachtaí

- Nuair a thosaíonn an t-ainmfhocal le **st**, **l**, **n**, **r**, **sm**, **sp** nó **sc** (**St** E**l**ea**n**o**r** is **sm**iling in **Sp**anish **sc**hool), ní chuirimid séimhiú ná urú air.

- Nuair a thosaíonn an t-ainmfhocal le **m** nó **s** (**M**arks & **S**pencer), ní chuirimid urú air.

- Nuair a chríochnaíonn focal amháin le **d**, **n**, **t**, **l** nó **s** agus nuair a thosaíonn an chéad fhocal eile le **d**, **n**, **t**, **l** nó **s**, ní chuirtear séimhiú ná urú ar an dara focal de ghnáth, m.sh. 'ar an traein', 'ag an doras'.

 ## Cleachtadh scríofa

A Athraigh na focail idir na lúibíní más gá:

1. Bhí ionadh an domhain ar (Séamas) _____ nuair a chonaic sé an i-fón nua a cheannaigh a thuistí dó.

2. Féachaim ar (clár) _____ teilifíse gach oíche.

3. Ghabh mé buíochas leis an (fear) _____.

4. Tá sí an-bhuíoch den (buachaill) _____.

5. Tá athair Choilm ina sheasamh ag an (doras) _____.

6. Tá Cormac ina chónaí i (Corcaigh) _____.

7. Sheas Caitríona roimh an (cailín) _____ eile sa scuaine.

8. Beidh mé ar ais in Éirinn um (Cáisc) _____.

9. Chuaigh an teach trí (tine) _____.

10. Tá an naíonán faoin (bord)_____.

B Athraigh na focail idir lúibíní más gá:

1. Cheannaigh mé bronntanas don (buachaill) _____.

2. Níor fhéach mé ar an (clár) _____ sin aréir.

3. Chuaigh mé go dtí an phictiúrlann le (Áine) _____.

4. Léim an páiste as (bosca) _____.

5. Beidh gach duine i láthair ag an (cóisir) _____ seachas (Nóra) _____.

6. Tá Liam ag dul chuig an (bainis) _____ leis féin.

7. Léim an buachaill tríd an (fuinneog) _____.

8. Tá m'uncail ina chónaí sa (Beilg) _____.

9. Tá a lán truaillithe san (farraige) _____.

10. Feicfidh mé roimh an (Cáisc) _____ thú.

C Líon na bearnaí leis an bhfocal cuí ón liosta focal thíos:

| go | ar | i | ar | de | leis | leis | asam | duit | díot |

1. Ghabh mé buíochas _____ as ucht an chuiridh a sheol sé chugam.

2. Dúirt mé _____ an múinteoir go raibh mé as lathair inné.

3. Baineadh geit _____ nuair a léim Aogán amach ó chúl na veain.

4. D'impigh mé _____ mo dhaid airgead a thabhairt dom.

5. D'fhiafraigh mé _____ mo mham.

6. Tá Oisín _____ buile mar goideadh a rothar.

7. Geallaim _____ go mbuafaidh mé an rás.

8. Tá Fiachra ina chónaí _____ Luimneach.

9. Bhí mo dhaid an-bhuíoch _____ nuair a dheisigh tú a charr.

10. Chuaigh mé _____ Sasana an deireadh seachtaine seo caite.

Forainmneacha réamhfhoclacha

Nuair a chuirimid réamhfhocal simplí agus forainm le chéile, bíonn forainm réamhfhoclach againn.

Mar shampla:

Réamhfhocal	Forainm	Forainm réamhfhoclach
ag	mé	agam
ar	tú	ort
do	sé	dó

Na forainmneacha réamhfhoclacha is tábhachtaí:

	mé	tú	sé	sí	muid (sinn)	sibh	siad
ag	agam	agat	aige	aici	againn	agaibh	acu
ar	orm	ort	air	uirthi	orainn	oraibh	orthu
as	asam	asat	as	aisti	asainn	asaibh	astu
chuig	chugam	chugat	chuige	chuici	chugainn	chugaibh	chucu
de	díom	díot	de	di	dínn	díbh	díobh
do	dom	duit	dó	di	dúinn	daoibh	dóibh
faoi	fúm	fút	faoi	fúithi	fúinn	fúibh	fúthu
i	ionam	ionat	ann	inti	ionainn	ionaibh	iontu
le	liom	leat	leis	léi	linn	libh	leo
ó	uaim	uait	uaidh	uaithi	uainn	uaibh	uathu
roimh	romham	romhat	roimhe	roimpi	romhainn	romhaibh	rompu
idir	–	–	–	–	eadrainn	eadraibh	eatarthu

 Cleachtadh scríofa

Ceartaigh na focail idir na lúibíní más gá:

1. Chuir mé fáilte Uí Cheallaigh (roimh : sé) _____ aréir.

2. Baineadh geit (as : sé) _____ nuair a léim Tomás as an gcarr.

3. Ghabh mé comhghairdeas (le : sí) _____ nuair a bhuaigh sí an duais.

4. Bhain Síle a cóta (de : sí) _____ nuair a tháinig sí isteach.

5. Airíonn Colm a thuistí (ó : sé) _____ nuair a bhíonn sé ag fanacht sa scoil chónaithe.

6. Tá féith an ghrinn (i : sinn) _____.

7. Thug Aoife bronntanas deas (do : sé) _____ dá bhreithlá.

8. Taitníonn spórt go mór (le : sinn) _____.

9. Baineadh preab (as : sí) _____ nuair a bhí timpiste bhóthair ag Áine.

10. Tá mála nua (ag : sí) _____ agus is aoibhinn (le : sí) _____ é.

Feasacht Teanga: An Ghramadach

Na réamhfhocail chomhshuite

Dhá fhocal a bhfuil feidhm réamhfhocail acu is ea réamhfhocal comhshuite (*compound preposition*).

Mar shampla:

i ndiaidh	*after*
os comhair	*opposite, in front of*
os cionn	*above*
ar feadh	*for (a time)*
le haghaidh/i gcomhair	*for (for the purpose of)*
in aghaidh	*against*

Bíonn an t-ainmfhocal a leanann an réamhfhocal comhshuite sa tuiseal ginideach.

Mar shampla:

An tuiseal ainmneach	An tuiseal ginideach
an scrúdú	i ndiaidh an scrúdaithe
an scoil	os comhair na scoile
an leibhéal	os cionn an leibhéil
an tseachtain	ar feadh na seachtaine
an rang	le haghaidh an ranga
an cogadh	in aghaidh an chogaidh
an obair	i gcomhair na hoibre

CÉIM 12: AINMFHOCAIL AGUS AN TUISEAL AINMNEACH

An tuiseal ainmneach

Bíonn an t-ainmfhocal sa tuiseal ainmneach nuair is é ainmní na habairte é. (*A noun is in the nominative case when it is the subject of the sentence, i.e. the person/animal/thing doing the action.*)

Ainmfhocail fhirinscneacha agus bhaininscneacha

Conas ainmfhocail fhirinscneacha a aithint

Bíonn ainmfhocal firinscneach de ghnáth:

- nuair a chríochnaíonn an focal ar **chonsan leathan** (formhór den am), m.sh. 'an t-asal', 'an bord', 'an sagart', 'an sionnach', 'an fuath'.
- nuair a chríochnaíonn an focal ar **-ín**, m.sh. 'an sicín', 'an buachaillín', 'an t-éinín', 'an cailín'.
- nuair a chríochnaíonn an focal ar **-án**, m.sh. 'an t-arán', 'an t-amadán'.
- nuair a chríochnaíonn an focal ar **ghuta**, m.sh. 'an file', 'an t-uisce'.
- nuair a bhíonn post i gceist le focal a chríochnaíonn ar **-éir/-úir/-óir/-eoir**, m.sh. 'an feirmeoir', 'an dochtúir', 'an siúinéir', 'an t-innealtóir'.
- nuair a chríochnaíonn ainmfhocail aonsiollach ar **-acht/-eacht** firinscneach, m.sh. an 'tAcht', 'an ceacht'.
- nuair a chríochnaíonn ainmfhocail ar **-aire**, m.sh. 'an t-iascaire'.
- nuair a chríochnaíonn ainmfhocal ar **-éad**, m.sh. 'éad', 'buicéad', 'seaicéad'.
- nuair a chríochnaíonn ainmfhocal ar **-(e)adh**, m.sh. 'an geimhreadh', 'an samhradh'.
- nuair a chríochnaíonn ainmfhocal ar **-éal**, m.sh. 'an scéal', 'an béal'.
- nuair a chríochnaíonn ainmfhocal ar **-úr**, m.sh. 'an casúr', 'an pictiúr' (eisceachtaí: deirfiúr, siúr).
- nuair a chríochnaíonn ainmfhocal ar **-ste**, m.sh. 'an coiste'.
- nuair a chríochnaíonn ainmfhocal ar **-éar**, m.sh. 'an fear'.

An tuiseal ainmneach agus ainmfhocail fhirinscneacha

Tá an t-ainmfhocal sa 'tuiseal ainmneach' nuair is gníomhaí na habairte é.

Má thosaíonn ainmfhocal firinscneach le:

- **consan**, ní dhéantar aon athrú ar an ainmfhocal tar éis an ailt sa tuiseal ainmneach uatha, m.sh. 'an cailín', 'an file', 'an ceacht', 'an scéal'.
- **guta**, cuirtear **t-** roimh an ainmfhocal tar éis an ailt sa tuiseal ainmneach uatha, m.sh. 'an **t**-asal', 'an **t**-amhrán', 'an **t**Acht'.
- **s**, ní dhéantar aon athrú ar an ainmfhocal tar éis an ailt sa tuiseal ainmneach uatha, m.sh. 'an sagart'.

Feasacht Teanga: An Ghramadach

Conas ainmfhocail bhaininscneacha a aithint

- Bíonn ainmfhocal baininscneach de ghnáth nuair a chríochnaíonn:
  - an t-ainmfhocal ar **chonsan caol** (an chuid is mó den am), m.sh. 'an fheirm', 'an obair', 'an áit', 'an tsráid', 'an abairt'.
  - an t-ainmfhocal ar **-eog/óg** nó **–lann**, m.sh. 'an phictiúrlann', 'an leabharlann', 'an fhuinneog', 'an spideog', 'an leadóg'.
- Bíonn teangacha agus **tíortha baininscneach** i nGaeilge (eisceachtaí: Béarla, Meiriceá, Sasana, Iosrael, Meicsiceo, srl.), m.sh. 'an Ghaeilge', 'an Fhraincis', 'an Spáinnis', 'an Fhrainc', 'an Astráil'.
- Bíonn focail ilsiollacha a chríochnaíonn ar **-eacht/-acht/-aíocht/-íocht** baininscneach, m.sh. 'siopadóireacht', 'adhmadóireacht', 'eolaíocht', 'tíreolaíocht', 'filíocht'. (Eisceachtaí: bunreacht, comhlacht).

An tuiseal ainmneach agus ainmfhocail bhaininscneacha

- Má thosaíonn ainmfhocal baininscneach le **consan**, cuirtear **séimhiú** i ndiaidh an chéad chonsan sa tuiseal ainmneach uatha tar éis an ailt, m.sh. 'an fhuinneog', 'an phictiúrlann', 'an fheirm'. (Eisceacht: Nuair a thosaíonn an t-ainmfhocal le **d, n, t, l** nó **s**, ní chuirtear séimhiú air, m.sh. 'an leabharlann', 'an leadóg', 'an spideog', 'an tír'.)
- Má thosaíonn ainmfhocal baininscneach le **guta**, ní dhéantar aon athrú air sa tuiseal ainmneach uatha tar éis an ailt, m.sh. 'an obair', 'an áit', 'an aois', 'an aidhm'.
- Má thosaíonn ainmfhocal baininscneach le **s**, cuirtear **t** roimh an **s** tar éis an ailt sa tuiseal ainmneach uatha, m.sh. 'an tsráid', 'an tsochraid', 'an tsláinte'.

 Cleachtadh scríofa

Ón liosta thíos, abair cé acu na hainmfhocail atá firinscneach agus baininscneach. Cuir i ndá cholún i do chóipleabhar iad. Ansin scríobh an focal sa tuiseal ainmneach uatha.

fear, bean, buachaill, cailín, dán, scéal, peil, páirc, ceacht, Albain, Spáinn, siopadóireacht, Fraincis, Afraic, sicín, Sín, Spáinnis, feirm, obair, fuinneog, ábhar, pictiúrlann, sagart, asal, amadán, cailín, seachtain, síocháin, fuath, sochraid, sráid, scoil

Ainmfhocail fhirinscneacha		Ainmfhocail bhaininscneacha	
fear	an fear	bean	an bhean

CÉIM 13: AN TUISEAL GINIDEACH

 Féach ar leathanach 333, Aonad 8 le aghaidh nótaí agus cleachtaí ar an tuiseal ginideach.

 ## CÉIM 14: CÉIMEANNA COMPARÁIDE NA HAIDIACHTA

 Féach ar leathanach 159, Aonad 4 le haghaidh notaí agus cleachtaí ar chéimeanna comparáide na haidiachta.

Feasacht Teanga: An Ghramadach

CONTENTS

GW00728035

WELCOME TO THE WORLD OF MINECRAFT!

Get ready to take a deep dive into the world of Minecraft in this ultimate GamesWarrior Minecraft guide. Inside you'll find everything you need to know about Mojang's blocky smash hot video game, with reviews, guides and strategies for becoming a true pro.

Once you've read through this guide, go check out the **Ultimate Minecraft Quiz** on **pages 42-43** to find out just how much you really know about the game!

The GamesWarrior team will take you through the most popular Minecraft modes, reveal the best skins and mini games to try out, showcase the Tricky Trials update, explore landmark locations and teach you how to beat the toughest bosses!

If you think you're finally ready to take your Minecraft gaming to the next level, then this ultimate GamesWarrior Minecraft book will be your guide to all kinds of adventures from the Overworld to the End and beyond...

5

WHAT'S NEW IN MINECRAFT IN 2024?

There have been all sorts of exciting things happening in the world of Minecraft this year. As well as new content, mobs, items, biomes and events, creator Mojang has also been celebrating Minecraft's 15th birthday in style!

ARMORED PAWS

Mojang dropped the 1.20.5 Armored Paws update in April 2024, bringing with it the brand new armadillo mob and seven amazing wolf variants that players can encounter.

TRICKY TRIALS

The 1.21 update finally received an official name this year, with Tricky Trials available right now. You can find out all about the latest Minecraft game update starting on page 26 of this book!

MEGA MOVIE SKINS

Exciting content based on some of your favourite movies was also added to Minecraft over the last 12 months, with map and skins from Kung Fu Panda, Godzilla, Minions, Jurassic World and many more.

ANNIVERSARY CAPES!

Lucky fans with TikTok accounts were able to grab one of three different Minecraft 15th anniversary capes this summer!

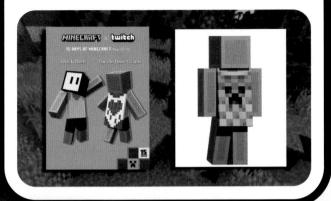

MARKETPLACE

In 2024, Mojang finally introduced the Minecraft Marketplace Pass.

For just £3.29 per month, players can access over 150 pieces of content, including skins, maps and mini games!

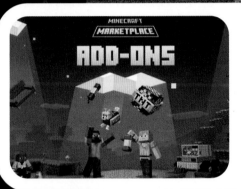

ADD-ONS

Another fun feature many players are enjoying in Minecraft are Add-ons.

Now you can head to the Marketplace and pick up any blocks, mobs, items and recipes you want to add to your worlds.

MINECRAFT REALMS

Minecraft Realms also had three big updates in 2024, with the subscription service now available as both a basic Realms or Realms Plus package.

Be sure to check out page 30 for more details!

MINECRAFT MOVIE!

An official Minecraft live-action film is coming in 2025, with Jack Black confirmed to be playing Steve.

The actor previously voiced Bowser in the animated Super Mario Bros. Movie!

POISONOUS POTATOES

Players have been really enjoying this year's Poisonous Potato Update, an all-new and crazy dimension that includes five biomes, new gear and even potato-based mobs.

GAMESWARRIOR SAYS

There are currently over 166 million active monthly Minecraft players – that's more than the number of people living in Mexico!

BEST NEW SKINS

New skins are being added to Minecraft all of the time, so let's take a look at some of the best that have appeared in 2024!

GAMESWARRIOR SAYS

Hundreds of new skins have been added to Minecraft in 2024, from player-generated content to official Mojang outfits!

ALIEN

Lots of players have been impressed by the addition of this creepy looking alien to the line-up of Minecraft skins.

Check out those big, purple eyes!

GW RATING ★★★★★

NARUTO

A massive favourite with fans of the hugely-popular anime series, this Naruto skin has been picked up by plenty of gamers wanting a unique look.

GW RATING ★★★★★

AMONG US

There are quite a few skins available based on Among Us, but this awesome red imposter is proving to be a big hit with Minecraft players.

GW RATING ★★★★★

FROST GIRL

Not only will your avatar look super-cool when wearing this amazing Frost Girl skin, but it'll also help camouflage your avatar in snow biomes!

GW RATING ★★★★★

FREDDY FAZBEAR

Five Nights at Freddy's players have jumped at the chance to add this cute bear skin to their collections, even if he's not as scary as the original.

GW RATING ★★★☆☆

HARRY POTTER

Check out this magical Harry Potter skin! Lots of Wizarding World gamers have been grabbing this Minecraft skin in 2024.

GW RATING ★★★★☆

RED PANDA ONESIE

Here's a warm and toasty skin, perfect for gamers who like to stay nice and toasty. This Red Panda Onesie is proving really popular and cosy!

GW RATING ★★★★★

3D SKIN

Here's a look that's guaranteed to make other players stare in disbelief. This 3D Skin gives avatars a truly unique optical illusion appearance.

GW RATING ★★★★☆

DEMON SKIN

Those who like to scare other Minecraft players can now grab this striking Demon Skin. The outfit comes with a red mask with horns and a gold-trimmed coat.

GW RATING ★★★★☆

HOODIE SKIN

While there are plenty of skins with hoodies in Minecraft, players looking for something different have been choosing this version with an animal head.

GW RATING ★★★★☆

BEST SKIN PACKS

Check out some of the best Minecraft skin packs available right now!

These are popular with players from around the world and you can buy and add them to your game too.

GAMESWARRIOR SAYS

There are thousands of Minecraft skins to purchase, so top players always look at the star rating and price before buying any!

STAR WARS CLASSIC

Grab some of your favourite Star Wars characters in this one handy pack. For 490 Minecoins, you can play as Luke Skywalker, Han Solo, Darth Vader and more!

GW RATING ★★★★★ 490

MINECRAFT LEGENDS

Based on Mojang's very own action-strategy game, the Minecraft Legends pack offers up five unique skins that can be added to your own collection of cool looks.

GW RATING ★★★★★ 310

BLOCK CAMOUFLAGE

One clever creator designed a set of 36 skins that look just like some of the blocks in Minecraft. Put one on and then hide from or sneak up on other players to surprise them!

GW RATING ★★★★★ 160

THE INCREDIBLES

This set of skins based on the Pixar animated movie has been given four stars by over 10,000 players. That's one good reason to get Mr. Incredible, Frozone, Edna and others.

GW RATING ★★★★★ 490

SILLY SLIMES

Now you too can look like a green slime, thanks to this handy skin pack. There are five different crazy skins to wear, all for just 310 Minecoins.

GW RATING ★★★★★ 310

CAT LAND

This ultra-cute collection of 10 feline skins is purr-fect. Impress your friends with the Cat Land pack and find out which ones they like the best.

GW RATING ★★★★★ 310

ANIME NINJAS

Lots of gamers have been grabbing this cool skin pack! It contains 32 ninja skins based on fan favourite anime such as Naruto, perfect for silent attacks.

30 SKINS + 2 FREE

GW RATING ★★★★★ 490

NULL MISFITS

Players who want to add a spooky touch to their Minecraft adventures often choose this pack. Null Misfits includes 10 scary skins in a striking black and red colour scheme.

IN MINE

GW RATING ★★★★★ 310

MEDIEVAL KINGDOM

Plenty of Minecraft players have already downloaded the Medieval Kingdom for 310 Minecoins. Nine skins are included and some even have amazing armour!

GW RATING ★★★★★ 310

WINTER MOBS

If you're looking to add a seasonal touch to your Minecraft world, then go grab the Winter Mobs pack. You'll receive 10 great skins, such as a creeper in a Santa outfit.

GW RATING ★★★★★ 310

BEST MINI GAMES

If you're looking for a different kind of Minecraft experience, then take a look at some of the most popular mini games that are available to download!

BEDWARS!

One of the most popular PvP Minecraft mini games, BedWars can get very competitive. Players have to destroy each other's beds, while protecting their own from attacks.

GW RATING ★★★★★ 660

SURVIVAL GAMES

Lots of YouTubers, such as CaptainSparklez and BajanCanadian, really rate this mini game. There are different maps to play on, plus chests packed with gear to find!

GW RATING ★★★★★ 490

PARKOUR

When it comes to challenging Minecraft mini games, Parkour is a in a league of its own. Players have to hop, jump and leap over tricky obstacles to make it safely to the finish.

GW RATING ★★★★★ 160

SKYBLOCK++

In this Minecraft mini game you have to build on a tiny floating island with almost no supplies in order to make it on to the next tiny island!

GW RATING ★★★★★ 160

SPLEEF

Compete against other players by shovelling or throwing blocks of snow. When the fall into the red-hot lava below, you'll be crowned the winner!

GW RATING ★★★★★ 310

THE WALLS

Another really popular Minecraft mini game with players from all over the world. Gather supplies for the first two minutes and then attack your enemies!

GW RATING ★★★★★ 310

TNT RUN

TNT Run has proven to be a huge hit with plenty of players. Battle opponents and keep moving in an arena where every block you stand on falls into an abyss below.

GW RATING ★★★★★ 830

COPS AND ROBBERS

The aim of Cops and Robbers is very simple – chase the criminals or become one in this exciting and fast-paced Minecraft mini game!

GW RATING ★★★★★ 660

LAST MOB STANDING

Get ready to face off against 100 waves of zombies in this thrilling mini game. Buy better weapons, create defences and use powerful items to survive.

GW RATING ★★★★★ 490

GAMESWARRIOR SAYS

The Minecraft Marketplace lists mini games by Recently Added and Most Popular, so players can easily find what they're looking for.

BLOCK ROCKING

Recent updates to Minecraft have added all kinds of amazing new blocks to the game. Check out some that players find to be the best and most useful!

DID YOU KNOW?

Be sure to check out our **Tricky Trials highlights feature** starting on **page 26** to find out what new blocks were added to the game!

AMETHYST CLUSTER

Added to the Caves & Cliffs update, the amethyst block drops amethyst shards when mined. They can then be used for decoration or as a handy source of light.

RATING ★★★★★

COPPER

Copper blocks can be used to craft lots of different recipes and the metal can also be waxed, by adding honeycomb, to prevent them turning green!

RATING ★★★★★

FROGLIGHT

This unique block is created when a frog eats a tiny magma cube! The block will then emit a different colour of light, depending on which frog variant ate it.

RATING ★★★★★

MUD

Most gamers will know that mud blocks can be found in mangrove swamps. It's also possible to create them by combining a water bottle and dirt block.

RATING ★★★★☆

DRIPSTONE

You'll find dripstone growing naturally in caves as either stalactites or stalagmites. They can be mined with a pickaxe and used for all sorts of decoration.

POWDER SNOW

The Caves & Cliffs update also brought powder snow, which players can fall through unless they're wearing leather boots. This block can only be obtained using a bucket.

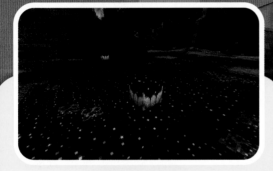

SKULK

Skulk blocks can be found all throughout the Deep Dark. The black cubes have a unique glowing pattern, making them perfect for decoration, but they don't emit light.

LIGHTNING ROD

By combining three copper ingots, players are able to craft a lightning rod. Adding them to buildings then redirects lightning strikes away from your structures.

MOSS

Found within Lush Caves, moss blocks grow on the ceiling and floor. A sniffer egg will hatch twice as fast as normal when placed on top of a moss block!

CANDLE

Pro players know that another great source of light are candles. They can be crafted from string and honeycomb and can even be dyed four different colours.

ALL ABOUT...
STEVE

He may be the most recognisable Minecraft character, but how much do you know about Steve?

Check out these fascinating facts about everyone's favourite blocky buddy!

1 Steve was introduced in the 2009 Java-based version of Minecraft as the default player character skin, with the option to customise the character.

2 Designed by Minecraft creator Markus Persson, Steve's name started out as a joke but became official in the 2017 Bedrock Edition of the game!

3 In the original console versions of Minecraft, Steve was one of nine male skin variants and originally has a goatee beard that was eventually removed in 2009.

4 Both Steve and Alex can be selected as skins in Minecraft Dungeons. The PC version of Super Meat Boy also features Steve as a playable character called Mr. Minecraft.

5 *LEGO Club Magazine* once revealed that Steve and Alex were a couple, but the next issue confirmed that they are in fact just best friends.

6 Did you know that Steve and Alex are the only Minecraft characters that can jump one and a quarter blocks without some sort of a boost?

7 A creepy version of Steve with white eyes was created in 2010. Herobrine went on to become an urban legend amongst many players, but has never appeared in Minecraft!

8 Steve was added as a playable character in Super Smash Bros. Ultimate in 2020, were he's ranked as the game's best character, but banned from tournaments for being overpowered!

9 According to Minecraft's game code, Steve is 1.8m tall and 0.6m wide. His eyes are also 28 pixels above his feet!

10 Steve will be played by Jack Black in the upcoming live-action version of Minecraft, which is due to arrive in cinemas in 2025.

MOB VARIANTS

There are lots of different types of mobs in Minecraft, both passive and aggressive. Check out some of the best and rarest mob variants in the game!

SKELETON

Players know to watch out for skeletons in two different dimensions, the Overworld and the Nether. They tend to spawn in poorly lit areas and fire at passers-by with a bow and arrow. When defeated, they drop five XP orbs and a variety of loot.

Variants: Stray, Skeleton horseman, Wither skeleton, Spider jockey, Geared zombie, Bogged.

Skeleton horseman

Spider jockey

RATING ★★★★☆

ZOMBIE

This slow-moving hostile mob spawns at night or in unlit areas. If they encounter sunlight, zombies will burst into flames and continue burning until they die. Defeated zombies drop a variety of loot such as carrots, potatoes and rotten flesh!

Variants: Baby zombie, Husk, Drowned, Chicken jockey, Zombie villager.

Husk

Chicken jockey

RATING ★★★★☆

PIGLIN

A neutral mob in Minecraft, pros know that piglins only spawn in the Nether and will attack any player not wearing gold armour. Beat a piglin in combat and you'll be able to reap plenty of rewards including gold weapons, armour and XP.

Variants: Zombified piglin, Hoglin, Zoglin, Piglin brute.

Hoglin

Zombified piglin

RATING ★★★★☆

VILLAGERS

Villagers pop up throughout Minecraft and are usually handy if you want to trade items. They go to sleep at night and then awake the next day to continue whichever job they have been assigned. Any villager that's struck by lightning becomes a witch!

Variants: Baby villager, Wandering trader, Evoker, Pillager, Vindicator, Zombie villager, Witch.

Evoker

Pillager

GAMESWARRIOR SAYS

One of the rarest mobs to find in Minecraft is a Villager with a mending book. This is extra tough as there are over 40 enchanted books!

FROG

Now that swamp biomes have been added to the game, players can expect to be seeing plenty of frogs. To spawn the rarest colour of this mob, breed two adult frogs by feeding them a slime ball and place the tadpole in a cold environment to turn it green.

Variants: Orange frog, White frog.

DROWNED WITH FISHING ROD

Most players already know it's possible to find drowned in most underwater biomes. However, in the Java version there's only 3.75% chance of a drowned with a fishing rod spawning and only 0.85% in the Bedrock edition.

Variants: Drowned, Baby drowned.

Drowned

SKELETON HORSE

One of the most useful passive mobs in the game, horses can be tamed and used as transportation. Skeleton horses require lightning to generate a skeleton horse trap on hard difficulty. Note that this creepy mob can't be bred like normal horses.

Variants: Horse (35 colours).

Horse

BABY BROWN PANDA

Located in jungle biomes, panda are a cute and rare mob that make for fun pets. As tricky as the black and white versions may be, try finding a brown panda! If you do manage to find two brown panda variants, you'll have a 5% chance of them mating and making a brown baby panda!

Variants: Panda, Baby panda

Panda

GW RATING ★★★★★

BLUE AXOLOTL

Without a doubt, blue axolotls are easily the rarest aquatic mob in Minecraft. Pro players know that the only way to spawn them is to consistently mate two adult axolotls, with a 1/1200 chance of creating a blue version.

Variants: Leucistic axolotl, Wild axolotl, Gold axolotl, Cyan axolotl

GW RATING ★★★★★

CHARGED CREEPER

A hostile mob found wandering in the Overworld, where they tend to attack any players they spot. During a thunderstorm, a creeper hit by lightning will be transformed into a charged creeper, capable of setting off powerful explosions.

Variants: Creeper

Creepers

GW RATING ★★★★★

SCREAMING GOAT

Like other neutral mobs, goats have a variety of uses in Minecraft. They can be tamed and bred, provide milk and drop goat horn loot. Breeding the mob can sometimes create a screaming goat, although there's only a 2% chance of actually making one!

Variants: Goat, Kid

Goat and Kid

GW RATING ★★★☆☆

GAMESWARRIOR SAYS

Try constructing your own zoo in Minecraft and then filling it with any rare or unique mobs you might encounter on your travels!

BROWN MOOSHROOM

While red mooshrooms can only be found in mushroom fields, there is one version that's ultra-rare. Players first need to find a Mycelium biome and a red mooshroom, then wait for a thunderstorm or use a trident to turn it into a brown mooshroom.

Variants: Mooshroom, Baby mooshroom, Brown baby mooshroom

Mooshroom

Baby mooshroom

SNOW GOLEM

Although it's possible to make your own snow golem in Creative mode, finding them in the wild is almost impossible. The only way they'll spawn is if there are pumpkins in a snow village and an Enderman places a pumpkin on top of two snow blocks!

Variants: Iron golem, Sheared golem

Iron golem

PINK SHEEP

Introduced in the Beta version of Minecraft, pink sheep are rarely spotted in the wild. There's a 0.164% of one spawning naturally and only a 0.0082% of a baby pink sheep being created if you manage to find two adult pink sheep.

Variants: Sheep, Sheared sheep, Lamb

KILLER RABBIT

The Java Edition of Minecraft includes a particularly aggressive mob, although you'll need to use a command to spawn it. Type /summon rabbit ~ ~ ~ {RabbitType:99} to make the Killer Bunny appear, a vicious rabbit that has evil red eyes!

Variants: Rabbit, Kit

OVERWORLD GUIDE

If you're just starting out on your Minecraft journey, or even a pro with plenty of hours of gaming under your belt, here's everything you need to know about the Overworld.

STARTING OUT

Once players have chosen a game mode and biome to begin exploring, they can expect to spawn randomly in a new world to get started.

SPAWN POINT

One handy trick experienced players use is to mark their spawn point with a block, a dug hole or item, just in case they're killed during their adventures.

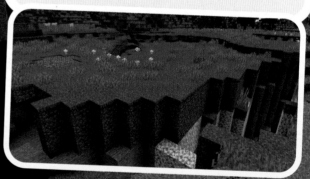

LOCATION

After spawning, most players tend to take a look around and figure out what resources are nearby. This is a good idea, as you'll need blocks to begin building stuff.

WOOD

As players only start out with their bare hands, they'll need to get some wood by hitting nearby trees. Those can then be used to craft wooden planks and the next item.

CRAFTING TABLE

Pros usually make a crafting table first, which is the best strategy as you'll then be able to make more items. Try to do this as quickly as you can before night falls!

TOOLS

Most players then tend to move and craft various tools, such as a wooden pickaxe for mining, a sword for defence and their first basic form of shelter.

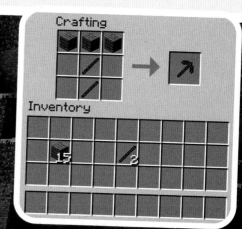

SHELTER

Some gamers dig into a hillside before the first night begins or use stone and wood blocks to make a simple house to keep themselves safe until morning.

DAY MOBS

Players know they're not alone in the Overworld, although it's usually only passive mobs such as cows, sheep, chickens, pigs and horses that appear during the day.

GAMESWARRIOR SAYS

The total area of each Overworld biome is approximately eight times the surface of the Earth — which is massive!

NIGHT MOBS

However, when night falls, things get more dangerous. Experienced players know to watch out for creepers, zombies, skeletons, spiders and other hostile mobs!

GAMESWARRIOR SAYS

The maximum number of blocks that can be generated in the Overworld is roughly 921.6 quadrillion, roughly 30,000,000 blocks in every direction!

EXPLORING

When most players have crafted the basics, they tend to head off and explore their new biome, to discover what other areas, resources and mobs they may encounter.

SUPPLIES

Smart gamers stock up with supplies before exploring the Overworld. These can include items such as a sword, torches, food, a pickaxe, a compass and a map.

ARMOUR

Once players have access to the right sources, many often craft some type of basic armour for themselves, for when they eventually bump into hostile mobs!

MINING

With a pickaxe, it's easy to start mining. Dirt blocks give way easily, but tougher stone blocks will require you to upgrade your tool once it breaks.

CAVES

Pros know that digging down just a few blocks deep in the Overworld will lead to caves. These underground areas are full of blocks, ore and many kinds of mobs.

TORCHES

First time gamers are usually wary when going underground for the first time. They just need to remember to craft plenty of torches to light the way and stay safe.

CHESTS

Experienced players always keep their eyes peeled for chests that they may discover on their adventures, as they always contain useful items and treasure.

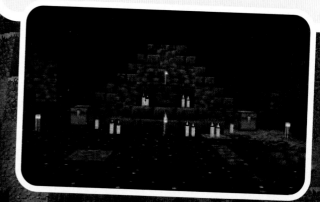

UPGRADES

With lots of supplies in their inventory, smart gamers tend to upgrade their tools, going from wood and stone implements to iron, gold, diamond and beyond.

BUILDINGS

Players will usually discover many types of buildings on their travels, which are worth checking out for resources but may also contain dangerous mobs!

GRINDING

New gamers will soon learn they need to put in plenty of time when starting out in Minecraft, grinding for hours in order to get the most of the Overworld.

LEVEL UP

Pro players know that the longer they spend exploring, battling and building in the Overworld, the better prepared they'll be for new dimensions to come!

TRICKY TRIALS HIGHLIGHTS

GAMESWARRIOR SAYS

Update 1.21 didn't have a name when it was first announced at Minecraft Live in 2023. Mojang final revealed it would be officially called Tricky Trials in April 2024.

Minecraft update 1.21 arrived in 2024, known to players as Tricky Trials. With new blocks, mobs, structures, paintings and items, there were plenty of amazing additions!

TRIAL CHAMBERS

One of the biggest features in update 1.21 are the trial chambers. Set in underground dungeons, these areas contain vaults with treasure and a new mob, breeze.

The giant structures are made of tuff and copper blocks and are the only place where breezes, trial spawners and vaults show up.

Pro players will now know that when they drink from an ominous bottle and then enter a trial chamber, they'll face a tough ominous trial!

Trial spawner

Trial chamber

Breeze

PAINTINGS

More than 20 new paintings have been added to Minecraft in update 1.21. They've all been created by talented artists Sarah Boeving and Kristoffer Zetterstrand.

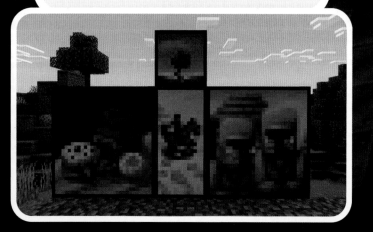

OMINOUS TRIAL KEY

Gamers have been searching high and low for this new item in the latest update! It offers players the best rewards hidden in the trial chambers ...if you can find one.

Trial key

The mace

BREEZE

One of two mobs added to Minecraft, breeze spawn in trial chambers and jump around while attacking players with wind charges. They drop breeze rods when defeated.

Breeze using wind charge

MACE

One really handy addition to the game has been the mace. This weapon can unleash a powerful smash attack and deals more damage the further a player falls.

The mace comes in very handy for close combat encounters with mobs, which will be useful when exploring the trial chambers!

Breeze rod

NEW EFFECTS

A number of new status effects have now been added to Minecraft in update 1.21. These include infested, oozing, raid omen, trial omen, weaving and wind charged.

BOGGED

The second new mob in update 1.21 is the skeletal bogged. They can be found in swamps, mangrove swamps and trial chambers, where they shoot poison-tipped arrows!

Bogged attack at a slower rate than normal skeletons, are unable to swim in water and are a threat to armadillos, causing them to hide in their shells.

OMINOUS EVENTS

Players with Bad Omen status effects will now trigger an ominous trial when near a trial chamber, or a raid if near to a village.

Ominous event

Ominous spawner

BLOCKS

The Tricky Trials brought with it a whole host of new blocks for players to use. Heavy core can be used to craft a mace, the vault contains loot and the crafter works when powered on.

Other really useful blocks added to the game now include chiselled copper, decorative copper, tuff, trial spawner, ominous trial spawner and ominous vault.

Heavy core

Tuff

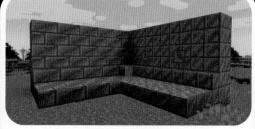

Chiselled copper

SOUNDTRACKS

Gamers have been able to play the Tricky Trials update while listening to new ambient soundtracks composed by Lena Raine, Kumi Tanioka and Aaron Cherof.

NEW ITEMS

Breeze rods now allow players to craft wind charge, mace and flow armour trim, while various keys can be obtained to unlock treasure-filled vaults.

All-new potions also offer a wide range of effects, such as potion of oozing, potion of weaving, potion of infestation and potion of wind charging!

Pros will know to use a potion of oozing on mobs to spawn two medium-sized slimes upon their death. Of course, you'll then have to beat the slimes too!

Crafter block

CRAFTER

Pro Minecraft players have been really enjoying the crafter block in update 1.21, as it allows for automatic crafting using redstone components.

When you make an item with the new powered-up crafter block, it ejects them out of its mouth, which can be a bit of a shock!

ARROWS

Bogged aren't the only ones who can fire special arrows! Minecraft now includes the Arrow of Infestation, Arrow of Oozing, Arrow of Weaving and Arrow of Wind Charging.

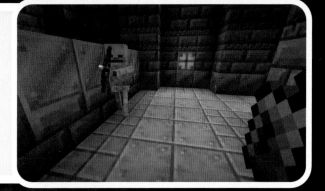

ARMOURED WOLVES

Players who haven't crafted armour for their wolves yet are really missing out on all the fun. Don't forget, you'll need scutes dropped from an armadillo to do so.

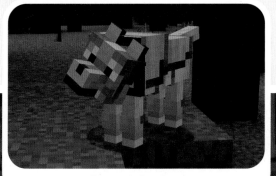

Armoured wolves

WIND CHARGE

The wind charge is a powerful new move and seems to be really popular with players. It can be picked up from defeated breezes and used to send mobs flying!

ARMOUR TRIMS

When exploring trial chambers and successfully opening vaults, players have been able to find new items for their avatars, such as Bolt Armour Trim and Flow Armour Trim.

Armour trims

Banner patterns

BANNER PATTERNS

Even more banner patterns have been added to Minecraft in update 1.21. These can be unlocked from vaults when players complete challenging trials.

GAMESWARRIOR SAYS

Even though update 1.21 has now been released, Mojang will continue tweaking and balancing the game, adding more content ahead of the next big update!

MINECRAFT REALMS

Players who are ready to take their Minecraft experience to the next level often choose Realms.

It's an official subscription-based service that lets gamers create and manage their own private servers!

GAMESWARRIOR SAYS

Don't worry if your friends don't have a Realms or Realms Plus subscription – they won't need one to access and play in any of your worlds!

THREE REALMS

It's possible to create and run up to three persistent worlds in Realms, and gamers can join in from anywhere in the world at any time for free, even if you're not around.

Play | Manage Realm

Choose up to three worlds to upload to your Realms server. Select a world to activate or edit it!

My World

My Realm
Survival

MINECRAFT
REALMS
CELEBRATION MAP

Realms Celebration Map
Adventure

Start your FREE 30 day trial now!

Realms Plus is an ongoing subscription with a recurring subscription fee which is charged automatically every month until the subscription is cancelled.

Your Realm and 100+ marketplace packs will be immediately available. Up to 10 players can play at one time, and they get access to the worlds in your Realm for free! Your first 30 days will be free, and you'll be billed $7.99/month afterwards and can cancel at any time.

REALM NAME

My Realm

TERMS AND CONDITIONS

☐ I agree | TERMS & CONDITIONS | PRIVACY POLICY

START FREE TRIAL ($7.99/MONTH AFTER)

REALMS PLUS

Realms Plus is an enhanced version of Realms, that includes access to over 150 pieces of Marketplace content, supports up to 10 players and comes with a handy 30-day free trial.

Setting up your own server is super-easy and once you have done that, you can then invite your friends to play in your world whenever they like!

CREATE A SERVER

Make your world in any Minecraft mode and then click on 'Create on Realms Server.' You can then invite your friends to play and join in all of the fun too!

MINECRAFT MARKETPLACE

One reason why so many players like Realms Plus is that they can add any piece of existing content from the Minecraft Marketplace, with new items arriving each and every month!

Players who have the basic Minecraft Realms subscription also like creating their own content to add into their worlds, including skins, items and much more.

REALMS PRICE

Minecraft Realms is available on PC, Xbox Series X, Xbox One, PS4, PS5, Nintendo Switch and mobile devices. Realms for Bedrock Edition costs £3.29 per month, with Realms Plus costing £6.99 per month.

REALMS STORIES

Realms Stories is a new social hub that was added to Minecraft in 2024. Players can use it to post screenshots of their experiences, ask for advice or simply warn others about any hostile mobs they spot!

As well as 150+ Marketplace Pass packs, Realms Plus now lets players claim a new set of Character Creator items each and every month for free.

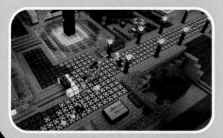

GAMESWARRIOR SAYS

If you decide to cancel your Realms subscription at any point, you'll then have 18 months to download your worlds to your device and keep playing on them!

CONTEST WINNERS!

Here's a selection of great Minecraft build entries sent in by some of our talented readers!

Aaron, age 8

We think Aaron must be a massive sports fan, as he's built this huge stadium in Minecraft!

Edward, age 10 - Apple treehouse

Check out Edward's awesome house in the trees, with rooms shaped like big red apples!

Ethan, age 7

This build has been designed to look like a popular fast food restaurant that begins with an 'M'!

Benji, age 8 – Charmander

Benji has recreated this Fire-type Pokémon in blocky form and we think it looks amazing!

Ciara, age 8

For her entry, Ciara has built a floating Barbie dream house complete with theme park and spa!

Fred, age 8

We love Fred's tall treehouse which boasts beautiful plants, a bird's nest lookout point, a mini guest house and a pool, complete with coral and turtles.

Evie, age 8

Creative Evie has constructed this large pink creature, which is mostly made out of rotten flesh!

Evie, age 10

Check out the cool GamesWarrior logo in this great build. Thanks for the shout out, Evie!

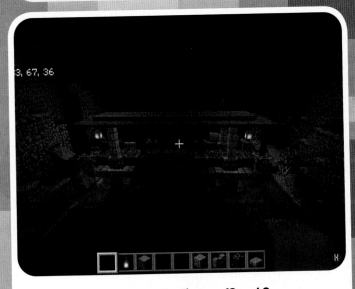

Fiachra and Ferdia, age 12 and 9

We really like this tranquil underground bridge made by Fiachra and Ferdia.

George, age 6

Take a look at this fantastic Minecraft build from George, which uses all kinds of different blocks!

Jacob Shepherd, age 7 – Bank world

Jacob's Bank World has lots going on in it, including
a block-built plane ready to take off on a runway.

Jack, age 7 – Rudolph's summer retreat

When not working at Christmas, Rudolph must
be relaxing in this Minecraft summer retreat!

Lukas, age 11

Wow, this is one epic Minecraft castle!
Well done on such an incredible design, Lukas.

Toby, age 8 – Among Us imposter house

Toby has been inspired by Among Us and
created this awesome red imposter house!

Róisín, age 10

There's plenty of bamboo growing in Róisín's Minecraft
build – enough to feed those hungry pandas!

Noah, age 8

Get ready for a spooky Halloween with Noah's gigantic orange pumpkin head house!

Sidney, age 8 – My sniffer

Why settle for a normal-sized sniffer, when you can have an enormous version of the passive mob!

Theo, age 8

This blocky and fiery red devil has been constructed by Theo and we think it's amazing!

Noah, age 11

Now this is an incredible rollercoaster! It's powered by redstone and we want to ride it in real life.

Sara, age 10 – Mob hotel

Even mobs have to stay in a hotel sometimes! Sara has made this very cute Minecraft build and we love all of the mob faces.

GAMESWARRIOR SAYS

Congratulations to all the amazing readers whose avatars are featured on these pages. Keep up the fantastic work!

You're all Minecraft Superstars!

SURVIVAL MODE

Easily the most popular mode selected by Minecraft players, Survival can also be a tricky and challenging way to play the game.

GAMESWARRIOR SAYS

During early testing for Minecraft, players were unable to respawn after dying, meaning that they'd have to start a new game all over again.

MIND THE MOBS

As pro players will know, Survival mode can be more of a challenge as hostile mobs will attack you can cause all sorts of problems!

FALLS AND HEALING

Gamers have quickly learned that falling from a great height in Survival is a sure way to die. That's why stocking up on food and hearts is a sound strategy.

CRAFTING

With the right tools and recipes, players will discover that they can craft lots of items. Most require the use of crafting table, which includes a grid for placing recipe items in.

EXPLORING

Players can still explore every part of their chosen biome, although it can take a little longer and be more dangerous. That only adds to the challenge of Survival though!

SURVIVAL MULTIPLAYER

Many gamers prefer Survival mode's multiplayer option, giving everyone the chance to work together and have a much better chance of staying alive.

BUILDING

Another big difference with Survival mode is that players can only build with the resources that they've found, which is why some gamers prefer Creative mode over others.

TAKE YOUR TIME

Pros know that the only way to succeed in Survival is to take your time, grind away for resources, build up your inventory and defeat all hostile mobs.

THE ULTIMATE GOAL

In Survival mode, the main aim is to survive, build, explore and ultimately defeat the fearsome ender dragon. Find out how to beat this beast on **page 76**!

MEDIEVAL CASTLE

GamesWarrior checks out some of the best Minecraft fan builds that we've ever seen, kicking off with this amazing Medieval castle!

CLASSY KIWI MINECRAFT

This Minecraft build has been designed and constructed by Classy Kiwi Minecraft, a long-time YouTuber who has over 13,000 subscribers and lots of tutorial videos.

COURTYARD

Inside the courtyard is a patterned floor made of various stone blocks, including cobblestone, quartz and anthracite, which we think gives it a great appearance.

MAIN ROOM

The castle's main room features some decorative plants, paintings, a shelf, extra storage, a crafting table and multiple lanterns to provide plenty of light.

ENCHANTING ROOM

Through one door leading off from the main area is an enchanting room that's packed with lots of shelves stacked with books and useful barrels for storage.

OUTSIDE STAIRCASE

On the exterior of the castle is a staircase that leads up to a first floor area that features a smithing table, an armoury area, a banner-making room and more storage.

WOODCUTTING

Off the main courtyard is a dedicated woodcutting area that includes lots of wood blocks, a stone cutter, barrels for storage and more torches for light.

BLAST FURNACE

The main room also includes a blast furnace area surrounded by granite blocks, which provides a handy place for players to do all of their smelting.

NETHER PORTAL

Hidden deep within the Medieval castle in the basement is a Nether portal, which provides access to the dimension but also provides a quick means of escape!

GAMESWARRIOR VERDICT

This is easily one of the best and most detailed Minecraft castles we've ever seen! The design is simple and easy to make, but also includes plenty of decorations, a variety or rooms and lots of different areas to explore.

GW RATING ★★★★☆

SHIPWRECKS

Take a deep dive into an ocean biome in Minecraft and you can encounter all kinds of shipwrecks. These submerged wooden structures are just waiting to be explored!

EXTERIOR

Shipwrecks generate upright, on their side or upside down. Players who find the structures will spot that parts are missing or that there are large holes in the hull.

INTERIOR

The interiors of shipwrecks are always flooded with sea water and sometimes have plants growing in and out of them or even mobs lurking inside!

Emote
Y Inventory

GAMESWARRIOR SAYS

It's very rare to ever find a shipwreck half-submerged and it's ever rarer to find one on land and intact!

TREASURE

Pro players know that shipwrecks are a great place to find precious loot. There are a maximum of three treasure chests to be found in each sunken vessel.

LOOT

Shipwrecks can boast lots of different loot in chests, such as enchanted leather armour, TNT, buried treasure maps, compasses, clocks and more must-have items.

MOBS

Any aquatic mob may be found in and around a sunken shipwreck, so most gamers approach the locations with caution just in case they have to prepare for a fight!

WOOD BLOCKS

Most gamers are aware that shipwrecks are made from different types of wood from the Overworld. Those blocks can be mined and added to your inventory.

FINDING SHIPWRECKS

The way many gamers find a shipwreck is by using an explorers map. Cartographer villagers can be traded with to gain a map or they can even be found in other shipwrecks.

GAMESWARRIOR VERDICT

Shipwrecks can be some of the most exciting and surprising locations for players to explore, as players never know what they may find inside! The best strategy is to search every one of the structures you find and grab all the precious loot.

ULTIMATE MINECRAFT QUIZ

Discover just how much you know about Minecraft by taking this ultimate quiz! All of the answers to the questions on these pages can be found within this book, so see how many you can get right.

1 What year was Alex introduced into minecraft?

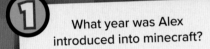

2 How many eyes of ender do you need to activate an End portal?

3 Which anniversary did Minecraft celebrate in 2024?

4

How many players does Realms Plus support?

5 Where can skulk blocks be found?

6

What are different worlds called in Minecraft?

7 What item does a wither drop when defeated?

8

Who will be playing Steve in the Minecraft movie?

9 How many Minecoins does the Star Wars Classic skin pack cost?

42

10

Which new mob was added in the Armored Paws update?

11
Which item is used to light and activate a Nether portal?

12

What does a villager become when struck by lightning?

13
Which rare item found in the End allows players to fly?

14

What's the creepy version of Steve called?

15
How many new paintings are there in Tricky Trials?
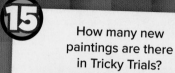

16

What's the rarest colour of frog in Minecraft?

17
How many current active monthly Minecraft players are there?

18

What changes a creeper into a charged creeper?

19
Which powerful new weapon was added in Tricky Trials?

20

What appears on screen once you've defeated the ender dragon?

GAMESWARRIOR SCORE

1-5: Great start to your adventure, noob!

6-10: Impressive Minecraft knowledge!

11-15: That is one amazing score!

16-20: Good job. You're a real Minecraft pro!

BEAT THE BOSS
THE WARDEN

The most recent boss addition in Minecraft, here's how pro players are able to find and beat the warden in record time, without losing a life!

ANCIENT CITY

Before you can defeat the warden, you first need to find an Ancient City. However, due to their low spawn rates, locating them by exploring caves can be tricky.

DEEP DARK BIOME

The Ancient City only spawns in the Deep Dark biome, so experienced players know to search below the height of Y=-35 in order to find the location.

POTION OF NIGHT VISION

Pro gamers will already know how to craft a potion of night vision and this special recipe will come in handy for searching in the dark for the warden.

44

SKULK SHRIEKERS

While exploring an Ancient City, players will soon encounter skulk shriekers. When detected by the mob four times, a warden will then spawn from the ground!

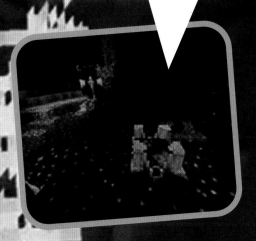

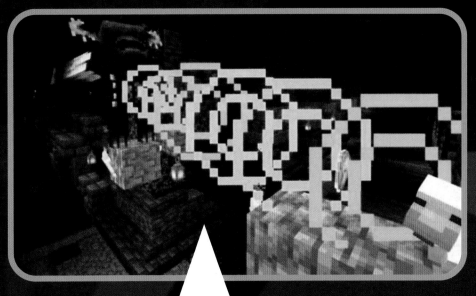

SONIC SHRIEK

Wardens are blind, so use their sense of smell to pick up vibrations. When they detect someone close by, they swing their powerful arms and release a sonic shriek.

PROTECTION AND WEAPONS

Pros wear full netherite armour when taking on a warden, as well as the Protection IV enchantment and a trident or bow.

HEALING

Experienced gamers also know to carry plenty of enchanted golden apples, golden carrots, potion of healing and cooked food items for healing.

TOWER STRATEGY # 1

Make noise to attract the warden, then quickly make a six-block tower with cobwebs on the top and around the base to cancel the mob's sonic shriek.

TOWER STRATEGY # 2

Attack with arrows enchanted with Power V or Punch II, heal from any attacks and then repeat until the warden has been defeated!

GAMESWARRIOR SAYS

Pros can also trap wardens by making a small pit with cobwebs, trapdoors and a pressure plate so the mob falls in it and can be killed.

CREATIVE MODE

In Creative mode, Minecraft players have the freedom to go anywhere, build anything and make their imaginative building ideas a reality!

NO MOB PROBLEM

One of the best things about Creative mode in Minecraft is that hostile mobs won't be able to hurt you. That allows players to explore on peace without being attacked.

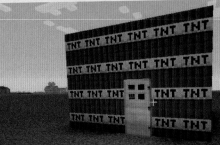

GAMESWARRIOR SAYS

The only way to die in Creative mode is to use the /kill command or to fall in the void. Then you can start a new game from scratch!

FALL RECOVERY

It's not just mobs that are harmless either. Even less-experienced players will soon discover that falls from great heights have no effect and you can get right back up again!

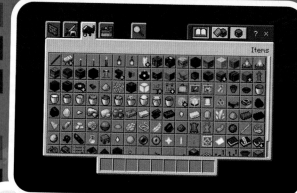

BUILDING

The main reason so many gamers try Creative is to build whatever they like. Players have access to every single available item right from the start of a game.

POWER OF IMAGINATION

As players don't have to worry about dying or starving, they can concentrate on making anything that they can think of. There's no limit to what you can build!

BLOCK BUSTER

Thanks to the power of Creative mode, players now have the ability to destroy any block with one hit. Pros know this can come in handy for quickly excavating huge areas!

BIOMES

When starting a new game in Creative mode, players can select any biome that they like and customise it exactly how they want before going off and exploring!

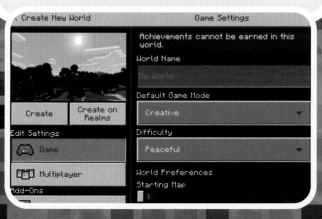

FLYING AND EXPLORING

In Creative mode, a quick double tap of the jump button sends your avatar into the air, allowing players the freedom to fly around and explore worlds from on high.

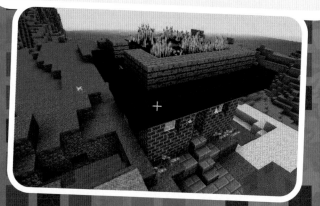

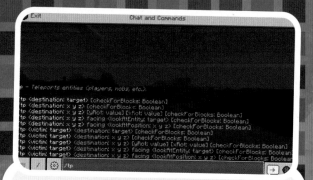

CHEATS

Another fun reason players like switching to Creative is that cheats can be enabled, allowing for special commands to be entered that can seriously change the game.

EXCLUSIVE BLOCKS

Pro gamers know there are special exclusive blocks available in Creative that are only in that mode. They included Bedrock, End portal frame, potion of luck and more.

THE NETHER GUIDE

Players who have spent plenty of time in the Overworld and are looking for a new challenge can take things to the next level by entering the Nether!

WHAT TO EXPECT

The Nether is located in a different dimension and it's a dark and dangerous place filled with huge voids, lava pools and lot of new and very deadly mobs.

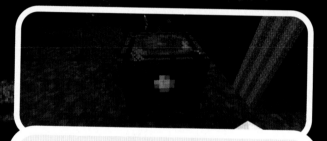

NETHER PORTAL

The only way to reach the Nether is by crafting a Nether portal. For that you'll need obsidian blocks, then you must light a fire within the portal using flint and steel before jumping in.

SPAWNING

As soon as players spawn in the Nether, they know they're in for a challenge! None of the usual resources are available, so you'll need to take everything with you.

STRUCTURES

As in the Overworld, new gamers may be surprised to discover that there are structures in the Nether, such as the Nether Fortress, Nether Fossil, Bastion Remnant and more.

BIOMES

Within the Nether are a variety of biomes that pros will be familiar with. These include the Nether Wasters, Crimson Forest, Warped Forest, Soul Sand Valley and Basalt Delta.

Bastion Remnant

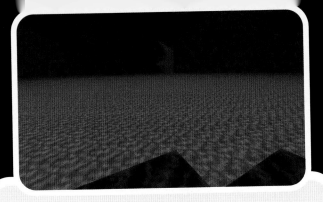

TERRAIN

Experienced players know all about the lava sea, glowstone blob, basalt pillar, delta and hidden lava, all features of the strange terrain in the Nether.

BLOCKS

First timers in the Nether will discover all sorts of unique blocks to mine. These include basalt, netherrack, shroomlight, soul soil, quartz and many more useful items.

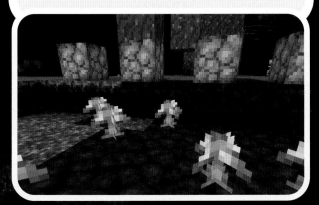

NAVIGATING

Inexperienced Minecraft players will soon discover that maps and clocks don't work in the Nether. The only way to navigate is linking a lodestone to a compass.

Piglin

MOBS

Most of the mobs in the Nether are hostile, which is why pros try to avoid battles with them if they can. Expect to encounter blaze, ghast, hoglin, piglin, enderman and others!

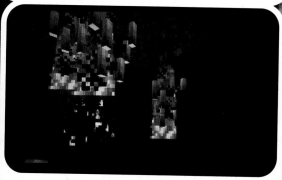

Blaze

NETHER DEATH

Most gamers will already know that when you die in the Nether, you'll respawn back in the Overworld and then have to travel back again via a Nether portal.

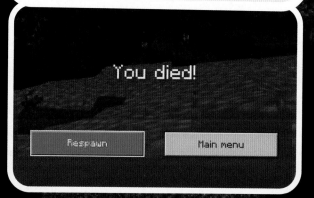

GAMESWARRIOR SAYS

Scale is warped in the Nether, meaning that travelling a single block in the dimension is equal to moving eight blocks in the Overworld!

WEATHER AND TIME

For some strange reason, there's no weather in the Nether and no day or night cycles either. That may come as something of a shock to new players in the dimension!

BEDS

Pros know that you may be able to craft a bed in the Nether, but good luck sleeping in it. That's because beds explode in the realm, with four times the power of TNT.

GAMESWARRIOR SAYS

The Nether originally started out as an Infdev (Infinite Development) Overworld map, with lava replacing oceans and red clouds in the sky.

LIQUIDS

Experienced gamers know that water and ice won't last long in the Nether, so they tend to carry a cauldron with them to place the items in if they need them.

A useful cauldron!

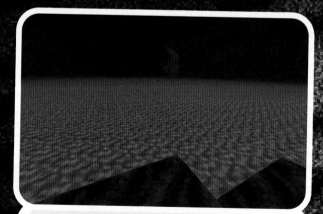

LETHAL LAVA

Another feature of the Nether that pro players watch out for is lava. It flows as fast as water in the Overworld, which can mean a quick death if you're not careful!

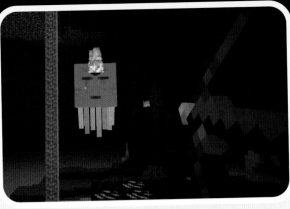

WEAPONS

A handy tip for newcomers is to ensure you take an iron weapon, a bow or a crossbow, into the Nether with you and the toughest armour you have.

ENCHANTMENTS

One strategy more experienced gamers use is to enchant their weapons and armour before entering the dimension, which is a good idea to give yourself an extra edge.

SURPRISE ATTACKS

Cunning Minecraft players always watch out for surprise attacks in this dimension, with the deadly ghast able to quietly creep up on you out of the blue.

STRIDER

The only non-lethal mob in the Nether is a strider, which pros use to transport themselves safely. However, you will need to catch and tame the mobs first.

GOLD

Pro players also tend to take lots of gold with them into the Nether, as the item can be used to barter with piglin and gain even more useful additions for your inventory.

THE WAY HOME

Some beginner players may forget that they'll need to carry more obsidian blocks with them, in order to create a second Nether portal to take them home!

ADVENTURE MODE

Thanks to Adventure mode, players can share their custom Minecraft map creations with others, but there some differences compared to Survival and Creative.

THE RIGHT TOOLS

In Adventure mode, pro gamers know you need just the right tools in order to break blocks. Using just your fists won't even make a dent in them!

GAMESWARRIOR SAYS

Adventure mode was originally called Dungeon mode by Minecraft's creator, Notch, and only four people were allowed to play at any one time.

SPAWN POINTS

One big difference in this mode is that players who die will always spawn in the exact same spot that they started out, no matter where that is in a biome.

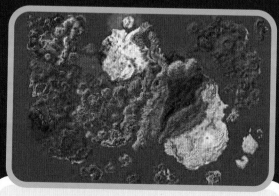

CUSTOM MAPS

One of the main reasons why plenty of gamers like this mode is that creators often limit which blocks can be smashed, preventing players from destroying a world.

USING CREEPERS

One fun strategy to try is to use creepers to help you in Adventure mode, by tricking them into blowing up blocks... but try not to die doing so!

QUICK SWITCH

Experienced players will already know it's possible to switch to Adventure mode from any other mode by using the command /gamemode adventure when cheats are activated.

WORLDBUILDER

Any skilled Minecraft players who have the Worldbuilder ability set to 'true' can break and place blocks freely in Adventure mode.

STORY TIME

A big reason why seasoned Minecraft players enjoy Adventure mode so much is that many custom maps have their own unique stories, characters and quests!

STRUCTURES

Pros are so good at Adventure mode because they know that the only way to become the best at the game is by raiding every structure you can find for precious loot.

TRADING AND MOBS

If you're after specific items in Adventure mode, the expert way to get them is by defeating enemy mobs and by trading with any local villagers you may encounter.

CAVES

One of the most popular biomes in Minecraft, caves can be found in various underground locations. All you have to do to find them is start digging!

APPEARANCE

Most players will already know that caves can be small underground places or huge, sprawling caverns that go on for miles and are just waiting to be explored.

BLOCKS

As many gamers have probably already discovered, caves can be formed out of a variety of stone blocks, all of which can be mined for other uses.

ORES

Pros like nothing more than digging deep into the structure of caves to unearth precious ores and minerals. They can include diamond ore, gold ore, redstone ore and more.

GAMESWARRIOR SAYS

Caves are one of the few places where players can find axolotls. The passive mob can be carried in water buckets and bred for rare coloured variants!

LAVA

Experienced players know to be careful when mining deep underground. Red-hot lava can be lurking behind and beneath any block, just waiting to harm you.

CAVE BIOMES

Some biomes are only generated in underground caverns and they include dripstone caves, lush cave and the Deep Dark, home of the formidable warden!

MOBS

Players can expect to bump into plenty of passive mobs when in caves, but there are hostile mobs too. Pro gamers know to keep a look out for bats, skulk shriekers and spiders.

STRUCTURES

Following the 1.19 update, players now know to expect a number of generated structures to appear in caves, such as an Ancient City, Dungeon, Mineshaft and Stronghold.

GAMESWARRIOR VERDICT

Minecraft just wouldn't be the game it is without caves. Even newcomers can locate them with ease and the locations are always packed with blocks and mobs. Digging in the dirt has never been so much fun!

★★★★★

TOP 10 TOOLS

There are plenty of useful tools to craft and use in Minecraft. Here's the GamesWarrior review of the most essential items you'll need!

10

CLOCK

Pro players know that clocks are handy items, as they always tell the correct time in the Overworld. It's possible to sleep for a few seconds after the clock shows dusk, clocks can be used for decoration with an item frame and piglins are attracted to the devices.

GW RATING ★☆☆☆☆☆

COMPASS

Experienced gamers use a compass to point to their spawn point in a world or to locate a lodestone. Unfortunately, the compass doesn't work in the Nether of the End, but can be traded (along with 12 emeralds) to a journeyman-level cartographer for an explorer map.

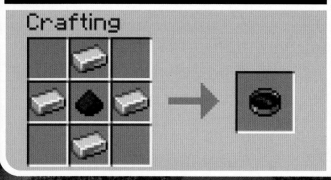

9

GW RATING ★★★☆☆☆

8

LEAD

A lead might not look very impressive, but it has plenty of uses! Most players use a lead to leash passive and neutral mobs, as well as some monsters. Multiple mobs can be leashed at once, but each mob has to have its own lead.

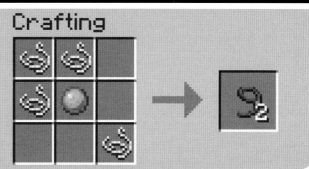

Crafting

★☆☆☆☆☆

SHEARS

Most gamers know that shears have all kinds of uses, from shearing sheep for wool to breaking blocks. It's also possible to shear weeping and twisting vines that drop items and they can even be enchanted to make them much tougher.

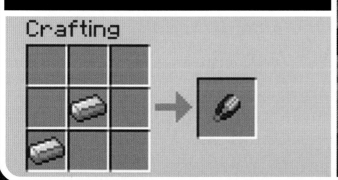

Crafting

7

★☆☆☆☆☆

6

★★★☆☆☆

FISHING ROD

Every pro player carries a fishing road, one of the handiest tools in the game. When cast into water, the rod can be used to catch all kinds of fish, as well as most mobs on dry land. A fishing rod even comes in useful for activating pressure plates!

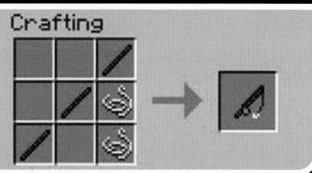

Crafting

FLINT AND STEEL

Gamers know that flint and steel is a must-have item in Minecraft. The tool can be used to start fires or ignite some blocks, structures and mobs. In addition, flint and steel are also required for lighting nether portals, activating TNT and even making creepers explode.

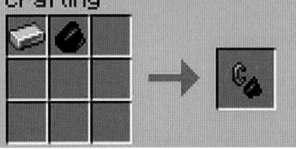

5

GW RATING ★★★☆☆

4

GW RATING ★☆☆☆☆

HOE

This handy tool is carried by plenty of players, who use it to quickly harvest plants and some blocks. A hoe can be upgraded to a netherite version to increase its durability and speed, or you can grab a diamond hoe for four emeralds!

Crafting

SHOVEL

When it comes to digging certain blocks much faster in Minecraft, you'll definitely need a shovel. As well as being an upgradeable tool, a shovel can also be used as a weapon, to extinguish a campfire and even to create dirt paths.

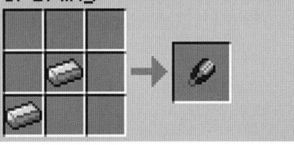

3

GW RATING ★★☆☆☆

GAMESWARRIOR SAYS

Players can use a fishing rod to pull skeletons into their own arrows and the rod's bobber can travel a maximum distance of 33 blocks!

2

GW RATING ★★★★☆

AXE

Pros know that an axe is a better weapon than a sword and it also doubles up as a handy block breaker! Like other tools, an axe can be upgraded, enchanted and traded, with gold versions proving very attractive to piglins.

Crafting

 →

PICKAXE

No seasoned Minecraft player would go on an adventure without this tool. The pickaxe is a required item for mining, but may need constant repairs if you're using it on tougher blocks. A diamond pickaxe is the most powerful version of the tool that you can get!

Crafting

1

GW RATING ★★★★★

GAMESWARRIOR SAYS

Instead of crafting items, lots of tools can be obtained by killing mobs and then picking up any valuable loot that they may drop.

UNDERWATER HOUSE

If you're thinking of making a massive house but want to construct somewhere a little different, then take a look at this amazing build!

AMELYTRA

YouTuber Amelytra made an underwater modern house in Minecraft. When first seen from above the water, there doesn't seem to be too much to look at other than a simple cube-shaped building.

THREE LEVELS

However, the house actually consists of three separate levels – one above the sea and two below. From the surface, you can't see what's waiting below, which is a great touch!

ABOVE THE WATER

The house is mostly constructed from a number of polished andecite and smooth quartz blocks. You can see how many the YouTuber has used in the image below.

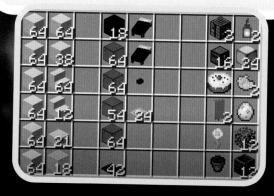

ENTRANCE

The surface level entrance is just above the lapping water and features two full sets of diamond armour, which welcome visitors into an open plan lounge.

STORAGE ROOM

Taking the wooden stairs down to the first underwater level reveals a large storage area, with plenty of double chests for holding all kinds of items.

BEDROOM

Heading to the third level of the house brings players to a luxurious bedroom, one that's decorated with a bed that sits between turtle eggs and a glowing soul lantern!

TOOL DISPLAY

The other side of the bedroom has its own tool display section, with frames holding a diamond axe, a pickaxe, a shovel and more handy items.

EXTERIOR DESIGN

The exterior construction of the underwater house has a unique number '2' design that's been assembled using polished andecite and smooth quartz blocks.

GAMESWARRIOR VERDICT

This may look like a basic Minecraft building, but a lot of time and effort has gone into its design and construction. We're impressed with the look of both the exterior and interior and wish we lived somewhere like that in real life!

ALL ABOUT...
ALEX

Lots of Minecraft players choose Alex as their default skin, with the character proving very popular with plenty of gamers from around the world!

1 Alex was introduced in 2014 for the Java PC version of Minecraft. Although it's possible to customise the skin, most players prefer Alex's long, orange ponytail and her own outfit.

2 The female counterpart to Steve, Alex has narrower arms but the same basic abilities. Players are able to choose her skin at the start of a new Minecraft game.

3 Alex was added to Minecraft five years after Steve in the 1.8 Bountiful Update. In the official lore of the game, she is said to be an explorer and loves building and hunting!

4 Also appearing in Super Smash Bros. Ultimate on Nintendo Switch, Alex can mine for materials in each stage and then use them in her various special moves.

5 The legacy console versions of Minecraft include eight variant skins for Alex that can be used to change the character's outfit, hair, skin and more!

MEGA MAN   ALEX

6 Alex has also been added to Minecraft Dungeons as a playable character alongside Steve, allowing players to choose either as their hero.

9 Both Alex and Steve have become official Minecraft merchandise. Action figures and LEGO minifigures of the pair are available and they also feature on T-shirts, puzzles, mugs and more.

7 It's been confirmed that Alex was modelled on Jeb Bergensten, one of Minecraft's programmers. An in-game cheat using the name jeb_ also gives you a rainbow sheep!

8 In the official *Minecraft: The Mountain* book, Alex is referred to as 'Summer' and also appears to be either British or Australian.

10 There's a secret skin in an older version of Minecraft that includes a fun option to add glasses and Steve's arms to Alex, making her look different!

BEAT THE BOSS
THE WITHER

The wither is a player created mob that's really tough to beat. Fortunately, pros know a few tricks when it comes to taking down the entity.

SPAWNING

Experienced gamers can easily spawn a wither by placing four blocks of soul sand or soul soil in a T-shape, with three wither skeleton skulls on top.

THE RIGHT BLOCKS

The last block placed must be one of the skulls, and air blocks need to be placed on either side of the base, under the upper blocks.

GETTING LARGER

Players who have spawned a wither already know it will start growing larger right away and is invulnerable when in this state.

BIG BANG

After 11 seconds the wither creates a massive explosion that destroys nearby blocks and causes lots of damage. You don't want to be standing near it when that happens!

BUCKET OF MILK

Players hit by a wither skull have a wither II effect placed on them. To counter this, be sure to have a bucket of milk to quickly cure yourself.

STRATEGY # 1

Spawning a wither above ground is a bad idea. Instead, spawn it in a tight space underground to stop it moving, then use a bow to attack the mob.

STRATEGY # 2

Top gamers stock up on strength potions and golden apples, carry a diamond or netherite sword and wear tough armour with blast protection.

Spawn underground

Use armour

STRATEGY # 3

Try to place a bed near to where you'll battle the wither. That way, if you die, you can respawn there and collect any dropped items.

STRATEGY # 4

Pros know that spawning peaceful mobs (such as snow golems) near the wither will distract the mob, allowing you to get in some crucial hits.

LOOT AND BEACONS

When the wither is finally defeated, it drops a nether star. This handy item is useful for crafting beacons, awesome blocks that project light beams.

Spawn peaceful mobs

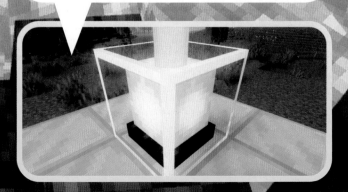

GAMESWARRIOR SAYS

The wither has the highest natural health of any mob in the game, apart from the warden, and is immune to fire, lava, drowning and freezing!

TOP 10 MINECRAFT STRATEGIES

When it comes to top strategies for becoming a true Minecraft legend, check out these essential tips used by all of the top pros!

1 BREEDING

While most gamers know it's possible to breed all kinds of mobs, one of the most useful are cows. The mob is a source of milk, beef and leather and spawns in small herds above grassy blocks.

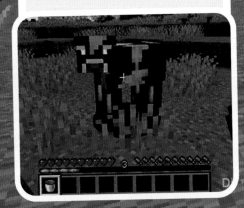

2 DIG CAREFULLY

While one of the main activities in Minecraft may be digging, just be careful where you're placing your shovel. If underground, you may uncover huge amounts of lava and it'll be game over!

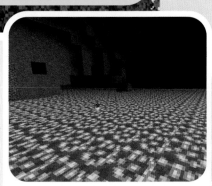

Huge amounts of lava

3 LOOK OUT FOR MOBS

Experienced players are always on the look-out for mobs, especially in Survival mode. Different mobs spawn during the day and night and each can be defeated in different ways.

Zombie

4 LIGHT AND TORCHES

Chances are, you're going to be spending a lot of time underground. Players who do always stock up on various light sources, such as torches, to help them see where they're going safely.

GAMESWARRIOR SAYS

Obsidian is one of the hardest blocks to break in Minecraft and requires 71.25 times the explosive power of TNT in order to be destroyed!

5 SPAWN POINT

One good strategy when starting a new game of Minecraft is to mark your starting spawn point with some blocks or dig a hole to remind you where to head back to later on.

Set the world spawn point to (-113, 92, 211)

6 FUEL SOURCES

For heat, light and smelting, you'll need fuel. Fortunately, gamers can use all kinds of combustible material such as coal, planks, sticks and more blocks.

7 EXPERIENCE ORBS

Mining, breeding, trading, fishing, defeating mobs and other activities will earn players experience orbs (EXP or XP). These can then be used to enhance or repair damaged equipment.

Experience orbs

8 SKELETONS

One of the trickiest mobs you'll encounter early on in the game, skeletons are easily handled by pros. Keep your distance and try to pick off the attacking mob with a bow and arrows!

Nether portal

9 OBSIDIAN

While this may look like other dark blocks, obsidian is essential for making a frame for a nether portal and the only way to mine it is by using a diamond pickaxe.

10 CRAFTING TABLE

Possibly the single most important item in the whole game, expert players rely on a crafting table to allow them to make all kinds of tools, weapons, redstone devices and much more!

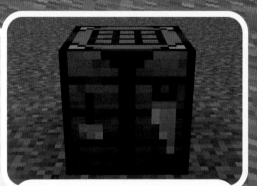

GAMESWARRIOR SAYS

The texture on the crafting table shows a hammer, saw and pliers, even though none of those tools are currently in Minecraft.

DESERT TEMPLE

Usually located in desert biomes, huge pyramid structures are great places for players to explore, as they usually contain rare items and secrets within!

SECRET ROOM

All desert temples contain a hidden secret room with four loot chests. However, pros know to avoid the TNT trap that's waiting to be triggered!

SANDSTONE

Players who have already set foot in desert temples (or pyramids) will know the locations tend to be built mostly out of sandstone, sometimes with terracotta blocks.

GAMESWARRIOR SAYS

Desert temples can also be great places to perform archaeology and unearth precious armour trims to improve your appearance!

LAVA

Experienced players know to be careful when mining deep underground. Red-hot lava can be lurking behind and beneath any block, just waiting to harm you.

PYRAMID HOUSE

Due to the sturdy construction of desert temples, many gamers make the location their home, which is a good strategy for fighting off hostile mobs!

MOBS

Sand covering up parts of a desert pyramid can sometimes hide waiting mobs, so pros know to be careful when exploring these seemingly-empty places.

CHEST LOOT

Experienced gamers who avoid setting off the trap can grab all kinds of treasure, such as a golden apple, emeralds, diamond horse armour and much more.

COME PREPARED!

As well as the main TNT trap and mobs, desert temples often have more hidden dangers, so some players go prepared with decent armour, weapons and supplies.

GAMESWARRIOR VERDICT

Desert temples can be some of the most exciting and dangerous locations to explore in Minecraft. Lucky players who take their time and watch out for booby traps can come away with plenty of amazing loot and even a new home!

RATING ★★★★★

SPECTATOR MODE

The most passive of all the Minecraft game modes, Spectator lets you view what's going on in a world without interacting with anyone!

Your game mode has been updated to *Spectator Mode*

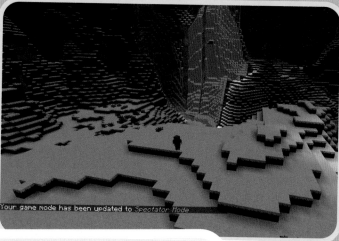

Your game mode has been updated to *Spectator Mode*

STARTING SPECTATOR

Pro gamers know that to start playing in Spectator mode, all you have to do is access the command window and enter /gamemode spectator.

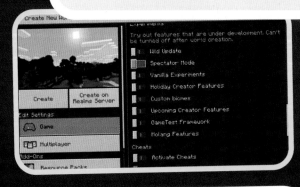

Set own game mode to Spectator Mode

INVISIBILITY

When in Spectator mode, players are invisible, allowing them to view what's going on at any given time, without being seen.

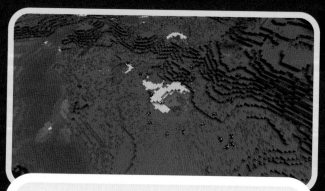

FLY ANYWHERE

Another reason experienced gamers like to try out Spectator mode is that they can fly anywhere in a world at different speeds.

INTANGIBILITY

Another great feature about Spectator mode that many players enjoy is the ability to pass through any solid block in the game, including lava and bedrock!

SEEN AND HEARD

When players opt for Spectator, they need to be aware that they can still be spotted by other spectators and are noticed by mobs if they use commands.

HIGHLIGHT PLAYERS

There's an option in this mode called Highlight Players that many gamers find useful. Switch it on to find anyone in the game a with a Glowing status effect.

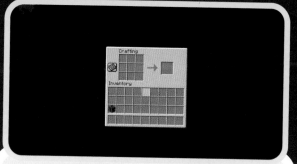

INVENTORY

It's not possible to access your inventory in Spectator mode, which means that none of the blocks or items from Survival or Creative can be used.

MOB VIEW

Selecting an entity and pressing the attack button will activate mob view. This handy feature allows players to see through the eyes of most mobs and even some items!

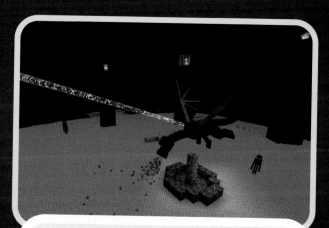

GAMESWARRIOR SAYS

While the warden is supposed to be blind, spectating it while in mob view reveals that it can see and has normal vision!

NO ENDER DRAGON

Unfortunately, pros will already know that the only entity you can't spectate from so far is the ender dragon, which would be an amazing view!

THE END GUIDE

The final challenge for any true Minecraft player is to tackle the End, a strange dimension that's also the home to the fiercest mob in the game – the ender dragon!

WHAT'S IT LIKE?

The End is a dark, space-like location, with islands of various sizes floating in the void. It's full of dangers, so you'll need to be careful exploring the dimension.

SPAWNING

As soon as players are teleported to the End, they can expect to discover one large island surrounded by smaller versions. There's no sky or stars, so it's a bit eerie!

END PORTAL

Experienced games know you need to first find a stronghold in the Overworld and locate an End portal. 12 eyes of ender must then be placed in its frame to activate the gateway.

BIOMES

Pros who've been here before, know that there are five biomes located with the End. These are the End, small end islands, end midlands, end highlands and end barrens.

STRUCTURES

Also within the end are many generated structures, allowing new explorers to check out everything from the Central Island and End spike to the End ship and chorus tree.

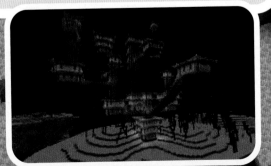

END STONE

As players who have been to the End are aware, most of the dimension is made up of end stone, solid blocks than can only be found there but can be mined.

BLOCKS AND ITEMS

Unlike in the Nether, newcomers to the End will soon discover that almost all items and blocks function normally, except for beds, compasses and clocks.

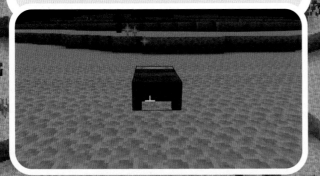

SHULKER

Newbie explorers should keep an eye out for shulkers lurking in end cities. The box-shaped mob attacks with homing bullets which can inflict Levitation on players.

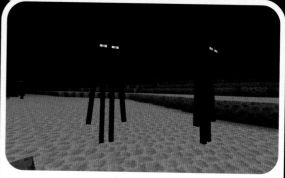

Endermen

MOBS

The best pros know that the End is populated with only three mobs, all of which are hostile. These are endermen, shulkers and the final big boss, the ender dragon!

Ender dragon

ENDERMEN

As experienced Minecraft players are aware, endermen start out as neutral mobs, but will become hostile if you attack them or look directly at their faces.

GAMESWARRIOR SAYS

The soundtrack that plays in the End features glitched and distorted versions of other songs from the game, but doesn't exist as an actual music track.

END SHIP

Most gamers try to find and explore the End ship while in the End, where it's possible to find and grab shulker shells and one more item only found in the dimension.

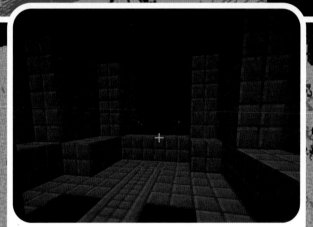

Inside the End ship

END BASE

The best players tend to take resources such as saplings, dirt blocks, water buckets, composters and lava into the End, which is a good strategy for making your first base!

GATEWAYS

Pros usually open as many gateways as they can once they spawn in the End. This is a smart strategy, as it allows them to transport instantly and cover more ground in less time.

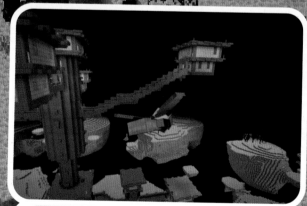

ELYTRA

Pros who have been lucky enough to find elytra know what a treat the item is. When equipped in the chestplate slot, players are able to fly and soar through the air!

BIG BATTLE

The only way to complete the End is by defeating the ender dragon. You'll be able to see the boss mob flying over 10 obsidian towers around the exit portal.

ENDER CHEST

Minecraft players with plenty of experience always craft plenty of ender chests. Place an item in one and its accessible in another, which can come in very handy.

CRYSTAL CAGES

When approaching the towers, new players will also spot an end crystal on top of each one that's protected by a cage made of iron bars.

ENDER DRAGON

To find out everything you need to know about beating the ender dragon, just head on over to page 76 of this book to find out more!

GAMESWARRIOR SAYS

The very best players are able to bottle up purple mist from an ender dragon attack and craft dragon's breath, useful for making lingering potions!

END POEM

Pro players will already know what to expect after the ender dragon has been beaten, as the End Poem that appears on screen is very strange indeed...

Take a breath, now. Take another. Feel air in your lungs. Let your limbs return. Yes, move your fingers. Have a body again, under gravity, in air. Respawn in the long dream. There you are. Your body touching the universe again at every point, as though you were separate things. As though we were separate things.

Who are we? Once we were called the spirit of the mountain. Father sun, mother moon. Ancestral spirits, animal spirits. Jinn. Ghosts. The green man. Then gods, demons. Angels. Poltergeists. Aliens, extraterrestrials. Leptons, quarks. The words change. We do not change.

We are the universe. We are everything you think isn't you. You are looking at us now, through your

EXIT PORTAL

Once the ender dragon has been successfully defeated, victorious players know they can make their way back to the outer end islands by using the exit portal.

THE ENDER DRAGON

The final boss in Minecraft is also the toughest, but here are the best strategies to use if you're hoping to survive an encounter with the ender dragon!

FLYING BOSS

The ender dragon is a giant flying hostile boss mob that can only be found by entering the End. Only the best Minecraft players know how to easily beat it!

THE ENDER DRAGON

To reach the ender dragon, pro players know they need to craft eye of enders from blaze powder and ender pearls dropped by Endermen.

END PORTAL

Gamers then have to find stronghold and its end portal room. Slotting in 12 eyes of ender activates, allowing access to the End dimension.

BIG BATTLE

Experienced players plan ahead – they wear diamond armour, and carry a diamond sword and an enchanted bow and arrow. They also take buckets of milk to heal from any attacks.

Use diamond armour!

END CRYSTALS

To start a battle, pros begin by firing arrows at the caged end crystals atop the obsidian towers. A good strategy is to stay clear of the crystals or you'll be hit by explosions!

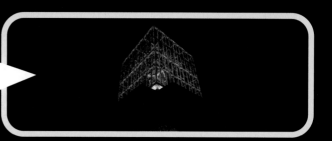

STRATEGY # 1

With all of the end crystals gone, the ender dragon lands and can be attacked. Most gamers go for its tail first, using their sword to swipe at the beast.

Go for the tail!

STRATEGY # 2

While you're attacking the ender dragon, it'll shoot fireballs that cause plenty of damage and send you into the air. Use the buckets of milk to heal yourself.

Use milk!

STRATEGY #3

Another useful item that some players take into the ender dragon battle with them is potion of slow falling, allowing them land safely after being blasted into the air!

STRATEGY #4

New Minecraft gamers might be surprised to discover that simple snowballs are quite effective for dealing damage to the ender dragon.

Snowballs are effective

REWARDS

Players that manage to defeat the ender dragon are rewarded with 12,000 XP orbs, a dragon egg and a portal allowing them to leave the end.

GAMESWARRIOR SAYS

Gamers that spawn a wither to battle the ender dragon will soon discover that it can't cause any damage as the boss mob flies too fast!

ULTIMATE MINECRAFT QUIZ ANSWERS

1 What year was Alex introduced into Minecraft? **2014**

2 How many eyes of ender do you need to activate an End portal? **12**

3 Which anniversary did Minecraft celebrate in 2024? **15th**

4 How many players does Realms Plus support? **10**

5 Where can skulk blocks be found? **The Deep Dark**

6 What are different worlds called in Minecraft? **Biomes**

7 What item does a wither drop when defeated? **Nether star**

8 Who will be playing Steve in the Minecraft movie? **Jack Black**

9 How many Minecoins does the Star Wars Classic skin pack cost? **490**

10 Which new mob was added in the Armored Paws update? **Armadillo**

11 Which item is used to light and activate a Nether portal? **Flint and steel**

12 What does a villager become when struck by lightning? **Witch**

13 Which rare item found in the End allows players to fly? **Elytra**

14 What's the creepy version of Steve called? **Herobrine**

15 How many new paintings are there in Tricky Trials? **20**

16 What's the rarest colour of frog in Minecraft? **Green**

17 How many current active monthly Minecraft players are there? **166 million**

18 What changes a creeper into a charged creeper? **Lightning**

19 Which powerful new weapon was added in Tricky Trials? **Mace**

20 What appears on screen once you've defeated the ender dragon? **End Poem**